U0873506

国内外经典教材辅导系列·证券类

博迪《投资学》
（第10版）
笔记和课后习题详解

主编：圣才考研网
www.100xuexi.com

中国石化出版社

内 容 提 要

本书是博迪的《投资学》(第10版)(机械工业出版社)的学习辅导书。本书遵循第10版的章目编排，共分28章，每章包括两部分：第一部分为复习笔记，总结本章的重难点内容；第二部分是课(章)后习题详解，参考相关资料对该教材的课后习题进行了分析和解答。

圣才考研网(www.100xuexi.com)提供博迪《投资学》网授精讲班【教材精讲+考研真题串讲】、电子书、题库。购书即可享受大礼包增值服务，具体包括：本书电子书(手机版、电脑版)。手机扫码(本书封底)领取本书大礼包。

图书在版编目(CIP)数据

博迪《投资学》(第10版)笔记和课后习题详解/圣才考研网主编. —1版. —北京:中国石化出版社，2017.7(2022.7重印)
(国内外经典教材辅导系列)
ISBN 978-7-5114-4534-6

Ⅰ.①博… Ⅱ.①圣… Ⅲ.①投资学-研究生-入学考试-自学参考资料 Ⅳ.①F830.59

中国版本图书馆CIP数据核字(2017)第171313号

中国石化出版社出版发行
地址:北京市东城区安定门外大街58号
邮编:100011 电话:(010)57512500
发行部电话:(010)57512575
http://www.sinopec-press.com
E-mail:press@sinopec.com
武汉市盛宏源印务有限公司印刷
全国各地新华书店经销
*
787×1092毫米16开本27.5印张695千字
2018年6月第1版 2022年7月第2次印刷
定价:88.00元

序　　言

我国各大院校一般都把国内外通用的权威教科书作为本科生和研究生学习专业课程的参考教材，这些教材甚至被很多考试(特别是硕士和博士入学考试)和培训项目作为指定参考书。为了帮助读者更好地学习专业课，我们有针对性地编著了一套与国内外教材配套的复习资料，并提供配套的名师讲堂和题库。

博迪的《投资学》是世界上最流行的投资学教材之一。作为该教材的学习辅导书，本书具有以下几个方面的特点：

1. 透彻剖析核心考点，高效学习。复习笔记全方位把握核心考点，内容精炼，条理清晰，易于记忆，方便考生更有针对性地复习。

2. 解析课后习题，提供详尽答案。本书参考相关资料对每章的习题进行了详细的分析和解答。

3. 补充相关要点，强化专业知识。一般来说，国外英文教材的中译本不太符合中国学生的思维习惯，有些语言的表述不清或条理性不强而给学习带来了不便，因此，对每章复习笔记的一些重要知识点和一些习题的解答，我们在不违背原书原意的基础上结合其他相关经典教材进行了必要的整理和分析。

与本书相配套，圣才考研网提供博迪《投资学》网授精讲班【教材精讲＋考研真题串讲】、电子书、题库。

购书即可享受大礼包增值服务。手机扫码(本书封底)领取本书大礼包。具体包括：本书电子书(手机版、电脑版)。

圣才考研网(www.100xuexi.com)是圣才学习网旗下的考研考博专业网站，提供考研公共课和全国各高校金融类专业考研考博辅导班【一对一辅导(面授/网授)、网授精讲班等】、电子书、题库、全套资料(历年真题及答案、笔记讲义等)、国内外经典教材名师讲堂、考研教辅图书等。

考研辅导：kaoyan.100xuexi.com(圣才考研网)
资格考试：www.100xuexi.com(圣才学习网)

圣才考研网编辑部

目　录

第一部分　绪　论

第二部分　资产组合理论与实践

第三部分　资本市场均衡

第四部分　固定收益证券

第五部分　证券分析

第六部分　期权、期货与其他衍生证券

第七部分　应用投资组合管理

第一部分　绪　论

第1章　投资环境

1.1　复习笔记

1. 实物资产与金融资产

(1)概念

实物资产指经济活动中所创造的用于生产商品和提供服务的资产。实物资产包括：土地、建筑物、知识、机械设备以及劳动力。实物资产和“人力”资产是构成整个社会的产出和消费的主要内容。

金融资产是对实物资产所创造的利润或政府的收入的要求权。金融资产主要指有价证券。金融资产是投资者财富的一部分，但不是社会财富的组成部分。

(2)两种资产的区分

①实物资产能够创造财富和收入，而金融资产却只是收入或财富在投资者之间配置的一种手段。

②实物资产通常只在资产负债表的资产一侧出现，而金融资产却可以作为资产或负债在资产负债表的两侧都出现。对企业的金融要求权是一种资产，但是，企业发行的这种金融要求权则是企业的负债。

③金融资产的产生和消除一般要通过一定的商务过程。而实物资产只能通过偶然事故或逐渐磨损来消除。

(3)金融资产分类

通常将金融资产分为三类：固定收益类、权益类以及衍生金融资产，具体如下：

①固定收益类金融资产，又称债券，这类资产承诺提供事先约定好的收益。

②权益类金融资产代表所有权份额。其所有者不享有任何固定的收入，但在公司选择分红时可以获得公司派发的股息，同时还享有与持股比例相应的公司实物资产的所有权。

③衍生金融资产带来的回报由基础资产的价格所决定。

2. 金融市场

(1)金融市场与经济

①金融市场的概念

金融市场是指以金融资产为交易对象而形成的供求关系及其机制的总和。它包括三层含义：一是它是金融资产进行交易的一个有形和无形的场所；二是它反映了金融资产的供应者和需求者之间所形成的供求关系；三是它包含了金融资产交易过程中所产生的运行机制。

②金融市场的作用

a. 金融市场在资本配置方面起着关键作用，股票市场上的投资者最终决定公司的存亡。

b. 金融市场允许人们利用金融资产储蓄财富，将消费和收入在时间上分离。人们可以通过改变消费时机获取最满意的消费。

c. 金融市场使人们可以通过金融资产的买卖来分配实物资产的风险。

d. 金融市场保证了公司经营权与所有权的分离。

③代理问题

代理问题是指当管理者的利益与股东利益发生冲突时，管理者可能追求个人利益而非股东利益最大化。解决代理问题的管理机制有：期权等激励机制、通过董事会解雇管理者以及雇佣独立人士监控管理者。绩效差的公司通常面临着被收购的危机，这是一种外部的激励。

④公司治理

公司治理危机包括会计丑闻、分析师丑闻和首次公开发行中的问题。

(2)投资过程

投资资产包括股票、债券、不动产等。投资者为了决定投资对象，要进行资产配置决策以及证券选择决策。资产配置决策是对不同资产类别的选择，证券选择决策是对同一类别下特定证券的选择。投资组合的构建可基于以下两种方法：

“自上而下”的投资策略是先确定不同资产类别间的配置，再选定同一类资产下的特定证券。

“自下而上”的投资策略则是先选定特定的证券，将投资对象集中于最有吸引力的资产上，并不重视资产的均衡配置。

(3)市场是竞争的

①风险收益的权衡

在其他因素不变的情况下，投资者倾向于期望回报更高的证券。投资者在金融市场中进行风险与收益的权衡，证券风险越高，期望回报也越高。

②有效市场

消极型投资策略提倡投资组合高度分散化，不进行证券分析以获取高的投资收益。积极型投资策略积极寻找市场中的错误定价以及套利机会以获取高的投资收益。

若市场完全有效，价格反映全部相关的信息，则积极型投资策略就会失去意义。但是，若不进行连续的证券分析，证券价格仍然会偏离其“正确”值。所以，积极的投资者还是能够寻找到套利机会。

3. 市场参与者

金融系统中的参与者包括家庭、企业和政府。家庭通过金融市场持有金融资产进行理财；企业利用金融市场融资；政府一方面通过金融市场融资，另一方面也是金融环境的规范者。

(1)金融中介

①金融中介的定义

对金融中介的定义有宽、窄两种不同的口径。宽口径定义认为：金融中介是经济中的一项重要活动，是利用金融中介机构来进行的间接金融过程；窄口径定义认为：金融中介是从事金融活动以及为金融活动提供相关服务的各类金融机构。

②金融中介的性质

a. 金融中介是为实体经济部门提供融资、投资等服务的金融机构。

b. 金融中介通过提供金融服务和产品而成为一种特殊的企业和行业。

c. 金融中介的经营活动具有内在的风险性，且对国民经济的影响巨大。

③金融中介的分类

美国的金融中介机构大致可以分为以下三类：

a. 存款机构：商业银行、储蓄贷款协会、互助储蓄银行、信贷协会。

b. 机构投资者：保险公司、养老基金以及互助基金。

c. 投资中介：金融公司、共同基金、货币市场共同基金。

④金融中介的功能

a. 便利支付结算。金融中介机构所提供的支付结算服务，保证和促进了社会经济的顺畅运行，这一功能是金融中介机构最早具备的功能。

b. 促进资金融通。金融中介机构不但为解决融资双方可能出现的资金余缺调剂矛盾提供方案和便利条件，而且为资金供求双方提供了可选择的不同期限、不同数量、不同方式的投融资机会，从而最大限度地促进了储蓄向投资的转化。

c. 降低交易成本。金融中介机构通过规模经营和专业化运作，在为投融资双方提供资金融通服务的同时，降低了交易的单位成本，这一功能是金融中介得以存在和发展的重要原因。

d. 改善信息不对称。金融中介机构能够借助自身优势及时搜集、获取比较真实完整的信息，据此选择合适的借款人和投资项目，对所投资的项目进行专业化的监控，从而有利于投融资活动的正常运行，并降低信息的处理成本。

e. 转移与管理风险。金融中介机构通过各种业务、技术和管理，分散、转移、控制、减轻在金融、经济和社会活动中的各种风险。

(2)投资银行

投资银行在证券发行价、利率等方面给企业提出意见。投资银行负责一级市场中证券的发行，而后投资者便能在二级市场中交易该证券。

(3)风险投资与私募股权

风险投资是指向具有专门技术且有良好市场发展前景的企业进行的投资，风险投资人主要有天使投资人和风险投资公司等，风险投资公司大多通过有限合伙的风险投资基金进行投资。

私募股权投资是指对非上市公司进行的权益性投资。

4. 投资环境发展趋势

(1)全球化

金融的全球化指资金能够在国际间自由流动，金融交易的币种和范围超越国界的情境。

参与国际投资的手段：①存托凭证；②购买外国债券；③购买国际共同基金；④购买国际衍生证券。

(2)证券化

证券化是指把流动性较差的资产，如金融机构的长期固定利率放款、企业的应收账款等通过商业银行或投资银行的集中及重新组合，以这些资产作抵押来发行证券，提升了相关债权的流动性。

(3)金融工程

金融工程是指将工程思维融入金融领域，综合采用各种工程技术方法(主要有数学建模、数值计算、网络图解、仿真模拟等)设计、开发新型的金融产品，创造性地解决金融问题。

(4)计算机网络

计算机和网络技术在金融领域的应用极大地促进了投资环境的发展。

5. 2008 年的金融危机

(1)住房融资的变化

1970 年之前，本地金融机构负责提供大量抵押贷款。传统储蓄机构的资产大多为房贷，负债大多为存款。

房利美(FNMA，联邦国民抵押贷款协会)与房地美(FHLMC，联邦住房贷款抵押公司)从贷款方处买入抵押贷款并进行捆绑组成资产池，将其进行交易后，传统格局发生了变化。这些资产池代表了一种索取权，又称抵押支持证券，该过程被称作证券化。

(2)系统性风险的上升

截止到 2007 年，大量银行以及金融机构均采取了以下的计划：利用低利率的短期借款对流动性差但能带来高回报的长期资产进行投资，将资产和负债的利差作为经济利润。

整个金融系统由于系统性风险的存在可能很容易便分崩离析。当银行等机构存在资金问题时，它们会理性决定将资金储蓄而不借出，从而导致客户的资金困难加剧。一起违约引起其他一系列违约，这意味着借款者可能会受到从来没有与他们进行直接交易的机构违约的牵连。

(3)系统性风险的控制措施

2008 年的金融危机明晰了系统性风险的重要程度。以下几种方法能够控制系统性风险：①增加透明度；②扩大资本充足率；③提高收益或损失结算频率；④实施激励制度以防止承担过度风险；⑤对风险作出更准确的评估。

1.2 课后习题详解

1. 金融工程曾经遭到贬低，认为仅仅是对资源重新洗牌。批评家认为：把资源用于创造财富(即创造实物资产)而非重新分配财富(即捆绑和分拆金融资产)或许更好。评价这种观点。从各种基础证券中创造一系列的衍生证券是否带来了好处?

答：一个社会一定期间内财富的创造量不仅取决于投入的人力物力的多少，同样也取决于财富创造的效率。金融工程所创造的各种新型金融工具虽然没有直接增加社会财富，但是他们管理金融资产的投资组合更有效，提高了金融市场配置资金和风险的效率，使参与财富创造的财富量和财富的创造效率均得到提高，间接促进了财富的创造。各种捆绑和非捆绑的衍生工具给人们提供了具有新特性和风险的金融资产，使得个人得以更有效地管理其金融资产组合，从而能规避风险，更有效地配置资源。

2. 为什么证券化只能发生在高度发达的证券市场上?

答：证券化通常需要通过大量的金融投资机构如商业银行或投资银行，来集中及重新组合那些原本不流通或流动性较差的资产。为了吸引投资者，证券化要求资本市场具备以下条件：

(1)安全的商业法规体系，较低的税负，较少的管制；

(2)高度发达的投资银行业；

(3)高度发达的经纪和金融交易体系；

(4)高度发达的信息系统，尤其是在财务披露方面。

这些都是一个高度发达的金融市场的必备条件，所以证券化只发生在高度发达的证券市场上。

3. 在经济中，证券化和金融中介的作用之间有什么关系？证券化过程对金融中介有什么影响？

答：(1)从广义上讲，证券化是指把原本不流通或流动性较差的资产，如金融机构的一些长期固定利率放款、企业的应收账款等，通过商业银行或投资银行的集中及重新组合，转换成为可流通或流动性较强的资本市场证券的过程；从狭义上讲，证券化是指将债务凭证汇总，以此整体作为担保，发行新的证券，以分散风险的过程。证券化允许借款人直接进入资本市场，通过持有或发行证券从事投融资业务。证券化能够在一些业务范围上与金融中介产生竞争，甚至在某些业务上取代金融中介的核心地位。

(2)证券化将导致脱媒，即它给市场参与者提供了一种无需经过中介机构而进行投融资活动的方法，使金融中介的中介地位受到威胁。例如，抵押支持证券将资金导向房地产市场，而无须银行或储蓄机构利用它们的自有资产提供贷款。随着证券化的加深，金融中介必须增强它的业务能力，改善经营和服务，降低成本，这样才能防止被证券化完全取代。

4. 尽管我们说实物资产组成了经济中真正的生产能力，但是很难想象一个现代的经济社会中没有发达的金融市场和多样化的证券。如果没有可以进行金融资产交易的市场，那么美国经济的生产能力将受到什么影响？

答：金融市场在现代经济体系中起着重要的作用，如果没有发达的金融市场和金融工具，经济体系的生产能力必定受到巨大影响。

(1)金融市场使大企业聚集大量资金从事投资成为可能。例如，像通用汽车公司，如果不能向一般公众发行股票和债券，筹集资金可能需要很长的时间。

(2)金融资产供应的收缩使得融资更加困难，增加融资成本。资本的高成本意味着低投资量和低增长率。

(3)金融市场能够促进资产所有权的迅速转移，提高资产的流动性，提高人们对资产的需求。如果没有发达的股票二级市场，极少人会投资股票。

5. 公司通过在一级市场上发行股票从投资者那里筹集资金，这是否意味着公司的财务经理可以忽视二级市场上已发行股票的交易情况？

答：对于财务经理来说，即使公司不需要在某一年发行股票，股市仍然是重要的。股票价格提供了市场评价公司投资项目的重要信息。例如，如果股票价格大幅度上涨，管理人员会得出结论，即市场认为该公司的未来前景是光明的。这对于公司进行诸如扩张公司业务的投资，可能是一个有用的信号。

此外，股票可以在二级市场进行交易，这使得股票对投资者来说更具吸引力，因为投资者知道，只要他们愿意，他们就能够出售自己的股票。这反过来使得投资者更愿意购买股票，从而使公司在股票市场上筹集更多的资金。

6. 假设全球的房价都涨了一倍

a. 社会因此变得更富有了吗？

b. 房主更富有了吗？

c. 你对 a 和 b 给出的答案一致吗？会不会有人因为这种变化变得更糟？

答：a. 社会没有变得更富有。因为价格上涨没有增加整个社会的生产能力。

b. 房主变得更富有了，因为他们房屋的资产净值上升了。

c. 如果存在住房贷款情况下，未来房主将会遭受损失，因为房贷也变高了。另外，房价泡沫最终会破裂，整个社会（很可能是纳税人）将会承担这一损失。

7. Lanni Products 是一家新成立的计算机软件开发公司，它现有价值 30000 美元的计算机设备以及股东投入的 20000 美元现金。识别下列交易中的实物资产和金融资产。这些交易有没有创造或减少金融资产？

a. 公司取得一笔银行贷款，得到 50000 美元现金，并签发了一张票据承诺 3 年内还款。

b. 公司把这笔钱以及自有的 20000 美元投入到新型财务计划软件的开发中。

c. 公司把该软件出售给微软，微软将以自己的品牌进行销售。公司收到微软的 1500 股股票作为回报。

d. 公司以每股 80 美元的价格将微软股票出售，用所获得的部分资金偿还银行贷款。

答：a. 银行贷款是 Lanni 公司的金融债务（Lanni 公司签发的票据是银行的金融资产），Lanni 公司所获得的现金是金融资产。新创造的金融资产是 Lanni 公司的期票（即 Lanni 公司对银行的票据）。

b. Lanni 公司将其金融资产（现金）转拨给其软件开发商，作为回报，它将获得一项实物资产，即软件成品。这笔交易中，没有任何金融资产产生或消失；现金只不过是从一方（Lanni 公司）转移到了另一方（软件开发商）。

c. Lanni 公司将其实物资产（软件）提供给微软公司以获得一项金融资产，即微软公司的 1500 股股票。如果微软公司是通过发行新股来向 Lanni 支付的，这就意味着新金融资产（股票）的产生；如果微软公司是将已发行的股票支付给 Lanni 公司，则并没有新金融资产的产生，而只是金融资产在不同所有者之间的转移。

d. Lanni 公司将一种金融资产（1500 股股票）换成了另一种金融资产（120000 美元）。它将一笔金融资产（现金 50000 美元）付给银行以赎回另一份金融资产（它的借据），这笔债务（对银行而言则是金融资产）在交易过程中被“消灭”了，因为债务一旦被偿付，它就会被注销而不复存在。

8. 重新考虑第 7 题中的 Lanni Products 公司。

a. 若在其获得银行贷款后立即编制资产负债表，实物资产占总资产的比例是多少？

b. 若在其投入 70000 美元开发软件产品后再编制资产负债表，实物资产占总资产的比例是多少？

c. 若在其接受微软的股份后再编制资产负债表，实物资产占总资产的比例是多少？

答：

a.

资产		债务和权益	
现金	70000 美元	银行债务	50000 美元
计算机	30000 美元	股东权益	50000 美元
总计	100000 美元	总计	100000 美元

实物资产与总资产的比率 = 30000/100000 = 0.30

b.

资产		债务和权益	
软件产品	70000 美元	银行债务	50000 美元
计算机	30000 美元	股东权益	50000 美元
总计	100000 美元	总计	100000 美元

实物资产与总资产的比率 = 100000/100000 = 1.0

c.

资产		债务和权益	
微软股份	120000 美元	银行债务	50000 美元
计算机	30000 美元	股东权益	100000 美元
总计	150000 美元	总计	150000 美元

实物资产与总资产的比率 = 30000/150000 = 0.20

结论：当企业创建并为其营运资本筹资时，它将有一个较低的实物资产与总资产的比率；当它进入充分生产阶段时，它将有一个较高的实物资产比率；当项目“终止”，企业将其卖出时，金融资产会再一次取代实物资产。

9. 回顾教材表 1-3 美国商业银行资产负债表，实物资产占总资产的比例是多少？对于非金融企业（见教材表 1-4）而言，这一比例是多少？为什么会有这种差别？

答：对商业银行来说，该比率为 166.1/13926.0 = 0.0119；

对非金融企业来说，这一比率为 15320/30649 = 0.4999。

由此可见，金融机构持有的实物资产比率远远低于非金融机构。这种差别与金融机构与非金融机构的业务差别和持有金融资产和实物资产的不同目的有关：①金融机构从事的主要营业活动包括发放贷款、证券承销与买卖等。这些业务都要求金融机构持有大量的代表各种要求权的金融资产，金融机构持有金融资产是为了经营业务获得利润。金融机构持有的实物资产包括房屋，办公设施和车辆等，这些实物资产仅仅是为了经营的正常进行而持有的，占总资产的比率极小；②非金融机构的业务主要是进行实物生产加工或提供某种服务，进行生产的原料、生产工具等均是实物资产。非金融机构持有金融资产是作为财富的一种储蓄形式，是为实物交易服务的。因此金融机构主要持有金融资产，而非金融机构持有的金融资产比率要远远低于金融机构。

10. 图 1-1 描述了美国黄金证券的发行过程。

a. 发行过程是在一级市场还是在二级市场进行？

b. 该证券是基础资产还是衍生资产？

c. 发行填补了什么市场空缺？

答：a. 一级市场是指证券的发行者发行证券的市场；二级市场是指已发行证券的流通转让市场。因此美国黄金证券的发行是在一级市场进行。

b. 如果将黄金视为基础资产，则所有权证明文件（即对黄金的要求权）就是一项衍生资产，其价值取决于基础资产的价值。

c. 持有黄金是一种资产保值和增值的重要手段。尤其是通货膨胀时，黄金作为一种价值稳定的实物资产，更是持有资产的首选形式。但是持有黄金却需要一定的存储条件和支付一定的成本，这种黄金证券满足了希望拥有黄金而又不希望承担实物存储麻烦、风险和成本的投资者的需要。

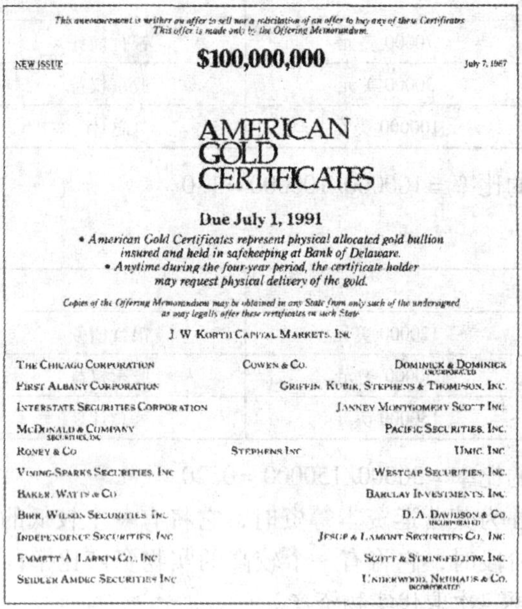

图 1－1　黄金支持证券

11. 讨论下列形式的管理层薪酬在缓和代理问题(指管理层和股东之间的潜在利益冲突)方面的优点和缺点。

a. 固定工资。

b. 公司股票，但是必须持有 5 年。

c. 与公司利润挂钩的工资。

答：a. 固定工资意味着管理者的报酬(至少在短期内)与公司的业绩无关，这种薪酬形式难以将管理者的利益与公司业绩统一起来，不能解决二者的潜在利益冲突，即使管理者认为固定工资是稳定的工资结构。

b. 将公司股票作为薪酬发放给管理者，在公司业绩好时，公司股价上升，管理者报酬上升。这在一定程度上将管理者与股东的利益统一起来，能够促使管理者努力提升公司业绩，有助于解决管理者与股东之间的潜在利益冲突。然而，如果股票补偿过度，管理者可能会认为这过于冒险，因为管理者的事业与公司紧密相连。

c. 与利润挂钩的工资制度将会激励管理者为公司的成功做出贡献。然而，工资与短期利润挂钩的管理者会过于冒险，尤其是当短期利润决定工资，或者当回报无法补偿项目风险的全部成本的时候。相比之下，承担着项目的损益的股东可能不太愿意承担这种风险。

12. 我们发现大型机构投资者或债权人的监督是减轻代理问题的一种方法，为什么个人投资者没有同样的激励去监督公司的管理层?

答：(1)对管理者的监管是需要付出大量成本的，个人投资者的财力、精力和对公司的控制权都不足以胜任对管理者的监管；而大机构投资者却可以运用其充足的财力、大量的专业人才和对公司的有力的控制权来雇佣独立人士或在公司内部实行某种机制来对管理者进行监管。

(2)在监管成本一定时，即使个人投资者可以监控和改善代理人的业绩，增加公司的市值，但是这种回报会很少，因为个人在一个大公司中拥有的股票数量是非常少的。举例来说，假如某人拥有10000美元通用汽车公司的股票，公司的市值增加了5%而他仅仅能从中受益500(10000×0.05)美元。相反，对于有几百万美元企业贷款的银行而言，确信企业能偿还贷款是非常重要的。银行显然值得花费大量的资源去监控企业。

(3)对管理者的监管存在着外部经济效应，即某个股东在对管理者进行监管，他并不能得到其监管活动的所有收益，因为其他股东也能从其监管中获得好处。当小股东执行监管时，外部经济效应是非常大的；而大股东执行监管时，虽然仍存在着外部经济效应，却能降低这种外部经济效应。

13. 请举出3种金融中介的例子，并解释它们如何在小型投资者和大型资本市场或公司之间起到桥梁作用?

答：在国内和国际证券市场中，众多金融中介起到小投资者和大资本市场或企业之间的桥梁作用，其主要的金融中介有：

(1)共同基金：在国内和国际证券市场中，共同基金代表投资者的利益，它从个人投资者手中汇集资金再将其广泛投资于各种有潜力的证券或其他资产。

(2)养老基金：养老基金以当前和今后退休人员的名义，接受基金，然后投资，从而把资金从一个经济部门引导到另一个经济部门。

(3)风险投资公司：风险投资公司集中使用私人投资者的资金，投资于创业公司。

(4)银行：银行接受客户的存款，并向企业提供贷款或购买大公司的证券。

14. 自1926年以来，大型股票的平均投资收益率超过短期国库券7%的收益率，为什么还有人投资短期国库券?

答：国库券服务于那些偏好低风险投资的投资者。与股票相比，较低的平均收益率是投资者为投资业绩和组合价值的可预测性支付的价格。

15. 与“自下而上”的投资方式相比，“自上而下”的投资方式有什么优缺点?

答：“自上而下”的投资方式关注的是资产配置或资产组合的构成，这是组合业绩的主要决定因素。此外，自上而下的管理是建立一个风险与投资者风险承受能力相一致的投资组合的最自然的方式。但是，“自上而下”的投资策略的缺点在于：可能会因为未能识别被低估的证券而丧失潜在的高额回报。

“自下而上”的投资方式试图寻找被低估的证券并从中获益。其缺点是投资者往往会忽略投资组合的整体构成，这将导致投资组合未能充分分散化，或者构造了一个风险水平与自身的风险承受能力不一致的投资组合。此外，这种技术往往需要更积极的管理，从而会产生更多的交易成本。最后，可能由于分析不正确，导致大量资金流失。

16. 你看到一本书的广告，广告中声称这本书可以指导你在没有任何资金投入的情况下获得100万美元的无风险收益，你会购买这本书吗?

答：应该持怀疑态度。如果作者确实知道如何实现这样的收益，那么读者必然怀疑作者为什么会把秘密告知于他人。金融市场是竞争性市场，其财富收益具有风险性。高预期回报率必然要求承担一些风险，而低风险高回报的现象并不多。

17. 为什么金融资产是家庭财富的组成部分，却不是国家财富的资产部分？为什么金融资产仍与经济社会的物质福利有关?

答：当汇总家庭和企业所有资产负债时，金融资产和金融负债相互抵消，仅剩下实物资产作为经济的财富净值。它通过资产配置作用使资源流动到有效率的生产部门从而增加社会生产能力。金融资产代表对实物资产的索取权，也是获取实物资产的渠道。它对实物资产的流动性予以衡量并允许投资者通过多样化投资更有效降低风险。

18. 华尔街上的金融机构把交易利润的一部分支付给交易商作为报酬，这将对交易商承担风险的意愿产生什么影响？这种行为将导致什么代理问题？

答：允许交易商分享利润增加了他们承担风险的意愿。这将造成交易商在上行期分享收益，在下行期只间接承担潜在的失业风险。股东则相反，在潜在的上行和下行风险中都直接受到影响。

19. 金融系统如何改革才可以降低系统性风险？

答：答案不唯一。需要把握的重点如下：增加透明度，通过提高损益的结算频率来提升资本适应性，实行激励政策以防止过度的风险承担以及促进更精确和更公正的风险评估。

第2章　资产类别与金融工具

2.1　复习笔记

1. 货币市场工具

货币市场属于固定收益市场，是指期限在一年以内的金融资产交易的市场。货币市场工具主要为期限短、流动性强、风险小的债务证券。

(1)主要的货币市场工具

①国库券

国库券是指政府部门为筹集预算资金，向投资者出具的承诺在一定时期内还本付息的债务凭证。我国国库券的期限最短的为一年，而西方国家国库券品种较多，一般分为3个月、6个月、9个月、1年期四种，其面额起点各国不一。国库券采用不记名形式，无须经过背书就可以转让流通。

在国外，国库券期限均在一年以内，且大多是零息债券。在本书中，国库券指政府通过向公众出售债券而筹集资金，投资者则按低于面值的折价购买，在债券到期日债券持有人从政府获得等额于债券面值的支付的一种金融工具。购买价与面值之差就是投资者的所得收益。美国短期国库券是货币市场上所有金融工具中流动性最强的一种。

国库券流动性强、风险低并且收入免税，其利率是市场利率变动情况的集中反映。

②大额可转让存单

大额可转让存单是指商业银行为吸收资金而发行的载有一定存款金额、期限、利率并可在市场上流通转让的短期信用工具。大额可转让存单具有期限短(一般在1年以内)，面额固定且起点较高，大多不记名，不可提前支取但可流通转让，利率较高等特点。

③商业票据

商业票据是指以商业信用进行交易时所开立的证明债权债务关系的书面凭证，其中又含商业本票与商业汇票两种。商业本票是债务人向债权人发出的、承诺在一定时期内支付一定数额款项的债务凭证。商业汇票是债权人向债务人发出的无条件支付命令，命令债务人在限定日期内向债权人或第三者支付一定数额的款项。商业汇票可以背书转让，亦可申请贴现。

④银行承兑汇票

银行承兑汇票是商业汇票的一种，是由出票人签发，由其开户银行承兑的一种票据，期限通常是6个月内。银行是第一责任人，而出票人则只承担第二责任。

⑤欧洲美元

欧洲美元是存放在美国以外银行的不受美国政府法令限制的美元存款。欧洲美元主要为数额大、期限少于6个月的定期存款。

欧洲美元大额存单是指由美国银行的海外支行或外国银行在美国以外发行的大额定期存款的负债书面工具，上面载有存款金额、到期日、利率以及利息计算的方法。欧洲美元大额存单优于欧洲美元定期存款之处在于：持有人在到期前即可将其出售，取得现金。相较于国内的大额存单，欧洲美元大额存单的流动性更差、风险更大、但收益更高。

⑥回购和逆回购

回购协议是指交易一方出售某种证券（通常是政府债券）并承诺在未来特定日期，按约定价格（略高的价格）向另一方购回的一种交易形式，类似于证券抵押贷款。回购协议通常用于隔夜借款。

逆回购与回购正好相反。逆回购是指交易商从证券持有人手中购买证券，并约定在未来特定日期按特定价格卖给持有者的交易行为。

⑦联邦基金

联邦基金是指在准备金制度下，银行准备金账户上的资金余额。

联邦基金市场是指为了平衡各银行满足中央银行的准备金要求而形成的调剂资金余缺的市场，其使用的利率被称为联邦基金利率。

⑧经纪人拆借

经纪人拆借是指证券经纪人以拆借的形式从银行借入资金，并同意在银行索要借款时即时归还的借贷行为。经纪人拆借的利率一般高出短期国库券利率一个百分点。

⑨伦敦同业拆借利率

同业拆借市场是指金融机构之间以货币借贷方式进行短期资金融通活动的市场。

伦敦银行同业拆借利率指伦敦银行同业市场拆借短期资金（隔夜至一年）的利率，代表国际货币市场的拆借利率，可作为贷款或浮动利率票据的基准利率。伦敦同业拆借利率（LIBOR）现在是欧洲货币市场最重要的短期利率报价，也是许多金融交易的利率参照。

（2）货币市场工具的收益率

相较于国库券，货币市场上的证券风险更大且流动性更低，因此其收益更高。其高出国库券收益率的风险溢价随经济风险的加大而增加。

2. 债券市场工具

（1）债券市场交易特点

不同于货币市场，债券市场由更长期的借贷金融工具构成。债券市场工具多按规定提供稳定的收益，或根据某一公式计算收益。

（2）主要债券市场工具

①中长期国债

中长期国债是联邦政府的债务，每半年支付一次利息，以面值或接近面值的价格发行。

中期国债期限可长达10年，长期国债期限为10~30年。除了到期日不同外，中期国债与长期国债的唯一区别在于后者在特定期限内（通常是国债寿命期的最后5年内）可赎回。

②通胀保值债券

美国的通胀保值债券又称TIPS，其本金会随消费者物价指数（CPI）的变化而进行相应的调整，所以通胀保值债券能够带来固定的真实货币收入，有助于规避通胀风险。

③联邦机构债券

一些政府机构发行债券以筹集活动资金。一般认为，如果有关机构违约，政府决不会袖手旁观，因此联邦机构债券被认为是相当安全的资产，其收益略高于国库券。

④国际债券

在国际资本市场上交易的债券称为国际债券，包括外国债券和欧洲债券。欧洲债券是指由发行人在国外债券市场上以第三国货币为面值发行的债券；外国债券是指由国外投资人发行的、以发行所在国货币标价并还本付息的一种债券。

⑤市政债券

市政债券是指州或地方政府发行的债券，其利息收入可以免除联邦所得税。市政债券在发行地也可免除州与当地政府的税，但是资本利得税仍然是存在的。市政债券有两种基本类型：

a. 一般责任债券，它依靠发行者的“十足信用担保”(例如，税收权)。

b. 收入债券，其用于特定项目融资，而且由项目收益或实施项目的市政代理机构担保。收入债券的违约风险比一般责任债券大。产业发展债券是指为商业企业融资而发行的债券，是私营企业获得免税借贷的渠道。

⑥公司债券

公司债券是股份制公司为了从公众手中筹集资金而直接发行的债券，可分为抵押公司债券、保证公司债券、信用公司债券、参与公司债券、通知公司债券和可转换公司债券。在美国，公司债券一般是半年付息一次，到期时公司向债券持有者支付债券的面值。公司债券和长期国债最重要的差异是风险程度不同，公司债券存在违约风险。

抵押债券是在公司破产时有明确的抵押品作为担保的债券；无明确担保品的债券，称为无抵押债券；破产时仅有对资产的更低一等级要求权的债券，称为次级无担保债券；可赎回债券是指公司能够以赎回价格从债券持有人处将其购回的债券；可转换债券是指债券持有人能够将其转换为一定股票份额的债券。

⑦抵押担保证券

抵押担保证券是指抵押贷款的发起人将缺乏流动性但能够产生未来现金流的资产(通常是贷款)出售给特殊目的机构(简称“SPV”)，由后者对其进行结构性重组，在金融市场上发行的债券，最终目的是取得融资。这种债券代表着抵押贷款实现了证券化。抵押担保证券既是一组抵押物的所有权，又是由这组抵押物所担保的债务。由于抵押贷款的发起人持续经营该贷款，获取本金与利息，再转给其购买者，抵押担保证券也被称为转递证券。

(3)税收对债券收益率的影响

债券的现行收益率是指债券的年利息收入与债券价格的比率。由于现行收益率忽视了预期的资本利得(即价格上升或下降所带来的收益或损失)，故不能代表总收益率。

投资者在考虑是选择应税债券还是免税债券时，必须比较它们的税后所得。要进行准确的比较，必须计算收入和资本利得的税后净收益。具体方法：

①经验比较法。假设 r 代表应税债券的税前收益率，T 代表投资者的边际税率等级(联邦与州复合税率)，$r(1-t)$ 就是债券的税后收益率。如果这个收益率超过市政债券的收益率 r_m，则投资者显然持有应税债券更好；反之，免税的市政债券就能提供更高的收益率。

②计算使应税债券税后收益率与市政债券收益率相等的应税债券利率。

$$r(1-t)=r_m$$

变形得：

应税等值收益率：$r=r_m/(1-t)$

临界税率等级：$t=1-\frac{r_m}{r}$

若应税等值收益率超过了应税债券的实际收益率，则对投资者而言持有市政债券更有利。投资者的税率等级越高，应税等值收益率越高，市政债券的免税特性就越有价值。因此，高税率等级的投资者更倾向于持有市政债券。

3. 权益证券

(1)普通股

①概念

普通股也称权益证券或权益，是指在优先股要求权得到满足后，在公司的利润和资产方面给予持股人以无限权利的一种凭证，是股份公司筹集资本最基本的工具。投资者每持有一股普通股就意味着在公司年度股东大会上拥有决定公司事务的一张选票，此外它还赋予了其所有者对公司收益的要求权。

②普通股的特点

a. 剩余追索权。剩余追索权是指普通股持有人对公司资产的要求权排在末位。公司清算时，普通股持有人在公司补偿其他人后才可以就剩余资产请求补偿。

b. 有限责任。有限责任意味着在公司破产时，股东最多只损失初始投资额。

③普通股的收益

股票收益包括股息收入和资本利得。市盈率是指现行股价和去年每股收益的比例。这一比例衡量了每一美元收益所需的股价。

(2)优先股

①概念

优先股是指可分得固定股息并且优先于普通股收取股息，但通常没有投票权的股票。

②优先股的特点

优先股拥有股权与债务的双重特征。

a. 优先股与债券

相同点：承诺每年付给持有人一笔固定的收入；在公司的管理权限方面，优先股的持有者与债券持有者一样都无表决权。

不同点：优先股是一种股权投资，公司有向优先股持有者分红的决定权，但并无分红的合约义务；优先股的红利支付不能作为利息费用，故不具有减免税收的作用。

b. 优先股与股票

相同点：没有偿还期，不用到期归还本金；本质上均为股权投资，即使公司无力支付红利也不会破产；优先股股息和股票红利均不能在税前扣除，从而不能像债券利息那样起到减免税收的作用。

不同点：优先股承诺每年付给优先股持有人一笔固定的收入；优先股的持有者无表决权。

(3)存托凭证

美国存托凭证(ADR)是面向美国投资者发行并在美国市场交易的存托凭证。每张存托凭证均代表了一定数量的外国股票。发行存托凭证是为了满足外国公司在美国注册证券的需求。

4. 股票市场指数与债券市场指数

(1)股票市场指数

①道琼斯工业平均指数

价格加权平均指数是指将样本股票价格之和除以样本数量得出的算术平均数。道琼斯工业平均指数最初的计算方法就是将所有在指数内的股票价格做简单平均。

当样本股票发生拆细、派发红股、增资等情况时，价格加权平均指数就会失去连续性，使前后期的比较发生困难，因此必须对股价指数进行修正。

通常使用的方法是除数修正法。除数修正法的核心是求出一个除数，以修正因股票拆细、增资、发放红股等因素造成的指数的变化，从而保持股价平均数的连续性和可比性。具体做法是：以新股价除以旧股价平均数，求出新除数，再以计算期的股价总额除以新除数，从而得出修正的股价平均数，即：新除数 = 变动后的新股价总额/旧股价平均数；修正的股价平均数 = 报告期股价总额/新除数。

②标准普尔 500 指数

标准普尔 500 指数是 500 家公司的市值加权平均指数。市值加权平均指数通过样本公司市值总和及前一交易日这些公司的市场交易总值来计算。市场总值在相邻交易日间的增长百分率就是指数的增长率。其中，威尔希尔 5000 指数是涵盖范围最广的市值加权指数，涵盖了 5000 多只股票。

③等权重指数

等权重指数是指假设分配同样的金额于指数内的每一只股票，以总金额的本期数量为标准的指数。本期与前一日总金额增长率即为指数的增长率。

为使投资组合收益率与等权重指数的收益率相匹配，必须经常调整股票相对数量，使得各种股票持有金额相等。

④国际股票市场指数

世界范围内股票指数主要有日本日经指数(Nikkei)、英国富时指数(FTSE)、德国综合指数(DAX)、中国香港恒生指数(Hang Seng)和加拿大多伦多股市指数(TSX)。

(2)债券市场指标

债券市场最著名的指数是美林指数、巴克莱指数和所罗门美邦指数。

5. 衍生市场

(1)衍生金融工具

衍生金融工具是指价值依赖于基本标的资产价格的金融工具。主要的衍生金融工具为期权和期货。

(2)期权

期权是指赋予其购买者在规定期限内按双方约定的价格购买或出售一定数量某种资产的权利的合约。赋予期权买者购买标的资产权利的合约，就是看涨期权；而赋予期权买者出售标的资产权利的合约就是看跌期权。

按期权买者执行期权的时限划分，期权可分为欧式期权和美式期权。欧式期权的买者只能在期权到期日执行期权；而美式期权允许买者在期权到期前的任何时间执行期权。

(3)期货合约

期货合约是指协议双方同意在约定的将来某个日期以特定价格买入或卖出一定标准数量的某种金融工具的标准化协议。承诺在交割日买入的一方被称为期货合约的多头，承诺在交割日卖出的一方被称为期货合约的空头。

(4)看涨期权多头与期货合约多头的区别

前者有购买的权利，后者有购买的义务。期货合约要求多头方以期货价格购买资产；而看涨期权允许投资者根据实际情况决定是否按执行价格买入资产。因此，当期货合约的交割价等于看涨期权的执行价时，持有期权头寸比持有期货合约多头更有利。

2.2 课后习题详解

一、习题

1. 优先股与长期债务的相似点是什么？其与权益的相似点又是什么？

答：优先股像长期债务一样，它承诺每年付给持有人一笔固定的收入；在公司的管理权限方面，优先股的持有者与债券持有者一样都无表决权。

优先股是一种股权投资，公司有向优先股持有者分红的决定权，但并无分红的合约义务。若无法支付，公司并不会破产。而在公司破产的情况下，优先股对公司资产的求偿权优先于普通股，但位于债券之后。优先股股息和股票红利均不能在税前扣除，从而不能像债券利息那样起到减免税收的作用。

2. 为什么有时把货币市场证券称为“现金等价物”？

答：货币市场证券被称为“现金等价物”，是因为它们具有很大的流动性。货币市场证券的价格都非常稳定，它们可以在极短的时间内变现(即卖出)，并且具有非常低的交易成本。

3. 下面哪一项对回购协议的描述是正确的？

a. 出售证券时承诺将在特定的日期按确定的价格回购这些证券。

b. 出售证券时承诺将在不确定的日期按确定的价格回购这些证券。

c. 购买证券时承诺将在特定的日期购买更多的同种证券。

答：a项正确。回购协议是证券的卖方同意在约定时间以约定价格向买方“回购”该证券的协议。这通常是证券交易商获取资金购买证券的手段。

4. 如果发生严重的经济衰退，你预期商业票据的收益率与短期国库券的收益率之差将如何变化？

答：它们的收益率之差将会扩大。经济的恶化会增加信用风险，即增加违约的可能性。因此，对于具有较高违约风险的债务证券，投资者将要求更高的溢价。

5. 普通股、优先股以及公司债券之间的主要区别是什么？

答：普通股、优先股以及公司债券之间的主要区别如下表所示：

	公司债券	优先股	普通股
投票权			是
契约责任	是		
永久支付		是	是
累计股利		是	
固定支付	是	是	
优先支付权	第一	第二	第三

6. 为什么与低税率等级的投资者相比，高税率等级的投资者更倾向于投资市政债券？

答：市政债券的利息是免税的。当面临更高的边际税率时，高收入的投资者更倾向于投资免税的证券。

7. 回顾教材图2-3，观察将于2030年5月到期的长期国债。

a. 购买这样一张证券你需要支付多少钱？

b. 它的利率是多少？

c. 该国债当前的收益率是多少？

答： a. 需要支付的价格为：面值 ×161.1875% =1000 ×161.1875% =1611.875(美元)。

b. 息票利率为 6.25%，意味着每年支付 62.5 美元的票息，更确切地说，每半年支付 31.25 美元的票息。

c. 当前收益率 = 年息票收益/价格 =62.5/1611.875 =0.0388 =3.88%。

8. 假设某一中期国债每 6 个月的收益率是 2%，且该国债恰好还剩 6 个月到期。那么你预期一张 6 个月期的短期国库券的售价将是多少？

答： 预期的售价 $P = 10000/1.02 = 9803.92$(美元)。

9. 某公司以每股 40 美元的价格购入一股优先股，并在当年末以同样的价格售出，同时还获得了 4 美元的年末股利，假设该公司的税率等级为 30%，请计算该公司的税后收益率。

答： 税前总收益为 4 美元。从优先股股息中扣除 70% 之后，

应税收益为：0.30 ×4 =1.20(美元)。

因此，应交税金为：0.30 ×1.20 =0.36(美元)；

税后收益为：4.00 −0.36 =3.64(美元)；

故收益率为：3.64/40.00 =9.10%。

10. 回顾教材图 2 −8，并查看 General Dynamics 的股票行情。

a. 5000 美元可以购买多少股股票？

b. 这些股票一年可以给你带来多少股利收入？

c. General Dynamics 的每股收益是多少？

d. 该公司前一交易日的收盘价是多少？

答： a. 可以购买：5000/64.69 =77.29(股)，因为不可能将一份股票分拆交易，所以 5000 美元可以购买 77 股。

b. 每年的股利收入为：77 ×2.04 =157.08(美元)。

c. 已知市盈率为 9.31，价格为 64.69 美元。因此：64.69/每股收益 =9.31⇒每股收益 = 6.95(美元)。

d. General Dynamics 当日收盘价为 64.69 美元，比前一交易日收盘价高 0.65 美元。故前一交易日收盘价为 64.04 美元。

11. 下表中有 3 只股票 A、B、C，其中 P_t 表示 t 时刻的股价，Q_t 表示 t 时刻发行在外的股票数量，股票 C 在上一期由一股分拆成两股。

表 2 −1

股票名称	P_0	Q_0	P_1	Q_1	P_2	Q_2
A	90	100	95	100	95	100
B	50	200	45	200	45	200
C	100	200	110	200	55	400

a. 计算第 1 期($t=0$ 到 $t=1$)3 只股票的价格加权指数的收益率。

b. 第 2 年，价格加权指数的除数将会发生什么变化？

c. 计算第 2 期($t=1$ 到 $t=2$)的收益率。

答： a. 在 $t=0$ 时，价格加权指数为：$(90+50+100)/3=80$。

在 $t=1$ 时，价格加权指数为：$(95+45+110)/3=83.333$。

故其收益率为：(83.333/80) - 1 = 4.17%。

b. 股票分拆前，股票C价格为110，故价格加权指数为：250/3 = 83.333。

股票分拆后，股票C价格降为55。因此，必须找到一个新的除数d，满足：

$$83.333 = (95 + 45 + 55)/d \Rightarrow d = 2.340$$

c. 第二期收益率为零。因为每股收益分别为零，故指数保持不变。

12. 用第11题的数据，计算3只股票的下列指数在第1期的收益率。

a. 市值加权指数。

b. 等权重指数。

答： a. $t=0$ 时总市值为：(9000 + 10000 + 20000) = 39000(美元)；

$t=1$ 时总市值为：(9500 + 9000 + 22000) = 40500(美元)。

故市值加权指数收益率 = (40500/39000) - 1 = 3.85%。

b. 每只股票收益率分别如下：

$$r_A = (95/90) - 1 = 0.0556$$

$$r_B = (45/50) - 1 = -0.10$$

$$r_C = (110/100) - 1 = 0.10$$

故等权重指数收益率为：[0.0556 + (-0.10) + 0.10]/3 = 0.0185 = 1.85%。

13. 某投资者的税率等级为30%，若公司债券提供9%的收益率，要想使该投资者偏好市政债券，市政债券应提供的收益率最低为多少？

答： 公司债券税后收益率为：0.09 × (1 - 0.30) = 0.0630 = 6.30%。因此，市政债券应提供的收益率最低为6.30%。

14. 某短期市政债券的收益率为4%，当投资者的税率等级分别为0、10%、20%和30%时，该市政债券的应税等值收益率分别为多少？

答： 教材式(2-2)表明，应税等值收益率为：$r = r_m/(1-t)$。

因此，税率等级为0时，$r = 4\%/(1-0) = 4.00\%$；

税率等级为10%时，$r = 4\%/(1-10\%) = 4.44\%$；

税率等级为20%时，$r = 4\%/(1-20\%) = 5.00\%$；

税率等级为30%时，$r = 4\%/(1-30\%) = 5.71\%$。

15. 若某一共同基金正试图开发一只与覆盖面广泛的等权重指数相关的指数基金，那么它会面临什么问题？

答： 在等权重指数基金中，不论市值大小，每只股票都被赋予了相同的权重。大盘股和小盘股权重相同。它将面临如下问题：

(1)大盘股与小盘股权重相同，等权重指数(EWI)会比相应的市值加权指数更不稳定。

(2)EWI没有很好地反映它所代表的市场，它低估了大公司在经济中的重要性。

(3)转手率通常会被高估，这是因为EWI必须重新调回它的初始目标。在设计上，很多交易是在较小、流动性较差的股票之间进行的。

16. 下列各项中哪种证券的售价将会更高？

a. 利率9%的10年期长期国债和利率10%的10年期长期国债。

b. 期限3个月行权价格每股40美元的看涨期权和期限3个月行权价格每股35美元的看涨期权。

c. 行权价格每股50美元的看跌期权和标的物为另一只股票行权价格每股60美元的看

跌期权(股票和期权的其他相关特点均相同)。

答：a. 息票率较高的债券，即利率10%的10年期长期国债。

b. 行权价格较低的看涨期权，即期限3个月行权价格每股35美元的看涨期权。

c. 行权价格较高的股票的看跌期权。

17. 参见教材图2-11中玉米期货合约的行情表。

a. 假如你购买了一份将于3月交割的期货合约，若该期货合约在到期月的收盘价为7.8725，你将获利多少？

b. 将于3月交割的合约的未平仓量是多少？

答：a. 在期货价格为7.8325美元时购买了期货合约(见教材图2-11)。合约在到期月的收盘价为7.8725美元，比初始期货价格高0.04美元。合约乘数为5000。因此，可获利 $0.04\times5000=200.00$(美元)。

b. 未平仓合约量为135778份。

18. 回顾图2-10并观察IBM公司股票的期权，假设你购买了一份行权价格为每股180美元将于2013年1月到期的看涨期权。

a. 假设1月IBM公司的股价为每股193美元，你会行权吗？你的获利将是多少？

b. 若你买入的是行权价格为每股185美元、1月到期的看涨期权，情况会怎样？

c. 若你买入的是行权价格为每股185美元、1月到期的看跌期权，情况又会怎样？

答：a. 因为股票价格超过行权价格，将执行看涨期权。期权的收益为 $193-180=13$(美元)，最初成本为12.58美元，故利润为 $13-12.58=0.42$(美元)。

b. 若看涨期权的行权价格为185美元，股票价格仍超过行权价格，将执行该期权。期权的收益为 $193-185=8$(美元)，最初成本为9.75美元，故利润为 $8-9.75=-1.75$(美元)，即会亏损1.75美元，这是最小亏损，因为如果不执行期权，则会亏损最初成本9.75美元。

c. 因为股票价格高于行权价格，将不会执行看跌期权，将会损失最初成本12.01美元。

19. 为什么看涨期权在其行权价格高于标的股票的价格时，仍以正的价格销售？

答：股票当前的价格往往低于未来的价格，而且股票价格波动幅度较大，虽然当前股票价格低于期权行权价格，在未来，两者的高低仍难以确定，投资者仍可能执行期权获得收益。因此，看涨期权仍能以正的价格出售。

20. 某一看涨期权和某一看跌期权的标的股票均为XYZ，两者的行权价格均为每股50美元，期限均为6个月。若投资者以4美元的价格购入看涨期权，当股票价格分别为下列水平时，投资者的收益将各是多少？若投资者以6美元的价格购入看跌期权，当股票价格分别为下列水平时，投资者的收益又将各是多少？

a. 40美元　b. 45美元　c. 50美元　d. 55美元　e. 60美元

答：

	到期时看涨期权价值	初始成本	损益
a.	0	4	-4
b.	0	4	-4
c.	0	4	-4
d.	5	4	1

续表

	到期时看涨期权价值	初始成本	损益
e.	10	4	6
	到期时看跌期权价值	初始成本	损益
a.	10	6	4
b.	5	6	−1
c.	0	6	−6
d.	0	6	−6
e.	0	6	−6

21. 说明看跌期权与期货合约中空头头寸的区别。

答：看跌期权是在到期日或到期日之前以规定的行权价格出售标的资产的权利。而期货合约中的空头头寸是在到期日以合同规定的价格出售标的资产的义务。

22. 说明看涨期权与期货合约中多头头寸的区别。

答：看涨期权是在到期日或到期日之前以规定的行权价格购买标的资产的权利。而期货合约中的多头头寸是在到期日以合同规定的价格购买标的资产的义务。

二、CFA 考题

1. 优先股的收益率经常低于债券的收益率，原因是________。

a. 优先股的机构评级通常更高

b. 优先股的所有者对公司收益享有优先索偿权

c. 当公司清算时优先股的所有者对公司资产享有优先求偿权

d. 公司收到的大部分股利收入可以免除所得税

答：d。债券利息收入要缴纳所得税，而优先股的股利收入是免税的。即使优先股以较低的收益率出售，由于其拥有税收优势，扣除所得税后，债券的收益率可能还要低于优先股。

2. 某市政债券的利率为6.75%，按面值进行交易，某纳税者的联邦和州综合税率等级为34%，该市政债券的应税等级收益率是多少？

答：应税等级收益率为：6.75%/(1−0.34)=10.23%。

3. 若预期股市将会大幅增长，股票指数期权市场上的下列哪项交易的风险最大？

a. 出售一份看涨期权

b. 出售一份看跌期权

c. 购买一份看涨期权

d. 购买一份看跌期权

答：a。随着股票价格升高，看涨期权卖方将承担无限的潜在损失。

4. 短期市政债券的收益率为4%，应税债券的收益率为5%，当你的税率等级分别为以下情况时，哪一种债券可以提供更高的税后收益率？

a. 0　　b. 10%　　c. 20%　　d. 30%

答：a. 应税债券。税率等级为零时，应税债券的税后收益率与税前收益率相同(5%)，这高于市政债券的收益率。

b. 应税债券。其税后收益率为5%×(1−10%)=4.5%。

c．两种一样。应税债券的税后收益率为 $5\% \times (1-20\%)=4.0\%$，与市政债券的收益率相同。

d．市政债券。应税债券的税后收益率为 $5\% \times (1-30\%)=3.5\% < 4.0\%$，税率等级在20%以上时，市政债券会为投资者提供更高的税后收益率。

5．免税债券的利率为5.6%，应税债券的利率为8%，两种债券均按面值销售，当投资者的税率等级为多少时投资两种债券是无差别的？

答：若税后收益率相等，则 $0.056=0.08\times(1-t)$，解得 $t=0.30=30\%$。

第3章　证券是如何交易的

3.1　复习笔记

1. 证券发行

(1)基本概念

①一级市场与二级市场

一级市场是指证券的发行市场。二级市场是指已发行证券的流通转让市场。

②首次公开发行与增发

一级市场中普通股的发行方式有两种：首次公开发行和增发。

a. 首次公开发行是指将要上市的公司首次向公众发行股票的行为。

b. 增发是指已上市公司再次发行股票的行为。

③公开发行与私募

一级市场中证券的发行方式分为两种：公开发行和私募。

a. 公开发行指向广大投资者发行新证券的行为，因此这些证券可以在二级市场上交易。

b. 私募指向一家或几家机构投资者发行新证券的行为，这些机构投资者通常会将证券持有至到期。

(2)投资银行与承销

①承销与承销辛迪加

a. 承销是指投资银行代理证券发行者销售证券的业务类型。

b. 承销辛迪加是指发行数量很大时由多家投资银行组成的承销银团。

②包销与代销

a. 包销是指承销商以低于发行定价的价格把公司发行的股票全部买进，再转卖给投资者，这样承销商就承担了在销售过程中股票价格下跌的全部风险。承销商所得到的买卖差价是对承销商所提供的咨询服务以及承担包销风险的补偿。

b. 代销是指承销商许诺尽可能多地销售股票，但不保证能够完成预定销售额，任何没有出售的股票可退给发行公司。这样，承销商不承担风险，仅收取服务费用。

③暂搁注册

美国证券交易委员会通过的415条款允许公司在证券初次注册后的两年时间内，经过临时通知逐期向公众销售证券。由于这些证券已被“放上货架”，准备发行，因而称暂搁注册。由于该证券已经被注册，仅补充少量文件报告就可以进行销售。另外，证券能够在不必花费大量筹资成本的情况下进行少量的销售。

(3)首次公开发行

①路演和预约

a. 路演是指投资银行在证券交易委员会完成对注册登记表的评审和发放初步募股说明书之后，在全国范围内组织宣传有关即将进行发行的信息的过程。路演的目的：吸引潜在的投资者，为他们提供有关信息；为发行公司和承销商收集证券出售价格的信息。

b. 预约是指大量的投资者在股票发行之前与承销商商谈他们购买首次公开发行证券的意向。统计潜在投资者的过程称为预约准备。预约可以为发行公司提供有价值的信息，因为大型机构投资者对证券市场的需求、发行公司的前景、竞争者情况具有敏锐的洞察力。

②首次公开发行的抑价

首次公开发行的抑价是指首次公开发行的价格通常是偏低的，股票在公开证券市场交易的当天经常发生价格暴涨。

③首次公开发行的成本

首次公开发行的显性成本通常约为筹资总额的7%，而抑价可以看作是另一种成本。

2. 证券交易

(1)市场的类型

①直接搜寻市场

直接搜寻市场是组织性最弱的市场，市场上的买方和卖方需要直接相互搜寻。这类市场交易的特点是商品非标准化、交易频率低且价值低。

②经纪人市场

经纪人市场比直接搜寻市场的组织性更强。在该市场中，买卖双方通过经纪人获取信息并进行交易，经纪人可以从中获利。

③交易商市场

当某一特定资产的交易活动增加时，就产生了交易商市场。交易商对各种资产进行分类研究，购买资产作为存货并通过销售从中盈利，其利润即为资产的买卖差价。

④拍卖市场

拍卖市场的组织性最强，是从事拍卖活动的经营场所，其具有发现商品价格的功能。在拍卖市场中，由专门从事拍卖的机构，在规定的时间和地点，按一定的规则通过公开竞购来把拍卖的商品卖给出价最高的买主。

(2)交易指令的类型

①市价委托指令

市价委托指令是按照当前市价立刻完成交易的买卖指令。

②限价指令

限价指令是指投资者委托经纪人按规定的价格，或比限定价格更有利的价格买卖证券。具体地说，对于限价买进委托，成交价只能低于或等于限定价格；对于限价卖出委托，成交价只能高于或等于限定价格。

③止损指令

止损指令是指投资者委托经纪人在证券价格上升到或超过指定价格时按市价买进证券，或在证券价格下跌到或低于指定价格时按市价卖出证券的一种限制性指令。

(3)交易机制

一般而言，美国有三大交易系统：场外交易商市场、电子交易所和专家做市商市场。

①场外交易商市场

在该机制下，由证券交易商给出其所期望的证券报价，然后经纪人撮合报价最具吸引力的买卖双方进行交易。

②电子交易所

在该机制下，买卖双方可以通过计算机网络直接发出买卖指令，限价订单簿也没有查看限制。其优势在于：

a. 无需经纪人直接交易，消除了买卖价差；

b. 交易成本可达最低；

c. 执行速度快，投资者可以匿名交易。

③专家做市商市场

专家做市商为一家或多家公司的股票“做市”。这项工作要求他们充当经纪人或交易者的角色。专家做市商的收入来源于两个渠道：一是充当经纪商执行交易委托而获得的佣金；二是买卖证券的报价价差。

专家做市商的功能：

a. 专家做市商系统形成一个拍卖市场，所有的买卖指令集中于一点，而最有力的指令赢得交易机会，专家做市商仅起到了方便交易的作用。

b. 专家做市商以一个交易者的身份维持一个“公平有序的股票市场”，即要求其通过动用存货买卖股票来保持市场的有序运行。

c. 专家做市商的存在有利于避免扩大价差，原因在于：

首先，他们收入的源泉之一是在买卖报价基础上完成的频繁交易，买卖报价的价差就是他们的盈利。过大的价差将使专家做市商的报价与其他交易者提供的限价指令相比没有了竞争性。

其次，专家做市商必须为市场提供具有连续性的价格，所以他们不能利用过大的买卖价差来保护自身利益。

专家做市商的收入来源于两个渠道：一是充当经纪商执行交易委托而获得的佣金，二是买卖证券的买卖报价价差。

3. 美国证券市场

(1)纳斯达克

纳斯达克的会员分为三个级别：①三级会员为最高级别，是指证券做市商；②二级会员通常指经纪公司；③一级会员通常指投资者。

(2)纽约证券交易所

纽约证券交易所是最主要的专家做市商市场。

(3)电子交易场所

电子交易市场主要包括 BATS、Direct Edge 和 NYSE Arca。股票多采用电子化交易。

4. 新的交易策略

(1)算法交易

算法交易是指通过电脑程序以进行交易。

(2)高频交易

高频交易属于算法交易，它利用电脑程序以快速执行各项交易。

(3)资金暗池

资金暗池中的交易者可以隐藏其身份以进行大宗交易，同时其交易可能不被报告，也可能被模糊交易者信息后和其他交易混合在一起进行报告。

(4)债券交易

债券交易是指以债券为对象进行的流通转让活动。在美国全部交易所中，纽约证券交易所债券系统是最大的集中化债券市场。

5. 股票市场的全球化

股票市场全球化意味着各国股票市场打破国界限制，各国国内股票市场与国际股票市场连为一体，形成全球的经营网络，资本流动不受地域限制，不存在制度规则障碍，还可以从规模经济效应中获取更大的收益。

6. 交易成本

(1)经纪人佣金

个体经纪人有两种形式：综合服务经纪人和折扣经纪人。综合服务经纪人又称账户执行者或财务顾问，他们除了提供执行指令、妥善保管证券和增加保证金贷款等基本服务外，还会给出关于投资决策的信息与意见。

折扣经纪人只提供有关证券价格行情的信息。他们全部的服务就是买卖并妥善保管证券，提供保证金贷款并促进卖空交易。

(2)隐性成本

①当经纪人同时也是被交易证券的交易商，那么他不会收取佣金而是从买卖差价中赚取服务费用，这种买卖差价就是一种隐性成本。

②当投资者愿意交易的股票数量超过了交易商愿意以公布的买价或卖价交易的数量时，投资者就不得不在价格上做出一定的让步，这可以看作一种隐性成本。

(3)在线交易

在线经纪公司可以提供更廉价的交易。

7. 保证金购买和卖空

(1)保证金购买

保证金购买又称为“信用交易”，是指对市场行情看涨的投资者交付一定比例的初始保证金，由经纪人垫付其余价款，为他买进指定证券。

(2)卖空交易

卖空交易是指对市场行情看跌的投资者本身没有证券，就向经纪人缴纳一定比率的初始保证金以借入证券，在市场上卖出，并在未来买回该证券还给经纪人。

交易所规定，卖空者不能利用卖空所获得的收益再次投资，必须将其存入经纪人账户。对于卖空期间股价上涨造成的损失，卖空者需要追加保证金。

8. 证券市场监管

(1)政府监管

美国政府通常以制定法令的形式对证券市场交易进行监管和制约。两个主要的法律为1933年的《证券法》和1934年的《证券交易法》。

此外，证券交易需要遵守其所在州的法律，各州相关法律被统称为蓝天法。

(2)自律

金融行业监管局是证券市场中最重要的一类自律机构，它是美国最大的非政府监管机构。其目的是保持证券市场公正以及保护投资者。此外，还有针对从业人员的自律监管机构，如投资专业人员协会。

(3)《萨班斯－奥克斯利法案》

美国国会于2002年颁布了《萨班斯－奥克斯利法案》，该法案的主要改革内容如下：

①成立一个上市公司会计监管委员会以监督上市公司的审计。

②公司董事会的审计委员会中必须包含独立的财务专家。

③首席执行官和首席财务官必须亲自保证其披露的财务报表在所有重大方面真实反映了公司的经营成果和财务状况。若这些财务报表具有误导性，他们个人将受到处罚。

④审计师不再为客户提供除审计外的服务，以避免从咨询服务中获取利益影响审计的质量。

⑤董事会中必须包含独立董事，必须定期召开管理层不参加的董事会会议(这样可以避免管理层妨碍或影响讨论)。

(4)内幕交易

证券市场监管中非常重要的一项是禁止内幕交易。内幕信息是指证券交易活动中，涉及公司的经营、财务或者对公司证券的市场价格有重大影响的尚未公开的信息，证券交易过程中使用内幕消息是违法的。

3.2 课后习题详解

一、习题

1. 止损指令、限价卖出指令和市场指令之间的区别是什么?

答: ①市价委托指令是按照当前市价立刻完成交易的买卖指令。

②限价指令是投资者委托经纪人按其规定的价格，或比限定价格更有利的价格买卖证券。具体而言，对于限价买进委托，成交价只能低于或等于限定价格；对于限价卖出委托，成交价只能等于或高于限定价格。

③止损指令是指投资者委托经纪人在证券价格上升到或超过指定价格时按市价买进证券，或在证券价格跌到或低于指定价格时按市价卖出证券的一种限制性指令。

2. 为什么近几年平均交易规模在逐渐下降?

答: 为了避免执行大型的买入或出售计划使价格向不利于自己的方向移动，一种方法是将大量交易分割成许多小的交易，每个都可以在电子市场被执行，以试图隐藏最终要买入或卖出大量股票的事实，这种趋势导致了平均交易规模快速下滑。

3. 保证金交易是如何既放大上行潜力又增加投资的下行风险的?

答: 保证金购买又称为"信用交易"，是指对市场行情看涨的投资者交付一定比例的初始保证金，由经纪人从银行借入活期贷款以垫付其余价款，为他买进指定证券，投资者需要向经纪人支付贷款利息和相关服务费用。

保证金交易使得投资者的投资金额可以大于他们实际拥有的金额，从而在获得收益时可以得到更多的收益，但同时，如果发生亏损，也会比其不借入资金购买时的亏损大。因此，保证金交易既放大了上行潜力又增加了投资的下行风险。

4. 市场委托指令具有________。

a. 价格的不确定性，执行的确定性

b. 价格和执行的不确定性

c. 执行的不确定性，价格的确定性

答: a。市价指令是以可能的最好的价格立即执行交易的指令。市价指令强调的是执行速度(减少执行的不确定性)。其缺点在于行权价格不能预知，因此具有价格的不确定性。

5. 在发展中国家，流动性差的证券最可能在什么市场中交易?

a. 经纪人市场

b. 电子通信网络

c. 电子限价指令市场

答：a。电子通信网络的优势在于可以执行大宗订单而不影响公开报价。对流动性差的证券来说，大宗订单不太可能出现因此也不会通过电子通信网络交易。

电子限价指令市场(ELOM)交易的证券具有高交易量。流动性差的证券不可能在电子限价指令市场上交易。

6. 投资者 Dee 开设了一个经纪人账户，以每股 40 美元购买了 300 股 Internet Dreams 的股票，为支付购买价款，她向经纪人借款 4000 美元，贷款利率为 8%。

a. Dee 首次购买股票时，其账户中的保证金是多少?

b. 若年末时股价跌至每股 30 美元，Dee 账户中的剩余保证金是多少? 若维持保证金比例是 30%，她会收到保证金催缴通知吗?

c. 她的投资收益率是多少?

答：a. 购买股票的成本是：$300 \times 40 = 12000$(美元)，从经纪人处借了 4000 美元。因此，投资者的保证金为 8000 美元。

b. 如果股价跌至每股 30 美元，则股票的总价值跌至 9000 美元。年末时，欠经纪人的贷款增长至：$4000 \times 1.08 = 4320$(美元)。因此，投资者账户的剩余保证金为：$9000 - 4320 = 4680$(美元)。现在，保证金比例为：$4680/9000 = 0.52 = 52\% > 30\%$。因此，她不会收到保证金催缴通知。

c. 这一年的投资收益率为：(账户期末权益 - 初始权益)/初始权益 = $(4680 - 8000)/8000 = -0.415 = -41.5\%$。

7. 投资者 Old Economy 开设了一个账户，卖空了 1000 股 Internet Dreams 的股票，最初的保证金比例是 50%(保证金账户没有利息)。一年后，Internet Dreams 的股价从每股 40 美元涨至每股 50 美元，且该股票已支付了每股 2 美元的股利。

a. 账户中的剩余保证金是多少?

b. 若维持保证金比例要求是 30%，Old Economy 会收到保证金催缴通知吗?

c. 其投资收益率是多少?

答：a. 初始保证金为：$0.50 \times 1000 \times 40 = 20000$(美元)。

股价的增长导致 Old Economy 的交易商损失：$10 \times 1000 = 10000$(美元)。

因此，保证金减少了 10000 美元。

此外，Old Economy 交易商必须向股票的持有者支付每股 2 美元的股息，从而账户中的保证金还要额外减少 2000 美元。因此剩余保证金为：$20000 - 10000 - 2000 = 8000$(美元)。

b. 保证金比例为：$8000/50000 = 0.16 = 16\%$，因此会收到保证金催缴通知。

c. 账户中的股票在一年之内从 20000 美元下降至 8000 美元，从而收益率为：$(-12000/20000) = -0.60 = -60\%$。

8. 表 3-1 是专家做市商的最新成交簿，该股票上笔交易的成交价格是每股 50 美元。

表 3-1

限价买入指令		限价卖出指令	
报价(美元)	股票数量	报价(美元)	股票数量
49.75	500	50.25	100
49.50	800	51.50	100

限价买入指令		限价卖出指令	
报价(美元)	股票数量	报价(美元)	股票数量
49.25	500	54.75	300
49.00	200	58.25	100
48.50	600		

a. 若买入100股的市场委托指令出现，行权价格将是多少？

b. 下一条市场委托买入指令将以何种价格执行？

c. 如果你是专家做市商，你会增加还是减少自己的股票存货？

答：a. 市价买入委托指令将以最低的限价卖出指令价格50.25美元成交。

b. 下一个市价买入委托指令将按前个交易完成之后的最低卖出价格51.50美元成交。

c. 会增加自己的存货。从委托书可以看出，此股票在低于50美元的价位有相当大的买入压力；而卖出压力却很小。表明适度的买入指令可能导致股价的大幅上涨。

9. 你对Telecom的股票看涨，其当前市价是每股50美元，你自己有5000美元可进行投资，此外你又从经纪人处借入5000美元，年利率为8%。你将这10000美元全部投资该股票。

a. 若Telecom的股价在下一年内上涨10%，你的投资收益率将是多少(不考虑股利)？

b. 若维持保证金比例为30%，Telecom的股价跌至多少时你会收到保证金催缴通知？假设股价是瞬间变化。

答：a. 用10000美元买入了200股的Telecom股票。在下一年内，这些股票价值将增加10%或1000美元。支付的利息是：$0.08\times5000=400$(美元)。从而，收益率为：$\frac{1000-400}{5000}=0.12=12\%$。

b. 设200股股票的价值为$200P$，则权益价值为$(200P-5000)$。令$\frac{200P-5000}{200P}=0.30$，解得$P=35.71$(美元)，从而知当$P$小于等于35.71美元时会收到保证金催缴通知。

10. 你对Telecom的股票看跌，其当前市价是每股50美元，你决定卖空100股。

a. 若经纪人的维持保证金比例要求是空头头寸的50%，你必须在你的经纪人账户中存入多少现金或证券？

b. 若经纪人的维持保证金比例要求是空头头寸的30%，股价涨到多少时你会收到保证金催缴通知？

答：a. 初始保证金为5000美元的50%，即2500美元。

b. 总资产为7500美元(5000美元来自卖空股票，2500美元为保证金)。负债为$100P$。因此，权益价值为$(7500-100P)$。令$\frac{7500-100P}{100P}=0.30$，解得$P=57.69$(美元)，从而知当$P$大于57.69美元时会收到保证金催缴通知。

11. 假设英特尔股票的当前价格为每股20美元，你买入1000股，其中15000美元为你的自有资金，剩下的向经纪人借入，贷款利率为8%。

a. 若英特尔的股价瞬间变为：①22美元；②20美元；③18美元，你的经纪人账户中权益的变动百分比是多少？你的投资收益率与股价变化率之间的关系是什么？

b. 若维持保证金比例 25%，股价跌至多少时你会收到保证金催缴通知？

c. 若你最初买入股票时自有资金仅为 10000 美元，问题 b 的答案将如何变化？

d. 若一年后英特尔的股价变为：①22 美元；②20 美元；③18 美元，你的投资收益率分别为多少(假设你最初投资的自有资金为 15000 美元)？你的投资收益率与股价变化率之间的关系是什么？

e. 假设一年已经过去，股价跌至多少时你会收到保证金催缴通知？

答：买入股票的总成本为 $20\times1000=20000$(美元)，从经纪人处借得 5000 美元，并从自有资金中取出 15000 美元进行投资，从而保证金账户初始净值为 15000 美元。

a. (i)若英特尔的股价瞬间变为 22 美元，则权益增至：$(22\times1000)-5000=17000$(美元)；

权益变动百分比 $=2000/15000=0.1333=13.33\%$。

(ii)若英特尔的股价仍为 20 美元，则权益不变，从而权益变动百分比为 0。

(iii)若英特尔的股价瞬间变为 18 美元，则权益跌至 $(18\times1000)-5000=13000$(美元)；

权益变动百分比 $=-2000/15000=-0.1333=-13.33\%$。

股价变化率和投资者收益率的关系由下式给出：

$$收益率=股价变化率\times\frac{总投资}{投资者的初始权益}=股价变化率\times1.333$$

b. 设股票价格为 P，则 1000 股股票的价值为 $1000P$，权益价值为 $(1000P-5000)$。令 $\frac{1000P-5000}{1000P}=0.25$，解得 $P=6.67$(美元)，从而可知当股价跌至 6.67 美元时会收到保证金催缴通知。

c. 1000 股股票的价值为 $1000P$，但是现在借了 10000 美元，而不是 5000 美元。因此，权益价值为 $(1000P-10000)$，令 $\frac{1000P-10000}{1000P}=0.25$，解得 $P=13.33$(美元)，从而得知当股价跌至 13.33 美元时会收到保证金催缴通知。

d. 一年后，贷款金额增加至 $5000\times1.08=5400$(美元)，账户权益价值为 $(1000P-5400)$，初始权益价值为 15000 美元。因此，一年后的收益率如下：

(i) $\frac{(1000\times22)-5400-15000}{15000}=0.1067=10.67\%$；

(ii) $\frac{(1000\times20)-5400-15000}{15000}=-0.0267=-2.67\%$；

(iii) $\frac{(1000\times18)-5400-15000}{15000}=-0.1600=-16.00\%$。

Intel 股票价格的百分比变化和投资收益率的关系如下：

$$收益率=\left(股价变化率\times\frac{总投资}{投资者的初始权益}\right)-\left(8\%\times\frac{借款}{投资者的初始权益}\right)$$

e. 1000 股股票的价值为 $1000P$，权益价值为 $(1000P-5400)$，则 $\frac{1000P-5400}{1000P}=0.25$，解得 $P=7.20$(美元)，从而当股价跌至 7.20 美元时会收到保证金催缴通知。

12. 假设你卖空 1000 股英特尔公司的股票，其当前市价为每股 20 美元，你向经纪人支付 15000 美元来建立你的保证金账户。

a. 假设保证金账户没有利息，若一年后英特尔的股价变为：①22 美元；②20 美元；③18美元，你的投资收益率分别为多少(不考虑股利)？

b. 若维持保证金比例为 25%，股价涨至多少时你会收到保证金催缴通知？

c. 假设英特尔公司支付每股 1 美元的年终股利，重新计算问题 a 和问题 b。其中，问题 a 中的股价不包含股利。

答：a. 空头头寸的损益为$(-1000\times\Delta P)$，投资金额为 15000 美元，因此，收益率 = $(-1000\times\Delta P)/15000$，三种情形下的收益率分别为：

(i)收益率 = $(-1000\times2)/15000=-0.1333=-13.33\%$；

(ii)收益率 = $(-1000\times0)/15000=0\%$；

(iii)收益率 = $[-1000\times(-2)]/15000=0.1333=13.33\%$。

b. 保证金账户的总资产为：20000(来自股票的销售) + 15000(初始保证金) = 35000(美元)，债务为 $1000P$，令$\frac{35000-1000P}{1000P}=0.25$，解得 $P=28$(美元)，从而当股价涨至 28 美元时会收到保证金催缴通知。

c. 股利为 1 美元，空头头寸也必须为借得的股票支付(1 美元/股 × 1000 股) = 1000(美元)。现在收益率为$[(-1000\times\Delta P)-1000]/15000$。

(i)收益率 = $[(-1000\times2)-1000]/15000=-0.2000=-20.00\%$；

(ii)收益率 = $[(-1000\times0)-1000]/15000=-0.0667=-6.67\%$；

(iii)收益率 = $[(-1000)\times(-2)-1000]/15000=0.0667=6.67\%$。

总资产为 35000 美元，债务为$(1000P+1000)$。

令$\frac{35000-1000P-1000}{1000P}=0.25$，解得 $P=27.20$(美元)，则当股价涨至 27.20 美元时会收到催缴通知。

13. 下面是 Marriott 股票价格的部分信息：

	买方报价(美元)	卖方报价(美元)
Marriott	39.95	40.05

你已发出一条 40 美元的止损指令，这意味着你在向经纪人传达什么意思？考虑到当前的市场价格。你的指令会被执行吗？

答：经纪人收到的指示为：当股价等于或低于 40 美元时，立即卖出 Marriott 公司股票。经纪人会执行委托，但是因为现在买入价是 39.95 美元，经纪人很可能无法以 40 美元的价格售出，而很可能以当前的买价 39.95 美元卖出。因为当价格符合要求时，止损指令将转变成按照当前市价卖出的市价指令。

14. 下面是 Fincorp 股票价格的部分信息，假设该股票在交易商市场进行交易。

买方报价(美元)	卖方报价(美元)
55.25	55.50

a. 假设你已向经纪人发出一条市场委托买入指令，该指令的行权价格将是多少？

b. 假设你已向经纪人发出一条市场委托卖出指令，该指令的行权价格将是多少？

c. 假设你已向经纪人发出一条 55.62 美元的限价卖出指令，将会发生什么？

d. 假设你已向经纪人发出一条55.37美元的限价买入指令，将会发生什么？

答：a. 买入价格为当前交易商卖价55.50美元。

b. 卖出价格为交易商买入价55.25美元。

c. 因为买方报价低于限价卖出指令指定的55.62美元，所以交易将不会被执行。

d. 因为卖方报价高于限价买入指令指定的55.37美元，交易将不会被执行。

15. 你以保证金贷款的形式借入20000美元购买迪士尼公司的股票，该股票的当前市价为每股40美元，账户的初始保证金比例要求为50%，维持保证金比例要求为35%，两天后该股票的价格跌至每股35美元。

a. 此时你会收到保证金催缴通知吗？

b. 股价下跌至多少时，你会收到保证金催缴通知？

答：a. 不会收到保证金催缴通知。借入的20000美元和自有的20000美元可以以40美元的价格买入迪斯尼公司的股票1000股。在股价为每股35美元时，股票的市场价值为35000美元，权益价值为15000美元，保证金比例为15000/35000 = 42.9%，超过了保证金维持比例。

b. 令$\frac{1000P-20000}{1000P}=0.35$，解得$P=30.77$（美元），则知当$P$小于等于30.77美元时会收到保证金催缴通知。

16. 1月1日，你以每股21美元卖空一手（即100股）Lowes公司的股票。2月1日，收到每股2美元的股利支付。4月1日，你以每股15美元的价格买入股票填补卖空的股票。每笔交易你都要支付每股50美分的佣金。4月1日，你账户的价值是多少？

答：卖空的收入（减去佣金）为：$(21\times100)-50=2050$（美元）。从该账户中提取200美元的股利。在每股15美元情况下平仓将花费（包括佣金）$1500+50=1550$（美元）。因此，账户价值等于交易净利润，为$2050-200-1550=300$（美元）。

另一种计算方法是先计算出每股净利润，然后乘以股票数量100股。每股净利润为：

21美元	股票售价
−15美元	股票回购价
−2美元	每股红利
−1美元	两次交易的佣金，每次每股0.50美元
3美元	

因此，4月1日的账户价值 $=100\times3=300$（美元）。

二、CFA考题

1. FBN公司刚刚首次公开发行了100000股股票，支付给承销商的显性费用为70000美元，首次公开发行价格为每股50美元，但发行后立即涨至每股53美元。

a. 你认为FBN公司这次首次公开发行的总成本是多少？

b. 承销的总成本是承销商的利润来源之一吗？

答：a. 除了70000美元的显性费用外，FBN公司还为首次公开发行的折价发行支付了一笔隐形费用。折扣额为每股3美元，总计300000美元，这意味着总成本为370000美元。

b. 不是。承销商并未获得相应的折价成本。如果不存在折价，承销难度必然加大，发行者要支付更多的承销费用。

2. 某股票的当前市价为每股 62 美元，你发出一条以每股 55 美元卖出 100 股该股票的止损指令，若股价跌至每股 50 美元，每股你将收到多少钱?

a. 50 美元

b. 55 美元

c. 54.87 美元

d. 根据已知信息无法判断

答：d。经纪人将努力在第一笔市价低于或等于 55 美元之后进行市价委托，收入接近 55 美元，但不能确定具体数字。

3. 纽约证券交易所的专家做市商不包括下列哪一项?

a. 作为自己账户的交易商

b. 执行限价指令

c. 向市场提供流动性

d. 作为交易商

答：d。专家做市商的业务有执行委托、买卖证券存货以保证价格的稳定和市场的流动性等，不包括零股自营商。

第4章　共同基金与其他投资公司

4.1　复习笔记

1. 投资公司

(1)概念

投资公司是指将投资者分散的资金集中起来，由专业管理人员将其分散投资于股票、债券或其他金融资产的一种中介机构。每一投资者对投资公司的资产组合都有一定比例的要求权。

(2)投资公司的功能

①记录保存与管理。投资公司出具阶段性管理情况报告，记录资本的分配、股利、投资及本金赎买等情况，并替投资者对股利及利息收入进行再投资。

②多样化可分割性。投资公司通过集中资金以使投资者拥有多种证券的一部分。

③专业化管理。许多投资公司有专业的证券分析人员和管理人员，对证券进行操作以争取优异的收益。

④低交易成本。因为投资公司进行的是大宗交易，所以可以节省经纪人费用和佣金。

(3)投资公司的资产净值

资产净值(NAV)是指投资公司的每一股份的价值。每股资产净值=(资产市场价值-负债)/在外流通的股份数量。投资者得到的公司所有权份额是由他们所购买的股份占投资公司总股份的比例决定的。

2. 投资公司的类型

(1)单位投资信托

单位投资信托是在基金寿命期内对固定的一种资产组合进行投资的一种投资公司，又被称为无管理的基金。单位投资信托的发起人将该信托股份的发行价定为资产成本与溢价之和，其收益即为溢价部分。希望变现手中单位投资信托股份的投资者可以按照资产净值将股份卖回给单位信托的受托人。

(2)投资管理公司

投资管理公司是指投资的资产组合处于不断的变动和管理之中的投资公司。

开放型基金通常被称为共同基金，是指基金份额总额不固定，投资者可以随时以基金净值认购和赎回基金份额的基金。

封闭型基金是指份额一定，不能随时认购或赎回的投资基金。其投资者只能向其他投资者出售基金份额以实现变现。封闭型基金可以在二级市场中进行流通交易，因此其价格往往与资产净值不同。

(3)其他投资机构

①综合基金

综合基金是集中投资者资金的合伙制企业。综合基金是通过管理公司进行组织和运营的，因此需要向管理公司支付管理费用。其形式类似于共同基金，但是交易对象并非基金股份，而是以资产净值进行买卖的基金单位。

②房地产投资信托

房地产投资信托是指信托投资公司发挥专业理财优势，通过实施信托计划筹集资金对不动产或担保物为不动产的贷款进行投资。

房地产投资信托一般可分为产权信托和抵押信托两类。前者主要对不动产进行投资，后者通常投资于抵押和工程贷款。

③对冲基金

对冲基金是指采用对冲交易手段如财务杠杆、衍生工具以及卖空交易进行投资的基金。

对冲基金通常试图利用证券价格的暂时性波动来牟利，且需尽力做到"市场中立"。对冲基金经常大量运用财务杠杆，所以收益波动很大。

3. 共同基金

(1)投资策略

按投资策略可以将基金分为：

①货币市场基金

货币市场基金主要针对货币市场证券进行投资。货币市场基金具有支票存款账户性质，其资产净值为每股1美元，不受税收影响。

②股权基金

股权基金主要针对股票进行投资，但也可以按照资产组合管理人的意愿投资于固定收益证券等证券。基金通常至少会持有几种货币市场证券，目的是在发生股份赎回时，可提供必要的流通变现能力。

按照基金对资本增值和当前收入的偏好来划分普通股权基金：

a. 收入型基金更愿意投资于高红利收入的公司股票，从而该基金可以提供高的当前收入；

b. 成长型基金倾向于投资资本利得更高的公司股票，并不注重当前收入。因此成长型基金所承担的风险比收入型基金要大得多。

③行业基金

行业基金是指对某一特定行业进行投资的基金。

④债券基金

债券基金是指只对固定收益债券进行投资的基金。

⑤国际基金

国际基金是指只对美国以外的公司证券进行投资的基金。

⑥平衡型基金

平衡型基金在固定收益和权益两类证券上投资的比例相对稳定。生命周期基金是一种平衡型基金，其资产组合一般取决于投资者的年龄，包括激进型生命周期基金和保守型生命周期基金。很多平衡型基金也会对其他共同基金进行投资，是基金的基金。

⑦资产灵活配置型基金

资产灵活配置型基金类似于平衡基金，但是其会根据对不同类别资产相对表现的预测而使每类资产的投资比例发生较大的变化。因此，资产配置基金需要更积极地进行市场择时，不是低风险投资工具类。

⑧指数基金

指数基金是追踪标的指数表现的基金。该基金以某一指数的成份股为投资对象，按照该指数构成的标准购买该指数包含的全部或者部分证券。

(2)投资基金的发行

共同基金一般有两类公开发行方式：

①经由基金承销商直接向公众出售；

②经由作为销售商代理的经纪人间接与公众进行交易。

当今的基金发行方式的发展趋势是向“金融超市”方向发展，利用“金融超市”发行多种综合基金股份。

4. 共同基金的投资成本

(1)费用结构

①运营费用

运营费用是对投资组合进行管理而造成的成本，包括管理费用和咨询费用。运营费用主要是对基金管理人的报酬。

②前端费用

前端费用是指进行证券交易时所需的佣金或销售费用，该费用一般是对经纪人的报酬。

③撤离费用

撤离费用是指卖出基金份额所产生的赎回或撤出费用。

④12b－1 费用

12b－1 费用指的是基金的发行成本和经纪人的佣金。

(2)费用与共同基金的收益

假设期初和期末的资产净值分别为NAV_0和NAV_1，则有

$$收益率=(NAV_1-NAV_0+收入和资本利得的分配)/NAV_0$$

基金收益率等于资产组合的总收益率与总费用率的差值。

5. 共同基金所得税

按照联邦税法的规定，共同基金的所得税只需投资者缴纳，而不必由基金本身承担。

投资者投资于共同基金时，从资产组合中销售证券的时机必然在投资者的控制之外，削弱了投资者管理税赋的能力。具有高资产组合换手率的基金，由于不断地实现着资本利得或资本损失，投资者不能确定其实现的时间，无法全面地规划税赋。

换手率为资产组合的交易量与其资产数额的比率。它测度的是资产组合中的资产每年被更换的比重。

6. 交易所交易基金

(1)概念

交易所交易基金(ETF)属于共同基金，该基金允许投资者将指数组合像股票一样去进行交易。

(2)ETF 与传统的共同基金相比的优势

①投资于共同基金的投资者每天只有一次购买或出售其基金份额的机会。但是 ETF 能够连续交易并实现卖空或买空。

②不同于共同基金，ETF 存在潜在的税收优势。共同基金只能通过卖出证券来应付投资者的赎回申请，如此导致的资本利得税将转嫁到其他的份额持有人手中。但是对于 ETF，小投资者可以卖出其持有份额以实现赎回，大投资者则将其持有份额转换为潜在资产组合里的

份额，从而赎回不会引发基金发起人的股票出售。

③ETF 比共同基金便宜。投资者直接通过经纪人买入 ETF 份额，无需从基金处购买。因此，ETF 的营销成本得到了控制，进一步节省了管理费用。

(3)ETF 的缺点

因为 ETF 能够像股票一样进行流通交易，所以其价格会由于套利行为而短暂偏离其资产净值。购买共同基金时没有佣金和手续费，而 ETF 是通过经纪人买入，因此还存在一定费用。

7. 共同基金投资业绩

一些研究表明，业绩差的基金比业绩好的基金更容易保持记录，因为持续性不良投资业绩的特征是易于识别的，如明显的高费用比率、高换手率、高交易成本等。这说明，对基金未来业绩的评判仍然很困难，但是分析基金过去的业绩表现可以防止投资于业绩差的基金。

8. 共同基金的信息

(1)募股说明书

美国证券交易委员会规定，募股说明书中“投资目标声明”部分需要对基金的投资目的和政策作出简洁说明，并阐明具体的投资策略和风险。同时还需要介绍基金的投资顾问和资产组合管理者，以及基金相关的交易成本和各种费用。

(2)补充信息表格

补充信息表格即募股说明书的 B 部分，包含会计年度末属于基金投资范围的证券一览表，已审计的财务报表和基金管理人、主管人员的情况。

(3)基金的年报

基金年报包含基金投资的具体对象、财务报表和上一报告期内造成基金业绩变动的各类原因。

4.2 课后习题详解

1. 你认为一只典型的开放式固定收益基金比一只固定收益单位投资信托的运营费用是高还是低？为什么？

答：单位投资信托应具有较低的营运费用，因为它的资产组合在信托基金成立时就已经确定，因而不需要资产组合的经理经常性的监管和根据察觉到的需要或机会的变化而重新平衡资产组合。因为其资产组合是固定的，单位投资信托实际上也没有交易成本。

2. 下列投资工具的比较优势分别是什么？

a. 单位投资信托

b. 开放式基金

c. 个人自主选择的股票和债券

答：a. 单位投资信托的优势：在大规模投资的基础上实现分散化，与大规模交易相应的低交易成本，低管理费用，可预知的资产组合的组成，可保证的低(或为零)的资产组合换手率。

b. 开放式基金的优势：在大规模投资基础上的分散化，与大规模交易相应的低交易成本，专业管理可以充分利用买或卖的各种有利机会等。

c. 个股和债券的优势：无管理费，资本收益或损失的实现可以与个人的税收状况相联系，可根据投资者的特定风险状况设计投资组合。

3. 开放式股权基金通常会将投资组合5%左右的资产投资于流动性较强的货币市场，而封闭式基金无须在现金等价物证券市场中保持这样一个头寸。开放式基金和封闭式基金的哪些差异导致了它们投资策略的不同？

答：开放式基金有义务按资产净值赎回投资者的份额，因此手边必须持有一笔现金或现金等价物以满足可能的赎回需要。封闭式基金不需要这样一笔留存现金，因为它们无须担心赎回的问题，它们的投资者在需要现金时，只是将份额转卖给其他投资者。

4. 平衡型基金、生命周期基金以及资产分配基金都投资于股票和债券市场。这些基金的区别是什么？

答：平衡型基金在每种资产类别上投资的比例相对稳定，它们被视为一种能够实现参与多种资产投资的便利工具。生命周期基金是一种平衡型基金，其资产组合一般取决于投资者的年龄。激进型生命周期基金投资于股票的比例较大，适合于年轻的投资者；而保守型生命周期基金投资于固定收益证券的比例较大，适合于年长的投资者。相反，资产配置基金可能会根据对不同类别资产相对表现的预测，使每类资产的投资比例发生较大的变化。因此，资产配置基金需要更积极地进行市场择时。

5. 为什么封闭式基金的价格可以偏离资产净值但是开放式基金不会？

答：开放式基金(open-end fund)通常被称为共同基金，是指投资者能够随时以资产净值认购或赎回基金份额的投资基金。当开放式基金的投资者想要变现基金份额时，他们就以资产净值把股份再卖回给基金。相反，封闭式基金(close-end fund)是指份额一定，不能随时认购或赎回的投资基金，其投资者只能向其他投资者出售基金份额以实现变现。封闭式基金可以在二级市场中进行流通交易，因此其价格往往与资产净值不同。

6. 交易所交易基金与共同基金相比，其优势和劣势分别是什么？

答：交易所交易基金相对于共同基金而言有几大优势：

(1)投资于共同基金的投资者每天只有一次购买或出售其基金份额的机会。但是ETF能够持续交易并实现卖空或买空。

(2)不同于共同基金，ETF存在潜在的税收优势。共同基金只能通过卖出证券来应付投资者的赎回申请。如此导致的资本利得税将转嫁到其他的份额持有者手中。但是对于ETF，小投资者可以卖出其持有份额以实现赎回，大投资者则将其持有份额转换为潜在资产组合中的份额，从而赎回不会引发基金发起人的股票出售。

(3)ETF比共同基金便宜。投资者直接通过经纪人买入ETF份额，无需由基金处购买。因此，ETF的营销成本得到了控制，进一步节省了管理费用。

交易所交易基金相对共同基金也有一些缺点：

(1)因为ETF能够像股票一样进行流通交易，所以其价格会由于套利行为而短暂偏离资产净值。

(2)购买共同基金时没有佣金和手续费，而ETF是通过经纪人买入，因此还存在一定费用。

7. 某开放式基金的资产净值是10.70美元/单位，前端费用是6%，那么发行价格是多少？

答：发行价格包括6%的前端手续费或销售佣金，意味着每支付的一美元中只有0.94美元用来购买股票。因此，发行价格 $=\dfrac{NAV}{1-\text{前端费用}}=\dfrac{10.70}{1-0.06}=11.38$(美元)。

8. 如果某开放式基金的发行价格是12.30美元/单位，前端费用是5%，那么它的资产净值是多少？

答：资产净值 = 发行价 ×（1 − 前端费用）= 12.30 × 0.95 = 11.69（美元）。

9. Fingroup基金投资组合的组成如表4－1所示。

表4－1

股票	股数	价格(美元)
A	200000	35
B	300000	40
C	400000	20
D	600000	25

该基金没有借入资金，目前管理费用总共为30000美元。发行在外总份额为400万股。基金的资产净值是多少？

答：

股票	基金价值
A	7000000
B	12000000
C	8000000
D	15000000
总计	42000000

资产净值 $= \dfrac{42000000 - 30000}{4000000} = 10.49$(美元/股)。

10. 重新考虑第9题的Fingroup基金，如果当年投资组合管理人将D股票全部卖出，以50美元/股的价格购买了200000股E股票，以25美元/股的价格购买了200000股F股票。投资组合的换手率是多少？

答：出售和替换的股票的价值为1500万美元，故换手率 $= \dfrac{15000000}{42000000} = 0.357 = 35.7\%$。

11. Closed基金是一家封闭式基金投资公司，其投资组合现值为20000万美元，负债是300万美元，发行在外总份额为500万股。

a. 该基金的资产净值是多少？

b. 如果基金每股售价36美元，则其折价或溢价百分比是多少？

答：a. 资产净值 $= \dfrac{200000000 - 3000000}{5000000} = 39.40$(美元/股)。

b. 溢价(或折价) $= \dfrac{P - NAV}{NAV} = \dfrac{36 - 39.40}{39.40} = -0.086 = -8.6\%$，故基金按资产净值8.6%的折扣出售。

12. Corporate基金年初资产净值为12.50美元/单位，年末资产净值为12.10美元/单位，该基金支付了1.50美元的年终收入分配和资本利得。投资者的税前收益率是多少？

答：税前收益率 $= \dfrac{NAV_1 - NAV_0 + \text{收入分配}}{NAV_0} = \dfrac{12.10 - 12.50 + 1.50}{12.50} = 0.088 = 8.8\%$。

13. 某封闭式基金年初资产净值是 12.00 美元/单位，年末资产净值为 12.10 美元/单位。年初时基金按资产净值的 2%溢价销售。年末时基金按资产净值的 7%折价销售。该基金支付了 1.50 美元的年终收入分配和资本利得。

a. 基金投资者本年度的收益率是多少？

b. 持有与投资管理人相同证券的投资者本年度的回报率是多少？

答：a. 年初价格：$P_0 = 12.00 \times 1.02 = 12.24$(美元)；

年末价格：$P_1 = 12.10 \times 0.93 = 11.25$(美元)。

尽管资产净值增加了 0.10 美元，但基金的价格减少了 0.99 美元，故

$$\text{收益率} = \frac{P_1 - P_0 + \text{收入分配}}{P_0} = \frac{11.25 - 12.24 + 1.50}{12.24} = 0.042 = 4.2\%$$

b. 一个与基金经理持有相同资产组合的投资者的收益率，取决于该资产组合的资产净值的增长：

$$\frac{NAV_1 - NAV_0 + \text{收入分配}}{NAV_0} = \frac{12.10 - 12.00 + 1.50}{12.00} = 0.133 = 13.3\%$$

14. a. 去年某基金投资业绩表现良好，其投资回报率达到了同种投资政策的所有基金的前 10%。你认为它明年的业绩仍然会位于前列吗？为什么？

b. 假设该基金是比较组中业绩最差的基金之一。你认为未来几年它的相关业绩会持续下去吗？为什么？

答：a. 实证研究表明，共同基金过去的表现并不能很好地预测其未来的表现，尤其是对于表现得好的基金。虽然基金下一年的表现有可能高于平均水平，但却不太可能再一次成为前 10%。

b. 有迹象表明业绩较差的基金很可能仍然表现得很糟，这可能与基金成本和换手率有关。因此，如果基金现在是业绩表现最差的一组基金中的一员，投资者应注意它的不良业绩可能持续下去。

15. 某共同基金年初资产为 2 亿美元，发行在外总份额为 1000 万份。该基金投资的一个股票组合，年末的股息收入为 200 万美元。该基金投资组合股票的股价上升了 8%，但是没有出售任何股票，没有资本利得分配。基金收取 1%的 12b－1 费用，年末从投资组合资产中扣除。年初和年末的资产净值是多少？基金投资者的收益率是多少？

答：$NAV_0 = 20000/1000 = 20$(美元)；

每股股利 $= 200/1000 = 0.20$(美元)；

NAV_1 是基于 8%的价格收益，减去 1%的 $12b-1$ 费用：

$NAV_1 = 20 \times 1.08 \times (1 - 0.01) = 21.384$(美元)；

$$\text{收益率} = \frac{21.384 - 20 + 0.20}{20} = 0.0792 = 7.92\%\text{。}$$

16. 上一年，New 基金平均每天的资产为 22 亿美元。当年该基金出售了 4 亿美元的股票同时购入了 5 亿美元的股票。那么该基金的换手率是多少？

答：购买多于出售是因为有新的资金流入基金。因此，基金原先所持有的 4 亿美元的股票被新的资产所取代，换手率是：$4/22 = 0.182 = 18.2\%$。

17. 如果 New 基金的费率为 1.1%(见问题 16)，管理费用为 0.7%。那么当年支付给基金投资管理人的费用总共为多少？其他的管理费用为多少？

答：支付给基金投资管理人的费用为：0.007×22 亿美元 =1540(万美元)，由于总的费率为 1.1%，管理费为 0.7%，可得出必有 0.4% 的其他费用。因此，其他的管理费用为：0.004×22 亿美元 =880(万美元)。

18. 假设年初你以 20 美元/单位购买了 1000 份 New 基金，前端费用为 4%。当年，该基金投资的证券的价值增长了 12%，费率为 1.2%。如果年末卖掉股份，你的收益率是多少？

答：收益率的近似值等于每股收益率减去总的费率和购买成本：12% －1.2% －4% =6.8%。但精确的收益率将比这一近似值略小，因为 4% 的手续费在年初支付，而不是在年末。

若要购买股份，需投资 20000/(1－0.04) =20833(美元)。

股份价值从 20000 美元增加至：20000×(1.12－0.012) =22160(美元)。

故收益率为：(22160－20833)/20833 =6.37%。

19. Loaded-Up 基金收取 1.0%的 12b－1 费用以及 0.75%的运营费用。Economy 基金收取 2%的前端费用、0.25%的运营费用但是无 12b－1 费用。假设两只基金投资组合的费前年收益率为 6%。1 年、3 年、10 年之后每只基金的投资收益各是多少？

答：

假设投资 1000 美元	Loaded-Up 基金	Economy 基金
年增长率(r=6%)	$(1+r-0.01-0.0075)$	$0.98\times(1+r-0.0025)$
1 年	1042.50 美元	1036.35 美元
3 年	1133.00 美元	1158.96 美元
10 年	1516.21 美元	1714.08 美元

20. City Street 基金持有一个投资组合，其资产为 45000 万美元，负债为 1000 万美元。

a. 如果发行在外总份额为 4400 万份，资产净值为多少？

b. 如果一个大投资者要赎回 100 万个单位，投资组合价值、流通股数以及资产净值会有哪些变化？

答：a. $NAV=\dfrac{45000-1000}{4400}=10$(美元/单位)。

b. 100 万个单位的赎回可能引发资本利得税，这将使得剩余投资组合价值减少超过 1000 万美元(意味着剩余总价值小于 44000 万美元)。流通在外的股份降至 4300 万，*NAV* 降低到 10 美元以下。

21. Investment 基金既出售 A 类股份又出售 B 类股份，A 类股份的前端费用为 6%，B 类股份每年的 12b－1 费用为 0.5%且撤离费用的费率起点为 5%，之后每年下降 1%，直到投资者持有满 5 年。假设投资组合扣除运营费用后的年收益率为 10%。如果打算 4 年后出售基金，A 类股份还是 B 类股份是你比较好的选择？如果你打算 15 年之后出售呢？

答：假定投资者有 1000 美元可用于投资。减去前端费用，A 类股份初始净投资为 940 美元。4 年后，资产组合价值为 $940\times(1.10)^4=1376.25$(美元)。

B 类股份初始净投资为 1000 美元，但投资收益率在扣除费用后将只有 9.5%。此外，若在四年之后卖掉，还需支付 1% 的后端手续费。则 4 年后投资组合价值为 $1000\times(1.095)^4=1437.66$(美元)。在支付后端手续费后，投资组合价值为 1437.66×0.99 =1423.28(美元)。

因此，若期限为4年，则选择B类股份更好。

若期限为15年，A类股份的价值为$940\times(1.10)^{15}=3926.61$(美元)。

因为15年期限大于5年，B类股份没有后端手续费，因此B类股份价值为$1000\times(1.095)^{15}=3901.32$(美元)。

故期限较长时，B类股份不再是最优选择。B类0.5%的费用会随着时间积累，最终超过A类股份6%的手续费。

22. 如果你考虑投资一个有4%手续费、0.5%运营费用的共同基金，或是一个有6%利率的银行大额定期存单。

a. 若投资2年，要想使投资基金比投资大额定期存单更赚钱，基金投资组合的年回报率应是多少？假设以复利计算年收益率。

b. 若投资6年，情况会如何变化？为什么？

c. 现在假设基金每年收取0.75%的12b－1费用，不收取前端费用。要想使投资基金比投资大额定期存单更赚钱，基金投资组合的年回报率应该是多少？答案与投资期限有关吗？

答：a. 两年后，按费用为4%，资产组合收益率为r计算，投资于基金的每一美元将增加为：0.96美元$\times(1+r-0.005)^2$。投资于银行大额定期存单的每一美元将增加为：1美元$\times1.06^2$。如果资产组合的收益率r满足以下条件，共同基金就是较好的选择：

$$0.96\times(1+r-0.005)^2>1.06^2$$

故$r>0.0869=8.69\%$。

b. 若投资6年，则投资组合的收益率需满足：

$$0.96\times(1+r-0.005)^6>1.06^6=1.4185$$

故$r>7.22\%$。

由于“固定成本”(一次前端手续费)在更长的年份中摊销，6年投资的必要收益率较低。

c. 如果是缴纳费用而不是前端手续费，资产组合收益率需满足：

$$1+r-0.005-0.0075>1.06$$

在这种情况下，无论投资期限有多长，r必须超过7.25%。

23. 假设每次基金管理人交易股票的成本(如佣金和买卖价差)为交易额的0.4%。若投资组合的换手率为50%，则交易成本会使投资组合的总收益率降低多少？

答：换手率为50%意味着每年平均50%的投资组合被出售并替换成其他的资产。卖单的交易成本为0.4%，替换这些证券的买单也将会带来额外0.4%的交易成本。故总交易成本将会减少资产组合的收益率，减少量为$2\times0.4\%\times0.50=0.4\%$。

24. 如果某免税市政债券投资组合的收益率是4%，管理费为0.6%。那么费用占投资组合收入的百分之几？如果股权基金的管理费用也是0.6%，但是投资者预期投资组合收益率为12%，那么费用占投资组合收入的百分之几？以上结论能否解释无管理的单位投资信托倾向于固定收益市场的原因。

答：对于债券基金，费用占投资组合收益的比例为：$\frac{0.6\%}{4.0\%}=0.150=15.0\%$。

对于股权基金，费用占投资收益的比例为：$\frac{0.6\%}{12.0\%}=0.050=5.0\%$。

费用在债券基金中占期望收益的比重更高些，因此在选择债券基金时费用可能会成为一个更重要的考虑因素。

这可能有助于解释无管理的单位投资信托都集中在固定收益市场上的原因。单位投资信托的优点是低换手率，低交易成本和低管理费。这是债券市场投资者一个很重要的考虑因素。

25. 假设观察350个投资组合管理人5年的投资业绩，并根据每年的投资收益将他们排列起来。5年后，发现样本中有11只基金的投资收益每年都能排在前50%，业绩持续性表明这些基金经理技能出众，有证据证明这一结论吗？

答：假定所有成为前一半表现较好者的基金经理纯粹是靠运气，且其概率在任一年都是1/2。那么某一特定基金经理在5年样本期内连续处于前50%的概率为$(1/2)^5=1/32$。因此，我们可以预期有$350\times(1/32)=11$个基金经理连续5年位于前50%。这与我们的发现正好相符。因此，我们就不能得出结论说连续5年的业绩表现是其技能的证明。即使在业绩纯粹是靠运气的情况下，我们仍能找到11个基金经理恰好表现出该种程度的“持续性”。

第5章　风险与收益入门及历史回顾

5.1　复习笔记

1. 利率水平的决定因素

(1) 预测利率的基本因素

利率大小以及未来利率的预测对于投资决策十分重要。

预测利率基于以下基本因素：

①存款人(主要是家庭)的资金供给。

②企业由于购置厂房设备及存货而进行项目融资所引发的资金需求。

③政府通过美联储运作产生的净资金供给或需求。

(2) 实际利率与名义利率

名义利率是资金量增长率，实际利率是购买力增长率。定义名义利率是 R，实际利率是 r，通胀率是 i，则：

$$r \approx R - i$$

换句话说，名义利率减去通胀率即为实际利率。

严格来说，名义利率和实际利率的关系为：

$$1 + r = (1 + R)/(1 + i)$$

购买力增长 $(1 + r)$ 为货币增长 $(1 + R)$ 与价格水平 $(1 + i)$ 的比值，进而可得：

$$r = (R - i)/(1 + i)$$

故 $r \approx R - i$ 高估了实际利率 $1 + i$ 倍。

(3) 均衡实际利率与名义利率

①均衡实际利率

实际利率由三个基本因素决定：供给、需求与政府行为。实际利率和资金量的关系如图 5-1 所示，其中横轴是资金量，纵轴是实际利率。

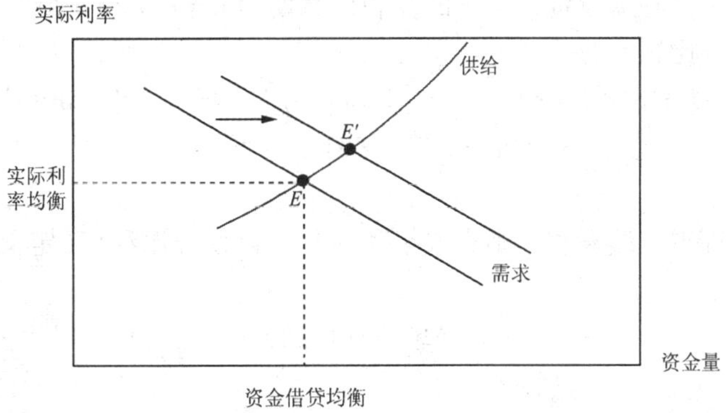

图 5-1　均衡实际利率的决定

实际利率越高，居民越倾向于在未来消费，他们将选择现时投资，对储蓄的需求不断增加，故供给曲线是向上倾斜的。而实际利率越低，厂商会增加资本投资量，融资需求不断增加，故需求曲线是向下倾斜的。均衡点 E 即为供给曲线与需求曲线的交点。供给曲线和需求曲线会随着政府和中央银行(美联储)采取的不同财政政策或者货币政策而左右移动。若政府预算赤字增加，则需要增加借款，需求曲线将向右移动，均衡点将会移至 E' 点。

②均衡名义利率

资产的实际收益率近似等于名义利率减去通胀率。因此，当通胀率提高时，投资者要求更高的名义利率，从而确保资产所提供的实际利率不变。

欧文·费雪认为名义利率会随预期通胀率的增大而增大。假设目前的预期通胀率将持续到下一时期，记为 $E(i)$，那么费雪等式为：$R=r+E(i)$，这表明若实际利率不变，名义利率的上涨意味着更高的预期通胀率。

由于实际利率的改变无法预测，费雪假设难以被证实。

(4)税收与实际利率

定义税率是 t，名义利率是 R，则税后名义利率为 $R(1-t)$。税后实际利率约等于税后名义利率与通胀率之差，即：

$$R(1-t)-i=(r+i)(1-t)-i=r(1-t)-it$$

所以，当通货膨胀率增加时，税后实际利率将减小，投资损失等于税率乘以通胀率。

2. 比较不同持有期的收益率

(1)有效年利率

在比较期限不一样的投资收益时，可以将所有总收益替换为常用期限的收益率。有效年利率(EAR)指一年投资价值的增长百分比。

对于期限为一年的投资，有效年利率即为总收益率 $r_f(1)$，一美元的投资价值即为总收入(1 + EAR)。对于期限不够一年的投资，可以将收益按复利计算到一年。对于期限超过一年的投资，可以取有效年利率为年收益率。

期限为 T 的投资收益可以通过下式计算：

$$1+\text{EAR}=[1+r_f(T)]^{1/T}$$

(2)年化百分比利率

通常通过短期利率来计算短期投资的年化回报率，又称年化百分比利率(APR)。若将一年等分为 n 个利率为 $r_f(T)$ 的期间，则 $\text{APR}=n\times r_f(T)$。每一期间的实际利率也能利用年化百分比利率获得：$r_f(T)=T\times\text{APR}$。

对于持有期为 T 的短期投资，一年的复利计算期为 $n=1/T$ 个。所以，复利计算期、有效年利率与年化百分比利率的关系为：

$$1+\text{EAR}=[1+r_f(T)]^n=[1+r_f(T)]^{1/T}=[1+T\times\text{APR}]^{1/T}$$

$$\text{APR}=[(1+\text{EAR})^T-1]/T$$

(3)连续复利

当 T 趋于零时即得连续复利，则有效年利率和年化百分比利率(定义连续复利下为 r_{cc})的关系可表示为：

$$1+\text{EAR}=\exp(r_{cc})=e^{r_{cc}}$$

化简得：

$$\ln(1+\text{EAR})=r_{cc}$$

3．风险和风险溢价

（1）持有期收益率

持有期收益率（HPR）=（期末价格 − 期初价格 + 现金股利）/期初价格

持有期收益率前提假设为在期末支付股利。股息收益率是指股利带来的回报百分比，故持有期收益率等于股息收益率与资本利得收益率之和。

（2）期望收益率和标准差

①期望收益率

以不同情形下收益率的发生概率为权重的加权平均即为期望收益率。利用 s 标记每一情形，定义每一情形的概率为 $p(s)$，相应的收益率为 $r(s)$，则期望收益率为：

$$E(r) = \sum_{s} p(s)r(s)$$

②标准差

收益的标准差 σ 可以用来测度风险，它被定义为方差的平方根，而方差指实际收益与期望收益之差的平方的期望值。方差和标准差可以用来衡量结果的不确定性，即：

$$\sigma^2 = \sum_{s} p(s)[r(s) - E(r)]^2$$

（3）超额收益和风险溢价

超额收益是指风险投资的实际收益和无风险收益之差。风险溢价可以被看作是超额收益的期望值，超额收益的标准差是对风险的衡量。

4．历史收益率的时间序列分析

（1）时间序列与情境分析

在情境分析中假设一组情境与对应的投资收益以及发生概率，则该投资的风险溢价与标准差可以被计算出来。而投资历史收益的存在形式为时间序列，其发生概率是未知的。故收益率的概率分布需要根据有限的数据来估计。

（2）期望收益和算术平均值

存在 n 个观测值，每个观测值发生的概率为 $1/n$。期望收益为：

$$E(r) = \sum_{s=1}^{n} p(s)r(s) = \frac{1}{n}\sum_{s=1}^{n} r(s) = \text{收益率的算术平均值}$$

（3）几何（时间加权）平均收益

年化持有期收益率能够测度某一样本期内的回报水平，可以通过时间序列的复利终值反推得到。若该收益率为 g，则有：

$$(1+g)^n = \text{终值} = (1+r_1)\times(1+r_2)\times\cdots\times(1+r_n)$$

变形得：

$$g = \text{终值}^{1/n} - 1$$

其中：$1+g$ 为时间序列总收益 $1+r$ 的几何平均值，g 为年化持有期收益率。

几何平均法与算数平均法的差距会随收益率波动的增加而增加。若收益服从正态分布，期望差异是分布方差的1/2，即

$$E[\text{几何平均值}] = E[\text{算术平均值}] - (1/2)\sigma^2$$

上式的拟合效果在收益服从正态分布的情况下较好。

（4）方差和标准差

如果每个观测值出现的概率相等，$E(r)$ 为样本平均值，方差 = 离差平方的期望值，则

$$\sigma^2 = \sum p(s)[r(s) - E(r)]^2$$

方差的估计为：

$$\hat{\sigma}^2 = \frac{1}{n}\sum_{s=1}^{n}[r(s) - \bar{r}]^2$$

上式计算的是样本算术平均值 $\bar{r}$ 的偏差而不是期望的偏差，因此产生了自由度偏差，该方差为有偏估计。方差和标准差的无偏估计为：

$$\hat{\sigma}^2 = \left(\frac{n}{n-1}\right)\times\frac{1}{n}\sum_{s=1}^{n}[r(s) - \bar{r}]^2 = \frac{1}{n-1}\sum_{s=1}^{n}[r(s) - \bar{r}]^2$$

$$\hat{\sigma} = \sqrt{\frac{1}{n-1}\sum_{s=1}^{n}[r(s) - \bar{r}]^2}$$

(5)高频数据中的均值与方差估计

观测值的频率对均值估计的精确程度没有影响。可以提高估计精确度的为样本时间长度而不是样本观测数。

(6)收益波动性(夏普)比率

收益与风险水平的权衡表明，投资者要借助投资的风险溢价和标准差之比对投资组合进行评价。

夏普比率 = 风险溢价/超额收益率的标准差

5. 正态分布

若投资者对期望收益的预测为理性的，则实际收益率服从期望值为均值的正态分布。若能用正态分布近似拟合收益率分布，投资管理会更加有理可依。

(1)正态分布左右对称，即均值左右程度相同的偏离具有相等的发生概率。若对称性不存在，则标准差不再适用于测度风险。

(2)正态分布具有稳定性，若多种不一样的资产均有正态性，则其组成的组合的收益也服从正态分布。

(3)在资产或组合收益分布仅存在两个变量的情况下，对其未来的情境分析较为简单。

(4)构建资产组合时要将资产收益的相关性考虑在内。可以用相关系数衡量服从正态分布的收益之间的统计相关性。

6. 偏离正态分布和风险度量

计算收益分布的高阶矩能够发现正态偏离。超额收益 R 的 n 阶中心矩是 $E[(R-\bar{R})^n]$，一阶矩是0，二阶矩是方差的估计值 $\hat{\sigma}^2$。

偏度可以衡量不对称性，其计算公式为：

$$偏度 = \left[\frac{(R-\bar{R})^3}{\hat{\sigma}^3}\right]的平均值$$

若分布为右偏，则偏度是正的，标准差高估风险；若分布为左偏，则偏度为负，标准差低估风险。

峰度衡量分布两端极端值的发生概率，其计算公式为：

$$峰度 = \left[\frac{(R-\bar{R})^4}{\hat{\sigma}^4}\right]的平均值 - 3$$

正态分布的峰度是0，峰度为正表示肥尾现象的存在。

(1)在险价值

衡量某一概率下由极端负收益所导致的损失的指标即为在险价值(VaR)。

若组合收益率服从正态分布，根据其均值及标准差能够直接推导得到 VaR。均值是 0、标准差是 1 的标准正态分布的5% 分位数为 -1.65，则其相应的 VaR 为：

$$\text{VaR}(0.05，\text{正态分布}) = \text{均值} + (-1.65) \times \text{标准差}$$

(2)预期尾部损失

实际中，通常要注意最坏情况下的预期损失，又称预期损失(ES)或条件尾部期望(CTE)。其中，条件尾部期望强调其与左尾分布的关系。

7. 长期投资

(1)正态分布与对数正态分布

若随机变量 X 的对数形式 $\ln(X)$ 服从正态分布，那么 X 服从对数正态分布。

若股票瞬时价格服从正态分布，则在较长时间内的复利收益和将来的股票价格服从对数正态分布。若股票价格服从对数正态分布，则其连续复利收益服从正态分布。

若对数股票价格服从以 g 为年化增长率期望值、以 σ 为标准差的正态分布，则期望年化连续复利收益率为：

$$E(r_{CC}) = g + \sigma^2/2$$

已知正态分布的 r_{CC}，则初始财富 W_0 复利到年末是：

$$W_0 e^{g+\frac{1}{2}\sigma^2} = We^m$$

故期望实际利率为：

$$E(r) = e^{g+\frac{1}{2}\sigma^2} - 1 = e^m - 1$$

若期限为 T 的一项投资的年化连续复利收益率为 r_{CC}，其会以 $r(T) = e^{r_{CC}T} - 1$ 的速度增加。预期累计收益率 $r_{CC}T$ 和 T 成比例，即 $E(r_{CC}T) = mT = gT + (1/2)\sigma^2 T$。累计收益率的方差也和 T 成比例，即 $\text{Var}(r_{cc}T) = T\text{Var}(r_{cc})$，然而其标准差与 T 的平方根成比例，即

$$\sigma(r_{CC}T) = \sqrt{T\text{Var}(r_{CC})} = \sigma\sqrt{T}$$

(2)无风险收益率

风险投资的预期收益率是无风险利率和风险溢价之和，风险溢价始终为无风险收益的增长量。

实际收益率应为实际无风险利率与风险溢价之和，是投资的测度基准。

对于短期投资，一般将 1 月期的短期国库券收益率作为无风险收益率的代替值；对于长期投资，则需使用相应的实际无风险利率。

(3)长期预测

Jacquier、Kane 和 Marcus 证明，在计算长期总收益的无偏估计时，应用算术与几何平均收益率的加权来计算复利。预测期与样本期的长度之比即为几何平均的权重系数。

5.2 课后习题详解

一、习题

1. 费雪方程式说明实际利率约等于名义利率与通货膨胀率的差。假设通货膨胀率从 3%涨到 5%，是否意味着实际利率的下降呢?

答：费雪方程式是指名义利率等于均衡时的实际利率加上预期通货膨胀率。因此，如果通货膨胀率从 3% 涨到 5%，实际利率不变，名义利率将上升 2%。另外，与预期通货膨胀

率的上升相伴的可能还有实际利率的上升。如果名义利率不变而通货膨胀率上升，则意味着实际利率下降。

2. 假设有一组数据集使你可以计算美国股票的历史收益率，并可追溯到1880年。那么这些数据对于预测未来一年的股票收益率有哪些优缺点？

答：如果假设股票历史收益率的分布保持稳定，则样本周期越长（即样本越大），预期收益率越精确。这是因为当样本容量增大时标准差下降了。然而，如果假设收益率分布的均值随时间而变化且无法人为地控制，那么预期收益率必须基于更近的历史周期来估计。在一系列数据中，需要决定回溯到多久以前来选取样本。本题如果选用从1880年到现在的所有数据可能不太精确。

3. 你有两个2年期投资可以选择：①投资于有正风险溢价的风险资产，这两年的收益分布不变且不相关，②投资该风险资产1年，第2年投资无风险资产。以下陈述哪些是正确的？

a. 第1种投资2年的风险溢价和第2种投资相同。

b. 两种投资两年收益的标准差相同。

c. 第1种投资年化标准差更低。

d. 第1种投资的夏普比率更高。

e. 对风险厌恶程度较低的投资者来说第1种投资更有吸引力。

答：c项和e项正确。解释如下：

c项：令σ=风险投资的年标准差，σ_1=2年期第1种投资选择的年标准差，可得$\sigma_1=\sqrt{2}\times\sigma$。

因此，第1种投资的年化标准差为：$\frac{\sigma_1}{2}=\frac{\sigma}{\sqrt{2}}<\sigma$。

e项：第1种投资更吸引风险厌恶程度低的投资者。第1种投资（将会导致两个同分布但不相关的风险投资）比第2种投资（风险投资后跟着一个无风险投资）风险更大。因此，第1种投资对风险厌恶程度低的投资者更有吸引力。然而要注意，如果错误地认为“时间分散化”可以减少整个风险投资的风险，那么可能会得出第1种投资风险更小因此更吸引高风险厌恶者的结论。这显然是错误的。第1种投资的标准差大于第2种投资。

4. 你有5000美元投资于下一年，有3种选择。

a. 货币市场基金，平均期限30天，年收益率6%。

b. 1年的储蓄存单，利率7.5%。

c. 20年国库券，到期收益率为9%。

未来利率的预期在你的决策中起什么作用？

答：在货币市场上，第二年的持有期收益率取决于每月证券到期展期时的30天利率。一年期储蓄存款将提供7.5%的持有期收益率。如果预计货币市场工具的利率上涨，会远高于现在的6%，则货币市场基金可能会有较高的年度持有期收益。20年期的国债提供每年9%的到期收益率，比一年期银行储蓄存款利率高出150个基点，然而如果长期利率在这一年间上涨，则持有债券一年的持有期收益率有可能会小于7.5%。如果国债收益率在该期间内上涨至9%以上，则债券的价格就会下跌，从而产生资本损失，使得持有期收益率低于9%。

5. 用教材图 5－1 来分析以下情况对实际利率的影响。

a. 商业不景气，对未来产品需要越来越悲观，决定减少资本支出。

b. 家庭倾向于更多储蓄，因为未来社会保障不确定性增大。

c. 美联储在公开市场上购买国库券来增加货币供给。

答：a. 如果企业降低资本支出，它们就很可能会减少对资金的需求。这将使得图 5－1 中的需求曲线向左下方移动，从而降低均衡实际利率。

b. 居民储蓄的增加将使得资金的供给曲线向右下方移动，导致实际利率下降。

c. 美联储在公开市场上购买国库券，等价于增加资金的供给(供给曲线向右移动)，从而均衡的实际利率将下降。

6. 现在考虑，你愿意将 50000 美元投资于利率为 5% 的传统 1 年期银行存单，还是投资于 1 年期与通货膨胀率挂钩的大额存单，年收益率为 1.5% 加上通货膨胀率。

a. 哪种投资更安全?

b. 哪种投资期望收益率更高?

c. 如果投资者预期来年通货膨胀率为 3%，哪种投资更好?

d. 如果观察到无风险名义利率为 5%，实际利率为 1.5%，能推出市场预期通货膨胀率是 3.5% 吗?

答：a. 与通货膨胀率挂钩的大额存单更安全，因为它保证了投资的购买力。运用实际利率等于名义利率减去通货膨胀率的近似概念，不论通胀率如何，大额存单提供了 1.5% 的实际收益率。

b. 预期收益率取决于来年的预期通货膨胀率。如果预期通货膨胀率小于 3.5%，则传统的大额存单将提供较高的实际收益率；如果预期通货膨胀率高于 3.5%，则与通胀挂钩的大额存单将提供较高的实际收益率。

c. 如果预期明年的通货膨胀率为 3%，则传统的大额存单将提供 2% 的预期实际收益率，比与通胀挂钩的大额存单的实际收益率高出 0.5%。但是除非有一定的把握确知通胀率将是 3%，否则传统的大额存单的风险显然更大。至于哪一种投资更好，则要根据投资者对风险和收益的态度而定。投资者可能会选择分散投资，每种资产都投资一部分资金。

d. 不能。不能假定 5% 的名义无风险利率(传统的大额存单)和 1.5% 的实际无风险利率(通胀保护型大额存单)之间的整个差额就是预期的通货膨胀率。该差额的一部分可能是与传统大额存单的不确定性风险有关的风险溢价。因此预期的通货膨胀率可能要小于每年 3.5%。

7. 假设你对股价的预期如表 5－1 所示。

表 5－1

经济状况	概率	期末价格(美元)	持有期收益率(%)
繁荣	0.35	140	44.5
正常增长	0.30	110	14.0
衰退	0.35	80	－16.5

使用教材式(5－11)和教材式(5－12)来计算持有期收益率的均值和标准差。

答：$E(r)=0.35\times44.5\%+0.30\times14.0\%+0.35\times(-16.5\%)=14\%$；

$\sigma^2=0.35\times(44.5\%-14\%)^2+0.30\times(14\%-14\%)^2+0.35\times(-16.5\%-$

$14\%)^2 = 0.0651175$；

$\sigma = 25.52\%$。

均值没变，但是标准差随着高收益和低收益的概率的增加而增加了。

8. 推导票面利率8%的30年国库券1年期持有期收益率的概率分布。现以面值出售，1年后到期收益率分布如表5-2所示。

表5-2

经济情况	概率	到期收益率(%)
繁荣	0.20	11.0
正常增长	0.50	8.0
衰退	0.30	7.0

为了简化，认为利息为年末支付。

答：30年期美国国库券(在年末时还有29年到期)的价格和一年持有期收益率的概率分布如下表：

经济状况	概率	到期收益率	价格(美元)	资本收益(美元)	票息(美元)	持有期收益率(%)
繁荣	0.20	11.0%	74.05	-25.95	8.00	-17.95%
正常增长	0.50	8.0%	100.00	0.00	8.00	8.00%
衰退	0.30	7.0%	112.28	12.28	8.00	20.28%

9. 随机变量 q 的标准差为多少，其概率分布如表5-3所示。

表5-3

q	概率
0	0.25
1	0.25
2	0.50

答：$E(q) = (0 \times 0.25) + (1 \times 0.25) + (2 \times 0.50) = 1.25$；

$\sigma = [0.25 \times (0-1.25)^2 + 0.25 \times (1-1.25)^2 + 0.50 \times (2-1.25)^2]^{1/2} = 0.8292$。

10. 一个股票的连续复利收益是正态分布的，均值20%，标准差30%。在95.44%的置信水平下，预期其实际收益的范围是多少？参考教材图5-4。

a. -40.0%~80.0%。

b. -30%~80.0%。

c. -20.6%~60.6%。

d. -10.4%~50.4%。

答：a. 在95.44%的置信水平下，正态分布变量的值会落在以均值为中心的左右两个标准差之间，即-40%到80%之间。

11. 应用1926~2012年的历史风险溢价，你对大型/价值组合的预期年持有期收益率为多少？无风险利率为3%。

答：从教材表5-7可知，1926~2012年间的平均风险溢价是：12.34%每年。

3%的无风险利率加上12.34%，可得对大型/价值组合的预期年持有期收益率为：

3.00% +12.34% =15.34%。

12. 你可以从网站(www.mhhe.com/bkm)找到各种分类资产的年持有期收益率；计算1980~2009近30年的大盘股和长期美国国库券的年持有期收益率的均值、标准差、偏度和峰度。统计结果与1926~1941有何异同？你认为对未来投资计划最有用的统计量是什么？

答：在各个时期的平均收益率和标准差有很大的不同：

年度	股票				债券			
	均值(%)	标准差(%)	偏度	峰度	均值(%)	标准差(%)	偏度	峰度
1926~2005	12.15	20.26	-0.3065	-0.0673	5.68	8.09	0.9903	1.6314
1976~2005	13.85	15.68	-0.4575	-0.6489	9.57	10.32	0.3772	-0.0329
1926~1941	6.39	30.33	-0.0022	-1.0716	4.42	4.32	-0.5036	0.5034

用于预测未来的最相关的统计数据似乎是在1976至2005年期间的数据，因为这一期间实行了一个不同于以往的经济体制。在1955年后，美国的经济进入凯恩斯时代，当时联邦政府积极尝试稳定经济以阻止经济周期繁荣和衰退的急剧波动。在该阶段可以注意到股票收益率的标准差大幅下降而债券收益率的标准差却上升了。

13. 在恶性通货膨胀期间，某债券的名义持有期收益率为每年80%，通货膨胀率为70%。

a. 该债券在1年里的实际持有期收益率是多少？

b. 比较实际持有期收益率和实际利率。

答：a. $r=\frac{1+R}{1+i}-1=\frac{R-i}{1+i}=\frac{0.80-0.70}{1.70}=0.0588=5.88\%$。

b. $r\approx R-i=80\%-70\%=10\%$。

显然，实际持有期收益率的近似值过高。

14. 假定不远的将来预期通货膨胀率为3%，根据本章提供的历史数据，你对下列各项的预期如何？

a. 短期国库券利率。

b. 大盘股的期望收益率。

c. 股票市场的风险溢价。

答：从教材表5-2可知，国库券的平均实际利率为0.52%。

a. 国库券：0.52%实际利率+3%通胀率=3.52%。

b. 大盘股的期望收益率：3.52%国库券利率+12.34%历史风险溢价=15.86%。

c. 股票的风险溢价保持不变。溢价，即两种利率之间的差额，是一个实际值，不受通货膨胀的影响。

15. 经济正在从严峻的衰退中快速复苏，商业前景预计资本投资的需求量很大。为何这一发展影响实际利率？

答：实际利率预期会上升。投资活动将使得图5-1中的资金需求曲线向右移动。因此，均衡时的实际利率将增加。

16. 你面临持有期收益率的概率分布如教材表5-4所示。假设一份指数基金的看跌期权价格为12美元，执行价格为110美元，期限1年。

a. 看跌期权持有期收益率的概率分布如何？

b. 一份基金和一份看跌期权构成的组合，其持有期收益率的概率分布如何？

c. 购买看跌期权如何起到保险的作用？

答：a. 股票和看跌期权的持有期收益率的概率分布为：

经济状况	概率	股票		看跌期权	
		最终价格＋红利(美元)	持有期收益率(%)	最终价格(美元)	持有期收益率(%)
很好	0.25	131.00	31.00	0.00	-100
好	0.45	114.00	14.00	0.00	-100
不好	0.25	93.25	-6.75	20.25	68.75
极差	0.05	48.00	-52.00	64.00	433.33

b. 指数基金的成本为每股100美元，看跌期权的成本为12美元。该组合的持有期收益率的概率分布为：

经济状况	概率	最终价格＋看跌期权＋红利(美元)	持有期收益率
很好	0.25	131.00	17.0% = (131 - 112)/112
好	0.45	114.00	1.8% = (114 - 112)/112
不好	0.25	113.50	1.3% = (113.50 - 112)/112
极差	0.05	112.00	0.0% = (112 - 112)/112

c. 购买看跌期权保证了投资者最少有0.0%的持有期收益率，不管股票价格有怎样的变动。因此，它提供了价格下跌的保险。

17. 继续前一问题，假设无风险利率为6%，你打算投资107.55美元于1年期银行存单，同时购买股票市场基金的看涨期权，执行价格为110美元，期限1年。你全部投资1年后收益的概率分布是多少？

答：大额存单加上看涨期权的收益的概率分布为：

经济状况	概率	大额存单的最终价格(美元)	看涨期权的最终价格(美元)	复合价值(美元)
很好	0.25	114.00	16.50	130.50
好	0.45	114.00	0.00	114.00
不好	0.25	114.00	0.00	114.00
极差	0.05	114.00	0.00	114.00

18. 考虑下面长期投资数据：

·10年期100元面值的空息票通胀指数型债券价格为84.49美元；

·一项房产预期产生每季度2%收益，季度收益标准差为10%。

a. 计算该债券年收益率。

b. 计算该房产投资的年化连续复利风险溢价。

c. 运用EXCEL或相关公式计算房产投资的年化超额收益的标准差(连续复利)。

d. 10年后的损失概率是多少？

答：a. 该债券的总收益率为(100/84.49) - 1 = 0.1836。债券的期限为10年，因此年收益率为：$EAR = (1+0.1836)^{1/10} - 1 = 1.70\%$。

b. 该房产投资的季度收益为2%，因此年收益率为$(1+0.02)^4-1=8.24\%$。等价的连续复利收益率为$\ln(1+0.0824)=7.92\%$。无风险收益率为3.55%，等价的连续复利收益率为$\ln(1+0.0355)=3.49\%$。因此该房产投资的年化连续复利风险溢价为$7.92\%-3.49\%=4.43\%$。

c. 假设房产投资的收益率r服从对数正态分布，则有$\text{Var}(r)=e^{2m}(e^{\sigma^2}-1)$，其中$m=g+\frac{1}{2}\sigma^2$。代入数据利用EXCEL算得连续复利下房产投资年化超额收益的标准差近似为18.03%。

d. 期望超额收益率的增长与时间成比例，因此房产投资的超额收益为$10\times4.43\%=44.3\%$。超额收益的标准差随时间的平方根增长，则房产投资的超额收益的标准差为$\sqrt{10}\times18.03\%=57.02\%$。对应的夏普指数为$44.3\%/57.02\%=0.7769$。Normsdist$(-0.7769)=0.2186$。即10年后的损失概率为21.86%。

二、CFA考题

1. 投资100000美元，从表5－4中计算投资权益的期望风险溢价

表5－4

投资	概率	期望收益(美元)
权益	0.6	50000
	0.4	－30000
无风险短期国库券	1.0	5000

答：权益投资的期望收益为18000美元，国库券投资的期望收益是5000美元。因此，期望风险溢价为13000美元。

2. 基于以下情景，组合的期望收益如何？

	市场状况		
	熊市	正常	牛市
概率	0.2	0.3	0.5
收益率(%)	－25	10	24

答：$E(r)=0.2\times(-25\%)+0.3\times10\%+0.5\times24\%=10\%$。

基于以下股票X和Y的情境分析(见表5－5)，回答3～6题。

表5－5

	熊市	正常	牛市
概率	0.2	0.5	0.3
股票X(%)	－20	18	50
股票Y(%)	－15	20	10

3. 股票X和Y的期望收益率？

答：$E(r_X)=0.2\times(-20\%)+0.5\times18\%+0.3\times50\%=20\%$；

$E(r_Y) = 0.2 \times (-15\%) + 0.5 \times 20\% + 0.3 \times 10\% = 10\%$。

4. 股票 X 和 Y 收益率的标准差？

答： $\sigma_X{}^2 = [0.2 \times (-20\% - 20\%)^2] + [0.5 \times (18\% - 20\%)^2] + [0.3 \times (50\% - 20\%)^2] = 5.92\%$

$\sigma_X = 24.33\%$

$\sigma_Y{}^2 = [0.2 \times (-15\% - 10\%)^2] + [0.5 \times (20\% - 10\%)^2] + [0.3 \times (10\% - 10\%)^2] = 1.75\%$

$\sigma_Y = 13.23\%$

5. 假设投资 9000 美元于股票 X，1000 美元于股票 Y。组合的期望收益率是多少？

答： $E(r) = (0.9 \times 20\%) + (0.1 \times 10\%) = 19\%$。即 1900 美元的回报。

6. 3 种经济状况的概率和特定股票收益的概率如表 5－6 所示。

表 5－6

经济状况	概率	股票表现	给定经济状况下股票收益的概率
好	0.3	好	0.6
		正常	0.3
		差	0.1
正常	0.5	好	0.4
		正常	0.3
		差	0.3
差	0.2	好	0.2
		正常	0.3
		差	0.5

经济状况正常但是股票表现差的概率为多少？

答： 经济状况为正常的概率为 0.50（或 50%）。在一个正常经济情况下，股票有 30% 的时间表现差。因此，经济状况正常但是股票表现差的概率为：$0.30 \times 0.50 = 0.15 = 15\%$。

7. 分析师估计某股票有以下收益分布（见表 5－7）。

表 5－7

经济状况	概率	收益（%）
好	0.1	15
正常	0.6	13
差	0.3	7

股票的期望收益为多少？

答： $E(r) = (0.1 \times 15\%) + (0.6 \times 13\%) + (0.3 \times 7\%) = 11.4\%$。

第 6 章　风险资产配置

6.1　复习笔记

1. 风险与风险厌恶

(1)单一前景的风险

风险的存在意味着可能产生一个以上的结果，单一前景是指将某一初始财富用于投资时面临着风险，这一投资机会只产生两种可能的结果。

(2)投机

投机是指承担一定的风险时得到相应的回报。“相应的回报”是风险溢价，指去除无风险收益之后的实际期望收益，是由于风险所得到的预期所得。“一定的风险”是指足以影响决策的风险，当增加的收益不足以补偿所冒的风险时，投资者可能会放弃一个产生正的风险溢价的机会。

(3)投机与赌博的区别

赌博是为不确定的结果下注，它与投机的主要区别是赌博没有“相应的回报”。从经济意义出发，赌博的行为以享受冒险乐趣为目的，而投机是指投资者在市场中发现了风险溢价的机会，并承担相应的风险以期获取额外的回报。

(4)投机与赌博的联系

在某些情况下，赌博可以转化为投机，要求存在充分的风险溢价以弥补厌恶风险的投资者所承受的风险。赌博源于两个投资者赋予结果的概率值是不同的。他们主观地认为有两种不同的前景，经济学家把这种观点的差异称之为“异质预期”。在该情形下，双方均将自身行为视为投机而非赌博。

解决异质预期的理想做法为让两个投资者“融和信息”，即令双方知道自身已拥有全部相关信息且处理方法得当。要排除异质预期需要获取信息和深入的沟通，这要付出一定的成本，所以某一程度而言，异质预期的存在也是理性的。

(5)风险厌恶与效用价值

①效用函数

效用函数 $U=E(r)-(1/2)A\sigma^2$，其中，U 为效用值，$E(r)$为资产组合的期望收益，σ^2 为收益方差，A 为投资者的风险厌恶指数。由于无风险资产的风险补偿为零，因此其收益率即为其效用值，投资者将选择效用值最大的资产组合。A 越大，投资者就越厌恶风险，要求的风险补偿越大，越不会选择风险较大的投资工具。

②确定等价收益率

确定等价收益率(certainty equivalent rate)被定义为风险资产的效用值，指无风险资产和风险资产效用相等时所需的收益率。确定等价收益率大于无风险收益率的组合才值得进行投资。

2. 无风险资产

一般认为短期国库券可以作为无风险资产，投资者可以持有短期国库券以获取短期名义收益。短期国库券的短期性造成其价值对利率的波动不敏感。

实际上，多数投资者用范围更宽的货币市场工具来代替无风险资产。货币市场工具与利率风险无关，这是由于其偿还期短，在违约或信用风险方面也相当安全。大部分货币市场基金投资于以下三种证券：短期国库券、银行可转换存单以及商业票据。

3. 单一风险资产与单一无风险资产的投资组合

记 r_P 为风险组合 P 的收益率，$E(r_P)$ 为期望收益率，σ_P 为标准差，r_f 为无风险资产收益率。

由投资比重分别为 y 和 $(1-y)$ 的风险资产与无风险资产组成的组合 C 的收益率记为 r_C，则：

$$r_C = yr_P + (1-y)r_f \tag{6-1}$$

对资产组合的收益率取期望，有：

$$E(r_C) = yE(r_P) + (1-y)E(r_f) = r_f + y[E(r_P) - r_f] \tag{6-2}$$

上述结果表示所有资产组合的基础收益率均为无风险资产收益率。此外，资产组合期望得到风险溢价，它依赖于风险资产组合的风险溢价 $[E(r_P)-r_f]$ 以及投资者权重为 y 的风险资产的风险暴露。这里，投资者被假设为风险厌恶型，并且只有存在正的风险溢价时才愿持有风险头寸。

用一个风险资产与一个无风险资产组成组合时，组合标准差等于风险资产的标准差与其投资权重的乘积。因此，投资组合的标准差为：

$$\sigma_C = y\sigma_P \tag{6-3}$$

由(6-3)式可得 $y = \sigma_C/\sigma_P$，代入(6-2)式中，可解得：

$$E(r_C) = r_f + \frac{\sigma_C}{\sigma_P}[E(r_P) - r_f] = r_f + \frac{E(r_P) - r_f}{\sigma_P}\sigma_C \tag{6-4}$$

由此即可求出投资组合的期望收益和标准差之间的线性关系，用图形表示出来就是资本配置线(CAL)，它代表全部可行的风险-收益组合。其斜率 S 为资产组合每增加一单位标准差所增加的期望收益，即 $[E(r_P)-r_f]/\sigma_P$，该斜率又称报酬-波动性比率或夏普比率。

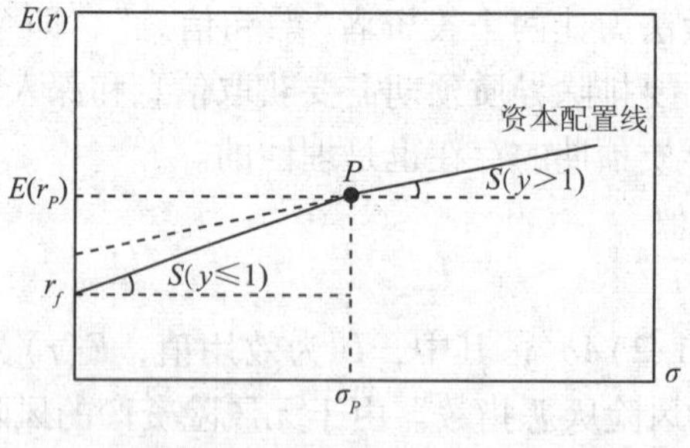

图 6-1 风险资产与无风险资产的投资机会集合

当 $y=1$ 时，即 $\sigma_C = \sigma_P$ 时，投资组合全部由风险资产构成，其期望收益恰好等于风险资产的期望收益，在图 6-1 中表示为 P 点；当 $y=0$ 时，投资组合全部由无风险资产组成，其期望收益恰等于无风险收益率，在图 6-1 中表示为直线与纵轴的交点；当 $0<y<1$ 时，组合的风险收益状况介乎这两点之间。

当投资者以无风险利率借入资金购买风险资产，即风险资产存在杠杆头寸，$y>1$，而无风险资产是空头时，资产组合收益率分布仍旧展现出相同的报酬-波动性比率，在图 6-1 中表现为 P 点右上方的点。当然，非政府投资者不能以无风险利率借入资金。借款者的违约风险使得贷款者要求更高的贷款利率。在此情况下报酬－波动性比率，也就是资本配置线的斜率相对较小，如图6－1所示，在P点右上方，资本配置线变得更为平坦。在存在保证金交易的情况下，这一效应有可能会进一步放大。

4．风险容忍度与资产配置

风险厌恶程度不同的投资者会持有不同的风险资产头寸。投资者越厌恶风险，越会持有较多无风险的资产，或持有风险较小的资产。

期望收益和资产组合收益率的方差可以说明投资者从给定收益率概率分布的资产组合中获得的效用。也就是说投资者从投资组合中获得的效用可以表示为期望收益和收益率方差的函数，即

$$U = U(E(r),\ \sigma^2) \tag{6-5}$$

譬如可以将效用函数表示为$U = E(r) - A\sigma^2/2$，其中A为投资者的风险厌恶系数。资产组合的效用随期望收益率上升而上升，随着方差上升而下降。这种变化关系的重要程度由风险厌恶系数决定。$A=0$时，投资者风险中性，A越大表明投资者越厌恶风险。

已知一个无风险利率为r_f、期望收益为$E(r_P)$和标准差为σ_P的资产组合，则对于y的任何选择，整个资产组合期望收益可以通过式(6－2)得出，即$E(r_C) = r_f + y[E(r_P) - r_f]$。

根据式(6－3)，全部资产组合的方差${\sigma_C}^2 = y^2{\sigma_P}^2$。投资者将确定风险资产的最优配置$y$以实现效用最大化。从式(6－1)至(6－5)可知，给出任一个y都可以得到相应的$E(r_C)$、σ_C和U。一般来说，存在一个y值使得投资者的效用最大。当y小于该值时投资者为了增加期望收益愿意承担更多的风险。但是当y值越大的时候风险越大，在风险资产上的增加的分配就越来越少——在该点以上，风险的增加超过了期望收益的增加并且效用降低。

对U求一阶导，令其为零，即可得到风险厌恶投资者的最优风险资产头寸y^*为：

$$y^* = \frac{E(r_P) - r_f}{A\sigma_P^2}$$

最优风险资产头寸是用方差测度的，与风险厌恶水平和风险水平成反比，与风险资产提供的风险溢价成正比。

另一种表达这个决策问题的方式是利用无差异曲线分析。无差异曲线是一条由期望收益率－标准差平面上有相同给定效用水平的所有点组成的曲线。这条曲线显示了投资者所要求的期望收益率与标准差的权衡关系。对于风险厌恶型的投资者而言，无差异曲线一般是向右上方倾斜并向右下方凸出的，随着投资组合风险的加大，投资者所要求的风险报酬将会以更快的速度增长，如图6－2所示。

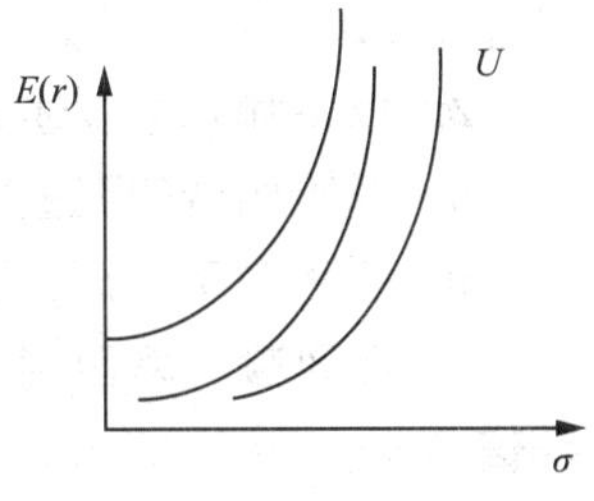

图6－2　无差异曲线

由于无风险资产组合的效用值就是该组合的期望收益率值，则图6－2中每个无差异曲线的截距($\sigma=0$点)称为该曲线上资产组合的确定性等价收益率——事实上就是该曲线的效用值。在这里，“效用”和“确定性等价收益率”两个术语是一致的。

所有的投资者都倾向于选择更高的无差异曲线，即对应更高的确定性等价收益率(效用)的曲线。在风险水平一定时，更高的无差异曲线上的投资组合有更高的期望收益。如果把无差异曲线簇放到代表投资机会集合的资本配置线的图中去，如图6－3所示，就能确定与资本配置线相切的最高无差异曲线，切点的标准差和期望收益率即为最优资产组合的标准

差和期望收益率。

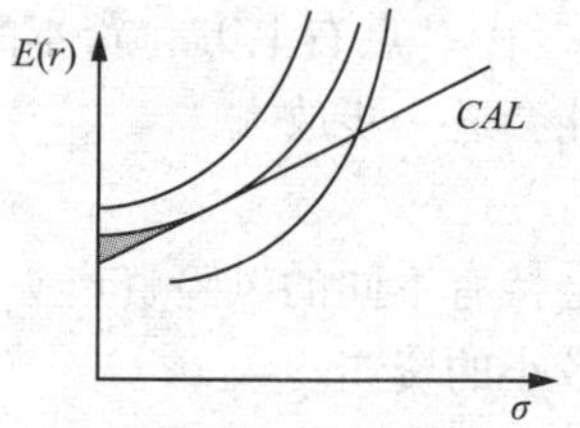

图 6-3　使用无差异曲线寻找最佳的资产组合

5. 消极策略：资本市场线

无风险资产与风险资产组合 P 可以得出资本配置线。组合 P 的决策结果可以依据一个消极策略或一个积极策略。消极策略是指不做直接或间接的证券分析的决策。

消极持有风险资产的天然选择可能是一个分散风险的普通股资产组合。消极策略要求不必花工夫去获取任何单只股票或一组股票的信息。所以，必须采用一个“中性的”分散化策略。简单地说，一个消极策略包含两个消极的资产组合：近似无风险的短期国库券(或货币市场基金)与追踪公开市场指数的普通股基金，通过该基金反映美国经济中企业的价值。资本市场线即为该策略的资本配置线。消极投资者会依据其风险厌恶水平在多种投资工具中进行投资预算配置。

6.2　课后习题详解

一、习题

1. 风险厌恶程度高的投资者会偏好哪种投资组合?

a. 更高风险溢价　　**b. 风险更高**

c. 夏普比率更低　　**d. 夏普比率更高**

e. 以上各项均不是

答：e。风险厌恶程度高的投资者不会持有高风险溢价与高标准差的投资组合。另外，夏普比率的高低并不能反映投资者的风险容忍程度。

2. 以下哪几个表述是正确的?

a. 风险组合的配置减少，夏普比率会降低

b. 借入利率越高，有杠杆时夏普比率越低

c. 无风险利率固定时，如果风险组合的期望收益率和标准差都翻倍，夏普比率也会翻倍

d. 风险组合风险溢价不变，无风险利率越高，夏普比率越高

答：b 项正确。较高的借入利率是对借款人违约风险的补偿。在没有额外的违约成本的完美市场中，这个增量值将与借款人违约选择权的价值相等。然而，在现实中违约是有成本的，因此这部分的增量值会使夏普比率降低。c 项是不正确的，因为无风险利率固定时，风险利率的预期回报增加一倍，风险溢价将增加一倍以上但风险组合标准差也翻倍，夏普比率将增加，但具体增加多少依赖于无风险利率的具体水平。

3. 如果投资者预测股票市场波动性增大，股票期望收益如何变化? 参考教材式(6-7)。

答：假设风险容忍度不变，即有一个不变的风险厌恶系数(A)，则观察到的更大的波动会增加风险投资组合的最优投资方程(教材式 6-7)的分母。因此，投资于风险投资组合的比例将会下降。股票期望收益降低。

4. 考虑一个风险组合，年末现金流为70000美元或200000美元，两者概率相等。短期国债利率为6%。

a. 如果追求风险溢价为8%，你愿意投资多少钱？

b. 期望收益率是多少？

c. 追求风险溢价为12%呢？

答： a. 预期现金流入为 $(0.5\times70000)+(0.5\times200000)=135000$（美元）。风险溢价为8%，无风险利率为6%，则必要回报率为14%。因此资产组合的现值为：$135000/1.14=118421$（美元）。所以投资者至多愿意投资118421美元。

b. 如果资产组合以118421美元买入，给定预期的收入为135000美元，则期望收益率 $E(r)$ 满足：$118421\times[1+E(r)]=135000$（美元）。因此 $E(r)=14\%$。资产组合的价格被设定为使必要回报率与预期收益率相等。

c. 如果国库券的风险溢价为12%，则必要回报率为 $6\%+12\%=18\%$。资产组合的现值为 $135000/1.18=114407$（美元）。

5. 考虑一个期望收益率为12%、标准差为18%的组合。短期国债收益率为7%。投资者仍然偏好风险资产所允许的最大风险厌恶系数是多少？

答： 设效用为 $U=E(r)-0.5A\sigma^2$，国库券的效用为7%，风险资产组合的效用为 $U=0.12-0.5\times A\times(0.18)^2=0.12-0.0162\times A$。要使风险资产组合优于国库券，下列不等式必须成立：$0.12-0.0162A>0.07\Rightarrow A<0.05/0.0162=3.09$。

因此，要使风险资产组合优于国库券，A 必须小于3.09。

6. 画出 $A=3$ 的投资者效用水平0.05的无差异曲线。

答： 曲线上的点是通过求下式中的 $E(r)$ 得出的：

$$U=0.05=E(r)-0.5A\sigma^2=E(r)-1.5\sigma^2$$

给定 σ^2 的值，$E(r)$ 值如下：

σ	σ^2	$E(r)$
0.00	0.0000	0.05000
0.05	0.0025	0.05375
0.10	0.0100	0.06500
0.15	0.0225	0.08375
0.20	0.0400	0.11000
0.25	0.0625	0.14375

下图中的粗线Q6即为该投资者的无差异曲线。

7. $A=4$ 的投资者呢？回答第6题。

答： 重复习题6的分析，投资者的效用为：

$$U=E(r)-0.5A\sigma^2=E(r)-2.0\sigma^2=0.05$$

下表所列的是预期收益率和标准差的等效用组合。其无差异曲线即为习题6图中标为 *Q7* 的向上倾斜的曲线。

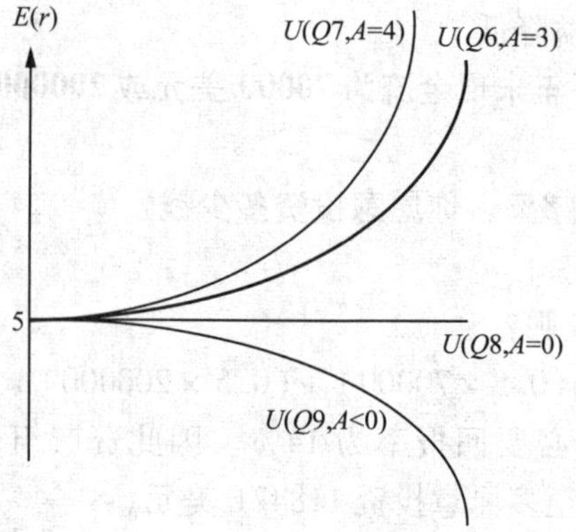

图 6－4　无差异曲线

σ	σ^2	$E(r)$
0.00	0.0000	0.0500
0.05	0.0025	0.0550
0.10	0.0100	0.0700
0.15	0.0225	0.0950
0.20	0.0400	0.1300
0.25	0.0625	0.1750

习题 6 与习题 7 中的无差异曲线的斜率不同。当 A 从 3 增加为 4 时，随着投资者风险厌恶的程度增大，无差异曲线的斜率也增大，因为需要更多的预期收益来补偿增加的 σ。$A=4$ 的投资者的无差异曲线如图 6－4 所示。

8. 画出风险中性投资者效用水平 0.05 的无差异曲线。

答：风险中性投资者风险厌恶系数为零。因此，其对应的效用等于资产组合的预期收益率。相应的无差异曲线在期望收益－标准差平面是一条水平线，如图 6－4 中标为 Q8 的直线所示。

9. 风险喜好者的风险厌恶系数 A 是怎样的？用图形表示一个效用值为 0.05 的风险喜好型投资者的无差异曲线。

答：风险喜好者非但不会因风险而降低资产组合的效用，反而会随着方差的增加获得更大的效用。这将导致负的风险厌恶系数。相应的无差异曲线向下倾斜，如图 6－4 中标为 Q9 的曲线所示。

习题 10～12，考虑历史数据，过去 80 年标准普尔 500 的平均年风险溢价约为 8%，标准差 20%，当前短期国债利率为 5%。

10. 计算组合期望收益和组合方差。投资比例如表 6－1 所示。

表 6－1

短期国债	标准普尔 500 指数	短期国债	标准普尔 500 指数
0	1.0	0.6	0.4
0.2	0.8	0.8	0.2
0.4	0.6	1.0	0

答：资产组合的预期收益率和方差计算如下：

(1) $W_{国债}$	(2) $r_{国债}$	(3) $W_{指数}$	(4) $r_{指数}$	$r_{组合}$ (1)×(2)+(3)×(4)	$\sigma_{组合}$ (3)×20%	$\sigma^2_{组合}$
0.0	5%	1.0	13.0%	13.0% =0.130	20% =0.20	0.0400
0.2	5%	0.8	13.0%	11.4% =0.114	16% =0.16	0.0256
0.4	5%	0.6	13.0%	9.8% =0.098	12% =0.12	0.0144
0.6	5%	0.4	13.0%	8.2% =0.082	8% =0.08	0.0064
0.8	5%	0.2	13.0%	6.6% =0.066	4% =0.04	0.0016
1.0	5%	0.0	13.0%	5.0% =0.050	0% =0.00	0.0000

11. 计算效用水平，$A=2$，你得到什么结果？

答：根据 $U=E(r)-0.5\times A\sigma^2=E(r)-\sigma^2$ 计算效用，可得出下表：

$W_{国债}$	$W_{指数}$	$r_{组合}$	$\sigma_{组合}$	$\sigma^2_{组合}$	$U(A=2)$	$U(A=3)$
0.0	1.0	0.130	0.20	0.0400	0.0900	0.0700
0.2	0.8	0.114	0.16	0.0256	0.0884	0.0756
0.4	0.6	0.098	0.12	0.0144	0.0836	0.0764
0.6	0.4	0.082	0.08	0.0064	0.0756	0.0724
0.8	0.2	0.066	0.04	0.0016	0.0644	0.0636
1.0	0.0	0.050	0.00	0.0000	0.0500	0.0500

效用栏 $U(A=2)$ 表明：对于 $A=2$ 的投资者来说，相比表中的其他资产组合，他最为偏好100%投资于市场指数。

12. $A=3$ 呢？

答：上表中效用栏 $U(A=3)$ 是根据 $U=E(r)-0.5A\sigma^2=E(r)-1.5\sigma^2$ 计算得来的。它表明风险厌恶程度更高的投资者会偏好投资60%于市场指数，而不是像 $A=2$ 的投资者那样100%投资于市场指数。

回答习题13～19，你管理一个风险组合，期望收益率为18%，标准差28%，短期国债利率8%。

13. 你的客户选择投资70%于你的基金，30%于短期国债。他组合的期望收益率和方差是多少？

答：期望收益率 $=(0.7\times18\%)+(0.3\times8\%)=15\%$，标准差 $=0.7\times28\%=19.6\%$。方差 $=19.6\%^2=3.84\%$。

14. 假设你的风险组合投资如表6－2所示。

表6－2

股票A	25%
股票B	32%
股票C	43%

那么你的客户的投资头寸是怎样的？

答：投资比例：30.0%投资于国库券；17.5%（$=0.7\times 25\%$）投资于股票A；22.4%（$=0.7\times 32\%$）投资于股票B；30.1%（$=0.7\times 43\%$）投资于股票C。

15. 你的组合报酬－波动性比率是多少？你客户的呢？

答：报酬－波动性比率为：$S=\frac{0.18-0.08}{0.28}=0.3571$

客户的报酬－波动性比率为：$S=\frac{0.15-0.08}{0.196}=0.3571$

16. 画出你的组合的资本配置线，斜率是多少？

答：

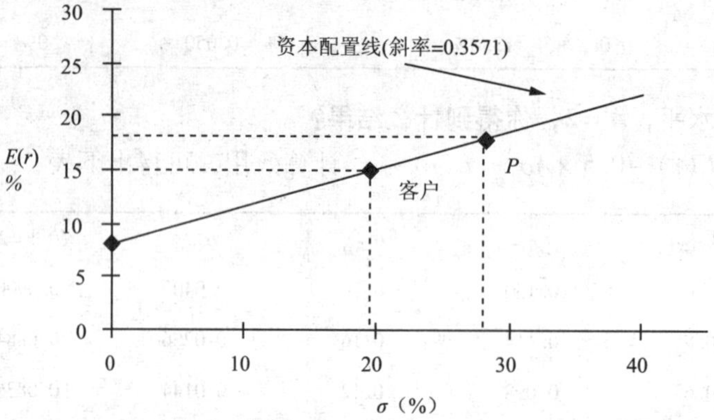

17. 假设你的客户投资于你的组合权重为 y，期望收益率为16%

a. y 是多少？

b. 你客户组合的收益标准差是多少？

答：a. $E(r_C)=r_f+y\times[E(r_P)-r_f]=0.08+y\times(0.18-0.08)$

如果资产组合的期望收益率为16%，则：$16\%=8\%+10\%\times y\Rightarrow y=\frac{0.16-0.08}{0.10}=0.8$。

因此，为了得到期望收益率为16%的资产组合，客户必须将总基金的80%投资于风险资产组合，20%投资于国库券。

b. 客户组合的收益标准差为 $\sigma_C=0.8\times\sigma_P=0.8\times 28\%=22.4\%$。

18. 假设你的客户偏好在标准差不大于18%的情况下最大化期望收益率，那么他的投资组合是怎样的？

答：$\sigma_C=y\times 28\%$

如果客户希望标准差不超过18%，则 $y=18/28=0.6429=64.29\%$，即64.29%应投资于风险资产组合。

19. 你客户的风险厌恶系数为 $A=3.5$，他如何投资？

答：$y^*=\frac{E(r_P)-r_f}{A\sigma_P^2}=\frac{0.18-0.08}{3.5\times 0.28^2}=\frac{0.10}{0.2744}=0.3644$

因此，客户的最优投资组合为：36.44%投资于风险资产组合，63.56%投资于国库券。

20. 参见教材表6－7中的关于标准普尔500超出无风险收益率的风险溢价以及风险溢价标准差数据。假设标准普尔500指数是你的风险投资组合。

a. 如果 $A=4$，并假设1926～2012年很好地代表了未来表现的预期，你将分配多少投资到短期国债，多少到股票？

b. 如果你认为 1968～1988 年才可以代表未来，你如何投资呢？

c. 比较以上 a 和 b 的答案，你能得出什么样的结论？

答： a. 如果假设 1926～2012 年很好地代表了未来表现的预期，那么用以下数据计算投资于股票的比例（用教材表 6－7 中风险溢价的标准差）：

$$A=4,\ E(r_M)-r_f=8.10\%,\ \sigma_M=20.48\%$$

则可得 $y^*=\dfrac{E(r_M)-r_f}{A\sigma_M^2}=\dfrac{0.0810}{4\times0.2048^2}=0.4828$。

因此，资产组合的 48.28% 应分配给股票，51.72% 分配给国库券。

b. 如果假设 1968～1988 年很好地代表了未来表现的预期，那么用以下数据计算投资于股票的比例：

$$A=4,\ E(r_M)-r_f=3.44\%,\ \sigma_M=16.71\%$$

则可得 $y^*=\dfrac{E(r_M)-r_f}{A\sigma_M^2}=\dfrac{0.0344}{4\times0.1671^2}=0.3080$。

因此，资产组合的 30.80% 应分配给股票，69.20% 分配给国库券。

c. 在 b 中，市场风险溢价预期低于 a，市场风险低于 a。因此，b 中的报酬－波动性比率会较低，这也解释了 b 中将更大的比例投资给了国库券的原因。

21. 考虑以下关于你的风险组合的信息，$E(r_P)=11\%$，$\sigma_P=15\%$，$r_f=5\%$。

a. 你的客户想要投资一定比例于你的风险组合，以获得期望收益率 8%。他投资的比例是多少？

b. 他的组合标准差是多少？

c. 另一个客户在标准差不超过 12% 的情况下最大化收益水平，他投资的比例是多少？

答： a. $E(r_C)=8\%=5\%+y\times(11\%-5\%)\Rightarrow y=\dfrac{0.08-0.05}{0.11-0.05}=0.5$。

b. $\sigma_C=y\times\sigma_P=0.50\times15\%=7.5\%$。

c. $\sigma_C=y\times\sigma_P=y\times15\%=12\%$，得到 $y=0.8$，即 80% 投资于风险组合。

22. 投资管理公司 IMI 使用资本市场线来提供资本配置建议。IMI 有以下预测：市场组合期望收益率 12%，标准差 20%，无风险收益率 5%。约翰逊寻求 IMI 的投资建议，他想要投资组合的标准差为市场组合的一半。IMI 可以为约翰逊提供怎样的期望收益率？

答： 约翰逊要求资产组合的标准差为市场资产组合标准差的一半。市场资产组合 $\sigma_M=20\%$，则 $\sigma_P=10\%$。资本市场线的截距为 $r_f=0.05$，其斜率为市场资产组合的夏普比率（35%）。因此利用资本市场线可得：$E(r_P)=r_f+\dfrac{E(r_M)-r_f}{\sigma_M}\sigma_P=0.05+0.35\times0.10=0.085=8.5\%$。

习题 23～26：假设借款利率为 9%，标准普尔 500 指数期望收益率为 13%，标准差为 25%，无风险利率为 5%，你的基金情况同习题 21 一样。

23. 考虑到更高的借款利率时画出你的客户的资本市场线，叠加两个无差异曲线，一是客户借入资金时的；二是投资于市场指数基金和货币市场基金时的。

答： 已知数据为：$r_f=5\%$，$E(r_M)=13\%$，$\sigma_M=25\%$，$r_f^B=9\%$。则资本市场线和无差异曲线如下图：

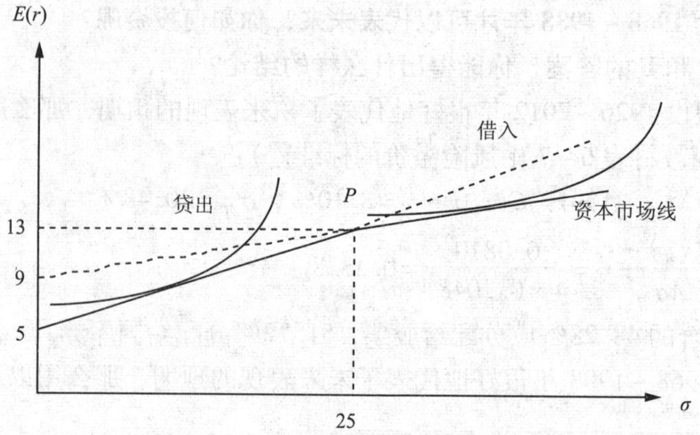

24. 在投资者选择既不借入资金也不贷出资金时其风险厌恶系数范围是什么(即当 $y=1$ 时)?

答: 当 $y<1$(即投资者是贷款人)时,风险厌恶系数(A)必须满足:

$$y=\frac{E(r_M)-r_f}{A\sigma_M^2}<1 \Rightarrow A>\frac{0.13-0.05}{0.25^2}=1.28$$

当 $y>1$(即投资者是借款人)时,A 必须满足:

$$y=\frac{E(r_M)-r_f}{A\sigma_M^2}>1 \Rightarrow A<\frac{0.13-0.09}{0.25^2}=0.64$$

对于在此范围内的风险厌恶值,客户既不向人借钱也不借钱给别人,而是持有仅包含最优风险资产组合的投资组合。因此,当 $y=1$ 时,$0.64 \leqslant A \leqslant 1.28$。

25. 当投资者投资你的基金而不是市场指数基金时,回答习题 23 和习题 24。

答: a. 再次画出习题 23 的图,此时 $E(r_P)=11\%$,$\sigma_P=15\%$。

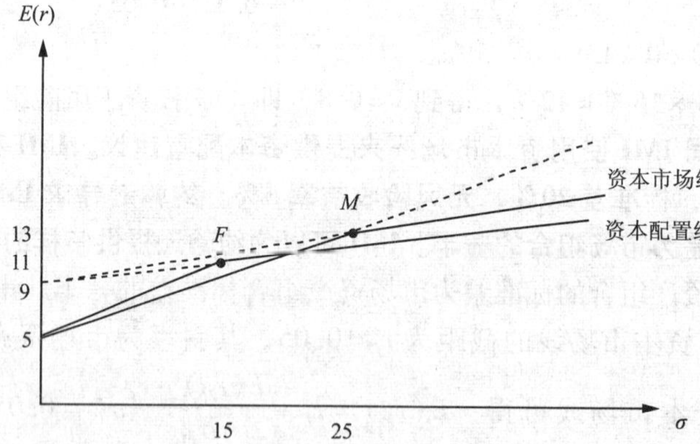

b. 对于贷款头寸:$A>\frac{0.11-0.05}{0.15^2}=2.67$;

对于借款头寸:$A<\frac{0.11-0.09}{0.15^2}=0.89$;

因此,当 $y=1$ 时,$0.89 \leqslant A \leqslant 2.67$。

26. 贷出资金($y<1$)的投资者最多愿意支付多少管理费?借入资金($y>1$)的呢?

答: 最大的可行费用视报酬-波动性比率而定,设为 f。

当 $y<1$,贷款利率 5% 被视为相关的无风险利率时,解关于 f 的方程:

$$\frac{0.11-0.05-f}{0.15}=\frac{0.13-0.05}{0.25}\Rightarrow f=0.06-\frac{0.15\times0.08}{0.25}=0.012=1.2\%$$

当 $y>1$，借款利率9%被视为相关的无风险利率时，注意到即使没有费用，积极型基金也劣于消极型基金，因为：当 $f>0$，$\frac{0.11-0.09-f}{0.15}<\frac{0.11-0.09}{0.15}=0.13<\frac{0.13-0.09}{0.25}=0.16$。更愿意承受风险的投资者(更愿意借钱)，即使没有费用也不愿意成为基金的客户。

如果解费用方程——使得借款的投资者对消极型和积极型的基金无偏好，即

$$\frac{0.11-0.09-f}{0.15}=\frac{0.13-0.09}{0.25}\Rightarrow f=-0.004$$

会发现 f 是负值，即要让其选择你的基金，你必须支付一笔补贴。原因在于投资者倾向于整个资产组合有高风险-高收益，因此他们在资本配置线的相应的借款区域内。在这一区域内指数(消极型基金)的报酬与波动性比率比管理型基金要好。

回答挑战性习题27~28：你估计一个跟踪标准普尔500指数的被动证券组合的期望收益率为13%，标准差为25%。你经营一个积极组合，期望收益率为18%，标准差为28%，无风险利率为8%。

27. 在收益-标准差二维平面上画出资本市场线和你的组合的资本配置线。

a. 资本配置线的斜率是多少？

b. 用一段话描述你的组合较被动组合的优势？

答：a. 资本市场线斜率 $=\frac{0.13-0.08}{0.25}=0.20$。

资本配置线的斜率 $=\frac{0.18-0.08}{0.28}=0.3571$。

图形如下：

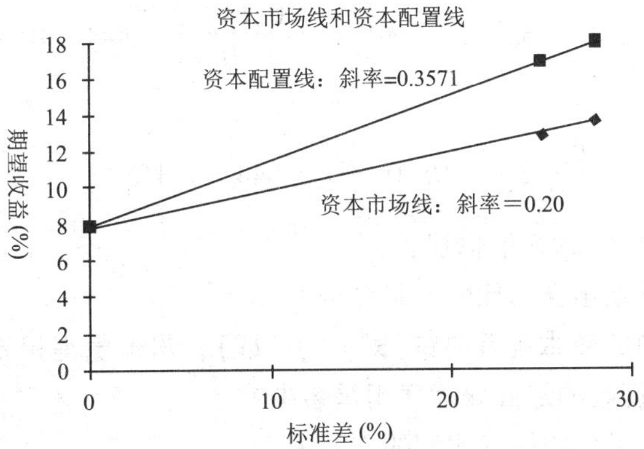

b. 基金允许投资者在任一给定的标准差条件下获得比消极策略更高的均值，也就是任意给定风险水平下更高的期望收益率。

28. 你的客户犹豫是否要将投资于你的组合的70%的资金转移到被动组合中。

a. 你如何告诫他这种转换的坏处？

b. 告诉他保证他获得和被动组合同等效用时的最高管理费(年末按一定投资比例收取)是多少？(提示：管理费将通过降低净期望收益从而减小资本配置线的斜率。)

答：a. 客户将70%的资金投资于基金资产组合，其期望收益率是每年15%，标准差是每年19.6%。如果他将资金转移到被动资产组合(期望收益为13%，标准差为25%)，则其

整体期望收益变为：

$$E(r_C)=r_f+0.7\times[E(r_M)-r_f]=0.08+[0.7\times(0.13-0.08)]=0.115=11.5\%$$

被动组合的资产组合标准差为：

$$\sigma_C=0.7\times\sigma_M=0.7\times25\%=17.5\%$$

因此转换意味着均值从15%减少到11.5%，标准差从19.6%减少到17.5%。因为平均收益和标准差都减少了，故不能判断转换是否有利。转变的不利之处在于，如果这位客户愿意接受其总资产有11.5%的平均收益率，他可以通过基金的资产组合以更低的标准差来实现，而不是使用消极型资产组合。

要达到均值为11.5%的目标，先将总资产组合的平均收益看作基金投资比例(y)的函数：

$$E(r_C)=0.08+y\times(0.18-0.08)=0.08+0.10\times y$$

因为目标为$E(r_C)=11.5\%$，所以投资于基金的比例应为：

$$0.115=0.08+0.10\times y\Rightarrow y=\frac{0.115-0.08}{0.10}=0.35$$

投资组合的标准差为：

$$\sigma_C=y\times28\%=0.35\times28\%=9.8\%$$

因此，通过投资于基金资产组合，同样的11.5%的期望收益率可以在标准差为9.8%的条件下得到，而不是消极型资产组合的17.5%的标准差。

b. 费用将会降低报酬－波动性比率，即资本配置线的斜率。如果付费后资本配置线和资本市场线的斜率相等，客户不管选择基金还是被动投资组合都一样。设f为费用：

$$\text{有费用的资本配置线的斜率}=\frac{0.18-0.08-f}{0.28}=\frac{0.10-f}{0.28}$$

$$\text{资本市场线斜率(无费用)}=\frac{0.13-0.08}{0.25}=0.20$$

使两斜率相等可得：

$$\frac{0.10-f}{0.28}=0.20\Rightarrow f=0.044=4.4\%/\text{年}$$

29. 考虑问题19中$A=3.5$的情况：

a. 如果他投资于被动组合，比例y是多少？

b. 通过改变你客户的资本配置决策(即y的选取)，当他觉得投资于你的组合和被动组合没有差异时，你所能征收的最高管理费用是多少？

答：a. 投资于被动组合的最优比例的方程为：

$$y^*=\frac{E(r_M)-r_f}{A\sigma_M^2}$$

将$E(r_M)=13\%$，$r_f=8\%$，$\sigma_M=25\%$，$A=3.5$代入上式可得：

$$y^*=\frac{0.13-0.08}{3.5\times0.25^2}=0.2286=22.86\%$$

即将22.86%投资于被动资产组合。

b. 答案参见习题28的b。不论客户如何配置资产，可以向客户征收的费用都相同。即可以征收使资产组合的报酬－波动性比率与竞争者相等的费用。

二、CFA 考题

用表 6－3 中的数据回答问题 1～3。

表 6－3　效用函数数据

投资	期望收益	标准差	投资	期望收益	标准差
1	0.12	0.30	3	0.21	0.16
2	0.15	0.50	4	0.24	0.21

$$U=E(r)-1/2A\sigma^2,\ A=4$$

1. 根据以上效用函数，当你的风险厌恶系数 $A=4$ 时，你会选择哪个投资？

答：每种投资的效用 $=E(r)-0.5\times4\times\sigma^2$。选择效用最高的投资，投资 3。

投资	预期收益率 $E(r)$	标准差 σ	效用 U
1	0.12	0.30	－0.0600
2	0.15	0.50	－0.3500
3	0.21	0.16	0.1588
4	0.24	0.21	0.1518

2. 如果你是风险中性投资者呢？

答：若投资者是风险中性的，此时 $A=0$。效用最高的投资是投资 4，因为它具有最高的期望收益率。

3. 效用函数中的参数 A 代表：

a. 投资者的收益回报要求

b. 投资者的风险厌恶程度

c. 确定性等价收益率

d. 关于 1 个单位收益与 4 个单位风险交换的偏好

答：b。

根据下图回答 CFA 考题 4～5。

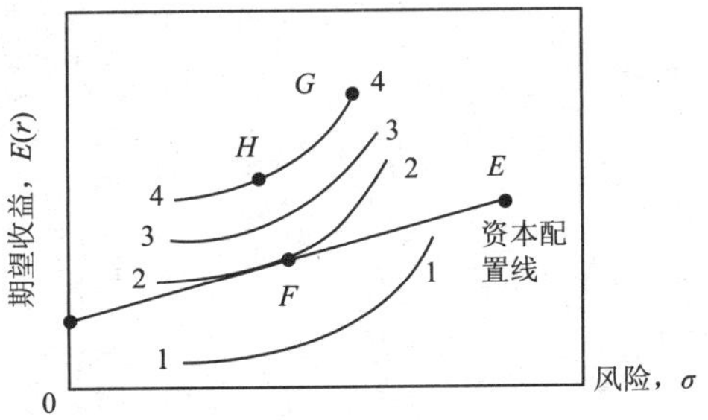

4. 哪条无差异曲线反映了投资者可以达到的最大效用水平？

答：无差异曲线 2，因为它与 CAL 相切。

5. 哪个点标出了最佳的风险投资组合？

答：E 点。

6. 假设投资总额为 100000 美元，表 6－4 中投资于股票和债券的预期风险溢价（以美元表示）是多少？

表 6-4

行动	概率	期望收益(美元)
投资股票	0.6	50000
	0.4	-30000
投资债券	1.0	5000

答：(0.6×50000)+[0.4×(-30000)]-5000=13000(美元)。

7. 资本配置线由直线变成弯曲是因为：

a. 报酬-波动性比率增长；

b. 借入资金利率高于贷出资金利率；

c. 投资者风险容忍度降低；

d. 组合中无风险资产比重上升。

答：b。更高的借入资金利率减少了投资组合的总收益，这导致资本配置线的一部分有更低的斜率。

8. 你管理着一个股票基金，其预期风险溢价为12%，预期标准差为12%。短期国债利率为6%。你的客户决定向你的基金投资60000美元，投资于短期国债40000美元。你客户组合的期望收益和标准差为多少？

答：股票基金的收益率=国库券利率+风险溢价=6%+12%=18%；

客户资产组合的期望收益率=(0.6×18%)+(0.4×6%)=13.2%；

客户资产组合的期望收益=13.2%×100000=13200(美元)，这表明到期时预期的总财富=113200美元；

客户整体资产组合的标准差=0.6×12%=7.2%。

9. 考题8中股票基金的报酬-波动性比率是多少？

答：报酬-波动性比率$=\frac{0.12}{0.12}=1$。

第7章　最优风险资产组合

7.1　复习笔记

1. 分散化与资产组合风险

(1)系统性风险与非系统性风险

分散化能够降低风险，但是当共同的风险来源影响所有的公司时，分散化不能消除该类风险。即资产组合的标准差随着证券种类的增加而下降，但是不能降至零。它来源于与市场有关的因素，在最充分的分散条件下还存在着的风险被称为“市场风险”“系统风险”或“不可分散风险”。而那些可被分散化消除的风险被称为“独特风险”“公司特有风险”“非系统风险”或“可分散风险”。

(2)两种风险资产的资产组合

①资产组合的风险与收益

资产组合的期望收益是资产组合中各种证券的期望收益的加权平均值，即：

$$E(r_P)=w_D E(r_D)+w_E E(r_E)$$

两种资产的资产组合的方差是：

$$\sigma_P^2=w_D^2\sigma_D^2+w_E^2\sigma_E^2+2w_D w_E \mathrm{Cov}(r_D,\ r_E)$$

②表格法计算组合方差

表7－1显示如何通过数据表计算资产组合的方差。其中a表示两个共同基金收益的相邻协方差矩阵，相邻矩阵是沿着首排首列相邻每一基金在资产组合中权重的协方差矩阵。可以通过如下方法得到资产组合的方差：将斜方差矩阵中的每个因子与行、列中的权重相乘，并把四个结果相加。

表7－1　通过协方差矩阵计算资产组合方差

a)相邻协方差矩阵		
资产组合权重	w_D	w_E
ω_D	$\mathrm{Cov}(r_D,\ r_D)$	$\mathrm{Cov}(r_D,\ r_E)$
ω_E	$\mathrm{Cov}(r_E,\ r_D)$	$\mathrm{Cov}(r_E,\ r_E)$
b)协方差矩阵相邻项相乘		
w_D	$w_D w_D \mathrm{Cov}(r_D,\ r_D)$	$w_D w_E \mathrm{Cov}(r_D,\ r_E)$
w_E	$w_E w_D \mathrm{Cov}(r_E,\ r_D)$	$w_E w_E \mathrm{Cov}(r_E,\ r_E)$
$w_D+w_E=1$	$w_D w_D \mathrm{Cov}(r_D,\ r_D)+$ $w_E w_D \mathrm{Cov}(r_E,\ r_D)$	$w_D w_E \mathrm{Cov}(r_D,\ r_E)+$ $w_E w_E \mathrm{Cov}(r_E,\ r_E)$
资产组合方差		
$w_D w_D \mathrm{Cov}(r_D,\ r_D)+w_E w_D \mathrm{Cov}(r_E,\ r_D)+w_D w_E \mathrm{Cov}(r_D,\ r_E)+w_E w_E \mathrm{Cov}(r_E,\ r_E)$		

③相关系数与资产组合方差

具有完全正相关(相关系数为1)的资产组合的标准差恰好是资产组合中各证券标准差的加权平均值。

相关系数小于1时，资产组合的标准差小于资产组合中各证券标准差的加权平均值。

通过调整资产比例，具有完全负相关(相关系数为-1)的资产组合的标准差可以为0。

④资产组合比例与资产组合方差

当两种资产负相关时，调整资产组合比例可以得到小于两种资产方差的最小组合方差。若某个资产比例为负值，表示借出(或卖空)该资产。

⑤可行集

可行集是指多种资产进行组合所能构成的所有风险收益的集合。

2. 资产配置

(1)最优风险资产组合

优化资源配置指的是使风险的边际收益最大，即资本配置线(CAL)的斜率最大。最优风险资产组合是指资产配置线与机会集曲线的切点，此时代表着投资者的最优资产配置。

(2)最优完整资产组合

最优完整资产组合为投资者无差异曲线与资本配置线的切点处组合，包含风险资产组合(债券和股票)以及无风险资产(国库券)。

(3)完成一个完整的资产组合的步骤

①确定所有各类证券的收益特征(例如：期望收益率、方差、协方差等)。

②建造风险资产组合：

a. 计算最优风险资产组合P；

b. 运用步骤a中确定的权重计算资产组合P的期望收益和标准差。

③把基金配置在风险资产组合和无风险资产上：

a. 计算资产组合P(风险资产组合)和国库券(无风险资产)的权重；

b. 计算出完整的资产组合中投资于每一种资产和国库券上的投资份额。

3. 马科维茨的资产组合选择模型

资产组合的构造问题即为多种风险资产与一种无风险资产的组合问题。第一步，确定可行集的风险与收益关系；第二步，计算最大化资本配置线斜率的各风险资产的投资比例以确定最优风险组合；第三步，确定由无风险资产与最优风险资产组合组成的最佳资产组合。

构造组合的步骤如下：

(1)确认风险资产有效边界

投资者面临的风险-收益机会源于风险资产的最小方差边界。最小方差边界上的点代表期望收益一定时方差最小的组合。

最小方差边界上位于最小方差组合之上的点代表的组合具有最优的风险与收益，该部分即为风险资产有效边界。

(2)确认最优风险资产组合

最优资本配置线和有效边界相切，切点P即为最优投资组合。如图7-1所示。

(3)在最优投资组合P与短期国库券间配置适当的资金以构建最终组合

最优完整资产组合为投资者无差异曲线与资本配置线切点处的组合，最优完整组合包含风险资产组合(债券和股票)以及无风险资产(国库券)。

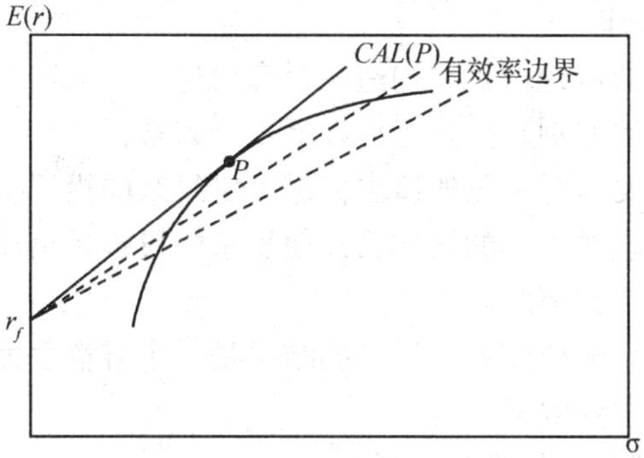

图 7－1　风险资产有效边界和最优资本配置线

4. 分散化的威力

组合的方差为：

$$\sigma_p^2 = \sum_{i=1}^{n}\sum_{j=1}^{n} w_i w_j \mathrm{Cov}(r_i, r_j)$$

在最简单的投资分散化下，组合中每一资产的投资比重相同，即 $w_i = 1/n$，上式变为：

$$\sigma_p^2 = \frac{1}{n}\sum_{i=1}^{n}\frac{1}{n}\sigma_i^2 + \sum_{\substack{j=1 \\ j\neq i}}^{n}\sum_{i=1}^{n}\frac{1}{n^2}\mathrm{Cov}(r_i, r_j)$$

定义平均方差和平均协方差为：

$$\bar{\sigma}^2 = \frac{1}{n}\sum_{i=1}^{n}\sigma_i^2$$

$$\overline{\mathrm{Cov}} = \frac{1}{n(n-1)}\sum_{\substack{j=1 \\ j\neq i}}^{n}\sum_{i=1}^{n}\mathrm{Cov}(r_i, r_j)$$

得出组合的方差为：

$$\sigma_P^2 = \frac{1}{n}\bar{\sigma}^2 + \frac{n-1}{n}\overline{\mathrm{Cov}}$$

若资产间的平均协方差等于零，组合方差会随着 n 的增加而趋于零，即分散化的威力为无穷大。但是，由于经济风险的存在，股票收益具有正相关性。将组合进行高度分散后，组合方差仍为正，即分散化组合中无法消除的风险受不同资产间收益率协方差的影响。在相关系数大于 0 的情况下，资产间的正相关性使分散程度受限，组合的风险减小的速度会随资产数量的增加而逐渐减缓。

5. 资本配置与分离定理

(1)分离定理

分离定理是指资产组合管理人将给所有客户提供相同的风险资产组合 P，而与客户的风险厌恶程度无关。不同的风险厌恶程度可通过在资本配置线上选择不同的点来实现，体现在资产组合中无风险资产与最优风险资产组合的配比。但是，所有客户都使用资产组合 P 作为最优风险投资工具。

于是资产组合选择问题可分为两个相互独立的工作。第一项工作是决定最优风险资产组合，这是完全技术性的。第二项工作是根据个人的偏好，由客户决定资本在国库券和风险资产组合中的分配。

(2) 资产配置与证券选择

证券选择与资产配置的理论都是要构造一个有效边界，沿这一边界选择一个特有的资产组合，但是两者存在一定的差别，需要考虑以下三个因素：

①对储蓄有更大的需要与对利益的追求促进了更复杂的投资管理的激烈增长。

②金融市场的扩大和金融工具的增加已经使复杂的投资超出业余投资者的能力。

③大规模投资管理的收益丰厚。

这些投资更多的是研究资产配置，最终的结果是一个有竞争力的投资公司将与行业一起成长，组织的效率是一个重要因素。

6. 具有无风险资产限制的最优资产组合

(1) 不存在无风险资产

如果不存在无风险资产，就没有一个与资本配置线相切的最优风险资产组合适合所有的投资者。在这种情况下，投资者将在风险资产的有效边界上选择资产组合。每一个投资者都要通过有效边界上与无差异曲线集合的切点来找到最优风险资产组合。

(2) 存在无风险资产，但投资者不能借入

此时资本配置线存在，但只限于在图 7－2 中的线段 FP 上。任何由无差异曲线代表其偏好的投资者，这些无差异曲线与资本配置线上的 FP 线相切的资产组合，譬如资产组合 A，将不受借入限制的影响。这些投资者以 r_f 的利率作为净贷款人。冒险型投资者在无借入限制条件下，将选择资产组合 B，但受到借入限制的影响，投资者只能选择在有效边界的资产组合，譬如资产组合 Q。

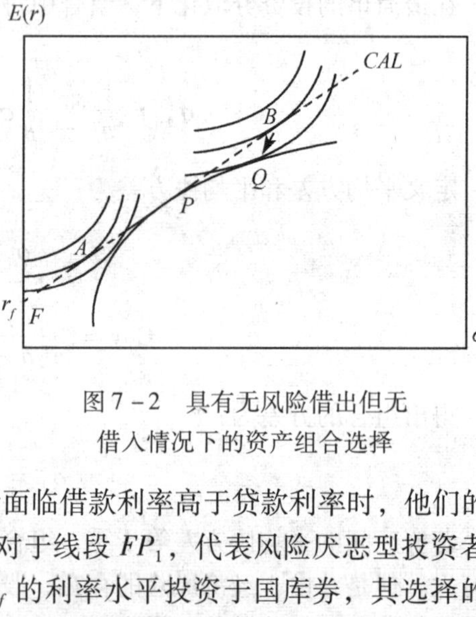

图 7－2　具有无风险借出但无借入情况下的资产组合选择

(3) 借贷无风险资产的利率不同

现实中，个人如果要借款投资于风险资产组合，必须付出比国库券利率高的利率。当投资者面临借款利率高于贷款利率时，他们的资本配置线分为三部分。如图 7－3 所示，CAL_1，相对于线段 FP_1，代表风险厌恶型投资者的有效资产组合。风险厌恶型投资者把部分基金以 r_f 的利率水平投资于国库券，其选择的最优风险资产组合为 P_1，完整的资产组合为 A 点处的资产组合。

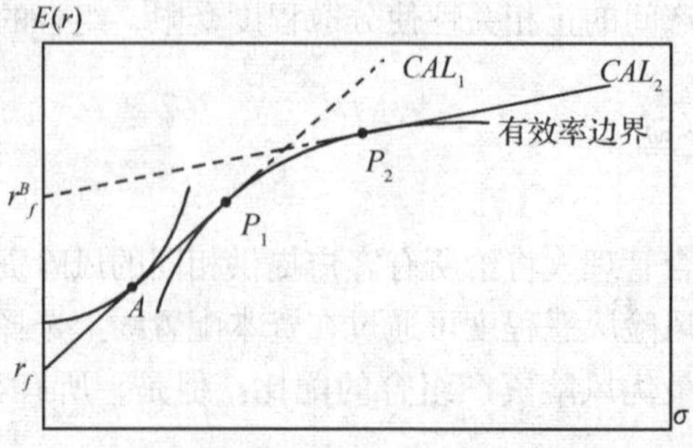

图 7－3　借贷利率不同时风险厌恶者的最优资产组合

CAL_2 在资产组合 P_2 的右边代表冒险型投资者的有效资产组合。这条线从借款利率 r_f^B 出

发，但是在 $r_f^BP_2$ 段是不可行的，因为借出利率为风险利率 r_f 而非 r_f^B。如图 7－4 所示，冒险型投资者的无差异曲线在 CAL_2 上，投资者选择资产组合 P_2 作为最优风险资产组合并借款进行投资，完整的资产组合为 B 点处的资产组合。

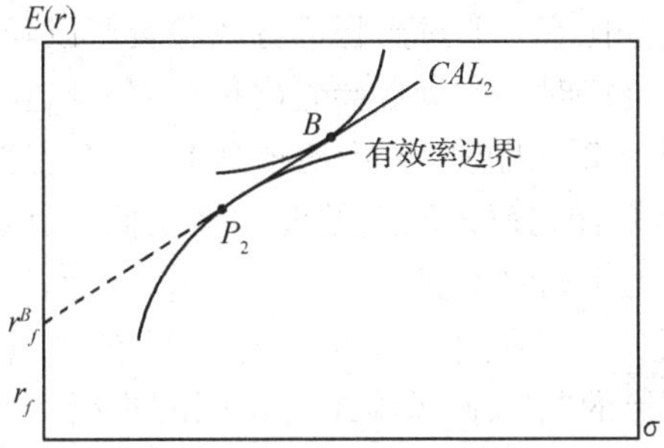

图 7－4　借贷利率不同时冒险型投资者的最优资产组合

对于风险中性投资者，他们从有效边界上选取 P_1P_2 段进行资产组合的选择，如图 7－5 所示。投资者的无差异曲线与有效边界的资产组合相切，得到资产组合 C。

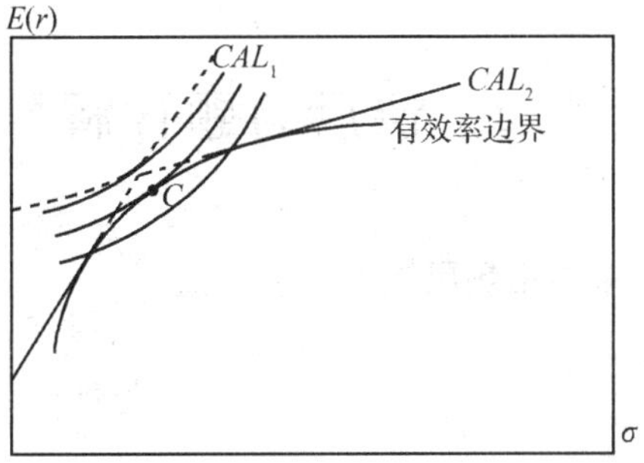

图 7－5　借贷利率不同时风险中性投资者的最优资产组合

7. 风险集合、风险共享与长期投资风险

(1) 风险集合和保险原理

风险集合是指通过聚集一些不相关的风险项目以使风险降低。保险原理是将风险集合拓展至保险行业的情形，即出售风险无关的保单。

(2) 风险集合

假设一个投资者持有组合 P，其中风险组合 A 和无风险资产的投资比重分别为 y 和 $(1-y)$。A 的风险溢价为 R，标准差为 σ。P 的风险溢价 $R_P = yR$，标准差 $\sigma_P = y\sigma$，夏普比率 $S_P = R/\sigma$。

现有另一个与 A 的风险溢价以及标准差相等的风险资产 B，A 和 B 的相关系数等于 0。于是重新构造资产组合 Z：A 和 B 的投资比重均为 y，无风险资产的投资比重为 $1-2y$。可以发现该策略是完全的风险集合。

$R_Z = yR + yR + (1-2y)0 = 2yR$　　（R_P 的 2 倍）

$\sigma_Z^2 = y^2\sigma^2 + y^2\sigma^2 + 0 = 2y^2\sigma^2$　　（组合 P 方差的 2 倍）

$\sigma_Z = \sqrt{\sigma_Z^2} = y\sigma\sqrt{2}$　　（$\sqrt{2} = 1.41$ 乘以组合 P 的标准差）

$S_Z = R_Z/\sigma_Z = 2yR/y\sigma\sqrt{2} = \sqrt{2}R/\sigma$　　（$\sqrt{2} = 1.41$ 乘以组合 P 的夏普比率）

夏普比率增加到原来的 $\sqrt{2}$ 倍，但与此同时，在增加风险资产的投资比重后，其标准差也变为原来的$\sqrt{2}$倍。这意味着由于风险集合使风险投资的规模增加，纯粹的风险集合能带来机会但也存在着不足，即总体风险不能通过风险集合降低。

(3)风险共享

风险共享是指不改变夏普比率，通过出售部分风险资产以降低风险的策略。假设每当在原组合中加入一个新的风险资产时，投资者会先出售一部分风险头寸以维持同样的风险投资比重，即A和B的比例均是$y/2$，无风险资产比重是$1-y$，记这一投资组合为V。

组合V和Z拥有同样的夏普比率，但V的波动性更低。真正的分散化是指尽管投资于多种风险资产，但风险资产比重始终不变。

(4)长期投资

考虑投资一个期限为两年的“长期”风险组合，同时进行一年短期投资后再进行1年的无风险投资。若第一年的风险收益与第二年没有关系，“长期”策略与组合Z没有区别。所以“时间分散化”并非真正的分散化。

长期投资中风险也一直存在。投资者若将其所有预算投资于一个风险组合，他会发现减少每一期的投资预算以在更多的时段投资于风险资产的策略更好。风险无法通过简单的风险共享或者时间分散化来消除。

7.2 课后习题详解

一、习题

1. 以下哪些因素反映了单纯市场风险?

a. 短期利率上升

b. 公司仓库失火

c. 保险成本增加

d. 首席执行官死亡

e. 劳动力成本上升

答：ae。

2. 当增加房地产到一个股票、债券和货币的资产组合中，房地产收益的哪些因素影响组合风险?

a. 标准差

b. 期望收益

c. 和其他资产的相关性

答：ac。房地产被添加到组合中后，在投资组合中有四个资产类别：股票、债券、现金和房地产。现在投资组合的方差包括房地产收益的方差项和房地产收益与其他三个资产类别之间的协方差项。因此，房地产收益的方差(或标准差)和房地产收益与其他资产类别收益之间的相关性影响着投资组合的风险。(注意房地产收益和现金收益之间的相关性很有可能为零。)

3. 以下关于最小方差组合的陈述哪些是正确的?

a. 它的方差小于其他证券或组合

b. 它的期望收益比无风险利率低

c. 它可能是最优风险组合

d. 它包含所有证券

答：a。

用以下数据回答习题 4~10：一个养老金经理考虑 3 个共同基金。第 1 个是股票基金，第 2 个是长期政府和公司债基金，第 3 个是短期国债货币基金，收益率为 8%。风险组合的概率分布如表 7-2 所示。

表 7-2

	期望收益(%)	标准差(%)
股票基金 S	20	30
债券基金 B	12	15

基金的收益率之间的相关系数为 0.1。

4. 两种风险基金的最小方差投资组合的投资比例是多少？这种投资组合收益率的期望值与标准差各是多少？

答：机会集的参数为：$E(r_S)=20\%$，$E(r_B)=12\%$，$\sigma_S=30\%$，$\sigma_B=15\%$，$\rho=0.10$。根据标准差和相关系数，可以推出协方差矩阵(注意 $\mathrm{Cov}(r_S, r_B)=\rho\times\sigma_S\times\sigma_B$)：

	债券	股票
债券	225	45
股票	45	900

最小方差组合可由下列公式推出：

$$w_{\mathrm{Min}}(S)=\frac{\sigma_B^2-\mathrm{Cov}(r_S, r_B)}{\sigma_S^2+\sigma_B^2-2\mathrm{Cov}(r_S, r_B)}=\frac{225-45}{900+225-(2\times 45)}=0.1739$$

$$w_{\mathrm{Min}}(B)=1-0.1739=0.8261$$

最小方差组合的均值和标准差为：

$E(r_{\mathrm{Min}})=(0.1739\times 0.20)+(0.8261\times 0.12)=0.1339=13.39\%$

$\sigma_{\mathrm{Min}}=[w_S^2\sigma_S^2+w_B^2\sigma_B^2+2w_Sw_B\mathrm{Cov}(r_S, r_B)]^{1/2}$

$=[(0.1739^2\times 900)+(0.8261^2\times 225)+(2\times 0.1739\times 0.8261\times 45)]^{1/2}$

$=13.92\%$

5. 制表并画出这两种风险基金的投资可行集，股票基金的投资比率从 0~100% 按照 20% 的幅度增长。

答：

股票基金比例(%)	债券基金比例(%)	预期收益率	标准差	
0.00%	100.00%	12.00%	15.00%	
17.39%	82.61%	13.39%	13.92%	最小方差组合
20.00%	80.00%	13.60%	13.94%	
40.00%	60.00%	15.20%	15.70%	
45.16%	54.84%	15.61%	16.54%	切点资产组合
60.00%	40.00%	16.80%	19.53%	
80.00%	20.00%	18.40%	24.48%	
100.00%	0.00%	20.00%	30.00%	

图形如下：

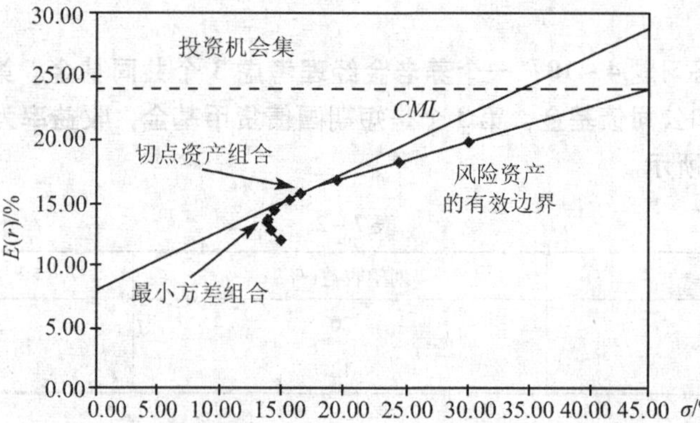

6. 从无风险收益率到可行集曲线画一条切线，由此得到的最优投资组合的期望收益与标准差各是多少？

答：从上图可知，最优资产组合是切点处资产组合，其期望收益近似为 15.6%，标准差近似为 16.5%。

7. 计算出最优风险投资组合下每种资产的比例以及期望收益与标准差。

答：最优风险投资组合投资于股票基金的比例由下式给出：

$$w_S=\frac{[E(r_S)-r_f]\times\sigma_B^2-[E(r_B)-r_f]\times\mathrm{Cov}(r_S,\ r_B)}{[E(r_S)-r_f]\times\sigma_B^2+[E(r_B)-r_f]\times\sigma_S^2-[E(r_S)-r_f+E(r_B)-r_f]\times\mathrm{Cov}(r_S,\ r_B)}$$

$$=\frac{[(0.20-0.08)\times225]-[(0.12-0.08)\times45]}{[(0.20-0.08)\times225]+[(0.12-0.08)\times900]-[(0.20-0.08+0.12-0.08)\times45]}$$

$$=0.4516$$

$$w_B=1-0.4516=0.5484$$

最优风险投资组合的均值和标准差如下：

$$E(r_P)=(0.4516\times0.20)+(0.5484\times0.12)=0.1561=15.61\%$$

$$\sigma_P=[(0.4516^2\times900)+(0.5484^2\times225)+(2\times0.4516\times0.5484\times45)]^{1/2}=16.54\%$$

8. 最优配置线下的最优报酬－波动性比率是多少？

答：最优资本配置线下的报酬－波动性比率为：

$$\frac{E(r_P)-r_f}{\sigma_P}=\frac{0.1561-0.08}{0.1654}=0.4601$$

9. 投资者对他的投资组合的期望收益要求为 14%，是有效的，并且在最优可行资本市场线上。

a. 投资者投资组合的标准差是多少？

b. 在短期国库券上的投资比例以及在其他两种风险基金上的投资比例是多少？

答：a. 如果要求资产组合的平均收益率为 14%，可以从最优资本配置线上找到相应的标准差。资本配置线的公式为：$E(r_C)=r_f+\frac{E(r_P)-r_f}{\sigma_P}\sigma_C=0.08+0.4601\sigma_C$。令 $E(r_C)$ 等于 14%，此时，投资组合的标准差为 13.04%。

b. 整个资产组合的均值（即 14%）是国库券利率与股票和债券的最优组合（P）的平均值。令 y 表示投资于资产组合 P 的比例。在最优资本配置线上的任何一个资产组合的均值为：

$$E(r_C)=(1-y)\times r_f+y\times E(r_P)=r_f+y\times[E(r_P)-r_f]=0.08+y\times(0.1561-0.08)$$

令 $E(r_C)=14\%$，可得 $y=0.7884$ 和 $1-y=0.2116$（投资于国库券的比例）。

为求得投资于每种基金的比例，用 0.7884 分别乘以最优风险性资产组合中的股票和债券的比例：

整个资产组合中股票的比例 $=0.7884\times0.4516=0.3560$；

整个资产组合中债券的比例 $=0.7884\times0.5484=0.4324$。

10. 如果投资者只用两种风险基金进行投资并且要求 14% 的收益率，那么他的组合投资比例是怎样的？

答：若仅用股票基金和债券基金来得到期望收益率为 14% 的资产组合，则必须求出投资于股票基金的适当比例（w_S）和投资于债券基金的适当比例（$w_B=1-w_S$）：

$$0.14=0.20\times w_S+0.12\times(1-w_S)=0.12+0.08\times w_S$$

从而可得 $w_S=0.25$。

因此，投资比例为：25% 投资于股票基金，75% 投资于债券基金。这种资产组合的标准差为：$\sigma_P=[(0.25^2\times900)+(0.75^2\times225)+(2\times0.25\times0.75\times45)]^{1/2}=14.13\%$。

与用国库券和最优资产组合构造的资产组合的 13.04% 相比，这一结果更大。

11. 股票提供的期望收益率为 18%，标准差为 22%。黄金提供的期望收益率为 10%，标准差为 30%。

a. 根据黄金在平均收益和波动性上的明显劣势，有人会愿意持有它吗？如果有，用图形表示这样做的理由。

b. 由上面的数据，再假设黄金与股票的相关系数为 1，回答 a，画图表示为什么有人会或不会在他的投资组合中持有黄金。这一系列有关期望收益率、标准差、相关性的假设代表了证券市场的均衡吗？

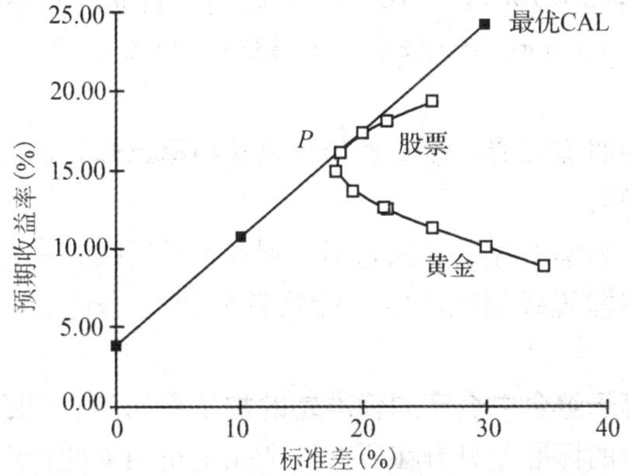

答：a. 即便股票看起来优于黄金，黄金仍然是一种极具吸引力的资产，可以作为资产组合的一部分来持有。当黄金和股票之间的相关性足够低，黄金仍可能被作为资产组合尤其是最优切线资产组合中的一个元素被持有。

b. 如果黄金和股票之间的相关系数为 +1，则不会有人去持有黄金。最优资本配置线将会只由国库券和股票构成。因为当二者相关系数为 1 时，股票和黄金的组合可行集是一条负斜率的直线（见下图），而股票资产组合将优于它们。当然，这种情形不会永远持续下去，如果没人想要黄金，它的价格会下降，它的期望收益率将会上升，直至它变成一个极具吸引力的值得持有的资产。

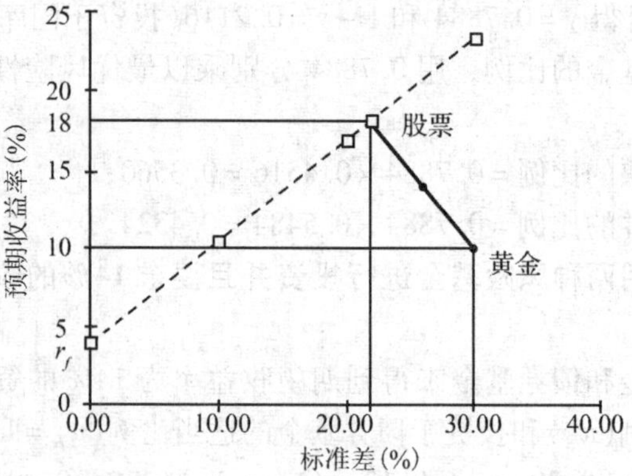

12. 假设证券市场中有许多股票，股票 A 和 B 如表 7-3 所示。

表 7-3

股票	期望收益(%)	标准差(%)
A	10	5
B	15	10

相关系数为 -1。

假设可以以无风险利率借入资金，则无风险收益率是多少(由 A 和 B 构造)?

答：因为股票 A 和股票 B 完全负相关，因此可以构造一个无风险资产组合，且在均衡时，它的收益率等于无风险利率。为求得该资产组合比例(投资于股票 A 的比例 w_A 和投资于股票 B 的比例 $w_B = 1 - w_A$)，令标准差为 0。由于完全负相关，该资产组合的标准差为：$\sigma_P = | w_A\sigma_A - w_B\sigma_B |$，即 $0 = 5 \times w_A - [10 \times (1 - w_A)]$，得 $w_A = 0.6667$。该无风险资产组合的期望收益率为：$E(r) = (0.6667 \times 10\%) + (0.3333 \times 15\%) = 11.667\%$，因此，无风险利率为 11.667%。

13. 假设所有证券的期望收益、标准差和无风险利率已知，这时所有投资者会持有同样的最优风险资产。判断正误。

答：错误。如果借款利率不等于贷款利率，则资本配置线为一条弯曲的曲线，最优风险组合由无差异曲线和资本配置线切点决定，借款者和贷款者很可能有不同的最优风险资产组合。

14. 组合的标准差等于组合中资产的标准差的加权平均值。判断正误。

答：错误。资产组合的标准差只有在所有资产完全正相关的特殊条件下才会等于组合中各构成资产的标准差的加权平均值。否则，如资产组合标准差公式所示，资产组合标准差小于组合中各组成资产的标准差的加权平均值。资产组合的方差是协方差矩阵中各元素的加权平均和，权重为资产组合中各元素所占的比例。

15. 假设有一个项目，有 0.7 的概率使你的投资翻倍，有 0.3 的概率使你的投资减半。这项投资收益的风险是多少?

答：这项投资收益的概率分布为：

概率	收益率
0.7	100%
0.3	-50%

均值 $=(0.7\times100\%)+[0.3\times(-50\%)]=55\%$；

方差 $=[0.7\times(100\%-55\%)^2]+[0.3\times(-50\%-55\%)^2]=0.4725$；

标准差 $=0.4725^{1/2}=68.74\%$。

16. 假设你有 100 万美元，由以下两种资产来构造组合：

①无风险资产年收益率 12%

②风险资产，期望收益率 30%，标准差 40%

构造的组合标准差 30%，则期望收益率是多少？

答：$\sigma_P=30\%=y\times\sigma=y\times40\%$，可得 $y=0.75$

$E(r_P)=0.25\times0.12+0.75\times0.30=25.5\%$。

以下数据用于回答习题 17～19：Corr(*A*，*B*)=0.85；Corr(*A*，*C*)=0.6；Corr(*A*，*D*)=0.45，每只股票期望收益率为 8%，标准差 20%。

17. 如果你整个组合就是股票 A，你可以加入一只股票，你的选择是哪个？

答：既然所有的股票都有相同的期望收益率和标准差，应选择可以使风险最小的股票，即与股票 A 的相关性最小的股票，即股票 D。当所有股票的预期收益相同，任何风险厌恶投资的最优投资组合即为最小方差组合(G)。当限定组合只包括股票 A 与另外一种股票时，目的就是找到包括 A 的方差最小的组合。两种股票，I 和 J，在 G 中所占比例分别为：

$$W_{\text{Min}}(I)=\frac{\sigma_J^2-\text{Cov}(r_I,\ r_J)}{\sigma_I^2+\sigma_J^2-2\text{Cov}(r_I,\ r_J)}$$

$$W_{\text{Min}}(J)=1-W_{\text{Min}}(I)$$

因为所有股票的标准差都为 20%，$\text{Cov}(r_I,\ r_J)=\rho\sigma_I\sigma_J=0.04\rho$，$W_{\text{Min}}(I)=W_{\text{Min}}(J)=0.5$，即最小方差组合与在边界上其他资产的协方差等于其自身的方差。否则进一步分散化可降低方差。G 组合的标准差为：$\sigma_{\text{Min}}(G)=[0.02\times(1+\rho_{IJ})]^{1/2}=17.03\%$，因此股票 D 符合题意。

18. 对风险厌恶程度不同的投资者来说上述问题的答案会变化吗？

答：改变。风险资产的有效边界在 8% 是水平的。最优 CAL 从无风险利率起，穿过最小方差组合 G。风险厌恶的投资者将仅持有国债。

19. 假设增加一种股票的同时还可以增加投资短期国债，利率为 8%，你会改变上述问题的答案吗？

答：不变，当收益率为 8% 时，风险资产处在有效边界上。因此，最优资本配置线从无风险利率到由股票 A 和 D 权重分别为 0.5 时形成的资产组合。这个投资组合也具有最小的方差。和通常一样，最优的整体资产组合视风险厌恶程度而定。

表 7－4 中的数据为复利年收益率，回答习题 22 和习题 23。

表 7－4 (%)

	20 世纪 20 年代①	20 世纪 30 年代	20 世纪 40 年代	20 世纪 50 年代	20 世纪 60 年代	20 世纪 70 年代	20 世纪 80 年代	20 世纪 90 年代
小公司股票	-3.72	7.28	20.63	19.01	13.72	8.75	12.46	13.84
大公司股票	18.36	-1.25	9.11	19.41	7.84	5.90	17.60	18.20
长期政府债券	3.98	4.60	3.59	0.25	1.14	6.63	11.50	8.60
中期政府债券	3.77	3.91	1.70	1.11	3.41	6.11	12.01	7.74

续表

	20世纪20年代[①]	20世纪30年代	20世纪40年代	20世纪50年代	20世纪60年代	20世纪70年代	20世纪80年代	20世纪90年代
短期政府债券	3.56	0.30	0.37	1.87	3.89	6.29	9.00	5.02
通货膨胀率	-1.00	-2.04	5.36	2.22	2.52	7.36	5.10	2.93

注：①基于1926~1929年

20. 将表中的数据填入电子数据表，计算各类资产收益率和通货膨胀率的序列相关系数，以及各类资产之间的相关系数。

答：重新排表(将行变为列)，计算相关系数，得下表。

	名义利率					
20世纪	小公司股票	大公司股票	长期政府债券	中期政府债券	国库券	通货膨胀率
20年代	-3.72%	18.36%	3.98%	3.77%	3.56%	-1.00%
30年代	7.28%	-1.25%	4.60%	3.91%	0.30%	-2.04%
40年代	20.63%	9.11%	3.59%	1.70%	0.37%	5.36%
50年代	19.01%	19.41%	0.25%	1.11%	1.87%	2.22%
60年代	13.72%	7.84%	1.14%	3.41%	3.89%	2.52%
70年代	8.75%	5.90%	6.63%	6.11%	6.29%	7.36%
80年代	12.46%	17.60%	11.50%	12.01%	9.00%	5.10%
90年代	13.84%	18.20%	8.60%	7.74%	5.02%	2.93%
相关系数	0.46	-0.22	0.60	0.59	0.63	0.23

例如，要计算多年来大公司股票名义收益率的序列相关性，在Excel中建立以下两列，使用电子表格的"Correl"功能计算数据的相关性：

20世纪	各个10年	前10年
30年代	-1.25%	18.36%
40年代	9.11%	-1.25%
50年代	19.41%	9.11%
60年代	7.84%	19.41%
70年代	5.90%	7.84%
80年代	17.60%	5.90%
90年代	18.20%	17.60%

注意，每个相关系数都仅以7个观测值为基础，因此不能真正得出统计上的显著的结论。但是，从数字上看，除大公司股票(标准普尔500)外，存在着持续的序列相关。

21. 将表中的收益率转化为实际收益率，重复上一问题。

答：实际收益率表(从10年平均名义收益率减去10年平均通胀率的近似值得出)为：

			实际收益率		
20 世纪	小公司股票	大公司股票	长期政府债券	中期政府债券	国库券
20 年代	-2.72%	19.36%	4.98%	4.77%	4.56%
30 年代	9.32%	0.79%	6.64%	5.95%	2.34%
40 年代	15.27%	3.75%	-1.77%	-3.66%	-4.99%
50 年代	16.79%	17.19%	-1.97%	-1.11%	-0.35%
60 年代	11.20%	5.32%	-1.38%	0.89%	1.37%
70 年代	1.39%	-1.46%	-0.73%	-1.25%	-1.07%
80 年代	7.36%	12.50%	6.40%	6.91%	3.90%
90 年代	10.91%	15.27%	5.67%	4.81%	2.09%
相关系数	0.29	-0.27	0.38	0.11	0.00

10 年期名义收益率之间正的序列相关消失，且表现为实际收益率的不相关。10 年期的序列（尽管对于任何决定性的结论而言实在太短）表明实际收益率在各个 10 年期之间是独立的。

题 22～25 的相关信息如下。Greta 是一位年长的投资者，投资期为 3 年时，其风险回避系数为 3。她在考虑投资于两个组合：标普 500 和一个对冲基金，两者都是 3 年的投资策略（所有收益率均为年化，连续复利）。标普 500 风险溢价预计为每年 5%，标准差 20%；对冲基金的风险溢价预计为 10%，标准差 35%。某一组合某年的收益率与其自身收益率或其他组合收益率都不相关。对冲基金经理声称标普 500 的年收益率与对冲基金的当年收益率的相关系数为零，但是 Greta 对此持怀疑态度。

22. 计算这两个组合的 3 年期风险溢价、标准差和夏普比率。

答：(i) 标普 500 组合的三年期风险溢价为：$(1+0.05)^3-1=15.76\%$；三年期标准差为：$\sqrt{3}\times0.2=34.64\%$；夏普比率为：$15.76\%/34.64\%=0.4550$。

(ii) 对冲基金组合的三年期风险溢价为：$(1+0.1)^3-1=33.10\%$；三年期标准差为：$\sqrt{3}\times0.35=60.62\%$；夏普比率为：$33.10\%/60.62\%=0.5460$。

23. 假设两个组合的年收益率间相关系数真的为零，最佳组合配置策略是什么？Greta 的资本配置是怎样的？

答：相关系数为零时，最佳组合配置策略为：

$$W_{S\&P}=\frac{E(R_{S\&P})\sigma_{Hedge}^2-E(R_{Hedge})\sigma_{S\&P}\sigma_{Hedge}\rho}{E(R_{S\&P})\sigma_{Hedge}^2+E(R_{Hedge})\sigma_{S\&P}^2-[E(R_{S\&P})+E(R_{Hedge})]\sigma_{S\&P}\sigma_{Hedge}\rho}$$

$$=\frac{0.1576\times0.6062^2-0.3310\times0.3464\times0.6062\times0}{0.1576\times0.6062^2+0.3310\times0.3464^2-(0.1576+0.3310)\times0.3464\times0.6062\times0}$$

$$=0.5932$$

$$W_{Hedge}=1-W_{S\&P}=0.4068$$

此时，风险组合的期望风险溢价与标准差为：

$$E(R_P)=W_{S\&P}E(R_{S\&P})+W_{Hedge}E(R_{Hedge})=0.5932\times15.76\%+0.4068\times33.10\%=22.81\%$$

$$\sigma_P=\sqrt{W_{S\&P}^2\sigma_{S\&P}^2+W_{Hegde}^2\sigma_{Hedge}^2+2W_{S\&P}W_{Hedge}\sigma_{S\&P}\sigma_{Hedge}\rho}$$

$$=\sqrt{0.5932^2\times0.3464^2+0.4068^2\times0.6062^2+2\times0.5932\times0.4068\times0.3464\times0.6062\times0}$$

$= 32.10\%$

Greta 的风险回避系数为 3，因此投资于风险资产的比例为：

$$y = \frac{0.2281}{3 \times 0.3210^2} = 73.79\%$$

因此，最终投资组合中投资于标普 500 的比例为：$0.5932 \times 73.79\% = 43.77\%$；投资于对冲基金的比例为：$0.4068 \times 0.7379 = 30.02\%$；剩下的 26.21% 投资于无风险资产。

24. 如果组合年度收益率之间相关系数为 0.3，年化协方差是多少？

答：标普 500 组合的年度标准差为 20%，对冲基金组合的年度标准差为 35%。因此相关系数为 0.3 时年化协方差为：$0.2 \times 0.35 \times 0.3 = 0.0210$。

25. 相关系数为 0.3 时的 3 年期收益的协方差是多少？

答：标普 500 组合的三年期标准差为：$0.2 \times \sqrt{3} = 34.64\%$，对冲基金组合的三年期标准差为：$0.35 \times \sqrt{3} = 60.62\%$。因此相关系数为 0.3 时三年期收益的协方差为：$0.3464 \times 0.6062 \times 0.3 = 0.0630$。

二、CFA 考题

下面的数据用于 1～3 题：H&A 公司为 W 养老基金管理着 3000 万美元的股票投资组合。W 基金的财务副主管琼斯注意到 H&A 在 W 基金的 6 个股票经理人中持续保持着最优的纪录。在过去的 5 年中有 4 年 H&A 公司管理的投资组合的表现明显优于标准普尔 500 指数。唯一业绩不佳的一年带来的损失也是微不足道的。

H&A 公司是一个“特立独行”的管理者。该公司尽量避免在对市场的时机预测上做任何努力，它把精力主要放在对个股的选择而不是对行业好坏的评估上。

6 位管理者之间没有明显一致的管理模式。除了 H&A，其余的 5 位经理共计管理着由 150 种以上的个股组成的 2.5 亿美元的资产。

琼斯相信 H&A 可以在股票选择上表现出出众的能力，但是受投资高度分散化的限制，达不到高额的收益率。这几年来，H&A 公司的投资组合一般包含 40～50 只股票，每只股票占基金的 2%～3%。H&A 公司之所以在大多数年份里表现还不错，原因在于它每年都可以找到 10～20 只获得高额收益率的股票。

基于以上情况，琼斯向 W 养老基金委员会提出以下计划：把 H&A 公司管理的投资组合限制在 20 只股票以内。H&A 公司会对其真正感兴趣的股票投入加倍的精力，而取消其他股票的投资。如果没有这个新的限制，H&A 公司就会像以前那样自由地管理投资组合。

基金委员会的大多数成员都同意琼斯的观点，他们认为 H&A 公司确实表现出了在股票选择上的卓越能力。但是该建议与以前的实际操作相背离，几个委员对此提出了质疑，请根据上述情况回答下列问题：

1. a. 20 只股票的限制会增加还是减少投资组合的风险？请说明理由。

b. H&A 公司有没有办法使股票数由 40 只减少到 20 只，而同时又不会对风险造成很大的影响？请说明理由。

答：a. 将资产组合限制在 20 种股票而不是 40～50 种股票将增加资产组合的风险，但是可能增加的不多。例如，如果 50 种股票都有相同的标准差 σ，且两两之间的相关性都相同，即相关系数 ρ 相同，那么两两之间的协方差为 $\rho\sigma^2$，且一个等权数的资产组合的方差为：$\sigma_P^2 = \frac{1}{n}\sigma^2 + \frac{n-1}{n}\rho\sigma^2$。

等式右边第二项中 n 的减少影响可能相当小（因为 49/50 接近于 19/20，且 $\rho\sigma^2$ 比 σ^2 小），但是第一项的分母将是 20 而不是 50。例如，若 $\sigma=45\%$，$\rho=0.2$，则 50 种股票的标准差将为 20.91%，当只有 20 种股票持有时，标准差将上升至 22.05%。如果预期收益率增长的足够多，这个增长是可以接受的。

b. H&A 公司可以通过确保它在其资产组合中的 20 种股票，以相当的分散性来控制风险的上升。这要求在剩余的股票中维持较低的相关性。例如，在 a 问中，$\rho=0.2$，资产组合风险的增长是很小的。在实际中，这意味着 H&A 公司将不得不将其资产组合分散到很多行业中去；仅仅集中投资于少数几个行业将会导致囊括进来的股票间有较高的相关性。

2. 一名委员在提及琼斯的建议时特别热心，他认为如果把股票数减少到 10 只，H&A 公司的业绩将会更好。但是如果把股票减少到 20 只被认为是有利的，试说明为什么减少到 10 只反而不那么有利了（假设 W 养老基金把 H&A 公司的投资组合与基金的其他组合分开考虑。）

答：由于分散化而减少风险的收益不是资产组合中证券数量的线性函数。相反，来自新增加的分散化的边际收益在分散化最小时是很重要的。限制 H&A 公司在 10 种股票而不是 20 种，会使得它的资产组合风险增加，比从 30 种股票减少到 20 种时大得多。在我们的例子中，限制股票数量在 10 种将会使标准差增加至 23.81%。从 20 种股票变为 10 种而导致的标准差增加的 1.76% 要大于从 50 种股票减少到 30 种而导致的标准差增加的 1.14%。

3. 另一名委员建议，与其把每种投资组合与其他的投资组合独立起来考虑，不如把 H&A 公司管理的投资组合的变动放到整个基金的角度上来考虑会更好。解释这一观点将对委员会把 H&A 公司的股票减至 10 只还是 20 只的讨论产生什么影响？

答：这一点很有意义，因为委员会会考虑整体资产组合的波动性。由于 H&A 公司的资产组合仅仅是 6 个分散化资产组合中的一个且小于平均值，集中于少数几个证券对整个基金的分散化的影响是很小的。因此，让它去做股票选择工作可能更有利。

4. 下面哪一种投资组合不属于马科维茨描述的有效边界（见表 7－5）？

表 7－5

	投资组合	期望收益（%）	标准差（%）
a.	W	15	36
b.	X	12	15
c.	Z	5	7
d.	Y	9	21

答：d。资产组合 Y 不在有效边界上，资产组合 X 与其相比有更高的期望收益率和更低的标准差，所以投资者不会选择组合 Y。

5. 下面对投资组合分散化的说法哪些是正确的？

a. 适当的分散化可以减少或消除系统风险。

b. 分散化减少投资组合的期望收益，因为它减少了投资组合的总体风险。

c. 当把越来越多的证券加入投资组合时，总体风险一般会以递减的速率下降。

d. 除非投资组合包含至少 30 只的个股，分散化降低风险的好处不会充分显现。

答：c。a：即使在最充分的分散条件下还存在市场风险，也被称为系统风险，b：分散化不一定减少期望收益，d：资产组合的个股数量较少但各股相关性很低的情况下仍能充分发挥分散化降低风险的好处。

6. 测度分散化投资组合中的某一证券的风险用的是______。

a. 特有风险　　b. 收益的标准差　　c. 再投资风险　　d. 协方差

答：d。协方差反映了该证券与其他证券及证券组合的相关程度，体现了其分散风险的能力，如果其与组合协方差较大，说明其系统性风险较大。

7. 马科维茨描述的投资组合理论主要关注于______。

a. 系统风险的减少　　b. 分散化对投资组合的风险影响

c. 非系统风险的确认　　d. 积极的资产管理以扩大收益

答：b。

8. 假设一名风险厌恶的投资者拥有M公司的股票，他决定在其投资组合中加入Mac公司或是G公司的股票。这3只股票的期望收益率和总体风险水平相当，M公司股票与Mac公司股票的协方差为－0.5，M公司股票与G公司股票的协方差为0.5。则投资组合______。

a. 买入Mac公司股票，风险会降低更多

b. 买入G公司股票，风险会降低更多

c. 买入G公司股票或Mac公司股票都会导致风险增加

d. 由其他因素决定风险的增加或降低

答：a。其他情况相同时，协方差越小，两种资产组合的风险就越小。

9. A、B、C三只股票具有相同的期望收益率和方差，表7－6为三只股票收益之间的相关系数。根据这些相关系数，风险水平最低的投资组合为______。

a. 平均投资于A和B　　b. 平均投资于A和C

c. 平均投资于B和C　　d. 全部投资于C

表7－6

	股票A	股票B	股票C
股票A	+1.0		
股票B	+0.9	+1.0	
股票C	+0.1	－0.4	+1.0

答：c。其他情况相同时，相关系数越小，两种资产组合的风险就越小。

10. A、B、C三只股票的统计数据如表7－7所示。

表7－7

收益标准差			
股票	A	B	C
收益标准差(%)	40	20	40
收益相关系数			
股票	A	B	C
A	1.00	0.90	0.50
B		1.00	0.10
C			1.00

仅从表中信息出发，在等权重A和B的投资组合和等权重B和C的组合中做选择，请

说明理由。

答：因为不知道预期收益是多少，所以我们只关注波动性的减少。股票 A 和 C 有相同的标准差，但是 B 和 C 的协方差(0.10)小于 A 和 B 的协方差(0.90)。因此，由股票 B 和 C 组成的资产组合的总体风险小于由股票 A 和 B 组成的资产组合的总体风险。

11. 斯蒂文森目前有 200 万美元的投资组合，组合情况见表 7－8。

表 7－8

	价值（美元）	占总额的百分比(%)	期望年收益率(%)	年标准差(%)
短期债券	200000	10	4.6	1.6
国内大盘证券	600000	30	12.4	19.5
国内小盘证券	1200000	60	16.0	29.9
投资组合总和	2000000	100	13.8	23.1

斯蒂文森计划将很快就能到手的另外 200 万美元全部投资于指数基金，这样就可以和现在的投资组合构成很好的互补关系。特许金融分析师库普评估表 7－9 中的 4 种指数基金是否可以满足组合的两个标准，即维持或提高期望收益和维持或降低波动性。

每种基金投资于一类资产，这些类别在现在的证券组合中并没有充分表现出来。

表 7－9

指数基金	期望年收益率(%)	标准差(%)	与目前投资组合的相关性
基金 A	15	25	+0.80
基金 B	11	22	+0.60
基金 C	16	25	+0.90
基金 D	14	22	+0.65

请问库普应该向斯蒂文森推荐哪个基金？说说你选择的基金如何很好地满足了库普的两个标准，这不需要任何计算。

答：基金 D 可以和现在的证券组合构成很好的互补关系，同时满足斯蒂文森的标准。

首先，基金 D 的期望收益率(14.0%)在一定程度上可以增加证券组合的收益率；

其次，基金 D 与目前证券组合的相关性较低(+0.65)，这暗示在所有选项中除了基金 B 以外，基金 D 提供了更大的分散效应。在证券组合中加入基金 D 后构成的组合和原有基金相比，有同样的收益率但波动性更低。

另外三个基金无论是从期望收益的增强还是从通过分散来降低波动性的角度而言都有不足：基金 A 提供了增加组合收益的潜力，但资产之间的相关性太大，以至于不能通过分散来提供波动性降低的效应；基金 B 能够通过分散效应大幅度地降低波动性，但其产生的收益预期将大大低于当前组合的收益；基金 C 增加收益的潜力最大，但资产之间的相关性太大，不能提供分散效应。

12. 格蕾丝有 90 万美元完全分散化的证券投资组合。随后她继承了价值 10 万美元的欧洲公司普通股。她的财务顾问提供了如下预测信息(见表 7－10)。

表 7－10

	期望月收益率(%)	月收益标准差(%)
原始证券组合	0.67	2.37
欧洲公司	1.25	2.95

欧洲公司股票与原始证券组合的收益相关系数为**0.4**。

遗产继承改变了格蕾丝的全部证券投资组合，她正在考虑是否要继续持有欧洲公司股票。假定格蕾丝继续持有欧洲股票，请计算：

a. i. 包括欧洲公司股票在内的新证券投资组合的期望收益

ii. 欧洲公司股票与原投资组合收益的协方差

iii. 包括欧洲公司股票在内的新投资组合的标准差

如果格蕾丝卖掉欧洲股票，她将投资于无风险的月收益率为**0.42%**的政府证券，假定她卖掉欧洲股票并用此收入购买了政府证券，请计算：

b. i. 包括政府证券在内的新投资组合的期望收益。

ii. 政府证券收益与原证券投资组合收益的协方差。

iii. 包括政府证券在内的新投资组合的标准差。

c. 比较包括政府证券在内的新投资组合与原证券组合的系统风险，二者谁高谁低？

d. 格蕾丝经过与丈夫商量后，考虑要卖出**10**万美元的欧洲公司股票，买入**10**万美元的**XYZ**公司普通股。这两种股票的期望收益和标准差都相等。她丈夫说，是否用**XYZ**公司股票替代欧洲公司股票并无区别。判断她丈夫的说法是否正确，并说明理由。

格蕾丝最近和她的财务顾问说："如果我的证券投资不亏本，我就满足了。我虽然希望得到更高的收益，但我更害怕亏本。"

e. i. 用收益标准差作为风险衡量的标准，指出格蕾丝的一个不合理之处。

ii. 给出一个当前情况下更合适的风险衡量方法。

答：a. 用OP代表原有的投资组合，ABC代表新股票，NP代表新的投资组合。

ⅰ. $E(r_{NP})=w_{OP}\times E(r_{OP})+w_{ABC}\times E(r_{ABC})=(0.9\times0.67\%)+(0.1\times1.25\%)=0.728\%$

ⅱ. $\mathrm{Cov}=\rho\times\sigma_{OP}\times\sigma_{ABC}=0.40\times2.37\%\times2.95\%=0.027966\%\approx0.028\%$

ⅲ. $\sigma_{NP}=[w_{OP}^2\sigma_{OP}^2+w_{ABC}^2\sigma_{ABC}^2+2w_{OP}w_{ABC}(\mathrm{Cov}_{OP,ABC})]^{1/2}$

$=[(0.9^2\times2.37\%^2)+(0.1^2\times2.95\%^2)+(2\times0.9\times0.1\times0.028\%)]^{1/2}$

$\approx2.2\%$

b. 用OP代表原有的投资组合，GS代表政府证券，NP代表新的投资组合。

ⅰ. $E(r_{NP})=w_{OP}\times E(r_{OP})+w_{GS}\times E(r_{GS})=(0.9\times0.67\%)+(0.1\times0.42\%)=0.645\%$

ⅱ. $\mathrm{Cov}=\rho\times\sigma_{OP}\times\sigma_{GS}=0\times2.37\%\times0=0$

ⅲ. $\sigma_{NP}=[w_{OP}^2\sigma_{OP}^2+w_{GS}^2\sigma_{GS}^2+2w_{OP}w_{GS}(\mathrm{Cov}_{OP,GS})]^{1/2}$

$=[(0.9^2\times2.37\%^2)+(0.1^2\times0)+(2\times0.9\times0.1\times0)]^{1/2}$

$=2.133\%\approx2.13\%$

c. 加入无风险的政府债券会导致新组合的贝塔值更低。新组合的贝塔值将是组合内单笔证券的贝塔值的加权平均；无风险证券的加入将降低加权平均值。

d. 该说法不正确。虽然所考虑的两个证券各自的标准差和预期回报率是相等的，但每个证券和原来的组合之间的协方差未知，从而不可能得出该结论。例如，如果协方差是不同的，选择一个其他的证券可能会导致作为一个整体的投资组合有一个较低的标准差。在这种情况下，假设所有其他因素都是相等的，则该证券将是一个更好的投资选择。

e. ⅰ. 格蕾丝清楚地表示，损失的风险对于她而言比获得收益的机会更为重要。利用方差(或标准差)作为风险的度量有严重的缺陷，因为标准差并不能区分正向和逆向的价格变动。

ⅱ. 可以用来代替方差的另外两种度量风险的方式为：

回报率范围，它考虑的是在今后一个时期内最高的和最低的预期回报率，最高和最低之间的范围越大，可变性越大，因此风险越大。

半方差可以用来衡量收益低于均值或者其他基准（比如0）的预期偏差。

对格蕾丝来说，这两个措施都将优于方差。回报率范围将有助于突出她正在承担的全方位的风险，尤其是她特别关注的下跌部分的范围。半方差也是有效的，因为它隐含地假设投资者要最小化低于某些目标利率的回报率的可能性。在格蕾丝的情况中，目标利率将设为零（以防止负回报）。

13. 特许金融分析师特鲁迪最近约见了一位客户。特鲁迪主要投资于来自几个产业的30多只公司股票。约见结束后，客户说："我相信你的股票选择能力，我认为你应将我的资金投资于你认为最好的5只股票，你明显偏爱其中几只股票，为何还要投资于30家公司？"特鲁迪准备运用现代证券组合理论给他做解释。

a. 试比较系统性风险与公司特有风险的概念，并各举一例。

b. 评论客户的建议。说说随着证券组合中证券数量的增加，系统性风险与公司特有风险各自将如何变化？

答：a. 系统性风险表示对所有风险资产而言都很普遍的、宏观经济因素导致的资产价格的波动；因此，系统性风险通常也被称为市场风险。系统风险的例子包括商业周期、通货膨胀、货币政策和技术变动。公司特有风险表示市场无关的因素导致的资产价格的波动，比如行业的特性和企业的特性。公司特有风险的例子包括法律诉讼、专利权、管理和财务杠杆等。

b. 特鲁迪应该对客户解释道：只选择最好的5个股票很可能会导致客户持有风险更大的资产组合，因为组合的总风险或者组合方差包括系统性风险和企业风险。系统风险部分取决于单笔资产对于市场波动的敏感程度，这可以用贝塔值表示。假设组合是充分分散的，资产的数量将不会影响组合方差中的系统性风险部分。组合的贝塔值取决于单笔资产的贝塔值和这些证券在组合中的权重。另一方面，非系统风险部分并不会完全正相关，因此，随着更多的资产加入组合，组合的风险就能降低。因此，增加组合中证券的数量能降低企业风险。比如，某个公司的专利权到期并不会影响组合内的其他证券。石油价格的上升也许会导致航空公司的股票下跌，但会有利于能源公司的股票。随着随机选择的证券数量的增加，组合的总风险（方差）将接近其系统方差。

第 8 章　指数模型

8.1　复习笔记

1. 单因素证券市场

(1)马科维茨模型的缺陷

马科维茨模型在实际操作中存在两个问题：一是需要估计大量的数据；二是该模型应用中对相关系数的估计误差会造成结果无效。

单因素模型大大降低了马科维茨资产组合选择程序的数据数量，它把精力放在了对证券的专门分析中。

(2)单因素模型

假定影响全部公司证券收益的因素为宏观经济变量 m，则不确定性能够被划分为宏观经济的不确定性(m)和单个公司层面的不确定性(e_i)。因为不同企业对宏观经济事件有不同的敏感度，所以用β_i来表示公司 i 对宏观经济事件的敏感度，则单因素模型为：

$$r_i = E(r_i) + \beta_i m + e_i$$

2. 单指数模型

(1)单指数模型的回归方程

单指数模型利用标准普尔 500 指数表示宏观经济影响，其回归方程为：

$$R_i(t) = \alpha_i + \beta_i R_M(t) + e_i(t) \tag{8-1}$$

方程的截距项代表了该证券在整个市场的超额收益为 0 时的超额收益率期望值。在任一时期里，回归直线的特定观测偏差记为 e_i，称为残值。每一个残值都是实际股票收益与由描述股票同市场之间的一般关系的回归方程所预测出的股票收益之间的差异。这些量可以用标准回归技术来估计。

(2)期望收益与β的关系

对式(8-1)取期望，由于 $E(e_i)=0$，于是：

$$E(R_i) = \alpha_i + \beta_i E(R_M) \tag{8-2}$$

上式第二项意味着，市场风险溢价作为证券的敏感系数导致了证券风险溢价的产生。证券风险溢价的第一项被称为非市场溢价。

(3)单指数模型的风险和协方差

$$总风险 = 系统性风险 + 公司特定风险$$

$$\sigma_i^2 = \beta_i^2 \sigma_M^2 + \sigma^2(e_i)$$

$$协方差 = \beta\ 的乘积 \times 市场指数风险$$

$$\mathrm{Cov}(r_i,\ r_j) = \beta_i \beta_j \sigma_M^2$$

$$相关系数 = 与市场之间的相关系数之积$$

$$\mathrm{Corr}(r_i,\ r_j) = \frac{\beta_i \beta_j \sigma_M^2}{\sigma_i \sigma_j} = \frac{\beta_i \sigma_M^2 \beta_j \sigma_M^2}{\sigma_i \sigma_M \sigma_j \sigma_M}$$

$$= \mathrm{Corr}(r_i,\ r_M) \times \mathrm{Corr}(r_j,\ r_M)$$

(4)单因素模型的估计值

单因素模型中的各个变量如表8－1所示。

表8－1　单因素模型中的各个变量

	符号
1. 当市场为中性，即超额收益 $r_M - r_f$ 为零时的股票期望收益	α_i
2. 由于整体市场波动带来的收益部分；β_i 是证券对市场变化的敏感度	$\beta_i(r_M - r_f)$
3. 由于意外事件导致的仅与单个公司有关的未期望收益部分(公司特定)	e_i
4. 共同宏观因素不确定性引致的方差	$\beta_i^2\sigma_M^2$
5. 公司特定因素不确定性带来的方差	$\sigma^2(e_i)$

指数模型的优势体现在：①所需的估计值远远少于马科维茨模型；②模型的简化有助于进行更专业简便的分析。

指数模型的缺陷体现在：①对风险来源的简化给模型带来了不容忽视的成本；②当证券组合中比重较大的证券之间残差项相关且α值较大时，由单指数模型得到的最佳投资组合也许比马科维茨模型表现更差。

(5)指数模型与分散化

证券组合的方差为：

$$\sigma_P^2 = \beta_P^2\sigma_M^2 + \sigma^2(e_P)$$

其中，$\beta_P^2\sigma_M^2$代表系统性风险，与单个证券的敏感系数有关，与资产组合分散化程度无关。而$\sigma^2(e_P)$则代表非系统性风险，由公司特有成分e_i决定，会随组合分散化程度而改变，可以被分散掉。

当各资产为等权重，且e_i不相关时，有

$$\sigma^2(e_P) = \sum_{i=1}^{n}\left(\frac{1}{n}\right)^2\sigma^2(e_i) = \frac{1}{n}\overline{\sigma}^2(e)$$

式中，$\overline{\sigma}^2(e)$表示公司特有方差的均值。$\sigma^2(e_P)$会随n的增加而趋于0。

证券组合的风险会随组合的分散化程度加强而近似于系统风险，如图8－1所示。

图8－1表明，随着证券组合中证券数量的增加，组合的风险会下降。但是组合分散的作用是有限的，不论n多大，整个市场存在的系统性风险是不能被分散掉的，始终存在。

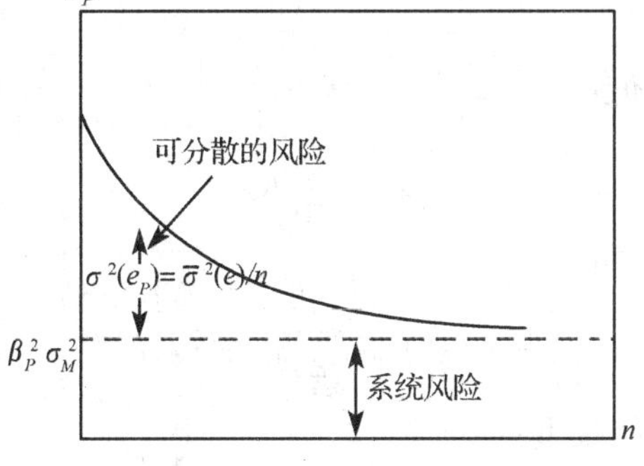

图8－1　单因素经济中β系数为β_P等权重组合方差

3. 组合构造与单指数模型

(1)单指数模型框架

单指数模型框架将宏观经济和公司层面这两个因素分开以进行分析，降低分析师个体导致的误差。单指数模型框架录入数据的前提步骤为：

①宏观经济分析，目的是对市场风险和溢价进行估计。

②统计分析，目的是得到β和$\sigma^2(e_i)$的估计值。

③证券组合收益率的期望值由估计的市场风险溢价和β系数来构建。

④对证券组合收益的准确预测由多种估值模型计算而来，所以α值代表了由小道信息导致的风险溢价的增加部分。

(2)指数组合作为投资资产

将标准普尔500指数作为市场指数，则其β系数为1，α值为0，也就是期望收益中不存在非市场溢价。此时标准普尔500指数组合可以作为一种消极的投资组合。

(3)单指数模型的输入数据

假设投资组合由n家进行证券分析的公司与一个标准普尔500指数组合构成，那么输入的数据是：

①标准普尔500指数的风险溢价。

②估计的标准普尔500指数的标准差。

③n家公司对以下参数的估计值：β系数；证券残差的方差；证券的α值。

(4)最优风险组合

①最优风险组合由两个组合组成：

a. 积极组合A，由n种经过积极分析的证券构成；

b. 市场指数组合M，也被称为消极组合。

②最优风险组合的构造过程

a. 计算积极组合中每种证券的初始权重：

$$w_i^0 = \frac{\alpha_i}{\sigma^2(e_i)}$$

b. 调整上述权重以使组合权重和为1，即

$$w_i = \frac{w_i^0}{\sum_{i=1}^{n} w_i^0}$$

c. 计算积极组合的α值：

$$\alpha_A = \sum_{i=1}^{n} w_i \alpha_i$$

d. 计算积极组合的残差：

$$\sigma^2(e_A) = \sum_{i=1}^{n} w_i^2 \sigma^2(e_i)$$

e. 计算积极组合的初始权重：

$$w_A^0 = \left[\frac{\alpha_A / \sigma^2(e_A)}{E(R_M)/\sigma_M^2}\right]$$

f. 计算积极组合的β值：

$$\beta_A = \sum_{i=1}^{n} w_i \beta_i$$

g. 调整积极组合的初始权重：

$$w_A^* = \frac{w_A^0}{1 + (1 - \beta_A) w_A^0}$$

h. 最优组合的夏普比率要高于指数组合，用具体的公式可表示为：

$$S_P^2 = S_M^2 + \left[\frac{\alpha_A}{\alpha(e_A)}\right]^2$$

上式意味着，最优组合中，积极组合的 α 值与残差标准差的比率代表其对整个组合夏普比率的影响部分。该比率被称为信息比率(information ratio)。

i. 最优组合的权重为：$w_M^* = 1 - w_A^*$；$w_i^* = w_A^* w_i$。

j. 计算最优组合的风险溢价：$E(R_P) = (w_M^* + w_A^* \beta_A) E(R_M) + w_A^* \alpha_A$

注意：因为指数组合的 β 系数为 1，因此最优组合的 β 系数为：$w_M^* + w_A^* \beta_A$

k. 计算最优组合的方差：$\sigma_P^2 = (w_M^* + w_A^* \beta_A)^2 \sigma_M^2 + [w_A^* \sigma(e_A)]^2$

4. 指数模型在组合管理中的实际应用

(1)指数模型与全协方差模型的比较

加入一个指数后，必须对新指数组合的风险溢价以及每一资产对新指数的 β 参数重新进行预测。如果使用全协方差模型，则要对大量的风险值进行估计，可能存在过多的估计误差以至于其比指数模型推导得出的最优风险组合的表现要差得多。

相较于全协方差模型，单指数模型将宏观经济分析和单个证券分析进行分解，将期望收益的影响因素分为宏观市场和公司层面两部分。

(2)行业指数模型

①决定系数 R^2

决定系数 R^2 等于 r_i 与 r_M 之间相关系数的平方。R^2 是总方差中的系统方差，表明一个行业小幅波动的原因是市场的运动。公司特有方差 $\sigma^2(e)$ 是不能由市场指数来解释的资产的方差。因此决定系数可表示为：

$$R^2 = 1 - \sigma^2(e)/\sigma^2$$

残差标准差为回归残差的标准差，又被称为回归的标准误差。

②调整 β 值

调整 β 值的原因为：全部证券的 β 值的平均为 1，所以为了计算证券 β 系数的估计值，最好的办法即为预测其 β 值为 1。调整 β 估值的方法为将 β 的样本估计值与 1 进行加权：

$$\text{调整}\beta = (2/3)\text{样本}\beta + 1/3(1)$$

(3)预测 β

β 值的预测模型如下：

$$\text{当前的}\beta = a + b(\text{历史的}\beta)$$

$$\text{预测的}\beta = a + b(\text{当前的}\beta)$$

以下变量有利于对 β 进行预测：收入、现金流量、每股收益增长率、市值、股息收益和资产负债比率。

(4)指数模型与证券组合追踪

追踪基金是一种避险工具，用来规避不希望出现的风险。对冲基金管理人使用指数回归方法，以及更为复杂的变量来创建追踪组合，这是对冲策略的核心内容。对冲基金大都使用“多头-空头策略”，基金管理人锁定某一价格被低估了的证券，抵消全部的外生风险，只将投资下注在所察觉的“阿尔法”上。

8.2 课后习题详解

一、习题

1. 获得有效分散化组合，指数模型相对于马科维茨模型的优缺点是什么？

答：相比马科维茨模型，指数模型的优点是大量地减少了所需的估计数。马科维茨模型所需要的大量的估计数，可能会导致在实施过程时出现大量的估计错误。指数模型的缺点来自模型的收益残差不相关的假设。如果使用的指数忽略了一个重要的风险因素，那么这种假设便是不正确的。

2. 管理组合时从单纯跟踪指数到积极管理转变的优缺点是什么？

答：从单纯跟踪指数到积极管理组合的转变，优点在于在未来可能有优异的表现，可以控制风险获取超额收益。缺点在于积极地管理组合会带来额外的管理费用。

3. 公司特定风险达到什么样的程度会影响积极型投资者持有指数组合的意愿？

答：由 w^0 和 w^* 的计算公式可得出：在其他条件不变的情况下，包含在资产组合中候选资产的剩余方差越大，w^0 越小。此外，忽略 β，当 w^0 减小时，w^* 也减小。因此，其他条件不变，资产的剩余方差越大，它在最优风险资产组合中的头寸就越小。换句话说，企业特定风险的增加降低了一个积极的投资者愿意放弃持有指数组合的程度。

4. 我们为什么称 α 为非市场收益溢价？为何对于积极投资经理高 α 值的股票更有吸引力？其他参数不变，组合成分股的 α 值上升，组合的夏普比率如何变化？

答：总风险溢价等于：$\alpha+(\beta\times$ 市场风险溢价$)$。α 被称为“非市场”收益溢价，因为它是收益溢价中独立于市场表现的一部分。

夏普比率表明，具有较高 α 的证券更吸引人。α 是夏普比率的分子，是一个固定的数，不会受到夏普比率的分母即收益的标准差影响。因此在 α 增加时，夏普比率同比增长。由于投资组合的 α 是证券 α 的组合加权平均，则在其他所有参数不变的前提下，一种证券的 α 值增加将会导致资产组合的夏普比率同比增加。

5. 一个投资组合管理组织分析了60只股票并用这60只股票构造了均值-方差有效组合：

a. 要构造最优组合，需要估计多少期望收益率、方差、协方差？

b. 如果可以合理假设股票市场的收益结构与单指数模型非常相似，则估计量为多少？

答：a. 要构造最优投资组合，需要：

$n=60$ 个均值估计值；

$n=60$ 个方差估计值；

$(n^2-n)/2=1770$ 个协方差估计值。

因此，总计有 $(n^2+3n)/2=1890$ 个估计值。

b. 在单指数模型中：$r_i-r_f=\alpha_i+\beta_i(r_M-r_f)+e_i$，或等价地，利用超额收益：$R_i=\alpha_i+\beta_iR_M+e_i$。

每种股票收益率的方差可以分解成以下几个部分：

(1)由于共同的市场因素导致的方差：$\beta_i^2\sigma_M^2$。

(2)由于特定企业未预计到的事件造成的方差：$\sigma^2(e_i)$。

在这个模型中，$\mathrm{Cov}(r_i, r_i)=\beta_i\beta_j\sigma$，需要的参数估计值的数目为：

$n=60$ 个均值 $E(r_i)$的估计值；

$n=60$ 个敏感性系数 β_i 的估计值；

$n=60$ 个企业特定方差 $\sigma^2(e_i)$的估计值；

1 个市场均值 $E(r_M)$的估计值；

1 个市场方差 σ_M^2 的估计值。

因此，共计 182 个估计值。

单指数模型将需要的参数估计值的数目从 1890 减少到了 182 个，更一般地说，是从$(n^2+3n)/2$ 减少到 $3n+2$ 个。

6. 表 8－2 是两只股票的估计：

表 8－2

股票	期望收益(%)	β	公司特定标准差(%)
A	13	0.8	30
B	18	1.2	40

市场指数标准差为 22%，无风险利率为 8%。

a. 股票 A 和 B 的标准差是多少?

b. 假设我们建立一个组合，股票 A 占 30%，股票 B 占 45%，短期国债占 25%，计算组合的期望收益、标准差、β 和非系统性标准差。

答： a. 每种股票的标准差由下式给出：

$$\sigma_i=[\beta_i^2\sigma_M^2+\sigma^2(e_i)]^{1/2}$$

因为 $\beta_A=0.8$，$\beta_B=1.2$，$\sigma(e_A)=30\%$，$\sigma(e_B)=40\%$，且 $\sigma_M=22\%$，可得到：

$$\sigma_A=(0.8^2\times0.22^2+0.30^2)^{1/2}=34.78\%$$

$$\sigma_B=(1.2^2\times0.22^2+0.40^2)^{1/2}=47.93\%$$

b. 资产组合的期望收益率是单个证券的期望收益率的加权平均：

$$E(r_P)=w_A\times E(r_A)+w_B\times E(r_B)+w_f\times r_f$$

$$E(r_P)=(0.30\times13\%)+(0.45\times18\%)+(0.25\times8\%)=14\%$$

资产组合的 β 值等同于各证券的 β 值的加权平均：

$$\beta_P=w_A\times\beta_A+w_B\times\beta_B+w_f\times\beta_f$$

$$\beta_P=(0.30\times0.8)+(0.45\times1.2)+(0.25\times0.0)=0.78$$

资产组合的方差为：

$$\sigma_P^2=\beta_P^2\sigma_M^2+\sigma^2(e_P)$$

其中，$\beta_P^2\sigma_M^2$ 是系统组成成分，$\sigma^2(e_P)$是非系统的成分。由于残差是不相关的，非系统的方差为：

$\sigma^2(e_P)=w_A^2\times\sigma^2(e_A)+w_B^2\times\sigma^2(e_B)+w_f^2\times\sigma^2(e_f)=(0.30^2\times0.30^2)+(0.45^2\times0.40^2)+(0.25^2\times0)=0.0405$

其中 $\sigma^2(e_A)$和 $\sigma^2(e_B)$是股票 A 和股票 B 所具有的企业特有的(非系统的)方差，而 $\sigma^2(e_f)$是国库券的非系统的方差，等于 0。因此资产组合的剩余标准差为：

$$\sigma(e_P) = (0.0405)^{1/2} = 20.12\%$$

资产组合的总体方差为：

$$\sigma_P^2 = (0.78^2 \times 0.22^2) + 0.0405 = 0.069947$$

则资产组合的标准差为26.45%。

7. 考虑图8-2中股票A和B的回归线。

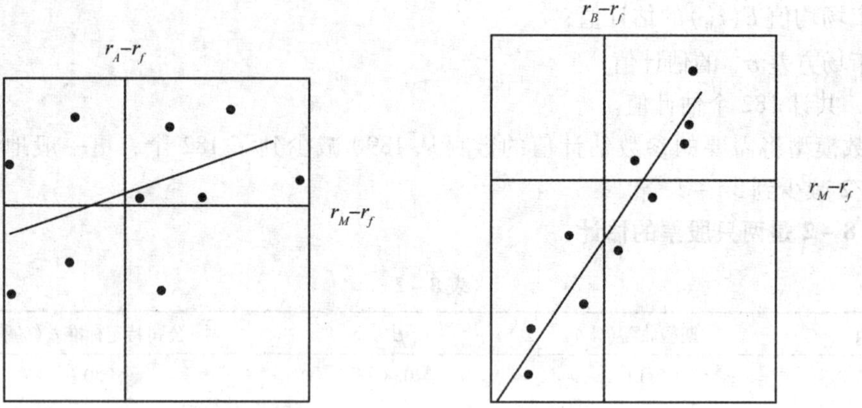

图8-2

a. 哪只股票的公司特定风险更高?

b. 哪只股票的系统性风险更高?

c. 哪只股票 R^2 更高?

d. 哪只股票 α 值更高?

e. 哪只股票和市场相关性更高?

答：a. 图中两条曲线描述了两只股票的证券特征线(SCL)。股票A的公司特有风险更高，因为A的观测值偏离SCL的程度要大于B。偏离程度由观测值偏离SCL的垂直距离来度量。

b. β 是证券特征线的斜率，也是系统风险的测度指标。股票B的证券特征线更陡峭，因此它的系统风险更高。

c. 证券特征线的 R^2(或者说相关系数的平方)是股票收益率的可解释方差与整体方差的比率，而总体方差又等于可解释方差和不可解释方差(股票的剩余方差)的和：

$$R^2 = \beta_i^2 \sigma_M^2 / [\beta_i^2 \sigma_M^2 + \sigma^2(e_i)]$$

由于股票B的可解释方差大于股票A(因为股票B的贝塔值更大，所以可解释方差 $\beta_B^2 \sigma_M^2$ 更大)，并且它的残差 $\sigma^2(e_B)$ 更小，所以其相关系数的平方大于股票A。

d. 阿尔法值是证券特征线SCL在期望收益轴上的截距。股票A具有正的阿尔法值而股票B的阿尔法值为负，所以股票A的阿尔法值大。

e. 因为相关系数是 R^2 的平方根，所以与股票A相比，股票B的市场相关性更高。

8. 考虑A和B的(超额收益)指数模型回归结果：

$$\boldsymbol{R_A = 1\% + 1.2R_M}$$

$$\boldsymbol{R^2 = 0.576}$$

残差标准差 = 10.3%

$$\boldsymbol{R_B = -2\% + 0.8R_M}$$

$$R^2 = 0.436$$

$$残差标准差 = 9.1\%$$

a. 哪只股票的公司特定风险更高？

b. 哪只股票的市场风险更高？

c. 哪只股票的收益波动性更好地由市场变动来解释？

d. 如果无风险利率为 6%，而回归使用的是总收益而非超额收益，那么股票 A 的回归截距是多少？

答： a. 企业特有风险通过残差标准差来测度，因此，股票 A 的企业特有风险更高：10.3% >9.1%。

b. 市场风险以 β 来衡量，即回归曲线的斜率。A 的 β 系数更高：1.2 >0.8。

c. R^2 测度的是收益整体方差中可由市场收益率来解释的部分。A 的 R^2 大于 B：0.576 >0.436。

d. 用总收益(r)来代替超额收益(R)，重写证券特征线的公式：

$$r_A - r_f = \alpha + \beta \times (r_M - r_f) \Rightarrow r_A = \alpha + r_f \times (1-\beta) + \beta \times r_M$$

现在的截距为：

$$\alpha + r_f \times (1-\beta) = 1\% + r_f \times (1-1.2)$$

因为 $r_f = 6\%$，截距应该等于：$1\% + 6\% \times (1-1.2) = 1\% - 1.2\% = -0.2\%$。

用以下数据解 9 ~ 14 题，假设指数模型回归使用的是超额收益。

$$R_A = 3\% + 0.7R_M + e_A$$

$$R_B = -2\% + 1.2R_M + e_B$$

$$\sigma_M = 20\%;\ R\text{-}square_A = 0.20;\ R\text{-}square_B = 0.12$$

9. 每只股票的标准差是多少？

答： 每只股票的标准差可由下式推出：

$$R_i^2 = \beta_i^2\sigma_M^2/\sigma_i^2 = 解释方差/总体方差$$

因此，$\sigma_A^2 = \beta_A^2\sigma_M^2/R_A^2 = 0.7^2 \times 0.20^2/0.20 = 0.098$，$\sigma_A = 31.30\%$；

对于股票 B 来说，$\sigma_B^2 = 1.2^2 \times 0.20^2/0.12 = 0.4800$，$\sigma_B = 69.28\%$。

10. 将每只股票的方差分解为系统性和公司特定的两个部分。

答： A 的系统风险为：$\beta_A^2 \times \sigma_M^2 = 0.70^2 \times 0.20^2 = 0.0196$；

A 的公司特有风险(残差方差)，即为 A 的总体风险和它的系统风险的差额为：0.0980 −0.0196 =0.0784。

B 的系统风险为：$\beta_B^2 \times \sigma_M^2 = 1.20^2 \times 0.20^2 = 0.0576$；

B 的企业特有风险(残差方差)为：0.4800 −0.0576 =0.4224。

11. 两只股票之间的协方差和相关系数是多少？

答： A 和 B 的收益率的协方差为(由于残差被假定为不相关的)：

$$\mathrm{Cov}(r_A,\ r_B) = \beta_A\beta_B\sigma_M^2 = 0.70 \times 1.20 \times 0.0400 = 0.0336$$

A 和 B 的收益率的相关系数为：

$$\rho_{AB} = \mathrm{Cov}(r_A,\ r_B)/\sigma_A\sigma_B = 0.0336/(0.3130 \times 0.6928) = 0.155$$

12. 每只股票与市场指数的协方差是多少？

答： 相关系数是 R^2 的平方根：$\rho = \sqrt{R^2}$

$$\mathrm{Cov}(r_A,\ r_M)=\rho_A\sigma_A\sigma_M=0.20^{1/2}\times 0.3130\times 0.20=0.0280$$

$$\mathrm{Cov}(r_B,\ r_M)=\rho_B\sigma_B\sigma_M=0.12^{1/2}\times 0.6928\times 0.20=0.0480$$

13. 组合 P 投资 60% 于 A，投资 40% 于 B，重新回答问题 9、10 和 12。

答：组合资产 P 可计算如下：

$$\sigma_P=[(0.6^2\times 0.0980)+(0.4^2\times 0.4800)+(2\times 0.4\times 0.6\times 0.336)]^{1/2}$$
$$=(0.128208)^{1/2}=35.81\%$$

$$\beta_P=(0.6\times 0.7)+(0.4\times 1.2)=0.90$$

$$\sigma^2(e_P)=\sigma_P{}^2-\beta_P{}^2\sigma_M^2=0.128208-(0.90^2\times 0.0400)=0.095808$$

$$\mathrm{Cov}(r_P,\ r_M)=\beta_P\sigma_M^2=0.90\times 0.0400=0.0360$$

运用单个股票和市场的协方差，也可以得到相同的结果：

$$\mathrm{Cov}(r_P,\ r_M)=\mathrm{Cov}(0.6r_A+0.4r_B,\ r_M)=0.6\times \mathrm{Cov}(r_A,\ r_M)+0.4\times \mathrm{Cov}(r_B,\ r_M)$$
$$=(0.6\times 0.0280)+(0.4\times 0.0480)=0.0360$$

14. 组合 Q 投资 50% 于 P，投资 30% 于市场指数，投资 20% 于短期国库券，重新回答问题 13。

答：国库券的方差为零，它与任何资产的协方差也为零。因此，对于资产组合 Q：

$$\sigma_Q=[w_P{}^2\sigma_P{}^2+w_M{}^2\sigma_M{}^2+2\times w_P\times w_M\times \mathrm{Cov}(r_P,\ r_M)]^{1/2}$$
$$=[(0.5^2\times 0.128208)+(0.3^2\times 0.04)+(2\times 0.5\times 0.3\times 0.036)]^{1/2}=21.55\%；$$

$$\beta_Q=w_P\beta_P+w_M\beta_M=(0.5\times 0.90)+(0.3\times 1)=0.75；$$

$$\sigma^2(e_Q)=\sigma_Q{}^2-\beta_Q{}^2\sigma_M{}^2=0.046452-(0.75^2\times 0.0400)=0.023952；$$

$$\mathrm{Cov}(r_Q,\ r_M)=\beta_Q\sigma_M^2=0.75\times 0.0400=0.0300。$$

15. 一只股票 β 值估计为 1.24。

a. “β 指引”如何计算该股票的调整 β 值？

b. 假设你估计如下回归来描述 β 随时间的变化趋势：

$$\beta_t=0.3+0.7\beta_{t-1}$$

你对明年 β 的预测是多少？

答：a. “β 指引”根据 β 的样本估计值来调整 β，利用权重 2/3 和 1/3 调整使它的均值为 1.0，如下：

$$调整的\beta=[(2/3)\times 1.24]+[(1/3)\times 1.0]=1.16$$

b. 若用现在的 β 估计值作为 $\beta_{t-1}=1.24$，则 $\beta_t=0.3+(0.7\times 1.24)=1.168$。

16. 根据当前的股息水平和预期增长率，股票 A 和 B 的期望收益分别为 11% 和 14%，β 值分别为 0.8 和 1.5，短期国债的利率为 6%，标准普尔 500 指数的期望收益率为 12%，年标准差分别为 10% 和 11%。如果你现在持有消极的指数组合，你会选择哪只股票增加到自己的组合中？

答：对于股票 A：

$$\alpha_A=r_A-[r_f+\beta_A\times(r_M-r_f)]=0.11-[0.06+0.8\times(0.12-0.06)]=0.2\%$$

对于股票 B：

$$\alpha_B=r_B-[r_f+\beta_B\times(r_M-r_f)]=0.14-[0.06+1.5\times(0.12-0.06)]=-1\%$$

因此将股票 A 添加到自己的分散化资产组合中会更好。股票 B 的空头头寸也是合理的。

17. 假设投资经理根据宏观和微观预测，得到以下输入表(见表8-3和表8-4)：

表8-3　微观预测

资产	期望收益率(%)	β	残差标准差(%)
股票A	20	1.3	58
股票B	18	1.8	71
股票C	17	0.7	60
股票D	12	1	55

表8-4　宏观预测

资产	期望收益率(%)	标准差(%)
短期国库券	8	0
被动权益组合	16	23

a. 计算各股票的预期超额收益、α和残差方差。

b. 构建最优风险投资组合。

c. 该最优风险投资组合的夏普比率是多少？积极投资组合对它的贡献是多少？

d. 假设投资者的风险厌恶系数 $A=2.8$，对短期国债和消极股票的投资比例是多少？

答： a.

阿尔法(α)	期望超额收益
$\alpha_i = r_i - [r_f + \beta_i \times (r_M - r_f)]$	$E(r_i) - r_f$
$\alpha_A = 20\% - [8\% + 1.3 \times (16\% - 8\%)] = 1.6\%$	$20\% - 8\% = 12\%$
$\alpha_B = 18\% - [8\% + 1.8 \times (16\% - 8\%)] = -4.4\%$	$18\% - 8\% = 10\%$
$\alpha_C = 17\% - [8\% + 0.7 \times (16\% - 8\%)] = 3.4\%$	$17\% - 8\% = 9\%$
$\alpha_D = 12\% - [8\% + 1.0 \times (16\% - 8\%)] = -4.0\%$	$12\% - 8\% = 4\%$

股票A、C有正的α值，而股票B、D有负的α值。它们的残差方差为：

$$\sigma^2(e_A) = 0.58^2 = 0.3364$$

$$\sigma^2(e_B) = 0.71^2 = 0.5041$$

$$\sigma^2(e_C) = 0.60^2 = 0.3600$$

$$\sigma^2(e_D) = 0.55^2 = 0.3025$$

b. 要构建最优风险资产组合，首先需确定最优的积极投资组合。利用Treynor-Black方法，构建积极投资组合：

	$\dfrac{\alpha}{\sigma^2(e)}$	$\dfrac{\alpha/\sigma^2(e)}{\sum \alpha/\sigma^2(e)}$
A	0.0476	-0.6142
B	-0.0873	1.1265
C	0.0944	-1.2181
D	-0.1322	1.7058
总计	-0.0775	1.0000

得到具有正阿尔法值的股票的权数为负，反之亦然。可以看出，在积极资产组合中的整

个头寸都是负的，并使一切都返回到正常的好状态。

应用这些权重，对积极型资产组合的预测为：

$$\alpha = [-0.6142\times1.6\%] + [1.1265\times(-4.4\%)] - [1.2181\times3.4\%] + [1.7058\times(-4.0\%)] = -16.90\%$$

$$\beta = [-0.6142\times1.3] + [1.1265\times1.8] - [1.2181\times0.70] + [1.7058\times1] = 2.08$$

高 β 值(高于所有单个股票的 β 值)是来自具有相对低 β 值的股票的空头头寸和具有相对高 β 值的股票的多头头寸。

$$\sigma^2(e) = [(-0.6142)^2\times0.3364] + [1.1265^2\times0.5041] + [(-1.2181)^2\times0.3600] + [1.7058^2\times0.3025] = 2.18096$$

$$\sigma(e) = 147.68\%$$

股票 B 的杠杆头寸(高 $\sigma^2(e)$)克服了分散化的影响，并得到了一个高的残差标准差。最优的风险资产组合在积极型资产组合中占比 w^*，计算如下：

$$w_0 = \frac{\alpha/\sigma^2(e)}{[E(r_M)-r_f]/\sigma_M^2} = \frac{-0.1690/2.18096}{0.08/0.23^2} = -0.05124$$

调整负的头寸的原因前面已述。

调整的 β 为：

$$w^* = \frac{w_0}{1+(1-\beta)w_0} = \frac{-0.05124}{1+(1-2.08)(-0.05124)} = -0.0486$$

由于 w^* 是负的，故投资组合为一个具有正 α 值的股票的正头寸和一个具有负 α 值的股票的负头寸。指数资产组合的头寸为：$1-(-0.0486)=1.0486$。

c. 为了计算最优资产组合的夏普比率，先计算积极资产组合的信息比率及市场组合的夏普比率。积极资产组合的信息比率计算如下：

$$A = \alpha/\sigma(e) = -16.90\%/147.68\% = -0.1144$$

$$A^2 = 0.0131$$

因此，优化风险资产组合的夏普比率(S)的平方为：

$$S^2 = S_M{}^2 + A^2 = (8\%/23\%)^2 + 0.0131 = 0.1341$$

$$S = 0.3662$$

与市场的夏普比率比较可得：$S_M = 8\%/23\% = 0.3478$→差距为 0.0184。

业绩的唯一一个中等程度的改进来自仅仅持有很小部分头寸的积极资产组合 A(由于其残差方差很大)。

d. 为了计算总资产组合的构成，先计算 β 值，平均超额收益以及最优风险组合的方差：

$\beta_P = w_M + (w_A\times\beta_A) = 1.0486 + [(-0.0486)\times2.08] = 0.95$；

$E(R_P) = \alpha_P + \beta_P E(R_M) = [(-0.0486)\times(-16.90\%)] + (0.95\times8\%) = 8.42\%$；

$\sigma_P^2 = \beta_P^2\sigma_M^2 + \sigma^2(e_P) = (0.95\times0.23)^2 + [(-0.0486^2)\times2.18096] = 0.0529$；

$\sigma_P = 23.00\%$。

由于 $A=2.8$，组合的最优头寸为：

$$y = 8.42\%/(2.8\times0.0529) = 0.5685$$

采取消极策略时：

$$y = 8\%/(2.8\times0.23^2) = 0.5401$$

差额为0.0284。

最终头寸为(M可能包含一些从A到D的股票)：

短期国库券	1 − 0.5685	=	43.15%
M	0.5685 × 1.0486	=	59.61%
A	0.5685 × (−0.0486) × (−0.6142)	=	1.70%
B	0.5685 × (−0.0486) × 1.1265	=	−3.11%
C	0.5685 × (−0.0486) × (−1.2181)	=	3.37%
D	0.5685 × (−0.0486) × 1.7058	=	−4.71%
			100.00%

18. 当不允许卖空时，重新计算第17题：

a. 根据夏普比率，这个约束的成本是多少？

b. 假设投资者的风险厌恶系数 $A=2.8$，投资者的效用值损失多少？

答： a. 如果一个管理者不允许卖空，他的资产组合中将不会有 α 值为负的股票，因此他将只考虑A和C：

	α	$\sigma^2(e)$	$\frac{\alpha}{\sigma^2(e)}$	$\frac{\alpha/\sigma^2(e)}{\sum \alpha/\sigma^2(e)}$
A	1.6	3364	0.0476	0.3352
C	3.4	3600	0.0944	0.6648
			0.1420	1.0000

积极组合的预测为：

$$\alpha=(0.3352\times1.6)+(0.6648\times3.4)=2.80\%$$

$$\beta=(0.3352\times1.3)+(0.6648\times0.7)=0.90$$

$$\sigma^2(e)=(0.3352^2\times0.3364)+(0.6648^2\times0.3600)=0.1969$$

$$\sigma(e)=44.37\%$$

在积极组合中的权重为：

$$w_0=\frac{\alpha/\sigma^2(e)}{E(R_M)/\sigma_M^{\ 2}}=\frac{2.80\%/0.1969}{8\%/23\%^2}=0.0940$$

调整的 β 为：

$$w^*=\frac{w_0}{1+(1-\beta)w_0}=\frac{0.094}{1+[(1-0.90)\times0.094]}=0.0931$$

积极组合的信息比率为：

$$A=\alpha/\sigma(e)=2.80\%/44.37\%=0.0631$$

因此，夏普比率的平方为：

$$S^2=(8\%/23\%)^2+0.0631^2=0.1250$$

故 $S=0.3535$。

市场的夏普比率为 $S_M=0.3478$。

当允许卖空时(17题)，管理者的夏普比率更高(0.3662)。减少的夏普比率是卖空约束的成本。

最优风险组合的特征值为：

$$\beta_P = w_M + w_A \times \beta_A = (1-0.0931) + (0.0931 \times 0.9) = 0.99$$

$$E(R_P) = \alpha_P + \beta_P \times E(R_M) = (0.0931 \times 2.8\%) + (0.99 \times 8\%) = 8.18\%$$

$$\sigma_P^2 = \beta_P^2 \times \sigma_M^2 + \sigma^2(e_P) = (0.99 \times 0.23)^2 + (0.0931^2 \times 0.1969) = 0.053554$$

$$\sigma_P = 23.14\%$$

由 $A=2.8$，资产组合的最优头寸为：

$$y = 8.18\% / (2.8 \times 0.053554) = 0.5455$$

每种资产的最终头寸为：

票据	1 - 0.5455	=	45.45%
M	0.5455 × (1 - 0.0931)	=	49.47%
A	0.5455 × 0.0931 × 0.3352	=	1.70%
C	0.5455 × 0.0931 × 0.6648	=	3.38%
			100.00%

b. 无限制、受卖空限制的以及对于消极策略的最优总资产组合的均值和方差分别为：

	$E(R_C)$	σ_C^2
无限制	0.5685 × 8.42% = 4.79%	$0.5685^2 \times 0.052894 = 0.017095$
存在限制	0.5455 × 8.18% = 4.46%	$0.5455^2 \times 0.053554 = 0.015936$
消极策略	0.5401 × 8.00% = 4.32%	$0.5401^2 \times 0.0529 = 0.015431$

利用公式可算出效用水平如下：$E(r_C) - 0.5A\sigma_C^2$

无限制：$8\% + 4.79\% - (0.5 \times 2.8 \times 0.017095) = 10.40\%$；

存在限制：$8\% + 4.46\% - (0.5 \times 2.8 \times 0.015936) = 10.23\%$；

消极策略：$8\% + 4.32\% - (0.5 \times 2.8 \times 0.015431) = 10.16\%$。

19. 假设基于分析师过去的表现，你估计预测收益和真实 α 之间的关系为：

实际超额收益 = 0.3 × α 的估值

用第 17 题中的 α，期望收益受到 α 估计不准确性的影响有多大？

答：所有的阿尔法值减少到 0.3 乘以它们的最初值，因此，在积极资产组合中每种证券的相对权数不会发生改变，但是积极资产组合的阿尔法值仅仅是它以前值的 0.3 倍：$0.3 \times (-16.90\%) = -5.07\%$。投资者在积极资产组合中将持有一个更小的头寸。最佳风险组合在积极资产组合中有一个 w^* 比例：

$$w_0 = \frac{\alpha/\sigma^2(e)}{E(r_M - r_f)/\sigma_M^2} = \frac{-0.0507/2.18096}{0.08/0.23^2} = -0.01537$$

调整负头寸的原因前面已给出。调整后的 β 为：

$$w^* = \frac{w_0}{1+(1-\beta)w_0} = \frac{-0.01537}{1+[(1-2.08)\times(-0.01537)]} = -0.0151$$

由于 w^* 是负的，结果为：正阿尔法值股票的头寸为正，负阿尔法值股票的头寸为负。指数型资产组合的头寸为：$1-(-0.0151) = 1.0151$。

为了计算最佳风险投资组合的夏普比率，需要计算积极资产组合的信息比率和市场组合的夏普比率。积极资产组合的信息比率为 0.3 乘以它以前的值：

$$A=\frac{\alpha}{\sigma(e)}=-5.07/147.68=-0.0343,\ A^2=0.00118$$

因此，最佳风险投资组合的夏普比率的平方为：

$$S^2=S_M{}^2+A^2=(8\%/23\%)^2+0.00118=0.1222$$

$$S=0.3495$$

将其与市场组合的夏普比率进行比较：$S_M=\frac{8\%}{23\%}=0.3478$，差额为：0.0017。

注意，阿尔法的预测值与0.3相乘后减小了信息比率的平方，并使得对夏普比率的平方的改进减少到原来的 $0.3^2=0.09$ 倍。

20. 假设教材数据表8-4第44行的 α 预测变为原来的2倍，其他数据不变。重新计算最优风险组合。在你计算之前先用最优化过程估计信息率和夏普比率，然后再计算与估计值做个比较。

答：如果每个预测阿尔法值增加一倍，那么积极投资组合的阿尔法也将增加一倍。在其他条件相同的情况下，积极投资组合的信息比率（IR）也增加了一倍。最优投资组合的夏普比率的平方（S^2）等于市场指数夏普比率的平方（$S_M{}^2$）加信息比率的平方。由于信息比率增加了一倍，其平方为原来的四倍。因此：$S^2=S_M{}^2+(4\times IR)$

相对于以前的 S^2，差距为：$3IR$。

二、CFA 考题

1. 将ABC与XYZ两只股票在2006~2010年5年间的年化月收益率数据与市场指数做回归，得到如下结果（见表8-5）：

表8-5

统计量	股票 ABC	股票 XYZ
α	-3.2%	7.3%
β	0.6	0.97
R^2	0.35	0.17
残差标准差	13.02%	21.45%

试说明这些回归结果告诉了分析师5年间两只股票风险收益关系的什么信息。假定两只股票包含在一个分散化组合中，结合下列取自两个经纪商截至2010年12月两年间的周数据，评价上述回归结果对风险收益关系的意义（见表8-6）。

表8-6

经纪商	ABC 的 β	XYZ 的 β
A	0.62	1.45
B	0.71	1.25

答：基于5年间60个月的月收益率，回归分析提供了大量的分析数据。

ABC股票的 β 为0.60，低于股票的平均 β 值1.0，表明当标准普尔500每上升或下降一个百分点，ABC股票的收益率平均地上升或下降仅0.6个百分点。这表明ABC股票的系统风险或市场风险相对典型股票的风险要低。ABC股票的 α（回归截距）为-3.2%，表明当市场收益率为0时，ABC股票的平均收益率为-3.2%。ABC股票的非系统风险，或者说剩余风险，用 $\sigma(e)$ 来测度，等于 13.02%。对 ABC 股票来说，它的 R^2 为 0.35，表明线性回归的拟合程度高于股票典型值。

XYZ 股票的 β 为 0.97，比 ABC 股票略高，表明 XYZ 股票的收益率情况类似于 β 为 1.0 的市场指数，因此该股票在被观测期内具有平均的系统风险。XYZ 股票的 α 为正且较大，表明平均而言，XYZ 股票有一个接近于 7.3% 的收益率，是独立于市场收益率的。剩余风险为 21.45%，是股票 ABC 的 1.5 倍，表明对 XYZ 股票来说，在回归线附近观测值分布比较分散。相应的回归模型的拟合也较差，这与 R^2 仅为 0.17 也是一致的。

投资于这两种股票中的一种对分散化投资组合的影响可能是不同的。假定两种资产的贝塔值在一定时期内不变，那么其系统风险水平有很大不同。取自两家经纪公司的 β 数据可能有助于得出一些推论。股票 ABC 的 3 个贝塔值很相近，尽管基础数据因样本不同而有所不同，其估计区间为 0.60 到 0.71，远低于市场贝塔值均值 1.0。XYZ 股票的 β 随着计算来源的不同有很大的变化，最大值达到 1.45。可以推知 XYZ 股票未来的 β 可能大于 1.0，这意味着它含有的系统风险可能比根据 5 年间的季度数据回归所显示的系统风险要大。

这些股票表现出明显不同的系统风险特征。如果 XYZ 股票加入到一个充分分散化的资产组合中，资产组合整体的波动性会明显增加。

2. 假设 Baker 基金和标准普尔 500 指数的相关系数为 0.7，那么其总风险中有多少是非系统性的？

答：回归得到的 R^2 为：$0.70^2=0.49$。

因此 51% 的方差无法用市场风险解释，这些风险属于非系统风险。

3. Charlottesvi11e 国际基金和 EAFE 市场指数的相关系数为 1，EAFE 的期望收益为 11%，Charlottesvi11e 基金的期望收益为 9%，无风险收益率为 3%。基于这一分析，Charlottesvi11e 基金的 β 是多少？

答：$0.09=0.03+\beta(0.11-0.03)$，解得 $\beta=0.75$。

4. β 概念与下列哪个关系最紧密？

a. 相关系数

b. 均值 – 方差分析

c. 非系统性风险

d. 系统性风险

答：d。因为 β 衡量的是证券对系统性风险的敏感程度。

5. β 和标准差是不同的风险度量，原因在于 β 度量______。

a. 非系统性风险，标准差度量总风险

b. 系统性风险，标准差度量总风险

c. 系统性和非系统性风险，标准差度量非系统性风险

d. 系统性和非系统性风险，标准差度量系统性风险

答：b。

第三部分　资本市场均衡

第9章　资本资产定价模型

9.1　复习笔记

1. 资本资产定价模型

(1)CAPM概述

资本资产定价模型的假设前提为风险资产的期望收益是均衡的，全部的投资人都遵循马科维茨最优化过程以使其投资效用最大化。

资本资产定价模型认为：当面临相同的可投资集和投入组合时，全部投资者的有效边界都是一样的，对每一资产的投资比重也是相同的。

资本资产定价模型下的一个重要结论为：如果投资者为满足效用最大化，都选择了相同的风险资产组合，那么我们称这个组合为市场组合。由于市场组合可以看成是所有风险组合的总集，市场资产比例也可以看成是资源在投资者之间的配置，所以市场组合可以由市场资产以市值加权平均得到。

(2)资本市场线

①市场资产组合

市场资产组合是指由所有证券构成的组合，在这个组合中，每一种证券的构成比例等于该证券的相对市值。由于市场资产组合不仅在有效边界上，而且与最优资本配置线相切，因此资本市场线也是可能达到的最优资本配置线。

②资本市场线

资本市场线是资本配置线从无风险利率出发并经过市场资产组合 M 的延伸直线。任何不利用市场组合以及不进行无风险借贷的其他所有组合都将位于资本市场线的下方。如图9－1所示。

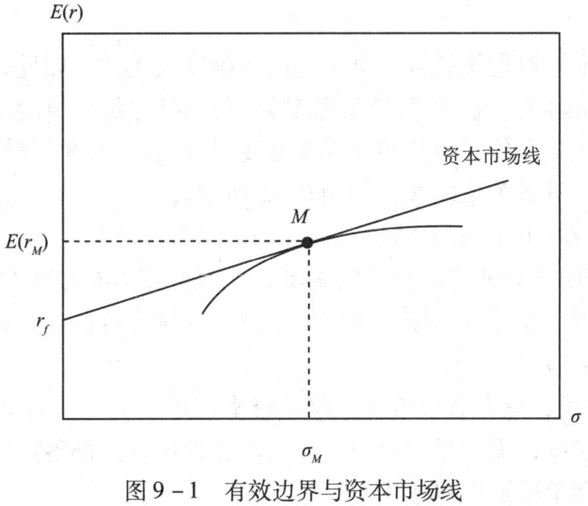

图9－1　有效边界与资本市场线

(3)共同基金原理

市场资产组合是全部投资者的投资对象，以相同输入表为基础，因而包含证券市场中相关的全部信息。由于市场资产组合是唯一的具有最小方差的有效相切的资产组合，故投资于市场资产组合是有效的，这也被称为共同基金原理。

共同基金原理创造了一种消极投资的方式，投资者可以选择市场指数组合以达到有效投资。

(4)市场资产组合的风险溢价

市场资产组合的风险溢价 $E(r_M)-r_f$ 和投资者的风险厌恶程度以及市场资产组合的风险 σ_M^2 之间成比例。假定最优投资组合 M 的投资比重为 y，则：

$$y=\frac{E(r_M)-r_f}{A\sigma_M^2}$$

式中，$E(r_M)-r_f=E(R_M^*)$ 表示市场组合的风险溢价。在标准资本资产定价模型下，全部交易者之间的净借入和净贷出的总和为 0，这取代了代表性交易者的风险厌恶系数 $\bar{A}$。对于 A，风险组合的平均占比为 100%，或 $\bar{y}=1$。令 $y=1$，市场组合的风险溢价与其方差以及平均风险厌恶水平相关，有：

$$E(R_M)=\bar{A}\sigma_M{}^2$$

(5)单个证券的期望收益

①风险的市场价格

单个证券的风险溢价由单个证券对投资组合总体风险的贡献程度决定。市场证券组合为切线上(有效均值－方差)的证券组合，其收益－风险比率为：

$$\frac{\text{市场风险溢价}}{\text{市场方差}}=\frac{E(r_M)-r_f}{\sigma_M^2}$$

这一比率衡量投资者对资产组合风险所要求的额外收益，也被称为风险的市场价格。

②期望收益－贝塔关系

市场资产组合方差中单个证券所导致的部分所占比率被称为贝塔，以 β 表示。期望收益－贝塔关系为资本资产定价模型的最基本形式，表示为：

$$E(r_i)=r_f+\beta_i[E(r_M)-r_f]$$

(6)证券市场线

①证券市场线

由于贝塔和单个证券对最优投资组合方差的贡献度成正比，因此，可以用证券的贝塔值来衡量其风险。单个证券的收益率期望值或风险溢价由证券组合风险中该证券导致的风险部分决定，所以证券的风险溢价可以用贝塔值的函数来表示，即 $\beta[E(r_M)-r_f]$。证券市场线(SML)即为期望收益－贝塔关系曲线，如图 9－2 所示。

②证券市场线与资本市场线的比较

a. 资本市场线表明有效证券组合的风险溢价是证券组合标准差的函数，标准差能够测度整个证券组合的风险。而证券市场线表明单个证券的风险溢价是其风险的函数，贝塔值可用于衡量单个证券的风险。

b. 对于资本市场线，只有有效组合才落在资本市场线上，非有效组合则落在资本市场线下方；对于证券市场线，无论是有效组合还是非有效组合，都落在证券市场线上。证券市场线对有效资产组合和单项资产均适用。

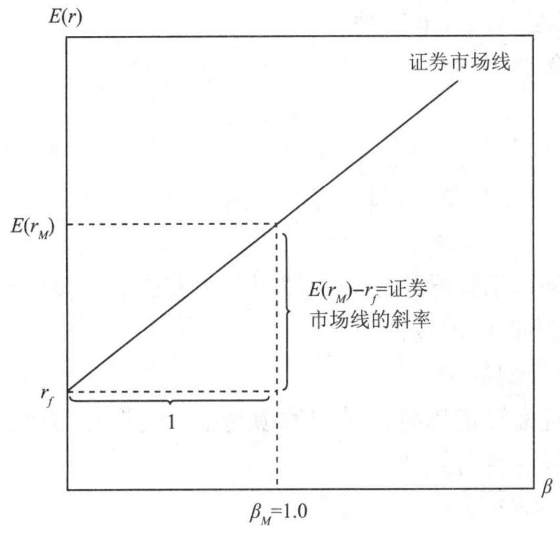

图 9－2　证券市场线

(7)资本资产定价模型的应用

①货币资金管理行业

假定证券市场线是用来估计风险资产正常期望收益率的基准，证券分析旨在推算证券的实际期望收益率。在给定贝塔值的情况下，被低估的股票期望收益值将会高于证券市场线所给出的正常收益值，被高估的股票的期望收益低于证券市场线上所给出的正常收益值。股票的实际期望收益与正常期望收益之间的差，称为股票的阿尔法(alpha)，记作 α。

②资本预算决策

一个企业如果打算投资新项目，资本资产定价模型给出了基于贝塔值的必要收益率，即投资者可以接受的收益率。管理者可以运用资本资产定价模型得到该项目的内部收益率(IRR)或"必要收益率"。

(8)资本资产定价模型和单指数市场

假定在单指数市场中，证券超额收益为 R_i，服从正态分布且取决于单一系统性因素。宏观因素取决于一个由多种证券以其市值进行加权平均所构成的指数组合 M。

$$R_i = \alpha_i + \beta_i R_M + e_i$$

其中，e_i为残差项，其均值为 0 且不受股票和市场因素的影响。基于此，则风险溢价和方差分别为：

$$E(R_i) = \alpha_i + \beta_i E(R_M)$$

$$\alpha_i^2 = \beta_i^2 \sigma_M^2 + \sigma^2(e_i)$$

一个由 N 种证券($k=1$，…，N)按照权重集 w_i组成的组合 Q，其收益为：

$$R_Q = \sum_{k=1}^{N} w_k \alpha_k + \sum_{k=1}^{N} w_k \beta_k R_M + \sum_{k=1}^{N} w_k e_k$$

$$= \alpha_Q + \beta_Q R_M + e_Q$$

投资者在构建证券组合时会作出以下考虑：首先，投资者会选择消除非系统风险；其次，组合 Q 的风险溢价会由于买进正 α 的证券或卖出负 α 的证券而变大。该投资策略会导致正 α 的证券价格持续上涨，而负 α 的证券价格持续下跌，直到全部证券的 α 值都为 0。此时的市场证券组合即为最优投资组合。

2. 资本资产定价模型的假设和延伸

(1)模型是否可检验

①一个模型包含:

a. 一系列的假设;

b. 基于假设对模型作出数学或逻辑上的推导;

c. 一系列的预测。

②假定全部的逻辑和数学推导均正确，则用两种方法来检验模型:

a. 规范方法，检验模型的假设;

b. 实证方法，检验模型的预测。

当模型的假设合理且推导正确时，模型的预测也一定没有问题。在现实中，通常对模型进行实证检验，以判断其是否有效。

(2)资本资产定价模型的假设

①个体行为

a. 市场参与者均为理性投资者，追求均值-方差最优化;

b. 交易期限只考虑一期;

c. 投资者具有相同预期。

②市场结构

a. 全部证券都在交易所公开交易、市场中可以做空、能以无风险利率进行借贷;

b. 投资者可获得全部信息;

c. 没有税收;

d. 没有交易成本。

(3)对资本资产定价模型的质疑和拓展

对模型的质疑主要为其三个不现实的假设：全部证券都能公开交易、没有交易费用和投资期限为单期。资本资产定价模型虽然无法通过某些实证检验，但是其逻辑思想在投资领域中仍然举足轻重。

(4)限制性借款条件下的资本资产定价模型：零β模型

布莱克的禁止卖空无风险资产的资本资产定价模型建立在下列两项有效资产组合的方差均值性质之上:

①由两个有效边界上的组合构建的任意投资组合均在其自身的有效边界上。

②有效边界上的所有证券组合在最小方差边界的下半部分(无效部分)上均有相应的不相关的“伴随”证券组合，它们也被称为有效组合的零β证券组合Z。考虑市场组合M与其零β证券组合，则有:

$$E(r_i)-E(r_Z)=[E(R_M)-E(R_Z)]\frac{\mathrm{Cov}(r_i,\ r_M)}{\sigma_M^2}$$

$$=\beta_i[E(r_M)-E(r_Z)]$$

费雪·布莱克证明了上式即为当存在无风险借贷限制时的资本资产定价模型。此时，存在一些投资者会投资于有效边界上风险溢价大的组合。这会导致高β股票的价格上涨，风险溢价减小，证券市场线相对平缓。

从图9-3可以看出不同的有效率资产组合P与Q有不同的零β“伴随”资产组合。

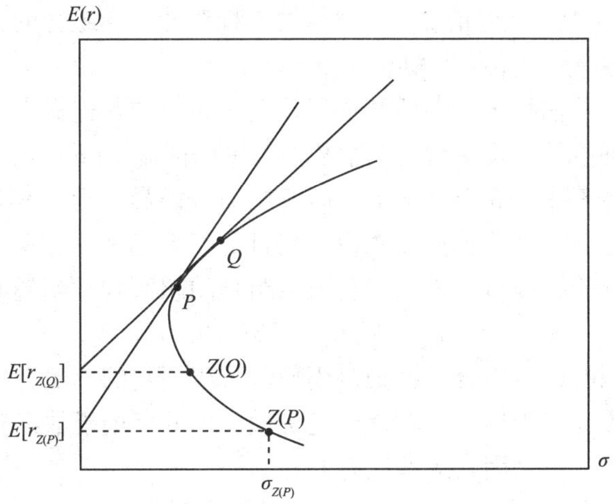

图 9－3　有效率资产组合及它们的零贝塔“伴随”资产组合

布莱克模型适用于以下各种情形：根本没有无风险资产的资产组合、可贷出但不能借入无风险资产的资产组合以及以高于无风险利率 r_f 借入的资产组合。

(5)工资收入与非交易性资产

资本资产定价模型假设中脱离现实最重要的一点是“所有风险资产都是可交易的”，但现实中人力资本和私营企业是无法进行交易的。

①人力资本

工资收入会影响资本资产定价模型的有效性。虽然投资者能够通过抵押其工资收入进行贷款，或者购买人寿保险以分散工资收入在将来的风险，但是人力资本的“跨期”交易并不是很常见。这可能会影响到证券的价格以至于不再存在资本资产定价模型中的期望收益－贝塔关系。

②私营企业

如果私营企业和可交易证券具有类似的风险特征，那么投资者可以选择持有较低比例的类似证券组合以消除其组合缺乏多样性的问题。所以私人企业不会严重影响到资本资产定价模型中的期望收益－贝塔关系。同时，Heaton 和 Lucas 已经证实：在标准资本资产定价模型中增加私营企业的主收入后，模型的预测结果会更加准确。

(6)多期模型与对冲组合

罗伯特·默顿利用连续时间模型扩展了资本资产定价模型。该拓展模型以投资者短视的假说为基础，假设全部投资者均在优化其生命周期内的消费和投资策略，而且还会依据资产水平和退休年龄对策略进行调整。

如果风险只存在于投资组合收益的不确定性中，那么默顿得出的跨期资本资产定价模型(ICAPM)和标准资本资产定价模型预测的期望收益－贝塔关系是一样的。

如果考虑到额外的风险，那么情况会有所不同。额外的风险来源有以下两类：

①刻画投资机会的相关参数，如无风险利率、期望收益率或市场资产组合风险。

②能用财富买入的消费品价格。

定义 K 为额外风险。跨期资本资产定价模型的期望收益－贝塔关系等式会形成多指数形式的证券市场线：

$$E(R_i) = \beta_{iM}E(R_M) + \sum_{k=1}^{K}\beta_{ik}E(R_k)$$

式中，β_{iM}表示市场指数组合的β，β_{ik}表示第k种对冲证券组合的β_{ik}。

(7)基于消费的资本资产定价模型

马克·罗宾斯坦、罗伯特·卢卡斯和道格拉斯·布里顿首先提出了基于消费的资本资产定价模型。模型认为证券的风险溢价是"消费风险"的函数：$E(R_i)=\beta_{iC}RP_C$

证券组合C表示跟踪消费证券组合(又称模拟消费证券组合)，其与消费增长的相关性最强；β_{iC}为证券i的超额回报R_i回归于跟踪消费证券组合超额回报的回归系数；RP_C表示和消费风险有关的风险溢价，衡量了模拟消费证券组合的超额收益期望值，即：

$$RP_C=E(R_C)=E(r_C)-r_f$$

该模型使用跟踪消费证券组合，因为该模型侧重于消费的不确定性而非组合中单位资产的风险和收益，其性质类似于标准资本资产定价模型中的市场指数组合。两种方式均可以估计出线性的单因素模型，只是因素的性质有差异。

在该模型中，市场指数组合的β不一定等于1。实际上，β值远远大于1。

基于消费的资本资产定价模型的亮点在于其将消费对冲和潜在的投资机会的改变相结合，即单因素模型中的收益分布参数。一些研究表明，基于消费的资本资产定价模型能更好地解释投资的收益。

(8)资本资产定价模型与流动性

①流动性

资产的流动性是指资产能迅速转换为现实购买力的能力。流动性包括交易费用、资产价格变动以及能快速变成现金而对持有人不造成损失的能力。

可以利用流动费用对资本资产定价模型进行拓展：

$$E(r_i)-r_f=\beta_i[E(r_M)-r_f]+f(C_i)$$

②投资者交易证券的原因

a. "非信息"动机，比如有些投资者只是为了获取资金或调整投资组合而进行证券交易即噪声交易。

b. 投资者的私人信息让他们认为自己能够利用该信息获得收益时，就会进行证券交易。

③结论

a. 非流动性折价随着交易成本的降低而减小。

b. 交易成本增加，流动性风险溢价也会随之增加，但是增加的速度会逐渐减小。

c. 流动性的变动是系统性的。

3. 资本资产定价模型和学术领域

由于资本资产定价模型中假设的市场组合无法在实际中得到，对其进行的检验要以应用于全部实际存在的资产的均值-β关系上。但是这些资产有可能无效，因此检验会存在障碍。

检验证券市场线的方程，即$E(R_i)=\beta_iR_M$。在给定时期t对证券超额回报的样本($i=1,\cdots,N$)，基于每只证券β进行回归：

$$R_{i,t}=\lambda_0+\lambda_1\beta_i+\lambda_2\sigma_{e_i}^2+\eta_{i,t}$$

资本资产定价模型预测：①$\lambda_0=0$，即样本的α平均值为0；②$\lambda_1=R_M$，即证券市场线的斜率与市场组合的风险溢价相等；③$\lambda_2=0$，即公司特定风险σ_e^2不存在风险溢价。η_i表示回归的零均值残差。

需要在证券收益的时间序列中估计出每只证券的β系数和全部证券的残差方差，但会存在一些问题：①参数估计值有很大的并且可能互相相关的误差；②α 和 β 以及残差会随着时间而改变；③β 还可能因整体经济而改变。

证券的 β 已经被证实由两部分构成：一部分衡量对公司盈利能力改变的敏感性，另一部分衡量对市场折现率改变的敏感性。

4. 资本资产定价模型和投资行业

由于存在“不可检验的检验”，单指数资本资产定价模型比多指数模型的使用更广泛。由于无法观察到现实的市场组合，因此无法检验市场组合的有效性。但实际上，大多数投资者都没有连续战胜权威指数组合的能力。

实际中，只有很少职业经理能够击败的一个指数组合是被看作事前有效的，即被用作：①与经过分析的积极组合相混合的分化工具；②表现评价和补偿的标准；③对关于不同风险企业合理补偿的法律诉讼进行判决；④决定监管工业中的合理价格。

9.2 课后习题详解

一、习题

1. 如果 $E(r_P)=18\%$，$r_f=6\%$，$E(r_M)=14\%$，那么该资产组合的 β 值等于多少？

答：$E(r_P)=r_f+\beta_P\times[E(r_M)-r_f]$

$0.18=0.06+\beta_P\times(0.14-0.06)$

解得 $\beta_P=0.12/0.08=1.5$。

2. 某证券的市场价格是 50 美元，期望收益率是 14%，无风险利率为 6%，市场风险溢价为 8.5%。如果该证券与市场投资组合的相关系数加倍(其他保持不变)，该证券的市场价格是多少？假设该股票永远支付固定数额的股利。

答：如果该证券与市场投资组合的相关系数加倍(其他所有变量如方差保持不变)，那么 β 和风险溢价也将加倍。当前风险溢价为：14% - 6% = 8%。因此新的风险溢价将变为 16%，新的证券贴现率将变为：16% + 6% = 22%。

如果股票支付某一水平的永久红利，那么，从原始的数据中可以知道，红利必须满足永续年金的现值公式：

价格 = 股利/贴现率

即：$50=D/0.14$，解得，$D=50\times0.14=7$(美元)。

在新的贴现率 22% 的情况下，股票价格为：7/0.22 = 31.82(美元)。

股票风险的增加使它的价值降低了 36.36%。

3. 下列选项是否正确？并给出解释。

a. β 为 0 的股票提供的期望收益率为 0。

b. 资本资产定价模型认为投资者对持有高波动性证券要求更高的收益率。

c. 你可以通过将 75% 的资金投资于短期国债，其余的资金投资于市场投资组合的方式来构建一个 β 为 0.75 的资产组合。

答：a. 错误。$\beta=0$ 意味着 $E(r)=r_f$，不等于零。

b. 错误。只有承担了较高的系统风险(不可分散的风险或市场风险)，投资者才要求较高期望收益；如果高风险债券的 β 较小，即使总风险较大，投资者要求的收益率也不会太高。

c. 错误。投资组合应当是 75% 的市场组合和 25% 的短期国债，此时 β 为：

$$\beta_P = (0.75 \times 1) + (0.25 \times 0) = 0.75$$

4. 下表给出两个公司的数据。短期国债收益率为4%，市场风险溢价为6%。

公司	\$1 Discount Store	Everything 5\$
预测收益率(%)	12	11
收益标准差(%)	8	10
贝塔	1.5	1.0

根据资本资产定价模型，各公司的公平收益率为多少？

答：对于一个给定的系统性风险水平，期望收益是资本资产定价模型所预测的收益：

$$E(r_i) = r_f + \beta_i \times [E(r_M) - r_f]$$

$$E(r_{\$1\ Discount}) = 0.04 + 1.5 \times (0.10 - 0.04) = 0.13 = 13\%$$

$$E(r_{Everything\ 5\$}) = 0.04 + 1.0 \times (0.10 - 0.04) = 0.10 = 10\%$$

5. 在以上问题中各公司的股票价格是被高估、低估还是合理估价了？

答：根据 CAPM 模型，基于$\beta = 1.5$的系统性风险水平，\$1 Discount Store 的要求收益率为13%，然而，预测收益率只有12%。因此，股票被高估。

基于$\beta = 1.0$的系统性风险水平，Everything 5\$ 的要求收益率为10%，然而，预测收益率是11%。因此，股票被低估。

6. 如果一只股票的β为1.0，市场的期望收益率为15%，那么该股票的期望收益率为多少？

a. 15%

b. 大于15%

c. 没有无风险利率不能得出

答：a。$\beta = 1.0$的股票的期望收益必须和$\beta = 1.0$的市场组合的期望收益相同。

7. Kaskin 公司的股票β值为1.2，Quinn 公司的β值为0.6。下列陈述中哪项最准确？

a. Kaskin 公司的股票比 Quinn 公司的股票有着更高的期望收益率。

b. Kaskin 公司的股票比 Quinn 公司的股票有着更高的风险。

c. Quinn 公司的股票比 Kaskin 公司的股票有着更高的系统性风险。

答：a。β衡量的是系统性风险，因为只有系统性风险有回报，可以确定的结论是 Kaskin 公司的股票比 Quinn 公司的股票有着更高的期望收益。

8. 假设你是一家大型制造公司的咨询顾问，该公司准备进行一项大的项目，该项目税后净现金流如下(单位为百万美元)。

从今往后年份	税后现金流
0	-40
1~10	15

该项目的β为1.8，假设$r_f = 8\%$，$E(r_M) = 16\%$，该项目的净现值为多少？当 NPV 为非负时，该项目估计最高的可能β为多少？

答：这个项目适当的折现率为：

$$r_f + \beta \times [E(r_M) - r_f] = 0.08 + [1.8 \times (0.16 - 0.08)] = 0.224 = 22.4\%$$

使用该折现率：

$$NPV = -40 + \sum_{t=1}^{10} \frac{15}{1.224^t} = 18.09(\text{美元})$$

该项目的内部收益率(IRR)为35.73%。如果内部收益率大于折现率(或者等价地，临界利率)，NPV是正的。在临界利率超过内部收益率之前，β 可取的最高值是由下式决定：$0.3573 = 0.08 + \beta \times (0.16 - 0.08)$，解得 $\beta = 0.2773/0.08 = 3.47$。

9. 下表给出了某证券分析师在两个给定市场收益情况下两只股票期望收益率(%)。

(%)

市场收益	激进型股票	防守型股票
5	-2	6
25	38	12

a. 两只股票的 β 值各是多少?

b. 如果市场收益为5%与25%的可能性相同，两只股票的期望收益率为多少?

c. 如果国债利率为6%，市场收益为5%与25%的可能性相同，画出整个经济体系的证券市场线。

d. 在证券市场线图上标出这两只股票。每只股票的 α 为多少?

e. 激进型企业的管理层在具有与防守型企业股票的风险特征的项目中使用的临界利率为多少?

答：a. 称A为激进型股票，D为防守型股票。β 是股票收益对市场收益的敏感程度，即是市场收益每变化一单位股票收益的相应变化。因此，可以通过计算两种情况下股票的收益差除以市场的收益差来计算该股票的 β 值：

$$\beta_A = \frac{-0.02 - 0.38}{0.05 - 0.25} = 2.00$$

$$\beta_D = \frac{0.06 - 0.12}{0.05 - 0.25} = 0.30$$

b. 在两种情形可能性相等的情况下，期望收益是两种可能结果的平均数：

$$E(r_A) = 0.5 \times (-0.02 + 0.38) = 0.18 = 18\%$$

$$E(r_D) = 0.5 \times (0.06 + 0.12) = 0.09 = 9\%$$

c. 证券市场线由市场期望收益 $0.5 \times (0.25 + 0.05) = 15\%$ 决定，此时 $\beta_M = 1$；$r_f = 6\%$，$\beta_f = 0$。见下图：

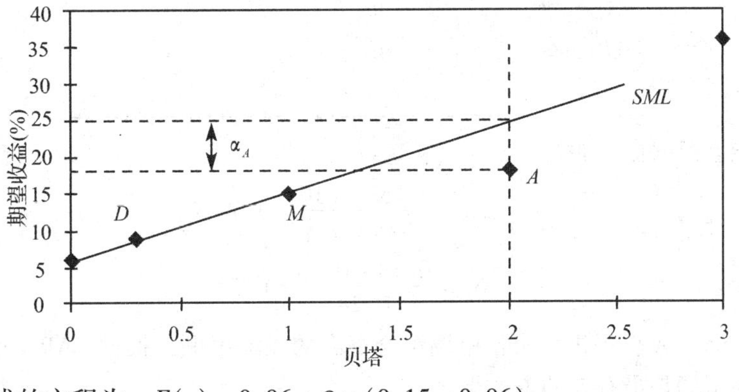

证券市场线的方程为：$E(r) = 0.06 + \beta \times (0.15 - 0.06)$。

d. 基于它的风险，激进型股票有一个要求期望收益：

$$E(r_A)=0.06+2.0\times(0.15-0.06)=0.24=24\%$$

但是分析家预期的期望收益是18%。因此，股票的α为：

$$\alpha_A=\text{实际期望收益}-\text{必要收益(给定风险)}=18\%-24\%=-6\%$$

同理，防守型股票D必要收益为：$E(r_D)=0.06+0.3\times(0.15-0.06)=8.7\%$。

分析家预期的期望收益为9%，因此，股票有一个正的α值：

$$\alpha_D=\text{实际期望收益}-\text{必要收益(给定风险)}=0.09-0.087=0.003=0.3\%$$

每种股票对应的点如上图所示。

e. 临界利率由项目的β值(0.3)决定，而不是由公司的β值决定。正确的折现率为8.7%，即股票D的公平收益率。

10～16题：如果资本资产定价模型是有效的，下列哪些情形是有可能的？并给出解释。每种情况单独考虑。

10.

资产组合	期望收益(%)	β
A	20	1.4
B	25	1.2

答：不可能。资产组合A的β比B高，但期望收益率却比B低。因此，这两个资产组合不可能达到均衡。

11.

资产组合	期望收益(%)	标准差(%)
A	30	35
B	40	25

答：可能。如果CAPM是正确的，期望收益率仅仅补偿β所表示的系统(市场)风险，而不是包含非系统风险的标准差。因此，资产组合A可能有一个较低的收益率和一个较高的标准差，只要A的β值比B小即可。

12.

资产组合	期望收益(%)	标准差(%)
无风险资产	10	0
市场组合	18	24
A	16	12

答：不可能。根据提供的数据：

$$S_A=\frac{0.16-0.10}{0.12}=0.5$$

$$S_M=\frac{0.18-0.10}{0.24}=0.33$$

这表明资产组合A会提供一个比市场组合更高的风险报酬。根据CAPM这是不可能的，因为CAPM认为市场是最有效的资产组合。

13.

资产组合	期望收益(%)	标准差
无风险资产	10	0
市场组合	18	24
A	20	22

答：不可能。资产组合 A 明显优于市场组合。它的标准差较低而期望收益较高。

14.

资产组合	期望收益(%)	β
无风险资产	10	0
市场组合	18	1.0
A	16	1.5

答：不可能。这种情况的证券市场线为：$E(r)=10\%+\beta\times(18\%-10\%)$。$\beta$ 为 1.5 的资产组合的期望收益率为：$E(r)=10\%+[1.5\times(18\%-10\%)]=22\%$。

资产组合 A 的期望收益率为 16%，即 A 在证券市场线下有一负的阿尔法值 -6%，所以 A 定价过高，这与资本资产定价模型相矛盾。

15.

资产组合	期望收益(%)	β
无风险资产	10	0
市场组合	18	1.0
A	16	0.9

答：不可能。证券市场线与 14 题的相同。在这里资产组合 A 的要求收益为：$0.10+(0.9\times0.08)=17.2\%$。高于 16%。因此，资产组合 A 定价过高，$\alpha_A=-1.2\%$。

16.

资产组合	期望收益(%)	标准差(%)
无风险资产	10	0
市场组合	18	24
A	16	22

答：可能。资本市场线与 12 题的相同。资产组合 A 位于资本市场线的下方，这与资本资产定价模型并不矛盾。

17～19 题：假设无风险利率为 6%，市场的期望收益率为 16%。

17. 一只股票今日的售价为 50 美元。每年年末将会支付每股股息 6 美元，β 值为 1.2。那么投资者预期年末该股票的售价为多少？

答：由于股票的 β 值等于 1.2，它的期望收益率为：

$$0.06+[1.2\times(0.16-0.06)]=18\%$$

故有 $E(r)=\dfrac{D_1+P_1-P_0}{P_0}\Rightarrow 0.18=\dfrac{P_1-50+6}{50}\Rightarrow P_1=53$（美元）。

18. 我正准备买入一只股票，该股票预期的永久现金流为 1000 美元，但风险不能确定。如果我认为该企业的 β 值为 0.5，那么当 β 值实际为 1 时，我实际支付的比该股票的真实价值高出多少？

答：支付的 1000 美元是永久现金流。如果 β 是 0.5，现金流应该按此利率贴现：

$$0.06 + 0.5 \times (0.16 - 0.06) = 0.11 = 11\%$$

$$PV = 1000/0.11 = 9090.91(\text{美元})$$

然而，如果 β 等于 1，则投资的收益率就应等于 16%，支付给企业的价格应为：

$$PV = 1000/0.16 = 6250(\text{美元})$$

其中的差额为 2840.91 美元，如果错误地将 β 视为 0.5 而不是 1，这将是多支付的部分。

19. 一只股票的期望收益率为 4%，那么 β 为多少？

答：利用证券市场线：$0.04 = 0.06 + \beta \times (0.16 - 0.06)$，解得 $\beta = -0.02/0.10 = -0.2$。

20. 两个投资顾问在比较业绩。一个的平均收益率为 19%，另一个为 16%。然而前者的 β 为 1.5，后者的 β 为 1.0。

a. 你能判断哪个投资者更善于选择个股(不考虑市场的总体趋势)？

b. 如果短期国债利率为 6%，而这一期间市场收益率为 14%，那么哪个投资者选股更出色？

c. 如果国债利率为 3%，市场收益率为 15%，情况又是怎样？

答：$r_1 = 19\%$；$r_2 = 16\%$；$\beta_1 = 1.5$；$\beta_2 = 1$。

a. 要找出更善于选择个股的投资者，先考虑他们的异常收益，即事后的 α 值，也就是实际收益和根据证券市场线估计的收益之间的差额。由于没有无风险利率和市场收益率的数值，因此无法得出哪个投资者的预测更准确。

b. 如果 $r_f = 6\%$，$r_M = 14\%$，则(用 α 表示异常收益)有：

$$\alpha_1 = 0.19 - [0.06 + 1.5 \times (0.14 - 0.06)] = 0.19 - 0.18 = 1\%$$

$$\alpha_2 = 0.16 - [0.06 + 1 \times (0.14 - 0.06)] = 0.16 - 0.14 = 2\%$$

在这里，第二个投资者有更高的异常收益，因而是较为出色的股票选择者。通过更好的预测，第二个投资者会使得他的投资组合偏向被低估的股票组合。

c. 如果 $r_f = 3\%$，$r_M = 15\%$，则：

$$\alpha_1 = 0.19 - [0.03 + 1.5 \times (0.15 - 0.03)] = 0.19 - 0.21 = -2\%$$

$$\alpha_2 = 0.16 - [0.03 + 1 \times (0.15 - 0.03)] = 0.16 - 0.15 = 1\%$$

在这里，不仅第二个投资者是更出色的股票选择者，而且第一个投资者的预测显得毫无价值。

21. 假定短期政府债券的收益率为 5%(被认为是无风险的)。假定一个 β 值为 1 的资产组合市场要求的期望收益率为 12%，根据资本资产定价模型：

a. 市场组合的期望收益率为多少？

b. β 为 0 的股票的期望收益率为多少？

c. 假设你正准备买入一只股票，价格为 40 美元。该股票预期在明年发放股息 3 美元，投资者预期以 41 美元的价格将股票卖出。股票风险 $\beta = -0.5$，该股票是被高估了还是被低估了？

答：a. 因为市场组合的 β 为 1，它的期望收益率为 12%。

b. $\beta = 0$ 意味着没有系统性风险。因此，在市场均衡时股票的期望收益率即为无风险利率5%。

c. 运用证券市场线，$\beta=-0.5$ 的股票公平期望收益率为：

$$E(r)=0.05+[(-0.5)\times(0.12-0.05)]=1.5\%$$

利用第二年的预期价格和红利，求得实际期望收益率为：

$$E(r)=\frac{41+3}{40}-1=0.10=10\%$$

因为实际的期望收益率超过了公平收益率，股票被低估了。

22. 假设借入行为受限制，零 β 资本资产定价模型成立。市场组合的期望收益为 17%，而零 β 资产组合为 8%。那么当 β 值为 0.6 时资产组合的期望收益率是多少？

答：在零 β 资本资产定价模型中，零 β 资产组合代替了无风险利率，因此：

$$E(r)=0.08+0.6\times(0.17-0.08)=13.4\%$$

23. a. 一个共同基金的 β 值为 0.8，期望收益率为 14%。如果 $r_f=5\%$，市场组合的期望收益率为 15%，你会选择投资该基金吗？基金的 α 值为多少？

b. 一个包含市场指数资产组合和货币市场账户的消极资产组合与该基金的 β 值相同吗？证明消极资产组合期望收益率与基金期望收益率之差等于题 a 中 α 值。

答：a. $E(r_P)=r_f+\beta_P\times[E(r_M)-r_f]=5\%+0.8\times(15\%-5\%)=13\%$；

$\alpha=14\%-13\%=1\%$；

应该投资该基金，因为 α 值为正。

b. 与该基金 β 值相同的消极资产组合应该投资 80% 到市场指数资产组合，投资 20% 到货币市场账户。对此投资组合有：

$$E(r_P)=(0.8\times15\%)+(0.2\times5\%)=13\%$$

$$14\%-13\%=1\%=\alpha$$

24. 阐述你如何在基于消费的资本资产定价模型考虑：

a. 流动性

b. 非交易资产（你需要担心工资收入吗？）

答：a. 类似于将流动性并入传统的资本资产定价模型的方法，可以将流动性并入基于消费的资本资产定价模型。在前者的情况下，除了市场风险溢价，预期收益也依赖于预期的非流动性成本和与流动性相关的三个测量灵敏度的 β：(1) 证券流动性对市场流动性的灵敏度；(2) 证券收益对市场流动性的灵敏度；(3) 证券流动性对市场收益的灵敏度。类似的方法可以用于 CCAPM，不同之处在于流动性 β 将用于测量相对于消费增长而不是通常的市场指数。

b. 非交易资产将以与 a 类似的方式纳入 CCAPM，用消费增长替换市场组合。与非交易资产如私有企业和劳动收入有关的流动性问题更加尖锐。虽然拥有一家私有企业与拥有一个流动性不足的股票是相似的，但典型的私有企业的流动性更差。如果一个私有企业的所有者对企业支付的股息是满意的，那么缺乏流动性将不是问题。如果所有者试图实现高于企业能支付的收入，那么出售全部或部分所有权通常须有大幅的流动性折扣。非流动性的校正应用 a 所建议的方法。

虽然工资收入的流动性不足可能对证券市场均衡值有较大的影响，但同样的考虑也适用于工资收入。工资收入对投资决策有重大的影响。尽管在一定程度上可能会以工资为抵押借款，且与工资收入相关的风险可通过保险来得到改善，但消费流的流动性 β 仍是合理的，这是因为以工资收入为抵押借款的需求很可能是周期性的。

二、CFA 考题

1. a. 约翰·威尔森是奥斯丁公司的一名组合管理经理。对他所有的顾客，威尔森根据马科维茨的有效边界来进行管理。威尔森请奥斯丁的执行经理注册会计师玛丽·里根来评价他的两个客户的资产组合，其客户分别是鹰牌制造公司以及彩虹人生保险公司。两个资产组合的期望收益率有着很大的差别。里根认为彩虹资产组合实质上相似于市场组合，并得到彩虹资产组合优于鹰牌公司资产组合的结论。你是否同意这一结论？用资本市场线证明你的观点。b. 威尔森回应指出彩虹资产组合比鹰牌资产组合的期望收益高，因为其非系统风险要高于鹰牌资产组合。试定义非系统风险并解释你是否同意威尔森的观点。

答：a. 同意，里根的结论是正确的。根据定义，市场投资组合在资本市场线(CML)上。在资本市场理论的假设条件下，从风险－收益的角度来说，所有资本市场线(CML)上的投资组合都优于马科维茨有效边界上的投资组合。这是因为在所允许的杠杆水平一定的条件下，资本市场线(CML)产生了一个资产组合可能性曲线，这条曲线高于有效边界上除市场资产组合外的所有点，这条曲线就是彩虹投资组合。因为老鹰投资组合是马科维茨有效边界上不是市场组合的一点，所以彩虹投资组合要优于老鹰投资组合。

b. 非系统性风险是投资组合中单只证券的特有风险，通过持有有效的分散化投资组合能够将风险分散。投资组合总风险由系统风险(市场风险)和非系统风险(公司特有风险)构成。

不同意，威尔逊的观点是错误的。由于两者都位于马科维茨有效边界上，老鹰投资组合和彩虹投资组合都没有任何非系统性风险。因此，非系统风险不能解释他们之间不同的期望收益。关键原因是彩虹资产组合位于将无风险资产和该市场投资组合连接起来的资本市场线(CML)和马科维茨有效边界的切点上，这个点上的资产组合具有最高的单位风险收益率。下面的这个事实也可以反驳威尔逊的观点：既然非系统性风险能够通过分散化消除，那么非系统风险的期望收益率则是0。这就是实施有效分散化的投资者将每种资产的价格推至只有系统性风险获得一个正的收益率为止的结果。(非系统性风险收益为0)。

2. 威尔森正评估两只普通股的期望收益，它们分别是福尔曼实验公司和戛坦测试公司。他收集了以下信息：

a. 无风险利率为5%。

b. 市场组合的期望收益率为11.5%。

c. 福尔曼公司股票的β为1.5。

d. 戛坦公司股票的β为0.8。

根据你的分析，威尔森对两只股票收益率的预测分别是福尔曼股票13.25%，戛坦股票11.25%。计算威尔森公司和戛坦公司股票的必要收益率。并指出每只股票是被高估、公平定价还是低估了。

答：$E(r)=r_f+\beta\times[E(r_M)-r_f]$。

福尔曼实验公司：$E(r)=0.05+1.5\times(0.115-0.05)=14.75\%$。

戛坦测试公司：$E(r)=0.05+0.8\times(0.115-0.05)=10.20\%$。

如果预测的收益率低于(高于)必要收益率，则股票是被高估了(低估了)。

福尔曼实验公司：预测收益率－必要收益率$=13.25\%-14.75\%=-1.50\%$，

戛坦测试公司：预测收益率－必要收益率$=11.25\%-10.20\%=1.05\%$。

因此，福尔曼实验公司被高估了，戛坦测试公司被低估了。

3. 证券市场线描绘的是______。

a. 证券的期望收益率与其系统风险的关系

b. 市场投资组合是最佳风险证券组合

c. 证券收益与指数收益的关系

d. 由市场投资组合与无风险资产组成的完美资产组合

答：a。

4. 根据资本资产定价模型，假定：

(1)市场组合期望收益率 =15%

(2)无风险利率 =8%

(3)XYZ 证券的期望收益率 =17%

(4)XYZ 证券的 β =1.25

下列哪项是正确的？

a. XYZ 被高估

b. XYZ 公平定价

c. XYZ 的 α 为 −0.25%

d. XYZ 的 α 为 0.25%

答：d。由 CAPM 可知，公平期望收益 =8% +1.25×(15% −8%) =16.75%，实际期望收益 =17%。因此，α =17% −16.75% =0.25%。

5. 零贝塔证券的期望收益为多少？

a. 市场收益率

b. 零收益率

c. 负收益率

d. 无风险收益率

答：d。

6. 资本资产定价理论认为资产组合收益可以用以下______提供最好的解释。

a. 经济因素　　b. 特殊风险　　c. 系统性风险　　d. 多样化

答：c。

7. 根据资本资产定价模型，β =1.0，α =0 的资产组合的期望收益率为：______。

a. 在 r_M 与 r_f 之间

b. 无风险收益率，即 r_f

c. $\beta(r_M - r_f)$

d. 市场组合期望收益率，即 r_M

答：d。

下表给出了两个资产组合的风险以及收益率。

资产组合	平均年收益率(%)	标准差(%)	β
R	11	10	0.5
标准普尔 500	14	12	1.0

8. 根据上表信息在证券市场线画出资产组合 R 的图形，R 位于：______。

a. 证券市场线上

b. 证券市场线的下方

c. 证券市场线的上方

d. 数据不足

答：d。为判断出资产组合 R 在证券市场线上的位置，还需要知道无风险利率。

9. 在资本市场线画出资产组合 R 的图形，R 位于：______。

a. 资本市场线上

b. 资本市场线的下方

c. 资本市场线的上方

d. 数据不足

答：d。为判断出资产组合 R 在资本市场线上的位置，还需要知道无风险利率。

10. 简要说明根据资本资产定价模型，投资者持有资产组合 A 是否会比持有资产组合 B 获得更高的收益率？假定两种资产组合都已经充分分散化。

	资产组合 A	资产组合 B
系统性风险(β)	1.0	1.0
单个证券特别风险	高	低

答：在资本资产定价模型 CAPM 中，投资者的预期收益只与系统性风险有关。因为系统风险（以β来测度）对两种资产组合都等于 1.0，投资者将期望这两种资产组合 A 和 B 有相同的收益率。同时，因为这两种资产组合都是充分分散的，所以个别证券的特有风险并不产生影响。两种资产组合中企业特有风险都被分散了。

11. 约翰·麦凯是一个银行信托部门的组合经理。麦凯约见两个客户：凯文·穆雷和丽莎·约克，评价他们的投资目标。每个客户都表示有改变他们个人投资目标的兴趣。每个客户目前都持有分散性很好的风险资产组合。

a. 穆雷想提高他的资产组合的期望收益。说出麦凯应该采取怎样的措施才能达到穆雷想达到的目标？根据前文的资本市场线说明你的建议。

b. 约克想要降低资产组合的风险敞口，但不想有借入和借出行为。麦凯应该采取怎样的措施才能达到约克想达到的目标？根据前文的证券市场线说明你的建议。

答：a. 麦凯应该借入资金，并按比例地将这些资金投资于穆雷现有的资产组合（即以保证金的形式买更多的风险资产）。这样做除了增加了期望收益率，在资本市场线上这种投资组合也将增加风险，因为在整个投资组合中风险投资所占的比例提高了。

b. 麦凯应该用低β的股票去替代高β的股票以降低约克的投资组合的整体β。通过降低整体投资组合的β，麦凯可以降低投资组合的系统性风险，因此也降低了它对市场的波动性。通过证券市场线分析这种操作（也就是将证券组合沿着证券市场线向下移动），虽然降低贝塔值可能也会让投资组合的效率出现轻微的损失（除非完全保持投资多样化），但是约克的首要目的不是为了保持投资组合的效率，而是为了降低投资组合的风险敞口，进而降低投资组合的贝塔值来满足这个目的。但又因为约克不想贷款，麦凯无法通过出售股权和买入无风险资产（比如借出投资组合的一部分）来降低风险。

12. 凯伦·凯伊是柯林斯资产管理公司的一名组合经理，正使用资本资产定价模型来为其客户提供建议。他们的研究部门提供了如下信息。

	期望收益率(%)	标准差(%)	β
X 股票	14.0	36	0.8
Y 股票	17.0	25	1.5
市场指数	14.0	15	1.0
无风险利率	5.0		

a. 计算每只股票的期望收益率与 α 值。

b. 分辨和判断哪只股票更适合投资者，他们分别希望：

i. 增加该股票到一个充分分散的股票组合。

ii. 持有此股票作为单一股票组合。

答： a. 两只股票的期望收益率和 α 如下表所示：

	期望收益率	α
股票 X	5% +0.8×(14% −5%) =12.2%	14.0% −12.2% =1.8%
股票 Y	5% +1.5×(14% −5%) =18.5%	17.0% −18.5% = −1.5%

b. i. 凯伊应该推荐股票 X，因为与 Y 相比，它有一个正的 α 值，而 Y 的 α 值是负的。股票 X 的期望收益/风险在证券市场线的上方，而股票 Y 的期望收益/风险在证券市场线的下方；同时，根据凯伦委托人的风险偏好，贝塔值低的股票 X 可能对整个投资组合的风险产生有利的影响。

ii. 凯伊应该推荐股票 Y，因为与 X 相比，它有较高的预期收益和较低的标准差。股票 X 和股票 Y 和市场指数各自的夏普比率为：

股票 X：(14% −5%)/36% =0.25

股票 Y：(17% −5%)/25% =0.48

市场指数：(14% −5%)/15% =0.60

市场指数的夏普比率比任何单个股票都好，但是，如果只在股票 X 和股票 Y 之间进行选择，应当优先选择股票 Y。因为当一只股票被作为单一股票组合来持有时，标准差就是其相应的风险测度。在这种投资组合当中，作为风险测度的贝塔值是不相关的。尽管持有单一的资产不是一种典型被推荐的投资策略，但有些投资者可能持有受雇公司的股票，从本质上来说他还是持有单一股票组合，对于这些投资者来说，标准差相对于贝塔值是一个更重要的问题。

第10章　套利定价理论与风险收益多因素模型

10.1　复习笔记

1. 因素模型概述

(1)单因素模型

定义 F 为宏观经济因素偏离其期望值的离差，β_i 为公司 i 对因素的敏感性，e_i 为公司特有的扰动，假设所有收益中的非系统因素 e_i 之间互不相关，且与 F 也不相关。则单因素模型可表示为：

$$R_i = E(R_i) + \beta_i F + e_i$$

式中，$E(R_i)$ 表示股票 i 的期望收益。若假设宏观经济因素为0，则投资组合收益就等于期望值 $E(R_i)$ 加上公司特有因素的扰动。

(2)多因素模型

多因素模型将收益强制性地分解为系统和公司特有两个部分，但不将系统风险限制为单因素。多因素模型强调运用多种因素的划分对风险进行解释，以更准确地描述风险和收益。

2. 套利定价理论

(1)理论前提

罗斯的套利定价理论以三个基础假设为前提：

①证券收益能用因素模型表示；

②有足够多的证券来分散不同的风险；

③证券市场是有效的，不存在套利机会。

(2)套利、风险套利与均衡

①一价定律与套利

一价定律认为，在完全竞争市场下，当交易无摩擦时，同一资产在任意市场应具有相同的市场价格。原因在于若套利者发现存在违背一价定律的情况，则会以无限大的头寸进行套利，直至套利机会消失。

②套利与风险－收益占优观点的比较

APT 模型与 CAPM 模型均衡价格的形成机制存在很大差异。CAPM 模型支持风险－收益占优观点，认为当均衡价格被打破时投资者会根据自身的风险偏好买入有限的低估资产，当大量的投资者进行相同方向交易后就会迫使市场价格恢复均衡。然而，APT 模型则认为均衡价格被打破后套利机会出现，此时，所有投资者都愿意以无限大的头寸来进行套利交易。因此，只需要少量投资者就可以通过套利交易来使价格恢复均衡。

③风险套利

风险套利是指通过套利者自身的专业知识寻找存在定价偏差的标的资产来进行交易，以期未来该资产能收敛于正确定价范围从而获利的套利行为。纯套利行为为无风险套利，应当与风险套利进行区分。

(3)充分分散的投资组合

当一个投资组合充分分散时，非系统风险可以被完全分散，而系统性风险无法被分散。

构造一个由 n 种股票分别按权重 w_i 组成的资产组合，$\sum w_i = 1$，则该组合的收益率为：

$$R_P = E(R_P) + \beta_P F + e_P$$

式中 $\beta_P = \sum w_i \beta_i$，为 n 种股票的 β_i 的加权平均值；$e_P = \sum w_i e_i$，为 n 种股票的 e_i 的加权平均值，代表非系统风险，故该资产组合的方差包括系统和非系统两部分。组合的方差为：

$$\sigma_P^2 = \beta_P^2 \sigma_F^2 + \sigma^2(e_P)$$

式中，$\sigma_F{}^2$ 为因素 F 的方差，$\sigma^2(e_P)$ 为非系统风险，它的另一种表示方式为：

$$\sigma^2(e_P) = D(\sum w_i e_i) = \sum w_i^2 \sigma^2(e_i)$$

假设该资产组合为等权重组合，即 $w_i = 1/n$ 时，非系统方差为：

$$\begin{aligned} \sigma^2(e_P) &= D(\sum w_i e_i) \\ &= \sum \left(\frac{1}{n}\right)^2 \sigma^2(e_i) \\ &= \frac{1}{n} \sum \frac{\sigma^2(e_i)}{n} = \frac{1}{n} \bar{\sigma}^2(e_i) \end{aligned}$$

由上式最后一项可以看出，此时资产组合的非系统方差等于非系统方差的均值除以 n。所以当 n 增加时，非系统方差将会趋近于0，此即为分散化的结果。

充分分散的投资组合可被定义为：按比例 w_i 投资于足量的资产中，以至于非系统方差 $\sigma^2(e_P)$ 可以被忽略的投资组合。

(4)套利定价理论的无套利等式

套利活动能迅速地使所有零 β 充分分散组合的风险溢价降为0，从而其 α 也一定为0。所以充分分散化组合 P 的预期收益率为：

$$E(R_P) = \beta_P E(R_M)$$

即组合 P 的风险溢价为 β 与市场指数的风险溢价的乘积。上式与 CAPM 模型相同，是 APT 模型通过无套利理论得到的证券市场线。

为了消除套利机会，任意充分分散化组合的期望收益一定位于通过无风险资产点的直线上，如图 10－1 所示。假设无风险利率为 4%，C 为一个充分分散的投资组合，β 等于 0.5，期望收益率为 6%。投资组合 C 在无风险资产以及投资组合 A 线的下方。因此，考虑一个新

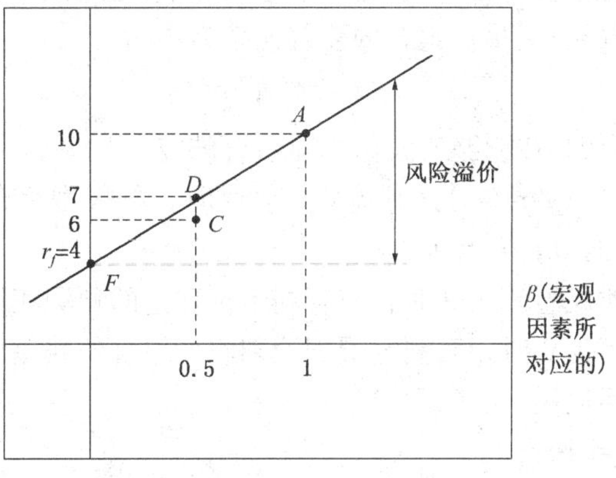

图 10－1　一个套利机会

的投资组合 D，一半由投资组合 A，另一半由无风险资产组成。投资组合 D 与 C 的 β 值相同，但有着更高的收益率，即不在直线上的点存在着套利机会。直线方程给出了其期望收益值。

风险溢价和资产组合的 β 值成比例。风险溢价由纵轴给出，无风险利率和组合期望收益的距离代表风险溢价。在 $\beta=0$ 时风险溢价等于为零，并直接与 β 成比例地增长。

3．套利定价理论、资本资产定价模型和指数模型

(1)套利定价理论与资本资产定价模型

套利定价理论的缺陷在于：利用套利定价理论预测的风险溢价会因为逐渐增大的残差风险降低精确性，当残差风险很大且难以分散时，该问题无法通过 APT 与套利活动解决。

套利定价理论存在缺陷的同时也有其价值。具体体现在：

①套利定价理论只需假设存在少数套利者即可消除市场的套利机会，而资本资产定价模型需要全部投资者均为均值－方差最优化者。

②套利定价理论只依赖于可观测到的组合，而资本资产定价模型由不能观测到的市场组合确定，故市场组合难以检验。

(2)单指数市场中的套利定价理论和组合最优化

套利定价理论来自单因素市场，对于充分分散的投资组合的预测具有较高的精确度。但投资组合未被充分分散时，套利的风险会随套利资金的增加而变大。

投资者在单因素市场中最优风险组合的构建过程如下：

①估计基准组合的风险溢价(RP_M)与标准差(σ_M)。

②构造一个由所有错误定价资产组成的积极型组合。定义其标准差为 σ_A，系统性风险系数为 β_A，残差风险为 $\sigma(e_A)$。

定义最优风险组合中积极型组合的权重为 w_A^*：

$$w_A^0=\frac{\dfrac{\alpha_A}{\sigma^2(e_A)}}{\dfrac{E(R_M)}{\sigma_M^2}}$$

$$w_A^*=\frac{w_A^0}{1+w_A^0(1-\beta_A)}$$

消极型组合的权重 $w_M^*=1-w_A^*$。

所以，最优风险组合夏普比率 S_P 相较于消极型组合夏普比率 S_M 的增加取决于积极型组合信息比率：$IR_A=\alpha_A/\sigma(e_A)$。最优组合的夏普比率为：

$$S_P=\sqrt{S_M^2+IR_A^2}$$

③最大化积极型组合的 IR 能够最大化风险组合的夏普比率，可以通过改变积极型组合中每一资产的占比为 $w_{Ai}=\alpha_i/\sigma^2(e_i)$ 达到该效果。此时，积极型组合信息比率的平方等于每一资产信息比率的平方和：$IR_A^2=\sum IR_i^2$。

当积极型组合的残差风险等于 0 时，与套利定价理论的预测相同，投资者将无限地增加套利头寸；当残差风险不为 0 时，套利定价理论则假设组合的残差风险已被充分分散，因此该情况下套利定价理论不适用。

4．多因素套利定价理论

(1)纯因子组合

构造一个充分分散的证券组合，其中一个因素的β等于1，其他因素的β等于0，这样的组合被称为纯因子组合。

(2)多因素套利定价理论

多因素套利定价理论认为资产组合的全部风险溢价等于对投资者进行补偿的系统风险的风险溢价的总和。

5. 法玛－弗伦奇三因素模型

法玛和弗伦奇的三因素模型用公司特征来代替系统性风险。三因素模型可表示为：

$$R_{it}=\alpha_i+\beta_{iM}R_{Mt}+\beta_{iSMB}\text{SMB}_t+\beta_{iHML}\text{HML}_t+e_{it}$$

式中，SMB为小市值规模的股票组合与大市值规模股票组合的收益差；HML为高账面市值比的股票组合与低账面市值比的股票组合的收益差。市场指数在该模型中发挥重要作用，主要用于测度系统性风险。

10.2 课后习题详解

一、习题

1. 假定影响美国经济的两个因素被确定：工业生产增长率IP和通货膨胀率IR。预期IP为3%，IR为5%。某只股票的IP的β值为1，IR的β值为0.5，当前的期望收益率为12%。如果工业产值的实际增长率为5%，通货膨胀率为8%，那么修正后的股票期望收益率为多少？

答：股票预期收益率的修正估计值应该是原来的估计值加上各要素未预期到的变化乘以敏感性系数：

$$\text{修正估计值}=12\%+[(1\times2\%)+(0.5\times3\%)]=15.5\%$$

2. 套利定价理论本身不决定风险溢价的因素。研究者如何决定研究哪些因素？例如为什么工业产值作为决定风险溢价的一个因素？

答：APT的要素必须与许多投资者关注的不确定性的来源有关。研究人员应该调查与消费和投资机会的不确定性有关的因素。国内生产总值、通货膨胀率和利率被认为是决定风险溢价的因素的一部分。尤其工业产值(IP)是反映行业周期变化一个很好的指标。因此，工业产值是在经济体系中与投资和消费机会的不确定性高度相关的一个待选因素。

3. 如果套利定价理论是一个有用的理论，那么经济体中的系统性风险的数量一定很小。为什么？

答：如果可以自由地选择无数解释变量，那么任何类型的收益都可以“被解释”。如果一个资产定价理论有价值，它就必须使用有限数量的解释变量(系统性因素)来解释收益。

4. 假设有两个独立的经济因素F_1和F_2。无风险利率为6%，所有股票都包含了独立于公司所特有的部分，标准差为45%。下面是充分分散的投资组合。

投资组合	F_1的β值	F_2的β值	期望收益(%)
A	1.5	2.0	31
B	2.2	-0.2	27

在该经济体中，期望收益－贝塔关系是怎样的？

答：使用教材式(10－11)：

$$E(r_P)=r_f+\beta_{P_1}[E(r_1)-r_f]+\beta_{P_2}[E(r_2)-r_f]$$

找出这两个因素的风险溢价：$RP_1=[E(r_1)-r_f]$，$RP_2=[E(r_2)-r_f]$，则必须解出下列有两个未知数的方程组：

$$0.31=0.06+(1.5\times RP_1)+(2.0\times RP_2)$$
$$0.27=0.06+(2.2\times RP_1)+[(-0.2)\times RP_2]$$

方程组的解为：$RP_1=10\%$ 和 $RP_2=5\%$。

因此，期望收益－贝塔关系为：

$$E(r_P)=6\%+(\beta_{P_1}\times 10\%)+(\beta_{P_2}\times 5\%)$$

5. 考虑以下单因素经济中的数据。所有的投资组合都是充分分散的。

投资组合	$E(r)$	β
A	12%	1.2
F	6%	0

假设存在另一个充分分散的投资组合 E，β 为 0.6，期望收益为 8%。套利机会是否存在？如果存在，那么套利策略是什么？

答：因为投资组合 F 的 β 等于 0，其预期收益率等于无风险利率。投资组合 A 的风险溢价－β 比率为：$(12\%-6\%)/1.2=5\%$，而投资组合 E 的比率只有：$(8\%-6\%)/0.6=3.33\%$。这意味着存在套利机会。例如，可以通过持有相等的投资组合 A 和投资组合 F 构建一个资产组合 G，其 β 等于 0.6(与 E 相同)。投资组合 G 的预期收益率和 β 分别为：

$$E(r_G)=(0.5\times 12\%)+(0.5\times 6\%)=9\%$$
$$\beta_G=(0.5\times 1.2)+(0.5\times 0\%)=0.6$$

比较 G 和 E，G 有相同的 β，但收益率却更高。因此，通过买入投资组合 G 和卖出等量的投资组合 E 可以获得套利机会。这一套利行为的收益为：

$$r_G-r_E=[9\%+(0.6\times F)]-[8\%+(0.6\times F)]=1\%$$

即在每个组合中投资 1% 的资金(多头或空头)。

6. 假定投资组合 A 和 B 都是充分分散的，$E(r_A)=12\%$，$E(r_B)=9\%$。如果经济中只有一个因素，而且 $\beta_A=1.2$，$\beta_B=0.8$。无风险利率等于多少？

答：在期望收益－贝塔关系式中，代入投资组合收益和 β 值，得到两个方程，未知数为无风险利率和风险溢价要素 RP：

$$12\%=r_f+(1.2\times RP)$$
$$9\%=r_f+(0.8\times RP)$$

解方程组得：$r_f=3\%$，$RP=7.5\%$。

7. 假定股市收益以市场指数作为共同因素，经济体中所有股票对市场价格指数的 β 均为 1。公司特有的收益的标准差都为 30%。假设证券分析师研究 20 只股票，并发现其中一半股票的 α 值为 2%，另一半股票的 α 值为 －2%。假定证券分析师买进了 100 万美元等权重的正 α 值的股票，并同时卖出 100 万美元的等权重的负 α 值的股票。

a. 投资的期望收益(以美元表示)为多少？分析师收益的标准差为多少？

b. 如果分析师检验了 50 只股票而不是 20 只，那么答案会是怎样的？100 只呢？

答：a. 卖空一组由 10 只负阿尔法值的股票等权重组成的资产组合，同时将资金投资于一组由 10 只正阿尔法值的股票等权重组成的资产组合，将消除市场敞口，产生一个零投资资产组合。用 R_M 表示系统的市场因素，则预期的美元收益为(注意到非系统性风险的预期 e

是零）：

$1000000 \times [0.02 + (1.0 \times R_M)] - 1000000 \times [-0.02 + (1.0 \times R_M)] = 1000000 \times 0.04 = 40000$（美元）

该组合的回报对市场因素的敏感度为零，因为正 α 和负 α 股票的风险暴露相互抵消（涉及 R_M 项的和恰好为零）。因此，总风险中市场因素也是零，然而分析师利润的方差不为零，因为资产组合没有充分分散化。

对于 $n=20$ 只股票（即买多 10 只股票，卖空 10 只股票），投资者在每只股票中拥有 10 万美元的头寸（多头或空头）。净市场风险暴露是零，但公司特有风险还没有得到充分分散。以美元计 20 只股票资产的收益方差为：$20 \times [(100000 \times 0.30)^2] = 18000000000$，则收益的标准差为 134164 美元。

b. 如果 $n=50$ 只股票（买多 25 只，卖空 25 只），投资者在每只股票中拥有 4 万美元的头寸，以美元计的股票资产收益方差为：$50 \times [(40000 \times 0.30)^2] = 7200000000$，其收益标准差为 84853 美元。

同样，如果 $n=100$ 只股票（买多 50 只，卖空 50 只），投资者在每只股票中拥有 2 万美元的头寸，以美元计的股票资产收益方差为：$100 \times [(20000 \times 0.30)^2] = 3600000000$，其收益标准差为 60000 美元。

由此可见，在相同条件下，当股票数量增加 5 倍（从 20 只增加到 100 只），标准差下降了 $\sqrt{5} = 2.23607$ 倍（从 134164 到 60000）。

8. 假定证券收益由单因素模型确定，即

$$\boldsymbol{R_i = \alpha_i + \beta_i R_M + e_i}$$

R_i 表示证券 i 的超额收益，R_M 表示市场超额收益。无风险利率为 2%。同样假设证券 A、B 和 C，其数据如下表所示。

证券	β_i	$E(R_i)$（%）	$\sigma(e_i)$（%）
A	0.8	10	25
B	1.0	12	10
C	1.2	14	20

a. 如果 $\sigma_M = 20\%$，计算证券 A、B 和 C 收益的方差。

b. 现在假定资产的种类无限多，并且与证券 A、B 和 C 具有相同的收益特征。如果证券 A 是一个充分分散的投资组合，则该投资组合的超额收益方差的均值是多少？那么只有 B 或 C 组成的投资组合呢？

c. 市场中是否存在套利机会？如何实现套利？

答： a. 由 $\sigma^2 = \beta^2 \sigma_M^2 + \sigma^2(e)$ 得：

$\sigma_A^2 = (0.8^2 \times 0.20^2) + 0.25^2 = 0.0881$；

$\sigma_B^2 = (1.0^2 \times 0.20^2) + 0.10^2 = 0.0500$；

$\sigma_C^2 = (1.2^2 \times 0.20^2) + 0.20^2 = 0.0976$。

b. 如果存在无限的具有相同的特征的资产，则每一类充分分散化的资产组合都将只有系统性风险，因为当 n 很大时，非系统性风险趋近于零：

$$充分分散化\ \sigma_A^2 = 0.0256$$

$$充分分散化\ \sigma_B^2 = 0.0400$$

$$充分分散化\ \sigma_C^2 = 0.0576$$

均值将等于个股(都是相等的)的均值。

c. 没有套利机会，因为充分分散化的资产组合都落在证券市场线(SML)上。它们都是公平定价的，因而没有套利机会。

9. 证券市场线表明，在单因素模型中证券的期望风险溢价与该证券的 β 成比例。假定情况不是这样，例如，在图 10－2 中，假定期望收益大于 β 的增长比例。

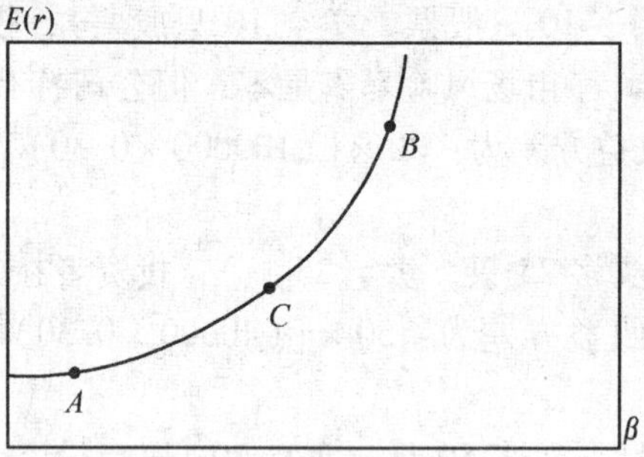

图 10－2

a. 如何构建套利机会?(提示：结合投资组合 A 和 B，并与投资于 C 的结果进行比较。)

b. 一些研究人员已经对分散的投资组合的平均收益与这些组合的 β 与 β^2 的相关性进行了分析。β^2 对投资收益有何影响?

答：a. 由资产组合 A 和 B 组合成的资产组合(P)，其期望收益－贝塔值将落在 AB 间的直线上。当该资产组合 $\beta_P = \beta_C$ 时，资产组合收益率却高于 C。因此可买入资产组合，卖出 C，即，将多头 P 和空头 C 组合，将创造一个零投资、零贝塔值的套利资产组合，并且有正的收益率。

b. 假如投资收益与 β^2 相关，那么必然存在无风险套利机会。因此投资收益的 β^2 的系数必须为 0。

10. 考虑一下特定股票证券收益的多因素(套利定价理论)模型。

因素	因素 β	因素风险溢价(%)
通货膨胀	1.2	6
工业生产	0.5	8
石油价格	0.3	3

a. 如果当前国库券收益率为 6%，且视市场为公平定价，求出股票的期望收益率。

b. 假定下面第一列给出三种宏观因素的市场预测值，而实际值在第二栏给出。计算在这种情况下该股票修正后的期望收益率。

因素	预期变化率(%)	实际变化率(%)
通货膨胀	5	4
工业生产	3	6
石油价格	2	0

答：a. $E(r)=6\%+(1.2\times6\%)+(0.5\times8\%)+(0.3\times3\%)=18.1\%$。

b. 宏观经济因素的意外变动将导致股票收益率的异常变动：

宏观因素的未预期到的收益率 $=[1.2\times(4\%-5\%)]+[0.5\times(6\%-3\%)]+[0.3\times(0\%-2\%)]=-0.3\%$；

$E(r)=18.1\%-0.3\%=17.8\%$。

11. 假定市场可以用以下三种系统性风险以及溢价来描述。

因素	风险溢价(%)
工业生产	6
利率	2
消费者信心	4

某一特定股票的收益率可以由以下方程来确定：

$$r=15\%+1.0I+0.5R+0.75C+e$$

利用套利定价理论计算股票的均衡收益。国库券利率为6%。该股票的价格被高估了还是低估了？请解释。

答：根据套利定价理论，股票期望收益率为：

$$\text{要求的 } E(r)=6\%+(1\times6\%)+(0.5\times2\%)+(0.75\times4\%)=16\%$$

根据股票收益率的方程式，股票的实际期望收益率是15%（因为根据定义所有因素的预期变动为0）。由于实际期望收益低于均衡收益，所以可以认为股票价格被高估。

12. 作为一名猪肉产品生产商的财务管理实习生，詹妮弗·温瑞特需要对公司的资本成本提出自己的观点。她把这看作检验她上学期学习有关套利定价理论的大好时机。她认为以下三个因素对她的工作至关重要：①类似标准普尔500指数这样的指数收益率；②利率水平，用10年期的国债来表示；③猪肉价格，这对她的农场非常重要。她计划采用多元回归的方法来计算猪肉产品的β值及每一因素对应的风险溢价。请评价她所选择的因素，哪一个因素可能对她的公司资本成本产生影响？你能对她的选择提出改进意见吗？

答：前两个因素可能对公司的资本成本产生影响。这两个因素都是宏观因素，可能引起主要部门投资者的期望收益的变化，进而影响公司的资本成本。第三个因素并不是一个合理的选择，因为猪肉价格影响的是公司的收益率而非公司的风险及资本成本，猪肉价格对投资者来说不重要，因而几乎不可能成为价格风险因素。更好的选择是集中在那些大多数投资者都认为会影响他们的福利的因素，比如通货膨胀的不确定性、短期利率风险、能源价格风险或者汇率风险。在SML的所有因素中，只有对整体投资者都重要的因素才能要求在资本市场中得到相应的风险溢价

利用以下信息回答13～16题。

Orb Trust 有史以来都对他的投资组合采取消极的管理方式。Orb 在过去唯一的管理模型就是资本资产定价模型。现在 Orb 询问了他的特许金融分析师凯文·麦克拉肯来使用套利定价理论模型进行投资。

麦克拉肯相信套利定价理论是两因素的，这两个因素是GDP变动的敏感性以及通货膨胀。麦克拉肯得出实际GDP的风险溢价为8%，而通货膨胀的风险溢价为2%。他预计Orb高增长基金对两因素的敏感性分别为1.25和1.5。利用他的套利定价理论，他计算出基金的期望收益。出于对比的目的，他也利用基本分析来计算Orb高增长基金的期望收益。麦

克拉肯发现 **Orb** 高增长基金期望收益的两个估计是相等的。

麦克拉肯咨询了另一个分析师苏权，让其利用基本分析对 **Orb** 的大型股基金的期望收益做出预计。苏权对基金进行管理，并得出其期望收益比无风险利率高出 **8.5%** 的结论。麦克拉肯然后对大型股基金运用套利定价理论模型。他发现对实际 **GDP** 和通货膨胀的敏感性分别为 **0.75** 和 **1.25**。

麦克拉肯的 **Orb** 管理者杰·斯蒂尔斯要求麦克拉肯构建一个只含 **GDP** 增长而不受通货膨胀影响的投资组合。然后他计算第三个基金的敏感性——**Orb** 实业基金，其敏感性分别为 **1.0** 和 **2.0**。麦克拉肯将利用套利定价理论结果对这三个基金完成构建一个受实际 **GDP** 影响而不受通货膨胀影响的投资组合的任务。他把该基金称为"**GDP**"基金。斯蒂尔斯认为以获取稳定收入为目的进行投资的退休顾客更偏好这样的基金。麦克拉肯则认为，如果政府在未来供给面的宏观经济政策能成功的话，这样的基金将会是不错的选择。

13. 根据套利定价理论，无风险利率为 4%，麦克拉肯的 Orb 高增长基金的期望收益率估计值为多少？

答：期望收益率的估计值为：$E(r)=0.04+1.25\times0.08+1.5\times0.02=0.17=17\%$。

14. 根据苏权提供的 Orb 大型股基金的信息，对其采用麦克拉肯套利定价理论模型进行估计，存在套利机会吗？

答：如果 $r_f=4\%$，根据对实际 GDP(0.75)和通货膨胀(1.25)的敏感性，麦克拉肯将按下式计算 Orb 大型股基金的期望收益率：

$$E(r)=0.04+0.75\times0.08+1.25\times0.02=0.04+0.085=12.5\%$$

因此，苏权的基本面分析的估计值和麦克拉肯的无套利定价的估计值是一致的。如果假设苏权和麦克拉肯对 Orb 大型股基金的收益率的估计都是正确的，那么将不存在套利机会。

15. 其他三因素组成的 GDP 基金在实业基金中所占的比重为① -2.2；② -3.2；③0.3

答：①。为了消除通货膨胀，必须同时求解下面的三个方程：第一个方程，GDP 的灵敏度等于1；第二个方程，通货膨胀的灵敏度等于0；第三个方程，权重总和必须等于1。

(1) $1.25w_x+0.75w_y+1.0w_z=1$

(2) $1.5w_x+1.25w_y+2.0w_z=0$

(3) $w_x+w_y+w_z=1$

其中，"x"代表 Orb 的"高增长基金"，"y"代表"大型股票基金"，"z"代表"实业基金"。使用代数运算将得到 $w_x=w_y=1.6$，$w_z=-2.2$。

16. 关于斯蒂尔斯和麦克拉肯对 GDP 基金的评论，下列哪些是合适的：______。

a. 麦克拉肯是正确的，斯蒂尔斯是错误的

b. 都是正确的

c. 斯蒂尔斯是正确的，麦克拉肯是错误的

答：a。由于依靠稳定收入生活的退休人员将会受到通胀的伤害，这一投资组合不适合他们。退休人员想要收益与通胀正相关、与 GDP 增长率低相关的投资组合。因此，斯蒂尔斯是错误的，麦克拉肯是正确的，因为供给面的宏观经济政策是在通胀压力最小的情况下增加产量，与麦克拉肯的想法一致。产量增加将意味着更高的 GDP，这反过来将增加与 GDP 呈正相关的基金收益。

二、CFA 考题

1. 特许金融分析师杰弗里·布鲁勒利用资本资产定价模型来找出不合理定价的证券。

一位财务顾问建议他用套利定价理论来代替。对比资本资产定价模型和套利定价理论，该顾问得出以下几点结论：

a. 资本资产定价模型和套利定价理论都需要一个均值-方差有效的市场投资组合。

b. 资本资产定价模型和套利定价理论都不需要假设证券收益是正态分布的。

c. 资本资产定价模型假定一个特殊因素解释证券收益，而套利定价理论没有。

判断该顾问的每个观点是否正确。如果不正确，给出理由。

答：a. 观点错误。CAPM 需要一个均值-方差有效的市场组合，但 APT 不需要。

b. 观点错误。CAPM 需要假设证券收益是正态分布的，但是 APT 不需要。

c. 观点正确。

2. 假设 X 和 Y 都是充分分散的投资组合，无风险利率为 8%。

投资组合	期望收益(%)	β
X	16	1.00
Y	12	0.25

根据这些内容判断投资组合 X 和 Y：______。

a. 均处于均衡

b. 存在套利机会

c. 都被低估

d. 都是公平定价的

答：b。因为投资组合 X 的 $\beta = 1.0$，因此 X 是市场组合，$E(R_M) = 16\%$。由 $E(R_M) = 16\%$ 和 $r_f = 8\%$ 可知，$E(R_Y) = 8\% + 0.25 \times (16\% - 8\%) = 10\%$。由此可见，投资组合 Y 的期望收益与均衡收益是不相符的，即存在套利机会。

3. 在什么条件下会产生正 α 值的零净投资组合？

a. 投资组合的期望收益率为 0

b. 资本市场线是机会集的切线

c. 不违背一价定律

d. 存在无风险套利机会

答：d。正 α 值的零净投资组合表明存在超额收益，即存在无风险套利机会。

4. 根据套利理论：______。

a. 高 β 值的股票经常被高估

b. 低 β 值的股票经常被高估

c. 正 α 值投资机会将很快消失

d. 理性投资者会从事与其风险承受度相符的套利活动

答：c。

5. 套利定价理论与单因素资本资产定价模型不同，原因在于：______。

a. 更注重市场风险

b. 减小了分散的重要性

c. 承认多种非系统性风险因素

d. 承认多种系统性风险因素

答：d。

6. 当均衡价格关系被违背，投资者尽可能多地持有头寸。这是______的实例。

a. 支配性观点

b. 均方差的有效边界

c. 套利活动

d. 资本资产定价模型

答：c。只有当错误定价存在套利机会时，投资者才会持有尽可能大的头寸；否则，风险和分散化的考虑会限制投资者持有错误定价证券的头寸。

7. 与简单的资本资产定价模型相比，套利定价理论更具有潜在的优势，其特征为：______。

a. 把产量变化、通货膨胀以及利率期限结构作为解释风险收益关系的重要因素

b. 按历史时间来测度无风险收益率

c. 对给定的资产按时间变化来衡量套利定价理论因素的敏感性变化

d. 利用多个因素而不是单因素市场指数来解释风险收益关系

答：d。套利定价理论使用多个因素来解释风险与收益的相关性，资本资产定价模型仅考虑单一市场指数。

8. 与资本资产定价模型相比，套利定价理论______。

a. 要求市场均衡

b. 利用基于微观变量的风险溢价

c. 说明数量并确定那些能够决定期望收益率的特定因素

d. 不需要关于市场投资组合的严格的假设

答：d。

第11章　有效市场假说

11.1　复习笔记

1. 随机漫步与有效市场假说

随机漫步理论认为股价变动是随机且无法预测的。市场上的充分竞争消化了各种可得的市场信息，使得股价呈现随机游走的状态。

有效市场假定(EMH)认为任何可用于预测股票表现的信息一定已经在股价中被反映出来。只要有信息表明某只股票股价被低估，存在套利机会，投资者的蜂拥购买会使股价立刻上升到正常的水平，从而只能得到与股票风险相称的收益率。所以股价对新信息的反应要么上涨，要么下跌。由于新信息是不可预测的，股价的变动也是不可预测的，呈现随机游走的状态。股价的这种变化规律正是反映了市场的有效性。

(1)有效性来源于竞争

一般来说，只要进行分析，就能比别人得到更多的信息。但是人们只有在收益高于分析花费的成本时，才愿意进行分析。由于市场存在着激烈的竞争，证券分析师们具有雄厚的资金以及专业的能力，能够进行充分的信息挖掘，使得股价水平基本反映已有的信息，使市场能够较为接近有效水平。

(2)有效市场假说的形式

有效市场假说一般有三种不同的形式：弱有效形式、半强有效形式以及强有效形式。这些形式根据证券价格对信息的反映程度来区分。

①弱有效形式。弱式有效市场假说认为，股价已反映了市场交易数据中可以得到的所有信息。股票的历史价格信息已经被市场充分消化，不可能通过分析市场的价格趋势获利。

②半强有效形式。半强式有效市场假说认为，股价已反映了所有的公开信息。在这种情况下，无论是基本面分析还是技术分析都无法击败市场，从而获得经济利润。

③强有效形式。强式有效市场假说认为股价反映了所有的公开信息，甚至还反映了仅为内幕人员所知的信息。

2. 有效市场假说的含义

(1)技术分析

如果市场没有达到弱有效形式，则当前的价格未完全反映历史价格信息，那么未来的价格变化将进一步对过去的价格信息做出反应。在这种情况下，人们可以利用图表等技术分析手段从过去的价格信息中分析出未来价格的某种变化倾向，从而在交易中获利。

(2)基本面分析

要确定股票的合理价值，投资者就必须对公司未来的经营业绩和盈利水平进行预测。诸如分析预期收益等价值决定因素的分析方法被称为基本面分析。

在有效市场假说下，基本面分析是失效的。因为市场价格被认为已经反映了所有公开的信息，只有对公司的基本面分析超过别的研究者，才能够获得超额收益。由于证券分析师大多依赖公开信息进行研究，故在有效市场假说下，通过基本面分析获得超额收益是十分困难的。

(3)积极与消极投资组合管理

有效市场假说的支持者们提倡消极投资策略，消极投资策略的目的不是战胜市场，而是控制投资组合的风险，并且获得与所承担风险相适应的回报率。

3. 事件研究

事件研究是一种实证财务研究技术，可在该技术的基础上通过评估事件来判断该事件对于某一公司股价的影响程度。

市场模型通常用来估计异常收益，由指数模型 $r_t = a + br_{Mt} + e_t$ 变形所得：

$$e_t = r_t - (a + br_{Mt})$$

式中，残差项 e_t 代表与所研究的异常事件有关的收益。

4. 市场有效性

(1)市场有效性的三个争论点

①规模问题

股价是非常接近其公平价值的，只有大规模资产组合的管理人可以赚到足够的交易利润，使其对少数定价不合理的运用不会白费力气。因此理性投资管理人能够促使市场价格变动至公允价格，其资产组合的规模影响着市场的有效程度。

②选择偏见问题

许多公开的方法不能获得超额收益并不能作为市场有效的证据，也许只有不能获得超额收益的方法才会被公之于众。发现方法的投资者在公布这一方法和赚取超额利润中多会选择后者。

③幸运事件问题

较好的投资业绩并不代表市场就是无效的。在“当全部可知信息给定时，所有股票的定价是公正的”的假设下，购买某种股票是否取得超额收益的可能性是相等的，较差的投资业绩与较好的投资业绩同时存在。

(2)市场有效性的弱式有效检验：序列相关性

在早期，检测市场有效性即是检测市场是否弱式有效，也即技术分析是否能够带来超额收益。

①序列相关性

辨别股票价格趋势可以通过测度股市收益率的序列相关情况来实现。序列相关是指股票收益和其历史收益相关的趋势。通过对股票短中期价格行为的调查发现在短中期内存在动量效应。

②长期收益

长期(跨越数年)的收益检验发现市场中有显著的负长期序列相关性。这一个结果认为股价会对相关信息反应过度，从而引起短期的正序列相关(动量)，之后纠正过度反应又使得一种负序列相关情况的产生。

(3)市场有效性的半强式检验：市场异象

衡量市场是不是半强有效市场主要看基本面分析能否取得超额收益，即股票历史价格信息以外的公开信息能否用来增加投资收益。在现实中，也会出现很多不符合有效市场的情况，这些现象统称为市场异象。

①市盈率效应

市盈率效应是指低市盈率股票收益率要显著高于高市盈率股票的情形。对这一现象的解释是，很多研究利用 CAPM 模型进行风险调整，但如果这一调整并不适当，即期望收益一样时，高风险的股票会被低价卖出且具有低市盈率。此时它也具有高的期望收益，所以会出现这种市盈率效应。

②小公司的 1 月效应

公司规模效应或小公司效应，是指小公司的平均年度收益率持续性的处于较高水平的现象。还有研究发现小公司效应总出现在 1 月的前两个星期，因此规模效应又称为“小公司的 1 月效应”。

③被忽略的公司效应和流动性效应

小公司规模小，信息较难获取，因此小公司的风险也较高。此时，高期望收益可以看作因信息不对称造成的风险补偿。

④账面 - 市值比

法玛和弗伦奇证明，公司净资产的账面 - 市值比可以作为有效预测股票收益的工具。

⑤盈余公告后的价格漂移

有效市场的一个基本原则为，股价应快速地反映所有新信息。当盈余公告宣布的实际盈利高于市场预期时，股价就会上升，且信息公开后仍会继续增加；反之，则会继续减少。

(4)市场有效性的强式有效性检验：内幕消息

判断市场是否为强有效市场即观察内幕人员能否通过买卖其公司股票而赚取超额利润，若可以则市场不是强式有效市场。

11.2 课后习题详解

一、习题

1. 如果市场是有效的，那么不同时期的股票收益的相关系数将是怎样的？

答：如果市场是有效的，那么在不重叠的两个时期，股票收益的相关系数应为零。如果不是，那么一种股票可以根据另一种股票的收益去预测未来的收益并获得异常收益。

2. 一个成功的公司(像微软)长期获得巨额利润，这与有效市场假说相违背吗？

答：不违背。微软的持续盈利能力并不意味着在微软成功后购买了其股份的投资者能明确获得非常可观的投资回报。

3. “如果所有证券都被公平定价，所有证券都将提供相等的期望收益。”请对这句话进行评价。

答：由于风险溢价不同，不同证券的期望收益率会不同。

4. 稳定增值型行业在其 94 年内从未漏发股息。对投资者的投资组合而言，它是否更具有吸引力？

答：否。股息的价值已经反映在股票价格中，是否准时发放股利不影响股票收益率。

5. 在一个鸡尾酒会上，你的伙伴告诉你在过去的三年里他都在市场上获得了超额收益。假设你相信了他。你对有效市场假设是否产生动摇？

答：不会。即使有些投资者能赚取高于市场平均水平的收益，市场仍是有效的。考虑“幸运事件”：如果忽略交易成本，在任意给定的一年，约 50% 的专业投资者能够“击败”市场。连续三年击败的概率虽小，但也无法忽视。过去几年击败市场并不意味着能够成功地预测未来，因为三年的回报率的样本对于相关性检验来说太小，更不用说因果关系检验。

6. “变动性较强的股票表明市场不知如何进行定价。”请对这句话进行评价。

答：波动的股价可以反映经济状况的潜在波动，因为大量的信息被纳入价格会导致股价的波动。有效市场假说认为，投资者不能获得超额的风险调整后的回报。因此，股票价格的变化反映在预期收益中，因为收益与风险呈正相关。

7. 为什么下列现象被称为有效市场异象？这些效应的理性解释是什么？

a. 市盈率效应

b. 账面－市值比效应

c. 动量效应

d. 小公司效应

答：这些效应似乎意味着股市的可预测性，从而反驳有效市场假说。然而，考虑以下几点：

a. 多项研究表明，随着时间的推移，“价值型”股票（往往由低市盈率度量）能比“成长型”股票（高市盈率）获得更高的收益。由此可以得到一个可以持续获得高收益的策略。然而，另一种合理的观点是传统形式的资本资产定价模型（如夏普模型）没有充分考虑所有影响公司价格水平的风险因素。一家被视为风险较高的公司可能有一个较低的价格，因此市盈率也低。

b. 账面－市值比效应意味着投资者可以通过投资于相对于市值具有高账面价值（公司的资产价值减去负债除以流通在外股数）的公司来赚取超额回报。法玛和弗伦奇的一项研究表明，传统单因子 CAPM 没有考虑账面－市值比所反映的风险因素。例如，面临财务困境的公司可观察到账面－市值比的增加。因此，一个更复杂的资本资产定价模型，应将账面－市值比也作为解释变量，来检验市场异象。

c. 股票价格的动量效应与过去的表现呈正相关或负相关关系。对此的解释包括从众效应或“行为理论”（见第 12 章），即投资者往往对新信息反应不足，从而产生了正的序列相关性。然而，统计显著性并不意味着这一结论具有经济意义。一些研究（如在动量模型中考虑交易成本）发现，动量交易者的业绩往往并不比有效市场假说的买入并持有的策略更优异。

d. 小公司效应，即规模较小的公司比大公司产生更高的回报。自 1926 年以来，小公司的回报率每年超过大型公司股票回报约 1%。那么小盘投资者获得了经风险调整后的超额回报吗？

根据夏普的资本资产定价模型，度量系统性风险的是股票的 β 值（或股票收益对市场收益的敏感性）。如果股票的 β 值是对风险最好的解释，那么小公司效应确实证明了市场的低效率。基于 β 值将市场分割成十分位数，可得到贝塔值和收益正相关。法玛和弗伦奇研究表明，β 和股票回报率之间的实证关系在一个相当长的时期内（1963 年至 1990 年）是平缓的。基于不同规模，将市场分成十分位数，然后检验每种十分位规模的 β 和股票收益之间的关系，从而可得出这种平稳的关系。这意味着，企业规模可能是比 β 更好的度量风险的测度，并且规模效应不应该被看作市场无效率的指标。这是有道理的，规模较小的公司与大公司相比通常风险更大，并且其风险和回报是正相关的。

此外，这种效应似乎是端点和数据敏感的。例如，从 20 世纪 80 年代中期到 90 年代，较小的股票没有跑赢较大的个股。还有，数据库中包含的是来自幸存下来的公司的股票收益，而不是那些破产的公司的。因此，小企业的数据可能会出现生存偏差。

8. 如果价格像下跌一样上升，为什么投资者能从市场上获得平均正收益？

答：从长期来看，基于公平期望收益率，股票价格将会向上攀升。某一天的公平期望收益率很小(例如，12%/年的话，仅只有0.03%/天)，因此，任何一天股票价格的涨跌概率几乎相等。然而，从长期来看，随着每天的收益积累，股价向上的变动可能性要大于向下变动。

9. 下列哪一项与“股票市场是弱有效的”命题相抵触？请给出解释。

a. 超过25%的共同基金优于市场平均水平

b. 内部人员取得超额交易利润

c. 每年1月，股票市场获得异常收益

答：c。如果市场是弱有效的，那么投资者不能根据过去的交易信息获得超额收益，不存在一种获得超额收益的可预期交易模式。

10. 下列哪个市场无效性来源最容易被利用?

a. 由于机构卖出一大股股票致使股票价格下跌

b. 由于交易商被严格限制只能进行短期交易，股票价格被高估

c. 由于投资者对经济中产品的投资多样化，股票价格被高估

答：a。严重的市场低效率是暂时的，并比长期低效率更容易被利用。相比bc两项中提到的长期低效率，由于大量的卖空而造成的股价的暂时性下跌更容易被利用。

11. 假定通过对股票过去价格的分析，投资者得到以下的结论。哪一个与有效市场假说的弱式有效性形式相违背？并给出解释。

a. 平均收益率远远大于0

b. 在给定的一周的收益率与下一周收益率的协方差为0

c. 在股票价格上涨10%之后买进，然后在股票价格下跌10%以后卖出，能够获得超额收益

d. 持有期收益率较低的股票能够取得超过平均水平的资本利得

答：c。这是一个典型的过滤规则，有效市场中不可能存在取得超额收益的交易模式。

12. 根据有效市场假说，下列哪些陈述是正确的?

a. 未来事件能够被精准预测

b. 价格能够反映所有可得到的信息

c. 证券价格由于不可辨别的原因而变化

d. 价格不波动

答：b。这是有效市场假说的定义。

13. 对下列观点进行评论。

a. 如果股票价格服从随机漫步，资本市场就像赌场一样

b. 公司前景好的部分可以被预测。根据这一方面，股票价格不可能服从随机漫步

c. 如果市场是有效的，你也可能根据《华尔街日报》上的股票名单来选择自己的投资组合

答：a. 虽然股票价格遵循随机漫步，且股价变化似乎也符合随机漫步规律，但是在长期，市场风险和资金的时间价值会得到补偿。投资与赌博不同之处在于：在长期，投资者会得到与所承担的风险相应的补偿；而在赌场，玩家将面临不公平的游戏赔率。

b. 在有效市场中，任何可预见的公司未来前景已经反映在股票的当前价值中。因此，股票的股价仍然遵循随机漫步。

c. 理性的投资组合管理的作用在于确保一个足够分散化的投资组合，来评估投资者的风险承受力和考虑税收问题。

14. 如果市场是半强式有效市场，下列哪种方式是能赚取异常高交易利润的合理方式？

a. 买进低市盈率的股票

b. 买进高于近期平均价格变化的股票

c. 买进低于近期平均价格变化的股票

d. 买进管理团队有着先进知识的股票

答：d。在半强式有效市场中，投资者不可能利用公开可获得信息获得异常收益。市盈率和近期价格变化属于公开的信息。另一方面，具有先进的管理知识的投资者，可以获得异常高的交易利润(除非市场是强式有效的)。

15. 假设你发现在分红之前股票价格上涨，并获得持续的正异常收益。这是否违背了有效市场假说？

答：市场有效意味着投资者无法获得经风险调整后的超额利润。如果股票价格上涨时，只有内部人士知道未来的股息增长，那么它违反了强式有效。如果公众也知道价格的上涨，那么这违反了半强式有效。

16. 如果经济周期可以预测，股票的 β 为正，那么股票的收益率也可以被预测。请对其做出评论。

答：即使正贝塔值的股票能够反映出关于经济发展的可喜的新信息，这也不能表明在已经预期到的事件上存在异常收益。例如，如果经济复苏已经被预期到，则实际复苏不再是新信息。股票价格应该已经反映了即将到来的经济复苏。

17. 下列哪些现象支持或违背了有效市场假说？并简要解释。

a. 在某一年，有将近一半的由专家管理的共同基金表现优于标准普尔 500 指数

b. 投资经理在某一年有超过市场平均水平的业绩(在风险调整的基础上)，很可能在紧接着下一年其业绩又超过市场平均水平

c. 1 月股票价格波动比其他月份更加反复无常

d. 在 1 月份公布收益要增加的公司的股票，其价格在 2 月超过市场平均收益水平

e. 在某一周表现良好的股票，在紧接着下一周将表现不佳

答：a. 支持。基于纯粹的运气，在任何一年里，管理者中都应该有一半能击败市场。

b. 不支持。这是"轻松得钱"规则的基础：只需交予去年最好的管理者去投资。

c. 支持。相比可预测的收益，可预测的波动性并不意味着可以获取超额收益。

d. 不支持。如果市场是有效的，异常收益应该发生在一月公布盈利时。

e. 不支持。反向操作提供了一种"轻松得钱"的手段：只需买上周表现不佳的股票。

18. 以往月份福特汽车公司股票收益率的指数模型回归分析有以下结论，这一估计在长期内固定不变：

$$r_F = 0.10\% + 1.1 r_M$$

如果市场指数上涨了 8%，而福特汽车公司股票价格上涨了 7%，福特汽车公司股票价格的异常变化是多少？

答：市场收益率为 8%，因此福特每月预期收益率为：

$$0.10\% + (1.1 \times 8\%) = 8.9\%$$

福特公司的实际收益率为 7%，故异常收益为 −1.9%。

19. 国库券的月收益率为 1%，该月市场上升 1.5%。此外，AmbChaser 公司的 β 值为 2，在过去一周令人吃惊地赢得了诉讼案件，并立刻获得了 100 万美元的回报。

a. 如果 AmbChaser 公司的原始价值为 1 亿美元，那么该股票在本月的收益率为多少？

b. 如果 AmbChaser 公司获得 200 万美元的回报，那么 a 问的答案会是多少？

答：a. 基于广泛的市场趋势，根据资本资产定价模型，AmbChaser 股票应增长：1.0% + 2.0×(1.5% −1.0%) =2.0%。因为诉讼带来了 100 万美元回报，初始价值 1 亿美元，因而公司特有(非系统)收益为 1%。因此，总收益为 2% +1% =3%。(假设诉讼收入期望现值为 0)。

b. 如果市场预测该诉讼赢得 200 万美元，而事实上有“100 万美元令人失望”，所以公司特定收益将为 −1%，总收益为 2% −1% =1%。

20. 在最近的一场官司中，Apex 公司控告 Bpex 公司侵犯了它的专利权。陪审团今天做出裁决。Apex 公司的收益率 =3.1%，Bpex 公司的收益率 =2.5%。市场今天对有关失业率的消息做出反应，市场收益率 =3%。从线性回归模型的估计得出这两只股票的收益率与市场投资组合的关系如下：

Apex 公司：$r_A = 0.2\% + 1.4 r_M$

Bpex 公司：$r_B = -0.1\% + 0.6 r_M$

基于这些数据，投资者认为哪家公司赢得了这场官司？

答：根据市场表现，两种股票预期的收益为：

Apex：0.2% +(1.4×3%) =4.4%

Bpex：−0.1% +(0.6×3%) =1.7%

Apex 公司表现低于预期，Bpex 公司表现超出预期。故投资者认为 Bpex 公司赢得了这场官司。

21. 投资者预测下一年的市场收益率为 12%，国库券收益率为 4%。CFI 公司股票的 β 值为 0.5，在外流通股的市价总值为 1 亿美元。

a. 假定该股票被合理定价，投资者估计期望收益率为多少？

b. 如果下一年的市场收益率的确为 10%，投资者估计股票的收益率会为多少？

c. 假定该公司在这一年里赢得了一场官司，判给它 500 万美元，公司在这一年的收益率为 10%。投资者原先预期的市场获得了怎样的结果？(继续假定一年中的市场收益率为 10%)官司的规模是唯一不确定的因素。

答：a. 已知 $E(r_M) = 12\%$，$r_f = 4\%$，$\beta = 0.5$，则期望收益率为：4% +0.5×(12% − 4%) =8%。若股票是合理定价的，则 $E(r) = 8\%$。

b. 因为市场收益低于期望值 2%，则 CFI 公司的收益会低于期望值：$\beta \times 2\% = 1\%$。因此，对 CFI 公司的收益率修正后的期望为：8% −1% =7%。

c. 市场收益率为 10%，CFI 公司的预期收益率为 7%，实际的收益率为 10%。因此，由于企业特定因素而导致的意外变动为 10% −7% =3%，这部分变化可以归结为市场对公司诉讼收入的预期错误的纠正。因为企业最初价值为 1 亿美元，官司解决的意外增值应为 1 亿美元的 3%，也就是 300 万美元，表明原来对官司解决的预期收益为 200 万美元。

22. 平均美元成本意味着你在每一期都买一个股票相等美元的数量，如每个月 500 美元。这种策略的基本思路是：在股价比较低的月份，你可以买进更多的股数，高的时候则买的少。平均来看，在末期当股价便宜时你将买到更多的股数，股价贵的时候买入的少。因此你可以通过设计来展示最佳的购买时间。请评估这一策略。

答：平均美元成本策略暗示了股票价格围绕正常水平波动。否则诸如“何时价格高”的说法是没有意义的。

23. 我们知道市场会对好消息以及好消息事件做出积极的回应，如根据某些精准的预测得到经济衰退的结束。那么为什么我们不能预测出当经济恢复时市场将会上升？

答：市场会对新的消息产生积极的回应。如果最终的经济复苏可预计，那么复苏就已经反映在股票价格中了。只有超过预期的复苏会影响股票价格。

24. 假设 XYZ 公司运行较差。在 10∶1 的好坏比率上，它的得分为 3。市场评估的一致结论只有 2。你会买卖该只股票吗？

答：买入。投资者对公司的预期好于整个市场，因此投资者认为市场低估了该股票。

25. 假设某一周美联储公布了一项新的货币增长政策，国会通过了法律来限制外国汽车的进口，然后福特公司新推出一款汽车，并认为能从实质上增加公司的利润。那么关于市场对福特新车型的评估，投资者应该怎样评价？

答：假设福特公司收益受两种系统性因素的影响：整个市场和汽车行业。如果设定 r_{IND} 为行业收益，r_M 为市场收益，则首先利用如下回归方程估计回归参数 α、β_M 和 β_{IND}：

$$r_{FORD} = \alpha + \beta_M r_M + \beta_{IND} r_{IND} + \varepsilon$$

根据这些参数，可以计算福特的公司特有收益为：

$$r_{FORD} - [\alpha + \beta_M r_M + \beta_{IND} r_{IND} + \varepsilon]$$

企业特有信息的估计值将度量出市场对福特公司新汽车模型的潜在获利能力的评估。

26. 好消息公司刚刚宣布了它的年收益的增加，而股票价格有所下跌。你能给出这一现象的理性解释吗？

答：市场可能预期到了更高的收益。与原来的预期相比，公布的消息是令人失望的。

27. 很少交易的小公司股票倾向于拥有正的资本资产定价模型 α。这是否违背了有效市场假说？

答：对于很少交易的小公司股票来说，对它们所代表的公司进行的市场调研不多。被忽略公司效应意味着相对较小的公司有较大的不确定性。因此在很少交易的小公司股票中的正的资本资产模型 α 并不违背有效市场假说，因为这些高 α 值实际上是风险溢价，并不能证明市场的低效率。

28. 考察图 11－1，该图表示内幕人员买卖公司股票的日期前后获得累计超额收益。投资者应该怎样解释这一图形？怎样得到此类事件发生前后的累计异常收益？

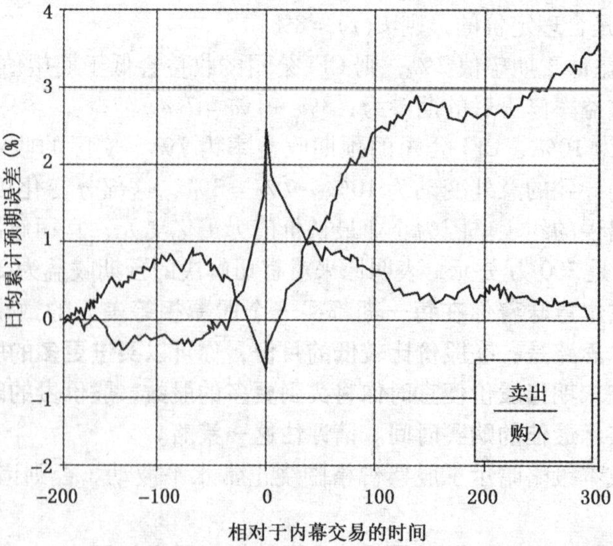

图 11－1

答：负的超常收益(CAR 的下滑)发生在股票购买之前，表明内部人员推迟其股票购买直到坏消息公之于众。这证明了内部信息是有价值的。正的超额收益产生在股票购买之后，表明内幕人员在预期到好的消息时买入。对内幕人员抛售的分析是与上面的分析对称的。

29. 假设经济随着商业周期变动，风险溢价同样变化。例如，当处在萧条时期，人们更关注他们的工作，风险承受能力自然会降低，风险溢价会上升。在经济繁荣时期，风险承受能力上升，风险溢价降低。

a. 这里所描述的风险溢价预测的改变是否与有效市场假说相违背?

b. 上升或者下降的风险溢价怎样使股票价格出现"过度反应"，先极度变化然后再恢复正常?

答：a. 市场风险溢价与商业周期既定阶段发展方向相反，在经济衰退中达到峰值。对有效市场假说的违背意味着投资者可以利用这种可预测性获得风险调整后的超额回报。然而，一些研究表明，迄今为止还没有专业投资者成功地及时捕捉到股价的变化。另外，变化的风险溢价意味着股票必要收益率的改变，而不是市场的无效率。

b. 由于市场风险溢价在经济衰退时期增加了，股票价格趋于下跌。随着经济的复苏，市场风险溢价下降，股票价格上升。这些变化可能给投资者带来市场反应过度的印象，尤其是在市场风险溢价的潜在变化很小却又逐步累积的情况下。例如，"1987 十月崩溃"通常被看作是市场过度反应的一个例子。然而，到十月中旬的几周内，市场风险溢价发生了潜在的变化(除了美国长期国债的收益率的变化)。国会用"并购税"威胁投资者，这种税将限制蓬勃发展的并购行业并且降低并购对公司管理层造成的威胁。此外，美元的进一步贬值使外国投资者陷入恐慌。这些事件看似"反应过度"，其实可能已经增加了市场风险溢价，降低了股票价格。

二、CFA 考题

1. 半强有效市场假说认为股票价格________。

a. 反映了以往全部价格信息

b. 反映了全部公开可得到的信息

c. 反映了包括内幕消息在内的全部相关信息

d. 是可预测的

答：b。半强有效市场表明市场价格反映全部的公开可得信息，包括关于过往交易和基本面的信息，但不包括内幕信息。

2. 假定某公司宣布给持股人发放未预测的大量现金分红。在一个有效市场中，假设没有信息泄露，我们可以预测：________。

a. 在宣布时异常价格变动

b. 在宣布前异常价格增加

c. 在宣布后异常价格降低

d. 在宣布前后没有异常价格变动

答：a。在有效市场上，价格应反映所有的信息。当发放红利的信息公开时会有大幅的价格调整。

3. 下列哪一个为半强式有效市场理论提出了反对观点?

a. 将近一半的退休金基金表现高于市场平均水平

b. 所有投资者学会搜寻有关未来表现的信息

c. 在确定股票价格方面交易分析是无用的

d. 低市盈率股票在长期内倾向于获得正异常收益

答：d。如果市盈率低的股票倾向于具有正的异常收益，表明存在一个未发掘的获利机会，也证明投资者没有充分利用所有可得信息去投资获利。

4. 根据有效市场假说理论：________。

a. 高 β 股票经常被高估

b. 低 β 股票经常被高估

c. 正 α 股票很快会消失

d. 负 α 股票对套利者来说经常获得较低收益

答：c。在有效市场中，证券价格反映了所有可获得的信息，即正确地反映了投资者的预期。即使某些证券在一段时期后出现正阿尔法值和负阿尔法值，这些超常收益也会很快消失。

5. 下列哪种情况发生时会出现“随机漫步”？

a. 股票价格随机变化但可以预测

b. 股票价格对新旧信息均反应迟缓

c. 未来价格变化与以往价格变化无关

d. 以往信息对预测未来价格是有用的

答：c。随机漫步意味着股票价格是不可预测的，不论是用过去的价格变动还是任何其他的数据资料。

6. 技术分析的两个基本假定是证券价格能够：________。

a. 根据新的信息逐步做出调整，研究经济环境能够预测未来市场的走向

b. 根据新的信息迅速做出调整，研究经济环境能够预测未来市场的走向

c. 根据新的信息迅速做出调整，市场价格由供求关系决定

d. 根据新的信息逐步做出调整，市场价格由供求关系决定

答：d。证券基本价值的逐步调整，会使利用基于过去价格变动的策略获取超常利润。

7. 技术分析表示一只股票“相对强势”，这意味着：________。

a. 股票价格与市场或产业指数比例倾向于上升

b. 近期股票的交易量超过了正常的股票交易量

c. 股票的总收益超过了国库券总收益

d. 股票近期表现超过了过去表现

答：a。技术分析中的相对强弱法就是用一段时间的股票业绩和同行业的市场或其股票的业绩作比较。如果比率上升，就是“相对强势”。

8. 你的投资客户向你咨询关于投资组合管理的信息。他特别热衷于积极基金管理人是否可以在资本市场上持续地找到市场失效，从而创造出高于平均水平的利润又无须承担更高的风险。

有效市场假说中的半强式有效认为所有公共可得的信息都会迅速而且准确地在证券价格上反映出来。这表明投资者在信息公布出来之后不可能从购买证券中获得超额利润，因为证券价格已经完全反映了信息的全部效应。

a. 试找出两个现实中的例子以支持上述有效市场假说并给出说明。

b. 试找出两个现实中的例子以驳斥上述有效市场假说并给出说明。

c. 试论述投资者在半强式有效市场上仍然不能进行指数化投资的原因。

答：a. 一些支持有效市场理论的实证论据是：

i. 专业的资金管理者并不能明显获得比消极指数策略更高的收益；

ii. 经验研究表明股票会对相关信息迅速做出反应；

iii. 很多对技术分析的检验发现很难确定的价格变动趋势，而明确价格变动趋势可以发掘出获得风险调整后的超额投资收益的机会。

b. 一些股票能获得超额收益，这与有效市场相矛盾。能提供超额收益的资产组合的例子有：

i. 低市盈率的股票；

ii. 高账面/市值比的股票；

iii. 小企业一月效应；

iv. 在过去几个月股价都表现很差的企业。

其他证据包括，在盈利宣布后股票价格的漂移和中期价格的变动。

c. 即使市场是有效的，投资者也可能不投资于指数，因为他可能想设计一种适合特定的税收考虑或特定的风险管理的资产组合，例如，轧平（或至少不增加）对某一风险来源的暴露（如行业暴露）的需要等。

9. a. 简要说明有效市场假说的概念以及三种形式——弱式、半强式与强式，试论述现实中不同程度上支持三种形式的有效市场假说的例子。

b. 简述有效市场假说对投资策略的影响。

i. 用图表进行技术分析；

ii. 基本面分析。

c. 简要说明投资组合经理在有效市场环境中的责任与作用。

答：a. 有效市场假说认为，如果证券价格能够即时、充分反映全部可得相关信息，那么该市场即为有效市场。如果市场能充分反映信息，由于股票价格已经包含了这些信息，那么任何投资者将无法因为该信息而获利。

i. 弱式有效市场假说认为，股票价格能够反映所能获得的所有信息，其信息通过市场监测获得，主要是历史交易数据，诸如过去价格和交易量等。在美国的主要证券市场上，有一组强有力的实证支持弱式有效市场假设。例如，检验结果表明交易技术准则在扣除交易成本和税收之后，并不能产生更高的收益。

ii. 半强式有效市场认为，公司的股票价格反映所有关于公司前景的公开可得信息，比如，公司年度报告和投资咨询数据。实证显著支撑半强式有效市场观点，但是也有个别研究（有些市场异象，比如一月份小公司现象、账面－市值现象）和事件（例如1987年10月19日的股票市场暴跌）违背这种有效市场。然而，这些市场异象在多大程度上是由数据挖掘造成的仍然存在争议。

iii. 强式有效市场假说认为，当前市场价格反映与公司价值相关的所有信息（不论是公开可得的还是私人持有的）。经验证据表明，强式有效市场假说不成立。如果这一假说成立，那么价格将反映所有信息。即使内部人员也无法赚取超额收益。但是事实证明，在信息公布之前，公司内部人员的确有渠道获取直接相关信息，使其能够利用此信息在证券交易中获利。

b. i. 技术分析通过对股票价格的周期性和预期性进行研究，以提高收益。有效市场假说表明技术分析没有价值。如果过去价格不包含对将来价格有意义的信息，那么遵循技术型交易原则也就毫无意义。

ii. 基本面分析通过利用公司净利润、预期股利、预期未来利率和公司的预期风险价值来决定合理的股票价格。有效市场假说认为所有的基础分析都将注定失败。根据半强式有效市场假说，没有一个投资者能通过基于公开信息的交易原则获取超额收益——除非分析者具有非凡的远见。

总之，有效市场假说认为，市场能迅速地对有关个股和经济整体的信息做出调整，以至于不管是使用技术分析还是使用基本面分析，都不可能持续地超越仅仅只是买入并持有一组充分分散化的证券组合的简单投资策略。

c. 即使在完全有效的市场上，投资组合经理也有一定的作用和责任。最重要的职责是在既定的投资者限制下确定风险－收益目标。在有效市场中，投资组合经理负责调整投资组合来满足投资者的需求，而不是要超越市场的资产组合，这就要求确定客户的要求收益和风险承受能力。理性的投资组合经理还要考察投资者的限制条件，包括流动性，时间跨度，法律法规，税收和独特的喜好以及年龄与就业情况等。

10. 成长型与价值型可以用很多方式来定义。“成长型”通常是指侧重于或包含确信在未来具有高于平均每股收益率增长率的股票的投资组合。较低的当前收益、较高价格－账面市值比和高价格－盈利比是这些公司的特征。“价值型”通常是指侧重于或包含当期具有较低的价格－账面比、低价格－盈利比、高于平均水平的股息收益和市场价格低于公司的内在价值的股票的资产组合。

a. 试找出说明在一段相当长的时间内，价值型股票投资业绩可能超过增长型股票投资业绩的理由。

b. 解释为什么 a 中出现的结果在一个被普遍认为高度有效的市场上是不可能出现的。

答：a. 成长型股票的收益(和股利)增长率可能会持续地被投资者高估。投资者可能对将来的预期过高，从而忽视了不可避免的下跌情况。在任何一段给定的时间，成长股都有可能会回到(较低的)平均收益，而价值型股票有可能恢复到(较高的)平均收益。通常是在未来很长的一段时间里完成这一过程。

b. 在有效市场上，股票现在的价格已经反映了所有已知的相关信息。在这种情况下，成长型股票和价值型股票将会提供相同的风险调整后的期望收益率。

第12章　行为金融与技术分析

12.1　复习笔记

1. 来自行为学派的批评

(1)行为金融学的立足点

①非理性行为。行为金融学认为投资者在个人决策过程中存在一些非理性行为，而正是非理性行为导致了金融市场出现诸多异象。非理性行为可以分为两类：

a. 投资者往往无法正确处理信息，以至于无法预测未来收益率的可能情况；

b. 投资者往往作出前后矛盾或者并非最优的决策。

②金融市场中套利行为存在限制。假如套利活动受到限制，那么无套利的市场也不一定就是有效的。

(2)非理性行为

①信息处理

投资者作出不正确的信息处理，以至于对未来收益率的概率分布的估计出现错误，最常见的四个偏差类型有：

a. 预测错误。投资者在进行预测时通常会过于依赖最近经验而非先验知识(又称记忆偏差)，以至于在信息缺乏准确性时作出极端预测。

b. 过度自信。投资者通常会高估自己的能力。

c. 保守主义。保守主义偏差指投资者对市场中的事件反应过慢(太保守)。

d. 忽视样本规模和代表性。代表性偏差意味着投资者忽略了样本的规模，推理时将一个小样本视为一个大的样本，即将小样本作为一个总体的代表并据此预测未来。

②行为偏差

投资者即使作出了正确的信息处理，在利用信息做决策时也不是完全理性的。行为偏差在很大程度上影响投资者如何处理风险－报酬问题，并影响其在二者之间做出权衡。

a. 框定偏差：投资者的决策会受他们对风险－报酬的偏好的影响。

b. 心理账户：框定偏差的一种具体形式，投资者会划分多种不同类型心理账户对应不同的投资决策。

c. 后悔规避：投资者在一反常态进行决策并出现损失时会更加后悔。后悔规避和规模效应以及净市率效应相同。

d. 前景理论：前景理论的效用函数认为，投资者在面临损失时，更偏好风险而非厌恶风险。

(3)套利限制

行为学派认为，实际中存在一些因素会导致人们无法从错误定价的股票中获取收益。

①基本面风险

购买定价低的股票不是无风险的。在利用明显的套利机会时所引起的风险将限制套利者的活动和效果。

②执行成本

从定价过高的股票中获利十分困难。

a. 卖空股票要负担一定成本。

b. 卖空期限存在不确定性。

c. 退休基金以及共同基金经理等的投资者无法卖空。

③模型风险

估计模型并不是一定准确的，投资者在使用模型时可能得到错误的估价，但实际上的股票价格可能是正确的。

(4)套利限制和一价定律

理性市场一定满足一价定律(相同的资产具有相同的价格)。但是现实中存在一些违反一价定律的事例：①“连体双婴”公司；②股权分拆上市；③封闭式基金。

(5)泡沫与行为经济学

互联网泡沫的发展过程似乎正好验证了行为经济学的观点。互联网越是繁荣，投资者越容易过度自信，以至于认为短期的表现能代表长期的表现，进而导致这种繁荣愈演愈烈。虽然在泡沫大到一定程度时能够轻松辨认出来，但在增长过程中难以辨认这种繁荣是否为非理性的。

2. 技术分析与行为金融

(1)趋势与修正

①动量和移动平均

移动平均可以用于判断价格的变动方向。股票指数的移动平均为某一特定时期内指数的平均水平。每天计算新的移动平均时，要去掉旧的而加入新的指数值。

股价持续下降时，价格线在移动平均线之下；股价持续上涨时，价格线在移动平均线之上。

当股价向上穿破移动平均线时，表明股价将由下跌趋势变为上涨趋势；当股价向下穿破移动平均线时，则表明股价将由上涨趋势变为下跌趋势。

②相对强势

相对强势衡量了一种证券相对于整个市场或某一行业的表现状况。相对强势用证券价格和市场指数价格的比值表示。

③宽度

市场的宽度反映市场指数的波动程度。宽度通常是用价格上涨的股票数量与下跌的股票数量的差额表示。

(2)情绪指标

①Trin 统计量

Trin 统计量为价格下跌股票的平均成交量和上涨股票的平均成交量的比值。其计算公式为：

$$\text{Trin}=\frac{\text{下跌股票的成交量/下跌的股票数}}{\text{上涨股票的成交量/上涨的股票数}}$$

通常认为 Trin 统计量大于 1 的市场是熊市。Trin 统计量大于 1 意味着下跌股票的成交量高于上涨的股票，即存在净卖压。

②信心指数

信心指数为十家评级高和十家评级中等的公司债券的平均收益率的比值。高信心指数被认为是牛市信号。

③看跌/看涨期权比率

看跌/看涨期权比率是指未平仓的看跌期权与看涨期权之比。

12.2 课后习题详解

一、习题

1. 试解释如何利用本章介绍的行为偏差促使技术交易规则的成功?

答: 技术分析通常可以看作是对市场价格的趋势或模式的搜索。技术分析师将这些趋势看作动量，或逐步向"正确"价格的调整，又或者趋势的逆转。一些在本章讨论的行为偏差可能导致了这样的趋势和模式。例如，保守主义偏差可能会把价格变动归于一个趋势，投资者把新信息纳入考虑中，导致价格逐步调整到其基本面价值。另一个例子来自代表性，这导致投资者不恰当地认为在小样本数据的基础上已经建立的模式将会很好地延续到未来。当投资者随后意识到价格反应过度时，修正就会扭转最初的错误倾向。

2. 为什么有效市场假说的倡导者认为即使许多投资者存在行为偏差，证券价格仍可能是有效的?

答: 即使许多投资者表现出行为偏差，如果套利行为将价格推向其内在价值，证券的价格仍然可能是有效的。套利者在观察到证券市场的错误定价后，会买入被低估的证券(或可能卖出被高估的证券)，从而在预期到的价格转移中盈利。因此，证券的价格仍然会表现出有效市场的特征。

3. 列举可能限制理性投资者利用非理性投资者导致的错误定价的因素。

答: 限制理性投资者利用其他投资者行为导致的错误定价来获利的能力的一个主要的因素是错误会随时间不断恶化。这一基本面风险的一个例子是，20 世纪 90 年代末纳斯达克指数持续明显的溢价。一个相关的因素是固有成本和卖空的相关限制，它限制了套利能使被高估的证券(或指数)回归其公允价值的程度。理性的投资者必须要注意由模型风险导致的错误定价，即观察到的错误定价可能是因为投资者使用了错误的模型来评估证券。

4. 即使行为偏差不影响资产的均衡价格，投资者还是需要关注行为偏差，为什么?

答: 行为偏差可能不会影响均衡资产价格的原因有两个：第一，在价格向其内在价值逐步调整的过程中，行为偏差可能有助于技术交易规则的实现；第二，套利者的行为可能会使证券价格趋向它们的内在价值。对投资者来说意识到这些偏差是很重要的，因为这些现象中的任何一个都有可能带来潜在的超额利润，即使行为偏差不影响均衡价格。

此外，即使偏差不影响均衡价格，投资者也应该意识到他的个人行为偏差，以避免这些信息的处理误差(如过度自信或代表性偏差)。

5. 行为金融学派和有效市场学派一致认为指数投资策略对大多数投资者来说是最优的，但理由各有不同，将其进行对比。

答: 有效市场的倡导者认为，在任何时间点上，公开的信息(对于强式有效市场的倡导者来说，甚至包括内幕信息)都体现在证券价格上，并且价格会很快地对新信息作出调整。因此，价格是合理的，积极型管理的业绩不太可能超过充分分散化的指数组合。与之相对地，行为金融学的倡导者发现了一些投资者在处理信息和制定决策上可能会犯的导致证券定价的错误。然而，行为金融学文献一般不指导如何利用这些投资者的错误来获得超额利润。

因此，在没有任何有利可图的替代品的情况下，即使证券市场是没有效率的，最优策略可能仍然是一个消极的指数策略。

6. 吉尔·戴维斯不想以低于其买价的价格出售其股票，她认为只要持有股票的时间长一点，股价就会回升，到时再出售。戴维斯在做决定时表现出了什么行为特点？

a. 损失规避

b. 保守主义

c. 代表性

答：a。戴维斯利用损失规避来作为她制定决策的基础。她持有低于买价的股票，认为股价会回升。她拒绝接受损失。

7. 柏莉·莎朗售出股票后，不会继续关注媒体报道来追踪该股票，她担心随后股票的价格会上升。莎朗表现出了什么行为特点？

a. 后悔规避

b. 代表性

c. 心理账户

答：a。莎朗拒绝追踪她所卖的股票是因为她不想在看到股价上升时感到后悔。这种被用来作为制定决策的基础的行为特点是后悔规避。

8. 下列选项与后悔规避不一致的是______。

a. 尽快售出亏损股票

b. 雇佣一位全面服务经纪人

c. 较长持有亏损股票

答：a。投资者通过持有表现不佳的股票以试图避免后悔，抱着该种股票会回升的希望。如果股票回升到其初始的购买价格，股票可以被毫无遗憾地卖掉。投资者也试图通过雇佣一位全面服务的经纪人去规避后悔。

9. 将表 12－1 右列的行为特点与左列的例子相匹配。

表 12－1

例子	行为特点
a. 当出现新证据时，投资者更新其理念的速度较慢	i. 处置效应
b. 投资者不太愿意承受由非传统的投资策略带来的损失	ii. 代表性偏差
c. 与其他股票账户相比，投资者对退休账户风险容忍度较低	iii. 后悔规避
d. 投资者不太愿意出售账面亏损的股票	iv. 保守主义
e. 投资者依据股票的过去表现对未来走势进行判断时，不考虑样本规模	v. 心理账户

答：a. iv

b. iii

c. v

d. i

e. ii

10. 基本面风险是指什么，为什么它会导致行为偏差继续存在？

答：即使是在错误定价的情况下，仍然存在潜在风险。这种风险即为基本面风险。市场错误定价可能在好转之前变得更糟。其他不利的影响可能会在价格自身修正之前出现（如因配合不默契导致的客户流失或对错误定价机会的偏好）。

11. 数据挖掘是指什么，为什么技术分析员要小心避免这种行为？

答：数据挖掘是从数据中找到某种模式的过程。技术分析师必须小心，不要将从事数据挖掘看得过于重要，以至于去寻找辨别一些根本不存在的模式。技术分析师必须避免为支持一种理论而挖掘数据，而是应该用数据去检验一个理论。

12. 即使价格服从随机漫步，也有可能不是信息有效的。解释为什么这句话是正确的以及为什么其对资本有效配置非常重要？

答：即使价格遵循随机漫步，套利限制和非理性投资者的存在都可能会导致持久性错误定价的存在。这意味着资本没有被有效地配置，即资本未能立即从生产效率低的企业流向生产效率高的企业。

13. 使用教材图 12－5 的数据证实纽约证券交易所的 Trin 统计量，其是牛市信号还是熊市信号？

答：$\text{Trin}=\dfrac{\text{下跌股票的成交量/下跌的股票数}}{\text{上涨股票的成交量/上涨的股票数}}=\dfrac{1058313/1553}{852581/1455}=1.16$。

Trin 统计量大于 1，因此被看作是熊市信号。

14. 使用教材图 12－5 的数据计算纽约证券交易所的市场宽度，其是牛市信号还是熊市信号？

答：宽度为：

上涨	下跌	净上涨
1455	1553	－98

宽度是负值，为熊市信号。（实际上没有人会用一天的数据来度量。）

15. 搜集几个月的道琼斯平均工业指数，辨别出其基本趋势，并判断市场是处于上升状态还是下跌状态。

答：答案不唯一。

16. 假设评级为 Baa 债券的收益率为 6%，评级为 Aa 债券的收益率为 5%。由于通货膨胀的影响，两者的收益率都会增加 1%，这会导致信心指数如何变化？技术分析员会将其视为牛市信号还是熊市信号？你又是如何认为的？

答：信心指数从 0.833（＝5%/6%）增加到 0.857（＝6%/7%）。技术分析员会将这一略高的信心视为牛市信号。但是信心指数上升的真正原因来自对通货膨胀率上升的预期，而不是投资者对经济前景更有信心了。

17. 表 12－2 列出了电脑公司的股价和电脑行业指数，电脑公司是否显示出了相对强势？

答：期初，电脑公司的价格除以行业指数为 0.39；期末，这一比率提高到 0.50。随着这一期间该比率的上升，电脑公司在该行业表现优于其他公司。因此，虽然期间存在一定的波动，如在第 19 天的比例下降到最低点 0.33，但电脑公司整体的趋势表现得相对强势。

表 12－2　电脑公司历史股票价格

			今年		去年
	高评级公司债的收益率		8%		8.5%
	中评级公司债的收益率		10.5%		10%
交易日	电脑公司	行业指数	交易日	电脑公司	行业指数
1	19.63	50.0	21	19.63	54.1
2	20	50.1	22	21.50	54.0
3	20.50	50.5	23	22	53.9
4	22	50.4	24	23.13	53.7
5	21.13	51.0	25	24	54.8
6	22	50.7	26	25.25	54.5
7	21.88	50.5	27	26.25	54.6
8	22.50	51.1	28	27	54.1
9	23.13	51.5	29	27.50	54.2
10	23.88	51.7	30	28	54.8
11	24.50	51.4	31	28.50	54.2
12	23.25	51.7	32	28	54.8
13	22.13	52.2	33	27.50	54.9
14	22	52.0	34	29	55.2
15	20.63	53.1	35	29.25	55.7
16	20.25	53.5	36	29.50	56.1
17	19.75	53.9	37	30	56.7
18	18.75	53.6	38	28.50	56.7
19	17.50	52.9	39	27.75	56.5
20	19	53.4	40	28	56.1

18. 用表 12－2 的数据计算电脑公司的 5 天移动平均，由此你能判断出买入或卖出信号吗？

答：5 天移动平均为：

1～5 日＝(19.63＋20＋20.5＋22＋21.13)/5＝20.65

2～6 日＝21.13

3～7 日＝21.50

4～8 日＝21.90

5～9 日＝22.13

6～10 日＝22.68

7～11 日＝23.18

8～12 日＝23.45←卖出信号(第 12 天价格＜移动平均值)

9～13 日＝23.38

10～14 日＝23.15

11～15 日＝22.50

12 ~ 16 日 = 21.65

13 ~ 17 日 = 20.95

14 ~ 18 日 = 20.28

15 ~ 19 日 = 19.38

16 ~ 20 日 = 19.05

17 ~ 21 日 = 18.93←买入信号（第 21 天价格 > 移动平均值）

18 ~ 22 日 = 19.28

19 ~ 23 日 = 19.93

20 ~ 24 日 = 21.05

21 ~ 25 日 = 22.05

22 ~ 26 日 = 23.18

23 ~ 27 日 = 24.13

24 ~ 28 日 = 25.13

25 ~ 29 日 = 26.00

26 ~ 30 日 = 26.80

27 ~ 31 日 = 27.45

28 ~ 32 日 = 27.80

29 ~ 33 日 = 27.90←卖出信号（第 33 天价格 < 移动平均值）

30 ~ 34 日 = 28.20

31 ~ 35 日 = 28.45

32 ~ 36 日 = 28.65

33 ~ 37 日 = 29.05

34 ~ 38 日 = 29.25

35 ~ 39 日 = 29.00

36 ~ 40 日 = 28.75

19. 假设昨天道琼斯工业指数上升了 54 点，有 1704 只价格下跌的股票，1367 只价格上涨的股票。为什么即使指数上升了，技术分析员还是会担心市场走势？

答： 这种模式表现涨跌幅度很小。尽管指数上升，然而下跌的股票数多于上涨的股票数，这表明指数的上升"缺乏基本面支持"。

20. 表 12 – 3 列出了价格上涨和下跌的股票数量，计算累计宽度并判断其是牛市信号还是熊市信号。

表 12 – 3　市场上涨和下跌数据

交易日	上涨	下跌	交易日	上涨	下跌
1	906	704	6	970	702
2	653	986	7	1002	609
3	721	789	8	903	722
4	503	968	9	850	748
5	497	1095	10	766	766

答：

交易日	上涨	下跌	净上涨	累计宽度
1	906	704	202	202
2	653	986	-333	-131
3	721	789	-68	-199
4	503	968	-465	-664
5	497	1095	-598	-1262
6	970	702	268	-994
7	1002	609	393	-601
8	903	722	181	-420
9	850	748	102	-318
10	766	766	0	-318

累计宽度为负，这是熊市信号。然而，累计幅度的绝对值在减小，这表明市场趋于回暖，或许熊市最坏的时候已经过去了。

21. 如果在第 20 题中，第一天价格上涨股票的成交量是 330000000 股，价格下跌股票的成交量是 240000000 股，这一天的 Trin 统计量为多少？其是牛市信号还是熊市信号？

答： $\text{Trin}=\dfrac{\text{下跌股票的成交量/下跌的股票数}}{\text{上涨股票的成交量/上涨的股票数}}=\dfrac{240/704}{330/906}=0.936$。

这表明市场正处于微弱的牛市状态，因为平均上涨股票交易量只是稍大于平均下跌股票交易量。

22. 给定表 12-2 的数据，信心指数是上升还是下降？如何解释债券收益率的变化？

答： 信心指数 = 高评级公司债券的收益率/中评级公司债券的收益率。

今年：信心指数 = 8%/10.5% = 0.762；

去年：信心指数 = 8.5%/10% = 0.850。

因此，信心指数逐年下降。

23. 登录 www.mhhe.com/bkm 并点击第 12 章的链接，找出标准普尔 500 指数 5 年的周收益率：

a. 制表并计算该指数的 26 周移动平均，假设指数的初始值为 100，每周指数等于上一周指数乘以(1 + 上周收益率)。

b. 标出所有指数与移动平均的交叉点，并判断交叉点之后有多少周指数上涨，有多少周下跌？

c. 标出所有指数从上下穿移动平均的点，并判断下穿之后有多少周指数上涨，有多少周指数下跌？

d. 利用移动平均规则辨别买卖机会的效果如何？

答： 为了建立标准普尔 500 指数的 26 周移动平均线，首先要将周收益率转化成周指数值，并将样本期间第一周前一周指数值设为 100。

a. 下图总结了26周移动平均线的数据。该图还显示了S&P 500指数的值。

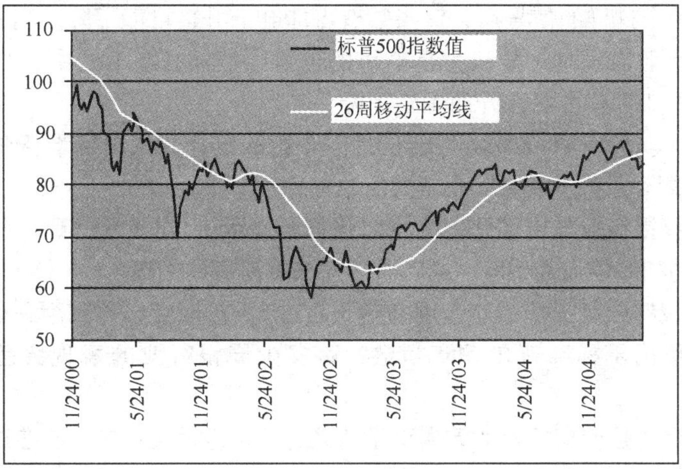

b. 标准普尔500指数从下向上突破移动平均线14次，如下表所示。突破随后几周标准普尔500指数的表现，有7次是上升的，有7次是下降的。

突破日期	随后几周标准普尔500指数变化方向
05/18/01	下降
06/08/01	下降
12/07/01	下降
12/21/01	增长
03/01/02	增长
11/22/02	增长
01/03/03	增长
03/21/03	下降
04/17/03	增长
06/10/04	下降
09/03/04	增长
10/01/04	下降
10/29/04	增长
04/08/05	下降

c. 标准普尔500指数从上向下突破移动平均线14次，如下表所示。突破随后几周标准普尔500指数的表现，有9次是上升的，有5次是下降的。

突破日期	随后几周S&P 500变化方向	突破日期	随后几周S&P 500变化方向
06/01/01	增长	03/28/03	增长
06/15/01	增长	04/30/04	下降
12/14/01	增长	07/02/04	下降
02/08/02	增长	09/24/04	增长
04/05/02	下降	10/15/04	下降
12/13/02	增长	03/24/05	增长
01/24/03	下降	04/15/05	增长

d. 当标准普尔500指数从下向上突破移动平均线时，被认为是牛市的信号。然而，在本题中，当出现一个这样的信号后，该指数有可能会上升也可能下降。当标准普尔500指数从上向下突破移动平均线时，被认为是熊市的信号。然而，在本题中，当出现这样的信号后，该指数实际上却更有可能上升而不是下降。

24. 登录 www. mhhe. com/bkm 并点击第 12 章的链接，找出标准普尔 500 指数 5 年的周收益率和富达银行基金(FSRBX)5 年的周收益率。

a. 制表并计算银行业与市场整体的相对强势。提示：与 23 题一致，将银行业指数和标准普尔 500 指数的初始值设为 100，并用同一方法更新每周指数。

b. 标出所有相对强度指标相对 5 周前增长超过 5%的时点，并判断在这些时点之后有多少周银行业的表现优于标准普尔 500 指数？有多少周银行业的表现会差于标准普尔 500 指数？

c. 标出所有相对强度指标相对 5 周前下降超过 5%的时点，并判断在这些时点之后有多少周银行业的表现差于标准普尔 500 指数？有多少周银行业的表现优于标准普尔 500 指数？

d. 利用相对强度指标辨别买卖机会的效果如何？

答：为了建立相对强度指标，首先要将富达银行基金和标准普尔500指数的周收益率转化为周指数值，将样本期间第一周前一周指数设为100。第一个图显示了转化后的富达银行基金和标准普尔500周指数以及相对强度指标(×100)。第二个图表示了以5周为一个区间的相对强度变动率(%)。

a. 下图总结了相对强度数据。

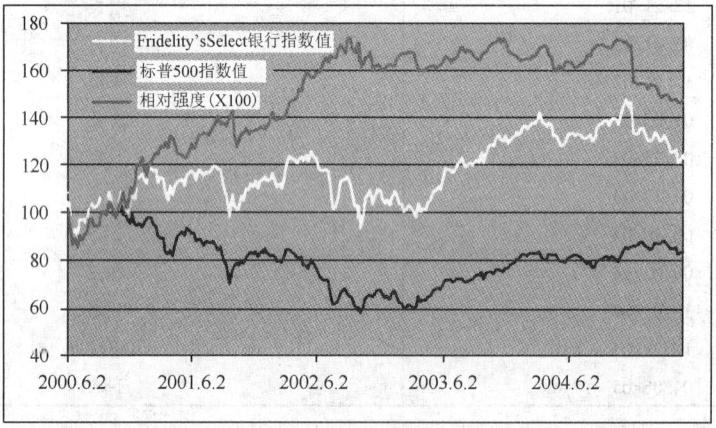

b. 以5周为一个区间，相对强度上升超过5%有29次，如图表所示。在每次上升之后接下来的几周里，富达银行基金表现差于标准普尔500指数18次，好于标准普尔500指数11次。

上升日期	后续几周银行基金表现	上升日期	后续几周银行基金表现
07/21/00	优于	03/09/01	优于
08/04/00	优于	03/16/01	差于
08/11/00	差于	03/30/01	差于
08/18/00	优于	06/22/01	差于
09/22/00	优于	08/17/01	差于
09/29/00	差于	03/15/02	优于

上升日期	后续几周银行基金表现	上升日期	后续几周银行基金表现
10/06/00	差于	03/22/02	差于
12/01/00	差于	03/28/02	优于
12/22/00	差于	04/05/02	优于
12/29/00	优于	04/12/02	差于
01/05/01	差于	04/26/02	优于
01/12/01	差于	05/03/02	差于
02/16/01	差于	05/10/02	差于
02/23/01	优于	06/28/02	差于
03/02/01	差于		

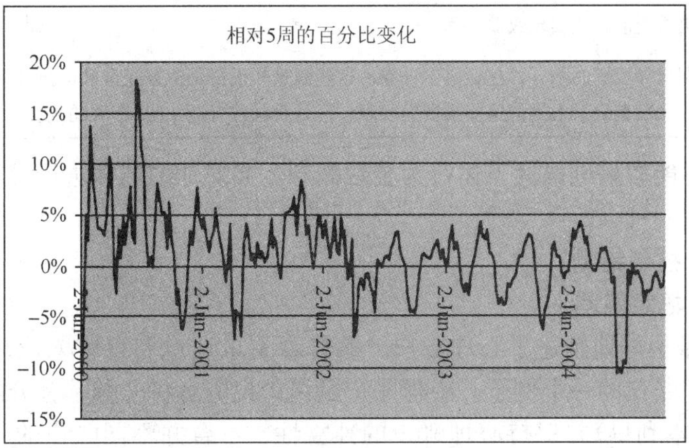

c. 以 5 周为一个区间，相对强度指标下降超过 5% 有 15 次，如上图和下表所示。在每次上升之后接下来的几周里，富达银行基金表现差于标准普尔 500 指数有 6 次，好于标准普尔 500 指数有 9 次。

下降日期	后续几周银行基金表现	下降日期	后续几周银行基金表现
07/07/00	差于	04/16/04	差于
07/14/00	优于	04/23/04	优于
05/04/01	差于	12/03/04	优于
05/11/01	优于	12/10/04	差于
10/12/01	优于	12/17/04	优于
11/02/01	优于	12/23/04	差于
10/04/02	优于	12/31/04	差于
10/11/02	优于		

d. 相对强度指标上升被认为是牛市信号(如 b 所示)。然而，在本题中，出现这样的信号后，富达银行基金的表现差于标准普尔 500 指数的可能性更大。相对强度指标下降被认为是熊市信号(如 c 所示)。然而，实际上在本题中，出现这样的信号后，富达银行基金的表现更有可能好于标准普尔 500 指数。

25. 封闭式基金的价格大多会偏离其资产净值，看似违反了一价定律。你认为是过于分散化的基金还是分散不足的基金会有更大的偏离呢？为什么？

答：对于分散不足的基金来说，封闭式基金的价格偏离资产净值的程度较高，更难进行套利。

二、CFA考题

1. 丹·桑普森对其金融咨询师提出了以下投资理念。

序号	投资理念
1	投资要有较高的收益潜力和有限的风险，我倾向于比较保守的投资策略，想最小化损失，即使这样我会错过很好的增长相会
2	所有非政府类投资，只能选择处于行业主导地位且资金雄厚的公司
3	只能通过利息和现金股利来满足所有的收入需求，只能持有支付现金股利的股权证券
4	仅当对整体经济形势和公司自身增长的预期一致时才能做出投资决定
5	如果证券的价格下跌到买价之下，证券应该继续持有至其价格恢复到初始买入成本。相反，如果投资成功，我更希望能较快实现收益
6	我会定期指导投资的购买，包括衍生证券。这些激进的投资是根据我个人的研究，也许与我的投资策略不一致。我没有记录下类似这些投资的表现，但是我也曾有过一些“巨大的成功”

以上哪些陈述能较好地描述下述行为金融概念，并对你的选择进行说明。

a. 心理账户

b. 过度自信(控制错觉)

c. 参照依赖(框定偏差)

答：a. 第3条很好地阐述了心理账户。桑普森要求通过利息收入及现金股利满足他的收入需要就是心理账户的一个例子。心理账户是说，投资者将一种基金分隔成不同的心理账户(例如股利和资本利得)并保持心理账户的独立性，不合并不同账户的收入；将一个账户的损失与另一个账户的损失单独处理。心理账户导致了投资者对红利的偏好胜过资本收益，而忽略了整体收益。

b. 第6条是过度自信(控制错觉)的最好说明。桑普森希望选择和他的总体战略不一致的投资，这表明了他的过度自信。过于自信的人往往表现出寻求风险的行为。人们对自己得出的结论的有效程度的信任远胜于他们实际成功率所能衡量的结论有效程度。过度自信的原因包括控制错觉、自我美化倾向、对预测的精确度不敏感以及误解冒险机会。

c. 第5条是参照依赖的最好说明。桑普森希望保留表现不佳的投资，以及想用成功的投资快速获利的理念都表现出了参照依赖。参照依赖认为投资者的决定严格取决于决策者的参考点。在本题假设条件下，参考点是购买时的原始价格，二选一的决策不是由最终收益评判，而是根据相对于这个参考点的盈亏来判断。因此，通过改变参考点可以很容易地改变偏好。

2. 蒙蒂·弗罗斯特将所有递延所得税退休账户都投资在股票上，因其资产组合的国际投资部分历史表现很差，他将国际股权证券减持至2%，弗罗斯特的投资咨询师曾建议其增持，他做出以下回应：

a. 由于历史表现较差，一旦这些国际股权证券的价格恢复到其初始价格，就全部售出。

b. 大多数分散化的国际资产组合在过去5年的表现都很让人失望。然而这段时间，XYZ国市场的表现超过了包括本国在内的其他所有市场。如果要增加国际股权头寸的话，我也更倾向于增加XYZ国证券的头寸。

c. 国际投资本身存在着很高的风险。因此，我倾向于在我的“投机”账户(能使我成为富

翁的最好机会）中购买这些证券，而不想在我的退休账户中购买，以免养老的时候一贫如洗。

咨询师虽然对行为金融的概念非常熟悉，但仍偏好于传统或标准的金融投资策略（现代资产组合理论）。

指出以上三个陈述表现出的行为金融概念并解释应如何用传统金融来反驳每一个陈述。

答：a. 弗罗斯特的陈述是参照依赖的一个例子。他倾向于一旦市场价格上升到原来的成本位置就卖掉国外股票，此倾向并不仅由最终财产价值决定，还由他现在所处的位置，即他的参考点决定。这个参考点低于原始买进价，已成为弗罗斯特进行决策的关键因素。在标准的金融投资中，决策通常取决于最终财富值或者最终回报，而不是相对于某个参考点，比如原始成本的损益。

b. 弗罗斯特的陈述至少在两个方面是一个易受认知错觉影响的例子：首先，他表现出过度自信，可能对自己结论合理性的信任远胜于对成功几率的判定——他过于自信，认为XYZ国证券过去的表现会延续到将来（一个行为投资者，通常认为证券走势的五年记录能充分证明其将来表现，他们也经常这样做）；其次，弗罗斯特仅选择投资于XYZ国证券，表现出隔离资产的行为金融现象，也就是他通过孤立地预期盈亏来评定XYZ国证券的价值。比起成功几率和标准金融投资准则得出的结论，个人投资者往往对于自己结论的正确性更加信任，尤其是涉及时间范围时。

在标准金融中，投资者明确知道XYZ国证券相对于其他市场的五年收益几乎不能为其未来走势提供什么有用的信息。标准金融投资者不会被“小数定律”愚弄。在标准金融中，投资者根据组合来评估收益，即将所持有的XYZ国证券和其他证券一起评估。评估在XYZ国投资和评估其他所有投资一样，应该考虑这些投资对整个资产组合的风险－报酬特点的预期贡献。

c. 弗罗斯特的陈述是心理账户的一个例子。心理账户认为，投资者将资金分隔成不同的心理账户（比如安全与投机），保持心理账户之间的独立性，并将收益也分开，一个账户的损失和另一个账户的损失也独立处理。心理账户的一种表现形式，即弗罗斯特表现出的，是构建一个金字塔形的资产组合，一层又一层，其中退休账户表示不同于投机性基金的一层。每一层对应不同的目标和风险态度。相对于投机性基金账户，他不愿退休账户承受更多风险：退休账户里的资金是其保护向下风险的保险层，用于避免将来一贫如洗；而投机性基金账户内的资金则代表了获得向上潜力的层，用于把握成为富翁的机会。

在标准金融中，投资或投资分类决策更多考虑整个资产组合风险和收益特性，而不是任何个别账户的预期盈亏。决策应该考虑所有资产组合背景下的最终收益，而不是考虑单个“安全”或“投机”账户。标准金融投资者努力寻求整个组合的均值－方差结构的最大化，并在构建组合时考虑了资产间的协方差。标准金融投资者对整个资产组合抱有一致的风险态度。

3. 路易斯和克里斯托弗·麦克林居住在英国伦敦，他们最近想租一个靠近都市的公寓。在对麦克林的投资计划进行初始讨论时，麦克林对她的投资咨询师格兰特·韦伯做出如下陈述：

a.“过去5年我利用网络资源对住房市场进行了研究，我认为现在正是买房的最佳时期。”

b.“我不想以低于买价的价格出售我的资产组合中的任何债券。”

c.“我不会出售我公司的股票，因为我对它非常了解而且对其未来表现非常乐观。”

判断行为金融中哪些概念可以描述以上三个陈述，并解释每一个行为金融概念是如何影响麦克林的投资决策的。

答：a. 认知错觉：麦克林认为他自己是不动产市场的专家，并且能够对不动产市场动向作出准确预测，仅仅因为他已经研究过互联网上的房屋市场数据。他或许可以获得大量的不动产市场相关信息，但是他可能并不懂得如何分析这些信息，也没有能力将这些信息应用于投资中。

过度自信：过度自信使其错误地估计了所获得的信息的准确性以及自身对信息的分析能力。麦克林在没有试图证实它，也没有咨询其他信息来源的情况下，自认为他从互联网上搜集的数据是准确无误的。此外他还认为自己具有对这些信息进行评估和分析的技能，然而，题目中并没有暗示他具备这种能力的信息。

b. 参考点(框定偏差)：麦克林为他持有的债券头寸设定的参考点就是这些债券的买入价，因为他不会以低于买入的价格出售这些债券。将参考点固定下来，然后等待证券价格上升到这个参考点以上再卖出的行为使麦克林不能从风险－报酬的角度来分析他持有的资产组合头寸。

c. 熟悉度：麦克林是在对公司熟悉的基础上来评估自己持有的公司股票价值的，而不是基于合理的投资和资产组合原理。正是由于对自己公司熟悉，公司雇员可能产生一种扭曲的观念，即“好公司”就是好的投资选择。非理性的投资者认为投资于自己熟悉的公司能够产生更高的投资收益并且相较于投资于不熟悉的公司有更低的风险。

代表性偏差：麦克林混淆了他的公司(很可能是个不错的公司)和公司股票(不一定适合于他持有的投资组合)以及公司的未来发展。这会导致公司雇员在他们的投资组合中持有自己公司股票的权重过高，进而降低资产组合的分散化效果。

4. 一个已退休的投资者在与其投资咨询师会谈时说到以下问题：

a.“我非常高兴过去两年能在皮特里股票的投资上获利，我确信其未来也会有优越表现。”

b.“我很满意皮特里股票的投资收益，因为这些钱我有特殊的用途，也正因此，我想在我的退休基金账户中购买该股票。”

判断行为金融中哪些概念可以描述以上陈述。

答：a. 该投资者的第一条陈述符合行为金融学中预测错误/过度自信的概念。皮特里股票为投资者带来了自信和满足，这是由于投资者购买股票并在近期从中获得了报酬和收益。然而，考虑到她的投资组合的需求和过去两年的样本太小，投资者对股票表现得过于自信了。

b. 投资者的第二条陈述符合行为金融学中心理账户的概念。投资者将她的投资组合中的资金分配到两个“账户”：一个是皮特里股票带来的收益，另一个是其余的投资组合的收益。至于总基金的分配，她保持着一组独立的心理账户。投资者所说的“特殊用途”应该放在消费需求的大环境中来理解，并且应该考虑整个投资组合的风险收益状况。

5. 克莱尔·皮尔斯对她的生活状况和投资前景做出如下评论：

我必须供养居住在普格岛(Pogo)的父母，普格岛在过去两年出现飞速的经济增长和较低的通货膨胀，专家一致预期这些良好的趋势会在未来延续下去。经济增长是由于新技术开发的自然资源的出口所导致。

我想投资10%购买普格岛政府长期债券，因为我的父母可能还会在岛上居住10年。专家预期未来不会出现通货膨胀，所以我确信这些债券产生的收益可以足够支付我父母的生活费用，而且这些债券是以当地货币为计价单位，没有汇率风险。我想购买普格岛的证券，但不想扭曲长期资产的配置来达到这个目的。整体的股票、债券和其他投资也都不能改变。因此，我打算从所持有的美国债券基金中选一个出售来筹资购买普格岛债券。选择之一是高收益债券基金，其价值到目前为止已经下跌了5%，前景预期并不乐观，事实上，我认为其在未来可能会下跌更多，但是也有可能会很快恢复，所以我决定出售今年升值了5%的核心债券基金，我预期这项投资带来的收益能持续下去，但是也有可能会很快消失。

如果投资完成的话，我的投资状况将处于良好状态。唯一例外的是表现较差的小公司基金，我计划一旦该基金的价格恢复到其初始成本就出售。

从以上表述中辨别出三个行为金融概念并对每一个概念进行描述。讨论遵守标准或传统金融理论的投资者如何质疑这三个行为金融概念。

答：(1)过度自信(预测错误和控制错觉)：皮尔斯为赡养父母的投资策略是建立在她对经济前景乐观预测上的。过度自信这种认知错误在这里以两种形式表现出来：预测错误和控制错觉。皮尔斯似乎对那些预测的有效性比通过对过去预测准确性进行调整的预测更有信心。分析师们共同一致的预测已经被广泛地证明是错误的。皮尔斯看上去也非常确信普格岛近年来经济表现是未来表现的一个很好的指示器。行为投资者经常认为近期表现能够为预测未来表现提供充分依据。

标准金融投资者明白，一般人们对于他们的预测结论的有效性的信心比经过证实的预测的成功率还高。校准模式(比较信心与预测能力)表明成功的概率要显著低于人们报告的信心水平。此外，标准金融投资者懂得近期表现只为未来表现提供了很少的信息，他们不会被“小数定律”所蒙蔽。

(2)损失厌恶(风险偏好)：皮尔斯决定卖出核心债券基金，尽管它目前收益和前景都比较好，这表现出皮尔斯是风险厌恶的。相对于一个可能有较大收益同时存在较小损失的可能性的选择，她偏向于一个固定的收益。尽管未来收益不确定，皮尔斯还是持有了高收益率债券，这表现了皮尔斯的风险偏好倾向。相较于一个确定的损失，她偏向于有很小可能性获利同时也有可能带来更大损失的选择。当损失的可能性较大时，人们的行为倾向于表现为风险偏好而非风险厌恶。大量的证据表明，考虑收益时，人们表现出风险厌恶，考虑损失时，人们表现出风险偏好，而且对风险的态度随着他们的特定目标和所处的环境而不尽相同。

标准金融投资者一致地厌恶风险，并且对确定收益的偏好强于对具有同样数额期望收益的赌博。这样的投资者对损失和收益的偏好是对称的，并且她们对价格变化的敏感性与某一确定价格参考点无关。

(3)参照依赖：皮尔斯计划一旦她持有的小公司基金价值回升到其初始成本时就出售的想法是参照依赖的一个例子。她的售出决策是建立在现期价值与初始成本比较的基础上的，初始成本就是她的参考点。她的决定没有对最终期望价值进行任何分析也没有考虑到售出行为对整个资产组合的影响。初始成本这个参考点已经成了皮尔斯决策中一个至关重要的却不适宜的因素。

标准金融学认为，评估投资选择的价值时应根据最终财富价值或者最终收益确定，而不是根据相对于某一参考点(比如初始成本)的收益或损失来确定。标准金融投资者还会考虑整个资产组合的风险收益状况，而不只是某一项投资或资产种类的预期收益或损失。

第13章 证券收益的实证证据

13.1 复习笔记

1. 指数模型与单因素套利定价模型

(1)期望收益-贝塔关系

如果对于一个可观测的预期有效的指数M，期望收益-贝塔关系存在，则任何证券i的期望收益为：

$$E(r_i)=r_f+\beta_i[E(r_M)-r_f] \tag{13-1}$$

其中，β_i被定义为$\mathrm{Cov}(r_i, r_M)/\sigma_M^2$。

期望收益-贝塔关系是对资本资产定价模型最一般的检验，其遵循以下三步：构造样本数据、估计证券特征线以及估计证券市场线。

①构造样本数据

确定一个由相同持有周期组成的样本期间。对样本中的每个周期，搜集100种股票、市场指数以及1个月无风险短期国库券的收益率，定义它们的收益率分别为$r_{it}(i=1, \cdots, 100)$、r_{Mt}以及r_{ft}。

②估计证券特征线

将式(13-1)看成是证券特征线(SCL)。针对每一股票，取一阶回归方程的斜率为估计的贝塔系数。

$$r_{it}-r_{ft}=a_i+b_i(r_{Mt}-r_{ft})+e_{it}$$

利用以下统计量进行估计：

$$\overline{r_i-r_f}=\text{每种股票超额收益的样本均值}$$

$$b_i=\text{每种股票贝塔值的估计值}$$

$$\overline{r_M-r_f}=\text{市场指数超额收益的样本均值}$$

$$\sigma^2(e_i)=\text{每种股票残值方差的估计值}$$

将每种股票以及市场指数的超额回报的样本均值用以预估预期的超额回报。

③估计证券市场线

将式(13-1)看作证券市场线(SML)，将一阶回归中得到的b_i值作为自变量代入二阶回归方程中，以得到γ_0和γ_1的估计值：

$$\overline{r_i-r_f}=\gamma_0+\gamma_1 b_i,\ i=1, 2, \cdots, 100 \tag{13-2}$$

a. 结论1：假若资本资产定价模型是有效的，则γ_0与γ_1满足：$\gamma_0=0$且

$$\gamma_1=\overline{r_M-r_f}$$

b. 结论2：期望收益-贝塔关系的重要特点为证券超额回报的期望值只取决于系统风险，并不受非系统风险的影响。将各种估计值代入式(13-2)中，进而可以得到：

$$\overline{r_i-r_f}=\gamma_0+\gamma_1 b_i+\gamma_2\sigma^2(e_i)$$

对二阶回归方程作出的假设检验为：

$$\gamma_0 = 0$$

$$\gamma_1 = \overline{r_M - r_f}$$

$$\gamma_2 = 0$$

$\gamma_2 = 0$ 表明风险溢价与非系统风险无关。CAPM 模型认为风险溢价仅和贝塔值相关。

(2)市场指数

①罗尔批评

a. 对于 CAPM 模型唯一合适的检验形式应当是：检验包括所有资产在内的市场投资组合是否具有均值 - 方差效率。

b. 不应对期望收益 - 贝塔关系独立进行检验。

c. 如果利用收益和方差的样本值，单个证券收益的样本中将存在无数的事后均值 - 方差有效组合。

d. 在不存在现实的市场组合的情况下，无法对 CAPM 模型进行检验。

e. 选择标准普尔 500 指数作为市场组合是并不合适的。

②市场指数

罗尔与罗斯得出市场指数的分析特征：市场指数可以在关于贝塔的平均资产收益的回归中产生任何截面斜率系数。该系数的推导可以运用于任何资产和所有权领域，只要市场替代是由该领域或其子集组合构成。

结论：平均收益 - 贝塔回归中的斜率系数不能用于检验理论的期望收益 - 贝塔关系，但可以用于说明产生这一结果的市场替代在二阶回归中无效。康德尔与斯坦博扩展了这个分析，发现一般最小二乘法是有帮助的，但是仅在一定程度上可以帮助研究者获得近于有效的市场指数。

(3)贝塔的测量误差

法玛和麦克贝思对每一子区间均作出以下估计：

$$r_i = \gamma_0 + \gamma_1\beta_i + \gamma_2\beta_i^2 + \gamma_3\sigma(e_i)$$

式中，γ_2度量了收益中隐藏的非线性关系；γ_3度量了非系统风险 $\sigma(e_i)$的影响。在资本资产定价模型下，二阶回归方程中的γ_2以及γ_3的系数均显著为 0。

对 CAPM 模型有效性的检验提供的证据是复杂的，总结如下：

①支持单因子 CAPM 模型和 APT 模型的结论有：

a. 期望收益是线性的，且与贝塔(系统风险)正相关。

b. 期望收益不受非系统风险的影响。

②由无风险利率或零贝塔的 CAPM 模型预测的单因子期望收益 - 贝塔关系与实证数据并不完全一致。

因此，尽管定性来说，β 对额外收益起作用而 $\sigma(e_i)$不起作用是支持 CAPM 模型的，但实证检验却不能证明它的定量预测是有效的。

2. 多因素资本资产定价模型与无套利定价理论的检验

可能提高多因子 SML 市场风险的三种因子包括：

①对冲主要消费资产价格风险或普遍通货膨胀的因子；

②对冲未来投资机会的因子；

③对冲市场指数中不考虑的资产风险的因子。

(1)劳动收入

市场指数中剔除的资产为劳动收入和个人经营。迈尔斯将总劳动收入加入其模型，其模型认为 SML 曲线比简单 CAPM 更平缓。

杰加纳森和王选择劳动收入变化率来代表人力资本变化，所得结果拒绝了 CAPM 模型，但是可以得到两个结论：①对资产贝塔有条件的一阶回归的估计是不准确的，没有完全考虑股票收益周期性的特点，不能准确地衡量股票的系统风险；②人力资本在所有的 CAPM 模型中都十分重要，可以对系统风险作出更好的解释。

(2)非交易性业务

希顿和卢卡斯探究了私营业务的重要程度。假设私有企业主会降低和其特定企业收入正相关的交易证券持有量。在该假设充分成立的情况下，交易证券和企业非业务收入间的协方差会改变其持有量，协方差越高，该交易债券的风险溢价也越高。

(3)多因素资本资产定价模型和无套利理论的早期版本

①多因素模型检验的步骤

多因素模型的检验分为以下三步：

a. 对风险因子的描述。

b. 分辨并规避上述风险因子的证券组合。

c. 检验模型的解释能力以及组合的风险溢价。

②宏观因素模型

陈、罗尔以及罗斯提出了可能作为系统因素的代理变量：

IP——行业生产的增长率。

EI——通货膨胀的预期变动，依据短期国库券利率变动所得。

UI——通货膨胀的非预期变化。

CG——非预期的风险溢价，为 Baa 级公司债与长期政府债券的收益率之差。

GB——非预期的期限溢价，为长期与短期政府债券的收益率之差。

陈、罗尔和罗斯对每一证券组合均进行了以下回归：

$$r = a + \beta_M r_M + \beta_{IP}\mathrm{IP} + \beta_{EI}\mathrm{EI} + \beta_{UI}\mathrm{UI} + \beta_{CG}\mathrm{CG} + \beta_{GB}\mathrm{GB} + e$$

式中，M 为股票市场指数，其代理变量为价值加权(VWNY)以及相同权重(EWNY)的纽约证券交易所指数。利用一阶回归得到的β估计值进行二阶回归：

$$r = \gamma_0 + \gamma_M\beta_M + \gamma_{\mathrm{IP}}\beta_{\mathrm{IP}} + \gamma_{\mathrm{EI}}\beta_{\mathrm{EI}} + \gamma_{\mathrm{UI}}\beta_{\mathrm{UI}} + \gamma_{\mathrm{CG}}\beta_{\mathrm{CG}} + \gamma_{\mathrm{GB}}\beta_{\mathrm{GB}} + e$$

式中，γ为对因素风险溢价的估计。

3. 法玛－弗伦奇三因素模型

法玛－弗伦奇模型认为系统风险来源于公司规模、账面－市值比和市场指数这三个因子，并以小公司和大公司的收益率之差作为规模变量，记作 SMB；以高账面－市值比公司和低账面－市值比公司的收益率之差作为账面－市值比变量，记作 HML。法玛－弗伦奇三因素模型为：

$$E(r_i) - r_f = a_i + b_i[E(r_M) - r_f] + s_i E(SMB) + h_i E(HML)$$

式中，b_i、s_i和h_i分别表示三个因子的贝塔，又称因子载荷。由套利定价模型可知，若三个因素互相相关，则上式中的截距项为 0。

实证结果显示三因素模型对超额收益具有很强的解释能力；规模和价值的因子载荷对模型的解释能力显著。对这一结果的一个可行的解释是：规模和相对价值(由 B/M 比率测量)能代理未被 CAPM 贝塔完全解释的风险。这种解释与套利定价理论一致，认为规模和价值是被定价了的风险因素。另外也有学者将这些溢价解释为投资者的非理性和行为偏差。

(1)基于风险的解释

佩特科瓦和张探究了贝塔与市场风险溢价的关联，得到的结果为：在经济繁荣时 HML 组合的贝塔小于0；在经济衰弱时则正好相反。

(2)基于行为的解释

陈、卡西斯基和兰考尼肖科的研究表明，对于股票账面－市值比较低的公司，其收入增加的速度通常慢于其他公司，这同时表明市场忽略了不能将历史增长外推至未来增长这一点。

(3)第四个因素：动量

常用的四因素模型在法玛－弗伦奇三因素模型的基础上加入了第四个因素，即动量因素，用以描述证券组合的异常表现。

4. 流动性与资产定价

(1)流动性对资产预期收益的影响

①和知情交易者进行交易存在一定的交易成本，主要表现为买卖价差。

②流动性风险来源于资产流动性、市场指数流动性以及和市场指数收益率之间的协方差。

(2)流动性测量方法

①帕斯特和斯坦博

帕斯特和斯坦博通过“发现价格开始逆转的证据”衡量非流动性，特别是在大宗交易过程中。进行回归分析后发现，成交量越大，价格逆转的程度越强。

②阿米胡德

阿米胡德提出的测量方法为：

$$\text{非流动性测量(ILLIQ)} = \left[\frac{\text{日收益绝对值}}{\text{月成交金额}}\right]\text{的月均值}$$

可以利用此方法估计流动性成本以及流动性风险。

③萨德卡

萨德卡的测量方法以每笔交易数据为基础，利用回归分析验证了价格冲击部分来源于信息因素。信息对交易激励的改变会导致公司的流动性风险。

5. 基于消费的资产定价与股权溢价之谜

股权溢价之谜最早由梅赫拉和普莱斯考特提出，他们发现在美国股票的收益率远远高于无风险利率，而这种情况并不能由经济理论以及合理的风险厌恶系数来解释。

(1)消费增长和市场收益率

消费模型的观点是，决定投资者决策的是其消费流而非财富。因此，财富提供的消费流才是更优的测量指标。

在此基础上，CAPM 的一般化形式即为利用证券收益和消费的协方差以度量证券风险。因此假设市场指数的风险溢价和以下的协方差有关：

$$E(r_M) - r_f = A\text{Cov}(r_M, r_C)$$

式中，A 为风险厌恶系数的平均；r_C为消费－跟踪证券组合的收益率。

(2)期望收益率与已实现收益率

法玛和弗伦奇认为将已实现收益率的均值用于估计风险溢价是不准确的。经过研究分析后他们推断，现代资本利得率的非预期变化是股权溢价之谜的部分来源。

(3)生存偏差

受生存偏差的影响，利用美国股票的收益率来预计收益率的期望水平会导致结果的偏高。在对风险溢价进行估计的过程中不能忽略生存偏差的存在。

(4)流动性和股权溢价之谜

将市场指数超额收益的平均值看成风险溢价的估计值是欠妥的。平均超额收益不只是补偿了收益率风险，还对部分流动性风险进行了补偿。

(5)股权溢价之谜的行为解释

考虑到窄框架和损失厌恶两个重要因素，巴博里斯和黄认为非理性投资者的行为促成了股权溢价之谜。对相关理论的研究分析可以解释股权溢价之谜的有效性及其内涵。

13.2 课后习题详解

一、习题

1. 如果你在研究中发现，当对 CCAPM 模型进行横截面回归时，法玛－弗伦奇三因素模型中因子载荷的系数能显著预测平均收益因素(除了消费贝塔)，如何解释这种现象?

答： 即使单因素 CCAPM(以消费跟踪组合作为指数)优于 CAPM，消费组合仍然可能无法捕获到被法玛－弗伦奇三因素模型中的因子 SMB 和 HML 所捕获的大小和成长特性。因此，可以看出相比单独的消费模型，含有消费的法玛－弗伦奇模型更好地解释了收益。

2. 在网上搜索近期股市的波动图表，你能从这些历史数据中判断出有关消费增长的一些历史信息吗?

答： 消费和财富应该正相关，因此，市场波动和消费波动也应该正相关。市场波动高的时期可能与消费波动高的时期相重合。“传统的”CAPM 研究的重点是证券收益与市场投资组合的收益之间的协方差，而基于消费的资本资产定价模型则侧重于研究证券收益与一个跟踪消费增长的投资组合收益之间的协方差。然而，在某种程度上，财富和消费相关，CAPM 模型的两种形式可能代表实际收益的合理模式。

为了更加正式地说明这一点，假设 CAPM 和 CCAPM 基本上是正确的。根据传统的 CAPM，风险的市场价格等于预期超额市场收益除以超额收益的方差。根据 CCAPM，风险价格等于预期超额市场收益除以 R_M 和 g 之间的协方差，其中 g 是消费增长率。此协方差等于 R_M 和 g 的相关系数乘以 R_M 和 g 的标准差的乘积。结合这两个模型，R_M 和 g 的相关系数等于 R_M 的标准差除以 g 的标准差。因此，如果 R_M 和 g 之间的相关性是相对稳定的，那么市场波动性的增加将伴随着消费增长的波动性增加。

表 13－1 列出了 9 种股票和市场指数的年超额收益率。

表 13－1

年	市场指数	股票超额收益率								
		A	B	C	D	E	F	G	H	I
1	29.65	33.88	－25.20	36.48	42.89	－39.89	39.67	74.57	40.22	90.19
2	－11.91	－49.87	24.70	－25.11	－54.39	44.92	－54.33	－79.76	－71.5	－26.64
3	14.73	65.14	－25.04	18.91	－39.86	－3.91	－5.69	26.73	14.49	18.14
4	27.68	14.46	－38.64	－23.31	－0.72	－3.21	92.39	－3.82	13.74	0.09
5	5.18	15.67	61.93	63.95	－32.82	44.26	－42.96	101.67	24.24	8.98

续表

年	市场指数	股票超额收益率								
		A	B	C	D	E	F	G	H	I
6	25.97	-32.17	44.94	-19.56	69.42	90.43	76.72	1.72	77.22	72.38
7	10.64	-31.55	-74.65	50.18	74.52	15.38	21.95	-43.95	-13.40	28.95
8	1.02	-23.79	47.02	-42.28	28.61	-17.64	28.83	98.01	28.12	39.41
9	18.82	-4.59	28.69	-0.54	2.32	42.36	18.93	-2.45	37.65	94.67
10	23.92	-8.03	48.61	23.65	26.26	-3.65	23.31	15.36	80.59	52.51
11	-41.61	78.22	-85.02	-0.79	-68.70	-85.71	-45.64	2.27	-72.47	-80.26
12	-6.64	4.75	42.95	-48.60	26.27	13.24	-34.34	-54.47	-1.50	-24.46

注：以下习题的重点是估计程序。为了便于计算，样本范围被限制在 12 年期间的 9 种股票和市场指数与另一个因素的收益上。生成的数据是为了检验两因素 CAPM，因此实际收益率等于 CAPM 的期望加随机噪声，所有股票的 SCL 的实际截距都是零。由于样本大小，结果并不总是与本章中所阐述的研究结果相一致。

3. 对上表数据进行一阶回归并列表显示统计结果。

答：利用 Excel 的回归功能计算所给出的数据，得到一阶(SCL)的估计结果为：

股票	A	B	C	D	E	F	G	H	I
R^2	0.06	0.06	0.06	0.37	0.17	0.59	0.06	0.67	0.70
观测值	12	12	12	12	12	12	12	12	12
α	9.00	-0.63	-0.64	-5.05	0.73	-4.53	5.94	-2.41	5.92
β	-0.47	0.59	0.42	1.38	0.90	1.78	0.66	1.91	2.08
$t-\alpha$	0.73	-0.04	-0.06	-0.41	0.05	-0.45	0.33	-0.27	0.64
$t-\beta$	-0.81	0.78	0.78	2.42	1.42	3.83	0.78	4.51	4.81

4. 对证券市场线进行二阶回归时，其检验假设是什么？

答：证券市场线二阶回归的检验假设为：(1)截距为 0；(2)斜率等于指数组合的平均收益。

5. 将资产的平均超额收益率对其贝塔值进行二阶回归，检验证券市场线。

答：根据一阶回归估计的二阶回归数据为：

	平均超额收益	β
A	5.18	-0.47
B	4.19	0.59
C	2.75	0.42
D	6.15	1.38
E	8.05	0.90
F	9.90	1.78
G	11.32	0.66
H	13.11	1.91
I	22.83	2.08
M	8.12	

二阶回归结果为：

回归统计量	
多重 R	0.7074
R^2	0.5004
调整 R^2	0.4291
标准误差	4.6234
观测值	9

	相关系数	标准误差	$\beta=0$ 时的 t 统计量	$\beta=8.12$ 时的 t 统计量
截距	3.92	2.54	1.54	
斜率	5.21	1.97	2.65	−1.48

6. 总结你的检验结果，并将其与文中报告的结果相比较。

答：与文中报告的结果相比，截距太大（每年 3.92%，而不是 0），并且斜率太小（5.12%，而不是预计的样本平均风险溢价 $r_M-r_f=8.12\%$）。截距并不显著大于 0（t 统计量小于 2），并且斜率也没有和理论值显著不同（此假设的 t 统计量为 −1.48）。统计上的不显著可能是由样本太小造成的。

7. 将 9 种股票分成 3 个资产组合，使组合的贝塔值尽可能分散。对组合进行相同的检验并解释检验结果有何不同。

答：根据 SCL 估计的贝塔值将证券分为三个资产组合，一阶输入数据为：

年份	ABC	DEG	FHI
1	15.05	25.86	56.69
2	−16.76	−29.74	−50.85
3	19.67	−5.68	8.98
4	−15.83	−2.58	35.41
5	47.18	37.70	−3.25
6	−2.26	53.86	75.44
7	−18.67	15.32	12.50
8	−6.35	36.33	32.12
9	7.85	14.08	50.42
10	21.41	12.66	52.14
11	−2.53	−50.71	−66.12
12	−0.30	−4.99	−20.10
均值	4.04	8.51	15.28
标准差	19.30	29.47	43.96

得出一阶（SCL）估计为：

	ABC	DEG	FHI
R^2	0.04	0.48	0.82
观测值	12	12	12
α	2.58	0.54	-0.34
β	0.18	0.98	1.92
$t-\alpha$	0.42	0.08	-0.06
$t-\beta$	0.62	3.02	6.83

从资产组合 DEG 和 FHI 有较高的 R^2 可知，将资产组合进行分类提高了 SCL 的估计结果。这意味着贝塔(斜率)的测度更为精确，减少了测度误差的问题，但代价是做二阶回归时观测值减少了。

二阶回归输入数据为：

	平均超额收益	贝塔
ABC	4.04	0.18
DEH	8.51	0.98
FGI	15.28	1.92
M	8.12	

二阶回归估计为：

回归统计量	
多重 R	0.9975
R^2	0.9949
调整 R^2	0.9899
标准误差	0.5693
观测值	3

	相关系数	标准误差	$\beta=0$ 时的 t 统计量	$\beta=8.12$ 时的 t 统计量
截距	2.62	0.58	4.55	
斜率	6.47	0.46	14.03	-3.58

尽管截距减小斜率增大，但是现在截距显著为正，并且斜率显著小于理论值，超过了标准误差的 3 倍。

8. 试说明如何将罗尔批评应用于第 3~7 题中。

答：罗尔批评认为，问题在于市场指数，它不是二阶回归应该与之保持一致的理论组合。因此，即使关于真实(未知)指数的相关性有效，也无法找出它们。如果市场组合的替代不是有效的，二阶回归将只能对资产定价模型做出一个十分有限的检验，二阶回归将没有意义。

9. 在平均收益率-标准差的图形中，描出资本市场线、9 种股票和 3 个资产组合，比较 3 个资产组合和市场指数的均值-方差有效性，比较结果支持 CAPM 模型吗？

答：除了股票I有较大的正收益和标准差外，CML表明指数要优于所有其他的证券，且三种组合又优于所有个股。即使是使用极短的样本期间，分散化的效果仍然显而易见。

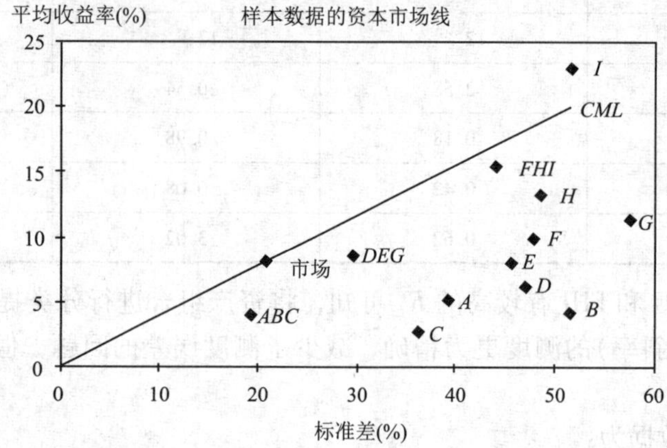

如果，除了第3~9题中考虑的市场因素之外，再加入另外一个因素，该因素在第1~12年的值如表13-2所示。

表13-2

年	因素值的变化率(%)	年	因素值的变化率(%)
1	-9.84	7	-3.52
2	6.46	8	8.43
3	16.12	9	8.23
4	-16.51	10	7.06
5	17.82	11	-15.74
6	-13.31	12	2.03

10. 按照陈、罗尔和罗斯的方法对上述数据进行一阶回归，并列表显示相关的统计结果。(提示：在一张标准化电子表格上使用多元回归，用两因素估计12种股票的贝塔值。)

答：一阶(SCL)回归结果总结如下：

	A	B	C	D	E	F	G	H	I
R^2	0.07	0.36	0.11	0.44	0.24	0.84	0.12	0.68	0.71
观测值	12	12	12	12	12	12	12	12	12
截距	9.19	-1.89	-1.00	-4.48	0.17	-3.47	5.32	-2.64	5.66
贝塔 *M*	-0.47	0.58	0.41	1.39	0.89	1.79	0.65	1.91	2.08
贝塔 *F*	-0.35	2.33	0.67	-1.05	1.03	-1.95	1.15	0.43	0.48
t-截距	0.71	-0.13	-0.08	-0.37	0.01	-0.52	0.29	-0.28	0.59
t-贝塔 *M*	-0.77	0.87	0.75	2.46	1.40	5.80	0.75	4.35	4.65
t-贝塔 *F*	-0.34	2.06	0.71	-1.08	0.94	-3.69	0.77	0.57	0.63

11. 对两因素证券市场线进行二阶回归时，其假设检验是什么？

答：两因素证券市场线二阶回归的假设检验为：(1)截距为零；(2)市场指数斜率等于市场指数平均收益率；(3)因素的斜率等于该因素的平均收益率。

12. 数据结果是否说明了一个两因素经济体?

答: 二阶回归输入数据为:

	平均超额收益	贝塔 M	贝塔 F
A	5.18	-0.47	-0.35
B	4.19	0.58	2.33
C	2.75	0.41	0.67
D	6.15	1.39	-1.05
E	8.05	0.89	1.03
F	9.90	1.79	-1.95
G	11.32	0.65	1.15
H	13.11	1.91	0.43
I	22.83	2.08	0.48
M	8.12		
F	0.60		

二阶回归结果为:

回归统计量	
多重 R	0.7234
R^2	0.5233
调整 R^2	0.3644
标准误差	4.8786
观测值	9

	相关系数	标准误差	$\beta=0$ 时的 t 统计量	$\beta=8.12$ 时的 t 统计量	$\beta=0.6$ 时的 t 统计量
截距	3.35	2.88	1.16		
贝塔 M	5.53	2.16	2.56	-1.20	
贝塔 F	0.80	1.42	0.56		0.14

这些结果比单因素检验稍好些，即截距更小，同时 M 的斜率也更大些。既然加入的因素不带来大的风险溢价(平均额外收益低于1%)，它对平均收益的影响很小，因而就不能期望检验结果得到很大的改善。数据没有否决第二种因素，因为斜率已很接近平均超额收益，且差额低于一个标准误差。然而，受样本容量的限制，该检验的有效性显然很小。

13. 你能找出第二个因素的因素资产组合吗?

答: 当利用实际因素时，隐含地假设投资者能够复制它，也就是说，他们能投资于一组和这个因素完全相关的资产组合。当这不可能实现时，则不能期望 CAPM 方程式(二阶回归)会成立。投资者能利用复制的资产组合，令该资产组合与该因素的相关性最大化。所以，对于替代资产组合，CAPM 方程式成立。

利用 9 只股票的协方差矩阵和 Excel 处理器，得到一组关于因素 F 的替代资产组合，命名为 PF。为保持比率，要求 9 只股票权重范围限制在[-1, 1]，并且均值等于因素均值的

0.6%。替代组合的权重和期间收益为：

因素 F 的替代组合(PF)			
	通常股票的权重	年份	PF 持有期收益
A	-0.14	1	-33.51
B	1.00	2	62.78
C	0.95	3	9.87
D	-0.35	4	-153.56
E	0.16	5	200.76
F	-1.00	6	-36.62
G	0.13	7	-74.34
H	0.19	8	-10.84
I	0.06	9	28.11
		10	59.51
		11	-59.15
		12	14.22
		均值	0.60

这个替代组合(PF)与实际因素的 R^2 为 0.8。

下一步对用 PF 代替 P 的两因素模型进行一阶回归：

	A	B	C	D	E	F	G	H	I
R^2	0.08	0.55	0.20	0.43	0.33	0.88	0.16	0.71	0.72
观测值	12	12	12	12	12	12	12	12	12
截距	9.28	-2.53	-1.35	-4.45	-0.23	-3.20	4.99	-2.92	5.54
贝塔 *M*	-0.50	0.80	0.49	1.32	1.00	1.64	0.76	1.97	2.12
贝塔 *PF*	-0.06	0.42	0.16	-0.13	0.21	-0.29	0.21	0.11	0.08
t-截距	0.72	-0.21	-0.12	-0.36	0.02	0.55	0.27	-0.33	0.58
t-贝塔 *M*	-0.83	1.43	0.94	2.29	1.66	6.00	0.90	4.67	4.77
t-贝塔 *PF*	-0.44	3.16	1.25	-0.97	1.47	-4.52	1.03	1.13	0.78

注意，9 只股票的 M 和 PF 的贝塔不同于用实际的替代组合进行一阶回归的贝塔。

对替代的两因素模型进行一阶回归得到：

	平均超额收益	贝塔 *M*	贝塔 *PF*
A	5.18	-0.50	-0.06
B	4.19	0.80	0.42
C	2.75	0.49	0.16
D	6.15	1.32	-0.13
E	8.05	1.00	0.21
F	9.90	1.64	-0.29

续表

	平均超额收益	贝塔 M	贝塔 PF
G	11.32	0.76	0.21
H	13.11	1.97	0.11
I	22.83	2.12	0.08
M	8.12		
PF	0.6		

进行二阶回归得到：

回归统计量	
多重 R	0.71
R^2	0.51
调整 R^2	0.35
标准误差	4.95
观测值	9

	相关系数	标准误差	$\beta=0$ 时的 t 统计量	$\beta=8.12$ 时的 t 统计量	$\beta=0.6$ 时的 t 统计量
截距	3.50	2.99	1.17		
贝塔 M	5.39	2.18	2.48	-1.25	
贝塔 PF	0.26	8.36	0.03		-0.04

从表中可以清楚地看到结果和用实际因素计算出来的很相似，但稍微差一点，因为其截距更大而斜率系数更小。而且要注意，这里采用的是样本内检验，而不是用未来收益来检验，这样的结果比样本外检验更能令人接受。

14. 如果你有自己的私人业务，其占到你现有财富的一半。根据你在本章所学到的，你如何构造你的金融资产组合？

答：假定劳动价值也将纳入私人业务收益率的计算中，每年至少一次的私人业务委托估值可能有一定的意义。业务价值（包括在计算时从业务中抽取的净现金）的百分比变化产生的数据序列将使得你得到一个私人业务收益率和其他资产收益率的相关性的合理估计。然后，投资者应该搜索与其投资组合相关性最低的行业，并识别这些行业的交易型基金（ETFs）。之后资产配置将包括他的业务、市场组合 ETFs 和低相关性（对冲）的行业 ETFs。要评估这样的以合理比例投资到市场和对冲行业之后组成的新组合的标准差，先确定投资者想处于即将产生的 CAL 的位置。如果他想保持整个组合有较低的风险，则可以将新组合与无风险资产混合，并且以一种高效的方式降低市场和对冲行业的组合权重。

二、CFA 考题

1. 试找出对资本资产定价模型中使用的贝塔值的三种批判并简述之。

答：（i）由于实际市场组合无法观测到，贝塔值是通过用市场指数代替实际市场组合而得到的。

（ii）资本资产定价模型的实证检验显示，平均收益与利用理论预测的贝塔值不相关。实证的证券市场线也比理论的证券市场线要平。

(ⅲ)证券收益的多因素模型表明，贝塔是风险的一维度量，它可能不能反映股票组合的真实风险。

2. 理查德·罗尔在一篇关于用 CAPM 模型来评估资产组合表现的文章中指出，如果存在基准误差，就不能评价资产组合的管理能力。

a. 简述对资产组合的表现进行评价的过程，注意强调所用的基准。

b. 解释罗尔提出的基准误差的含义，并描述基准所存在的特有问题。

c. 画图说明一个用"基准"证券市场线来测度显示优良的投资，当使用"真实"证券市场线来测度时就可能变成低劣的。

d. 假如你被告知某资产组合投资经理的表现要好于道琼斯工业平均指数、标准普尔 500 指数以及纽约证券交易所综合指数，试说明这种一致信息是否会使你对该资产组合投资经理的真实能力更有信心？

e. 即使考虑罗尔提出的基准误差可能带来的问题，一些人仍认为这并不能说明 CAPM 模型无效，而只能说是在应用该理论时存在着测度标准方面的错误。另一些人则认为由于基准错误的存在，整个方法都应该被取缔。选择其中的一个观点并证明。

答：a. 资产组合评价的基本程序是：在相同的风险条件下，用证券市场线 SML 比较无管理的资产组合的期望收益和有管理的资产组合的期望收益。即期望收益计算如下：

$$E(r_P)=r_f+\beta_P[E(r_M)-r_f]$$

其中，r_f 是无风险利率，$E(r_M)$是无管理资产组合(或市场组合)的期望收益率，β_P 是有管理资产组合的β系数(或系统风险)。业绩表现的基准是无管理资产组合。这类无管理资产组合的典型代表是某些综合性股市指数，如标准普尔 500 指数。

b. 当评价过程中使用的无管理资产组合不是最优的时候，可能会发生基准误差。也就是说，被用作基准的市场指数(如标准普尔 500)并不在管理者预期的均值－方差有效边界上。

c. 图形应该包括根据实际收益得到的效率边界以及事前的预期。由实际收益得到的资本市场线 CML 和证券市场线 SML 与资本资产定价模型 CAPM 的预期不相符，然而假设的 CML 和 CAL 线与资本资产定价模型 CAPM 相一致。

d. 这个问题的答案取决于个人的先验信仰。假设一直追踪记录，一个不可知论观察者可能认为历史数据支持优良投资声明，而其他投资者可能有一个较强的先验观点，既然如此多的管理者企图超过被动投资组合，那么仅有一小部分人能产生令人信服的追踪记录。

e. 问题的实质是 CAPM 是否可以检验。问题在于即使基准资产组合仅有一点点无效，它也可能使得任何有关收益－贝塔关系的检验完全无效。罗尔的观点认为，对 CAPM 是否成立的最好检验就是看能否战胜消极投资策略。

3. 特许金融分析师巴特·甘贝尔是资产管理经理，最近他与他未来的客户简·布莱克进行会面。布莱克使用道琼斯工业平均指数作为市场的替代变量，研究她投资组合的证券市场线之后，说她资产组合的表现不错。甘贝尔用资本资产定价模型作为分析工具，发现布莱克的资产组合位于证券市场线下方，于是认为布莱克的资产组合表面上表现良好是因为使用了错误的市场代理变量，而不是因为较强的投资管理能力。分析不适合的市场代理变量对贝塔和证券市场线斜率的影响，并通过该分析为甘贝尔的观点辩护。

答：选择了不合适的市场代理变量的影响是：布莱克的投资组合的贝塔值相对于根据真实市场组合计算的贝塔值很可能偏低，这是因为道琼斯工业平均指数以及其他市场分析工具的分散化程度较低，因此在用资本资产定价模型时得到了比真实市场组合更高的方差。结果由于使用了偏大的方差而使贝塔值被低估。这一结果可由下式给出：

$$\beta_{组合}=\frac{\mathrm{Cov}(r_{组合}，r_{市场代理})}{\sigma^2_{市场代理}}$$

不合适地选用市场代理变量可能导致证券市场线的斜率相对于真实市场组合被低估。这是由于真实市场组合比道琼斯工业平均指数和其他类似的替代变量更有效(相同的风险有更高的收益)。因此，基于替代变量的证券市场线将提供较低的单位风险报酬。

第 14 章　债券的价格与收益

14.1　复习笔记

1. 债券的特征

(1) 中长期国债

中期国债的期限最长为 10 年，而长期国债的期限为 10 ~ 30 年。两种国债除了期限的差别以外，以前发行的部分长期国债具有赎回条款，使财政部有权在赎回期内以面值购回债券，通常设定为在其有效期的最后 5 年内可赎回。

在金融行情表上提供的债券价格并非投资者为购买债券实际支付的价格。这是因为牌价里没有包括计息期间产生的利息。计算利息支付日期之间的应计利息公式为：

$$应计利息=\frac{年度利息}{2}\times\frac{距上次利息支付的天数}{两次利息支付时间的间隔天数}$$

(2) 公司债券

①公司债券的赎回条款

大部分公司债券都设有可赎回条款。赎回条款容许发行者在赎回期限内以赎回价格赎回债券。可赎回债券一般附有赎回保护期，规定在开始一段时期内不能赎回。

②可转换债券

可转换债券的持有者有权按约定价格将债券转换成公司的普通股。转换比例是指每一份债券能够转换的股票份额。转换价值是指转换成的股票的当前价值。转换溢价是指债券价值超出其转换价值的部分。

③可回卖债券

可回卖债券，又称可延长债券，其持有者拥有以事先约定的价格将债券提前回售给发行者的权利。如果债券的票面利率比当前市场利率高，债券持有者会选择继续持有债券；反之，债券持有者会选择收回本金并以当前市场利率进行再投资。

④浮动利率债券

浮动利率债券是指利息率和当前市场利率相关的债券。其风险主要来源于公司财务实力的不确定性。

(3) 优先股

优先股虽然是股票，但是由于其固定的股息支付，通常与债券一样被归类为固定收益工具。不同于债券，在无法支付承诺的股息时，优先股不会造成公司破产，而是将其应付股利累积并享有股息的优先获取权，公司在付清优先股持有人的股息之前，普通股的持有人不能得到股息。

优先股股东没有普通股股东所享有的完全投票权，破产时优先股对公司财产的索赔权在债券之后，但优先于普通股。不同于债券，优先股股息的支付无法享受税赋的扣除，但是优先股仍具有冲抵税收的优势。

(4)国际债券

国际债券可分为外国债券与欧洲债券两类。

①外国债券是指在国外市场发行并以该国货币为面值货币的债券。

②欧洲债券是指借款人在本国境外市场发行的、不以发行市场所在国货币为面值的国际债券。其特点是债券发行人、债券发行地点和债券面值所使用的货币分别属于不同的国家。

(5)债券市场的创新

发行者一直在努力创造出具备新特征的债券，主要包括：

①逆向浮动利率债券，其票息与一般利率平均水平的变动方向相反。

②资产支持债券，其息票率与一组资产的收益相关。

③巨灾债券，其最后支付由一段时间内某特定地区是否发生特定的灾难决定。

④指数债券，其偿付与一般物价指数或某种特定的商品物价指数有关。

2. 债券定价

若令到期日为 T，利率为 r，债券的定价公式为：

$$债券价值 = \sum_{t=1}^{T} \frac{利息}{(1+r)^t} + \frac{面值}{(1+r)^T}$$

价格和收益率之间的反向变动是固定收益债券最主要的特点。利率的波动是固定收益债券市场风险的主要根源，而这种波动对收益的影响程度主要由债券的期限决定。评估债券价格风险的一般规律是：保持其他条件不变，债券期限越长，其价格相对于市场收益率变化的敏感性就越大。

债券的报价又称净价，其往往没有将应计利息考虑在内。购买者实际支付的价格为全价，全价 = 债券净价 + 应计利息。债券付息时的净价即为全价，应计利息等于零。

3. 债券的收益率

(1)到期收益率

到期收益率是指使得购买债券所获得的未来全部现金流的现值等于债券当前价格的贴现率。到期收益率一般用来衡量债券在持有期间的平均收益率。不同于债券的到期收益率，当期收益率是指债券每年的利息收入与其当时市价的比值。对于溢价债券，票面利率 > 当期收益率 > 到期收益率；折价债券的情况则恰恰相反。

(2)赎回收益率

当债券有很大可能被赎回时，赎回收益率的效用大于到期收益率。赎回收益率的计算方法类似于到期收益率，只需将到期日换为赎回日，将面值换为赎回价格。该方法是以在债券第一次可赎回时进行赎回为假设基础的，又称“首次赎回收益率”。

(3)已实现的复合收益率与到期收益率

已实现的复合收益率是在假定所有息票收益均以等于到期收益率的利率进行再投资的情况下，使最终收益等于购买债券支付的贴现率。协定的到期收益率并不总是等于实际的已实现复合收益率。由于不能得到未来再投资利率的预期，已实现的复合收益率无法事先推算出来，但可在投资期结束后计算得到。

水平分析是指对不同持有期或投资水平下已实现的复合收益率进行预测。总收益预测取决于两个因素：一个是到期时出售债券的价格；另一个是息票利息的再投资利率。

4. 债券价格的时变性

(1)到期收益率和持有期收益率

到期收益率和持有期收益率的区别是：到期收益率只取决于债券的息票利率、现在的市价以及到期的本金。将债券持有至到期时，到期收益率可以视为对平均收益率的衡量。而持有期收益率衡量的为特定持有期限的收益率，其取决于债券在持有期末的价格。而持有期末的价格是未知的，所以很难准确地预测持有期收益率。

(2)零息票债券

零息票债券不附息票，以贴现方式发行，并在到期日按面值一次性支付本利。

在到期前，零息债券销售时会按面值打折；在到期日时，零息债券按面值销售。零息票债券的价格会随时间而变化逐渐接近于面值。一般来说，假设利率不变，零息票债券价格以利率的大小同比上涨。

5. 违约风险与债券定价

债券违约风险又称信用风险，国际上最具影响力的三大信用评级机构分别为穆迪、标准普尔以及惠誉国际信用评级公司。国外通常根据债券的风险状况，由 A 至 D 分成不同的等级。级别最高的为 AAA 或 Aaa。投资级债券是指等级为 AAA 级至 BBB 级(标准普尔、惠誉)或 Aaa 级至 Baa 级(穆迪公司)这些级别的债券。投机级债券是指等级更低的债券，又称垃圾债券。

(1)垃圾债券

垃圾债券又称高收益债券，市场上垃圾债券的违约率并不能证明其没有获得高的收益的可能。发行垃圾债券的融资成本低于银行贷款。

(2)债券安全性的决定因素

①偿债能力比率(Coverage ratio)

偿债能力比率是判断企业负债的安全性和短期负债的偿还能力的比率。主要包括资产负债率、流动比率和速动比率等。

②杠杆比率(Leverage ratio)

杠杆比率是指企业负债和资本收益的比率。杠杆比率越高，意味着企业负债越多，企业的负债越缺乏安全性。

③流动性比率(Liquidity ratio)

流动性比率是反映企业短期偿债能力的比率，主要包括：a. 流动比率(current ratio)，即流动资产与流动负债的比率；b. 速动比率(quick ratio)，即不包含存货在内的流动资产和流动负债的比率。

④盈利比率(Profitability ratio)

盈利比率是衡量有关资产或股权收益率等级的比率，最常见的有资产收益率。盈利比率反映了企业整体的财务状况。

⑤现金流负债比率(Cash flow to debt ratio)

现金流负债比率是指现金总流量与负债的比率。

(3)债券契约

债券契约是债券发行者与持有者间的协议，是为了维护持有人的权益而对发行者作出的限制。

①偿债基金

为了确保债务人期末偿付不会导致公司的现金流危机，可通过建立偿债基金将债务分散至若干年中。偿债基金的运行方式有以下两种：a. 公司每年公开回购部分未偿付的债券；b. 公司以约定的赎回价格买入部分未偿付的债券。不同于一般的债券赎回，对于偿债基金的赎回，公司只能以约定的赎回价格回购部分债券，且赎回价格通常为债券面值。

②次级额外债务

次级条款对发行者的额外借贷设置了限额，以防范其增加债务而导致债券持有者的利益受损。原始债务优先，额外债务要从属于原始债务。因此，次级原则有时也称为“自我第一规则”，即原始的债券持有者在公司破产时被最先偿付。

③股利限制

股利限制契约规定了企业支付股利的限额以维护债券持有者的权利。

④抵押品

抵押品是指一些公司在发行债券时提供作为抵押的资产。信用债券不提供抵押品，相比较而言，抵押债券更安全。

(4)到期收益率与违约风险

债券承诺收益率是只有在公司履约时才可以实现债券约定的收益率。因此预期的到期收益率需要考虑公司的违约可能。

通常公司债券会提供违约溢价以弥补投资者对违约风险的承受。违约溢价是其约定的收益率和不存在违约风险的债券收益率的差。违约溢价随违约风险的增大而增大。

(5)信用违约掉期

信用违约掉期(CDS)又称信用违约互换，可以被看作是一种金融资产的违约保险。CDS可以对冲信用风险，具有较强的流动性。

(6)信用风险与担保债务凭证

担保债务凭证(CDO)是一种固定收益证券。它把所有的抵押打包在一起，并且重新通过证券化进行包装，再以产品的形式推放到市场。

14.2 课后习题详解

一、习题

1. 定义下列类型的债券。

a. 巨灾债券

b. 欧洲债券

c. 零息票债券

d. 武士债券

e. 垃圾债券

f. 可转换债券

g. 分期还本债券

h. 设备契约债券

i. 最初发行的折扣债券

j. 指数化债券

k. 可赎回债券

l. 可卖回债券

答：a. 巨灾债券：是一种允许发行人将“巨灾风险”从公司转移到资本市场的债券。这些债券的投资者将因承担风险而获得更高息票的补偿。当发生灾难时，债券持有者将放弃全部或部分投资。“灾难”的定义是由保险损失总额或标准（如飓风时的风速或地震时的里氏级）来确定的。

b. 欧洲债券：是一种以货币计价的债券，通常计价的货币是发行方的，但是在其他国家市场上销售。

c. 零息票债券：是不支付利息的债券。投资者于到期日获得面值，但在那之前，不会收到任何利息支付。这些债券以低于面值的价格发行，投资者的收益是发行价及到期支付面值之间的差额。

d. 武士债券：在日本销售的非日本人发行的以日元计价的债券。

e. 垃圾债券：由于高的违约风险而造成低信用评级的债券。它们也被称为高收益债券。

f. 可转换债券：是一种允许债券持有者将债券转换为发行公司特定数量的普通股股份的债券。

g. 分期还本债券：一种发行的有错列的到期日的债券。随着债券依次到期，公司偿还本金的负担被时间分散开。

h. 设备契约债券：一种以公司拥有的设备作为抵押品的抵押债券。对于此债券，如果公司违约，债券持有者将收到该设备。

i. 最初发行的折扣债券：对面值以一定水平贴现来发行的债券。

j. 指数化债券：是指支付款项与总类价格指数或某一特定商品的价格相关联的债券。

k. 可赎回债券：是一种允许发行者在到期日之前以特定的赎回价来回购的债券。

l. 可卖回债券：是一种允许债券持有人在到期日前以指定的认沽价将债券卖回给公司的债券。

2. 两种债券有相同的期限和票面利率，一只价格为 105 美元，可赎回；另一只价格为 110 美元，不可赎回。问哪一只债券到期收益率更高？为什么？

答：价格为 105 美元的可赎回债券应以较低的价格售出，因为赎回条款对公司而言更有价值。因此，它的到期收益率应该更高。

3.（无违约风险的）零息票债券的承诺到期收益率和已实现的复合到期收益率永远相等。为什么？

答：零息票债券不支付票息，不承担票息再投资的风险。因此，投资者从债券中获得的收益与市场的再投资利率无关，也没有再投资利率的不确定性。

4. 为什么债券价格下降而利率升高？难道债权人不喜欢高利率吗？

答：息票债券的利息支付和本金偿还不会受到市场利率变化的影响。因此，如果市场利率增加，对于给定的债券固定利息和本金支付的偿还，二级市场上的债券投资者不愿支付与市场利率下降时的相同价格，从利率和现值之间的反比关系可知这种关系是显而易见的。折现率（即市场利率）的增加，降低了未来现金流的现值。

5. 一只债券的年票面利率是 4.8%，卖价为 970 美元，债券的当期收益率是多少？

答：年票面利率为 4.80%，即每年支付的票息为 48 美元。

当期收益率为：$\frac{48}{970}=4.95\%$。

6. 哪只债券有较高的实际年利率？

a. 面值为 100000 美元，售价为 97645 美元的 3 个月短期国库券。

b. 以面值出售，半年付息一次，票面利率为 10%的债券。

答： a. 3 个月国库券的实际年利率：$\left(\frac{100000}{97645}\right)^4-1=1.02412^4-1=0.100=10.0\%$。

b. 每半年支付 5% 的息票债券的实际年利率：$(1.05)^2-1=0.1025$ 或 10.25%。

因此，息票债券有更高的实际年利率。

7. 按面值出售，票面利率为 8%，半年付息一次的长期国债，如果一年付息一次，而且仍按面值出售，则票面利率应为多少？（提示：实际年收益率为多少？）

答： 每半年计息一次的息票债券的实际年收益率是 8.16%。如果每年计息一次的息票债券按面值出售，则它也必须提供相同的收益率，因此，要求年票面利率为 8.16%。

8. 假设一只债券的票面利率为 10%，到期收益率为 8%。如果到期收益率保持稳定，那么在一年内，债券的价格是会升高、降低还是不变？为什么？

答： 债券价格将降低。随着时间推移，虽然现在债券价格高于面值，但将会逐渐接近其面值。

9. 假设一只债券，票面利率为 8%、剩余期限为 3 年、每年付息一次，卖价为 953.10 美元。接下来 3 年的利率确定是：$r_1=8\%$，$r_2=10\%$，$r_3=12\%$。计算到期收益率和实现的复合收益率。

答： 到期收益率：用财务计算器，输入下列数据，可得出到期收益率：

$$n=3;\ PV=-953.10;\ FV=1000;\ PMT=80$$

结果为：$YTM=9.88\%$。

实现的复合收益率：首先，求出再投资的息票和本金的终值 FV：

$$FV=(80\times1.10\times1.12)+(80\times1.12)+1080=1268.16(\text{美元})$$

然后，求出使得购买价格的终值等于 1268.16 美元的利率 $y_{\text{实现}}$：

$$953.10\times(1+y_{\text{实现}})^3=1268.16$$

解得 $y_{\text{实现}}=9.99\%$ 或 $y_{\text{实现}}\approx10\%$。

10. 假设投资者有一年的投资期限，试图在三种债券之间进行选择。三种债券都有相同的违约风险，剩余期限都是 10 年。第一种是零息票债券，到期支付 1000 美元；第二种是票面利率为 8%，每年支付 80 美元利息的债券；第三种是票面利率为 10%，每年支付 100 美元利息的债券。

a. 如果三种债券都是 8%的到期收益率，它们的价格分别是多少？

b. 如果投资者预期在下年初到期收益率为 8%，则那时的价格各为多少？每只债券税前持有期收益率是多少？如果投资者的税收等级为：普通收入税率为 30%，资本利得税率为 20%，则每一种债券的税后收益率为多少？

c. 假设投资者预计下年初每种债券的到期收益率为 7%，重新回答问题 b。

答：

	零息票债券	8% 息票债券	10% 息票债券
a. 当前价格(美元)	463.19	1000.00	1134.20
b. 一年后价格(美元)	500.25	1000.00	1124.94
价格增长(美元)	37.06	0.00	-9.26
息票收入(美元)	0.00	80.00	100.00

续表

	零息票债券	8%息票债券	10%息票债券
税前收入(美元)	37.06	80.00	90.74
税前收益率(美元)	8.00%	8.00%	8.00%
b. 税*(美元)	11.12	24.00	28.15
税后收入(美元)	25.94	56.00	62.59
税后收益率	5.60%	5.60%	5.52%
c. 一年后价格(美元)	543.93	1065.15	1195.46
价格增长(美元)	80.74	65.15	61.26
息票收入(美元)	0.00	80.00	100.00
税前收入(美元)	80.74	145.15	161.26
税前收益率	17.43%	14.52%	14.22%
税**(美元)	19.86	37.03	42.25
税后收入(美元)	60.88	108.12	119.01
税后收益率	13.14%	10.81%	10.49%

* 在计算税时，假定10%息票债券平价发行，并将年底出售时债券价格的下跌视为资本损失，因此不能抵销经常利益。

** 在计算零息债券的税时，37.06 美元是被视为经常利益而征税(见 b)，价格上涨的其余部分则被视为资本利得而征税。

11. 一只 20 年期、面值为 1000 美元的债券，每半年付息一次，票面利率为 8%，如果债券价格如下，则其等价年收益率和实际到期收益率为_____美元。

a. 950　　　　b. 1000　　　　c. 1050

答：a. 用财务计算器，输入下列数据：

$$n=40;\ FV=1000;\ PV=-950;\ PMT=40$$

由此可计算出半年到期收益率是 4.26%。这意味着债券等价到期收益率为 4.26% ×2 =8.52%。

有效年到期收益率 $=(1.0426)^2-1=0.0870=8.70\%$。

b. 因为债券按面值出售，半年到期收益率与半年的息票率相同，都是4%。债券等价到期收益率是8%。

有效年到期收益率 $=(1.04)^2-1=0.0816=8.16\%$。

c. 其他输入数据不变，但令 $PV=-1050$，可求出债券等价到期收益率为 7.52%，或每半年 3.76%。

有效年到期收益率 $=(1.0376)^2-1=0.0766=7.66\%$。

12. 使用相同的数据，只是假定每半年付息改为每年付息，重新回答 11 题，并回答为什么这种情况获得的收益率低。

答：因为现在债券是每年付一次息，而不是每半年付一次，债券等价年收益率和有效年到期收益率相等。(在财务计算器上，$n=20$；$FV=1000$；$PV=-$价格，$PMT=80$)

三种债券的收益率为：

债券价格(美元)	债券等价收益率 = 有效年收益率(%)
950	8.53
1000	8.00
1050	7.51

本题中计算的收益率比半年支付一次息票情况下计算的收益率要低。在其他条件相同的情况下，每年付一次息使得债券对投资者的吸引力下降，因为获得票息前的时间更长。如果在每年付一次息的情况下债券的价格仍然维持不变，则债券的到期收益率将下降。

13. 以下为面值 1000 美元的零息票债券，填写此表。

价格(美元)	期限(年)	债券等价到期收益率(%)
400	20	—
500	20	—
500	10	—
—	10	10
—	10	8
400	—	8

答：

价格(美元)	期限(年)	债券等价到期收益率
400.00	20.00	4.688%
500.00	20.00	3.526%
500.00	10.00	7.177%
385.54	10.00	10.000%
463.19	10.00	8.000%
400.00	11.91	8.000%

14. 一只债券，年票面利率为 10%，半年付息一次，市场利率为每半年 4%，债券剩余期限为 3 年。

a. 计算目前的债券价格，及下一次付息后距现在 6 个月的债券价格。

b. 该债券(6 个月中)的总回报率是多少？

答：a. 债券每 6 个月支付 50 美元。

现价 = [50 × 年金因子(4%，6)] + [1000 × 现值因子(4%，6)] = 1052.42(美元)。

如果市场利率仍保持每半年 4% 不变，则 6 个月之后的价格为：

[50 × 年金因子(4%，5)] + [1000 × 现值因子(4%，5)] = 1044.52(美元)

b. $回报率 = \frac{50 + (1044.52 - 1052.42)}{1052.42} = \frac{50 - 7.9}{1052.42} = 4.0\%$。

15. 票面利率为 7%，每年付息两次(1 月 15 日和 7 月 15 日付息)，1 月 30 日《华尔街日报》刊登了此债券的卖方报价是 1001.25。则此债券的全价是多少？付息周期为 182 天。

答：债券报价为面值的 100.125%，即 1001.25 美元。然而，距最近一次付息日(半年一次)已过了 15 天，因此，累计利息 = 35 × (15/182) = 2.885(美元)。结算价格为报价加上累计利息，等于 1004.135 美元。

16. 一只债券的当期收益是9%，到期收益率是10%。问此债券的售价是以高于还是低于面值出售？并说明理由。

答：如果到期收益率高于当期收益率，则随着到期日的接近，债券价格会上涨。因此，债券必须以低于面值的价格发行。

17. 上题中的债券的票面利率是高于还是低于9%？

答：票面利率低于9%。如果票息除以价格等于9%，且价格低于面值，则息票除以面值就会小于9%。

18. 回到教材表14－1，计算通胀保值债券在第二年和第三年的名义及实际收益率。

答：

时间	上一年的通货膨胀率(%)	面值(美元)	息票支付(美元)	本金偿还(美元)
0		1000.00		
1	2	1020.00	40.80	0.00
2	3	1050.60	42.02	0.00
3	1	1061.11	42.44	1061.11

债券每年的名义收益率和实际收益率计算如下：

$$名义收益率=\frac{利息+价格增值}{初始价格}$$

$$实际收益率=\frac{1+名义收益率}{1+通货膨胀率}-1$$

	第二年	第三年
名义收益率	$\frac{42.02+30.60}{1020}=0.071196$	$\frac{42.44+10.51}{1050.60}=0.050400$
实际收益率	$\frac{1.071196}{1.03}-1=0.040=4.0\%$	$\frac{1.050400}{1.01}-1=0.040=4.0\%$

每年的实际收益率恰恰就是4%的债券实际收益率。

19. 一种新发行的20年期的零息票债券，到期收益率为8%，面值为1000美元，计算存续期的第一年、第二年与最后一年的利息收入。

答：如下表所示：

年	剩余期限 T(年)	固定收益值 $1000/(1.08)^T$(美元)	应计利息(固定收益增长)
0(现在)	20	214.55	
1	19	231.71	17.16
2	18	250.25	18.54
19	1	925.93	
20	0	1000.00	74.07

20. 一种新发行的10期债券，票面利率为4%，每年付息一次，公开发售价格为800美元，投资者下一年的应税收入是多少？此债券在年末不出售，并按照初始发行折价债券来对待。

答：债券发行价为800美元。因此，它的到期收益率为6.8245%。用固定收益方法，可以算出它在一年后(距到期9年)的价格为(以不变收益率计算)814.60美元，增加了

14.60美元。总的应税收入为：40 + 14.60 = 54.60（美元）。

21. 一个30年期、票面利率为8%、半年付息一次的债券5年后可按照1100美元的价格赎回。此债券现在以7%的到期收益率出售（每半年3.5%）。

a. 赎回收益率是多少？

b. 如果赎回价格仅为1050美元，则赎回收益率是多少？

c. 如果赎回价格仍为1100美元，但是债券可以在2年后而不是5年后赎回，则赎回收益率是多少？

答： a. 债券以每半年3.5%的到期收益率出售，售价为1124.72美元。[$n=60$；$i=3.5$；$FV=1000$；$PMT=40$]

因此，赎回收益率为每半年3.368%，即每年6.736%。[$n=10$个半年期；$PV=-1124.72$；$FV=1100$；$PMT=40$]

b. 如果赎回价格为1050美元，设$FV=1050$，重复a的计算步骤，可求得每半年的赎回收益率为2.976%，即每年5.952%。因此，赎回价格越低，赎回收益率越低。

c. 赎回收益率为每半年3.031%，即每年6.062%。[$n=4$；$PV=-1124.72$；$FV=1100$；$PMT=40$]

22. 一个有严重财务危机的企业发行的10年期债券，票面利率为14%，售价为900欧元，此企业正在与债权人协商，债权人有望同意企业的利息支付减至原合同金额的一半。这样企业可以降低利息支付。问此债券规定的和预期的到期收益率各是多少？此债券每年付息一次。

答： 以承诺支付为基础，到期收益率等于16.075%。[$n=10$；$PV=-900$；$FV=1000$；$PMT=140$]

以预期的每年70美元的息票支付为基础，预期的到期收益率为8.526%。

23. 一只两年期债券，面值为1000美元，每年的利息支付为100美元，售价为1000美元。债券的到期收益率是多少？在明年的一年期利率分别为a. 8%；b. 10%；c. 12%三种情况下，实现的复合收益率将分别是多少？

答： 债券按面值出售。它的到期收益率等于票面利率，即10%。如果第一年的息票以r的利率再投资，则在第二年年末的总收入为：$[100\times(1+r)]+1100$。因此，实现的复合到期收益率是r的函数，如下表所示：

r	总收入（美元）	实现的到期收益率 = $\sqrt{收入/1000}-1$
8%	1208	$\sqrt{1208/1000}-1=0.0991=9.91\%$
10%	1210	$\sqrt{1210/1000}-1=0.1000=10.00\%$
12%	1212	$\sqrt{1212/1000}-1=0.1009=10.09\%$

24. 假定今天是4月15日，现有一票面利率为10%的债券，每半年分别在1月15日和7月15日各付息一次。《华尔街日报》上面的卖方报价1012.50。如果投资者今天从交易商处购得此种股票，购买价格将是多少？

答： 4月15日是半年付息期的中期。因此，结算价格应该高出规定的卖方价格，高出的幅度应为半年息票利息的一半。卖方报价为面值的101.25%，因此，结算价格为：

$$1012.50+(1/2\times50)=1037.50（美元）$$

25. 假定两公司发行的债券有如下特征，且以面值发行。

	ABC 债券	XYZ 债券
发行量	12 亿美元	1.5 亿美元
期限	10 年①	20 年
票面利率	9%	10%
抵押品	一级担保	普通债券
赎回条款	不可赎回	10 年后可赎回
赎回价格	无	110
偿债基金	无	5 年后开始

注：①债券持有人可自行选择另外延长 10 年有效期。

不考虑信用水平，找出 4 个能说明 ABC 债券的低票面利率的原因，并说明理由。

答：ABC 债券的票面利率和到期收益率较低，这是因为如下因素使得 ABC 债券更有吸引力：

(1) ABC 债券的发行量更大，因而具有更好的流动性。

(2) 如果 10 年后的利率低于今天的利率，那么将债券期限从 10 年延长至 20 年的选择权是有价值的。相反，如果利率上升，投资者可以将债券出售以重新投资于具有更高收益率的债券。

(3) 在陷入困境时，ABC 债券有优先偿债权。它的抵押品是以不动产为担保的一级担保。

(4) XYZ 债券的可赎回特性使得 ABC 债券相对而言更具有吸引力，因为 ABC 债券不能从投资者手中赎回。

(5) XYZ 债券有偿债基金，要求 XYZ 每年赎回一部分债券。因为大部分偿债基金会给企业一种以较低的面值或市场价值赎回一部分债券的权利，偿债基金对于债券持有者而言是不利的。

26. 一位投资者相信某债券的信用风险可能暂时有所提高。下面哪一条是利用这一点最容易获得现金的方法？

a. 购买信用违约掉期

b. 卖出信用违约掉期

c. 卖空债券

答：a。如果投资者认为公司的信贷前景在短期内会变糟糕，并希望利用这一点，投资者应该购买信贷违约掉期。虽然短期的债券销售可以完成同样的目标，但是掉期市场的流动性往往比相应现金市场上的大得多。投资者可以挑选一个到期日与预期信用风险的期限类似的掉期。通过购买这一掉期，当债券信用风险增加时，投资者将获得补偿。

27. 以下哪一点最准确地描述了信用违约掉期的性质？

a. 当信用风险上升，互换溢价上升

b. 当信用和利率风险上升，互换溢价上升

c. 当信用风险上升，互换溢价上升，但是当利率风险上升，互换溢价下降

答：a。当信用风险上升时，信用违约掉期的价值将增加，因为它们提供的保护将更有价值。但是信用违约掉期并不对利率风险提供保护。

28. 对增加债券到期收益率的影响最有可能来源于：

a. 发行公司的获利额对利息的倍数比率上升

b. 发行公司的负债与股东权益比率上升

c. 发行公司的流动比率上升

答：b。

a. 发行公司的获利额对利息的倍数比率上升会降低公司的违约风险→提高了债券的价格→因此降低了到期收益率。

b. 发行公司的负债与股东权益比率上升增加了公司的违约风险→降低了债券的价格→因此增加了到期收益率。

c. 发行公司的流动比率上升增加了短期内的流动性→意味着公司的违约风险下降→提高了债券的价格→因此降低了到期收益率。

29. 一家大公司 5 年前同时发行了固定利率和浮动利率的两种商业票据，其数据如下。

	票面利率为 9% 的票据	浮动利率票据
发行量	2.5 亿美元	2.8 亿美元
初始期限	20 年	10 年
现价（面值的%）	93	98
当期票面利率	9%	8%
票面利率调整	固定利率	每年调整
票面利率调整规则	—	一年期国库券利率上浮 2%
赎回条款	发行后 10 年	发行后 10 年
赎回价格	106	102.5
偿债基金	无	无
到期收益率	9.9%	—
发行后价格变化范围	85 ~ 112 美元	97 ~ 102 美元

a. 为什么票面利率为 9% 的商业票据的价格波动幅度大于浮动利率的商业票据？

b. 解释浮动利率商业票据为什么不按面值出售？

c. 对投资者而言，为什么说赎回价格对浮动利率商业票据并不重要？

d. 对于固定利率商业票据而言，提前赎回的可能性是高还是低？

e. 如果公司发行期限 15 年的固定利率商业票据，以面值发行，则票面利率是多少？

f. 对于浮动利率商业票据而言，为什么用一种确定的方法计算到期收益率是不合适的？

答：a. 浮动利率票据支付的息票额根据市场水平调整。因此，它不会在市场收益率剧烈变动的情况下发生剧烈的价格变动。固定利率的票据则有较大的价格变动范围。

b. 由于下列原因，浮动利率票据不可以按面值出售：

（i）1 年期国库券和其他同期限的货币市场工具之间的收益率的价差可能比发行该债券时更大（或更小）。

（ii）企业的信用等级相对于没有信用风险的国债可能会有所降低（或提高）。因此，2% 的溢价补偿将不足以保持债券按面值发行。

（iii）息票增长有滞后，通常为每年一次。在利率变动期间，即使是短时间的滞后也会反映在债券的价格上。

c. 赎回的风险是很小的。因为债券几乎不会以高于面值的价格出售（如果其票面利率是可调整的），所以它几乎不可能被赎回。

d. 固定利率票据仅按赎回价格的88%出售，使得到期收益率要高于票面利率。当期的赎回风险相当低，因为只有在收益率大幅度地降低的情况下，企业才会执行其赎回债券的期权。

e. 票面利率为9%的票据现在距离到期日仅剩15年，以9.9%的到期收益率出售。这是15年期的债券平价发行所要求的票面利率。

f. 因为浮动利率商业票据以可变动利率来到期支付，因此比起其他债券，它的有效期限更接近于下一个息票调整发放日。因此，到期收益因为浮动利率事实上无法计算，在评价收益时，息票再调整日收益率更有意义。

30. Masters公司发行两种20年期债券，赎回价格均为1050美元。第1种债券的票面利率是4%，以较大的折扣出售，售价580美元。第2种债券按照面值平价出售，票面利率为8.75%。

a. 平价债券的到期收益率是多少？为什么会高于折价债券？

b. 如果预期利率在此后的两年中大幅度下跌，投资者会选择哪种债券？

c. 为什么折价债券提供了某种意义上的“隐形赎回保护”？

答：a. 平价出售的债券到期收益率等于息票率，即8.75%。在其他条件相同的情况下，息票率为4%的债券会更具吸引力，因为它的息票率远低于市场当期收益率，且价格远远低于回购价格。因此，如果收益率下降，债券的资本收益不会被回购价格所限制；相反，8.75%的息票率能使债券价格最高增加到1050美元，资本收益最大只有0.5%。8.75%息票债券的劣势在于容易被回购，因为其承诺到期收益率较高。

b. 如果一个投资者预期收益率会大幅下跌，则4%的债券就会提供较高的预期收益。

c. 在收益率的任何下降都不足以使企业考虑赎回债券的情况下，折价债券提供了隐性赎回保护。在这种情况下，赎回机制几乎毫无作用。

31. 一只新发行债券每年付息一次，票面利率为5%，期限为20年，到期收益率为8%。

a. 一个一年期的投资，如果债券在年底时以到期收益率为7%的价格出售，则持有期收益率是多少？

b. 如果债券在一年后出售，利息收入的税率是40%，资本利得税率是30%，那投资人应缴税多少？债券享有原始发行折价税收政策。

c. 债券的税后持有期收益是多少？

d. 持有期为2年，计算实现的复合收益率（税前），假设：①2年后卖出债券；②第2年末债券的收益率为7%；③利息可以以3%的利率再投资一年。

e. 用b中的税率计算2年后税后实现的复合收益率，记得考虑原始发行折价税收规定。

答：a. 初始价格 $P_0=705.46$（美元）[$n=20$；$PMT=50$；$FV=1000$；$i=8$]；

第二年价格 $P_1=793.29$（美元）[$n=19$；$PMT=50$；$FV=1000$；$i=7$]；

$$\text{持有期收益率}=\frac{50+(793.29-705.46)}{705.46}=0.1954=19.54\%$$

b. 利用OID税收法则，按固定收益方法，原8%收益率的折价债券的成本和所得收益因为每年支付一次而减少。

固定收益价格：（将这些与实际价格比较来计算资本利得）

$P_0=705.46$（美元）；

$P_1=711.89$（美元），解得第一年的隐含利息 $=6.43$（美元）；

$P_2=718.84$（美元），解得第二年的隐含利息 $=6.95$（美元）。

第一年的显性利息加上隐性利息的税额 $=0.40\times(50+6.43)=22.57$（美元）；

第一年的资本利得 = 7% 到期收益率实际价格 − 固定收益率价格 $=793.29-711.89=81.40$（美元）；

$$资本利得税 =0.30\times81.40=24.42（美元）$$

$$总税收 =22.57+24.42=46.99（美元）$$

c. 税后持有期收益率 $=\dfrac{50+(793.29-705.76)-46.99}{705.46}=0.1288=12.88\%$。

d. 两年后债券价值等于 798.82 美元[$n=18$；$PMT=50$；$FV=1000$；$i=7\%$]；

票息的再投资收入为 $50\times1.03+50=101.50$（美元）；

两年后总资金为 $798.82+101.50=900.32$（美元）。

因此，705.46 美元的投资额在两年后增加至 900.32 美元：

$$705.46\times(1+r)^2=900.32$$

解得 $r=0.1297=12.97\%$。

e. 第一年票息：50 美元；

减去 40% 息票税：−20 美元；

减去利息所得税(0.40×6.43)：−2.57 美元；

第一年净现金流：27.43 美元。

第一年现金流的税后再投资利率为 $3\%\times(1-0.40)=1.8\%$；

第二年末，此项投资将增长到 $27.43\times1.018=27.92$（美元）。

在第二年售出该债券，售价为：798.82 美元[$n=18$；$PMT=50$；$FV=1000$；$i=7\%$]；

减去第二年的利息所得税：−2.78 美元[0.40×6.95 美元]；

加第二年所获税后息票收入：30.00 美元[$50\times(1-0.40)$]；

减去资本利得税：−23.99 美元[$0.30\times(798.82-718.84)$]；

加第一年所有息票（再投资）的现金流：27.92 美元；

总计：829.97 美元。

故两年后税后实现的复合收益率由下式算出：

$$705.46\times(1+r)^2=829.97$$

解得 $r=0.0847=8.47\%$。

二、CFA 考题

1. Leaf Product 发行了一只 10 年期的固定收益证券，可能包含偿债基金条款和赎回保护或者重新注资。

a. 描述偿债基金条款。

b. 解释偿债基金对以下两方面的影响：

i. 该证券的预期平均期限。

ii. 该证券在存续期内总的面值和利息收益。

c. 从投资者的角度，解释偿债基金存在的合理性。

答：a. 偿债基金条款可以对债券进行提前强制赎回。该条款可以规定在一定时间内赎回债券的数量或比例。偿债基金可以在一债券的有效期内赎回全部或部分债券。

b. ⅰ. 与没有偿债基金的债券相比较，偿债基金缩短了整个发行债券的平均有效期，因为其中的一部分债券在规定的到期日之前已经被赎回了。

ⅱ. 公司在发行债券的整个有效期内支付本金总额相同，尽管支付时间会受时机选择的影响。如果提前赎回本金，与本金有关的总的利息支付将减少。

c. 从投资者的角度看，要求建立偿债基金的主要原因在于减少信用风险。有序地赎回到期债券可以减少违约风险。

2. Zello 公司的债券，面值为 1000 美元，以 960 美元出售，5 年后到期，年票面利率为 7%，半年付息一次。

a. 计算：

(1) 当期收益率。

(2) 到期收益率(四舍五入到最小整百分数，如 3%、4%、5% 等)。

(3) 持有期为 3 年，再投资收益率为 6%，投资者的实现的复合收益率为多少？第 3 年末，还差 2 年到期，7% 的利息支付的债券将以 7% 的收益率出售。

b. 指出以下每种固定收益率测度指标的主要缺陷：

(1) 当期收益率

(2) 到期收益率

(3) 实现的复合收益率

答：a. (ⅰ) 当前收益率 = 票息/价格 = 70/960 = 7.29%。

(ⅱ) 到期收益率为每半年 3.993% 或每年 7.986% 的债券等价收益率。

在财务计算器上，输入：$n = 10$；$PV = -960$；$FV = 1000$；$PMT = 35$，计算利率。

(ⅲ) 实现的复合收益率为 4.166%(半年)，或每年 8.332% 的债券等价收益率。要求出该值，首先计算票息和本金再投资的终值(FV)。有 6 笔支付，每次 35 美元，每半年再投资的利率为 3%。在财务计算器上输入：$PV = 0$；$PMT = 35$；$n = 6$；$i = 3\%$。算得 $FV = 226.39$(美元)。

因为票面利率预计等于到期收益率，债券在 3 年后将按面值 1000 美元售出。因此，3 年总的收益为 226.39 + 1000 = 1226.39(美元)。求出使得购买价格的终值为 1226.39 美元的已实现复合收益率 $y_{实现}$：

$$960 \times (1 + y_{实现})^6 = 1226.39$$

解得 $y_{实现} = 4.166\%$(每半年)。

b. 每种度量方法的缺点如下：

(ⅰ) 当前收益率并不能计算以非面值买入的债券资本利得或损失。它也不能计算票息的再投资收入。

(ⅱ) 到期收益率假定债券会持有到期，而所有的息票都可以按等于到期收益率的利率重新再投资。

(ⅲ) 实现的复合收益率会受到再投资利率预期、持有期限以及在投资者持有期末时债券的收益率的影响。

3. 2012 年 5 月 30 日，Janice Kerr 正在考察新发行的 AAA 级公司的 10 年期债券，具体情况如下。

债务情况	票面利率	价格	赎回条款	赎回价格
Sentinal 2022 年 5 月 30 日到期	6.00%	100	不可赎回	无
Colina 2022 年 5 月 30 日到期	6.20%	100	当前可赎回	102

a. 假设市场利率下降 100 个基点(即 1%)，比较该利率下降对每一债券价格的影响。

b. 如果 Kerr 选择债券 Colina 而不是 Sentinal，预期利率是上升还是下降的?

c. 如果利率波动加剧，那么对每种债券的价格将产生什么影响?

答：a. 每种债券的期限都是 10 年，假设息票每半年支付一次。由于这两种债券按面值出售，因此每种债券的当前收益率等于票面利率。如果收益率下降 1% 至 5%(每半年收益率为 2.5%)，Sentinal 债券价值将增加至 107.79 美元[$n=20$；$i=2.5\%$；$FV=100$；$PMT=3$]。

Colina 债券价格将上升，但也只上升到赎回价格 102 美元。预期支付的现值大于 102 美元，但是赎回价格对实际债券价格设定了一个上限。

b. 如果预期利率下降，Sentinal 债券将更具有吸引力，因为它不受赎回的约束，它的潜在资本利得将更大。

如果预期利率上升，Colina 债券是一个更好的投资。它较高的息票率(这可视为因债券的可赎回特征而对投资者做出的补偿)将带来比 Sentinal 更高的收益率。

c. 利率波动的增加将增加公司赎回 Colina 债券的期权的价值。如果利率下降，公司可以赎回债券，这将会给可能的资本利得加一个上限。因此，波动性越大将使得发行者赎回债券的期权更有价值。这将使得债券对投资者的吸引力变小。

4. 一可转换债券具有以下特性。

票面利率	5.25%
期限	2030 年 6 月 15 日
债券市场价格	775 美元
普通股股价	28 美元
年股利	1.2 美元
转换率	20.83 股

试计算该债券的转换溢价。

答：市场转换价值 = 转换为股票的价值 = 20.83 × 28 = 583.24(美元)；

转换溢价 = 债券价格 - 市场转换价值 = 775.00 - 583.24 = 191.76(美元)。

5. a. 试说明在发行一只债券时，附加提前赎回条款对债券的收益率会产生什么影响。

b. 试说明在发行一种债券时，附加提前赎回条款对债券的预期期限会有什么影响。

c. 试说明一个资产组合中若包含可赎回债券，会有何利弊。

答：a. 赎回使企业有可能在利率显著下降时赎回债券，为了补偿投资者，赎回条款要求企业提供更高的债券息票率(或更高的承诺到期收益率)。投资者只有在价格能够反映出债券被赎回的可能性时，才愿意把这项期权交给发行者。只有这个价格具有更高的承诺收益率，他们才愿意购买。

b. 赎回条款缩短了债券的预期期限。如果利率显著下降，则赎回的可能性增加，投资者将不会等到到期日，在赎回日就视其到期并结清；反过来，如果利率上升，债券则将在到期日结清。这种不对称表明债券的预期期限比固定期限要短。

c. 赎回债券的优点是，债券发行时提供更高的息票率(和更高的承诺收益率)。如果债券没有被赎回，在相同的发行日期均按票面价格出售，可赎回债券比起不可赎回债券，投资者能够赚取更高的实际复利收益率。赎回债券的弊端是赎回风险：如果利率下降，债券被赎回，则投资者获得赎回价，但还得将所得再投资，其利率将低于债券初始发行时的到期收益率。这种情况下，企业节省的利率支付部分恰恰就是投资者的损失部分。

6. a. 要使付息债券能够提供给投资者的收益率等于购买时的到期收益率，则：

(1)该债券不得以高于面值的价格提前赎回

(2)该债券的存续期内，所有偿债基金的款项必须立即及时地支付

(3)在债券持有直至到期期间，再投资利率等于债券的到期收益率

(4)以上均是

b. 具有赎回特征的债券：

(1)很有吸引力，因为可以立即得到本金加上溢价，从而获得高收益

(2)当利率较高时更倾向于执行赎回条款，因为可以节省更多的利息支出

(3)相对于不可赎回的类似债券而言，通常有一个更高的收益率

(4)以上均不对

c. 下面哪一种情况债券以折价方式卖出：

(1)票面利率大于当期收益率，也大于到期收益率

(2)票面利率、当期收益率和到期收益率相等

(3)票面利率小于当期收益率，也小于到期收益率

(4)票面利率小于当期收益率，但大于到期收益率

d. 考虑一个5年期债券，票面利率为10%，目前的到期收益率为8%，如果利率保持不变，一年后此债券的价格会：

(1)更高　(2)更低　(3)不变　(4)等于面值

答：a.(3)。如果债券以与到期收益率相等的利率再投资，则到期收益率就将等于在整个存续期内所实现的收益率。因为如果债券以高于到期收益率的利率再投资，实现的复合收益率也将超过到期收益率。如果再投资利率低于到期收益率，则实现的复合收益率也会降低。

b.(3)。可赎回债券的到期收益率必须要补偿投资者承担的赎回风险。

(1)是错误的，因为尽管可赎回债券的所有者在赎回时将获得本金加上一笔溢价，但他可进行再投资的利率降低了。较低的利率将使得赎回债券的发行者获利，而对债券持有者显然是不利的。

(2)是错误的，因为债券在利率低时更倾向于被赎回。只要利率下降，对于发行者就会有利息的节省。

c.(3)。

d.(2)。债券票面利率高于目前的到期收益率，则债券为溢价发行。随着债券期限的缩短，其价格也将逐渐下降，直到到期时价格与票面金额相等为止。故一年后债券的价格会更低。

第 15 章　利率的期限结构

15.1　复习笔记

1. 收益率曲线

(1)收益率曲线

利率期限结构，即不同到期期限债券利率之间的关系。一般而言，长期债券具有比短期债券更高的收益率。债券收益率与期限的关系通常用收益率曲线来描述。

(2)债券定价

对付息时间不一样的债券进行估价时，可以把债券的每一次现金流看作是一种零息债券，则债券的价值为所有零息债券的价值之和。

纯收益曲线描述的为零息债券的收益率曲线。当期债券收益率曲线描述的则为当前以面值或面值左右价格销售的附息债券的收益率曲线，曲线的自变量为期限。

2. 收益曲线与远期利率

(1)确定的收益率曲线

零息债券的到期收益率被称为即期利率。特定区间内的短期利率指适用于该区间内任一时点的利率。

收益率曲线体现了部分对将来市场利率的预测。长期债券的收益率或即期利率体现了持有期内短期债券利率受市场预期影响的运动轨迹。

(2)持有期收益率(holding period yield，HPY)

在确定性的世界中，任何期限的债券一定会具有一样的收益率。

(3)远期利率

在利率变化确定的情况下，可以利用零息票债券的收益率曲线计算出将来的短期利率。使两种 n 年期的投资收益相同：持有 n 年期的零息债券相当于持有($n-1$)年期零息债券并把收益投资于一年期债券。可以解出最后一期的短期利率：

$$(1+r_n)=(1+y_n)^n/(1+y_{n-1})^{n-1} \tag{15-1}$$

式中，y_n是 n 年期零息票债券的到期收益率。

当未来利率与不确定性相联系，用式(15－1)计算得到的利率被称作远期利率。

假设 n 期的远期利率为f_n，则可以定义f_n：

$$(1+f_n)=(1+y_n)^n/(1+y_{n-1})^{n-1}$$

进一步可得：

$$(1+y_n)^n=(1+y_{n-1})^{n-1}(1+f_n)$$

3. 利率的不确定性与远期利率

考虑风险的情况下，长期债券风险较大，短期投资者不愿投资长期债券，除非长期债券的期望收益率大于 1 年期债券的收益率，即投资者要求长期债券提供更高的风险溢价。

投资者为短期投资者时，远期利率将会存在溢价部分，以补偿其在期末卖出长期债券时价格的不确定性。投资者为长期投资者时，远期利率将比未来即期利率的期望要小。

远期利率与预期短期利率相同与否是由投资者对利率风险的承担意愿以及是否接受持有违背其投资思想的债券来决定的。

4. 期限结构理论

(1)期望假说

期望假说是期限结构理论的简化版本，其认为远期利率与市场整体对将来短期利率的预期相等，同时流动性溢价为0。

(2)流动性偏好

流动性偏好理论的倡导者认为，市场由短期投资者控制，因此远期利率大于短期利率的预期，即流动性溢价大于0。

5. 对期限结构的解释

在利率确定时，式(15-1)的一般形式为：

$$1+y_n=[(1+r_1)(1+r_2)\cdots(1+r_n)]^{1/n}$$

用远期利率f_n取代将来的短期利率，则有：

$$1+y_n=[(1+r_1)(1+f_2)(1+f_3)\cdots(1+f_n)]^{1/n}$$

所以，对于期限不同的债券，债券的收益率和远期利率间有直接的关系。收益率曲线向上倾斜，这是因为下一期的远期利率要大于到期收益率。

远期利率和未来短期期望利率的关系为：

$$f_n=E(r_n)+\text{流动性溢价}$$

式中，流动性溢价可能是诱使投资者持有与偏好不同期限债券的必要条件。依据上式，投资者预测利率增加或要求长期债券提供高溢价均会导致远期利率增加。因此，收益率曲线呈上升趋势不代表将来收益率期望的增加。但是估计市场期望利率是十分重要的。假设流动性溢价为固定值，远期利率去掉溢价部分即为市场期望利率。

名义利率是真实利率加上通货膨胀效应的补偿，即：

$$1+\text{名义利率}=(1+\text{真实利率})(1+\text{通胀率})$$

$$\text{名义利率}\approx\text{真实利率}+\text{通胀率}$$

因此，真实利率与通货膨胀率期望的改变均会影响期望利率。在分析预期利率下降的因素时要区分这两种因素的影响。

6. 作为远期合约的远期利率

通过投资不同到期日的零息债券，可以构建一个组合式远期贷款，以锁定未来的借款利率。

若要构建一个n年后执行的，$n+1$年后到期的利率为f_n，金额为1000美元，期限为1年的远期利率的贷款组合，可以买进一份n年期，金额为1000美元的零息债券，同时卖空$(1+f_n)$份$n+1$年期，金额为1000美元的零息债券。这样，在n年时，收入1000美元(零息债券面值)，在$n+1$年后支付$1000(1+f_n)$美元的面值，相当于获得了利率为$(1+f_n)$的远期贷款。

15.2 课后习题详解

一、习题

1. 远期利率与未来短期利率的市场预期之间的关系是什么？解释利率期限结构的预期和流动性偏好理论。

答：一般情况下，远期利率可以看作未来短期利率的市场预期加上一个潜在的风险（或“流动性”）溢价的总和。根据利率期限结构的预期理论，流动性溢价是零，因此，远期利率等于未来短期利率的市场预期。因此，未来短期利率的市场预期（即远期利率）可以由收益率曲线推导，并且较长的期限不提供风险溢价。

另一方面，流动性偏好理论确定了流动性溢价是正的，从而使得远期利率高于未来短期利率的市场预期，这可能导致即使在市场没有预期到利率上升时，期限结构也呈一个上升的趋势。流动性偏好理论的假设是：在金融市场中，短期投资者占主导地位，只有在得到溢价补偿时他们才愿意投资于长期证券。

2. 根据预期假说，如果收益率曲线是向上倾斜的，市场预计短期利率必然会上升。这句话是对、错还是不确定？为什么？

答：正确。根据预期假说，债券价格中不包含风险溢价。长期收益率高于短期收益率的唯一原因是对未来短期利率的更高的预期。

3. 根据流动性偏好理论，如果预期通货膨胀在以后几年将会下降，长期利率将高于短期利率。这句话是对、错还是不确定？为什么？

答：不确定。低通胀预期将导致低名义利率。然而，如果流动性溢价足够大，尽管人们抱有短期利率下降的预期，长期收益率也可能超过短期收益率。

4. 如果流动性偏好假设是真的，当一段时期内的利率保持稳定，期限结构曲线的形状将是怎样的？

a. 向上倾斜　　b. 向下倾斜　　c. 持平

答：a。流动性理论认为，投资者对所承担的利率风险要求溢价补偿。同时，随着期限的延长，投资者要求期限溢价。将此溢价加入一条平缓的曲线会得到向上倾斜的收益率曲线。

5. 根据纯预期理论，下面有关远期利率的哪一项是正确的？

a. 仅代表预期的未来短期利率

b. 对市场预期的无偏估计

c. 总是夸大未来短期利率

答：a。纯预期理论，也称为无偏期望理论，认为远期利率仅为预期未来即期利率的函数。在纯预期理论下，收益率曲线向上（向下）倾斜，意味着短期利率预计将上涨（下跌）。收益率曲线平坦，意味着市场预期短期利率将保持不变。

6. 假设纯预期利率是正确的，向上倾斜的收益率曲线表示：

a. 利率在未来会上升

b. 长期债券比短期债券风险大

c. 利率在未来预期会下降

答：a。收益率曲线向上倾斜是由于短期利率低于长期利率。因为市场利率由供给和需求决定，它表明投资者（需求方）预计未来利率会高于近期利率。

7. 下表列出了不同期限的零息债券价格。计算每种债券的到期收益率并推导远期利率。

期限	债券价格（美元）
1	943.40
2	898.47

续表

期限	债券价格(美元)
3	847.62
4	792.16

答:

期限	价格(美元)	到期收益率	远期利率
1	943.40	6.00%	
2	898.47	5.50%	$(1.055^2/1.06)-1=5.0\%$
3	847.62	5.67%	$(1.0567^3/1.055^2)-1=6.0\%$
4	792.16	6.00%	$(1.06^4/1.0567^3)-1=7.0\%$

8. 假定预期假说是正确的，计算第 7 题中 4 年期债券随时间推移的预期价格路径，每年债券的收益率是多少？证明期望收益率等于各年的远期利率。

答：4 年期零息债券的预期价格路径如下表所示。(利用这一年收益率曲线上的远期利率，按适当顺序对面值进行了折现。)

年初	预期价格(美元)	预期收益率
1	792.16	$(839.69/792.16)-1=6.00\%$
2	$\frac{1000}{1.05\times1.06\times1.07}=839.69$	$(881.68/839.69)-1=5.00\%$
3	$\frac{1000}{1.06\times1.07}=881.68$	$(934.58/881.68)-1=6.00\%$
4	$\frac{1000}{1.07}=934.58$	$(1000.00/934.58)-1=7.00\%$

9. 考虑下列面值为 1000 美元的零息债券：

债券名称	期限	到期收益率(%)
A	1	5
B	2	6
C	3	6.5
D	4	7

根据期望假说，预计从现在开始 3 年后的 1 年期利率是多少？

答：如果期望假说成立，则远期利率等于短期利率，并且 3 年后一年期利率为：

$$\frac{(1.07)^4}{(1.065)^3}-1=0.0851=8.51\%$$

10. 当前零息债券的期限结构是：

期限	到期收益率(%)
1	4
2	5
3	6

明年这个时候，你预期它是：

期限	到期收益率(%)
1	5
2	6
3	7

a. 你预期下一年3年期的零息债券的收益率是多少？

b. 根据预期理论，下一年市场预期的1年期和2年期零息债券的到期收益率是多少？市场预期的3年期债券收益率是高于还是低于你的预期？

答： a. 一个面值为100美元的3年期零息债券，现在以6%的收益率卖出，价格为$100/1.06^3=83.96$(美元)。

第二年，债券还有两年到期，因此到期收益率为6%(从第二年的预期收益率曲线可以看出)。价格为89.00美元，得出持有期收益率为6%。

b. 基于当前的收益率曲线的远期利率如下表：

年份	远期利率
2	$(1.05^2/1.04)-1=6.01\%$
3	$(1.06^3/1.05^2)-1=8.03\%$

根据上表的远期利率，第二年的收益率曲线预测如下：

到期日	到期收益率
1	6.01%
2	$(1.0601\times1.0803)^{1/2}-1=7.02\%$

市场对该2年期债券的预期到期收益率高于预期。因此，市场预测的价格较低，收益率较高。

11. 当前，1年期零息债券的到期收益率为7%，2年期零息债券的到期收益率为8%。政府计划发行2年期债券，每年付息，票面利率为9%。债券面值为100美元。

a. 该债券售价多少？

b. 该债券的到期收益率是多少？

c. 如果收益率曲线的预期理论是正确的，则市场预期明年该债券的售价为多少？

d. 如果你认为流动性偏好理论是正确的，且流动性溢价为1%，重新计算c。

答： a. $P=\frac{9}{1.07}+\frac{109}{1.08^2}=101.86$(美元)。

b. 到期收益率y满足如下方程：

$$\frac{9}{1+y}+\frac{109}{(1+y)^2}=101.86$$

(利用金融计算器，输入数据$n=2$，$FV=100$，$PMT=9$，$PV=-101.86$，求i)

求得：$YTM=7.958\%$。

c. 根据零息债券收益率曲线，推出第二年的远期利率f_2满足如下方程：

$$1+f_2=\frac{(1.08)^2}{1.07}=1.0901$$

求得：$f_2=9.01\%$。

因此根据第二年的预期利率 $f_2=9.01\%$，可得出预期债券价格为：

$$P=\frac{109}{1.0901}=99.99(\text{美元})$$

d. 如果流动性溢价为1%，则预期利率为：

$$E(r_2)=f_2-\text{流动性溢价}=9.01\%-1.00\%=8.01\%$$

预期债券价格为：109/1.0801 = 100.92(美元)。

12. 下面列出了期限不同的零息债券价格：

期限	1000美元面值的债券价格(零息债券)
1	943.40
2	873.52
3	816.37

a. 面值1000美元的债券，票面利率为8.5%，每年付息，3年后到期，该债券的到期收益率是多少？

b. 如果第一年年底收益率曲线在8%处变成水平的，则持有该附息债券1年的持有期收益率是多少？

答： a. 当前债券价格为：

$(85\times0.94340)+(85\times0.87352)+(1085\times0.81637)=1040.20$(美元)。

这意味着到期收益率为6.97%，可由下式得到：

[85×年金因子(6.97%，3)]+[1000×现值因子(6.97%，3)]=1040.17(美元)。

b. 如果第一年年底 $y=8\%$，则债券价格为：

[85×年金因子(8%，2)]+[1000×现值因子(8%，2)]=1008.92(美元)。

持有期收益率为：

$[85+(1008.92-1040.20)]/1040.20=0.0516=5.16\%$。

13. 零息债券的价格反映的远期利率如下：

年份	远期利率(%)
1	5
2	7
3	8

除零息债券外，投资者还可以购买一种每年付息60美元的3年期债券，面值为1000美元。

a. 该附息债券的价格是多少？

b. 该附息债券的到期收益率是多少？

c. 根据预期假说，该附息债券的预期可实现的复合收益率是多少？

d. 如果你预测一年后收益率曲线将在7%处变成水平状，请预测持有该附息债券1年的期望收益率是多少。

答：

年份	远期利率	期末收到 1 美元的现值(美元)
1	5%	1/1.05 = 0.9524
2	7%	1/(1.05 × 1.07) = 0.8901
3	8%	1/(1.05 × 1.07 × 1.08) = 0.8241

a. 价格 = (60 × 0.9524) + (60 × 0.8901) + (1060 × 0.8241) = 984.14(美元)。

b. 通过求解下式，可得到期收益率 y:

$$984.10 = [60 \times 年金因子(y,3)] + [1000 \times 现值因子(y,3)]$$

利用金融计算器可得 $y = 6.60\%$。

c.

时期	期末收到的支付(美元)	增长因子	未来价值(美元)
1	60.00	1.07 × 1.08	69.34
2	60.00	1.08	64.80
3	1060.00	1.00	1060.00
			1194.14

$$984.10 \times (1 + y_{实现})^3 = 1194.14$$

$$1 + y_{实现} = \left(\frac{1194.14}{984.10}\right)^{1/3} = 1.0666 \Rightarrow y_{实现} = 6.66\%$$

d. 第二年，债券价格为:

$$[60 \times 年金因子(7\%,2)] + [1000 \times 现值因子(7\%,2)] = 981.92(美元)$$

因此，资本损失为：984.10 − 981.92 = 2.18(美元)。

持有期收益率为：$\dfrac{60 + (-2.18)}{984.10} = 0.0588 = 5.88\%$。

14. 观察下列期限结构：

	实际年到期收益率(%)
1 年期零息债券	6.1
2 年期零息债券	6.2
3 年期零息债券	6.3
4 年期零息债券	6.4

a. 如果你相信明年的期限结构与现在相同，那么，1 年期零息债券和 4 年期零息债券哪个预期 1 年期收益率更高?

b. 如果你相信期望假说，又会如何?

答：a. 1 年期零息债券的收益率为 6.1%。

4 年期零息债券现在的价格为:

$$1000/1.064^4 = 780.25(美元)$$

第二年，如果收益率曲线不变，现在的 4 年期零息债券还有 3 年到期，到期收益率为 6.30%，因此价格为:

$$1000/1.063^3 = 832.53(美元)$$

故 1 年期收益率为 6.7%。

因此，在这种情况下，较长期限的债券会提供较高的预期收益率，因为其到期收益率在持有期内会递减。

b. 如果相信期望假说，将预期下一年的收益率曲线和这一年的不相同。现在曲线向上倾斜是短期利率上升的证明；曲线向下倾斜，则意味着4年期债券持有期收益率的减少。根据期望假说，所有的债券有相同的期望持有期收益率。因此，将预期4年期债券的持有期收益率(HPR)为6.1%，与1年期债券一样。

15. 1年期零息债券的到期收益率为5%，2年期的是6%。票面利率是12%(每年付息)的2年期付息债券的到期收益率是5.8%。对投资银行而言存在什么套利机会？该套利行为的利润是多少？

答：基于到期收益率，付息债券的价格为：

[120×年金因子(5.8%，2)]+[1000×现值因子(5.8%，2)]=1113.99(美元)

如果剥离息票并以零息票的形式单独出售，然后，基于期限为一年和两年的零息票的到期收益率，息票单独出售的价格为：

$$\frac{120}{1.05}+\frac{1120}{1.06^2}=1111.08(\text{美元})$$

套利策略是：买入1年期面值为120美元和2年期面值为1120美元的零息债券，同时卖出付息债券。每只债券的利润为2.91美元。

16. 假设面值100美元的1年期零息债券现在售价为94.34美元，而2年期的零息债券的售价为84.99美元。你正在考虑购买2年期的每年付息债券，面值100美元，年票面利率为12%。

a. 2年期零息债券的到期收益率是多少？2年期附息债券呢？

b. 第二年的远期利率是多少？

c. 如果期望假说可接受，第一年年底付息债券的期望价格是多少？附息债券第一年的预期持有期收益率是多少？

d. 如果你接受流动性偏好假说，期望收益率是更高还是更低？

答：a. 一年期零息债券的到期收益率为：

$$94.34=100/(1+y_1)$$

解得 $y_1=0.06=6\%$。

两年期零息债券收益率为：

$$84.99=100/(1+y_2)^2$$

解得 $y_2=0.08472=8.472\%$。

附息债券的价格为：$12/1.06+112/(1.08472)^2=106.51$(美元)。

因此其到期收益率为8.333%(用财务计算器，输入 $n=2$；$PV=-106.51$；$FV=100$；$PMT=12$)。

b. $f_2=\frac{(1+y_2)^2}{1+y_1}-1=\frac{(1.08472)^2}{1.06}-1=0.1100=11.00\%$。

c. 预期价格=112/1.11=100.90(美元)。(注意第二年，附息债券还有一笔利息未付。)

预期持有期收益率 $=\frac{12+(100.90-106.51)}{106.51}=0.0600=6.00\%$。

该持有期收益率等于1年期零息债券的到期收益率。

d. 如果存在流动性溢价，则 $E(r_2) < f_2$；

$$E(P)=\frac{112}{1+E(r_2)}>100.90$$

$$E(HPR)>6\%$$

17. 无违约风险的零息债券当前的收益率曲线如下表所示。

期限(年)	到期收益率(%)
1	10
2	11
3	12

a. 隐含的一年期远期利率是多少？

b. 假定期限结构的纯预期假说是正确的。如果市场预期准确，明年的纯收益曲线(即1年期与2年期零息债券的到期收益率)是多少？

c. 如果你现在购买2年期零息债券，明年的总期望收益率是多少？如果你购买的是3年期零息债券呢？(提示：计算当期价格和预期未来价格)不考虑税收。

d. 票面利率为12%且每年付息的3年期债券的当前价格应为多少？如果你以此价格买入，明年的总期望收益率是多少(利息加价格变动)？不考虑税收。

答：a. 从下表中可得出远期利率：

期限	到期收益率	远期利率	价格(美元)
1年	10%		$1000/1.10=909.09$
2年	11%	$(1.11^2/1.10)-1=12.01\%$	$1000/1.11^2=811.62$
3年	12%	$(1.12^3/1.11^2)-1=14.03\%$	$1000/1.12^3=711.78$

b. 利用a得到的远期利率折现零息债券面值可得到下一年的价格和收益率：

期限	价格(美元)	到期收益率
1年	$1000/1.1201=892.78$	12.01%
2年	$1000/(1.1201\times1.1403)=782.93$	13.02%

根据期望假说，今年向上倾斜的收益率曲线表明，第二年的收益率曲线将有一个向上的移动。

c. 第二年，2年期零息变为1年期零息，因此出售的价格为：

$$1000/1.1201=892.78(\text{美元})$$

同样，3年期零息变为2年期零息，出售价格为782.93美元。

预期总收益率为：

$$2\text{年期债券：}892.78/811.62-1=10.00\%$$

$$3\text{年期债券：}782.93/711.78-1=10.00\%$$

d. 债券现价应该等于每次支付的金额乘以相应的现值因子。可以用a中计算得到的零息债券的价格来得到债券现值：

$$\text{现价}=(120\times0.90909)+(120\times0.81162)+(1120\times0.71178)$$

$$=109.0908+97.3944+797.1936=1003.68(\text{美元})$$

同样，1 年后预期债券价格可以用零息债券的预期价格计算：

$$1\text{ 年后预期价格} = (120 \times 0.89278) + (1120 \times 0.78293)$$
$$= 107.1336 + 876.8816 = 984.02(\text{美元})$$

总期望收益率为：

$$\frac{120 + (984.02 - 1003.68)}{1003.68} = 0.1000 = 10.00\%$$

18. 假设不同期限的零息债券的价格如下表所示。债券面值为 1000 美元。

期限(年)	价格(美元)
1	925.93
2	853.39
3	782.92
4	715.00
5	650.00

a. 计算每年的远期利率。

b. 怎样构建一个第 3 年开始执行的 1 年期远期贷款？证实贷款利率等于远期利率。

c. 若远期贷款从第 4 年开始执行，再次回答 b 中的问题。

答：a.

期限(年)	价格(美元)	到期收益率	远期利率
1	925.93	8.00%	
2	853.39	8.25%	8.50%
3	782.92	8.50%	9.00%
4	715.00	8.75%	9.50%
5	650.00	9.00%	10.00%

b. 对于现在发行的 3 年期零息债券来说，可以用发行收入购买 782.92/715.00 = 1.095 只 4 年期债券。因此，现金流状况如下：

时间	现金流(美元)	
0	0	
3	-1000	在 0 时刻发行的 3 年期零息债券到期，发行人支付的面值为 1000 美元
4	+1095	在 0 时刻买入的 4 年期零息债券到期，收到面值支付

这是一种从时刻 3 开始的 1 年期合成贷款，合成贷款率为 9.5%，准确地说应是第 4 年的远期利率。

c. 对于现在发行的 4 年期零息债券来说，可以用发行收入购买 715.00/650.00 = 1.1 只 5 年期债券。因此，现金流状况如下：

时间	现金流(美元)	
0	0	
4	-1000	在 0 时刻发行的 4 年期零息债券到期，发行人支付的面值为 1000 美元
5	+1100	在 0 时刻买入的 5 年期零息债券到期，收到面值支付

这是一种从时刻4开始的1年期合成贷款，合成贷款率为10%，准确地说应是第5年的远期利率。

19. 继续利用上题中的数据。假设你想构建一个三年后开始执行的2年期远期贷款。

a. 假设你于今日买入一份3年期零息债券。你需要卖出多少5年期零息债券才能使你的初始现金流为零?

b. 这一策略中每年的现金流是多少?

c. 对这笔3年后执行的2年期远期贷款，实际的2年期利率是多少?

d. 证实2年期贷款的实际利率是$(1+f_4)\times(1+f_5)-1$。这样，可以说明该2年期贷款利率就是这两年中的远期利率。或者，证明实际的2年期远期利率等于$(1+y_5)^5/(1+y_3)^3-1$。

答：a. 今日买入一份3年期零息债券，需要发行：782.92/650.00 = 1.2045只5年期零息债券，才能使初始现金流为0。

b. 现金流如下：

时间	现金流	
0	0	
3	+1000.00	在0时刻买入的3年期零息债券到期，收到支付面值为1000美元
5	-1204.50	在0时刻发行的5年期零息债券到期，发行人支付面值

这是一种从时刻3开始的2年期合成贷款。

c. 2年期远期贷款的实际利率为：

$$1204.50/1000-1=20.45\%$$

d. 第4年和第5年1年远期利率分别为9.5%和10%。注意：

$$1.095\times1.10=1.2045=1+(3\text{ 年后远期贷款的 }2\text{ 年远期利率})$$

5年到期收益率为9.0%，3年到期收益率为8.5%。因此另一种求解从时刻3开始的贷款的2年远期利率的方法为：

$$f_3(2)=\frac{(1+y_5)^5}{(1+y_3)^3}-1=\frac{1.09^5}{1.085^3}-1=0.2046=20.46\%$$

（注：因为前面YTM计算的舍入误差，与这里的结果有一点细微出入。）

二、CFA考题

1. 根据预期和流动性偏好理论，简要说明为什么不同到期日的债券收益率不同。简述当收益率曲线向上倾斜和向下倾斜时每种假说的含义。

答：预期假说：长期债券的收益率是现在短期利率和预期未来短期利率的几何平均值，对向上倾斜的收益率曲线的解释是，未来的短期利率会高于当前的短期利率。而向下倾斜的收益率曲线则表明预期未来短期利率要低于当前的短期利率。因此，如果对于未来短期利率的预期不同于当前的短期利率，则不同期限的债券就会有不同的收益率。

流动性偏好假说：长期债券的收益率高于滚动发行的短期债券的预期收益，以补偿持有长期债券的投资者承担的利率风险。因此即便预期的未来短期利率等于当前的短期利率，具有不同到期日的债券仍然可以有不同的收益率。只要流动性溢价足够高，向上倾斜的收益率曲线仍然能够与短期利率的下降预期保持一致。但是，如果收益率曲线是向下倾斜的，而流动性溢价又假定为正值，则可以得出结论：未来的短期利率预计要比当前的短期利率低。

2. 以下关于利率期限结构的说法哪个是正确的？

a. 预期假说表明，如果预期未来短期利率高于当期短期利率，则收益率曲线是趋于平坦。

b. 预期假说认为长期利率等于预期短期利率。

c. 流动性溢价理论指出，其他都相等时，期限越长，收益率越低。

d. 流动性偏好理论认为，债权人倾向于购买收益率曲线短期部分的证券。

答：d。预期假说认为，远期利率等于市场整体对未来短期利率的预期。流动性偏好理论认为，短期投资者偏好短期债券，长期投资者偏好长期债券，如果要投资于不偏好的债券，两类投资者都要求有溢价。而市场由短期投资者控制，所以，一般来说，远期利率超过短期利率的预期，f_2 超过 $E(r_2)$，即流动溢价预期为正值。

3. 下表是零息国债的到期收益率：

期限（年）	到期收益率（%）
1	3.50
2	4.50
3	5.00
4	5.50
5	6.00
10	6.60

a. 计算第三年的 1 年期远期利率。

b. 说明在什么条件下计算出的远期利率是该年度 1 年期即期利率的无偏估计。

c. 假设数月之前，该年的 1 年期远期利率明显高于现在的远期利率。什么因素可以解释远期利率的下降趋势？

答：a. $(1+y_4)^4=(1+y_3)^3(1+f_4)$

$1.055^4=1.05^3(1+f_4)$

$1.2388=1.1576(1+f_4)\Rightarrow f_4=7.01\%$

b. 条件隐含在期限结构下的预期理论之中：风险中性者只根据收益率的差异来决定是否在不同期限的债券之间进行转换，这种行为排除了风险的流动性溢价或期限溢价。

c. 根据预期假说，隐含的较低的远期利率表明对于未来相应时期的即期利率有较低的预期。因为包含在期限结构中的较低的预期未来利率是名义利率，不论是较低的预期未来利率还是较低的预期未来通胀率，都与观测到的（隐含的）远期利率的既定变化相一致。

4. 6 个月期限的国库券即期利率为 4%，1 年期的即期利率为 5%。从现在起 6 个月后的隐含 6 个月远期利率是多少？

答：题中给出的利率是年利率，但利息每半年支付一次。因此，1 年期债券每期的即期利率为 2.5%，6 个月期债券的即期利率是 2%。半年的远期利率 f 可通过求解下列方程得到：

$$1+f=\frac{1.025^2}{1.02}=1.030$$

这意味着远期利率为每半年 3.0%，或每年 6%。

5. **下表列出了同一公司发行的两种每年付息债券的特性，它们具有相同的优先偿债权和即期利率，债券价格均与即期利率无关。利用表中信息，推荐购买债券 A 还是债券 B。**

债券特征

	债券 A	债券 B
利息	每年支付	每年支付
期限	3 年	3 年
票面利率	10%	6%
到期收益率	10.65%	10.75%
价格	98.40	88.34

即期利率

期限(年)	即期利率(零息债券,%)
1	5
2	8
3	11

答：每笔债券利息支付的现值都可以通过将每笔现金流用即期利率曲线上相应的即期利率折现求出。

$$债券A：现值=10/1.05+10/1.08^2+110/1.11^3=98.53(美元)$$

$$债券B：现值=6/1.05+6/1.08^2+106/1.11^3=88.36(美元)$$

债券 A 的售价比它支付额的现值少 0.13 美元(即面值的 0.13%)。债券 B 的售价比它支付额的现值少 0.02 美元。债券 A 的定价看起来更有吸引力一些。

6. **凯普尔是一个固定收益组合投资经理，与一些大的机构客户合作。范赫森是明星医院养老金计划的顾问。两人一起讨论基金约 1 亿美元国债的管理。目前美国国债收益率曲线如下表所示。范赫森认为：“考虑到 2 年期和 10 年期的国债收益率差别很大，那么在 10 年投资期内，买入 10 年期国债将会比买入 2 年期国债并在每次到期后再买入 2 年期国债的策略获得更高的回报。”**

期限(年)	收益率(%)	期限(年)	收益率(%)
1	2.00	6	4.15
2	2.90	7	4.30
3	3.50	8	4.45
4	3.80	9	4.60
5	4.00	10	4.70

a. 根据纯预期假说，说明范赫森的结论是否正确。

b. 范赫森与凯普尔讨论利率期限结构的另一种理论，并向她提供了如下关于美国国债市场的信息：

期限(年)	2	3	4	5	6	7	8	9	10
流动性溢价	0.55	0.55	0.65	0.75	0.90	1.10	1.20	1.50	1.60

利用此附加信息和流动性偏好理论，判断收益率曲线斜率对未来预期短期利率的变化方向意味着什么。

答： a. 根据纯预期假说，范赫森的结论不正确。该理论认为，无论投资策略的期限如何，债券的期望收益率都是一样的。

b. 根据流动性偏好理论，收益率曲线的形状表明短期利率在未来预计会上升。流动性偏好理论认为远期利率等于将来的利率的期望值加上流动性溢价，流动性溢价随着期限增加而上升。给定收益率曲线的形状和流动性风险溢价，收益率曲线减去相应的流动性溢价后仍有正的斜率（至少在到期前5年间）：

$$2.90\% - 0.55\% = 2.35\%$$

$$3.50\% - 0.55\% = 2.95\%$$

$$3.80\% - 0.65\% = 3.15\%$$

$$4.00\% - 0.75\% = 3.25\%$$

$$4.15\% - 0.90\% = 3.25\%$$

$$4.30\% - 1.10\% = 3.20\%$$

$$4.45\% - 1.20\% = 3.25\%$$

$$4.60\% - 1.50\% = 3.10\%$$

$$4.70\% - 1.60\% = 3.10\%$$

7. 超级信托公司的资产组合经理正在构建一个固定收益资产组合来满足一位客户的目标。该经理将美国附息国债和零息的美国国债进行比较，发现零息的美国国债的收益率具有明显优势：

期限	美国附息国债	零息的美国国债
3	5.50	5.80
7	6.75	7.25
10	7.25	7.60
30	7.75	8.20

简述为什么零息的美国国债比同期限的附息国债收益率高？

答： 息票债券可以看作被剥离的零息债券组合：每一息票可以看作一个独立存在的零息票债券。因此，息票债券的收益率反映每一息票到期支付的收益率。当收益曲线向上倾斜时，相同期限的息票债券具有比零息票债券更低的收益率，因为息票债券的到期收益率反映了前期支付的票息的收益率。

8. 美国国债收益率曲线的形状反映了两次美联储下调联邦基金利率的预期。当前的短期利率是5%，第一次预期6个月后大约降低50个基点，第二次预期1年后大约降低50个基点。当前美国国债期限溢价在未来3年中为每年10个基点（只考虑3年的情况）。

然而，市场也认为两年半后，美联储会改变降息的做法，转而将联邦基金利率提高100个基点。你预期在未来3年中流动性溢价为每年10个基点（只考虑3年内情况）。但是，市场同时认为两年半后，美联储会对联邦基金利率上调100个基点，扭转之前的下调。你预期在今后3年中，每年有10个基点的期限溢价（只考虑3年内情况）。

描述或画出3年内国债收益率曲线的形状。你是根据哪种期限结构理论推断出你所描绘的美国国债收益率曲线的形状的？

答：下表显示了基于联邦基金利率降低的预期计算得出的预期短期利率、期限溢价（每12个月增加0.01%）、远期利率（预期利率和期限溢价之和）和YTM（远期利率的几何平均）。

时间(月)	预期短期利率%	期限溢价%	远期利率(年)%	远期利率(半年)%	到期收益率(半年)%
0	5.00	0.00	5.00	2.500	2.500
6	4.50	0.05	4.55	2.275	2.387
12	4.00	0.10	4.10	2.050	2.275
18	4.00	0.15	4.15	2.075	2.225
24	4.00	0.20	4.20	2.100	2.200
30	5.00	0.25	5.25	2.625	2.271
36	5.00	0.30	5.30	2.650	2.334

这个分析是基于期限结构的流动性偏好理论，该理论认为，任何期限的远期利率是预期未来短期利率与流动性溢价之和。

9. 美国财政部持有大量养老金资产组合。你决定分析美国国债的收益率曲线。

a. 根据下表数据，计算5年期即期利率与远期利率，假定按照复利计算，写明计算过程。

美国中期国债收益率曲线数据

期限(年)	票面到期收益率(%)	计算出的即期利率(%)	计算出的远期利率(%)
1	5.00	5.00	5.00
2	5.20	5.21	5.42
3	6.00	6.05	7.75
4	7.00	7.16	10.56
5	7.00	?	?

b. 解释下列三个概念：短期利率、即期利率、远期利率。说明这三个概念之间的关系。

c. 你正考虑购买期限为4年的零息美国中期国债。根据以上收益率曲线，计算该债券的预期到期收益率和价格，并写明计算过程。

答：a. 5年即期利率为：

$$1000=\frac{70}{(1+y_1)^1}+\frac{70}{(1+y_2)^2}+\frac{70}{(1+y_3)^3}+\frac{70}{(1+y_4)^4}+\frac{1070}{(1+y_5)^5}$$

$$1000=\frac{70}{(1.05)}+\frac{70}{(1.0521)^2}+\frac{70}{(1.0605)^3}+\frac{70}{(1.0716)^4}+\frac{1070}{(1+y_5)^5}$$

$$y_5=\sqrt[5]{1.411}-1=7.13\%$$

5年远期利率为：

$$\frac{(1.0713)^5}{(1.0716)^4}-1=1.0701-1=7.01\%$$

b. 到期收益率是使一组现金流的现值等于其当前价格的单一折现率，它是内部收益率。既定区间内的短期利率是在那一区间内的不同时间点均适用的利率。既定期间内的即期利率是在该时期末到期的零息票债券的到期收益率。即期利率是每期的折现率，被用于折现息票债券的每期现金流，以计算当前价值。即期利率是最适合对不同期限现金流进行折现的利率。

远期利率是连接两个即期利率的隐含利率。远期利率和即期利率直接相关，因此也与到期收益率相关。有些人认为(如预期假说)远期利率是未来利率的市场期望，一个远期利率表现为连接两个即期利率的盈亏平衡利率。要注意远期利率连接即期利率而不是到期收益率。

到期收益率对于某个特定到期日不是唯一的，换言之，两个具有相同到期日但不同息票率的债券将有不同的到期收益率，但是某个日期的即期利率和远期利率是唯一的。

c. 4 年期即期利率为 7.16%，因此，7.16% 是美国零息国债的理论到期收益率。零息国债的价格等于 4 年后 1000 美元收入按 7.16% 折现的现值：

$$PV=\frac{1000}{(1.0716)^4}=758.35(\text{美元})$$

10. 下表列出了 5 种美国国债的即期利率。假设所有债券每年付息。

即期利率

期限(年)	即期利率(%)
1	13.00
2	12.00
3	11.00
4	10.00
5	9.00

a. 为 3 年后执行的延期贷款计算其隐含的 2 年期远期利率。

b. 利用表中数据计算 5 年期每年付息债券的价格，票面利率 9%。

答： a. 3 年后执行的延期贷款隐含的 2 年期远期利率为：

$$f_3(2)=\left[\frac{(1+y_5)^5}{(1+y_3)^3}\right]-1=\left[\frac{1.09^5}{1.11^3}\right]-1=0.125=12.5\%$$

b. 假定票面价值为 1000 美元，债券价格为：

$$\begin{aligned}P&=\frac{90}{(1+y_1)^1}+\frac{90}{(1+y_2)^2}+\frac{90}{(1+y_3)^3}+\frac{90}{(1+y_4)^4}+\frac{1090}{(1+y_5)^5}\\&=\frac{90}{(1.13)^1}+\frac{90}{(1.12)^2}+\frac{90}{(1.11)^3}+\frac{90}{(1.10)^4}+\frac{1090}{(1.09)^5}\\&=987.10(\text{美元})\end{aligned}$$

第16章　债券资产组合管理

16.1　复习笔记

1. 利率风险

(1)利率敏感性

债券价格对市场利率改变的敏感性具有如下六条性质：

①债券价格与收益率成反比；

②债券的到期收益率增加所导致的价格变动程度要比减小相同幅度时所导致的价格变动程度小；

③长期债券价格的利率敏感性要高于短期债券；

④债券价格的利率敏感性随期限的延长而增加，但增速会逐渐降低；

⑤利率风险与债券票面利率成反比；

⑥债券价格的利率敏感性和当期卖出债券的到期收益率成反比。

利率风险主要取决于债券的期限，但期限无法充分衡量利率的敏感性。

(2)久期

①久期计算公式

定义权重为w_t，其与t时刻的现金流(CF_t)存在如下关系：

$$w_t = [CF_t/(1+y)^t]/\text{债券价格}$$

式中，y为债券的到期收益率。等式右边的分子是t时刻现金流的现值，分母是债券全部支付的现值总和，故权重之和为1。于是便能得到麦考利久期公式：

$$D = \sum_{t=1}^{T} t \times w_t$$

久期为固定收益证券组合的重要概念，这是因为：

a. 久期对证券组合的有效平均期限进行了便捷的归纳统计；

b. 久期可以帮助规避证券组合的利率风险；

c. 久期可以衡量证券组合的利率敏感性。

②修正久期

修正久期定义为$D^* = D/(1+y)$。由于$\Delta(1+y) = \Delta y$，得到：

$$\Delta P/P = -D^* \Delta y \qquad (16-1)$$

修正久期能够衡量利率发生变动时债券的风险敞口。

③久期法则

久期法则为：

a. 零息票债券的久期与其到期时间相等。

b. 到期时间一定时，债券的久期随着息票利率的降低而延长。

c. 息票利率一定时，债券的到期时间越长，久期往往也越长。

d. 其他条件一定时，债券的久期随到期收益率的减小而延长。

e. 终身年金的久期为：$(1+y)/y$

f. 稳定年金的久期为：$(1+y)/y-T/[(1+y)^T-1]$

其中，T 为支付的次数；y 是每个支付期的年金收益率。

g. 息票债券的久期为：

$$\text{息票债券的久期}=(1+y)/y-[(1+y)+T(c-y)]/\{c[(1+y)^T-1]+y\}$$

其中，c 为每个支付期的息票利率；T 为支付次数；y 为每个支付期的债券收益。

h. 由于息票债券是以面值出售的，计算息票债券久期的法则可以简化为：

$$\text{按面值计算的债券久期}=\frac{1+y}{y}\left[1-\frac{1}{(1+y)^T}\right]$$

2. 凸性

(1)凸性的计算

凸性是指债券价格－收益率关系的曲率，可以大幅度改进久期近似值的准确性。

利用凸性将式(16－1)修正为：

$$\Delta P/P=-D^*\Delta y+(1/2)\times\text{凸性}\times(\Delta y)^2 \qquad (16-2)$$

等式右侧第二项为对凸性的修正。

凸性的计算公式为：

$$\text{凸性}=\frac{1}{P\times(1+y)^2}\sum_{t=1}^{T}\left[\frac{CF_t}{(1+y)^t}(t^2+t)\right]$$

式中，CF_t是在日期 t 支付给债券持有人的现金流；CF_t代表到期前的利息支付或是在到期日最后利息加上面值。

债券的凸性越大，利率下降时债券价格上升越多，利率升高时债券价格下降越少。所以，通常凸性大的债券价格较高，到期收益率较低。

(2)可赎回债券的凸性与有效久期

由于可赎回债券的价格始终低于赎回价格，当利率降低时，债券价格被限制在赎回价格以下，在低利率附近产生负凸性的曲线。负凸性的存在使得式(16－2)右侧第二项一定为负，说明久期近似值对债券价格的预测过高。

由于赎回选择权的存在，可赎回债券的麦考利久期难以准确计算。通常选择计算内含期权债券的有效久期，有效久期是指债券价格变动率和市场利率变动的比值：

$$\text{有效久期}=-(\Delta P/P)/\Delta r$$

3. 消极债券管理

消极债券管理者一般采用两种管理策略：一种为指数策略，让管理的资产组合重现一个已有指数的业绩；另一种策略为免疫策略，以规避投资组合的利率风险。

(1)债券指数基金

债券市场指数类似于股票市场指数，是反映一种指数成分并能测度整个市场的债券组合。

债券市场指数主要有：巴克莱资本美国综合债券指数(曾是雷曼综合债券指数)、所罗门大市投资分级指数和美林国内标准指数。它们均为总收益的市值加权平均指数。

(2)免疫

免疫策略具有消极管理固定收益资产组合的特征，这一策略试图帮助个人或公司规避利率波动的风险。免疫策略旨在对资产组合净值或者对资产组合的未来累计值进行利率风险免疫。

计划对全部资金的免疫是通过匹配资产与负债的久期来完成的。随着时间的推移和利率的变化，为了保持免疫的头寸必须对资产组合按期进行再平衡。传统的免疫也取决于平缓的收益率曲线的平行移动。但是这个假定是不现实的，因此，通常不能做到完全彻底的免疫。为了减轻问题的严重程度，可以运用多因素久期模型，它允许收益率曲线的形状有所变化。

久期匹配在累计利息付出(再投资利率风险)与债券售价(价格风险)间作出了平衡。图16－1说明了该情况：

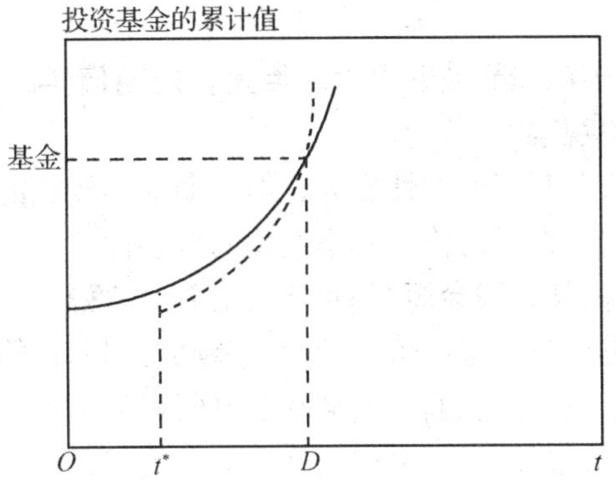

图16－1　投资基金的增长

注：实线为初始利率时资产组合价值的增长。在时间 t^* 时，如果利率增加，资产组合值开始会下降，但随后如虚线所示以较快的速度增长，在时间 D(久期)时，两条线相交。

(3)现金流匹配与量身定做

量身定做策略是基于多周期的现金流匹配。此时每一期的总现金流和总负债支出是相匹配的。量身定做策略的优点在于其可以永久地消除利率风险，现金流一达到匹配就不需进行再平衡。

(4)传统免疫的其他问题

①久期公式中的权重是在债券到期收益率的基础上计算得到的。仅在收益率曲线为平的情况下，久期才严格有效。

②存在通胀时，免疫可能没有意义。

4．积极债券管理

积极债券管理包括利率预测技术和市场之间的利差分析。

(1)潜在利润来源

①积极债券管理中潜在的价值来源：

a．利率预测，预测固定收益证券整体的利率变化。

b．识别固定收益市场中错误的估值。

②债券互换的种类

a．替代互换，是指债券和其几乎一致的替代品的交换行为。

b．市场间价差互换，是指债券市场两个部门的利差存在短暂异常时，市场参与者进行的互换行为。

c．利率预期互换，是指基于对利率的预测而进行的互换。

d．纯收益获得互换，是指通过买入长期债券以增加收益的互换。

e．税收互换，是指利用税收优势的互换。

(2)水平分析

水平分析是一种利率预测技术。在水平分析中，分析师预测在某一持有期结束时收益率曲线的位置，再根据收益率曲线预测有关债券的价格。因此，分析师可以根据整个持有期的预期总收益(利息加上资本利得)对债券排序。

16.2 课后习题详解

一、习题

1. 长期债券的价格较短期债券波动更大。但是，短期债券的到期收益率比长期债券波动大。如何调和这两种经验观察?

答：虽然短期利率比长期利率波动性更大，但长期债券较长的久期使得他们的价格和收益率波动较大。较长的久期放大了价格对利率变化的敏感性。

2. 一种无限期的年金，其久期会短至10年或是20年吗?

答：久期可以看作是付给终身年金持有者的现金流的到期日的加权平均，每个现金流的权重为该现金流现值除以总现金流现值。未来现金流的现值近似为零(即权重变得非常小)，因此未来现金流几乎无影响，并最终对平均权重也毫无贡献。

3. 9年期债券，收益率为10%，久期是7.194年。如果市场收益率变动50个基点，债券价格变动百分比是多少?

答：债券价格变动的百分比是：

$-\frac{D}{1+y}\times\Delta y=-7.194/1.10\times0.005=-3.27\%$，即债券价格下降了3.27%。

4. 某债券的剩余期限是3年，到期收益率为6%，每年付息一次，票面利率是6%，其久期是多少?如果到期收益率变为10%，久期又是多少?

答：a. 到期收益率为6%时：

(1) 距支付日的时间(年)	(2) 现金流(美元)	(3) 现金流现值(折现率为6%)(美元)	(4) 权重	(5) (1)×(4)
1	60.00	56.60	0.0566	0.0566
2	60.00	53.40	0.0534	0.1068
3	1060.00	890.00	0.8900	2.6700
总和		1000.00	1.0000	2.8334

久期为2.833年。

b. 到期收益率为10%时：

(1) 距支付日的时间(年)	(2) 现金流(美元)	(3) 现金流现值(折现率为10%)(美元)	(4) 权重	(5) (1)×(4)
1	60.00	54.55	0.0606	0.0606
2	60.00	49.59	0.0551	0.1102
3	1060.00	796.39	0.8844	2.6532
总和		900.53	1.0000	2.8240

久期为2.824年，比到期收益率为6%时的久期短。

5. 如果第4题中的利息每半年支付一次，债券的久期是多少?

答：对于每半年付息一次的票面利率为6%的平价债券来说，其相关参数为：息票率=

每半年 3%，$y=3\%$，$T=6$ 个半年期。

(1) 距支付日的时间(半年)	(2) 现金流(美元)	(3) 现金流现值(折现率为 3%)(美元)	(4) 权重	(5) (1)×(4)
1	3.00	2.913	0.02913	0.02913
2	3.00	2.828	0.02828	0.05656
3	3.00	2.745	0.02745	0.08236
4	3.00	2.665	0.02665	0.10662
5	3.00	2.588	0.02588	0.12939
6	103.00	86.261	0.86261	5.17565
总和		100.000	1.00000	5.57971

债券的久期为 5.5797 个半年，即 2.7899 年。

如果债券到期收益率为 10%，半年收益率为 5%，半年息票率为 3%：

(1) 距支付日的时间(半年)	(2) 现金流(美元)	(3) 现金流现值(折现率为 5%)(美元)	(4) 权重	(5) (1)×(4)
1	3.00	2.857	0.03180	0.03180
2	3.00	2.721	0.03029	0.06057
3	3.00	2.592	0.02884	0.08653
4	3.00	2.468	0.02747	0.10988
5	3.00	2.351	0.02616	0.13081
6	103.00	76.860	0.85544	5.13265
总和		89.849	1.00000	5.55223

久期为 5.5522 个半年，即 2.7761 年。

6. 2008 年金融危机期间，AAA 级债券和国债之间的历史利差大幅度扩大。如果你相信利差将会回归到历史正常水平，你将会采取什么行动？这是哪种形式的债券互换？

答：如果 AAA 级债券和国债之间的当前利差比其历史利差要大，并且有望收窄，则应从国债转向投资 AAA 级债券。随着价差缩小，AAA 级债券的表现将优于国债。这是跨市价差互换的一个例子。

7. 你预测利率即将下跌。哪种债券将会为你带来最高的资本利得？

a. 低票面利率，长期限

b. 高票面利率，短期限

c. 高票面利率，长期限

d. 零息，长期限

答：d。当投资者预测利率会下降，他们倾向于购买长期债券，因此他们可以获得大量资本收入，零息债券会保证资本收入更大。

8. 给下列两组债券的久期或有效久期排序。

a. 债券 A 的票面利率为 6%，20 年期，以面值出售。债券 B 票面利率是 6%，20 年期，以低于面值的价格出售。

b. 债券 A 是 20 年期的票面利率为 6% 的不可赎回付息债券，以面值出售。债券 B 是 20 年期的票面利率为 7% 的可赎回附息债券，以面值出售。

答：a. 债券 B 的到期收益率比债券 A 的要高，这是因为虽然其票息支付及到期日与债券 A 相同，但它的价格较低。(收益率较高也许是因为信用风险的差异)因此，债券 B 的久期必须更短。

b. 债券A具有较低的收益率和较低的息票率，这两个因素导致了债券A比债券B有更长的久期。又因为债券A不能被赎回，所以它的到期日至少和债券B的一样长，这通常会增加它的久期。

9. 一家保险公司必须在1年内向客户支付1000万美元，并在5年内支付400万美元。收益率曲线在10%时是平的。

a. 如果公司想通过单一的一种零息债券来充分融资以免疫对该客户的债务，则它购买的债券的期限应为多久？

b. 该零息债券的面值和市场价值各是多少？

答： a.

(1) 距支付日的时间(年)	(2) 现金流(百万美元)	(3) 现金流现值(百万美元，折现率为10%)	(4) 权重	(5) (1)×(4)
1	10	9.09	0.7857	0.7857
5	4	2.48	0.2143	1.0715
总和		11.57	1.0000	1.8572

久期为1.8572年，等于零息债券的期限。

b. 零息债券的市价必须为1157万美元，和债务的市价相等。因此，面值为：$11.57 \times (1.10)^{1.8572} = 13.81$(百万美元)。

10. 长期国债当前出售的到期收益率接近6%。你预计利率会下降，市场上的其他人认为在未来一年内利率会保持不变。假定你是正确的，对以下每种情况，选择能带来较高持有期收益的债券。简述理由。

a. i. Baa级债券，票面利率为6%，到期期限20年。

ii. Aaa级债券，票面利率为6%，到期期限20年。

b. i. A级债券，票面利率3%，剩余期限20年，105美元时可赎回。

ii. A级债券，票面利率6%，剩余期限20年，105美元时可赎回。

c. i. 票面利率为4%的不可赎回国债，20年期限，到期收益率为6%。

ii. 票面利率为7%的不可赎回国债，20年期限，到期收益率为6%。

答：在每种情况中，为了从下降的利率中获利，应选择久期较长的债券。

a. ii。Aaa级债券的到期收益率较低，因此有更长的久期。

b. i。较低息票率债券有更长的久期和更强的实际赎回保护。

c. i。较低息票率债券有更长的久期。

11. 当前，期限结构如下：1年期债券收益率为7%，2年期债券收益率为8%，3年期债券和更长期限债券的收益率都是9%。你正在1年期、2年期和3年期债券中做选择，所有债券均是每年一次支付8%的利息。如果你确信年底时收益率曲线会在9%处持平，你将购买哪种债券？

答： 下表显示了三种债券的持有期收益率：

期限(年)	1	2	3
年初到期收益率	7.00%	8.00%	9.00%
年初价格(美元)	1009.35	1000.00	974.69

续表

期限(年)	1	2	3
年末价格(到期收益率为9%)(美元)	1000.00	990.83	982.41
资本利得(美元)	-9.35	-9.17	7.72
票息(美元)	80.00	80.00	80.00
1年总收益(美元)	70.65	70.83	87.72
1年总收益率	7.00%	7.08%	9.00%

应该购买3年期债券，因为它在下一年提供了9%的持有期收益率，比其他的债券收益高。

12. 在未来两年每年年底，你要支付10000美元的学费，且债券当期的收益率为8%。

a. 债务的现值和久期各是多少?

b. 什么样期限的零息债券可以使你的债务免疫?

c. 假设你购买一种零息债券，其价值和久期与你的债务相同。现在假设利率立即上升至9%。你的净头寸将会发生什么变化? 换句话说，你的学费债务和债券价值之间的差异会有什么变化? 如果利率降低至7%，又会如何?

答: a. 债务现值 =10000×年金因子(8%，2) =17832.65(美元)。

(1)	(2)	(3)	(4)	(5)
距支付日的时间(年)	现金流(美元)	现金流现值(折现率为8%)(美元)	权重	(1)×(4)
1	10000.00	9259.259	0.51923	0.51923
2	10000.00	8573.388	0.48077	0.96154
总和		17832.647	1.00000	1.48077

久期为1.4808年。

b. 期限为1.4808年的零息债券可以免疫债务。由于零息债券的现值为17832.65美元，则面值(未来赎回价格)为:

$$17832.65\times1.08^{1.4808}=19985.26(\text{美元})$$

c. 如果利率增加到9%，则零息债券价值将会减少到:

$$19985.26/1.09^{1.4808}=17590.92(\text{美元})$$

学费债务的现值将会减少到17591.11美元，净头寸价值将增加0.19美元。

如果利率减少到7%，则零息债券价值将会增加到:

$$19985.26/1.07^{1.4808}=18079.99(\text{美元})$$

学费债务的现值将会增加到18080.18美元，净头寸价值将增加0.19美元。

净头寸变化的原因是随着利率变化，学费支付流的久期也会变化。

13. 养老金向受益人支付终身年金。如果一家公司永久地参与这项业务，养老金债务则类似于终身年金。因此假定，你来管理这一年金，每年向受益人支付2亿美元，永不终止。所有债券的到期收益率都是16%。

a. 如果5年期票面利率为12%(每年支付)的债券的久期是4年，而且20年期且票面利率为6%(每年支付)的债券久期是11年。要使你的债务完全融资并免疫，则每种债券持有量为多少?(以市价计算。)

b. 你持有的 20 年期附息债券的面值是多少？

答： a. 债务的现值 = 200/0.16 = 1250（百万美元）。

债务的久期 = 1.16/0.16 = 7.25（年）。

令 w 为 5 年期债券的权重（久期为 4 年）。则：

$$w \times 4 + (1 - w) \times 11 = 7.25$$

解得 $w = 0.5357$。

因此，5 年期债券的持有量为：0.5357 × 1250 = 670（百万美元）；20 年期债券的持有量为：0.4643 × 1250 = 580（百万美元）。

b. 20 年期债券的价格为：

$$60 \times 年金因子(16\%，20) + 1000 \times 现值因子(16\%，20) = 407.12(美元)$$

因此，债券售价为面值的 0.4071 倍，且市场价值 = 面值 × 0.4071，即 580 = 面值 × 0.4071，故面值为 1425 百万美元。

另一种解法为，每种面值 1000 美元的债券售价为 407.12 美元。如果总的市值为 580 百万美元，则需要购买接近 1425000 份债券，总面值为 1425 百万美元。

14. 你正在管理 100 万美元的资产组合。你的目标久期是 10 年，你可以从以下两种债券中选择：5 年期的零息债券和终身年金，当期收益率均为 5%。

a. 在你的资产组合中，你将持有两种债券各多少？

b. 如果你现在的目标久期是 9 年，明年持有比例会发生什么变化？

答： a. 终身年金的久期为：1.05/0.05 = 21（年）。

令 w 为零息债券的权重。则：

$w \times 5 + (1 - w) \times 21 = 10$，即 $w = 11/16 = 0.6875$。

因此，资产组合权重如下：11/16 投资于零息债券，5/16 投资于终身年金。

b. 第二年，零息债券的久期为 4 年，终身年金的久期为 21 年。为了达到 9 年久期的目标，即为现在债务的久期，再次求解 w：

$$(w \times 4) + (1 - w) \times 21 = 9$$

解得 $w = \frac{12}{17} = 0.7059$。

故资产组合中投资于零息债券的比例增加到 12/17，终身年金的比例减少到 5/17。

15. 我的养老基金计划将在 10 年期间每年支付给我 10000 美元。第一笔支付将在 5 年后。养老基金想将其头寸免疫。

a. 养老基金对于我的债务的久期是多少？当期利率为每年 10%。

b. 如果养老基金计划使用 5 年和 20 年零息债券来构建免疫头寸，每只债券要投入多少资金？每只零息债券的面值是多少？

答： a. 如果 1 年后开始支付，年金久期为：

(1) 距支付日的时间（年）	(2) 现金流（美元）	(3) 现金流现值（折现率为 10%）（美元）	(4) 权重	(5) (1) × (4)
1	10000	9090.909	0.14795	0.14795
2	10000	8264.463	0.13450	0.26900
3	10000	7513.148	0.12227	0.36682

续表

(1) 距支付日的时间(年)	(2) 现金流(美元)	(3) 现金流现值(折现率为10%)(美元)	(4) 权重	(5) (1)×(4)
4	10000	6830.135	0.11116	0.44463
5	10000	6209.213	0.10105	0.50526
6	10000	5644.739	0.09187	0.55119
7	10000	5131.581	0.08351	0.58460
8	10000	4665.074	0.07592	0.60738
9	10000	4240.976	0.06902	0.62118
10	10000	3855.433	0.06275	0.62745
总和		61445.671	1.00000	4.72546

久期为4.7255年。因为支付是在5年后开始，而不是1年后，故在久期上加4年，即久期为8.7255年。

b. 递延年金的现值为：

$$\frac{10000\times 年金因子(10\%,10)}{1.10^4}=41968(美元)$$

令 w 为投资于5年期零息债券的权重。则：

$$w\times 5+(1-w)\times 20=8.7255$$

解得 $w=0.7516$。

投资于5年期零息债券的资金为：$0.7516\times 41968=31543$(美元)。

投资于20年期零息债券的资金为：$0.2484\times 41968=10423$(美元)。

这是每种投资的现值或市值。面值等于相应投资的未来价值。故5年期零息债券的面值为：$31543\times(1.10)^5=50801$(美元)。因此，可以购买50~51份面值为1000美元的零息债券。

同样地，20年期零息债券的面值为：$10425\times(1.10)^{20}=70134$(美元)。

16. 30年期的债券，每年支付一次，票面利率为12%，久期是11.54年，凸性为192.4。该债券在8%的到期收益率水平出售。如果债券的到期收益率下跌至7%或上涨至9%，使用财务计算器或电子数据表计算债券价格。按照新的收益率，根据久期法则和凸性久期法则，债券价格是多少？每种方法的误差百分比是多少？对于这两种方法的准确性，你有何结论？

答：利用财务计算器，可知债券的实际价格是到期收益率的函数：

到期收益率	价格(美元)
7%	1620.45
8%	1450.31
9%	1308.21

根据久期法则，假定到期收益率下降到7%：

$$预计价格变化=\left(-\frac{久期}{1+y}\right)\times\Delta y\times P_0$$

$$=\left(-\frac{11.54}{1.08}\right)\times(-0.01)\times 1450.31=155.06(\text{美元})$$

因此，预计价格为：1450.31 + 155.06 = 1605.37(美元)。

到期收益率为7%时的实际价格为1620.45美元。

因此，误差百分比 $=\frac{1605.37-1620.45}{1620.45}=-0.93\%$（近似值太低）。

根据久期法则，假定到期收益率升到9%：

$$\text{预计价格变化}=\left(-\frac{\text{久期}}{1+y}\right)\times\Delta y\times P_0$$

$$=\left(-\frac{11.54}{1.08}\right)\times 0.01\times 1450.31=-155.06(\text{美元})$$

因此，预计新的价格为：1450.31 − 155.06 = 1295.25(美元)。

到期收益率为9%时的实际价格为1308.21美元。

因此，误差百分比 $=\frac{1295.25-1308.21}{1308.21}=-0.0099=-0.99\%$（近似值太低）。

根据凸性久期法则，假定到期收益率降到7%：

$$\text{预计价格变化}=\left\{\left[\left(-\frac{\text{久期}}{1+y}\right)\times\Delta y\right]+\left[0.5\times\text{凸性}\times(\Delta y)^2\right]\right\}\times P_0$$

$$=\left\{\left[\left(-\frac{11.54}{1.08}\right)\times(-0.01)\right]+\left[0.5\times 192.4\times(-0.01)^2\right]\right\}\times 1450.31$$

$$=168.99(\text{美元})$$

因此，预计新的价格为：1450.31 + 168.99 = 1619.30(美元)。

到期收益率为7%时的实际价格为1620.45美元。因此，

误差百分比 $=\frac{1619.30-1620.45}{1620.45}=-0.07\%$（近似值太低）。

根据凸性久期法则，假定到期收益率升到9%：

$$\text{预计价格变化}=\left\{\left[\left(-\frac{\text{久期}}{1+y}\right)\times\Delta y\right]+\left[0.5\times\text{凸性}\times(\Delta y)^2\right]\right\}\times P_0$$

$$=\left\{\left[\left(-\frac{11.54}{1.08}\right)\times 0.01\right]+\left[0.5\times 192.4\times(0.01)^2\right]\right\}\times 1450.31$$

$$=-141.11(\text{美元})$$

因此，预计新的价格为：1450.31 − 141.11 = 1309.20(美元)。

到期收益率为9%时的实际价格为1308.21美元。因此，

误差百分比 $=\frac{1309.20-1308.21}{1308.21}=0.08\%$（近似值太高）。

结论：凸性久期法则提供了更精确的真实价格变化的近似值。在此题中，根据凸性久期法则计算的价格变化的误差百分比小于根据久期法则计算的误差百分比。

17. 特许金融分析师梅耶斯是一位大型养老金的固定收益投资经理。投资委员会的成员斯派西对学习固定收益组合管理非常感兴趣。斯派西向梅耶斯提出了几个问题，尤其是斯派西非常想知道的固定收益投资经理如何配置投资组合，以从对未来利率的预期中获利。

梅耶斯使用一只固定利率债券和票据向斯派西说明固定收益交易策略。两只债券都是半年的付息期。除非特别说明，所有的利率变化都是同步的。两种证券的特征如表16－1所

示。他还考虑一只 9 年期的浮动利率债券，每半年支付一次浮动利率，当前的收益率是5%。

表 16－1　固定利率债券和固定利率票据的特征

	固定利率债券	固定利率票据
价格	107.18	100.00
到期收益率	5.00%	5.00%
到期期数	18	8
修正久期	6.9848	3.5851

斯派西问梅耶斯当预期利率上升时，固定收益投资经理如何进行资产配置。以下哪种是最合适的策略？

a. 降低组合的久期

b. 买入固定利率债券

c. 拉长组合的久期

答：a。降低组合的久期会使得资产组合的价值对利率变化不那么敏感。所以如果利率上升，组合的价值将不会下降那么多。

18. 斯派西让梅耶斯(见上题)从利率变化中确定价格变化量。为了说明，梅耶斯计算了表中固定利率票据的价值变化。特别地，他假定利率水平上升了 100 个基点。运用表 16－1 中的信息，预计固定利率票据的价格变化是多少？

答：预计价格变化 $=\left(-\frac{\text{久期}}{1+y}\right)\times\Delta y\times P_0=-3.5851\times0.01\times100=-3.59$(美元)，即下降了 3.59 美元。

19. 某 30 年期限的债券，票面利率为 7%，每年付息一次。今天的出售价格为 867.42 美元。某 20 年期限的债券，票面利率是 6.5%，也是每年付息一次。今天的出售价格是 879.50 美元。债券市场分析师预测 5 年后，25 年期债券将以到期收益率 8%的价格出售，而且 15 年期债券将以到期收益率 7.5%的价格出售。因为收益率曲线向上倾斜，分析师认为利息将投资于利率为 6%的短期证券。5 年后哪一种债券可以提供较高的期望收益率？

答：5 年后，30 年期债券的期限下降至25 年，预期收益率为8%。因此，该债券的预期价格为 893.25 美元(用财务计算器，输入以下数据 $n=25$，$i=8\%$，$FV=1000$，$PMT=70$)。

利率为6%时，5 年的息票支付累计为 394.60 美元。因此，总的收入为 394.60＋893.25＝1287.85(美元)。5 年的收益率为 1287.85/867.42－1＝0.4847。5 年总收益率为 48.47%，即年收益率为 8.22%。

5 年后，20 年期的债券的到期期限降为 15 年，预期收益率为 7.5%。因此，该债券的预期价格为 911.73 美元(用财务计算器，输入以下数据 $n=15$，$i=7.5\%$，$FV=1000$，$PMT=65$)。

利率为6%时，5 年的息票支付累计为 366.41 美元。因此，总的收入为 366.41＋911.73＝1278.14(美元)。因此，5 年的收益率为 1278.14/879.50－1＝0.4533。5 年总收益率为 45.33%，即年收益率为 7.76%。30 年期债券提供了更高的期望收益率。

20. a. 如果年利率上升至 12%，运用数据表计算教材数据表 16－3 中两只债券的久期。为什么附息债券的久期下降而零息债券的久期不变？(提示：考察 F 栏中计算的权重发生了什么变化。)

b. 如果票面利率是12%而不是8%，且半年的利率还是5%，使用同样的电子数据表计算附息债券的久期。解释为什么久期比教材数据表16－3中的久期低。(再次查看F栏)

答：a. 计算的过程和结果如下表所示：

	周期	到支付时的期限(年)	现金流(美元)	现金流现值(折现率为6%/期)(美元)	权重	时间×权重
A. 8%息票率债券	1	0.5	40	37.736	0.0405	0.0203
	2	1.0	40	35.600	0.0383	0.0383
	3	1.5	40	33.585	0.0361	0.0541
	4	2.0	1040	823.777	0.8851	1.7702
总额				930.698	1.0000	1.8829
B. 零息债券	1	0.5	0	0.000	0.0000	0.0000
	2	1.0	0	0.000	0.0000	0.0000
	3	1.5	0	0.000	0.0000	0.0000
	4	2.0	1000	792.094	1.0000	2.0000
总额				792.094	1.0000	2.0000

对于附息债券来说，上表中最后一笔支付的权重小于它在教材表16－3中的权重，因为此时的折现率更高，前三笔支付的权重更大。因此，债券的久期下降。相反，零息债券在到期时的一次性支付上有固定的权重1。

b. 计算的过程和结果如下表所示：

	周期	到支付时的期限(年)	现金流(美元)	现金流现值(折现率为6%/期)(美元)	权重	时间×权重
A. 8%息票率债券	1	0.5	60	57.143	0.0552	0.0276
	2	1.0	60	54.422	0.0526	0.0526
	3	1.5	60	51.830	0.0501	0.0751
	4	2.0	1060	872.065	0.8422	1.6844
总额				1035.460	1.0000	1.8396

由于息票支付在上表中更大，早期支付的利息的权重比教材表16－3中的高，故久期下降。

21. a. 构建一张电子数据表计算5年期，票面利率8%，每年支付一次，初始到期收益率为10%的债券的凸性。

b. 5年期零息债券的凸性是多少？

答：a. 附息债券的凸性计算如下：

	时间(t)	现金流(美元)	现金流现值(美元)	$t+t^2$	$(t+t^2)$×现金流现值(美元)
息票=80美元	1	80	72.727	2	145.455
到期收益率=0.10	2	80	66.116	6	396.694
到期日=5	3	80	60.105	12	721.262
价格=924.184美元	4	80	54.641	20	1092.822

时间(t)	现金流(美元)	现金流现值(美元)	$t+t^2$	$(t+t^2)\times$现金流现值(美元)
5	1080	670.595	30	20117.851
价格(美元)		924.184		
			总和(美元)	22474.083

凸性 = 总和/[价格 × $(1+y)^2$] = 22474.083/[924.184 × $(1+0.1)^2$] = 20.097

b. 零息债券的凸性计算如下:

	时间(t)	现金流(美元)	现金流现值(美元)	$t+t^2$	$(t+t^2)\times$现金流现值(美元)
息票 = 0 美元	1	0	0.000	2	0.000
到期收益率 = 0.10	2	0	0.000	6	0.000
到期日 = 5	3	0	0000	12	0.000
价格 = 620.921 美元	4	0	0.000	20	0.000
	5	1000	620.921	30	18627.640
	价格(美元)		620.921		
				总和(美元)	18627.640

凸性 = 总和/[价格 × $(1+y)^2$] = 18627.640/[620.921 × $(1+0.1)^2$] = 24.793

22. 某零息债券的期限是 12.75 年,在到期收益率 8%的水平出售(有效年收益率),凸性为 150.3,修正久期为 11.81 年。30 年期,票面利率为 6%,每年付息一次的附息债券同样在到期收益率为 8%的水平卖出,与零息债券的久期相同——11.79 年,但是凸性显著高于零息债券,为 231.2。

a. 假设两种债券的到期收益率都上升至 9%。每种债券资本损失的百分比是多少?根据久期凸性法则预测出来的资本损失百分比是多少?

b. 重复问题 a,但此次假设到期收益率下降至 7%。

c. 比较两种场景下两只债券的表现:一种是利率上升,一种是利率下降。根据不同投资表现,解释久期的吸引力。

d. 根据你对问题 c 中的回答,如同此例,如果两种债券的收益率等量上升或下降,你认为有可能使两种久期相同而凸性不同的债券在初始时以同样的到期收益率来定价吗?在这种情况下,有人愿意购买较小凸性的债券吗?

答: a. 零息债券(面值 1000 美元)按 8% 的到期收益率出售,其价格为 374.84 美元,而附息债券价格为 774.84 美元。

到期收益率等于 9% 时,零息债券的价格为 333.28 美元,而附息债券的实际价格为 691.79 美元。

零息债券:

实际损失百分比 $=\dfrac{333.28-374.84}{374.84}=-0.1109$,即 11.09% 的损失;

由凸性久期法则预测的百分比损失为:

预测的损失百分比 $=[(-11.81)\times 0.01]+[0.5\times 150.3\times 0.01^2]=-11.06\%$,即

11.06%的损失。

附息债券：

$$实际损失百分比=\frac{691.79-774.84}{774.84}=-0.1072$$，即10.72%的损失；

由凸性久期法则预测的百分比损失为：

预测的损失百分比 $=[(-11.79)\times 0.01]+[0.5\times 231.2\times 0.01^2]=-0.1063$，即10.63%的损失。

b. 假定到期收益率下降到7%。零息债券的价格上升到422.04美元，而附息债券的价格上升到875.91美元。

零息债券：

$$实际损失百分比=\frac{422.04-374.84}{374.84}=0.1259$$，即12.59%的收益；

由凸性久期法则预测的损失百分比：

预测的损失百分比 $=[(-11.81)\times(-0.01)]+[0.5\times 150.3\times 0.01^2]=0.1256$，即12.56%的收益。

附息债券：

$$实际损失百分比=\frac{875.91-774.84}{774.84}=0.1304$$，即13.04%的收益；

由凸性久期法则预测的损失百分比：

预测的损失百分比 $=[(-11.79)\times(-0.01)]+[0.5\times 231.2\times 0.01^2]=0.1295$，即12.95%的收益。

c. 不论利率上升还是下跌，6%的附息债券凸性较高，其表现都优于零息债券。这可视为根据凸性久期法则得到的一般性定理：由于利率变动导致的久期对两种债券的影响是相同的(因为久期几乎相等)，但是凸性的影响通常是正的，总是使凸性较高的债券受益。因此，如果债券的收益率总是等量变化的话，正如此题中所假设的，具有较高凸性的债券总是优于有相同久期和初始到期收益率、但凸性较低的债券。

d. 这种情况不会持久。没有人愿意购买凸性较低的债券，如果它一直不如另一种债券的话，它的价格将会降低，到期收益率会上升。因此，凸性较低的债券将会以较高的初始到期收益率卖出，而较高的收益率将会补偿较低的凸性值。如果利率只略微变动，具有高收益率－低凸性的债券就会表现更好。如果利率变化很大，具有低收益率－高凸性的债券就会表现更好。

23. 新发行的10年期债券，票面利率为7%(每年付息一次)，债券以面值出售。

a. 债券的久期和凸性是多少？计算凸性。

b. 假设到期收益率即刻从7%上涨至8%(期限仍然是10年)，计算债券的实际价格。

c. 根据教材式(16－3)得到的价格是多少？公式的误差百分比有多大？

d. 根据教材式(16－5)得到的价格是多少？公式的误差百分比有多大？

答： a. 由下表可知，债券的凸性为64.933。现金流按7%的折现率折现。(由于债券息票率为7%，且按面值出售，它的到期收益率为7%。)

凸性等于最后一列的总和(7434.175)除以：$[P\times(1+y)^2]=100\times(1.07)^2=114.49$。

时间(t)	现金流(美元)	现金流现值(美元)	$t+t^2$	$(t+t^2)\times$现金流现值(美元)
1	7	6.542	2	13.084
2	7	6.114	6	36.684
3	7	5.714	12	68.569
4	7	5.340	20	106.805
5	7	4.991	30	149.727
6	7	4.664	42	195.905
7	7	4.359	56	244.118
8	7	4.074	72	293.333
9	7	3.808	90	342.678
10	107	54.393	110	5983.271
总和		100.000		7434.175
			凸性	64.933

债券的久期为：

(1) 距支付日的时间(年)	(2) 现金流(美元)	(3) 现金流现值(折现率为7%)(美元)	(4) 权重	(5) (1)×(4)
1	7	6.542	0.06542	0.06542
2	7	6.114	0.06114	0.12228
3	7	5.714	0.05714	0.17142
4	7	5.340	0.05340	0.21361
5	7	4.991	0.04991	0.24955
6	7	4.664	0.04664	0.27986
7	7	4.359	0.04359	0.30515
8	7	4.074	0.04074	0.32593
9	7	3.808	0.03808	0.34268
10	107	54.393	0.54393	5.43934
总和		100.000	1.00000	7.51523

$D=7.515$(年)。

b. 如果到期收益率增加至8%，债券价格会降到面值的93.29%，即下降了6.71%。

c. 根据久期法则，价格变化百分比为：

$$\left(-\frac{D}{1.07}\right)\times 0.01=\left(-\frac{7.515}{1.07}\right)\times 0.01=-7.02\%$$

这夸大了实际价格降低的百分比，夸大幅度为0.31%。

根据久期法则预测的价格比面值低7.02%，或者为面值的92.98%。

d. 根据凸性久期法则，价格变化百分比为：

$$\left[\left(-\frac{7.515}{1.07}\right)\times 0.01\right]+\left[0.5\times 64.933\times 0.01^2\right]=-6.70\%$$

误差百分比为0.01%，显著地小于根据久期法则计算出的误差百分比。

根据凸性久期法则计算的预计价格比面值低6.70%，或者为面值的93.30%。

24. a. 使用电子表格来回答如下问题，假设收益率曲线维持在 4% 的水平。计算出一个"子弹型"固定收益投资组合的凸性(即一笔单一现金流构成的投资组合，该笔现金流在 5 年后收回)。

b. 现在，计算出一个"杠铃型"固定收益投资组合的凸性，即在一段时间内使用相等的现金流进行的投资组合。假设证券在第 1～9 年每年产生 100 美元现金流，使得它的久期接近 a 中的子弹型。

c. 是"杠铃型"还是"子弹型"拥有更大的凸性?

答：a. 根据凸性公式：凸性 $=\frac{1}{P\times(1+y)^2}\sum_{t=1}^{T}\left[\frac{CF_t}{(1+y)^t}(t^2+t)\right]$，"子弹型"固定收益投资组合的凸性计算如下表所示，"子弹型"固定收益投资组合的凸性为 27.7366。

时间(t)	现金流(美元)	现金流现值(美元)	t^2+t	$(t^2+t)\times$现金流现值
1	0	0	2	0
2	0	0	6	0
3	0	0	12	0
4	0	0	20	0
5	1000	821.93	30	24657.81
总和		821.93		24657.81
			凸性：	27.7366

其中现金流现值通过 4% 的折现率折现得到，凸性由 24657.81 除以 $P\times(1+y)^2=821.93\times(1.04)^2=888.99$ 得到。"子弹型"固定收益投资组合的久期为 5 年，因为现金流在第 5 年一次性支付。

b. "杠铃型"固定收益投资组合的凸性计算见下表：

时间(t)	现金流(美元)	现金流现值(美元)	t^2+t	$(t^2+t)\times$现金流现值	$t\times$现金流现值$/P$
1	100	96.15	2	192.30	0.13
2	100	92.46	6	554.76	0.25
3	100	88.90	12	1066.80	0.36
4	100	85.48	20	1709.60	0.46
5	100	82.19	30	2465.70	0.55
6	100	79.03	42	3319.26	0.64
7	100	75.99	56	4255.44	0.72
8	100	73.07	72	5261.04	0.79
9	100	70.26	90	6323.40	0.85
总和		743.53		25148.30	4.75
			凸性：	33.8228	

"杠铃型"固定收益投资组合的凸性为 33.8228。表中最右边一列计算的是组合的久期，"杠铃型"固定收益投资组合的久期为 4.75 年，与"子弹型"固定收益投资组合的久期十分接近。

c. "杠铃型"固定收益投资组合拥有更大的凸性。

二、CFA 考题

1. a. 解释债券发行增加赎回特征对卖出收益的影响。

b. 解释债券发行增加赎回特征对有效债券久期和凸性的影响。

答：a. 赎回特征给发行人提供了一个有价值的期权，因为即使剩余支付的现值比赎回价格高，发行人也可以按既定的赎回价格将债券赎回。投资者因此会要求一个较高的收益率作为该特性的补偿，而发行人也愿意支付这一补偿。

b. 赎回特征将会减小债券的久期(利率的敏感性)和凸性。如果利率下降，则可赎回债券价格的上升不会高于不可赎回债券。此外，描述普通债券价格变化特征的曲率也会因赎回特征而减小。在利率下跌时价格－收益率曲线(见教材图16－6)会变平坦，赎回债券的期权则变得更有吸引力。事实上，在利率较低时，债券会表现出“负凸性”。

2. a. 票面利率为6%的附息债券，每年付息一次，修正久期是10年，以800美元的价格出售，并且以8%的到期收益率定价。如果到期收益率上升至9%，运用久期概念预测价格的变化是多少。

b. 票面利率为6%的附息债券，每半年付息一次，凸性为120，以面值的80%出售，并且以8%的到期收益率定价。如果到期收益率上升至9.5%，价格变动的百分比中凸性贡献有多大?

c. 票面利率为8%的附息债券，每年付息一次，到期收益率10%，麦考利久期是9年。债券的修正久期是多少?

d. 当利率下降，溢价发行的30年期债券的久期：

i. 上升

ii. 下降

iii. 持平

iv. 先上升，再下降

e. 如果债券投资经理将一只债券互换成另一只具有相同期限、相同票面利率和信用等级但是到期收益率更高的债券，这种互换称为：

i. 替代互换

ii. 利率预期互换

iii. 税收互换

iv. 市场间价差互换

f. 以下哪种债券的久期最长?

i. 期限8年，6%票面利率

ii. 期限8年，11%票面利率

iii. 期限15年，6%票面利率

iv. 期限15年，11%票面利率

答：a. 债券价格减少了80美元，计算如下：$10 \times 0.01 \times 800 = 80.00$(美元)。

b. $1/2 \times 120 \times (0.015)^2 = 1.35\%$。

c. $9/1.10 = 8.18$。

d. i。

e. i。

f. iii。久期与到期时间成正比，与息票率成反比。

3. 一只新发行的债券，具有以下特征(见表16－2)：

表16－2

票面利率	到期收益率	期限	麦考利久期
8%	8%	15年	10年

a. 运用上面的信息计算修正久期。

b. 解释在计算债券价格对利率变动敏感性时，为什么修正久期比期限更好。

c. 识别修正久期的变化方向，如果：

i. 债券的票面利率是4%，而不是8%。

ii. 债券的期限是7年，而不是15年。

d. 定义凸性，并说明修正久期和凸性如何在给定的利率变化时，大致估计债券价格变化百分比。

答： a. 修正久期 $=\frac{D}{1+YTM}=10/1.08=9.26$(年)。

b. 对于无附带期权的息票债券来说，修正久期是一个更好地衡量债券价格对利率变化敏感性的方法。因为到期期限仅仅考虑了最终现金流，而修正久期考虑了其他因素，比如息票支付的规模、时间以及利率水平(到期收益率)。与到期期限不同，修正久期表明了对于到期收益率的一定变化债券价格的大致百分比变化。

c. i. 修正久期随着息票率的下降而延长。

ii. 修正久期随到期期限缩短而缩短。

d. 凸性测度债券的价格－收益率曲线的曲率。这一曲率表明描述债券价格变动的久期法则(仅以最初的收益率曲线的斜率为基础)仅是近似值。增加债券凸性这个度量，提高了近似值的准确性。凸性的调整值由下面方程中的最后一项来衡量：

$$\frac{\Delta P}{P}=(-D^{*}\times\Delta y)+\left[\frac{1}{2}\times\text{凸性}\times(\Delta y)^{2}\right]$$

4. Zello公司面值1000美元的债券以960美元的价格出售，5年后到期，每半年付息一次，票面利率7%。

a. 计算以下的收益率：

i. 当期收益率。

ii. 到期收益率(近似等于整数百分比，如3%、4%、5%等)。

iii. 水平收益率(也称为总复合回报率)：该投资者持有期为3年，并且在此期间的再投资收益率为6%。3年年末票面利率为7%，剩余期限为2年的该债券以7%的收益率出售。

b. 描述下列固定收益收益率指标的一个主要缺点：

i. 当期利率。

ii. 到期收益率。

iii. 水平收益率(总复合回报率)。

答： a. i. 当前收益率＝息票/价格＝70/960＝7.29%。

ii. 到期收益率＝3.993%/半年，或7.986%/年。(财务计算器：$n=10$，$PV=-960$，$FV=1000$，$PMT=35$，计算利率。)

iii. 水平收益率或总复合回报率是4.166%/半年，或8.332%/年。为了得到这个值，首先找出再投资的息票和本金的终值。共有 6 次支付，每次支付 35 美元，再投资的利率为 3%/半年。使用财务计算器，输入：$PV=0$，$PMT=35$，$n=6$，$i=3\%$，得到终值 =226.39 美元。

3 年后，债券将以面值 1000 美元出售，因为预期到期收益率等于息票率，因此，3 年后总收益为 1226.39 美元。

再找出使得购买价格的终值为 1226.39 美元的利率($y_{实现}$)：

$$960\times(1+y_{实现})^6=1226.39$$

解得 $y_{实现}=4.166\%$/半年。

b. 每种方法的缺点：

i. 当前收益率既没有考虑到按市价而不是面值买进时发生的资本收益或损失，也没有考虑息票支付后的再投资收益。

ii. 到期收益率认为债券均被持有到期，并且所有的息票收入都可以按照与到期收益率相等的利率再投资。

iii. 水平收益率受预期的再投资利率、持有期限和投资者持有期末债券的收益率的影响。

应当注意的是，这种对水平收益率的批判不太公平；尽管到期收益率也是在不用对未来到期收益率和再投资利率进行精确的假设下计算得出的，但在使用到期收益率方法时，还是会将计算值直接当作当期的到期收益率。

5. 凯普尔向范赫森在表 16－3 中对明星医院养老金持有的债券投资组合进行了详细描述。组合中所有的证券都是不可赎回的美国国债。

表 16－3　收益率变化时的价格

面值(美元)	国债	市场价值(美元)	现价	上涨 100 基点	下跌 100 基点	有效久期
48000000	2.375%，2011 年到期	48667680	101.391	99.245	103.595	2.15
50000000	4.75%，2036 年到期	50000000	100.000	86.372	116.887	—
98000000	全部债券组合	98667680	—	—	—	—

a. 计算以下的有效久期：

i. 利率为 4.75%的美国国债，2036 年到期。

ii. 总债券投资组合。

b. 范赫森对凯普尔说，“如果你改变债券资产组合的期限结构使得组合的久期为 5.25，那么组合的价格敏感度将会与单一的久期为 5.25 年的不可赎回国债相同。”在什么情况下，范赫森的说法是正确的？

答： a. i. 利率为 4.75% 的国债的有效久期为：

$$-\frac{\Delta P/P}{\Delta r}=\frac{(116.887-86.372)/100}{0.02}=15.2575$$

ii. 资产组合的久期是资产组合中单个债券的久期的加权平均：

$$组合久期=w_1D_1+w_2D_2+w_3D_3+\cdots+w_kD_k$$

其中，w_i = 债券 i 市值/组合的市值；D_i = 债券 i 的久期；k = 组合中的债券数。

债券组合的有效久期计算如下：

$$[(48667680/98667680)\times2.15]+[(50000000/98667680)\times15.26]=8.79$$

b. 如果资产组合的收益率只是发生了一个很小的并且同步的变动，则范赫森的说法是正确的。只有当收益率变动很小时，久期才能作为债券价格变化的一个线性的估计。当收益率变动很大时，就需要引入凸性来近似估计那些不能由久期解释的价格变动。此外，投资组合久期还假设所有债券的收益率变化相同的基点数(同步变动)，所以收益率的任何非同步变动都会导致资产组合价格敏感性与具有相同久期的单个债券价格敏感性产生差异。

6. 固定收益投资经理的一个共同目标是通过公司债券获得比具有可比久期的政府证券更高的增量收益。一些公司债券投资组合经理采取的做法是识别并购买那些与可比久期政府债券之间有巨大初始利差的公司债券。HFS 固定收益经理艾默斯认为要想获得最大化增量收益，则需要一种更严格的方法。

表 16-4 显示了在某特定日期，市场中一组公司/政府债券利差关系的数据：

表 16-4

债券评级	初始与政府债券利差	预期水平利差	初始久期	1 年后预期久期
Aaa	31bp	31bp	4 年	3.1 年
Aa	40bp	50bp	4 年	3.1 年

注：1bp 代表 1 个基点，或者 0.01%。

a. 为获得最大增量收益，以 1 年为投资周期，推荐购买 Aaa 还是 Aa 债券?

b. 艾默斯的选择不仅仅依赖于初始利差关系。他的分析框架考虑了一系列影响增量收益的其他关键变量，包括赎回条款和利率的潜在变化。除以上提到的变量，描述艾默斯在分析中需要考虑的其他变量，并解释这些变量在实现增量收益方面，与最初的利差关系有何不同。

答：a. Aa 债券的初始到期收益率较高(40bp 和 31bp 的利差)，但它与政府债券的预期水平利差更大，这将降低收益率。Aaa 债券利差预期较平稳，计算相对收益如下：

高于国债的增量收益 = 增量收益差 -(利差变化 × 久期)

Aaa 债券：31bp -(0 ×3.1 年) =31bp;

Aa 债券：40bp -(10bp ×3.1 年) =9bp。

因此，应当选择 Aaa 债券。

b. 需考虑的其他变量：

①发行人信用的潜在变化。如果债券的信用级别变化，它和国库券的利差也将发生变化。

②一个既定级别证券的相对利差的变化。如果整个证券市场的质量利差因为所要求风险溢价的变化而变化，即使个别债券的信用级别不会发生改变，债券的利差也将变化。

③到期期限的影响。当债券即将到期时，信用质量对收益差的影响也会变化。这将不同程度地影响到不同初始信用风险级别的债券的收益。

7. 瓦尔正在考虑购买表 16-5 中所列两种债券中的一种。瓦尔意识到他的决定主要取决于有效久期，并且他相信在未来 6 个月所有期限债券的利率都将下降 50 个基点。

表 16-5

特征	CIC	PTR
市场价格	101.75	101.75
到期日期	2022 年 6 月 1 日	2022 年 6 月 1 日

续表

特征	CIC	PTR
赎回日期	不可赎回	2017 年 6 月 1 日
年票面利率	5.25%	6.35%
利息支付	半年	半年
有效久期	7.35	5.40
到期收益率	5.02%	6.10%
信用评级	A	A

a. 如果利率在未来 6 个月下降 50 个基点，根据有效久期计算 CIC 和 PTR 的价格变化百分比。

b. 如果在 6 个月末 CIC 实际的债券价格是 105.55 美元，PTR 的实际债券价格是 104.15 美元，计算每种债券的 6 个月水平收益率(以百分比形式)。

c. 瓦尔对这样的事实感到很奇怪。尽管利率下降了 50 个基点，CIC 实际的价格变化比根据有效久期预测的价格变化要大，而 PTR 的实际价格变化比根据有效久期预测的价格变化要小。解释为什么 CIC 实际价格的变化较大，而 PTR 实际价格的变化较小。

答：a. 价格变化百分比 =(−有效久期)×到期收益率变化(%)。

CIC：$(-7.35)\times(-0.50\%)=3.675\%$；

PTR：$(-5.40)\times(-0.50\%)=2.700\%$。

b. 因为需要计算的是只有一个息票期的水平收益率，所以没有再投资收入。

$$水平收益率=\frac{息票支付+年末价格-初始价格}{初始价格}$$

CIC：$\frac{26.25+1055.50-1017.50}{1017.50}=6.314\%$；

PTR：$\frac{31.75+1041.50-1017.50}{1017.50}=5.479\%$。

c. 注意 CIC 是不可赎回的，但 PTR 可赎回。因此，CIC 有正的凸性，而 PTR 有负的凸性。由此可以得出，CIC 债券对久期近似值的凸性调整值为正，而 PTR 债券的凸性调整值为负。

8. 你是养老基金的债券投资组合经理。基金政策允许管理债券资产组合使用积极策略。看来经济周期正进入成熟期，通货膨胀率预计会增加。为了抑制经济扩张，中央银行政策在收紧。阐述在以下每种情况下，你会选择两种债券的哪一种，简要证明你的答案。

a. i. 加拿大政府债券(加元支付)，2017 年到期，票面利率 4%，价格为 98.75，到期收益率 4.5%。

ii. 加拿大政府债券(加元支付)，2027 年到期，票面利率 4%，价格为 91.75，到期收益率 5.19%。

b. i. 得克萨斯电力和照明公司债券，2022 年到期，票面利率 5.5%，AAA 级，价格为 90，到期收益率 7.02%。

ii. 亚利桑那公共服务公司债券，2022 年到期，票面利率 5.45%，A−级，价格 85，到期收益率 8.05%。

c. i. 联邦爱迪生公司债券，2021 年到期，票面利率 2.75%，Baa 级，价格 81，到期

收益率7.2%。

ⅱ．联邦爱迪生公司债券，2021年到期，票面利率9.375%，Baa级，价格114.40，到期收益率7.2%。

d. ⅰ．壳牌石油公司偿债基金，2027年到期，票面利率6.5%，AAA级（偿债基金以面值于2013年9月开始），价格89，到期收益率7.1%。

ⅱ．兰伯特公司偿债基金，2027年到期，票面利率6.875%，AAA级（偿债基金以面值于2020年4月开始），价格89，到期收益率7.1%。

e. ⅰ．蒙特利尔银行（加元支付）5%利率的存款单，2015年到期，AAA级，价格100，到期收益率5%。

ⅱ．蒙特利尔银行（加元支付）浮动利率票据，2017年到期，AAA级。当前票面利率是3.7%，价格为100（利息每半年根据加拿大政府3个月短期国债利率加0.5%进行调整）。

答：经济周期处于通货膨胀率上升的阶段，利率将会上升。因此，投资者将力图缩短资产组合的久期。

a. ⅰ。选择到期期限较短(2017年到期)的债券。

b. ⅱ。亚利桑那债券的久期较短。亚利桑那债券的息票率略低，但是它的到期收益率较高。

c. ⅱ。选择息票率为9.375%的债券。到期期限相等，但它的息票率要高得多，因而久期更短。

d. ⅰ。如果更早开始的偿债基金的赎回效应超出了稍低的息票率的效应，则壳牌公司债券的久期就要短些。

e. ⅱ。浮动利率票据的久期约等于其调整期，即仅6个月，因此，选择浮动利率票据。

9. 一名公司投资委员会的成员对固定收益投资组合非常感兴趣。他想知道固定收益投资经理怎样处置头寸，根据影响利率的三个因素将其预期资本化。这三个因素是：

a. 利率水平变化

b. 不同类型债券的利差变化

c. 某一特定工具的利差变化

为每个因素制定一个固定收益投资组合策略，这个策略可以利用投资经理对这些因素的预期，并详细说明。（注意：至少三个策略，为以上所列每个因素制定一个策略。）

答：a. 一个预计利率水平将发生变化的经理应该进行利率预期互换，如果预期利率下滑，则延长久期；如果预期利率上升，则缩短久期。

b. 部门间的利差变化会导致市场间利差互换。经理将买进那些相对其他部门期望收益率将下滑的部门的债券，而卖空期望收益率将上涨的部门的债券。

c. 某一特定投资工具的利差变化会导致替代互换。如果证券的期望收益率相对于其他类似的债券会上升，就卖出该证券；如果证券的期望收益率相对于其他类似的债券会下滑，则买进该证券。

10. 哈罗德是负责1亿美元养老基金的投资官。资产组合中的固定收益投资部分采用积极管理策略，并且投资于美国股票的大部分基金采取的是指数化投资，由韦伯街顾问公司管理。哈罗德对于韦伯街顾问公司的股票指数策略的投资结果印象深刻，并在考虑要求韦伯街顾问公司对一部分积极管理的固定收益资产进行指数化管理。

a. 描述与积极债券管理相比，指数化债券管理的优势和劣势。

b. 韦伯街顾问公司管理指数化的债券组合。讨论如何通过分层取样(或分格)法，构建指数化的债券资产组合。

c. 描述分格法跟踪误差的主要来源。

答：a. 指数化债券策略的优势：

①从历史上看，多数积极型经理在大多数时期的表现差于基准指数；在既定的风险水平下，指数化能降低运作不佳的可能性。

②指数组合的管理顾问费用明显低于积极资产组合。积极的管理者征收的费用大体上是15到50个基本点，而指数组合的费用为1到20个基本点(其中费用最高的指数为增强型指数)，指数化资产组合的其他非顾问费用(如监管费用)也要低些。

③指数组合不依赖于顾问的期望，因此其表现劣于市场的风险较低。

④计划的发起者对指数化组合更具控制力，因为单个的管理者无法随意偏离基准指数组合的参数。一些计划发起者甚至决定利用内部员工管理指数资产组合。

⑤指数化策略实际上是“买入市场”。如果市场是有效的，指数化策略将减少非系统的可分散化风险，在既定的风险水平下产生最大的收益。

债券指数化策略的弊端：

①指数化组合的收益可能会与债券指数一致，但这并不一定是最佳的表现。在某些时期，很多积极管理者的表现在同样的风险水平下能胜过指数化策略。

②债券指数和组合的选择可能和委托人的目标和债务流要求相悖。

③债券的指数化可能限制了基金参与其他部门或其他能增加收益的机会。

b. 分层抽样法或分格法是将指数细分为格的方法，每一小格代表不同特征的指数。通常分格法综合利用(但不限于)久期、息票、到期期限、市场部门、信用等级、回购和偿债基金特征。指数管理者选择一种或多种债券来代表此格，每一小格所持有的债券的整体市场权重，取决于目标指数的特征组合。

c. 跟踪误差被定义为一个指数资产组合的表现和基准指数间的差异。当投资金额相对较小，而要复制的格数很大时，分格法就会产生明显的跟踪误差，因为需要购买大量的零碎股以比较精确地代表所需的单元，零碎股的购买价格比整数股要高。另一方面，如果减少格数以减少需购买的零碎股，将潜在地增加追踪误差，因为这与目标不匹配。

11. 米尔是固定收益投资组合经理。注意到当前的收益率曲线是平的，她考虑购买票面利率为7%、10年期、无期权的、以面值新发行的公司债券。该债券有如下特征(见表16-6)：

表16-6

	收益率变化	
	升10个基点	降10个基点
价格	99.29	100.71
凸性测度	35.00	
凸性调整	0.0035	

a. 计算债券的修正久期。

b. 米尔同时也在考虑购买另一支票面利率为7.25%、12年期限、无期权、新发行的公司债券。她想评估这只债券在收益率曲线即刻向下平行移动200个基点时的价格敏感度。基于以下数据(见表16-7)，在这种收益率曲线情形下，价格如何变化？

表 16-7

初始发行价格	面值，收益率 7.25%
修正久期（原始价格时）	7.90
凸性测度	41.55
凸性调整（收益率变化 200 个基点）	1.66

c. 米尔要求她的助手分析几只可赎回债券，假定收益率曲线预期向下平行移动。米尔的助手认为，如果利率下行到一定程度，可赎回债券的凸性会转为负的。助手的想法正确吗？

答： a. 对于无期权的债券来说，有效久期和修正久期近似相等。用所给数据，久期计算如下：

$$-\frac{\Delta P/P}{\Delta r}=\frac{(100.71-99.29)/100}{0.002}=7.100$$

b. 债券的价格变化总百分比计算如下：

由久期法则计算的价格变化百分比 $=-7.90\times(-0.02)\times 100=15.80\%$；

凸性调整 $=1.66\%$；

总的预计价格变化百分比 $=15.80\%+1.66\%=17.46\%$。

c. 助手的想法不正确。因为修正凸性没有考虑到有嵌入期权的债券的现金流会随着到期收益率的变化而变化。当收益率下降到可赎回债券息票利率以下时，修正凸性仍然为正，就像不含期权的债权一样。然而，有效凸性考虑到了含有嵌入期权的债权的现金流将随到期收益率变化而变化。当收益率下降到息票率以下，债券被发行人赎回的可能性增大，有效凸性也变为负值。

12. 克莱默，一位萨维斯塔的固定收益投资经理，正在考虑购买萨维斯塔政府债券。克莱默决定评估两种投资萨维斯塔政府债券的策略。表 16-8 给出了两种策略的细节，表 16-9 包含了实施两种策略的假设。

表 16-8 投资策略（数量为投资的市场价值）

策略	5 年期限（修正久期 = 4.83）	15 年期限（修正久期 = 14.35）	25 年期限（修正久期 = 23.81）
Ⅰ	500 万美元	0	500 万美元
Ⅱ	0	1000 万美元	0

表 16-9 投资策略假设

债券的市场价值	1000 万美元
债券期限	5 年、25 年或者 15 年
债券票面利率	0.00%（零息债券）
目标修正久期	15 年

在选择任一种债券投资策略之前，克莱默想知道如果在他投资之后利率立即发生了变化，那么债券价值将会如何变化。利率变化的细节见表 16-10。针对表 16-10 中利率立刻发生的变化，计算每种策略下债券市场价值变化的百分比。

表 16－10　投资后利率的即刻变化

期限	利率变化
5 年	下降 75 个基点
15 年	上升 25 个基点
25 年	上升 50 个基点

答：$\Delta P/P = -D^{*} \times \Delta y$

策略Ⅰ：

5 年期：$\Delta P/P = -4.83 \times (-0.75\%) = 3.6225\%$；

25 年期：$\Delta P/P = -23.81 \times 0.50\% = -11.9050\%$；

$\Delta P/P = (0.5 \times 3.6225\%) + [0.5 \times (-11.9050\%)] = -4.1413\%$。

策略Ⅱ：

15 年期：$\Delta P/P = -14.35 \times 0.25\% = -3.5875\%$。

13. 作为分析蒙蒂塞洛公司发行的债券分析的一部分，你被要求评估其发行的两只债券，如表 16－11 所示。

表 16－11

	债券 A（可赎回）	债券 B（不可赎回）
期限	2020	2020
票面利率	11.50%	7.25%
当期价格	125.75	100.00
到期收益率	7.70%	7.25%
到期修正久期	6.20	6.80
赎回日期	2014	—
赎回价格	105	—
赎回收益率	5.10%	—
赎回修正久期	3.10	—

a. 利用上表提供的久期和收益率信息，比较两只债券在以下两种情景下价格和收益率情况。

i. 经济强劲反弹，通货膨胀预期上升。

ii. 经济衰退，通货膨胀预期下降。

b. 利用表中的信息，计算到期收益率下降 75 个基点时，债券 B 的价格变化。

c. 描述严格按照赎回或者期限分析债券 A 的缺陷。

答：a. i. 强劲的经济复苏伴随着上升的通胀预期，利率和债券收益率将上升，债券价格将下降。可赎回债券被赎回的可能性也将下降，其表现将更加趋近不可赎回债券。在利率较高的情况下，久期稍短的可赎回债券将表现得更好。

ii. 经济衰退伴随着下降的通胀预期，利率和债券收益率将下滑。可赎回债券很可能被赎回。可赎回债券久期的相关计算需要用到赎回时的修正久期。久期更短表明其价格增值是有限的。相反，不可赎回债券将有同样的修正久期，因此价格增值更大。

b. 预期价格变化 = －修正久期 × *YTM* 的变化 = $(-6.80) \times (-0.75\%) = 5.1\%$

所以，价格将从当前的 100 美元增至大约 105.10 美元。

c. 对于债券 A，因为可赎回，其期限和债券现金流具有很大的不确定性。如果忽略掉其赎回特征，打算持有至到期，则所有收益率和久期的计算将被扭曲：久期过长，收益率过高。但是如果将债券超出赎回价的溢价看作赎回的基础，那么久期将过短，收益率也将过低。最有效的方法是利用期权定价方法。将可赎回债券分为两个独立的证券：一个不可赎回的债券和一个期权：

可赎回债券价格 = 不可赎回债券的价格 - 期权价格

由于看涨期权的价值总是正的，可赎回债券的价格总是低于不可赎回证券的价格。

第 17 章　宏观经济分析与行业分析

17.1　复习笔记

1. 全球经济

全球经济与行业的价格竞争、企业的出口规模以及对外投资的收益等诸多因素均有着紧密联系。如不同国家间的汇率波动，将改变两国货币购买力，进而对两国的商品进出口产生影响。

全球经济环境中还包含着巨大的政治风险。政治事件会对经济前景产生深远影响，是决定经济增长和投资回报的重要因素。

2. 国内宏观经济

统计数据表明，宏观市场和公司业绩具有相同的变化趋势。对宏观市场状况进行预测，首先要从对整体经济的评估入手。但是需要注意，只有达到比一般水平更高的预测水准，才能获取超额收益。

宏观经济的关键经济变量如下：

(1)国内生产总值(GDP)。GDP 是指一定时期内一个国家(或地区)所产出的最终产品与劳务的市场价值总和。

(2)失业率。失业率是指失业人数占劳动力总数的百分比。

(3)通货膨胀率。通货膨胀率是指一定时期内价格全面上涨的程度。通货膨胀率与失业率存在权衡的关系。

(4)利率。真实利率是公司投资决策的重要因素。利率升高会减少投资，也会影响融资需求。

(5)财政赤字。财政赤字是指财政支出大于财政收入而形成的差额。政府通过借贷以弥补财政赤字。

(6)心理因素。消费者与生产者对经济的预期和态度会影响到消费、投资总量以及市场总需求。

3. 需求与供给波动

(1)需求波动，是指影响市场总需求的事件。其特征为总产出和通胀率以及利率具有正相关关系。影响需求的因素有利率、货币供给、政府支出等。

(2)供给波动，是指影响市场总供给的事件。其特征为总产出和通胀率以及利率具有负相关关系。影响供给的因素有技术水平、自然灾害、劳动市场的就业量以及劳动生产率等。

将上述分析框架应用于投资分析时，首先要确定在面临的宏观经济环境中，某种波动对哪些行业有利，对哪些行业不利。需要指出的是，宏观经济预测常常是不可靠的，而且所有预测都基于公开信息，除非分析师拥有超常的分析能力，否则难以获得超常收益。

4. 联邦政府的政策

政府的宏观经济调控共分为两类：一类是调控需求的政策，一类是调控供给的政策。调控需求的政策包括政府支出、税收水平和货币政策等。调控供给的政策包括鼓励积极工作、鼓励创新、减小税收制度带来的风险以及教育、基础设施政策与研究开发等。

(1)财政政策

财政政策是指政府支出与税收行为，能够直接影响和调节总需求。判断财政政策的净影响，一般是考察政府最终是预算赤字还是预算盈余。巨额的赤字表示政府支出大于收入，市场上的产品需求增加，会刺激经济。尽管财政政策的影响很直接有效，但制定过程繁杂，很难在现实中作为对经济微调的工具。

(2)货币政策

货币政策是另一种引发需求冲击的政策，通过改变货币的供应量以调节总需求。货币政策主要通过引发利率变动进而影响宏观经济的发展。相比于财政政策，货币政策易于实施与操作，对经济的影响更为间接。货币政策三大工具包括公开市场操作、存款准备金和贴现率，能直接作用于市场。

(3)供给方政策

供给方政策强调经济中生产能力的问题，旨在构建良好的环境，以使工人与资本家都有最大的动力和能力进行生产。

5. 经济周期

(1)经济周期的定义

经济周期是国民收入或总体经济活动扩张和紧缩的交替或周期性波动变化，它分成繁荣、衰退、萧条和复苏四个阶段。

当经济处于经济周期的不同阶段时，不同行业之间可能会有不同的表现。经济周期对应于资产组合理论的系统风险β，因此，周期性行业的β值比防御性行业的更高。

(2)经济指标

因为经济周期具有循环特性，一些周期指标能够对总体经济的短期变化做出预测、测度与解释。这些周期指标可以分为：先行经济指标、同步经济指标和滞后经济指标。

6. 行业分析

(1)对经济周期的敏感性

由于行业不一定都对经济周期具有强敏感性，在得到对宏观经济表现的预测后，一定要明确其给特定行业带来的影响。

行业利润对经济周期的敏感性取决于以下三个因素：

①销售额的敏感性

必需品对经济表现的敏感性较低。一些行业的需求并非由收入决定，其对经济表现的敏感性也较低。

②经营杠杆

经营杠杆反映了企业固定成本与可变成本之间的分配比例关系。高固定成本企业具有较高的经营杠杆，其收益对经济的敏感性更高。将经营杠杆系数(DOL)定义为：

$$经营杠杆系数 = 利润变动百分比/销售额变动百分比$$

若经营杠杆系数大于1，则说明企业有经营杠杆性质。经营杠杆系数的另一种表示为：

$$经营杠杆系数 = 1 + 固定成本/利润$$

③财务杠杆

财务杠杆反映了企业的债务使用状况。债务的利息支付被作为固定成本。

(2)部门转换

部门转换是指依据经济周期的表现，对所预测的处于不同时期下表现最好的行业间进行转换投资。也就是说，在经济周期处于萧条阶段时，投资于低敏感度的行业；而在繁荣时期时转而投资于高敏感度的行业。这种投资策略的关键在于准确预测经济周期的拐点，但进行这种预测并非易事。

(3)行业生命周期

一个行业可能处于不同的阶段。典型的行业生命周期应有四个阶段：

①创业阶段，该阶段发展速度较快；

②成长阶段，发展速度虽降低，但仍比经济的整体发展速度要快；

③成熟阶段，发展速度和整体经济周期一致；

④衰退阶段，发展速度慢于其他行业，或是已经逐渐萎缩。

总的说来，处于生命周期较早阶段的行业将提供高风险高潜在收益的投资机会，而在一个成熟的行业中只能提供低风险低收益的投资机会。

著名的投资组合管理经理彼得·林奇则将公司分为六类：①缓慢成长型；②稳定增长型；③快速增长型；④周期型；⑤逆境反转型；⑥资产隐蔽型。

(4)行业结构和业绩

行业的成熟过程中同时存在竞争环境的改变。根据迈克尔·波特的理论，决定行业竞争格局的五个因素为：①新进入者威胁；②现有竞争者威胁；③替代品威胁；④买方议价能力；⑤供应方议价能力。

17.2 课后习题详解

一、习题

1. 经济急剧衰退时，应该采取什么样的货币政策和财政政策？

答：降低利率的扩张性(宽松)货币政策将有助于刺激投资和对耐用消费品的支出。扩张性财政政策(即降低税收，增加政府支出和福利转移支付)将直接刺激总需求。

2. 如果你比其他投资者更相信美元会大幅贬值，那么你对美国汽车产业有何投资建议？

答：美元的急剧贬值会使进口汽车变得更昂贵，美国的汽车对外国的消费者则变得更便宜了。这将使得美国的汽车行业获益。

3. 选择一个行业，列举决定其未来3年业绩的因素并预期其未来业绩。

答：答案不唯一。

4. 证券评估“自下而上”和“自上而下”方法的差异是什么？“自上而下”方法的优势在哪里？

答：证券评估“自上而下”的方法开始于全球和国内的经济分析。在给定宏观经济的预期表现的情况下，遵循“自上而下”方法的分析家将会试图寻找一个可能表现良好的行业或部门。最后，分析会集中于行业或部门内可能表现良好的特定企业。“自下而上”的方法通常强调个别公司股票的基本面分析，它主要是基于这样一种信念，即无论行业或宏观经济的前景好坏，被低估的股票都将表现良好。

"自上而下"方法的主要优势是它提供了一种在每一水平下，将经济和金融变量的影响纳入公司股票分析中的结构性方法。特定行业的前景高度依赖于宏观经济变量。同样，个别公司的股票表现可能受该公司经营的行业前景的影响很大。

5. 公司的哪些特征会使其对经济周期更敏感？

答：对经济周期有较大敏感性的公司一般属于生产耐用消费品或资本货物的行业。耐用品(如汽车，大家电)的消费者更倾向于在经济扩张时购买这些东西，而在经济衰退时往往会推迟购买。公司的资本货物(如生产产品的设备)的购买在经济衰退时会降低，因为在经济衰退时对公司最终产品的需求会下降。

6. 与其他投资者不同，你认为美联储将实施宽松的货币政策，那么你对下列行业有何投资建议？

a. 金矿开采

b. 建筑业

答：a. 金矿开采：传统上认为黄金可以对冲通胀风险。扩张性的货币政策将导致通胀，因而可能增加金矿股票的价值。

b. 建筑业：扩张性货币政策将导致利率降低，从而刺激住房需求，建筑业会因此受益。

7. 在供给方经济学家看来，所得税税率降低将会对价格产生怎样的长期影响？

答：供给方经济学家相信，所得税税率的降低会使工人们在当前或稍低一点的工资下更乐意努力工作。这样的效应会减轻通货膨胀率的成本压力。

8. 下列哪些政策与垂直倾斜的收益率曲线相一致？

a. 宽松的货币政策和宽松的财政政策

b. 宽松的货币政策和紧缩的财政政策

c. 紧缩的财政政策和宽松的货币政策

答：a。当财政政策和货币政策都是宽松的时候，收益率曲线会大幅度向上倾斜(即短期利率会低于长期利率)，并且经济在未来可能会扩张。

9. 在供给方经济学家看来，下列哪项政策不是能够促进经济长期增长的政府性结构政策？

a. 再分配的税收体系

b. 促进竞争

c. 政府对经济干涉最小化

答：a。当财富通过政府的税收政策重新分配时，将会产生经济的无效率。税收政策应该尽可能地促进经济增长。

10. 有两家电话生产厂商，一家使用高度自动化的机器生产，另一家人工生产。当生产需求增加时，需要支付加班费。

a. 在经济萧条和经济繁荣的时候，哪家公司的利润较高？

b. 哪家公司的贝塔值更高？

答：a. 自动化生产线有较高的固定成本和较低的可变(劳动)成本。因此，这家企业在经济繁荣时有更好的表现，在经济衰退时有更糟的表现。例如，在经济繁荣时期销售增多时，成本的增速低于收益的增速。

b. 因为自动化企业的收益对经济周期更敏感，因此它有更高的贝塔值。

11. 表 17－1 是四个行业以及对宏观经济的四种预测。将行业与最佳情景相配对。

表 17－1　四个行业及对宏观经济的四种预测

行业	经济预测
a. 房屋建造	（ⅰ）严重经济衰退：通货膨胀减少，利率下降，国内生产总值减少
b. 健康保健	（ⅱ）经济过热：国内生产总值迅速上升，通货膨胀和利率上升
c. 采金	（ⅲ）健康扩张：国内生产总值增加，温和的通货膨胀，低失业率
d. 钢铁生产	（ⅳ）滞胀：国内生产总值减少，高通货膨胀

答：a. 房屋建造（周期性行业但对利率敏感）：（ⅲ）健康扩张；

b. 健康保健（非周期性行业）：（ⅰ）严重经济衰退；

c. 采金（反周期性）：（ⅳ）滞胀；

d. 钢铁生产（周期性行业）：（ⅱ）经济过热。

12. 你会将下列产业放在行业生命周期的哪个阶段？（注：本题的答案较为灵活。）

a. 油井设备

b. 计算机硬件

c. 计算机软件

d. 基因工程

e. 铁路建设

答：a. 油井设备：相对衰退（环境压力，容易开发的新油田也在减少）；

b. 计算机硬件：成长阶段；

c. 计算机软件：成长阶段；

d. 基因工程：创业阶段；

e. 铁路建设：衰退阶段。

13. 从下列每对公司中选择你认为对经济周期比较敏感的公司。

a. 大众汽车和大众制药

b. 友谊航空公司和幸福照相机生产商

答：a. 大众汽车。医药购买的可选择性比汽车更低。

b. 友谊航空公司。旅游支出比拍照对经济周期更敏感。

14. 为什么消费者期望指数是有用的先行宏观经济指标（见教材表 17－2）？

答：消费者期望指数是一个极为有用的先导性经济指标，因为如果消费者对于未来很乐观，他们就会更愿意进行消费，尤其是对耐用品的消费，从而增加总需求，刺激经济。

15. 为什么每单位产出的劳动成本指数是有用的滞后宏观经济指标（见教材表 17－2）？

答：每单位的劳动成本是一个有用的滞后指标，因为工资只有在经济已经完全进入扩张期之后才会有所上升。在扩张初期，经济十分萧条，产出可以在雇主不需要提高投入品的价格或者无需提高工人工资的情况下增长。等到工资由于对劳动力的高需求而上升时，繁荣期早已进行了相当长一段时间了。

16. 大众除草剂公司以其获得专利的除草产品控制着化学除草市场。但是，该专利将要到期。你预期该行业将会发生什么变化？尤其是大众除草剂公司所生产的产品价格、销售量和期望利润，及其竞争对手的期望利润将会发生什么变化？你认为该市场处于行业生命周期的什么阶段？

答：大众除草剂公司专利权的即将到期意味着它很快就会面临来自其竞争对手的激烈的竞争。可以预期到价格和边际利润都会下降，随着价格的下降，整个行业的销售额会有一定的上升。行业很可能进入成长期，这一时期生产商不得不在价格方面展开激烈竞争。

17. 你计划建立的公司第一年的收入是120000美元，固定成本是30000美元，可变成本是收入的1/3。

a. 公司的期望利润是多少？

b. 基于固定成本和期望利润，经营杠杆系数是多少？

c. 如果销售额比预期低10%，利润下降多少？

d. 证明利润下降百分比等于经营杠杆系数乘以销售额下降10%。

e. 根据经营杠杆系数，公司最初预测的销售额下降多少时利润将变为负数？该点的保本销售额是多少？

f. 为了证明你的e题答案是正确的，计算保本销售额的利润。

答：a. 期望利润 = 收入 − 固定成本 − 可变成本 = 120000 − 30000 − [(1/3) × 120000] = 50000(美元)。

b. 经营杠杆系数(DOL) $= 1 + \frac{\text{固定成本}}{\text{利润}} = 1 + \frac{30000}{50000} = 1.60$。

c. 如果销售额只有108000美元，利润将下降到：

$$108000 - 30000 - [(1/3) \times 108000] = 42000(\text{美元})$$

将比预期值下降16%。

d. 利润下降百分比 = 16% = DOL × 销售收入下降的10%。

e. 如果收益变成负的，利润下降比例将超过100%。利润下降100%，销售收入将下降：

$$\frac{100\%}{DOL} = \frac{100\%}{1.60} = 62.5\%$$

因此，收入只是初始预期的37.5%。在这一水平上，销售收入只有0.375 × 120000 = 45000(美元)。

f. 如果收入为45000美元，利润将为：45000 − 30000 − (1/3) × 45000 = 0(美元)。

根据下面的案例回答第18～21题。

IAAI是一家咨询公司，主要为基金、捐赠、养老基金和保险公司等各种机构提供建议，也为部分大额投资的个人投资者提供建议。IAAI在宣传中承诺将致力于搜集大量信息以预测长期趋势，然后使用普遍接受的投资模型确定这些趋势将如何影响不同投资的业绩。IAAI研究部成员得出了一些重要的近期宏观经济趋势。例如，他们发现工作岗位和消费者信心都明显增加，他们预期这种趋势将会持续几年。IAAI研究部考虑的其他国内先行经济指标包括工业产量、制造业平均每周工作时间、标准普尔500指数、M2货币供给以及消费者预期指数。

IAAI的投资顾问希望根据对就业岗位和消费者信心的预期为客户提供建议。他们运用

一套将工作岗位、消费者信心与通货膨胀、利率结合起来的理论，将通货膨胀和利率的预期动向融合到所建立的模型中，用来解释资产定价。他们的主要工作是预测工作岗位和消费者信心趋势将如何影响债券价格，以及这些趋势将如何影响股票价格。

IAAI 研发部的成员也注意到在过去几年中，股价开始上涨，且他们在预测总体经济形势时已运用了这一信息。研究者认为上行趋势的股票市场本身就是一个积极的经济指标。但是，他们对引起这种情况的原因未达成一致。

18. 根据 IAAI 研究成员的预期，岗位数量和消费者信心将呈上升趋势，这两个因素中哪一个因素的上升趋势会对股票价格产生积极影响？

答：股票价格与岗位数量或工作时间正相关，因为每多赚取一美元就意味着支出将更高。信心程度高会对支出和股票价格有积极影响。

19. 股价作为一种有用的领先经济指标，下列哪项可以准确解释这一现象？

a. 股价预测未来利率，反映其他指标的趋势。

b. 无法预测未来利率，与其他领先经济指标无关；股价作为领先经济指标的有用性是一个谜。

c. 仅仅反映了其他领先经济指标的趋势，本身没有预测能力。

答：a。股票价格是领先指标之一。一个可能的解释是，股票价格预测未来利率、公司盈利及股息。另一个可能的解释是，股票价格会对其他领先经济指标的变化做出反应，比如货币供给的变化或者长期和短期利率之间的利差变化。

20. 下列 IAAI 研究部列示的国内指标中，哪些作为领先指标是最不合适的？

a. 工业产量

b. 制造业平均每周的工作时间

c. M2 货币供给

答：a。工业产量是一个同步指标；其他的都为领先指标。

21. IAAI 在计算和预测过程中主要使用了历史数据。下列有关 IAAI 的行为中，哪些是最准确的？

a. 信用风险溢价对 IAAI 有用，因为它们基于正确的市场预期。

b. 时机不好时，IAAI 应该使用最近股票收益的动态平均，因为这会导致较高的预期股票风险溢价。

c. 应该使用较长的时间窗口，这样制度改变就会成为影响预期的因素。

答：b。如果使用历史数据，则可得到收益的几何和算术平均值。几何平均值偏向于从多时段的角度来看长期趋势。股权风险溢价的另一种方法是利用近期过往市场回报的移动平均。这表明当时机不好时会有一个低预期股票风险溢价，这与投资者预期相违背。当使用历史数据时，在长期和短期的时间跨度之间有一个权衡。短期跨度有利于减少政权变动的影响。长期跨度则提供了更好的敏感性低的统计数据。

根据下列案例回答第 22 ~ 25 题。

史密斯女士是一位二级特许金融分析师候选人，最近受雇成为爱尔兰银行的一名分析师。她的第一项任务是接受法国酿酒厂的雇用以助其考察竞争战略。

史密斯的报告涵盖了法国白酒业的四家主要酿酒厂。酿酒厂的特征列在表 17 -2 中。在史密斯报告的正文中，她阐述了法国白酒业的竞争结构，并且发现在过去 5 年，法国白酒业没有迎合消费者已经变化了的口味。白酒行业的利润率持续下降，行业的代表性企业也从

10 家下降到 4 家。这说明为了生存，法国白酒企业必须进行合并。

表 17－2　法国四大主要酿酒厂的特征

	South Winery	North Winery	East Winery	West Winery
创建日期	1750	1903	1812	1947
一般竞争策略	?	成本领先	成本领先	成本领先
主要消费者市场(80%集中于)	法国	法国	英国	美国
产地	法国	法国	法国	法国

史密斯的报告说明消费者的议价能力比行业的议价能力高。她在“购买方议价能力”标题下用五点来支持这一结论：

· 许多消费者在用餐和社交时，喝的啤酒比白酒多。

· 随着网上销售的增加，消费者更容易查到白酒的相关信息，以及其他消费者的想法，从而辨别哪些生产商的价格最佳。

· 法国白酒企业在不断合并，5 年前存在 10 家代表企业，现在只剩 4 家。

· 法国白酒业 65% 以上的业务与饭店购买有关。饭店通常会成批购买，一次性购买四五箱白酒。

· 在法国，能够种植葡萄进行白酒生产的肥沃土地非常稀有。

完成了报告的草稿后，史密斯将其交给老板范德莱森评价。范德莱森告诉她，他自己也是一名白酒鉴定家，经常从 South Winery 那里购买白酒。史密斯对范德莱森说：“在报告中，我将 South Winery 作为一家进退两难型的公司。它既想成为成本领先者，销售价格比其他公司更低，又想与其他竞争者产生差异，将白酒装在有脖颈弯曲的瓶子中，但这增加了成本。最后导致 South Winery 的利润率不断降低。”范德莱森回答道：“我在白酒大会上见过 South Winery 的管理层成员几次。我认为如果它分成几个不同的经营单位，就可以同时实现成本领先和差异化战略。”史密斯决定在发表报告的最终稿件之前，对一般竞争战略做更多研究，以改变范德莱森的想法。

22. 如果法国国内货币相对于英国货币大幅贬值，那么对 East Winery 的竞争性地位将产生什么影响？

a. 使其在英国市场竞争力减弱。

b. 没有影响，因为 East Winery 的主要市场是英国而不是法国。

c. 使公司在英国的竞争力更强。

答：c。外汇汇率可以显著地影响某一行业的竞争力和盈利能力。对一个很大部分商品都通过出口销售的行业，货币贬值通常是好消息，因为这将使得该行业在国外的竞争力加强。在这里，法国货币贬值使得法国出口商品在英国更加便宜。

23. 在史密斯的观点中，哪一点支持了消费者有比其他行业更强的议价能力的结论？

答：购买方力量的决定因素包括买方集中度，买方数量，买方信息，可用的替代品，转换成本，品牌形象和产品差异。观点 1 指出的是可用的替代品，观点 2 指出的是买方信息，观点 4 指出的是买方数量和买方集中度。观点 3 指出在行业内的竞争者数量，观点 5 指出有新进入者，这两个观点都是对事实的陈述，并不能支持消费者有较强议价能力的结论。

24. 史密斯在她的报告中提出，West Winery 可能会使消费者看重的白酒特性差异化。下面哪种特性是 West Winery 进行产品差异化时最需要关注的问题？

a．产品运输方式

b．产品价格

c．关注 30～45 岁的消费人群

答： a。产品的差异化可能基于产品本身，运输方式或市场营销方法。

25．史密斯知道公司的战略计划是一般战略的核心。在对研究资料和文件进行编写的基础上，史密斯总结了关于 North Winery 的三项发现以及它的战略计划过程：

i．North Winery 的价格和成本预测代表法国白酒行业的未来结构变化。

ii．North Winery 把每个业务单位分为建设、持有或者收获中的一种。

iii．North Winery 将市场份额作为竞争地位的主要测度方法。

以上哪种发现最不支持 North Winery 的战略计划过程遵循一般竞争战略的结论？

答： 一个在战略计划过程中不遵循一般竞争战略的企业通常会犯一个或多个以下的错误：

(1)战略计划是一个不相关行为的集合，无法形成可持续的竞争优势。

(2)价格和成本预测是基于目前的市场状况得出的，并没有考虑到行业结构将如何影响未来行业长期盈利。

(3)将业务单位进行分类，如建设、持有和收获；但并没有意识到这些都不是业务策略，而是实现策略的方式。

(4)公司关注的是衡量竞争地位的市场份额，但未能认识到市场份额是结果，而不是可持续的竞争地位的原因。

史密斯的发现 2 和 3 描述了其中两个错误，因此不支持 North Winery 的战略计划过程遵循一般竞争战略的结论。

二、CFA 考题

1．简单讨论一下美联储在实行扩张性货币政策时，会分别使用下列三种货币工具采取什么措施？

a．准备金要求

b．公开市场业务

c．贴现率

答： a．较低的准备金要求会使银行贷出大部分的存款，从而增加货币供给。

b．美联储将买入国库券，从而增加货币供给。

c．贴现率将降低，允许银行以更低的利率借入额外资金。

2．已经实施了非预期扩张性货币政策，指出这一政策对下列四个可变要素的作用。

a．通货膨胀率

b．实际产量和就业

c．实际利率

d．名义利率

答： a．扩张性货币政策可能会过度刺激经济，或者因为货币增多而促使物价上涨，导致通货膨胀。

b．在扩张性政策下，实际产出和就业至少在短期内会增加。

c．实际利率至少在短期内会下降，因为经济中的资金供给增加了。

d．名义利率可能上升也可能下降。一方面，实际利率可能下降(参见 c)，但是另一方面通货膨胀溢价可能上升(参见 a)。名义利率是这两个因素共同作用的结果。

3. Universal Auto 是一家大型跨国企业，总部在美国。出于部分报告的需要，公司从事两种业务：汽车生产和信息处理服务。

汽车业务是到目前为止 Universal Auto 较大的一项业务。它包括大多数美国国内客车的生产，也包括在美国小型卡车的生产，以及在其他国家客车的生产。Universal Auto 的这部分业务过去几年中运作结构不是很好，2013 年达到亏损。尽管公司没有报告美国国内客车业务的运作结果，但这正是导致汽车业绩较差的主要原因。

Idata 是 Universal Auto 的信息处理服务业务部分，于 15 年前成立。这项业务在国内增长稳定处于强势地位，没有并购事项发生。

CFA 候选人亚当斯为 Universal Auto 准备了一项调查报告，报告称："我们假设 Universal Auto 将于 2014 年大幅增加美国客车的价格，根据这项假设我们预计利润将增加数十亿美元。"

a. 描述行业生命周期的四个阶段。

b. 辨别 Universal Auto 的两项主要业务(汽车和信息处理)位于哪个阶段。

c. 讨论产品定价在两项业务中如何不同，基于每项所处的行业生命周期的阶段。

答：a. 行业的生命周期是指大多数行业将经历的不同增长阶段。尽管很难明确地指出一个阶段在什么时候结束，另一个阶段在什么时候开始，但行业从一个阶段转换到另一个阶段时，增长率、竞争环境、边际利润和定价策略都会有相应的调整。

创业阶段的特点是对巨大的潜在市场的预期，以及对潜在利润的乐观估计。但是，在这个阶段失败的几率通常也比较高。第二个阶段通常称为稳定增长期或成长期，增长率很高，且加速增长，市场不断扩大，单位成本下降，质量得到改进。在这一阶段，行业领导者开始出现。第三个阶段通常称为缓慢增长期或成熟期，其特点是由于市场成熟或其他产品参与竞争而导致增长逐渐减慢。最后，行业达到相对衰退期，在这一时期销售额增长缓慢甚至下降。

产品的定价、获利能力和行业的竞争结构，在各个阶段有很大区别。例如，在第一阶段，通常是高价格、高成本(研究开发、市场营销等)以及(暂时的)垄断性市场结构。在第二个阶段(稳定增长期)，新的进入者开始出现，成本由于学习曲线而急剧降低。但是通常价格并不急速下降，因而使得利润率上升。在第三阶段(缓慢增长期)，增长开始放慢，因为产品或服务开始饱和，而利润则因为价格的极大削减而受到侵蚀。在最后一个阶段，行业的累计生产力很高，以至于生产成本停止下降，利润微薄(假定竞争存在)，行业的命运取决于替代性产品(服务)的存在以及替代需求的程度。

b. 美国的客车行业可能已经进入了行业生命周期的最后阶段，因为常规的增长率相当低。相反地，信息处理行业无疑正处于行业的早期。根据其增长是否加速来判断，它要么处于第二阶段，要么处于第三阶段。

c. 汽车：在生命周期的最后阶段，需求倾向于对价格敏感。因此，Universal 公司不可能在提高价格的同时保证销售量不受影响。而且，由于行业的成熟，竞争者之间的成本结构可能是相似的，任何削价行为都会立即被模仿。因此，Universal 汽车业务可以被认为是：产品的价格由市场决定，公司是价格的接受者。

Idata：由于 Idata 处于行业生命周期的早期，它对定价具有更大的灵活性。需求的增长要快于供给，而且，由于行业领导者的存在或其行为，Idata 可以将价格定得很高，以最大化当前的利润并为产品开发创造现金，或者定价很低以争取市场份额。

4. 亚当斯的调查报告(见问题3)接下来是："经济复苏正在进行中，期望利润增长应该会使 Universal Auto 的股票价格上升，我们强烈建议买入。"

a. 讨论投资择时的生命周期法。你的回答应该描述在典型商业周期的不同时段该如何操作股票和债券。

b. 假设亚当斯的断言是正确的(经济已经在复苏过程中)，基于市场择时的生命周期，该评论对购买 Universal Auto 这只周期性股票的实时性在哪里?

答：a. 用行业周期方法来进行投资择时的基本前提是，股票价格预期到了行业周期的波动。例如，有证据表明股票价格的波动通常比经济提前六个月。事实上，股票价格是经济的一个先导性指标。

在用行业周期方法的过程中，投资方式大致如下：在预期到行业周期的顶端就要来临时，购买的股票应该是不易受衰退影响的股票。当预期到一个下降趋势即将来临时，持有的股票应该减少，将卖出所得投资于固定收入证券。一旦衰退到一定程度，利率下跌，债券价格就将上升。当预期到衰退即将结束，则应将债券投资得到的利润取出转而投资于股票，尤其是具有高贝塔值的周期性行业的股票。

通常来说，异常收益只有在资产配置的转换时机要优于其他投资者时才能实现。在拐点之后才转换是不能获得异常收益的。

b. 根据行业周期方法来进行投资择时，投资于类似客车公司的周期性股票的理想的时间是在衰退结束前。如果复苏已经在进行了，亚当斯的建议就太迟了。股票市场通常会预期到经济周期的变化。因此，如果复苏已经在开始，Universal Auto 的股价应该早已反映了对经济变动的预期。

5. Ludlow 在准备美国电动牙刷制造业的报告，搜集的信息见表 17 –3 和表 17 –4。Ludlow 在报告中总结说，电动牙刷正处于行业生命周期的成熟阶段。

a. 从表 17 –3 中选择和论证三种要素支持 Ludlow 的观点。

b. 从表 17 –4 中选择和论证三种要素反驳 Ludlow 的观点。

表 17 –3　电动牙刷行业指数和主要股票市场指数

	2007	2008	2009	2010	2011	2012
股权回报						
电动牙刷行业指数	12.5%	12.0%	15.4%	19.6%	21.6%	21.6%
市场指数	10.2	12.4	14.6	19.9	20.4	21.2
平均市盈率						
电动牙刷行业指数	28.5 ×	23.2 ×	19.6 ×	18.7 ×	18.5 ×	16.2 ×
市场指数	10.2	12.4	14.6	19.9	18.1	19.1
派息率						
电动牙刷行业指数	8.8%	8.0%	12.1%	12.1%	14.3%	17.1%
市场指数	39.2	40.1	38.6	43.7	41.8	39.1
平均股息收益率						
电动牙刷行业指数	0.3%	0.3%	0.6%	0.7%	0.8%	1.0%
市场指数	3.8	3.2	2.6	2.2	2.3	2.1

表 17-4 电动牙刷制造行业特征

• 行业销售增长。最近每年的行业销售额增长率为 15% ~20%，预期接下来的三年每年的增长率为 10% ~15%
• 非美国市场。有些美国制造商想要进入快速增长的非美国市场，这些市场还没有开发
• 函购销售量。一些制造商直接通过函购方式向顾客销售电动牙刷从而创了一个新的用户群。该行业细分市场的销售额每年增长了 40%
• 美国市场渗透。制造商在价格的基础上激烈竞争，行业内的价格战很常见
• 利基市场。有些制造商能够在美国基于公司名誉、质量和服务开发新的未开发的利基市场
• 行业兼并。最近几家制造商合并，预期该行业兼并将会增加
• 新进入者。新制造商继续进入市场

答：a. 支持 Ludlow 的观点的因素如下：

①全行业的股权回报率趋于稳定，这表明该行业可能正接近生命周期的后期阶段。

②平均市盈率下降，这表明投资者越来越不看好增长前景。

③派息率增加，这表明公司找不到再投资盈利的机会。行业中可能没有增长的机会了。

④行业股息收益率在增加，即使市场股息收益率在下降。

b. 反驳 Ludlow 的观点的因素如下：

①行业的增长率仍然预计是在 10% 至 15%，比成熟行业的实际增长率要高。

②非美国市场仍然未开发，一些公司现在正进入这些市场。

③函购销售量以每年 40% 的速度增长。

④利基市场不断在发展。

⑤新的制造商不断进入市场。

6. 作为一名证券分析师，你被要求重新评价一家股权集中度很高的 WAH 公司的价值，该报告由 RRG 提供。你要对评价给出自己的看法，并且通过分析评价的每一部分支持你的观点。WAH 的唯一业务是汽车零部件零售。RRG 所做的报告“汽车零部件零售业分析”完全基于表 17-5 中的数据和接下来的信息：

· WAH 和它的主要竞争者在 2012 年年底各经营 150 多家店。

· 每家公司在汽车零部件行业经营店铺的数量为 5.3 个。

· 零售店销售的汽车零部件的主要顾客群是旧汽车的新主人，这些人出于经济考虑自己做汽车维护。

a. RRG 的一个结论是汽车零部件零售业整体处于行业生命周期成熟阶段。讨论表 17-5 中支持这一结论的三组相关数据。

b. 另一个 RRG 结论是 WAH 和它的主要竞争者都处于生命周期的兼并阶段。

i. 引用表 17-5 中的三组数据来支持这一结论。

ii. 解释一下行业总体处于成熟阶段时，WAH 和它的主要竞争者如何处于兼并阶段。

表 17-5 挑选出来的汽车零部件行业零售数据 (%)

	2013	2012	2011	2010	2009	2008	2007	2006	2005	2004
18 ~29 岁人口(比例变化)	-1.8	-2.0	-2.1	-1.4	-0.8	-0.9	-1.1	-0.9	-0.7	-0.3
收入大于 35000 美元的家庭的数量(比例变化)	6.0	4.0	8.0	4.5	2.7	3.1	1.6	3.6	4.2	2.2

续表

	2013	2012	2011	2010	2009	2008	2007	2006	2005	2004
收入小于 35000 美元的家庭的数量(比例变化)	3.0	-1.0	4.9	2.3	-1.4	2.5	1.4	-1.3	0.6	0.1
使用年限在 5～15 年之间的汽车数量(比例变化)	0.9	-1.3	-6.0	1.9	3.3	2.4	-2.3	-2.2	-8.0	1.6
汽车贩卖修理用零件的市场产业零售额(比例变化)	5.7	1.9	3.1	3.7	4.3	2.6	1.3	0.2	3.7	2.4
消费者在汽车零件上的消费者支出(比例变化)	2.4	1.8	2.1	6.5	3.6	9.2	1.3	6.2	6.7	6.5
店面达到 100 家及以上的汽车零部件零售公司的销售增长	17.0	16.0	16.5	14.0	15.5	16.8	12.0	15.7	19.0	16.0
店面达到 100 家及以上的汽车零部件零售公司的市场份额	19.0	18.5	18.3	18.1	17.0	17.2	17.0	16.9	15.0	14.0
店面达到 100 家及以上的汽车零部件零售公司的平均经营利润率	12.0	11.8	11.2	11.5	10.6	10.6	10.0	10.4	9.8	9.0
所有汽车零部件零售公司的平均经营利润率	5.5	5.7	5.6	5.8	6.0	6.5	7.0	7.2	7.1	7.2

答：a. 表中支持“汽车配件零售业作为一个整体处在行业生命周期的成熟阶段”的结论的相关数据如下：

①本行业的主要消费者 18 至 29 岁的人口正在下降。

②收入低于 35000 的家庭(另一个重要的消费群)数目没有扩大。

③使用 5 到 15 年的汽车数量(一个重要的最终市场)仅以一个很低的比率增长(实际上有些年是降低的)，因此零部件的潜在需求没有增长。

④汽车售后服务行业零售额几年来增长缓慢。

⑤消费者用于汽车零部件和配件的支出几年来增长缓慢。

⑥所有零配件公司的平均经营利润率已经在逐步减少。

b. i. 支持“WAH 公司和其主要竞争者正处于生命周期的兼并阶段”的结论的相关数据如下：

①有 100 家以上零配件商店的公司的销售额正在快速并以增加的速度增长。

②有 100 家以上零配件商店的公司的市场份额正在增加，但仍然低于 20%，还有很大的增长空间。

③有 100 家以上零配件商店的公司的平均经营利润率比较高并在增长。

ii. 因为行业分割(即大部分市场份额被大量只有较少商店的公司获得)，零配件行业正在经历市场创新和整合阶段。行业正朝着“类别杀手”的形式变化，少部分主要公司通过扩张销售网控制了大部分市场份额。有证据表明，新的“行业中的行业”正在以“类别杀手”型、大型连锁商店公司的形式出现。虽然整个行业实际上已进入生命周期的成熟期，但这个行业中的子行业正处在其兼并阶段(即高增长率，同时具有较高的营业利润率，并且出现了市场领头者)。

7. a. 如果英镑的汇率价值从 1.75 美元/英镑变动到 1.55 美元/英镑，那么：

i. 英镑升值，英国人发现美国货物变便宜了

ii．英镑升值，英国人发现美国货物变贵了

iii．英镑贬值，英国人发现美国货物变贵了

iv．英镑贬值，英国人发现美国货物变便宜了

b. 下列哪些变化可能影响利率？

i．通货膨胀预期

ii．联邦赤字规模

iii．货币供给

c. 根据财政政策的供给方观点，如果总体税收收入的影响相同，减少边际税率与增加个人豁免额这两种减税方式有差别吗？

i．没有，两种削减税收的方法对总体供给的影响相同。

ii．没有，两种情况下，人们都会增加收入，预期未来税收增加，因此会抵消目前较低的税收的刺激影响。

iii．有，边际税率较低本身会增加刺激，获得边际收入，因此会刺激总体供给。

iv．有，如果边际税率下降，利率会上升，但是如果个人豁免额上升，利率往往会下降。

答：a. ⅲ。

b. 以上所有。

c. ⅲ。

第 18 章　权益估值模型

18.1　复习笔记

1. 比较估值

(1)用账面价值进行比较估值

比较估值是指根据可得的市场资料以及从公司和竞争同行得来的财务报表来建立模型，并进而估计本公司股票的“基础性”价格。这些估价模型根据分析师们采纳的具体数据特性和模型本身所包含的理论复杂程度而有所不同。比较估值的一种方法是重视公司的账面价值，另一种方法是重视预期未来股利的现值。

(2)账面价值的局限性

账面价值反映了资产和负债的历史价值，而市场价值则反映资产和负债的当前价值。市场价格衡量了在持续经营假设下的公司价值。通常，股票的市场价值与其账面价值并不相等。

相较而言，清算价值能够更好地反映股价的底线。清算价值是指公司清算时股东能够实际回收到的每股价值。

资产减去负债后的重置成本为另一种用以对公司进行估价的办法。托宾 q 值是指市值和重置成本的比率。长期而言，托宾 q 值会趋于 1，但实际上该值可能长期显著不为 1。

2. 内在价值与市场价格

股票投资者所获取的回报包括现金股利和资本利得。比较持有期间的股票期望收益率和 CAPM 模型所显示的投资者要求的收益率，如果持有期间的股票期望收益率高于必要收益率，则应该投资该股票。

股票的内在价值是指其可以为投资者带来的全部收益的现值，是将现金股利与资本利得经合适的风险调整利率 k 进行贴现所得到的数值。如果股票的内在价值高于其市价，则意味着股价被低估，该股票值得进行投资。

3. 股利贴现模型

股利贴现模型(DDM)主张股价应该等于以股票风险相当的利率折现的每股未来股利的现值之和，如下所示：

$$V_0 = D_1/(1+k) + D_2/(1+k)^2 + D_3/(1+k)^3 + \cdots$$

(1)固定增长的股利贴现模型

如果预计股利总是以一固定的比率 g 增长，那么股票的内在价值由以下的公式决定：

$$V_0 = D_1/(k-g)$$

该模型仅在增长率 g 小于 k 时是正确的。从该模型中可以看出，每年的股价增长率均与股利的增长率 g 相等。

当固定增长的假定成立时，该式可以转化成推导股票市场资本化率的公式：

$$k = D_1/P_0 + g$$

若股利不增长，那么股利流就是简单的永续年金，此时，估值公式变为：

$$V_0 = D_1/k$$

在下列情形下固定增长的股利贴现模型意味着股票价值将会越大：

①预期的每股股利越高；

②市场资本化率 k 越小；

③预期的股利增长率越高。

(2)价格收敛于内在价值

如果股价不等于它的内在价值，预期价格增长由内在价值和市价差异的存在与否决定。通常假设该差异一直都存在，且市价一直按接近 g 的增长率持续上涨；另一种则假设内在价值和市价差异于年末消失。

大多分析师均假设股票市价会随时间推移而接近于其内在价值。

(3)股价与投资机会

低再投资率政策下，公司会提供高初始股利与低股利增长率；高再投资率政策下，公司会提供较高的股利。如果高再投资率政策下股利增长率较高，那么股价将比低再投资率政策下的股价要高。投资机会的净现值又称增长机会价值，其与公司价值的增加相等。

(4)生命周期与多阶段增长模型

公司有生命周期，在不同阶段的股利分派特点也存在巨大的差异。

①早期。公司有广阔的高盈利再投资机会，股利派发率低，增长速度较快。

②后期。公司进入成熟阶段，好的再投资机会大大减少，此时股利分派率较高，增长速度开始放缓。

(5)多阶段增长模型

多阶段增长模型下，公司成熟阶段过程中，股利以不一样的增长率增加。通常是三阶段增长模型，在该模型下，成熟早期股利快速增加，而末期则稳定增加，中间是过渡期，期间股利增长率逐渐放缓。

4. 市盈率

(1)市盈率与增长机会

市盈率为每股价格和每股收益的比值。市盈率是市场评估公司增长机会的实用工具。对于零增长机会的公司，其市盈率应该正好是资本化率的倒数。当增长机会成为整个公司价值越来越重要的组成部分时，市盈率将增加。

增长机会与市盈率的关系如下式：

$$\frac{P_0}{E_1} = \frac{1}{k}\left(1 + \frac{\text{PVGO}}{E/k}\right) \tag{18-1}$$

PVGO 代表公司增长机会的现值，当 PVGO = 0 时，由式(18-1)可知 $P_0 = E_1/k$。即由 E_1 的零增长永久年金来估计股价时，市盈率刚好为 $1/k$。

(2)市盈率与股票风险

股票估值模型中均揭示了很重要的一点：在其他因素不变时，股票的风险越大，市盈率越小。根据固定增长模型：

$$P/E = (1-b)/(k-g)$$

可以明显看到，风险越大，必要收益率 k 值也越大，所以市盈率越小。

(3)市盈率分析与股利贴现模型的结合

预期盈利增长率与公司的预期可获利润率和股利政策有关。它们的关系可表示如下：

$$g = (\text{新投资的 ROE}) \times (1 - \text{股利分派率})$$

通过对未来投资的股权收益率(ROE)与市场资本化率 k 的比较，可以将任何股利贴现模型与简单的资本化盈利模型联系起来。如果两个比率相等，则股票的内在价值降至每股盈利除以 k。

(4)其他的比较估值比率

①市盈率，是指每股市价与每股盈利的比值，是一个重要的财务指标；

②市净率，指每股市价与每股账面价值的比值；

③股价现金流比率，是指每股股价与每股现金流的比值，其受会计方法的影响较小；

④市销率，是指股价和每股年销售额的比值。

5. 自由现金流估值法

自由现金流是指减去资本性支出后能够为公司或股东使用的现金流。自由现金流模型尤其适用于不发放股利的公司。

(1)对公司自由现金流(FCFF)进行贴现

$$\text{FCFF} = \text{EBIT}(1 - t_c) + \text{折旧} - \text{资本化支出} - \text{NWC 的增加}$$

式中，EBIT 表示息税前利润；t_c表示公司税率；NWC 表示净营运资本。

$$\text{公司价值} = \sum_{t=1}^{T} \frac{\text{FCFF}_t}{(1+\text{WACC})^t} + \frac{V_T}{(1+\text{WACC})^T}$$

其中，$V_T = \text{FCFF}_{T+1}/(\text{WACC} - g)$；WACC 为加权平均资本成本。

(2)对股东自由现金流(FCFE)进行贴现

不同于公司自由现金流，股东自由现金流包含税后利息成本和发行新债的现金流。

$$\text{权益价值} = \sum_{t=1}^{T} \frac{\text{FCFE}_t}{(1+k_E)^t} + \frac{V_T}{(1+k_E)^T}$$

其中，$V_T = \text{FCFE}_{T+1}/(k_E - g)$；$k_E$为权益资本成本。

18.2 课后习题详解

一、习题

1. 在什么情形下你会选择股利贴现模型而非自由现金流模型对公司进行估值?

答：理论上，股利贴现模型可以用来评估目前不支付股息的快速成长型公司的股票价值。在这种情况下，需要对未来的股利进行预测。然而，实际上，对未来支付的股利的估值是非常不准确的，这表明股利贴现模型不适合用来对这类公司进行估值，自由现金流模型可能更适合一些。在另一种极端情况下，人们会更倾向于选择股利贴现模型对一个股利支付相对稳定的成熟公司进行估值。

2. 在什么情形下使用多阶段股利贴现模型比固定增长模型更重要?

答：对于一个有暂时的高增长率的公司来说，用多阶段股利贴现模型进行估值是非常重要的。这些公司往往处于其生命周期的早期阶段，此时他们有无数再投资的机会，从而导致了相对快速的增长和相对较低的股息(或者，在很多情况下，没有股息)。当这些企业成熟时，具有吸引力的投资机会将大量减少，从而使得增长率变慢。

3. 若一家公司的价值被低估了(即内在价值>股票价格)，那么其市场资本化率与期望收益率之间的关系是什么?

答：股票的内在价值是个人投资者对股票真实价值的评估。市场资本化率是对股票的要求回报率的市场共识。如果股票的内在价值等于它的价格，则市场资本化率等于期望收益率。另一方面，如果个人投资者相信股票是被低估了(即内在价值 > 股票价格)，则投资者的期望收益率高于市场资本化率。

4. Deployment Specialist 公司现在每年的股利为每股 1.00 美元，预期两年内将增长 20%，然后将以 4% 的增长率增长。若 Deployment Specialist 的必要收益率为 8.5%，那么其股票的内在价值是多少？

答：$V=\frac{1}{1+8.5\%}+\frac{1.2}{(1+8.5\%)^2}+\frac{1.2\times1.04}{(8.5\%-4\%)(1+8.5\%)^3}+\frac{1.2\times1.04}{(1+8.5\%)^3}=24.63$(元)

故股票的内在价值为 24.63 元。

5. Jand 公司目前支付了每股 1.22 美元的股利，且预期无限期内将以 5% 的增长率增长。若根据固定增长的股利贴现模型计算的股票当前价值为每股 32.03 美元，那么必要收益率是多少？

答：$k=\frac{1.22\times1.05}{32.03}+0.05=0.09=9\%$。

故必要收益率为 9%。

6. 一家公司目前支付了每股 1.00 美元的股利，且预期无限期内将以 5% 的增长率增长。若股票的当前价值为每股 35 美元，那么根据固定增长的股利贴现模型计算的投资必要收益率是多少？

答：固定增长的股利贴现模型在 $(t+1)$ 期支付的股利将为 1.05。必要收益率计算如下：

$$35=\frac{1.05}{k-0.05}\Rightarrow k=0.08=8\%$$

7. Tri - coat Paints 的当前市值是每股 41 美元，每股收益为 3.64 美元，若必要收益率为 9%，那么增长机会价值的现值是多少？

答：$\text{PVGO}=41-\frac{3.64}{0.09}=0.56$(美元)。

故增长机会价值的现值是 0.56 美元。

8. 计算机类股票目前的期望收益率为 16%。MBI 是一家大型计算机公司，年末将支付每股 2 美元的股利。

a. 若其股票的当期市价为每股 50 美元，那么市场对 MBI 股利增长率的预期是多少？

b. 若 MBI 的股利增长率下降到 5%，那么 MBI 的股价将如何变化？公司的市盈率将如何变化(定性的)？

答：a. $k=\frac{D_1}{P_0}+g$，即 $0.16=\frac{2}{50}+g\Rightarrow g=0.12=12\%$。

b. $P_0=\frac{D_1}{k-g}=\frac{2}{0.16-0.05}=18.18$(美元)。

由于对股利的悲观预期，股价会下跌。但是，对当前的年收益的预期不会发生变化。因此，P/E 比率会下降。较低的 P/E 比率表明对公司增长前景的乐观预期减少。

9. a. MF 公司的 ROE 为 16%，再投资率为 50%，若预期未来一年的每股收益为每股 2 美元，那么股价将为多少？市场资本化率为 12%。

b. 你预期三年后 MF 的股价将为多少？

答：a. $g=\text{ROE}\times b=16\%\times0.5=8\%$；

$D_1 = 2\times(1-b) = 2\times(1-0.5) = 1$(美元)；

$P_0 = \dfrac{D_1}{k-g} = \dfrac{1}{0.12-0.08} = 25.00$(美元)。

b. $P_3 = P_0(1+g)^3 = 25\times(1.08)^3 = 31.49$(美元)。

10. 市场认为 Analog Electronic 公司的 ROE = 9%，β 值为 1.25，公司计划在无限期内保持 2/3 的再投资率，今年的每股收益为 3 美元，刚刚派发了年度股利。预期未来一年的市场收益率是 14%，国库券当前提供的收益率是 6%。

a. 计算 Analog Electronic 公司的股价。

b. 计算市盈率。

c. 计算增长机会价值。

d. 假设根据你的调研，你相信 Analog Electronic 公司随时有可能把再投资率降低至 1/3，计算股票的内在价值。假设市场仍未意识到这一决策，分析为什么 V_0 与 P_0 不再相等？是 V_0 大还是 P_0 大？

答：a. $k = r_f + \beta\times[E(r_m) - r_f] = 6\% + 1.25\times(14\% - 6\%) = 16\%$；

$g = \dfrac{2}{3}\times 9\% = 6\%$；

$D_1 = E_0\times(1+g)\times(1-b) = 3\times(1.06)\times\dfrac{1}{3} = 1.06$(美元)；

$P_0 = \dfrac{D_1}{k-g} = \dfrac{1.06}{0.16-0.06} = 10.60$(美元)。

b. 动态市盈率：$P_0/E_1 = 10.60/3.18 = 3.33$；

静态市盈率：$P_0/E_0 = 10.60/3.00 = 3.53$。

c. $\text{PVGO} = P_0 - \dfrac{E_1}{k} = 10.60 - \dfrac{3.18}{0.16} = -9.275$(美元)

低 P/E 比率和负 PVGO 是因为 ROE(9%)低于市场资本化率(16%)。

d. 现在，将 b 改为 1/3，g 改为 $1/3\times 9\% = 3\%$，D_1 改为 $E_0\times 1.03\times(2/3) = 2.06$(美元)，则 $V_0 = 2.06/(0.16-0.03) = 15.85$(美元)。

V_0 增加是因为企业支付了更多的股利，而不是以较低的 ROE 进行再投资。这一信息不为市场其他人所知。

11. 预期 FI 公司的每股股利无限期内将以 5% 的增长率增长。

a. 若今年的年末股利为每股 8 美元，市场资本化率为 10%，那么根据股利贴现模型计算的当前股价应为多少？

b. 若预期每股收益为 12 美元，那么暗含未来投资机会的 ROE 是多少？

c. 市场需为每股增长机会支付多少美元(即未来投资的 ROE 超过市场资本化率时)？

答：a. $P_0 = \dfrac{D_1}{k-g} = \dfrac{8}{0.10-0.05} = 160$(美元)。

b. 股利支付率是 8/12 = 2/3，因此，再投资率为 $b = 1/3$。暗含未来投资机会的 ROE 通过下列方程求出：$g = b\times \text{ROE}$，其中 $g = 5\%$，$b = 1/3$，从而 ROE = 15%。

c. 假设 ROE = k，则价格等于：$P_0 = \dfrac{E_1}{k} = \dfrac{12}{0.10} = 120$(美元)。

因此，市场为增长机会支付每股 40 美元(160 美元 - 120 美元)。

12. Nogro 公司的当前股价为每股 10 美元，预期未来一年的每股收益为 2 美元，公司的股利支付率为 50%，剩下的盈利将被再投资于年收益率为 20% 的项目中，预期这种情形将无限期地持续下去。

a. 假设股票的当前市场价格等于根据固定增长模型计算的内在价值，那么 Nogro 的投资者要求的必要收益率是多少？

b. 此时的内在价值比所有盈利都作为股利派发时的内在价值高多少？

c. 若 Nogro 把股利支付率降低至 25%，股价将如何变化？若 Nogro 不派发股利，股价又将如何变化？

答： a. $k = D_1/P_0 + g$；

$D_1 = 0.5 \times 2 = 1$(美元)；

$g = b \times \text{ROE} = 0.5 \times 0.20 = 0.10$；

因此，$k = (1/10) + 0.10 = 0.20 = 20\%$。

b. 由于 $k = \text{ROE}$，未来投资机会的 NPV 等于零：$\text{PVGO} = P_0 - \frac{E_1}{k} = 10 - 10 = 0$。

c. 由于 $k = \text{ROE}$，减少股息和准额外收益进行投资均不会影响股票价格。

13. 无风险收益率为 8%，预期市场投资组合的收益率为 15%，Xyrong 公司股票的风险系数为 1.2。Xyrong 公司的股利支付率为 40%，最近公布的每股收益为 10 美元。刚刚派发了股利，且预期每年都将派发。预期 Xyrong 所有再投资 ROE 将永远为 20%。

a. Xyrong 股票的内在价值是多少？

b. 若股票的当前市价为每股 100 美元，预期股票的市场价格从现在起一年后将等于其内在价值，那么你预期持有 Xyrong 股票一年的收益率为多少？

答： a. $k = r_f + \beta[E(r_M) - r_f] = 8\% + 1.2 \times (15\% - 8\%) = 16.4\%$；

$g = b \times \text{ROE} = 0.6 \times 20\% = 12\%$；

$$V_0 = \frac{D_0(1+g)}{k-g} = \frac{4 \times 1.12}{0.164 - 0.12} = 101.82(\text{美元})。$$

b. $P_1 = V_1 = V_0(1+g) = 101.82 \times 1.12 = 114.04$(美元)，

$$E(r) = \frac{D_1 + P_1 - P_0}{P_0} = \frac{4.48 + 114.04 - 100}{100} = 0.1852 = 18.52\%。$$

14. DEQS 公司目前不派发现金股利，且预期未来五年内都不会派发，其最近的每股收益为 10 美元，全部用于再投资。预期未来五年里的年 ROE 等于 20%，且在这五年内全部盈利也都将用于再投资。从第六年开始，预期公司的 ROE 将下降至 15%，公司将把盈利的 40% 作为股利发放，这种状态将一直持续下去。DEQS 公司的市场资本化率为 15%。

a. 你估计 DEQS 股票的每股内在价值是多少？

b. 假设当期的股价等于内在价值，你预期明年的股价将如何变化？后年的股价又将如何变化？

c. 若从第六年开始，DEQS 公司的股利支付率仅为 20%，你估计 DEQS 股票的内在价值将如何变化？

答： a. DEQS 股票每股内在价值的计算如下：

时间	0	1	5	6
E_t(美元)	10.000	12.000	24.883	27.123
D_t(美元)	0.000	0.000	0.000	10.849
b	1.00	1.00	1.00	0.60
g	20.0%	20.0%	20.0%	9.0%

$V_5=\dfrac{D_6}{k-g}=\dfrac{10.85}{0.15-0.09}=180.82$(美元)，解得 $V_0=\dfrac{V_5}{(1+k)^5}=\dfrac{180.82}{1.15^5}=89.90$(美元)。

b. 价格应该每年上涨15%，直到第6年：因为没有股利，总收益就等于资本利得。

c. 因为 ROE $=k$，股利支付率对股票的内在价值没有影响。

15. 使用教材数据表 18－3(可在 www.mhhe.com/bkm 上获得)中的三阶段增长模型，重新计算下列每一种情形下本田公司股票的内在价值。每种情形相互独立。

a. 固定增长阶段的 ROE 等于10%。

b. 本田公司的实际 β 值为1.0。

c. 市场风险溢价为8.5%。

答：a. 计算结果如下表所示：

Inputs		Year	Dividend	Div growth	Term value	Investor CF
beta	0.95	2012	0.78			0.78
mkt_prem	0.08	2013	0.85			0.85
rf	0.02	2014	0.93			0.93
k_equity	0.0960	2015	1.00			1.00
plowback	0.75	2016	1.09	0.0863		1.09
ROE	0.09	2017	1.18	0.0845		1.18
term_gwth	0.068	2018	1.28	0.0826		1.28
		2019	1.38	0.0807		1.38
		2020	1.49	0.0788		1.49
		2021	1.60	0.0769		1.60
		2022	1.72	0.0750		1.72
		2023	1.85	0.0732		1.85
		2024	1.98	0.0713		1.98
		2025	2.12	0.0694		2.12
		2026	2.26	0.0675		2.26
		2027	2.41	0.0675	90.33	92.75
						31.21＝PV of CF

Value line forecasts of annual dividends (2012–2015)

Transitional period with slowing dividend growth (2016–2026)

Beginning of constant growth period (2027)

Term value: E17*（1＋F17）/（B5－F17）

PV of CF: NPV（B5,H2:H17）

b、c. 使用 Excel 电子表格，可知本田公司的股票内在价值分别是33.80美元和32.80美元。

16. 使用教材数据表 18－5(可在 www.mhhe.com/bkm 上获得)中的自由现金流模型，重新计算下列每一种情形下本田公司股票的内在价值。每种情形相互独立。

a. 自2013年起本田公司的市盈率将为16。

b. 本田公司的无杠杆风险系数为0.8。

c. 市场风险溢价为9%。

答：利用教材表 18－5 的数据，计算结果如下：

	内在价值：FCFF	内在价值：FCFE	每股的内在价值：FCFF	每股的内在价值：FCFE
a.	81171	68470	36.01	37.83
b.	59961	49185	24.29	27.17
c.	69813	57913	29.73	32.00

17. Duo Growth 公司刚支付了每股 1 美元的股利，预期未来三年内的股利年增长率为 25%，之后将下降到 5%，并将一直持续下去。你认为合适的市场资本化率为 20%。

a. 你估计股票的内在价值是多少？

b. 若股票的市场价格等于内在价值，那么预期股利收益率为多少？

c. 你预期现在起一年后股价将如何变化？资本利得率与你预期的股利收益率和市场资本化率一致吗？

答：

时间	0	1	2	3
D_t	1.0000	1.2500	1.5625	1.953
g	25.0%	25.0%	25.0%	5.0%

a. 第三年末支付的股利是以固定的增长比率 5% 无限增长的股利流的第一笔付款。因此，在第二年末使用固定股利增长模型，将前两年的股利现值与第二年末的股价现值相加，就可以算出内在价值。

两年后预期价格：$P_2 = D_3/(k-g) = 1.953125/(0.20-0.05) = 13.02$(美元)。

预期价格的现值为：$13.02/1.20^2 = 9.04$(美元)。

第一年和第二年的预期股利的现值为：$\frac{1.25}{1.20} + \frac{1.5625}{1.20^2} = 2.13$(美元)。

因此，当前价格为 $9.04 + 2.13 = 11.17$(美元)。

b. 预期股利收益率 $= D_1/P_0 = 1.25/11.17 = 0.112$ 或 11.2%。

c. 一年后预期价格是 P_2 加 D_2 的现值：

$$P_1 = (D_2 + P_2)/1.20 = (1.5625 + 13.02)/1.20 = 12.15\text{(美元)}$$

隐含的资本利得率为 $(P_1 - P_0)/P_0 = (12.15 - 11.17)/11.17 = 0.088$ 或 8.8%。

隐含的资本利得率和预期股利收益率之和为市场资本化率，这与股利贴现模型一致。

18. GG 公司目前不派发现金股利，且预期未来四年内都不会派发，其最近的每股收益为 5 美元，全部用于再投资。预期未来四年里的年 ROE 等于 20%，且在这五年内全部盈利也都将用于再投资。从第五年开始，预期公司的 ROE 将下降至 15%，GG 公司的市场资本化率为 15%。

a. 你估计 GG 股票的每股内在价值是多少？

b. 假设当期的股价等于内在价值，你预期明年的股价将如何变化？

答：

时间	0	1	4	5
E_t(美元)	5.000	6.000	10.368	10.368
D_t(美元)	0.000	0.000	0.000	10.368

因为在之后的四年里股利 =0，所以 $b=1.0$（100% 的再投资率）。

a. $P_4=\frac{D_5}{k}=\frac{10.368}{0.15}=69.12$（美元）。

（由于 $k=\mathrm{ROE}$，不需要知道再投资率）

$V_0=\frac{P_4}{(1+k)^4}=\frac{69.12}{1.15^4}=39.52$（美元）。

b. 价格在第二年以 15% 的比率上升，因此 HPR 将等于 k。

19. MoMi 公司去年经营活动产生的息税前现金流为 200 万美元，预期今后将以 5% 的增长率持续增长下去。为了实现这一目标，公司每年必须将税前现金流的 20% 用于投资，公司税率为 35%。去年的折旧为 20 万美元，并预期将与经营现金流保持相同的增长率。无杠杆现金流的合理资本化率为 12%，公司目前的负债为 400 万美元。使用自由现金流模型估计公司的权益价值。

答：税前营运现金流（去年税前营运现金流 ×1.05）：2100000 美元

折旧：（去年折旧 ×1.05）：210000 美元

应税收入：1890000 美元

税（35%）：661500 美元

税后未调整收入：1228500 美元

税后营运现金流（税后未调整收入 + 折旧）：1438500 美元

新投资（营运现金流的 20%）：420000 美元

自由现金流（税后营运现金流 − 新投资）：1018500 美元

企业的总价值（即债务 + 股权）为：$V_0=\frac{C_1}{k-g}=\frac{1018500}{0.12-0.05}=14550000$（美元）。

因为债务是 400 万美元，股权价值为 10550000 美元。

20. Chiptech 是一家知名的计算机芯片公司，拥有几种盈利产品和正在研发的产品。去年的每股收益为 1 美元，刚刚派发了每股 0.50 美元的股利。投资者相信公司将维持 50% 的股利支付率，ROE 等于 20%，市场预期这种状态将无限期持续下去。

a. Chiptech 公司股票的市场价格是多少？计算机芯片行业的必要收益率是 15%，公司刚刚支付了股利（即下一次发放股利将发生在一年后，$t=1$）。

b. 假设你发现 Chiptech 的竞争者刚刚研发出了一种新型芯片，这将使 Chiptech 公司目前的技术优势不复存在。新型芯片将在两年后上市，为了维持竞争力，Chiptech 不得不降价，ROE 将降至 15%，而且由于产品需求的减少，公司将把再投资率降至 0.40，再投资率的降低将从第二年开始，即 $t=2$ 时。第二年的年末股利（$t=2$ 时支付）支付率为 60%。你预计 Chiptech 公司股票的内在价值是多少？（提示：仔细列出 Chiptech 公司未来三年内每年的盈利和股利，特别注意 $t=2$ 时股利支付率的变化。）

c. 市场中其他人都没有意识到对 Chiptech 的市场威胁，事实上，你相信直至第二年年末竞争公司公布其新产品为止，不会有其他人意识到 Chiptech 公司竞争地位的改变。第一年（即 $t=0$ 到 $t=1$ 之间）Chiptech 公司股票的收益率将是多少？第二年（即 $t=1$ 到 $t=2$ 之间）、第三年（即 $t=2$ 到 $t=3$ 之间）呢？（提示：注意市场意识到新竞争状况的时间，可以列出各期的股利和股价。）

答：a. $g=\mathrm{ROE}\times b=20\%\times0.5=10\%$；

$$P_0=\frac{D_1}{k-g}=\frac{D_0(1+g)}{k-g}=\frac{0.50\times1.10}{0.15-0.10}=11(\text{美元})。$$

b. 公司股票的内在价值计算如下：

时间	EPS(美元)	股利(美元)	评论
0	1.0000	0.5000	
1	1.1000	0.5500	$g=10\%$，再投资率 = 0.50
2	1.2100	0.7260	根据去年的利润再投资率和 ROE，每股盈利增长了 10%，今年的利润再投资率下降到 0.40，派息率等于 0.60
3	1.2826	0.7696	每股盈利以 6%（= 0.4 × 15%）的速率增长，派息率为 0.60

在 $t=2$ 时：$P_2=\frac{D_3}{k-g}=\frac{0.7696}{0.15-0.06}=8.551$(美元)；

在 $t=0$ 时：$V_0=\frac{0.55}{1.15}+\frac{0.726+8.551}{(1.15)^2}=7.493$(美元)。

c. $P_0=11$(美元)，$P_1=P_0(1+g)=12.10$(美元)。

(由于市场没有意识到竞争局面的变化，它认为股票的价格应每年以 10% 增长。)

当市场意识到竞争局面改变后，$P_2=8.551$(美元)。

$P_3=8.551\times1.06=9.064$(美元)(新的增长率为 6%)。

年份	收益率
1	$\frac{(12.10-11)+0.55}{11}=0.150=15.0\%$
2	$\frac{(8.551-12.10)+0.726}{12.10}=-0.233=-23.3\%$
3	$\frac{(9.064-8.551)+0.7696}{8.551}=0.150=15.0\%$

在没有特别信息的“正常期间”，股票收益率 $=k=15\%$。当特别信息产生时，所有的异常收益都会积累在这个期间，因为这里预期市场是有效的。

二、CFA 考题

1. Litchfield Chemical 公司的一位董事认为股利贴现模型证明了股利越高股价就越高。

a. 以固定增长的股利贴现模型作为参考基础，评价这位董事的观点。

b. 说明股利支付率的增加将对下列项目产生何种影响(其他条件不变)：

ⅰ. 可持续增长率

ⅱ. 账面价值的增长

答： a. 该董事的观点是错误的。在固定增长的股利贴现模型中(即 $P_0=D_1/(k-g)$)，在股利增长率等其他条件都不变的情况下，当股利较高时，价格也会较高。但是其他条件不是不变的，如果公司提高了股利支付率，增长率 g 就会下跌，股票价格不一定会上升。事实上，如果 ROE > k，价格反而会下降。

b. ⅰ. 股利支付率的提高将降低可持续增长率，因为用于公司再投资的资金减少了。当再投资率下降时，可持续增长率(即 ROE × 再投资比例)也将下降。

ⅱ. 股利支付率的增加会降低账面价值的增长率，原因也是一样的——用于公司再投资的资金减少了。

2. 海伦是一位特许金融分析师，她被要求使用股利贴现模型对 Sundanci 公司进行估值，海伦预期 Sundanci 公司的收益和股利未来两年将增长 32%，然后按 13%的固定增长率增长。使用两阶段股利贴现模型和表 18－1 与表 18－2 中的数据计算当前 Sundanci 公司股票的每股价值。

表 18－1　Sundanci 公司 2010 和 2011 财务年度（以 5 月 31 日为最后一天）的财务报表（除每股收益和每股股利外，单位为 100 万美元）

利润表信息	2010	2011	资产负债表信息	2010	2011
收入	474	598	目前资产	201	326
折旧	20	23	财产、厂房和设备净额	474	489
其他运营成本	368	460	资产总额	675	815
税前利润	86	115	目前负债	57	141
所得税	26	35	长期债券	0	0
净利润	60	80	负债总额	57	141
股利	18	24	所有者权益	618	674
每股收益	$0.714	$0.952	负债与权益总额	675	815
每股股利	$0.214	$0.286	资本化支出	34	38
发行在外的普通股(100 万股)	84.0	84.0			

表 18－2　部分财务信息

权益必要报酬率	14%
行业增长率	13%
行业市盈率	26

答：使用两阶段股利贴现模型，每股 Sundanci 股票的当前价格的计算如下：

$$V_0=\frac{D_1}{(1+k)^1}+\frac{D_2}{(1+k)^2}+\frac{\frac{D_3}{(k-g)}}{(1+k)^2}=\frac{0.3770}{1.14^1}+\frac{0.4976}{1.14^2}+\frac{\frac{0.5623}{(0.14-0.13)}}{1.14^2}=43.98(\text{美元})$$

其中，$E_0=0.952$(美元)；

$D_0=0.286$(美元)；

$E_1=E_0(1.32)^1=0.952\times1.32=1.2566$(美元)；

$D_1=E_1\times0.30=1.2566\times0.30=0.3770$(美元)；

$E_2=E_0(1.32)^2=0.952\times(1.32)^2=1.6588$(美元)；

$D_2=E_2\times0.30=1.6588\times0.30=0.4976$(美元)；

$E_3=E_0\times(1.32)^2\times1.13=0.952\times(1.32)^2\times1.13=1.8744$(美元)；

$D_3=E_3\times0.30=1.8744\times0.30=0.5623$(美元)。

3. Naylor 是一位特许金融分析师，她被要求使用股东自由现金（FCFE）流模型对 Sundanci 公司的股票进行估值，Naylor 预期 Sundanci 公司的 FCFE 未来两年将增长 27%，然后按 13%的固定增长率增长。预期资本化支出、折旧和营运资本与 FCFE 的增长率相同。

a. 使用表 18－1 中的数据，计算 2011 年的每股 FCFE。

b. 根据两阶段 FCFE 模型，计算目前 Sundanci 公司股票的每股价值。

c. ⅰ. 通过运用两阶段 FCFE 模型，说明两阶段 DDM 模型的局限性。

ⅱ. 不运用两阶段 FCFE 模型，说明两阶段 DDM 模型的局限性。

答： a. 股东自由现金流(FCFE)被定义为在满足所有金融债务(包括债务支付)和扣除资本支出及营运资金需求后所剩余的现金流量。FCFE 是衡量公司能付得起多少股息的一种方法，但在某一年可能会多于或少于实际支付的金额。

Sundanci 在 2011 年的 FCFE 计算如下：

$$\begin{aligned}\text{FCFE} &= \text{净利润} + \text{折旧} - \text{资本化支出} - \text{净营运资本的增加}\\ &= 80 + 23 - 38 - 41\\ &= 24(\text{百万美元})\end{aligned}$$

$$\text{每股 FCFE} = \frac{\text{FCFE}}{\text{发行在外的普通股数量}} = \frac{24\ \text{百万}}{84\ \text{百万股}} = 0.286\ \text{美元}$$

按这一派息比率，Sundanci 的每股 FCFE 等于每股股息。

b. FCFE 模型需要高增长年份(2012 和 2013 年)的 FCFE 的预期加上稳定增长的第一年(2014 年)的预期，以便于对基于永续年金增长的 2013 年的终值进行估计。由于 FCFE 的各组成部分将以同样的比率增长，可以通过以同一比率预计自由现金流来得到股票价值(或者，可以预测每年自由现金流的各个组成部分并将其加总后得到)。

下表显示了估算当前每股价值的过程：

FCFE 基本假定					
发行在外的普通股：84 百万股，$k=14\%$					
	2011 年实际值		2012 年预计值	2013 年预计值	2014 年预计值
增长率(g)			27%	27%	13%
	总计	每股			
税后利润(美元)	80	0.952	1.2090	1.5355	1.7351
加：折旧费(美元)	23	0.274	0.3480	0.4419	0.4994
减：资本支出(美元)	38	0.452	0.5740	0.7290	0.8238
减：净营运资本的增加(美元)	41	0.488	0.6198	0.7871	0.8894
等于：FCFE(美元)	24	0.286	0.3632	0.4613	0.5213
终值(美元)				52.1300 *	
股权的现金流量总额(美元)			0.3632	52.5913 * *	
贴现值(美元)			0.3186 * * *	40.4673 * * *	
每股的当前价格(美元)			40.7859 * * * *		

* 预计 2013 年终值 = 预计 2014 年的 FCFE/$(r-g)$；

* * 预计 2013 年总股权现金流 = 预计 2013 年 FCFE + 预计 2013 年终值；

* * * 使用 $k=14\%$ 获得贴现值；

* * * * 当前每股价值 = 预计 2012 年和 2013 年总 FCFE 的贴现之和。

c. i. 股利贴现模型采用了严格的股权现金流定义，即普通股的预期股利。实际上，考虑到极端情况，股利贴现模型不能用于对不支付股利的股票的估值。股权自由现金流模型扩大了现金流的定义，包括了扣除所有金融债务和投资需求后的剩余现金流。因此，股权自由现金流模型明确地认识到了公司的投资、融资和股利政策。以公司控制权的改变为例，考虑到股利政策变化的可能性，股权自由现金流模型是一个更好的估价模型。股利贴现模型容易将低市盈率、高红利收益率的股票低估，相反，将高市盈率、低红利收益率的股票高估。它被认为是一个保守的模型，因为在市场价格相对于基本面上升时，它能发现的价格被低估的股票往往较少。股利贴现模型没有考虑相对于留存收益所获得的资本利得，高股利存在的潜在税收不利。

ⅱ. 这两个两阶段估价模型都考虑了两个显著不同的增长阶段，一个是有限期的、具有超常增长率的初始阶段，另一个是预期能无限持续的稳定增长阶段。两个模型对于增长率的假设都存在局限。首先，很难定义超常增长时期的长度。例如，高增长的时期越长将导致估价越高，人们很容易假定一个不实际的过长的超常增长期限。其次，假设企业从一个很高的增长突然向更低的、稳定的增长转换是不现实的。转变更多地是一个长期的、逐步的过程。即使假定所有的总期限是不变的(即无限的)，从高增长向固定增长转变的时点也是一个影响估值的相当关键性的因素。第三，价值对固定增长假设很敏感，对固定增长比率的估计稍微偏高或者偏低，都会导致估值的很大误差。两个模型同时还有一些其他的局限性，诸如不能正确地预计必要收益率，不能处理由于高和/或易变的债务比例所导致的扭曲问题，以及不能准确估计不产生任何现金流的资产价值等问题。

4. Johnson 是一位特许金融分析师，他被要求使用固定增长的市盈率模型对 Sundanci 公司进行估值，Johnson 假定 Sundanci 公司的收益和股利将按 13%的固定增长率增长。

a. 根据 Johnson 对 Sundanci 公司的假设和表 18 -1 与表 18 -2 中的数据计算市盈率。

b. 根据固定增长模型的相关内容，判断下列每一项目如何影响市盈率。

· Sundanci 公司股票的风险系数 β

· 估计的收益和股利增长率

· 市场风险溢价

答： a. 稳定增长公司市盈率(P/E)的公式为：股利支付率除以必要回报率和股利增长率的差。如果 P/E 是基于第 0 年的盈利计算的，则派息比率以增长率增加；如果是基于 1 年的盈利计算的，分子为派息比率。

基于第 0 年盈利的 P/E：

$$P_0/E = [\text{派息比率} \times (1+g)]/(k-g) = (0.30 \times 1.13)/(0.14-0.13) = 33.9$$

基于第 1 年盈利的 P/E：

$$P_1/E = \text{派息比率}/(k-g) = 0.30/(0.14-0.13) = 30.0$$

b. P/E 比率是风险的一个递减函数，当风险增加时，P/E 比率下降。Sundanci 股票的风险增加将会降低 P/E 比率。

P/E 比率是公司增长率的一个递增函数，预期增长率越高，P/E 比率越高。如果分析师增加了增长率的预期，Sundanci 将要求更高的 P/E 比率。

P/E 比率是市场风险溢价的一个递减函数。市场风险溢价的增加将增加必要收益率，降低相对于股票盈利的股票价格。较高的市场风险溢价将会降低 Sundanci 的 P/E 比率。

5. Dynamic Communication 是一家拥有多家电子事业部的美国工业公司，该公司刚刚公布了 2013 年的年报。表 18 -3 和表 18 -4 是对 Dynamic 公司 2012 年和 2013 年财务报表的总结，表 18 -5 是 2009 ~ 2011 年的部分财务报表数据。

a. Dynamic 的部分股东表达了对过去四年股利零增长的关心，他们希望知道关于公司增长情况的相关信息。计算 2010 年和 2013 年的可持续增长率。你的计算应使用年初资产负债表数据。

b. 说明收益留存率和财务杠杆的变化是如何影响 Dynamic 的可持续增长率(2013 年与 2010 年相比)的。(注意：你的计算应使用年初资产负债表数据。)

表 18-3　Dynamic Communication 公司的资产负债表　（100 万美元）

	2013 年	2012 年
现金和现金等价物	149	83
应收账款	295	265
存货	275	285
流动资产总额	719	633
固定资产总额	9350	8900
累计折旧	(6160)	(5677)
固定资产净额	3190	3223
资产总额	3909	3856
应付账款	228	220
应付票据	0	0
应计税费	0	0
流动负债总额	228	220
长期负债	1650	1800
普通股	50	50
资本公积	0	0
留存收益	1981	1786
股东权益总额	2031	1836
负债和权益总额	3909	3856

表 18-4　Dynamic Communication 公司的利润表
（除每股收益和每股股利外，单位为 100 万美元）

	2013 年	2012 年
总收入	3425	3330
经营成本和费用	2379	2319
息税折旧摊销前利润	1046	981
折旧和摊销	483	454
经营利润	563	527
利息费用	104	107
税前利润	459	420
税收(40%)	184	168
净利润	275	252
股利	80	80
留存收益变动	195	172
每股收益	2.75	2.52
每股股利	0.80	0.80
发行在外的股份数(100 万股)	100	100

表 18-5　Dynamic Communication 公司财务报表的部分数据
（除每股股利外，单位为 100 万美元）

	2011 年	2010 年	2009 年
总收入	3175	3075	3000
经营利润	495	448	433
利息费用	104	101	99

续表

	2011 年	2010 年	2009 年
净利润	235	208	200
每股股利	0.80	0.80	0.80
资产总额	3625	3414	3230
长期负债	1750	1700	1650
股东权益总额	1664	1509	1380
发行在外的股份数(100 万股)	100	100	100

答： a. 可持续增长率 = 再投资率 × 资本收益率 = b × ROE

其中 $b = \dfrac{\text{净收入}-(\text{每股股息}\times\text{发行在外的股份数})}{\text{净收入}}$

ROE = 净收入/年初股权价值。

2010 年：

$b = [208-(0.80\times100)]/208 = 0.6154$；

ROE = 208/1380 = 0.1507；

可持续增长率 = 0.6154 × 0.1507 = 9.3%。

2013 年：

$b = [275-(0.80\times100)]/275 = 0.7091$；

ROE = 275/1836 = 0.1498；

可持续增长率 = 0.7091 × 0.1498 = 10.6%。

b. (1)留存比率的增加提高了可持续增长率。

$$\text{留存比率} = \frac{\text{净收入}-(\text{每股股息}\times\text{发行在外的股份数})}{\text{净收入}}$$

留存比率从 2010 年的 0.6154 增加到 2013 年的 0.7091。留存比率的增加直接提高了可持续增长率，因为留存比率是可持续增长率的两个决定因素之一。

(2)财务杠杆的下降减少了可持续增长率。

财务杠杆 = 总资产/年初股权价值

财务杠杆从 2010 年初的 2.34(= 3230/1380)下降到了 2013 年初的 2.10(= 3856/1836)。

财务杠杆的下降直接降低了 ROE(因此也降低了可持续增长率)，因为财务杠杆是 ROE(ROE 是可持续增长率的两个决定因素之一)的决定因素之一。

6. Brandreth 是一位专注于电子行业的分析师，正在编写一份关于 Dynamic Communication 公司的调研报告。一位同事建议 Brandreth 使用固定增长的股利贴现模型来根据 Dynamic 的目前普通股股价来估计 Dynamic 的股利增长率。Brandreth 认为 Dynamic 的权益必要报酬率为 8%。

a. 假设公司的当前股价为每股 58.49 美元，等于内在价值，那么 2013 年 12 月的可持续股利增长率是多少？使用固定增长的股利贴现模型。

b. Dynamic 的管理层向 Brandreth 及其他分析师表示公司不会改变当前的股利政策，那么使用固定增长的股利贴现模型对 Dynamic 的普通股估值合适吗？根据固定增长的股利贴现模型的假设证明你的观点。

答： a. 固定增长模型的公式为：

$$V_0 = \frac{D_0 \times (1+g)}{k-g}$$

其中，D_0 = 估值时支付的股息；

g = 股息的年增长率；

k = 权益必要报酬率。

在上面的式子中，用普通股的市场价格 P_0 代替 V_0，g 变为市场隐含的股息增长率：

$$P_0 = [D_0 \times (1+g)]/(k-g)$$

替代后，得到：$58.49 = [0.80 \times (1+g)]/(0.08-g)$，解得 $g = 6.54\%$。

b. 使用固定增长模型对 Dynamic 的普通股估值是不合适的，原因如下：

(1)固定增长模型假定了一组关于股息、盈利以及股票价值的增长率的关系。具体来说，该模型假设股息、盈利以及股票价值将以相同的恒定利率增长。由于公司管理层的股利政策，即使在公司收益增加的情况下，也保持股利数量不变，这将降低 Dynamic 公司的派息比率，所以公司的股利政策同固定增长模型的假设发生了冲突，再用固定增长模型对 Dynamic 公司股票进行估值是不适宜的。

(2)在给定 Dynamic 当前的股利政策的情形下，使用固定增长模型违反了模型适用性的一般条件，即公司的股利政策应与公司的盈利能力有可理解的、一致的关系。

7. Peninsular 研究机构正在进行一项覆盖成熟制造行业的调查。特许金融分析师 Jones 是这家研究机构的主席，他收集了下列基础的行业和市场数据(见表 18－6)来分析：

表 18－6

行业收益留存率的预测值	40%
行业权益收益率的预测值	25%
行业风险系数	1.2
政府债券收益率	6%
权益风险溢价	5%

a. 根据这些基础数据计算行业的市盈率(P_0/E_1)。

b. Jones 想知道为什么不同国家的行业市盈率不同，他为此收集了经济和市场数据(见表 18－7)。

表 18－7

基本因素	国家 A	国家 B
实际 GDP 的预期增长率	5%	2%
政府债券收益率	10%	6%
权益风险溢价	5%	4%

分析上述每一个基本因素将导致国家 A 的市盈率高还是国家 B 的市盈率高。

答：a. 行业估计市盈率可以用如下模型计算：$\frac{P_0}{E_1} = \frac{\text{派息比率}}{k-g}$。

然而，由于 k 和 g 没有明确给出，它们必须用下面的公式计算：

$$g_{ind} = \text{ROE} \times \text{留存比率} = 0.25 \times 0.40 = 0.10$$

$$k_{ind} = \text{政府债券收益率} + (\text{行业贝塔} \times \text{权益风险溢价})$$

$$=0.06+(1.2\times 0.05)=0.12$$

因此，$\dfrac{P_0}{E_1}=\dfrac{0.60}{0.12-0.10}=30.0$。

b. i. 实际 GDP 的预期增长率将导致国家 A 的市盈率更高。较高的 GDP 预期增长意味着较高的盈利增长和较高的 P/E。

ii. 政府债券收益率使得国家 B 的市盈率较高。较低的政府债券收益率意味着较低的无风险利率和较高的 P/E。

iii. 权益风险溢价将使得国家 B 的市盈率较高。较低的权益风险溢价意味着较低的必要收益率和较高的 P/E。

8. Ludlow 所在的公司要求所有分析师采用两阶段股利贴现模型和资本资产定价模型对股票进行估值。Ludlow 刚对 QuickBrush 公司进行了估值，估值结果是每股 63 美元。她现在要对 SmileWhite 公司进行估值。

a. 根据下面的信息计算 SmileWhite 公司必要收益率(见表 18-8)。

表 18-8

	QuickBrush	SmileWhite
风险系数 β	1.35	1.15
市场价格	\$45.00	\$30.00
内在价值	\$63.00	?

注：无风险利率为 4.50%；预期市场收益率为 14.50%。

b. Ludlow 估计 SmileWhite 公司的每股收益和股利的增长情况如下：

前三年	12%
此后	9%

根据两阶段股利贴现模型和上表中的数据估计 SmileWhite 公司股票的内在价值。上一年的每股股利是 1.72 美元。

c. 通过将 QuickBrush 和 SmileWhite 两家公司股票的内在价值与市场价格进行比较，你建议应购买哪一家公司的股票？

d. 与固定增长的股利贴现模型相比，说出两阶段股利贴现模型的一个优点，说出所有股利贴现模型共有的一个缺点。

答： a. $k=r_f+\beta(k_M-r_f)=4.5\%+1.15(14.5\%-4.5\%)=16\%$。

b.

年份	股利
2009	1.72 美元
2010	$1.72\times 1.12=1.93$ 美元
2011	$1.72\times 1.12^2=2.16$ 美元
2012	$1.72\times 1.12^3=2.42$ 美元
2013	$1.72\times 1.12^3\times 1.09=2.63$ 美元

2010~2012 年间的股利支付现值：

年份	股利现值
2010	$1.93/1.16^1=1.66$ 美元
2011	$2.16/1.16^2=1.61$ 美元
2012	$2.42/1.16^3=1.55$ 美元
	总计 =4.82 美元

2012 年末价格 $=\frac{D_{2013}}{k-g}=\frac{2.63}{0.16-0.09}=37.57$(美元)；

2009 年该股票价格现值 $=\frac{37.57}{1.16^3}=24.07$(美元)；

股票内在价值 $=4.82+24.07=28.89$(美元)。

c. 题中数据表明，QuickBrush 的市场价格远低于其内在价值。而上述计算表明，SmileWhite 的市场价格略高于其内在价值。基于以上分析，QuickBrush 提供了可观的异常收益潜力，而 SmileWhite 提供了略低于市场的风险调整后回报。

d. 两阶段模型相对固定增长股利贴现模型的优势：

(1)两阶段模型可以对公司未来的两个截然不同的时期进行单独估值。两阶段模型考虑了生命周期的影响，还可以避免初期增长率高于折现率所带来的问题。

(2)两阶段股利贴现模型允许初始阶段的增长率高于持续增长率，它允许分析师利用其对企业增长率何时会从偏离趋势转换到一个可持续的水平的预期。

所有股利贴现模型的一个缺点是，它们对输入值非常敏感，k 或 g 的微小变化可能造成内在价值的估计值发生较大的变化。这些输入值是难以衡量的。

9. Rio National 公司是一家美国公司，它是其所在行业中最大的竞争者。表 18－9～表 18－12 是该公司的财务报表和相关信息，表 18－13 是相关的行业和市场数据。

表 18－9　Rio National 公司年末资产负债表　　**(单位：100 万美元)**

	2013 年	2012 年
现金	13.00	5.87
应收账款	30.00	27.00
存货	209.06	189.06
流动资产总额	252.06	221.93
固定资产总额	474.47	409.47
累计折旧	(154.17)	(90.00)
固定资产净额	320.30	319.47
资产总额	572.36	541.40
应收账款	25.05	26.05
应收票据	0.00	0.00
一年内到期的长期负债	0.00	0.00
流动负债	25.05	26.05
长期负债	240.00	245.00
负债总额	265.05	271.05
普通股	160.00	150.00
留存收益	147.31	120.35
所有者权益总额	307.31	270.35
负债与所有者权益总额	572.36	541.40

表 18－10　Rio National 公司 2013 年的利润表　(单位：100 万美元)

收入	300.80
经营费用总额	(173.74)
经营利润	127.06
销售利得	4.00
息税折旧摊销前利润	131.06
折旧和摊销	(71.17)
息税前利润	59.89
利息	(16.80)
所得税	(12.93)
净利润	30.16

表 18－11　Rio National 公司 2013 年的补充信息

A. Rio National 公司 2013 年的资本化支出为 7500 万美元

B. 年末以 700 万美元出售了一台设备，出售时该设备的账面价值为 300 万美元，最初购买价格为 1000 万美元

C. 长期负债的减少表示计划外的本金偿还；2013 年没有新增借款

D. 2013 年 1 月 1 日公司收到发行普通股的现金，共 400000 股，每股 25 美元

E. 一项新的评估认为公司持有的投资性土地的市场价值增加了 200 万美元，在 2013 年的利润表中并没有确认这一事项

表 18－12　Rio National 公司 2013 年的普通股数据

股利支付(100 万美元)	\$3.20
2013 年加权平均发行在外的股份数	16000000
每股股利	\$0.20
每股收益	\$1.89
风险系数 β	1.80

表 18－13　2013 年 12 月 31 日的行业和市场数据

无风险利率	4.00%
市场指数的期望收益率	9.00%
行业市盈率的中值	19.90
预期行业收益的增长率	12.00%

一位大型共同基金的投资组合经理对基金分析师 Katrina Shaar 说：“我们正在考虑购买 Rio National 公司的股票，因此我想让你分析一下该公司的价值。根据该公司过去的表现，你可以假设公司的增长率与行业增长率相同。”

a. 利用戈登固定增长模型和资本增长定价模型，计算 2013 年 12 月 31 日 Rio National 公司股票的内在价值。

b. 使用 2013 年年初的资产负债表数据，计算 Rio National 公司在 2013 年 12 月 31 日的可持续增长率。

答：a. 使用戈登增长模型和资本资产定价模型得到每股 Rio National 股票的价值为

22.40 美元，如下所述。

用资本资产定价模型计算必要收益率：

$$k = r_f + \beta \times (k_M - r_f) = 4\% + 1.8 \times (9\% - 4\%) = 13\%$$

用戈登增长模型计算股票价值：

$$P_0 = \frac{D_0 \times (1+g)}{k-g} = \frac{0.20 \times (1+0.12)}{0.13-0.12} = 22.40(\text{美元})$$

b. Rio National 的可持续增长率为 9.97%，计算如下：

$$g = b \times \text{ROE} = \text{留存比率} \times \text{ROE} = (1-\text{派息率}) \times \text{ROE}$$

$$= \left(1-\frac{\text{股息}}{\text{净收入}}\right) \times \frac{\text{净收入}}{\text{期初权益}} = \left(1-\frac{3.20}{30.16}\right) \times \frac{30.16}{270.35} = 0.0997 = 9.97\%$$

10. 对 Rio National 公司的股票估值时，Katrina Shaar 在考虑是使用经营活动现金流（CFO）还是使用股东自由现金流（FCFE）。

a. 说出将经营活动现金流转换为股东自由现金流时，Shaar 需要做的两点调整。

b. Katrina Shaar 决定计算 Rio National 公司 2013 年的 FCFE，首先需要计算净利润。根据表 18－11 中给出的五条补充信息，判断为了得出 FCFE，是否需要调整净利润。若需要，应调整多少？

c. 计算 Rio National 公司 2013 年的 FCFE。

答：a. 为得到股东自由现金流（FCFE），Shaar 需要对经营活动现金流（CFO）做出以下两种调整：

i. 将投资从固定资本中减去：CFO 不考虑长期投资活动，特别是厂房和设备。股东没有与这些必要支出相对应的现金流，因此应从 CFO 减去，从而获得 FCFE。

ii. 加入净借款：CFO 不考虑由贷款人（例如债券持有者）向公司提供的资本金额。股东可以获得与这些新的借款和净债务支付相对应的现金流，因此应加入到 CFO 中以获得 FCFE。

b. 信息 1：Rio National 在今年有 7500 万美元的资本化支出。

调整：－7500 万美元。

这 7500 万美元资本化支出不再与股东有关，应该从经营现金流中扣除。

信息 2：年末以 700 万美元出售了一台设备。出售时该设备的账面价值为 300 万美元，最初购买价格为 1000 万美元。对 Rio National 来说，设备出售是不寻常的。

调整：＋300 万美元。

在计算股东自由现金流时，应只考虑固定资本投资有关的现金流。出售设备产生的 700 万美元现金流是股东现在可以得到的，应该归入净收入。而出售设备时获得的超过账面价值的收益（400 万美元）已经被包括在净收入中。因为总的销售收入是现金而不仅仅是收益，所以这 300 万美元必须归入净收入。因此，调整计算为：

得到的 700 万美元现金－记录在净收益里面的 400 万美元＝得到的额外的 300 万现金增加到净收益中，以得到 FCFE

信息 3：长期负债的减少表示计划外的本金偿还；该年没有新增的借款。

调整：－500 万美元

股东不能获得计划外的债务偿还现金流（－500 万美元），应该从净收入中减去以确定 FCFE。

信息4：2013年1月1日，公司收到发行普通股的现金，共400000股，每股25美元。

不需要调整。

公司和股东之间的转移支付不影响FCFE。因此，在计算FCFE时，发行新股不需要调整净收入。

信息5：一项新的评估认为公司持有的投资性土地的市场价值增加了200万美元，在2013年的利润表中并没有确认这一事项。

不需要调整。

土地市场价值的增加并没有产生任何现金流，也没有反映净收入。因此，计算FCFE不需要调整净收入。

c. 股东自由现金流的计算如下：

$$FCFE = NI + NCC - FCINV - WCINV + 净借款$$

其中，NCC = 非现金费用；

FCINV = 固定资本投资；

WCINV = 营运资本投资。

	百万美元	解释
NI =	30.16	由表18－10得出
NCC =	+67.17	71.17（表18－10的折旧及摊销）－4.00*（信息2中的销售利润）
FCINV =	－68.00	75.00（信息1中的资本化支出）－7.00*（信息2中的销售利润）
WCINV =	－24.00	－3.00（应收账款的增加）+ －20.00（表18－9存货的增加）+ －1.00（表18－9应付账款的减少）
净借款 =	+（－5.00）	－5.00美元（表18－9长期债务的减少）
FCFE =	0.33	

*表18－11中的补充信息2影响了NCC和FCINV。

11. Katrina Shaar略微调整了对Rio National公司收益增长率的估计，且她希望根据调整的增长率，利用标准化（潜在的）每股收益将Rio National公司权益的当前价值与行业价值加以比较。表18－14是关于Rio National公司与其所在行业的部分信息。

根据标准化（潜在的）每股收益，在市盈率－增长比率（PEG）的基础上，Rio National公司的权益价值与行业相比是被高估还是低估了？假设Rio National的风险与行业风险相近。

表18－14 Rio National公司与其所在行业的部分信息

Rio National公司	
盈利增长率的估计值	11.00%
当前股价（美元）	25.00
2011年的标准化（潜在的）每股收益（美元）	1.71
2011年加权平均发行在外的股份数	16000000
行业	
盈利增长率的估计值	12.00%
市盈率的中值	19.90

答： 从 PEG 来看，Rio National 公司的权益相对于行业水平被低估了。Rio National 公司的 PEG 比率为 1.33，低于行业 1.66 的水平。较低的 PEG 比率意味着更大的吸引力，因为低 PEG 比率暗含着在现有增长率水平上，购买 Rio National 公司的价格要低于行业内其他公司。Rio National 公司和行业的 PEG 比率计算如下：

<u>Rio National：</u>

当前价格 = 25.00（美元）

标准化每股收益 = 1.71（美元）

市盈率 = 25/1.71 = 14.62

增长率（百分比）= 11

PEG 比率 = 14.62/11 = 1.33

<u>行业：</u>

市盈率 = 19.90

增长率（百分比）= 12

PEG 比率 = 19.90/12 = 1.66

第19章 财务报表分析

19.1 复习笔记

1. 主要的财务报表

(1)利润表

利润表是反映企业一定会计期间生产经营成果的会计报表。它揭示了企业在某一特定时期内实现的收入、发生的费用以及实现的利润或发生的亏损情况。

公司支付的主要的费用有四类:

①销货成本,是指归属于产品生产中的直接成本;

②管理性费用,主要有管理费、职工薪酬、广告费等;

③债务利息支出;

④税务成本。

营业利润为营业收入减去营业成本,息税前利润为营业利润加上或减去其他收益或费用。应纳税所得额为息税前利润减去净利息成本。应纳税所得额减去应缴所得税后即为净利润。

经济利润是指不改变企业生产力的情形下能够持续分配给所有者的收益,相比会计利润,经济利润更不易被会计方法影响。

(2)资产负债表

资产负债表显示了企业在某一时点的财务状况,反映了企业的资产来源及其构成。公司净值又称所有者权益或股东权益,是指资产减去负债。

资产负债表所列示的资产包括流动资产和长期资产,二者之和称为总资产,列示在资产部分的最后一行。负债包括流动负债以及长期债务与一年以上的其他负债。所有者权益即为总资产减去总负债,可以分为:股本、资本公积与留存收益。

(3)现金流量表

现金流量表详细描述了由公司的经营、投资与筹资活动所产生的现金流。利润表与资产负债表以权责发生制为基础,即使款项没有收到或支出,收入与费用也在产生时就确认。而现金流量表以收付实现制为基础,只承认产生现金变化的交易。

现金流量表主要分为三大部分,即:

①经营活动产生的现金流,主要通过对净利润进行包括应收应付款项、折旧摊销等在内的若干项目的调整,得到经营活动产生的现金流;

②投资活动产生的现金流,是公司的投资活动在一定时期的净现金流入或流出,对公司保持并提高生产能力很有必要;

③筹资活动所产生的现金流,是公司通过债务和权益两种渠道进行筹资过程中产生的现金的流入或流出。

现金流量表可以用于判断一家企业是否经营良好。

2. 衡量企业绩效

衡量企业投资活动的表现时要着重评估资金的运用效率和获利能力。可以通过多个财务比率进行评估。其中，周转率适用于效率类指标，而利润率则适用于获利能力类指标。对于融资活动的表现，则可以利用杠杆率与流动性水平进行评估。

3. 盈利能力度量

(1) ROA、ROC 和 ROE

①资产收益率(ROA)

资产收益率是息税前利润(EBIT)和总资产的比值，用公式表示为：

$$ROA = EBIT/总资产$$

②资本回报率(ROC)

资本回报率为 EBIT 和长期资本的比值，衡量 1 美元的长期资本所产生的收益，用公式表示为：

$$ROC = EBIT/长期资本$$

③净资产收益率(ROE)

净资产收益率衡量了 1 美元的股东权益所实现的净利润，用公式表示为：

$$ROE = 净利润/所有者权益$$

(2) 财务杠杆与净资产收益率

公司的财务杠杆决定了公司的财务风险，即使是经营风险相同的两个公司，财务杠杆的不同会导致高财务杠杆公司在经济周期中股权收益率的波动性更大。财务杠杆能增加股东的预期股权收益率，但相应也提高了股东收益的风险。

净资产收益率(ROE)、资产收益率(ROA)与杠杆的关系可表示为：

$$ROE = (1 - 税率)[ROA + (ROA - 利率)债务/权益]$$

上式说明，如果不存在债务或资产收益率与利率相同，则股权收益率等于(1 - 税率) × 资产收益率。如果资产收益率大于利率，则 ROE 与(1 - 税率) × 资产收益率的差会大于较高的负债权益比率。

(3) 经济增加值

仅当资本的再投资收益率大于机会成本，收益的再投资才具有价值。经济增加值(EVA)等于总资本收益率(ROC)和资金机会成本(k)之差与再投资资金的乘积，EVA 又称剩余收益。

4. 比率分析

(1) 对净资产收益率的分解

杜邦体系将净资产收益率“分解”为一系列具有意义的比率。净资产收益率(ROE)可以按如下方法分解：

$$ROE = \underset{(1)}{\frac{净利润}{税前利润}} \times \underset{(2)}{\frac{税前利润}{EBIT}} \times \underset{(3)}{\frac{EBIT}{销售收入}} \times \underset{(4)}{\frac{销售收入}{资产}} \times \underset{(5)}{\frac{资产}{权益}}$$

①因子 1 为税收负担比率。

②因子 2 为利息负担比率，可以表示为：(EBIT - 利息费用)/EBIT

与其有关的比率为利息覆盖倍数，又称利息保障倍数，可以表示为：

$$利息保障倍数 = EBIT/利息费用$$

高利息保障倍数意味着较低的破产可能。

③因子 3 为利润率，又称销售收益率(ROS)，衡量每 1 美元的销售额所实现的经营利润。

④因子 4 为总资产周转率(ATO)，衡量每 1 美元的资产所实现的每年销售额。

⑤因子 5 为杠杆比率，衡量企业的财务杠杆水平，可以表示为：1 + 负债权益比率。

其中，因子 1、3、4 不会被企业资本结构影响，但因子 2 与 5 则会受到影响。可以将因子 2 与 5 结合起来构成复合杠杆因数以衡量杠杆对整体框架的影响。复合杠杆因数 = 利息负担比率 × 杠杆比率。因而净资产收益率也可以表示为：

$$净资产收益率 = 税收负担比率 \times 资产收益率 \times 复合杠杆因数$$

(2)总资产周转率与其他的资产利用比率

重要的三个周转率指标如下：

①固定资产周转率

固定资产周转率 = 销售收入/固定资产。它衡量了每 1 美元的固定资产所产生的销售额。

②存货周转率

存货周转率 = 销货成本/平均存货。它反映一定时期内存货的周转速度。

③应收账款周转天数

应收账款周转天数 = 平均应收账款/销售收入 ×365。它衡量了管理应收账款的效率，又称应收账款平均收款期。

(3)流动性比率

流动性比率主要有流动比率、速动比率与现金比率。

①流动比率

流动比率 = 流动资产/流动负债。它测度了企业将流动资产变现用于偿还负债的能力。

②速动比率

速动比率 =(现金 + 有价证券 + 应收账款)/流动负债，又称酸性测验比率。相较于流动比率，速动比率可以更好地衡量无法迅速变现的企业的流动性。

③现金比率

现金比率 =(现金 + 有价证券)/流动负债。

(4)市净率：增长与价值

①市净率(P/B)

市净率 = 普通股每股市价/每股股东权益。它衡量了企业的增长机会。

②市盈率(P/E)

市盈率 = 普通股每股市价/每股盈利。高的市盈率意味着企业存在较多的增长机会。

市净率、市盈率与净资产收益率(ROE)存在以下关系：

$$ROE = \frac{收益}{账面价值} = \frac{市价}{账面价值} \div \frac{市价}{收益} = \frac{P/B}{P/E}$$

进而可得：市盈率 = 市净率/净资产收益率，即 P/E = (P/B)/ROE

5. 可比性问题

由于会计准则会造成可比性问题，需要关注以下几个问题：

(1)存货估值

由于购入的时间不同，企业的存货价格也不尽相同。当存货如原材料被使用要计入生产成本时，关于选择何种价格，存在几种计价处理方法：

①先进先出法，假定先购入的原材料先发出，按购入顺序依次确认发出原材料的成本。

②后进先出法，假定后购入的原材料先发出，按购入的逆顺序依次确认发出原材料成本。

一般而言，由于存在通货膨胀，后购买的存货价格会更高。因此采用后进先出法的公司与采用先进先出法的公司相比有较低的会计利润以及存货价值。后进先出法适用于计算经济利润的情况，但其缺陷为会低估投资成本，导致资产负债表扭曲。

(2)折旧

会计上的折旧不同于经济学中的折旧。经济学中的折旧是指企业为了保持其稳定的生产力而再投资的经营现金额。会计折旧则是将资产的获取成本分配至其使用年限内每一会计期的资金。

由于折旧会使会计利润与经济利润产生差异，许多企业出于避税需要会选择加速折旧法，而报告时则选择直线折旧法。由于存在通货膨胀，会导致折旧被低估，进而实际的经济利润会被高估。

(3)通货膨胀与利息费用

通货膨胀会影响企业对存货与折旧成本的估计，还会严重影响到真实的利息成本。名义利率中包含通货膨胀溢价，相应的利息成本中包含部分对本金的补偿。

(4)公允价值会计

公允价值会计(盯市会计)认为，如果财务报表能更充分地衡量全部资产与负债的当前市价，那么也能衡量更实际的企业财务与经营表现。

美国财务会计准则委员会发布的有关公允价值会计的第157号公告中，将资产划分为三类：

①一级资产，为交易活跃的资产，以市价对其计价；

②二级资产，为交易不活跃，但能够通过市场内相似资产来计价的资产；

③三级资产，为仅能通过不易观察的输入项目来计价的资产。

(5)盈余质量与会计政策

盈余质量是指企业盈余的优劣程度，即可靠的当期或历史盈余预测未来现金流的能力。影响盈余质量的因素有：①坏账准备；②非经常性项目；③收益平滑；④收入确认；⑤表外资产和负债。

19.2 课后习题详解

一、习题

1. 国际财务报告准则与美国一般公认会计原则的主要区别是什么？两者的优缺点分别是什么？

答：国际财务报告准则和美国公认会计原则之间的区别主要源于“原则”和“规则”之间的区别。美国GAAP会计是以规则为基础的，遵循广泛而详细的财务报表的编制规则；而许多国际标准，如欧盟采用国际财务报告准则，允许更大的灵活性，只要与一般的原则保持一致。尽管美国公认会计原则通常是更详细具体的，美国的企业中仍然存在可比性问题。可比性在国外企业中仍是较大的问题。

2. 若市场是有效的，那么公司进行盈余管理还有关系吗？另一方面，若公司进行盈余

管理，那么管理层对有效市场的观点是如何的呢？

答：如果市场是有效的，那么盈余管理不重要，因为所有的公开信息都已反映在股票价格中。投资者可以通过盈余管理来决定公司的实际盈利能力，进而决定股票的内在价值。然而，如果公司进行盈余管理，那么说明管理者认为金融市场是非有效的。

3. 穆迪和标准普尔等评级机构最感兴趣的财务比率是什么？股票市场分析师在决定是否购买某一股票以使投资组合更加多样化时，他最感兴趣的比率是什么？

答：信用评级机构和股票市场分析师都会对本章所讨论的所有比率（以及许多其他的比率和分析形式）或多或少地产生兴趣。由于穆迪和标准普尔评级机构评估债券的违约风险，它们对杠杆比率最感兴趣。股票市场分析师对市盈率最感兴趣。

4. Crusty Pie 公司是一家专门从事苹果贸易的公司，其销售收益率高于行业平均值但是总资产收益率与行业平均值相同，如何解释这一现象？

答：资产收益率 = 销售收益率 × 总资产周转率

Crusty Pie 公司的销售收益率比行业平均值高，但资产收益率与行业平均值相等，唯一的可能是它的总资产周转率比行业平均水平低。

5. ABC 公司的销售收益率低于行业平均值，但是总资产收益率高于行业平均值，这说明它的资产周转情况如何？

答：这说明 ABC 公司的总资产周转率必定高于行业平均水平。

6. 公司 A 和公司 B 的总资产收益率相同，但公司 A 的净资产收益率更高。如何解释这一现象？

答：$ROE = (1 - 税率)\left[ROA + (ROA - 利率)\frac{债务}{权益}\right]$

$ROE_A > ROE_B$

A 公司与 B 公司有相同的资产收益率。假定税率相同且资产收益率大于利率，则 A 公司要么有一个更低的利率，要么有一个更高的负债率。

7. 使用杜邦体系和下列数据计算净资产收益率。

杠杆比率（资产/权益）	2.2
总资产周转率	2.0
净利润率	5.5%
股息支付率	31.8%

答：$ROE = \frac{净利润}{权益} = \frac{净利润}{销售收入} \times \frac{销售收入}{资产} \times \frac{资产}{权益}$

$= 净利润率 \times 总资产周转率 \times 杠杆比率$

$= 5.5\% \times 2.0 \times 2.2 = 24.2\%$

8. 最近 Galaxy 公司将坏账费用从销售收入的 2% 降到了 1%，从而大大减少了计提的坏账准备。不考虑所得税，这一情况给营业利润和经营活动带来的现金流带来的即时影响是什么？

答：(1) 降低坏账费用将会产生更高的经营收入。

(2) 直到 Galaxy 公司实际收回了应收账款，降低坏账费用才会对经营现金流有影响。

根据下列材料回答第 9～11 题。Hatfield 是一家美国的大型制造公司，年销售额超过 3

亿美元。**Hatfield** 公司由于违规甚至是违法编制财务报表正接受美国证券交易委员会的调查。为进一步评估情况，美国证券交易委员会已派出一支专家队伍前去 **Hatfield** 公司位于费城的总部对该公司进行全面审计。

在调查过程中，美国证券交易委员会派出的专家队伍发现了 **Hatfield** 公司的一些特殊情况：

· 公司管理层最近一直在与当地的工会组织进行谈判，且该公司 40% 的全职员工为工会成员，工会代表要求增加工资和养老金福利，但管理层坚持当前不可能满足这一要求，因为公司的盈利能力一直在下降，而且现金流也非常紧张。工会代表指控管理层为了不在谈判中处于被动曾操纵财务报表。

· 公司过去几年取得的新设备在账面上均被确认为经营租赁，但之前取得的类似资产几乎一直被确认为融资租赁，同行业其他公司的财务报表表明此类设备应被确认为融资租赁。美国证券交易委员会要求管理层解释为何公司的做法与"正常"会计实务不同。

· 与销售增长率相比，**Hatfield** 公司的账面存货在过去几年一直在稳定增长，管理层的解释是生产方法的改进使生产效率提高，从而增加了总产量。美国证券交易委员会正在寻找 **Hatfield** 公司操纵存货的证据。

美国证券交易委员会派出的专家队伍并不是为了寻找舞弊的证据，而是为了寻找公司为了误导股东和其他利益相关方而违反会计准则的证据。乍看 **Hatfield** 公司的财务报表并不能发现收益低质量的原因。

9. 工会代表认为 **Hatfield** 公司的管理层试图通过低估净利润来避免在谈判中做出妥协，管理层的下列哪种行为最可能造成收益低质量？

a. 延长应折旧资产的寿命以降低折旧费用。

b. 对公司养老金义务进行估值时使用较低的贴现率。

c. 交货时而非收到货款时确认收入。

答：a。公司可以利用 GAAP 原则来实现特定的目标，且仍然在法律允许范围之内。激进的假定，如延长资产的折旧年限（用来增加收入）将会导致收益质量降低。

10. Hatfield 公司最近把所有租赁的新设备均确认为经营租赁，这与之前确认为融资租赁的做法有很大不同，在融资租赁中应付租赁款的现值应被确认为一项负债。**Hatfield** 公司更换会计方法的动机是什么？**Hatfield** 公司试图：

a. 改善杠杆比率，降低杠杆。

b. 减少销货成本，增强盈利能力。

c. 与同行业其他公司相比增加营业利润。

答：a。如果使用恰当，通过利用经营租赁来实现表外融资是可以接受的。然而，当公司察觉到其杠杆过高时，会过于积极地使用经营租赁以降低杠杆。通过对业内同行和他们的行为之间的比较，可以发现其会计方法的使用不当。

11. 美国证券交易委员会派出的专家队伍正在调查 **Hatfield** 公司销量增长存货却在增加的原因，确定 **Hatfield** 公司操纵财务指标的一种方法是调查：

a. 存货周转率的下降。

b. 应收账款的增长速度高于销售收入。

c. 延期确认费用。

答：a。操纵财务指标的一个警示信号是存货相对于销售增长的异常增长。通过高估库存以降低商品销售成本，这将导致利润被高估。

12. 某公司的净资产收益率为3%，债务权益比率为0.5，税率为35%，债务利率为6%，那么该公司的总资产收益率是多少？

答：$ROE=(1-税率)\left[ROA+(ROA-利率)\frac{债务}{权益}\right]$

代入数据：$0.03=(0.65)\times[ROA+(ROA-0.06)\times 0.5]$

解得：$ROA=5.08\%$。

13. 某公司的税收负担比率为0.75，杠杆比率为1.25，利息负担比率为0.6，销售收益率为10%，该公司每1美元资产可以创造2.40美元的销售收入，那么该公司的净资产收益率是多少？

答：$ROE=\frac{净利润}{权益}=\frac{净利润}{税前利润}\times\frac{税前利润}{EBIT}\times\frac{EBIT}{销售收入}\times\frac{销售收入}{资产}\times\frac{资产}{权益}$

$ROE=0.75\times 0.6\times 0.1\times 2.40\times 1.25=13.5\%$

14. 根据下列关于 Rocket Transport 公司的现金流量数据计算该公司的：

a. 投资活动提供或使用的净现金。

b. 筹资活动提供或使用的净现金。

c. 年度现金的净增加或减少。

（单位：美元）

现金股利	80000
购买汽车	33000
支付债务利息	25000
销售旧设备	72000
回购股票	55000
支付供应商的现金	95000
向顾客收取的现金	300000

答：

a. 投资活动的现金流（美元）		
销售旧设备	72000	
购买汽车	(33000)	
用于投资活动的净现金		39000
b. 筹资活动的现金流（美元）		
回购股票	(55000)	
现金股利	(80000)	
用于融资活动的净现金		(135000)
c. 经营活动的现金流（美元）		
向顾客收取的现金	300000	
支付给供应商的现金	(95000)	
支付利息的现金	(25000)	
经营活动提供的净现金（美元）		180000
现金净增长（美元）		84000

二、CFA 考题

1. 以下是关于 QuickBrush 公司和 SmileWhite 公司财务报表的信息(见表 19-1):

表 19-1

	QuickBrush	SmileWhite
商誉	公司将商誉在 20 年内进行摊销	公司将商誉在 5 年内进行摊销
财产、厂房和设备	公司在资产的经济寿命内按直线法提折旧，建筑物的寿命 5~20 年不等	公司在资产的经济寿命内按加速法计提折旧，建筑物的寿命 5~20 年不等
应收账款	公司按应收账款的 2% 计提坏账准备	公司按应收账款的 5% 计提坏账准备

根据以上信息，哪一家公司的盈余质量更高?

答：SmileWhite 公司盈余质量更高，原因如下：

(1) SmileWhite 公司摊销商誉的时间比 QuickBrush 公司短。SmileWhite 公司的商誉摊销费用更高，因此它的收入更加保守。

(2) SmileWhite 公司对它的财产、车间和设备采用加速折旧法，这导致对折旧费用的确认时间更早，也意味着它所报告的收入更保守。

(3) SmileWhite 的坏账准备金在应收账款中的比例更大，它确认的坏账费用比 QuickBrush 公司高。如果两者的账款回收能力相当，那么 SmileWhite 具有更加保守的收入确认政策。

2. 为了估计 MasterToy 公司的可持续增长率，Scott Kelly 正在阅读该公司的财务报表，根据表 19-2 中所列示的信息回答问题。

表 19-2 MasterToy 公司 2013 年实际和 2014 年预期的财务报表

(财务年度截至 12 月 31 日；除每股数据外，单位均为 100 万美元)

	2013	2014	变动(%)
利润表			
收入	4750	5140	7.6
销货成本	2400	2540	
销售及一般性管理费用	1400	1550	
折旧	180	210	
商誉摊销	10	10	
营业利润	760	830	8.4
利息费用	20	25	
税前利润	740	805	
所得税	265	295	
净利润	475	510	
每股收益	1.79	1.96	8.6
发行在外的平均股份数(100 万)	265	260	
资产负债表			
现金	400	400	
应收账款	680	700	

续表

	2013	2014	变动(%)
存货	570	600	
财产、厂房和设备净额	800	870	
无形资产	500	530	
资产总计	2950	3100	
流动负债	550	600	
长期债务	300	300	
负债总计	850	900	
所有者权益	2100	2200	
负债和所有者权益总计	2950	3100	
每股账面价值	7.92	8.46	
年度每股股息	0.55	0.60	

a. 识别并计算杜邦公式的组成部分。

b. 根据杜邦公式的组成部分计算 2014 年净资产收益率。

c. 根据净资产收益率和收益再投资率计算 2014 年的可持续增长率。

答： a. $ROE=\frac{净利润}{权益}=\frac{净利润}{销售收入}\times\frac{销售收入}{资产}\times\frac{资产}{权益}$

$=净利润率\times总资产周转率\times杠杆比率$

净利润/销售收入 = 475/4750 = 10%

销售收入/资产 = 4750/2950 = 1.61

资产/权益 = 2950/2100 = 1.40

b. $ROE=\frac{475}{4750}\times\frac{4750}{2950}\times\frac{2950}{2100}=10\%\times1.61\times1.40=22.62\%$

c. $g=ROE\times再投资率=22.62\%\times(1.79-0.55)/1.79=15.67\%$

3. 根据以下数据回答下列问题：

（单位：美元）

支付利息的现金	(12)
回购普通股	(32)
支付供应商的现金	(85)
购买土地	(8)
销售设备	30
支付股利	(37)
支付工资的现金	(35)
向顾客收取的现金	260
购买设备	(40)

a. 哪些属于经营活动产生的现金流？

b. 根据以上数据，计算投资活动产生的现金流。

c. 根据以上数据，计算筹资活动产生的现金流。

答： a. 经营活动产生的现金流包括支付利息的现金、支付供应商的现金、支付工资的现金和向顾客收取的现金。因此：

经营活动产生的现金流 =260 -85 -12 -35 =128(美元)。

b. 投资活动产生的现金流 = -8 +30 -40 = -18(美元)。

c. 筹资活动产生的现金流 = -32 -37 = -69(美元)。

4. Ludlow 刚被聘任为分析师，在了解电动牙刷行业以后，她的第一份报告是关于 QuickBrush 和 SmileWhite 两家公司的，她总结得到的信息如下："QuickBrush 公司的盈利能力高于 SmileWhite 公司，在过去几年里 QuickBrush 公司的销售增长率为 40%，且利润率一直高于 SmileWhite 公司。SmileWhite 公司的销售和利润增长率为 10%，且利润率也较低。我们认为今后 SmileWhite 公司的增长率不可能超过 10%，但 QuickBrush 公司可以长期维持 30%的增长率。"

a. Ludlow 根据净资产收益率认为 QuickBrush 公司的盈利能力高于 SmileWhite 公司，且 QuickBrush 公司有较高的可持续增长率，使用表 19 -3 和表 19 -4 中的信息，评价 Ludlow 的分析和结论。你可以通过分析计算下列项目来支持你的观点：

· 决定 ROE 的五个组成部分。

· 决定可持续增长率的两个比率：ROE 和收益再投资率。

b. 解释为什么 QuickBrush 公司过去两年的净资产收益率一直在下降，但是平均每年的每股收益却保持 40%的增长率？只使用表 19 -3 提供的数据进行分析。

表 19 -3 QuickBrush 公司的财务报表：年度数据(除每股数据外，单位均为 1000 美元)

	2011 年 12 月	2012 年 12 月	2013 年 12 月	三年平均
利润表				
收入	3480	5400	7760	
销货成本	2700	4270	6050	
销售及一般性管理费用	500	690	1000	
折旧及摊销	30	40	50	
营业利润(EBIT)	250	400	660	
利息费用	0	0	0	
税前利润	250	400	660	
所得税	60	110	215	
税后利润	190	290	445	
稀释每股收益	0.60	0.84	1.18	
发行在外的平均股份数(1000 股)	317	346	376	
财务数据				
销货成本占销售收入的百分比(%)	77.59	79.07	77.96	78.24
销售管理费用占销售收入的百分比(%)	14.37	12.78	12.89	13.16
营业利润率(%)	7.18	7.41	8.51	
税前利润/EBIT(%)	100.00	100.00	100.00	
税率(%)	24.00	27.50	32.58	
资产负债表				
现金和现金等价物	460	50	480	

续表

	2011 年 12 月	2012 年 12 月	2013 年 12 月	三年平均
应收账款	540	720	950	
存货	300	430	590	
财产、厂房和设备净值	760	1830	3450	
资产总计	2060	3030	5470	
流动负债	860	1110	1750	
负债总计	860	1110	1750	
所有者权益	1200	1920	3720	
负债和所有者权益总计	2060	3030	5470	
每股市价	21. 00	30. 00	45. 00	
每股账面价值	3. 79	5. 55	9. 89	
年度每股股息	0. 00	0. 00	0. 00	

表 19 –4　SmileWhite 公司的财务报表：年度数据(除每股数据外，单位均为 1000 美元)

	2011 年 12 月	2012 年 12 月	2013 年 12 月	三年平均
利润表				
收入	104000	110400	119200	
销货成本	72800	75100	79300	
销售及一般性管理费用	20300	22800	23900	
折旧及摊销	4200	5600	8300	
营业利润(EBIT)	6700	6900	7700	
利息费用	600	350	350	
税前利润	6100	6550	7350	
所得税	2100	2200	2500	
税后利润	4000	4350	4850	
稀释每股收益	2. 16	2. 35	2. 62	
发行在外的平均股份数(1000 股)	1850	1850	1850	
财务数据				
销货成本占销售收入的百分比(%)	70. 00	68. 00	66. 53	68. 10
销售管理费用占销售收入的百分比(%)	19. 52	20. 64	20. 05	20. 08
营业利润率(%)	6. 44	6. 25	6. 46	
税前利润/EBIT(%)	91. 04	94. 93	95. 45	
税率	34. 43	33. 59	34. 01	
资产负债表				
现金和现金等价物	7900	3300	1700	
应收账款	7500	8000	9000	
存货	6300	6300	5900	
财产、厂房和设备净值	12000	14500	17000	
资产总计	33700	32100	33600	

续表

	2011 年 12 月	2012 年 12 月	2013 年 12 月	三年平均
流动负债	6200	7800	6600	
长期债务	9000	4300	4300	
负债总计	15200	12100	10900	
所有者权益	18500	20000	20700	
负债和所有者权益总计	33700	32100	33600	
每股市价	23.00	26.00	30.00	
每股账面价值	10.00	10.81	12.27	
年度每股股息	1.42	1.53	1.72	

答：a. QuickBrush 的销售收入和每股收益增长比 SmileWhite 高，利润也较高。但是这并不能说明 QuickBrush 一定是一个更好的投资。SmileWhite 有更高的 ROE，并且非常平稳，而 QuickBrush 的 ROE 逐渐减小。用杜邦分析法可以看出 ROE 差异的来源：

组成	定义	QuickBrush	SmileWhite
税收负担(1-t)	净利润/税前利润	67.4%	66.0%
利息负担	税前利润/EBIT	1.000	0.955
销售收益率	EBIT/销售收入	8.5%	6.5%
总资产周转率	销售收入/资产	1.42	3.55
杠杆比率	资产/权益	1.47	1.62
ROE	净利润/权益	12.0%	23.4%

税收负担、利息负担和杠杆比率相似，但销售收益率和总资产周转率完全不同。尽管 SmileWhite 的销售收益率较低，它有一个高得多的总资产周转率。

持续增长率的计算公式为：持续增长率 = ROE × 再投资率。

	ROE	再投资率	持续增长率	Ludlow 的估计增长率
QuickBrush	12.0%	1.00	12.0%	30%
SmileWhite	23.4%	0.34	8.0%	10%

Ludlow 过高地估计了两个公司的持续增长率。QuickBrush 几乎没有能力增加它的持续增长——利润再投资率已经为 100% 了。SmileWhite 可以通过增加它的利润再投资率来增加其持续增长率。

b. QuickBrush 公司最近的 EPS 增长是通过提高每股账面价值的方法实现的，而不是通过使单位股本的利润增加实现的。即使 ROE 下降，一个公司的 EPS 也能够实现增长，正如 QuickBrush 公司那样，每股账面价值在过去的两年中翻了一倍多。提高每股账面价值可以通过留存收益，或者以超过账面价值的价格发行新股票来实现。QuickBrush 公司将所有的收益都留存，但是流通股数量的显著增加表明它还发行了大量的股票。

根据下列材料回答第 5~8 题。Eastover 公司是一家大型的多元化林业公司，约 75% 的销售收入来自造纸和森林产品，剩余收入来自金融服务和林木产品。该公司拥有 560 万英亩林地，历史成本非常低。

Mulroney 是 Centurion 投资公司的一名投资咨询分析师，她的任务是对 Eastover 公司的发展前景进行投资前评估，并将之与 Centurion 投资公司投资组合中的另一家林业公司，即 Southampton 公司进行比较。Southampton 公司在美国是生产木材制品的主要厂商，其销售收入的 89% 来自建筑材料（主要是木材和胶合板），剩余收入来自纸浆。Southampton 公司拥有 140 万英亩林地，历史成本也很低，但是不像 Eastover 公司那样远远低于当前市价。

Mulroney 开始通过分析净资产收益率的五个组成部分来比较研究两家公司。在分析过程中，Mulroney 把权益定义为所有者权益的总额，包括优先股，而且她所使用的是资产负债表年末数据而非平均数据。

5. a. 根据表 19－5 和表 19－6 中的数据计算 2013 年 Eastover 和 Southampton 两家公司净资产收益率的五个组成部分。并根据这五个部分，计算两家公司 2013 年的净资产收益率。

表 19－5　Eastover 公司（除发行在外的股份数外，单位均为 100 万美元）

	2009	2010	2011	2012	2013
利润表概要					
销售收入	5652	6990	7863	8281	7406
息税前利润（EBIT）	568	901	1037	708	795
利息费用净额	(147)	(188)	(186)	(194)	(195)
税前利润	421	713	851	514	600
所得税	(144)	(266)	(286)	(173)	(206)
税率（%）	34	37	33	34	34
净利润	227	447	565	341	394
优先股股息	(28)	(17)	(17)	(17)	(0)
普通股净利润	249	430	548	324	394
发行在外的普通股股数（100 万股）	196	204	204	205	201
资产负债表概要					
流动资产	1235	1491	1702	1585	1367
林地资产	649	625	621	612	615
财产、厂房和设备	4370	4571	5056	5430	5854
其他资产	360	555	473	472	429
资产总计	6614	7242	7852	8099	8265
流动负债	1226	1186	1206	1606	1816
长期债务	1120	1340	1585	1346	1585
递延所得税	1000	1000	1016	1000	1000
优先股	364	350	350	400	0
普通股	2904	3366	3695	3747	3864
负债和所有者权益总计	6614	7242	7852	8099	8265

表 19-6　Southampton 公司（除发行在外的股份数外，单位均为 100 万美元）

	2009	2010	2011	2012	2013
利润表概要					
销售收入	1306	1654	1799	2010	1793
息税前利润（EBIT）	120	230	221	304	145
利息费用净额	(13)	(36)	(7)	(12)	(8)
税前利润	107	194	214	292	137
所得税	(44)	(75)	(79)	(99)	(46)
税率（%）	41	39	37	34	34
净利润	63	119	135	193	91
发行在外的普通股股数（100 万股）	38	38	38	38	38
资产负债表概要					
流动资产	487	504	536	654	509
林地资产	512	513	508	513	518
财产、厂房和设备	648	681	718	827	1037
其他资产	141	151	34	38	40
资产总计	1788	1849	1796	2032	2104
流动负债	185	176	162	180	195
长期债务	536	493	370	530	589
递延所得税	123	136	127	146	153
所有者权益	944	1044	1137	1176	1167
负债和所有者权益总计	1788	1849	1796	2032	2104

b. 根据问题 a 的计算结果，解释两家公司净资产收益率的差异。

c. 根据 2013 年的数据，计算两家公司的可持续增长率，并说明以这些数据为基础来预测未来增长的合理性。

答： a. ROE = 利润率 × 利息负担比率 × 资产周转率 × 杠杆比率 × 税收负担比率

EO 公司和 SHC 公司 2013 年的 ROE 如下表所示：

利润率 = EBIT/销售收入	SHC：	145/1793 =	8.1%
	EO：	795/7406 =	10.7%
利息负担比率 = 税前利润/EBIT	SHC：	137/145 =	0.94
	EO：	600/795 =	0.75
资产周转率 = 销售收入/资产	SHC：	1793/2104 =	0.85
	EO：	7406/8265 =	0.90
杠杆比率 = 资产/权益	SHC：	2104/1167 =	1.80
	EO：	8265/3864 =	2.14
税收负担比率 = 净利润/税前利润	SHC：	91/137 =	0.66
	EO：	394/600 =	0.66
ROE	SHC：		7.8%
	EO：		10.2%

b. 两家公司 ROE 组成的差距如下：

利润率：EO 公司更高；

利息负担比率：EO 公司更低，因为它的利息费用占 EBIT 的百分比较高；

总资产周转率：EO 公司在周转资产上更有效率；

杠杆比率：EO 公司有更高的财务杠杆；

税收负担比率：两者没有显著的差别；

ROE: EO 公司更高，这部分是由于更高的利润率和更高的资产周转率——更高的财务杠杆也是一部分原因。

c. 持续增长率 = ROE × 再投资率。

两个公司的持续增长率计算如下：

	ROE	再投资率 *	可持续增长率
Eastover	10.2%	0.36	3.7%
Southampton	7.8%	0.58	4.5%

*再投资率 = (1 - 派息率)。

EO：再投资率 = 1 - 0.64 = 0.36；

SHC：再投资率 = 1 - 0.42 = 0.58。

以这种方式得到的持续增长率，可能无法代表未来的经济增长，因为 2013 年很可能不是“正常”的一年。对于 EO 公司来说，收入尚未恢复到 2010 年至 2011 年的水平。处在资本密集型行业的公司，0.36 的留存收益率似乎偏低。SHC 公司在 2013 年的收入下降超过 50%，其留存收益可能会在未来高于 0.58。因此，基于一年的结果进行预测会存在一定的风险，尤其对于那些属于周期性行业的公司(如生产林木产品的公司)。

6. a. Mulroney 想起她在特许金融分析师的学习中曾学过，固定增长股利贴现模型是评估公司普通股价值的方法之一，她收集到了关于 Eastover 和 Southampton 两家公司当前股息和股价的数据，见表 19-7。假设必要回报率(即贴现率)为 11%，预期增长率为 8%，利用固定增长的股利贴现模型计算 Eastover 公司的股票价值，并将其与表 19-8 中 Eastover 公司的股价比较。

表 19-7　Eastover 公司、Southampton 公司与标准普尔 500 指数的价值比较

	2009	2010	2011	2012	2013	2014	五年平均(2010~2014)
Eastover 公司							
每股收益	$1.27	$2.12	$2.68	$1.56	$1.87	$0.90	
每股股息	0.87	0.90	1.15	1.20	1.20	1.20	
每股账面价值	14.82	16.54	18.14	18.55	19.21	17.21	
股价							
最高价	28	40	30	33	28	30	
最低价	20	20	23	25	18	20	
收盘价	25	26	25	28	22	27	
平均市盈率	18.9	14.2	9.9	18.6	12.3	27.8	
平均市净率	1.6	1.8	1.5	1.6	1.2	1.5	

续表

	2009	2010	2011	2012	2013	2014	五年平均(2010~2014)
Southampton 公司							
每股收益	$1.66	$3.13	$3.55	$5.08	$2.46	$1.75	
每股股息	0.77	0.79	0.89	0.98	1.04	1.08	
每股账面价值	24.84	27.47	29.92	30.95	31.54	32.21	
股价							
最高价	34	40	38	43	45	46	
最低价	21	22	26	28	20	26	
收盘价	31	27	28	39	27	44	
平均 P/E	16.6	9.9	9.0	7.0	13.2	20.6	
平均 P/B	1.1	1.1	1.1	1.2	1.0	1.1	
标准普尔 500 指数							
平均 P/E	15.8	16.0	11.1	13.9	15.6	19.2	15.2
平均 P/B	1.8	2.1	1.9	2.2	2.1	2.3	2.1

表 19-8 当前信息

	当前股价	当前每股股息	预期 2015 年的每股收益	当期每股账面价值
Eastover 公司	$28	$1.20	$1.60	$17.32
Southampton 公司	48	1.08	3.00	32.21
标准普尔 500 指数	1 660	48.00	82.16	639.32

b. Mulroney 的上司指出两阶段股息贴现模型可能更适合 Eastover 和 Southampton 两家公司，Mulroney 相信两家公司在今后三年的增长将更加迅速，然后在 2017 年将以稍低的增长率稳定下来。她的预测如表 19-9 所示。用 11%作为必要回报率根据两阶段股利贴现模型计算 Eastover 公司的股票价值，并将其与表 19-8 中 Eastover 公司的股价比较。

表 19-9 2014 年年末的计划增长率

	未来三年(2015~2017)	2017 年以后
Eastover 公司	12%	8%
Southampton 公司	13%	7%

c. 讨论固定增长股利贴现模型的优缺点，并简要说明两阶段股利贴现模型如何改进了固定增长模型。

答：a. 固定增长股息贴现模型公式如下：

$$P_0=\frac{D_0(1+g)}{k-g}$$

对于 EO 公司：

$$P_0=\frac{1.20\times 1.08}{0.11-0.08}=43.20(\text{美元})$$

以此为基准，与 28 美元的股票现价相比，EO 公司的价值被低估了。

b. 两阶段股息贴现模型公式为：

$$P_0 = \frac{D_1}{(1+k)^1} + \frac{D_2}{(1+k)^2} + \frac{D_3}{(1+k)^3} + \frac{P_3}{(1+k)^3}$$

对于 EO 公司：$g_1 = 0.12$，$g_2 = 0.08$，$D_0 = 1.20$(美元)，$D_1 = D_0(1.12)^1 = 1.34$(美元)，$D_2 = D_0(1.12)^2 = 1.51$(美元)，$D_3 = D_0(1.12)^3 = 1.69$(美元)，$D_4 = D_0(1.12)^3 \times (1.08) = 1.82$(美元)。

$$P_3 = \frac{D_4}{k - g_2} = \frac{1.82}{0.11 - 0.08} = 60.67(\text{美元})$$

$$P_0 = \frac{1.34}{(1.11)^1} + \frac{1.51}{(1.11)^2} + \frac{1.69}{(1.11)^3} + \frac{60.67}{(1.11)^3} = 48.03(\text{美元})$$

与固定增长模型相比，这种方法表明 EO 公司的价值被低估得更多。

c. 固定增长模型的优点包括：①合理的理论基础；②计算简单；③可估计输入值。

缺点包括：①对增长率的估计值十分敏感；②g 和 k 很难准确地估计；③只适用于 $g < k$ 的情形；④固定增长是一个不切实际的假设；⑤假设了增长不会慢下来；⑥股息必须保持恒定；⑦不适用于不支付股息的公司。

两阶段模型提供的改进包括：①两阶段模型更加符合实际，它考虑了在第一阶段高、低和零增长，然后在第二阶段固定的长期增长的情形；②当第一阶段的增长率超过必要回报率时，该模型可以用来确定股票的价值。

7. 除股利贴现模型方法外，Mulroney 计算两家公司的市盈率和市净率，并将其与标准普尔 500 指数相比较。Mulroney 决定使用 2010～2014 年以及当前的数据分析。

a. 用表 19－10 和表 19－11 中的数据计算两家公司现在的和五年(2010～2014 年)平均相对市盈率和相对市净率(即两家公司的比率相对于标准普尔 500 指数的值)，并将每家公司的当前相对市盈率与五年平均市盈率做比较，当前相对市净率与五年平均值做比较。

b. 简要说明相对市盈率与相对市净率在估价上的缺陷。

答：a. 为了判断一只股票是被低估还是被高估，分析师往往计算市盈率(P/E)和市净率(P/B)，然后将这些比率与市场基准相比较，如标准普尔 500 指数。这些比率的计算公式如下：

$$\text{相对市盈率}(P/E) = \frac{\text{指定公司的市盈率}}{\text{标准普尔 500 指数的市盈率}}$$

$$\text{相对市净率}(P/B) = \frac{\text{指定公司的市净率}}{\text{标准普尔 500 指数的市净率}}$$

使用相对市盈率模型评估 EO 和 SHC，Mulroney 可以计算每只股票的 5 年平均市盈率，并用标准普尔 500 的 5 年平均市盈率来除(表 19－10 的最后一栏)，得到历史平均相对市盈率。然后 Mulroney 可以比较历史平均相对市盈率和当前相对市盈率(即当前每只股票的市盈率除以当前市场的市盈率来得到)。

对于市净率模型，Mulroney 要做类似的计算，即用股票的五年平均市净率除以标准普尔 500 的五年平均市净率，并将结果与当前的市净率(使用当前的账面价值)相比较。结果如下：

表 19-10　市盈率模型评估结果

市盈率模型	EO	SHC	标普 500
5 年平均市盈率	16.56	11.94	15.20
5 年平均相对市盈率	1.09	0.79	
当前市盈率	17.50	16.00	20.20
当前相对市盈率	0.87	0.79	

表 19-11　市净率模型评估结果

市净率模型	EO	SHC	标普 500
5 年平均市净率	1.52	1.10	2.10
5 年相对市净率	0.72	0.52	
当前市净率	1.62	1.49	2.60
当前相对市净率	0.62	0.57	

显然，EO 公司的股票以低于其过去 5 年的相对市盈率的价格进行交易，而 SHC 正好以过去 5 年的相对市盈率的价格进行交易。至于市净率，EO 公司以低于其历史相对市净率的价格进行交易，而 SHC 以略微高于其过去 5 年相对市净率值的价格进行交易。EO 公司的账面价值被低估，这是因为其林地的历史成本相当的低。即使账面价值被低估，EO 公司还是以低于其 5 年平均相对市净率的价格进行交易，这使得从市净率的角度来看 EO 特别具有吸引力。

b. 相对市盈率模型的缺点包括：①相对市盈率度量的仅仅是一个相对值，而不是绝对值；②对下一年度会计收益的估计可能不等于持续的收益；③会计实践可能没有标准化；④改变会计标准可能使得进行历史比较变得困难。

相对市净率模型的缺点包括：①账面价值可能被低估或高估，尤其对于像 EO 那样，在账面上有低历史成本、高价值资产的公司；②账面价值可能不能代表盈利能力和未来增长潜力；③改变会计标准可能不利于进行历史比较。

8. Mulroney 分别使用固定增长股利贴现模型和两阶段股利贴现模型为 Southampton 公司进行了估价，结果如下：

固定增长模型	29 美元
两阶段模型	35.50 美元

根据所提供的信息和第 5~7 题的答案，选出 Mulroney 会推荐购买的股票(Eastover 公司或 Southampton 公司)，并说明原因。

答：下表是 EO、SHC 两公司的估值和 ROE：

	Eastover	Southampton
股价(美元)	28.00	48.00
固定增长模型(美元)	43.20	29.00
两阶段增长模型(美元)	48.03	35.50
当前市盈率	17.50	16.00
当前相对市盈率	0.87	0.79

续表

	Eastover	Southampton
5 年平均市盈率	16.56	11.94
5 年相对市盈率	1.09	0.79
当前市净率	1.62	1.49
当前相对市净率	0.62	0.57
5 年平均市净率	1.52	1.10
5 年相对市净率	0.72	0.52
当前 ROE	10.2%	7.8%
持续增长率	3.7%	4.5%

一方面按照这两个股利贴现模型，EO 公司的价值似乎都被低估了。基于相对市盈率和相对市净率，EO 的价值似乎也很低。另一方面，按照这两种股利贴现模型和相对市净率模型，SHC 公司的价值似乎被轻微地高估了。基于相对市盈率模型，SHC 公司的估值似乎是合理的。SHC 有一个稍高的可持续增长率，但并不明显，其净资产收益率低于 EO 公司。

EO 公司的当前市盈率是在相对较低的当前利润基础上计算出来的，然而其股票仍然具有吸引力。另外，由于它使用的林木资产的历史成本较低，EO 公司的 P/B 值被高估，这使得 EO 公司从 P/B 值的角度来看更具有吸引力。基于这种分析，Mulroney 应该优先选择 EO 公司，而不是 SHC 公司。

9. 你在查看 Graceland Rock 公司的财务报表时发现，2013～2014 年，该公司的净利润增加了，但经营活动产生的现金流减少了。

a. 举例说明在什么情况下，Graceland Rock 公司净利润增加的同时经营活动产生的现金流减少。

b. 为什么说经营活动产生的现金流是衡量“收益品质”的一个良好指标？

答：a. 即使经营活动现金流减少，净利润也能够增加。当净营运资本增加时就会出现这种情况，比如，应收账款和存货增加或者是应付账款减少。较低的折旧费也能增加净利润，但会通过对应交税金的影响而使得现金流减少。

b. 经营活动现金流可能是度量公司“收益品质”的一个好指标，因为它可以显示出公司是否能在不进行新的融资的情况下产生现金流来支付其债务和股利。与净利润相比，现金流受可选择的会计准则的影响更小。

10. 某公司的销售净额为 3000 美元，现金费用(包括所得税)为 1400 美元，折旧为 500 美元，若本期的应收账款增加了 400 美元，那么经营活动产生的现金流是多少？

答：经营现金流 = 销售收入 - 现金费用 - 应收账款的增加值 = 3000 - 1400 - 400 = 1200(美元)。

这里忽略折旧是因为它不涉及现金项，且已经考虑了它对税收的影响。

11. 某公司的流动比率为 2.0，假设该公司用现金回购将于一年内到期的应付票据，这会对流动比率和总资产周转率产生什么影响？

答：流动资产与流动负债将等量减少，但流动负债减少的比例更大，这是由于初始流动比率大于 1，因此，流动比率增加。总资产减少，因此周转率增加。

12. 尽管 Jones Group 公司的营业利润一直在下降，但其税后净资产收益率却一直保持不变，说明该公司是如何保持税后净资产收益率不变的。

答：考虑到税后净资产收益率的组成，对税后净资产收益率在营业利润下降时仍能保持不变有如下几种可能的解释：

(1)营业利润下降可能被非营业利润的增加而抵消(即终止经营，异常收益，从会计政策变更中获得收益)，因为这些都是利润率(净利润/销售收入)的组成部分。

(2)对营业利润下降进行补偿的另一种可能是各种付息债务利率的下降，利率下降能够在保持税前利润稳定的同时减少利息费用支出。

(3)杠杆率可能由于股权的减少而增加：①减计股权投资；②股票回购；③损失；④发行新债。杠杆的增加可以抵消营业利润的下降。

(4)资产周转率的上升也可能弥补营业利润的下降。资产周转率的上升可能是销售收入增长率高于资产增长率的结果，也可能是出售或核销资产的结果。

(5)如果实际税率下降，那么税后利润的增加就能弥补营业利润的下降。税款抵免额的增加、税损结转或者法定税率的降低都可以降低实际税率。

13. 杜邦公式把净资产收益率分解为下列五个组成部分：

·营业利润率

·总资产周转率

·利息负担比率

·财务杠杆

·所得税税率

使用表 19－12 中的数据：

a. 计算 2010 年和 2014 年以上五个组成部分的值，并根据计算出的结果计算 2010 年和 2014 年的净资产收益率。

b. 简要说明从 2010～2014 年总资产周转率和财务杠杆的变化对净资产收益率的影响。

表 19－12 利润表和资产负债表 （单位：美元）

	2010	2014		2010	2014
利润表数据			税后净利润	19	30
收入	542	979	**资产负债表数据**		
营业利润	38	76	固定资产	41	70
折旧和摊销	3	9	资产总额	245	291
利息费用	3	0	营运资本	123	157
税前利润	32	67	负债总额	16	0
所得税	13	37	所有者权益总额	159	220

答：a.

	2010	2014
(1)营业利润率 $=\dfrac{营业收入-折旧}{销售收入}$	$\dfrac{38-3}{542}=6.5\%$	$\dfrac{76-9}{979}=6.8\%$
(2)总资产周转率 $=\dfrac{销售收入}{总资产}$	$\dfrac{542}{245}=2.21$	$\dfrac{979}{291}=3.36$

续表

	2010	2014
(3)利息负担比率 = $\frac{营业收入-折旧-利息费用}{营业收入-折旧}$	$\frac{38-3-3}{38-3}=0.914$	1.0
(4)财务杠杆 = $\frac{总资产}{所有者权益}$	$\frac{245}{159}=1.54$	$\frac{291}{220}=1.32$
(5)所得税税率 = $\frac{所得税}{税前利润}$	$\frac{13}{32}=40.63\%$	$\frac{37}{67}=55.22\%$

用杜邦公式：

ROE = [1.0 - (5)] × (3) × (1) × (2) × (4)

ROE(2010) = 0.5937 × 0.914 × 0.065 × 2.21 × 1.54 = 12.0%

ROE(2014) = 0.4478 × 1.0 × 0.068 × 3.36 × 1.32 = 13.5%

(因为舍入误差，以上结果会与用净利润/权益直接算出的结果略微不同。)

b. 资产周转率衡量的是公司将资产(流动或固定)水平降到足够低来支持其销售水平的能力。资产周转率随着时间显著增加，因此增加了 ROE。

财务杠杆衡量的是除权益之外的融资量，包括短期和长期债务。财务杠杆随着时间逐渐变小，因此对 ROE 的影响为负。因为资产周转率的上升大大超过财务杠杆的下降，故净效应是 ROE 增加。

第 20 章　期权市场介绍

20.1　复习笔记

衍生证券是指其价值由其他资产衍生的相关证券，又称为或有权利(contingent claim)。衍生工具的基本分类包括：期权、期货、远期和互换。

1. 期权合约

按购买者的权利来划分，期权可以分为看涨期权和看跌期权。看涨期权持有人有权在到期日或之前按行权价格买入某种资产，看跌期权持有人有权在到期日或之前按行权价格卖出某资产。当期权持有者执行期权有利可图时，称此期权为实值期权；当执行期权无利可图时，称期权为虚值期权；当行权价格与资产价格相等时，则为平价期权。

(1)期权交易

期权的交易可以分为场外交易和场内交易。

场外市场的优势在于期权合约条款可根据交易双方的意愿协商。

场内交易采用标准化和集中交易，结算机构为交易双方提供可靠的履约保证，有利于市场流动性的提高，增加了市场竞争。

(2)美式期权与欧式期权

按期权购买者执行期权的时限划分，期权可分为欧式期权(european options)和美式期权(american options)。欧式期权是指期权的购买者只有在期权到期日才能执行期权(即行使买进或卖出标的资产的权利)，既不能提前也不能推迟。美式期权则允许期权购买者在期权到期日及之前的任一营业日执行期权。

(3)期权合约条款的调整

根据公司股利政策的不同可能需要对期权合约的条款进行调整。如公司进行股票分拆时，如果不进行调整，股票分拆将导致股价降低从而影响期权的价值。所以，此时要对期权合约条款进行调整，按照分拆比例降低行权价格，同时合约的数量也需要同比例增加。而发放现金股利则不必调整合约，因为股利政策比较稳定，初始的期权价格已经包含了这项影响因素。

(4)期权清算公司

期权清算公司(OCC)，即期权交易的清算所，附属于期权交易所。清算公司充当交易双方的中间人。因为期权清算公司有保证合约有效履行的义务，所以根据权利义务的不同，清算公司会要求期权卖方缴纳保证金来确保合约的履行；而期权买方只拥有权利而无义务，所以期权买方不需缴纳保证金。

(5)其他期权

期权的标的资产不仅有股票，还有其他资产，一般为市场指数、行业指数、外汇、农产品期货、黄金、白银、固定收益证券以及股票指数等。

①指数期权

指数期权是指标的为股票市场指数的期权。

②期货期权

期货期权是以期货合约作为标的物的期权。期权买方具有以某一期货价格买入或卖出特定期货合约的权利。

③外汇期权

外汇期权的买方具有以某一汇率买进或卖出特定外币的权利。合约的报价单位是每单位外币的本币价格。

外汇期权与外汇期货期权之间有较大的区别：

a. 外汇期权的收益依赖于行权价格和到期日汇率的差。

b. 外汇期货期权的收益依赖于行权价格和到期日汇率期货价格的差。

④利率期权

利率期权的标的物一般为政府债券，如美国中长期国债。

2. 到期日期权价值

(1)看涨期权与看跌期权

期权使投资者可以调整其基础资产的投资风险，可以用代数式或收益图进行描述。定义 S_T为期权到期日标的物的价格，X 为期权的行权价格，对于期权购买者，看涨期权在到期日时的收益为 $\mathrm{Max}(S_T-X,\ 0)$，看跌期权在到期日的价值为 $\mathrm{Max}(X-S_T,\ 0)$。对于期权出售者，看涨期权在到期日的收益为 $\mathrm{Min}(X-S_T,\ 0)$，看跌期权在到期日的收益为 $\mathrm{Min}(S_T-X,\ 0)$。如果考虑期权费用，则分别在收益上减去期权费即可。

(2)期权与股票投资

购买看涨期权可视为牛市策略，当股票价格上升时，看涨期权有利可图。购买看跌期权则被视为熊市策略。相应地，出售看涨期权为熊市策略，出售看跌期权为牛市策略。

期权投资具有杠杆作用，与单纯投资股票相比，期权投资可以获得更高的收益率。但是伴随高收益率期权投资也有较大的风险。期权有潜在的保险功能，通过投资期权与无风险资产的组合，可以在获得与单纯投资股票相类似收益的同时减少投资的风险。因此，期权的投资较单纯的股票投资更具有吸引力。

3. 期权策略

(1)保护性看跌期权

通过投资股票和相应的看跌期权可以形成保护性看跌期权。保护性看跌期权限制了损失，但同时也减少了利润。表 20－1 是这种投资组合在到期时的总价值。

表 20－1　到期时保护性看跌期权资产组合的价值

	$S_T \leqslant X$	$S_T > X$
股票	S_T	S_T
＋看跌期权	$X-S_T$	0
＝总计	X	S_T

(2)抛补看涨期权

抛补看涨期权通过买进股票并卖出相应的看涨期权的操作形成。仅卖出股票看涨期权则称做卖裸期权(naked option writing)。如表 20－2 所示，抛补看涨期权到期价值等于股票与看涨期权的价值差。

表 20－2　到期时抛补看涨期权的价值

	$S_T \leqslant X$	$S_T > X$
股票损益	S_T	S_T
＋卖出看涨期权损益	-0	$-(S_T - X)$
＝总计	S_T	X

(3)跨式期权

同时购买行权价格(X)与到期时间(T)相同的某一股票的看涨期权和看跌期权，就可以建立跨式期权。跨式期权的买方认为股价比市场的波动更大，卖方则与之相反。当股票价格不变，即 $S_T = X$ 时，到期时看涨期权与看跌期权均毫无价值，此时投资者浪费了两份期权费。跨式期权的收益如表 20－3 所示：

表 20－3　到期时买入跨式期权的价值

	$S_T < X$	$S_T \geqslant X$
看涨期权的损益	0	$S_T - X$
＋看跌期权的损益	$X - S_T$	0
＝总计	$X - S_T$	$S_T - X$

(4)价差套利

期权价差套利是指行权价格或到期时间不一样的某一股票的多个看涨或看跌期权的组合。货币价差套利为同时购买并出售行权价格不一样的期权，时间价差套利为同时购买并出售到期时间不一样的期权。

考虑一种货币价差套利，买进行权价格为 X_1 的看涨期权，同时出售行权价格为 X_2 ($X_2 > X_1$)的看涨期权，两者到期时间一样。该货币价差套利的收益如表 20－4 所示。

表 20－4　到期时牛市价差套利的价值

	$S_T \leqslant X_1$	$X_1 < S_T \leqslant X_2$	$S_T \geqslant X_2$
买入行权价格为 X_1 的看涨期权的损益	0	$S_T - X_1$	$S_T - X_1$
＋卖出行权价格为 X_2 的看涨期权的损益	-0	-0	$-(S_T - X_2)$
＝总计	0	$S_T - X_1$	$X_2 - X_1$

这时要分三种情况：

①低价区，即 S_T 比 X_1 与 X_2 都低；

②中间区，即 S_T 在 X_1 与 X_2 之间；

③高价区，即 S_T 比 X_1 与 X_2 都高。

该策略就是牛市价差套利，当股价升高时，收益只会增加或者不变。当投资者发现一个期权相较于另一期权被高估时就会采取牛市价差套利策略。

(5)双限期权

双限期权策略是指建立一个看涨期权的空头头寸和看跌期权的多头头寸，使该组合价值具有一个上限和下限，适合对于收益具有一定要求但不愿承受较大风险的投资者。

4. 看跌－看涨期权平价关系

对于行权价格为 X 的全部期权，买入面值为 X 的无风险零息债券。当期权和零息债券于时间 T 到期时，组合的价值如表 20－5 所示。

表 20－5　投资组合的收益状况

	$S_T \leqslant X$	$S_T > X$
看涨期权的价值	0	$S_T - X$
无风险利率债券的价值	X	X
总计	X	S_T

该组合的价值和表 20－1 中保护性看跌期权的价值相等。则两者的成本也相同。所以看涨期权与债券的成本和股票与看跌期权的成本相等：

$$C + X/(1 + r_f)^T = P + S_0 \tag{20－1}$$

其中，C 为看涨期权的价格；$X/(1 + r_f)^T$表示无风险零息债券的成本；P 为看跌期权的价格；S_0表示股票的当前价格。

式(20－1)为看跌－看涨期权平价定理，如果不符合这个公式，那么就存在套利机会。其仅适用于到期日前不发放股利的情形。考虑股利因素的看跌－看涨期权平价关系的一般化公式为：

$$P = C - S_0 + \mathrm{PV}(\mathrm{X}) + \mathrm{PV}(\text{股利}) \tag{20－2}$$

式中，PV(股利)为期权到期日前所有股利的现值。

该一般化公式仅适用于欧式期权。

5. 类似期权的证券

(1)可赎回债券

赎回条款实际上是给发行人的看涨期权，执行价格即约定的赎回价格。因此，在同样的息票利率下，可赎回债券比普通债券的价格低，价格之差即为看涨期权的价值。

图 20－1 刻画了该种期权的特点。由于公司有权以赎回价格购买债券，所以可赎回债券的潜在的资本利得是有限的。

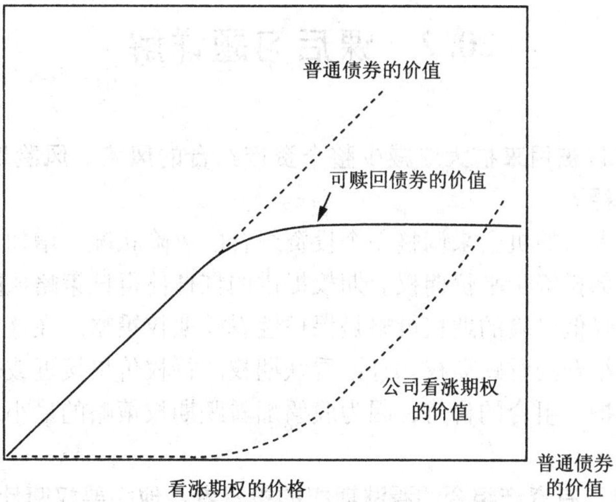

图 20－1　可赎回债券与普通债券价值的比较

(2) 可转换债券

可转换债券是指上市公司发行的，可依一定条件转换为股票的债券。这种债券在发行时就附有专门条款，规定债权人可选择对自己有利的时机，请求将债券兑换成公司的股票。可转换债券可以被看作普通债券和看涨期权的组合。

(3) 认股权证

认股权证实际上为公司发行的看涨期权，本身不是股票，既不享受股利收益，也没有投票权，只是赋予其持有者在规定的时间内按照特定的价格购买公司发行的股票的权利。当公司进行股票分割或发放现金股利时，需要对认股权证的行权价格以及数目进行调整，从而抵消股利政策对于认股权证价值的影响。

6. 奇异期权

(1) 亚式期权

亚式期权的收益由标的资产在部分有效期内的平均价格所决定。平均价格看涨期权的收益是 $\mathrm{Max}(0,\ S_{\mathrm{ave}}-X)$，平均价格看跌期权的收益为 $\mathrm{Max}(0,\ X-S_{\mathrm{ave}})$，其中 S_{ave} 是按预定平均时期计算的标的资产的平均价值。

(2) 障碍期权

障碍期权是指在其生效过程中受到一定限制的期权，目的是把投资者的收益或损失控制在一定范围之内。障碍期权一般分为敲出期权和敲入期权两类。

(3) 回顾期权

回顾期权的收益由期权有效期内标的资产的最高和最低价格所决定。回顾看涨期权的收益等于有效期内的最高价和行权价的差。

(4) 外汇转换期权

外汇转换期权是指以给定汇率进行货币转换的权利，其标的资产和行权价格以外币计价。

(5) 两值期权

两值期权又称数值期权或赌注期权。两值期权拥有固定收益，由标的资产的价格是否达到约定条件来决定。

20.2 课后习题详解

一、习题

1. 我们说期权可以被用来扩大或减少整个资产组合的风险。风险增加和风险减少的例子各有哪些？逐一解释。

答： 期权提供了大量的机会来调整一个投资组合的风险状况。增加风险的期权策略的一个最简单的例子是全部投资于平价期权。期权提供的杠杆使得该策略风险很大，同时获利的可能性也较大。一个降低风险的期权策略是保护性看跌期权策略。在这种策略中，投资者购买一现有股票或股票组合的看跌期权，且该看跌期权的行权价格接近或略低于标的资产的市场价值，则该策略保护了组合的价值，因为股票加看跌期权策略的最小值即为看跌期权的行权价格。

2. 一个考虑卖出已有资产组合的看涨期权的投资者，他需要权衡什么？

答： 卖出一个现有投资组合的看涨期权的投资者拥有一个抛补看涨期权头寸。如果在执行时，投资组合的价值高于看涨期权的行权价格，抛补看涨期权的卖方将预期此看涨期权被执行，因此看涨期权的卖方必须以行权价格卖出该投资组合。相反，如果投资组合的价值低于行权价格，看涨期权的卖出者将保有投资组合并获得由看涨期权买方支付的期权费。抛补看涨期权的卖方所面临的权衡是得到期权费和放弃对任何可能高于看涨期权行权价格的资本升值的机会。

3. 一个考虑买入已有资产组合的看跌期权的投资者，他需要权衡什么？

答：买入现有投资组合的看跌期权提供了投资组合保险，这是对投资组合价值下降的保护。当价值下降时，看跌期权加股票策略的最小值为看跌期权的行权价格。和购买任何一类保护资产价值的保险一样，投资者需要权衡看跌期权的成本和它对价值下降的保护程度。保护的成本是获得保护性看跌期权的成本，这降低了投资组合价值上升所带来的利润。

4. 你为什么认为绝大多数交易活跃的期权接近于平值？

答：当执行期权无利可图时，期权是虚值期权。当标的股票的市场价值低于期权的行权价格时，看涨期权是虚值期权。如果股票价格大幅低于行权价格，则该期权被执行的可能性会很低，且股票市场价格的波动对期权价值几乎没有影响。期权价格对股票价格变化的敏感性被称为期权的德尔塔，这将在21章详细讨论。对于那些处于深度虚值状态的期权来说，德尔塔接近于0。因此，很少有通过购买或卖出处于深度虚值状态的看涨期权来获利或亏损。（当股票价格大幅高于行权价格时，类似的结果适用于处于深度虚值状态的看跌期权。）

当股票的市场价格高于期权的行权价格时，看涨期权称为实值期权。如果股票价格大幅高于行权价格时，期权的价格将接近于股价的数量级。此外，由于这样的期权很可能被执行，期权价格对股票价格变化的敏感性接近于1，这表明股票价格增加1美元将导致期权价格增加1美元。在此情形下，期权的购买者失去了由接近于实值的期权所提供的杠杆利润。因此，对于深度实值期权，投资者不会产生任何兴趣。

5. 回到教材图20－1，它列出了各种IBM期权的价格。根据图中的数据计算投资于2月到期的下列期权的收益与利润。假定到期日股票价格为195美元。

a. 看涨期权，*X*＝190美元

b. 看跌期权，*X*＝190美元

c. 看涨期权，*X*＝195美元

d. 看跌期权，*X*＝195美元

e. 看涨期权，*X*＝200美元

f. 看跌期权，*X*＝200美元

答：

		成本（美元）	收益（美元）	利润（美元）
a.	看涨期权，*X*＝190.00美元	6.75	5.00	－1.75
b.	看跌期权，*X*＝190.00美元	3.00	0.00	－3.00
c.	看涨期权，*X*＝195.00美元	3.65	0.00	－3.65
d.	看跌期权，*X*＝195.00美元	5.00	0.00	－5.00
e.	看涨期权，*X*＝200.00美元	1.61	0.00	－1.61
f.	看跌期权，*X*＝200.00美元	8.09	5.00	－3.09

6. 假设你认为沃尔玛公司的股票在今后 6 个月将大幅升值，股票现在价格为 $S_0=100$ 美元，6 个月到期的看涨期权的行权价格为 $X=100$ 美元，期权价格为 $C=10$ 美元。用 10000 美元投资，你可以考虑以下三种策略。

a. 投资 10000 美元于股票，购买 100 股。

b. 投资 10000 美元于 1000 个期权(10 份合约)。

c. 用 1000 美元购买 100 个期权(1 份合约)，用余下的 9000 美元投资于货币基金，该基金 6 个月付息 4%(年利率 8%)。

对于 6 个月后所列的 4 种股票价格，你每种策略的收益率各是多少？把结果总结在下表中，并作图。

	6 个月后股票价格(美元)			
	80	100	110	120
a. 全股票(100 股)				
b. 全期权(1000 个)				
c. 票据 +100 期权				

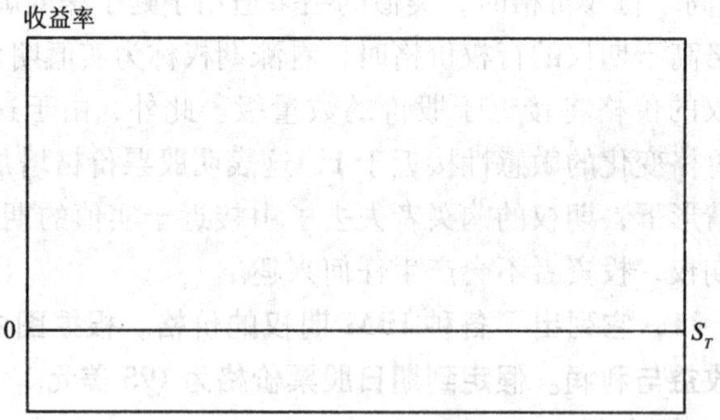

答：以美元收益来表示，基于 10000 美元的投资：

	6 个月后股票价格(美元)			
	80	100	110	120
全部股票(100 股)	8000	10000	11000	12000
全部期权(100 份)	0	0	10000	20000
国库券 +100 份期权	9360	9360	10360	11360

以收益率来表示，基于 10000 美元的投资：

	6 个月后股票价格(美元)			
	80	100	110	120
全部股票(100 股)	-20%	0%	10%	20%
全部期权(100 份)	-100%	-100%	0%	100%
国库券 +100 份期权	-6.4%	-6.4%	3.6%	13.6%

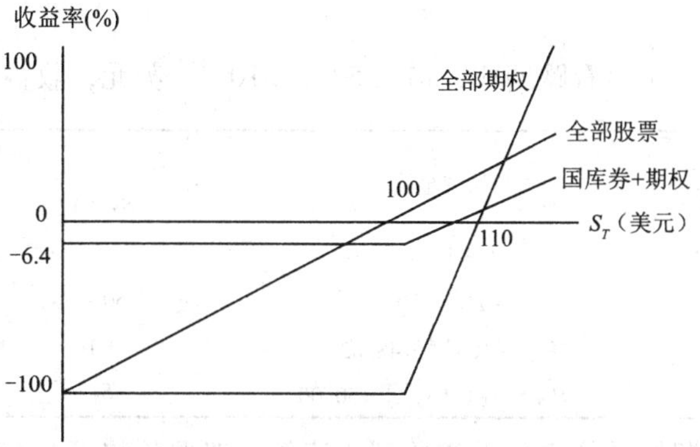

7. PUTT 公司的普通股最近一个月来交易价格变动很小，你确信 3 个月后其价格将远远突破这一个价格范围，但你并不知道它是会上涨还是下跌。股票现在的价格为每股 100 美元，行权价格为 100 美元的 3 个月看涨期权价格为 10 美元。

a. 如果无风险利率为每年 10%，行权价格为 100 美元的 PUTT 公司股票的 3 个月看跌期权的价格是多少(股票不分红)?

b. 在对股票价格未来变动预期前提下，你会构建一个什么样的简单的期权策略？价格往什么方向变动多少，你最初的投资才能获得利润?

答： a. 根据看跌－看涨期权平价公式：

$$P = C - S_0 + \frac{X}{(1+r_f)^T} = 10 - 100 + \frac{100}{1.10^{0.25}} = 7.65(\text{美元})$$

b. 买入跨式期权，即买进同一股票的看跌期权和看涨期权。跨式期权的总成本为：$10 + 7.65 = 17.65$(美元)。

不考虑货币时间价值情况下，股价需至少上升或下降 17.65 美元，看涨期权或者看跌期权才能产生足够的利润弥补期权费；考虑到货币时间价值情况下，股价变动额为：$17.65 \times 1.10^{0.25} = 18.08$(美元)。

8. CALL 公司的普通股数月来一直在每股 50 美元左右的狭窄价格区间内进行交易，并且你认为未来 3 个月内股价仍维持在这个区间内。行权价格为 50 美元的 3 个月看跌期权的价格是 4 美元。

a. 如果无风险利率是每年 10%，行权价格为 50 美元的 CALL 公司股票的 3 个月看涨期权价格是多少，该期权是平价的(股票不分红)?

b. 在对股票价格未来变动预期下，该用看跌期权与看涨期权构建什么样的简单的期权策略？你这个策略最多能赚多少钱？在股价往什么方向变动多少，你才会开始出现损失?

c. 你怎么利用一个看跌期权、一个看涨期权和无风险借贷来构造一个头寸，使得到期时其与到期股票的收益结构相同？构建这一头寸的净成本是多少?

答： a. 根据看跌－看涨期权平价公式：

$$C = P + S_0 - X/(1+r_f)^T = 4 + 50 - 50/(1.10)^{1/4} = 5.18(\text{美元})。$$

b. 卖出一跨式组合，即卖出一份看跌期权和一份看涨期权，可得到的期权费收入为：

$$5.18 + 4 = 9.18(\text{美元})$$

如果股票的最终价格为 50 美元，那么两种期权都将没有价值，并且利润将为 9.18 美元。由于在其他任何股票价格下，投资者将必须为看涨期权或看跌期权的执行而向期权购买者进行支付，所以 9.18 美元是可能获取的最大利润。股票价格在任一方向上变动 9.18 美元时才会开始出现损失。

c. 买入看涨期权，卖出看跌期权，借入 $50/(1.10)^{1/4}$ 美元，收益如下：

头寸	初始现金流	3 个月后现金流	
		$S_T \leqslant X$	$S_T > X$
看涨期权(多头)	$C = 5.18$	0	$S_T - 50$
看跌期权(空头)	$-P = 4.00$	$-(50 - S_T)$	0
借款头寸	$50/(1.10)^{1/4} = 48.82$	50	50
总计	$C - P + 50/(1.10)^{1/4} = 50.00$	S_T	S_T

根据看跌－看涨期权平价定理，初始现金流等于股票价格 $S_0 = 50$(美元)。在任一情形下，获得的收益都与购买股票本身相同。

9. 你是一个使用期权头寸为你的客户定制风险敞口的资产组合管理人。下面每种情况，给定客户的目标，最佳的策略是什么？

a. 迄今业绩表现：增加 16%

客户目标：盈利不少于 15%

你的情景：从现在到年底，有大幅盈利或大幅亏损的较大可能

i. 买入跨式期权

ii. 多头牛市价差套利

iii. 卖出跨式期权

b. 迄今业绩表现：增加 16%

客户目标：盈利不少于 15%

你的情景：从现在到年底，有大幅亏损的可能性

i. 买入看跌期权

ii. 卖出看涨期权

iii. 买入看涨期权

答：a. i。当价格上升或下降时，买入跨式组合可获得收益；当价格没有变动时，损失是有限的。当价格显著上升或下降时，卖出跨式组合将产生巨大的损失。当价格上升的时候，牛市价差期权将获得有限的收益。

b. i。当股票价格下降时，买入看跌期权会获得收益，且当股票价格上涨时，损失是非常有限的。当股票价格下降时，卖出看涨期权也会获得收益，但当股票价格上升时，就会产生损失。当股价下降时，其他的两个头寸不能保护投资组合。

10. 一个投资者购买股票的价格为 38 美元，购买行权价格为 35 美元的看跌期权的价格为 0.50 美元。投资者卖出行权价格为 40 美元的看涨期权的价格为 0.50 美元。这个头寸的最大利润和损失各是多少？画出这个策略的利润与损失图，把它们当作到期日股票价格的函数。

答：注意到看跌期权价格等于卖出看涨期权的收益，初始净现金流出 = 38.00 美元。

头寸	$S_T < 35$	$35 \leqslant S_T \leqslant 40$	$40 < S_T$
购买股票	S_T	S_T	S_T
卖出看涨期权(40 美元)	0	0	$40 - S_T$
买入看跌期权(35 美元)	$35 - S_T$	0	0
总计	35 美元	S_T	40 美元

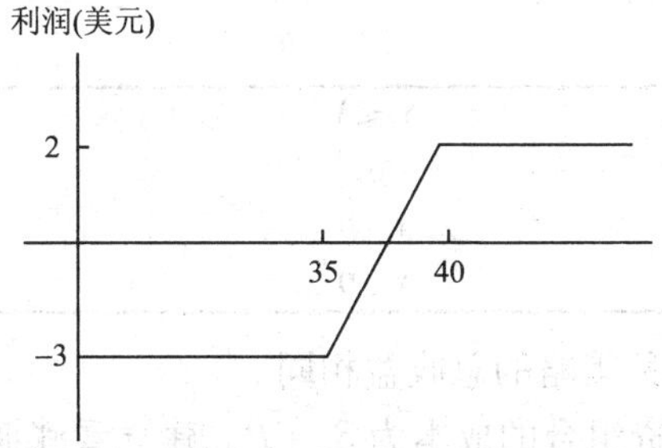

11. 设想你持有 5000 股股票，现在售价是每股 40 美元。你准备卖出股份，但是出于税收原因更愿意把交易推迟到下一年。如果一直持有股票至 1 月，你将面临年底前股票价格下跌的风险。你决定使用一个双限期权来限制下跌风险，且不用花费大笔额外的现金。行权价格为 35 美元的 1 月看涨期权售价是 2 美元，行权价格为 45 美元的 1 月看跌期权售价是 3 美元。如果最终股票价格为①30 美元、②40 美元和③50 美元，1 月你的资产组合的价值(期权的净收益)各是多少？把以上各种情况下的收益与你简单持有股票时的收益进行对比。

答：答案不唯一。5000 美元的初始费用，购买 5000 份看跌期权，卖出 5000 的看涨期权：

头寸	$S_T=30$ 美元	$S_T=40$ 美元	$S_T=50$ 美元
股票组合	150000 美元	200000 美元	250000 美元
卖出看涨期权($X=45$ 美元)	0	0	−25000 美元
购买看跌期权($X=35$ 美元)	25000 美元	0	0
初始费用	−5000 美元	−5000 美元	−5000 美元
组合价值	170000 美元	195000 美元	220000 美元

与只持有组合相比：

头寸	$S_T=30$ 美元	$S_T=40$ 美元	$S_T=50$ 美元
股票组合	150000 美元	200000 美元	250000 美元
组合价值	150000 美元	200000 美元	250000 美元

12. 在本题中，我们推导欧式期权的看跌期权与看涨期权平价关系，在到期日前支付股利。为简单起见，假定在期权到期日股票一次性支付股利每股 D 美元。

a. 在期权到期日，股票加看跌期权头寸的价值是多少？

b. 现在考虑一个资产组合，由一个看涨期权、一个零息票债券组成，两者到期日相同，债券面值($X+D$)。在期权到期日，该组合的价值是多少？你会发现，不管股票价格是多少，这个价值都等于股票加看跌期权头寸的价值。

c. 在 a 和 b 两个部分中，建立两种资产组合的成本各是多少？使这两个成本相等，你就可以得到如教材式(20－2)所示的看跌期权与看涨期权的平价关系。

答：a.

结果	$S_T \leqslant X$	$S_T > X$
股票	S_T+D	S_T+D
看跌期权	$X-S_T$	0
总计	$X+D$	S_T+D

b.

结果	$S_T \leqslant X$	$S_T > X$
看涨期权	0	$S_T - X$
零息债券	$X + D$	$X + D$
总计	$X + D$	$S_T + D$

不论 S_T 是否大于 X，两种策略的总收益相同。

c. 股票加看跌期权的投资组合的成本为 $S_0 + P$。建立看涨期权加零息债券的组合的成本为：$C + PV(X + D)$。

因此：$S_0 + P = C + PV(X + D)$

与教材式(20－2)相同。

13. a. 蝶式价差套利是按行权价格 X_1 买入一份看涨期权，按行权价格 X_2 卖出两份看涨期权以及按行权价格 X_3 买入一份看涨期权。X_1 小于 X_2，X_2 小于 X_3，三者等差。所有看涨期权的到期日相同。画出此策略的收益图。

b. 垂直组合是按行权价格 X_2 买入一份看涨期权，以行权价格 X_1 买入一份看跌期权，X_2 大于 X_1。画出此策略的收益图。

答：a.

头寸	$S_T < X_1$	$X_1 \leqslant S_T \leqslant X_2$	$X_2 < S_T \leqslant X_3$	$X_3 < S_T$
看涨期权多头(X_1)	0	$S_T - X_1$	$S_T - X_1$	$S_T - X_1$
两份看涨期权空头(X_2)	0	0	$-2(S_T - X_2)$	$-2(S_T - X_2)$
看涨期权多头(X_3)	0	0	0	$S_T - X_3$
总计	0	$S_T - X_1$	$2X_2 - X_1 - S_T$	$(X_2 - X_1) - (X_3 - X_2) = 0$

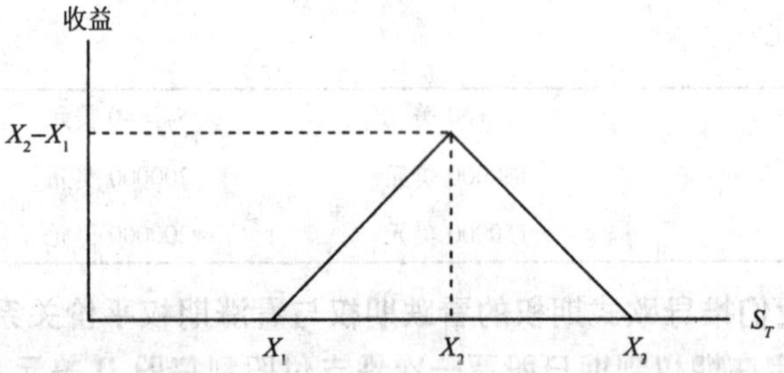

b.

头寸	$S_T < X_1$	$X_1 \leqslant S_T \leqslant X_2$	$X_2 < S_T$
看涨期权多头(X_2)	0	0	$S_T - X_2$
看跌期权多头(X_1)	$X_1 - S_T$	0	0
总计	$X_1 - S_T$	0	$S_T - X_2$

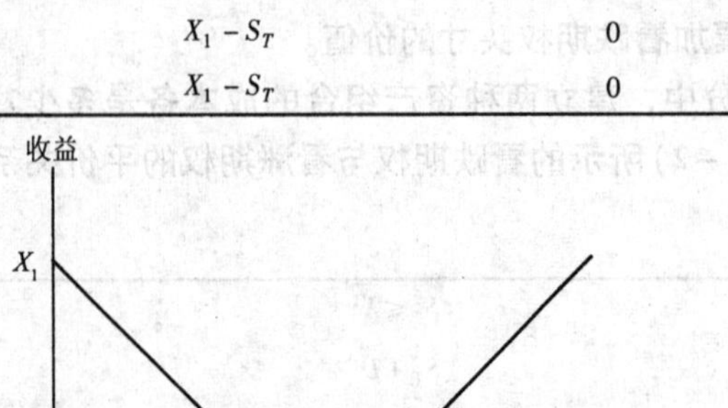

14. 熊市价差套利是按行权价格 X_2 买入一份看涨期权，以行权价格 X_1 卖出一份看涨期权，X_2 大于 X_1。画出此策略的收益图，并与教材图 20－10 相比较。

答：

头寸	$S_T < X_1$	$X_1 \leq S_T \leq X_2$	$X_2 < S_T$
看涨期权多头(X_2)	0	0	$S_T - X_2$
看涨期权空头(X_1)	0	$-(S_T - X_1)$	$-(S_T - X_1)$
总计	0	$X_1 - S_T$	$X_1 - X_2$

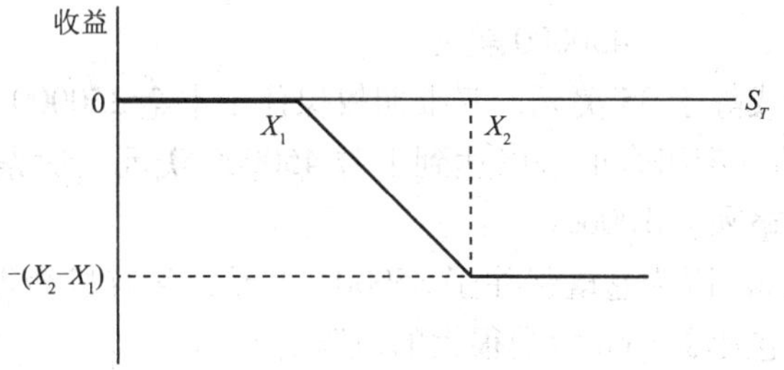

15. Joseph 是 CSI 公司的经理，他获得了 10000 股股票作为其退休金的一部分。股票现价是每股 40 美元。Joseph 想在下一年出售股票。但是，1 月他需要将其持有的全部股票售出以支付其新居费用。Joseph 担心继续持有这些股份的价格风险。按现价，他可以获得 400000 美元。但如果他的股票价值跌至 350000 美元以下，他就面临无法支付住宅款项的困境。另一方面，如果股票价值上升至 450000 美元，他就可以在付清房款后仍结余一小笔现金。Joseph 考虑以下三种投资策略：

a. 策略 A 是按行权价格 45 美元卖出 CSI 公司股票的 1 月看涨期权，这种看涨期权的售价为 3 美元。

b. 策略 B 是按行权价格 35 美元购买 CSI 公司股票的 1 月看跌期权，这种期权的售价也是 3 美元。

c. 策略 C 是构建一个零成本的双限期权组合，即卖出一个 1 月看涨期权并买入一个 1 月看跌期权。

根据 Joseph 的投资目标，评价以上三种策略。各自的利弊是什么？你推荐哪种策略？

答： a. 通过卖出抛补看涨期权，Joseph 获得 30000 美元的期权费。如果一月份股票价格小于或等于 45 美元，他将拥有股票并获得期权费收入。但他最多有(45000＋30000)美元，因为如果股票价格高于 45 美元，期权的买方将会执行期权。(在此，忽略在这段时间内通过销售期权获得的期权费收入所产生的任何利息收益。)支付结构如下：

股票价格	资产组合价值
低于 45 美元	10000×股票价格＋30000 美元
高于 45 美元	450000＋30000＝480000(美元)

虽然该策略能提供额外的期权费收入，但是也让 Joseph 遭受了实质性的下行风险。在极端情况下，如果股票价格降至 0，Joseph 将仅仅剩下 30000 美元。该策略也给终值设置了一个 480000 美元的上限，但是这足够用来购买房产。

b. 购买行权价为 35 美元的看跌期权，Joseph 为了确保他的头寸的最终价值至少保持一个最低的价值，他将支付 30000 美元的期权费。其头寸的最低价值为：35×10000－30000＝320000(美元)。该策略允许 Joseph 得到股票上涨所带来的收益，但是他可能遭受的适度风险性损失等于看跌期权的成本。支付结构如下：

股票价格	资产组合价值
低于 35 美元	350000 − 30000 = 320000(美元)
高于 35 美元	10000 × 股票价格 − 30000

c. 双限期权的净成本为 0，资产组合的值如下：

股票价格	资产组合价值
低于 35 美元	350000 美元
在 35 ~45 美元之间	10000 × 股票价格
高于 45 美元	450000 美元

如果股票价格低于或等于 35 美元，双限期权保住了本金 350000 美元。如果股票价格超过了 45 美元，Joseph 的资产组合值可以达到上限 450000 美元。股票价格在这两者之间时，它的资产值就为股票价格乘以 10000。

最好的投资策略是 c。因为它既保住了 350000 美元，又有机会得到 450000 美元。而策略 a 可以不考虑，因为它让 Joseph 承受很大的风险。

因此，三个投资策略的选择排序应为：策略 c、策略 b、策略 a。

16. 运用“Excel 应用”中的“价差套利与跨式期权”的电子数据表(可以从 www. mhhe. com/bkm 下载；链接第 20 章材料)回答以下问题：

a. 依据“Excel 应用”给出的期权价格，画出行权价格为 130 美元时跨式期权的收益与利润图。

b. 依据“Excel 应用”给出的期权价格，画出行权价格为 120 美元与 130 美元时牛市价差套利头寸的收益与利润图。

答：问题 a 和问题 b 的 Excel 表如下：

股票价格						
期初股价	116.5				期末股价	跨式期权利润
期末股价	130					
买进期权					50	42.80
执行看涨期权	价格	收益	利润	回报率	60	32.80
110	22.80	20.00	−2.80	−12.28%	70	22.80
120	16.80	10.00	−6.80	−40.48%	80	12.80
130	13.60	0.00	−13.60	−100.00%	90	2.80
140	10.30	0.00	−10.30	−100.00%	100	−7.20
					110	−17.20
执行看跌期权	价格	收益	利润	回报率	120	−27.20
110	12.60	0.00	−12.60	−100.00%	130	−37.20
120	17.20	0.00	−17.20	−100.00%	140	−27.20
130	23.60	0.00	−23.60	−100.00%	150	−17.20
140	30.50	10.00	−20.50	−67.21%	160	−7.20
					170	2.80
跨式期权	价格	收益	利润	回报率	180	12.80

续表

股票价格				
期初股价	116.5			
期末股价	130			
110	35.40	20.00	-15.40	-43.50%
120	34.00	10.00	-24.00	-70.59%
130	37.20	0.00	-37.20	-100.00%
140	40.80	10.00	-30.80	-75.49%
卖出期权				
执行看涨期权	价格	收益	利润	回报率
110	22.80	-20	2.80	12.28%
120	16.80	-10	6.80	40.48%
130	13.60	0	13.60	100.00%
140	10.30	0	10.30	100.00%
执行看跌期权	价格	收益	利润	回报率
110	12.60	0	12.60	100.00%
120	17.20	0	17.20	100.00%
130	23.60	0	23.60	100.00%
140	30.50	10	40.50	132.79%
货币价差	价格	收益	利润	
牛市价差				
买进120看涨期权	16.80	10.00	-6.80	
卖出130看涨期权	13.60	0	13.60	
综合利润		10.00	6.80	

期末股价	跨式期权利润
190	22.80
200	32.80
210	42.80
期末股价	牛市价差
50	-3.2
60	-3.2
70	-3.2
80	-3.2
90	-3.2
100	-3.2
110	-3.2
120	-3.2
130	6.8
140	6.8
150	6.8
160	6.8
170	6.8
180	6.8
190	6.8
200	6.8
210	6.8

利润图如下：

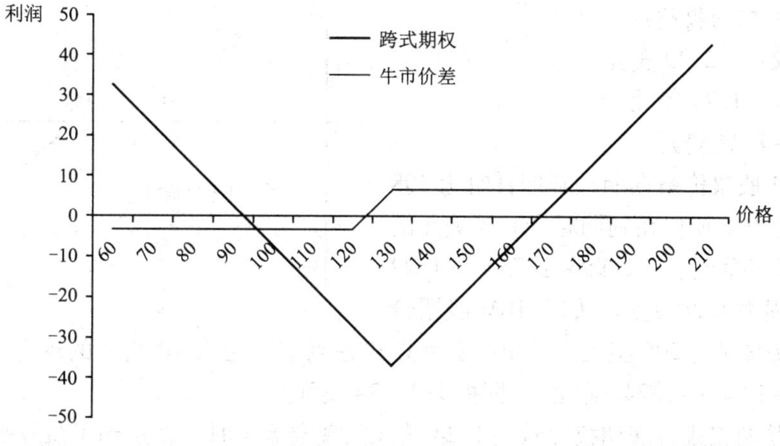

17. 农业价格支持系统保证农场主的产品价格有一个最低保障价格。试将该计划描述为一份期权。标的资产是什么？行权价格是什么？

答：如果市场价格太低的话，农民有权利将庄稼以一个承诺的最小价格卖给政府。如果支持价格以 P_S 表示，市场价格以 P_M 表示，则农民持有一个看跌期权，即使标的资产的市场价格 P_M 小于 P_S，他也可以按 P_S 的行权价格卖出庄稼(资产)。

18. 拥有一家公司的债权如何类似于卖出一份看跌期权？如果是看涨期权呢？

答：债券持有人实际上创造了一笔贷款，要求偿付 B 美元，而 B 美元就是债券的面值。但是如果企业的价值(V)小于 B，则债务通过债券持有人接管企业来偿付。在这种情况下，债券持有人被迫为价值仅为 V 的资产支付了 B(考虑到债务注销)。这就好像是债券持有人卖出一份价值为 V 的资产的看跌期权，而行权价格为 B。同样地，也可以认为债券持有人给予了股东支付 B 来重新赎回企业的权利，因此债券持有人向股东发行了一份看涨期权。

19. 经理补偿金方案规定公司股价超过一定水平之后，股价每上升 1 美元，经理就获得 1000 美元的奖金。在什么方面，该协定等同于经理人获得看涨期权？

答：在股价超过一定价值时，经理获得奖金，否则就没有。这类似于看涨期权的收益情况。

20. 考虑以下期权组合。你卖出行权价格 195 美元的 1 月 IBM 股票看涨期权。你卖出行权价格 190 美元的 1 月 IBM 股票看跌期权。

a. 画出期权到期时该资产组合的收益与股票价格的函数关系。

b. 如果期权到期时 IBM 股票价格为 198 美元，该资产组合的利润/损失是多少？如果 IBM 股票价格为 205 美元呢？利用教材图 20－1 中《华尔街日报》上的数据来回答这个问题。

c. 在哪两个价格上，该资产组合达到盈亏平衡？

d. 投资者在打何种“赌”？也就是说投资者之所以这样做，是基于他对 IBM 股票价格变动有何种判断？

答：a.

头寸	$S_T<190$	$190\leqslant S_T\leqslant 195$	$S_T>195$
卖出看涨期权，$X=195$ 美元	0	0	$-(S_T-195)$
卖出看跌期权，$X=190$ 美元	$-(190-S_T)$	0	0
总计	S_T-190	0	$195-S_T$

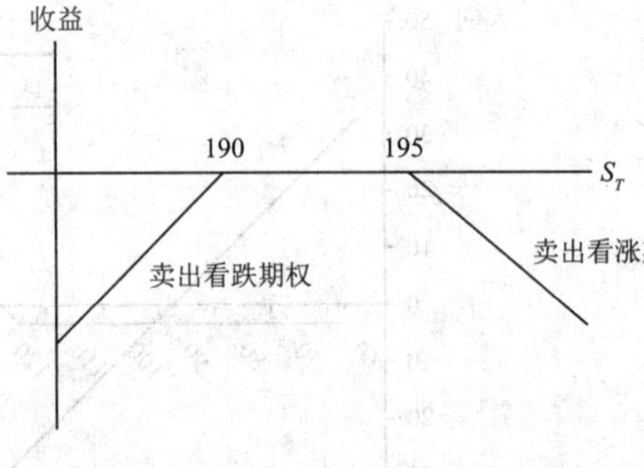

b. 卖出期权的收益：

看涨期权：-2.99 美元

看跌期权：1.75 美元

总计：-1.24 美元

如果 IBM 股票价格在期权到期日时为 198 美元，卖出的看涨期权在到期时会有 3 美元的现金流出，总利润为：$-2.99+1.75=-1.24$(美元)，即损失 1.24 美元。如果 IBM 股票价格在期权到期日时为 205 美元，卖出的看涨期权在到期时会有 10 美元的现金流出，总利润为：$-1.24-10=-11.24$(美元)，即损失 11.24 美元。

c. 当看跌期权或看涨期权导致了 1.24 美元的现金流出时，就达到了盈亏平衡。

对于看跌期权而言，要求：$-1.24=190-S_T$，得 $S_T=191.24$(美元)。

对于看涨期权而言，要求：$4-1.24=S_T-195$，得 $S_T=193.76$(美元)。

d. 投资者预期 IBM 的股票波动性很小，这一头寸类似于跨式期权组合。

21. 考虑以下的资产组合。你卖出行权价格为 90 美元的看跌期权，并买入到期日相同、标的股票相同的、行权价格为 95 美元的看跌期权。

a. 画出期权到期时资产组合的价值。

b. 在同一图上，画出资产组合的利润。哪一个期权费用更高？

答：看跌期权的行权价格越高，成本越高。因此构造这一投资组合的净成本是正的。

头寸	$S_T<90$	$90\leq S_T\leq 95$	$S_T>95$
卖出看跌期权，$X=90$ 美元	$-(90-S_T)$	0	0
买进看跌期权，$X=95$ 美元	$95-S_T$	$95-S_T$	0
总计	5	$95-S_T$	0

收益和利润图为：

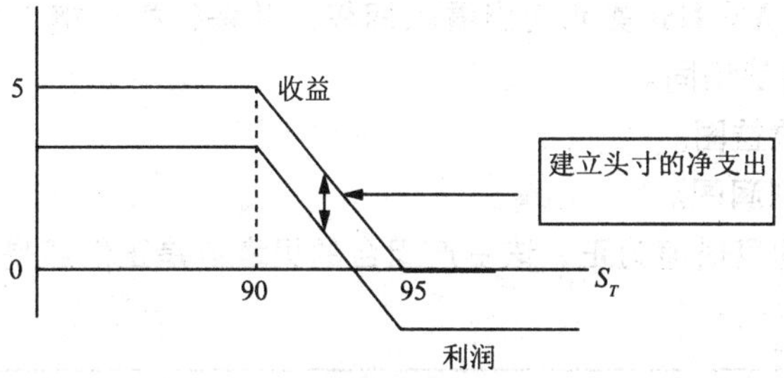

22. 行权价格为 60 美元的 FinCorp 股票看跌期权在 Acme 期权交易所的售价为 2 美元。令人惊奇的是，具有同样到期日的行权价格为 62 美元的 FinCorp 股票看跌期权在 Apex 期权交易所的售价也是 2 美元。如果你计划持有期权头寸至到期，设计一种净投资为零的套利策略来捕捉这种价格异常带来的机会。画出到期时你的头寸的净利润。

答：买入 $X=62$ 美元的看跌期权(成本应更高，而实际却未付出那么多)，并卖出 $X=60$ 美元的看跌期权。由于期权的价格相同，初始净支出为零。在到期时的收益可能为正，但不可能为负。

头寸	$S_T<60$	$60\leq S_T\leq 62$	$S_T>62$
买入看跌期权，$X=62$(美元)	$62-S_T$	$62-S_T$	0
卖出看跌期权，$X=60$(美元)	$-(60-S_T)$	0	0
总计	2	$62-S_T$	0

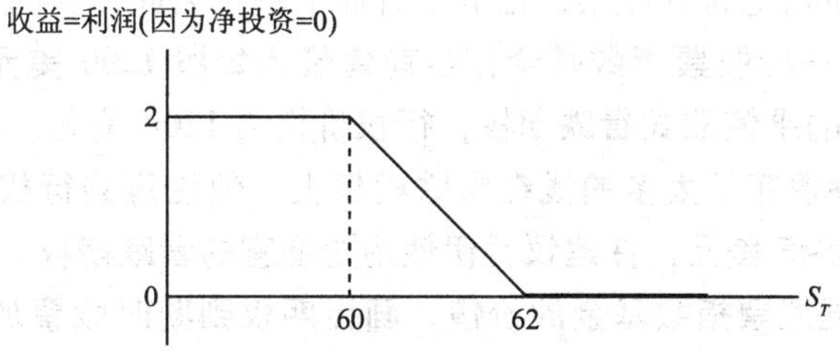

23. 假定一个股票价值为 100 美元，预期年底股票分红为每股 2 美元。1 年期平值欧式看跌期权的售价为 7 美元。如果年利率为 5%，那么该股票的 1 年期平值欧式看涨期权的价

格必定是多少？

答：看跌－看涨期权平价公式表明：$P = C - S_0 + \mathrm{PV}(X) + \mathrm{PV}(\text{股息})$。

求解看涨期权的价格：$C = S_0 - \mathrm{PV}(X) - \mathrm{PV}(\text{股息}) + P$

代入数据得：$C = 100 - \frac{100}{1.05} - \frac{2}{1.05} + 7 = 9.86$（美元）。

24. 你买入一股股票，并卖出一年期看涨期权，$X = 10$ 美元，买入 1 年期看跌期权，$X = 10$ 美元。建立整个资产组合的净支出为 9.50 美元。无风险利率为多少（股票不分红）？

答：下表显示的收益状况说明资产组合是无风险的，时间 T 的价值等于 10 美元：

头寸	$S_T \le 10$	$S_T > 10$
买入股票	S_T	S_T
卖出看涨期权，$X = 10$（美元）	0	$-(S_T - 10)$
买入看跌期权，$X = 10$（美元）	$10 - S_T$	0
总计	10	10

因此，无风险利率为：$10/9.50 - 1 = 0.0526$ 或 5.26%。

25. 你按行权价格 $X = 100$ 美元卖出看跌期权，并按行权价格 $X = 110$ 美元买入看跌期权。标的股票和到期日都相同。

a. 画出此策略的收益图。

b. 画出此策略的利润图。

c. 如果标的股票的贝塔值为正，该资产组合的贝塔值是正值还是负值？

答：a.、b.

头寸	$S_T < 100$	$100 \le S_T \le 110$	$S_T > 110$
买入看跌期权，$X = 110$（美元）	$110 - S_T$	$110 - S_T$	0
卖出看跌期权，$X = 100$（美元）	$-(100 - S_T)$	0	0
总计	10	$110 - S_T$	0

构造这一头寸的净支出为正。购买的看跌期权比卖出的看跌期权的行权价格高，比卖出的看跌期权的成本高。因此，净利润要小于 T 时刻的收益。

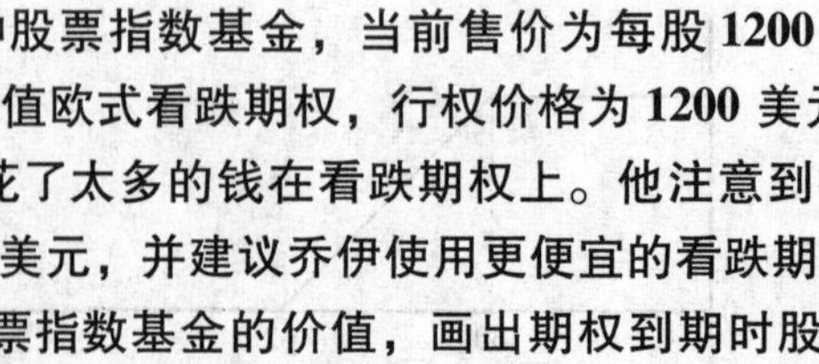

c. 该资产组合的价值通常随股票价格的上升而下跌。因此，它的贝塔值为负。

26. 乔伊刚刚买入一种股票指数基金，当前售价为每股 1200 美元。为避免损失，乔伊以 60 美元买入该基金的平值欧式看跌期权，行权价格为 1200 美元，3 个月到期。萨利是乔伊的财务顾问，指出乔伊花了太多的钱在看跌期权上。他注意到行权价格为 1170 美元的 3 个月看跌期权售价仅为 45 美元，并建议乔伊使用更便宜的看跌期权。

a. 对 3 个月后不同股票指数基金的价值，画出期权到期时股票加看跌期权头寸的利润图，分析乔伊与萨利的策略。

b. 什么时候萨利的策略更好，什么时候更糟？

c. 哪种策略承担更大的系统性风险？

答： a. 乔伊的策略：

头寸	成本	收益	
		$S_T \leqslant 1200$	$S_T > 1200$
股票指数	1200	S_T	S_T
看跌期权，$X = 1200$（美元）	60	$1200 - S_T$	0
总计	1260	1200	S_T
利润 = 收益 − 1260 美元		−60	$S_T - 1260$

萨利的策略：

头寸	成本	收益	
		$S_T \leqslant 1170$	$S_T > 1170$
股票指数	1200	S_T	S_T
看跌期权，$X = 1170$（美元）	45	$1170 - S_T$	0
总计	1245	1170	S_T
利润 = 收益 − 1245 美元		−75	$S_T - 1245$

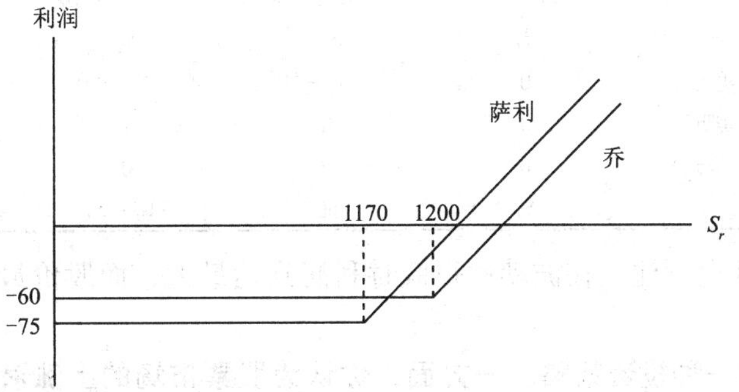

b. 股价较高时萨利的收益情况更好，股价较低时收益情况较差。

c. 萨利的策略系统性风险更高，利润对股票指数的价值更敏感。

27. 你卖出一个看涨期权，$X = 50$ 美元并买入一个看涨期权，$X = 60$ 美元。两种期权基于同一股票，且到期日相同。一看涨期权的售价为 3 美元；另一看涨期权的售价为 9 美元。

a. 画出到期时此策略的收益图。

b. 画出此策略的利润图。

c. 此策略的盈亏平衡点是多少？投资者是看涨还是看跌股票？

答： a. 、b.

该策略是一个熊市价差期权。初始收入为 9 − 3 = 6（美元）。收益为负或者为零：

头寸	$S_T < 50$	$50 \leqslant S_T \leqslant 60$	$S_T > 60$
买入看涨期权 $X = 60$（美元）	0	0	$S_T - 60$
卖出看涨期权 $X = 50$（美元）	0	$-(S_T - 50)$	$-(S_T - 50)$
总计	0	$-(S_T - 50)$	−10

c. 当收益抵消初始收入 6 美元时，盈亏实现平衡，这发生在股票价格 $S_T = 56$ 美元时。投资者必定是看跌股票的：当股票价格上涨时，头寸表现较差。

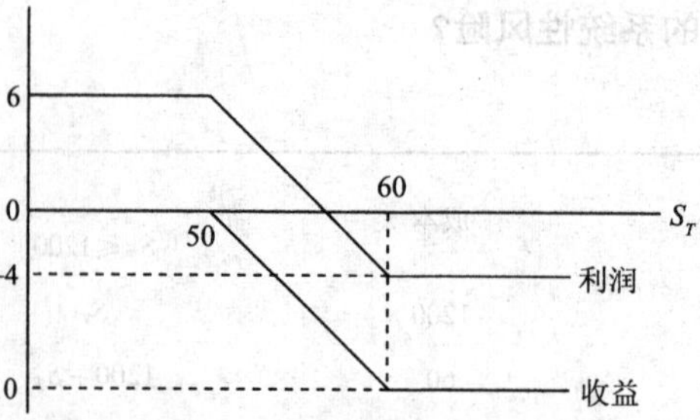

28. 仅利用看涨期权与股票来设计一个资产组合，到期时该资产组合的价值(收益)如下图。如果现在股票价格为53美元，投资者在做何赌注?

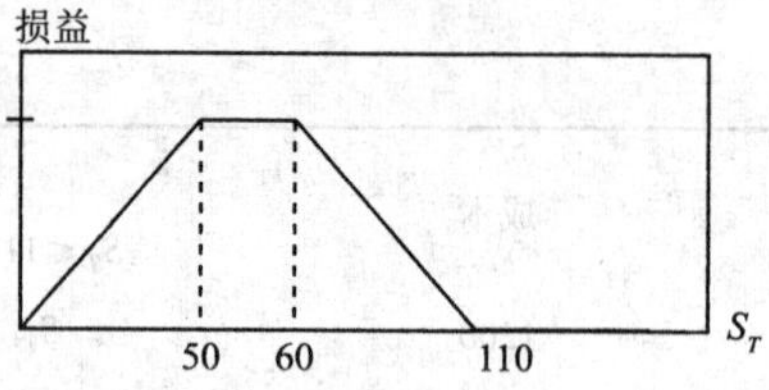

答：买入一份股票，卖出一份 $X=50$ 的看涨期权，卖出一份 $X=60$ 的看涨期权，再买入一份 $X=110$ 的看涨期权。

头寸	$S_T<50$	$50\leqslant S_T\leqslant 60$	$60<S_T\leqslant 110$	$S_T>110$
买入股票	S_T	S_T	S_T	S_T
卖出看涨期权 $X=50$(美元)	0	$-(S_T-50)$	$-(S_T-50)$	$-(S_T-50)$
卖出看涨期权 $X=60$(美元)	0	0	$-(S_T-60)$	$-(S_T-60)$
买入看涨期权 $X=110$(美元)	0	0	0	S_T-110
总计	S_T	50	$110-S_T$	0

投资者在波动性上下注。在波动性很低时利润到达最大，而股价最终处于50~60美元之间。

29. 你打算构建一种投资策略。一方面，你认为股票市场的上涨潜力很大，如果上涨，你愿意参与这波上涨。但是，你无法承担大量的股市损失，不愿承担股市崩盘的危险，因为你认为存在崩盘的可能。你的投资顾问建议了一种保护性看跌期权策略：同时买入市场指数基金和该基金的行权价格为1170美元的3个月看跌期权。股票指数基金现在售价为1350美元。但是，你的叔叔却建议你购买该指数基金的行权价格为1260美元的3个月看涨期权，并买入面值为1260美元的3个月短期国债。

a. 在同一幅图上，画出每种策略的收益图，把收益当作3个月后股票基金价值的函数。(提示：将期权视为股票指数基金的"每一股"的期权。每一股股票基金的当前价格是1350美元。)

b. 哪种资产组合需要更大的初始投入?(提示：是否一个资产组合的最终收益总是不小于另一种投资组合?)

c. 假定证券的市场价格如下：

股票基金	1350美元
短期国债(面值1260美元)	1215美元
看涨期权(行权价格1260美元)	180美元
看跌期权(行权价格1170美元)	9美元

列出 3 个月后股票价格 S_T = 1000、1260、1350 和 1440 美元时，每种资产组合实现的利润。在一张图上画出每种资产组合的利润与 S_T 的关系。

d. 哪种资产组合的风险更大？哪种贝塔值更高？

e. 说明为什么 c 中给出的数据不违背看跌期权与看涨期权平价关系。

答：a. 保护性看跌期权策略：

头寸	$S_T \leq 1170$	$S_T > 1170$
买入股票	S_T	S_T
买入看跌期权	$1170 - S_T$	0
总计	1170	S_T

短期国债 + 看涨期权策略：

头寸	$S_T \leq 1260$	$S_T > 1260$
买入看涨期权	0	$S_T - 1260$
买入短期国债	1260	1260
总计	1260	S_T

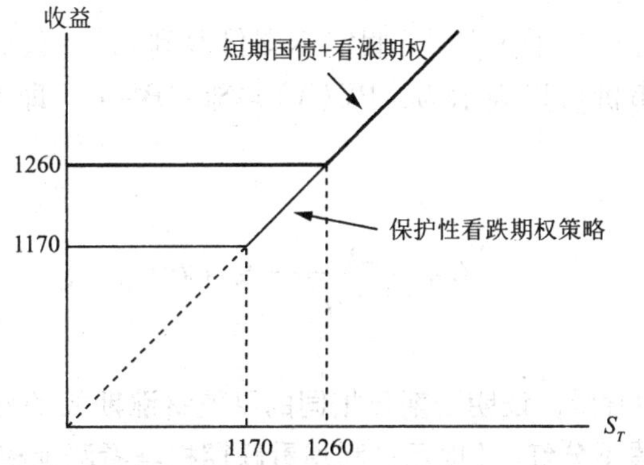

b. 由 a 中结果可知，无论 S_T 取何值，短期国债加看涨期权策略的收益总是大于或等于保护性看跌期权策略的收益。因为短期国债加看涨期权策略的收益总是很有吸引力的，所以必须花费更多来购买它。

c. 股票加看跌期权头寸的初始成本为 1350 + 9 = 1359(美元)，而短期国债加看涨期权头寸的初始成本为 1215 + 180 = 1395(美元)。

	$S_T = 1000$	$S_T = 1260$	$S_T = 1350$	$S_T = 1440$
股票	1000	1260	1350	1440
+ 看跌期权	170	0	0	0
收益	1170	1260	1350	1440
利润	−189	−99	−9	81
国库券	1260	1260	1260	1260
+ 看涨期权	0	0	90	180
收益	1260	1260	1350	1440
利润	−135	−135	−45	+45

d. 股票加看跌期权策略的风险更大。它在市场下跌时表现较差，在市场上涨时表现较好。因此，它的贝塔值较高。

e. 并未违背平价公式。因为这些期权有不同的行权价格。平价公式只适用于具有相同的行权价格和相同到期时间的看涨期权和看跌期权。

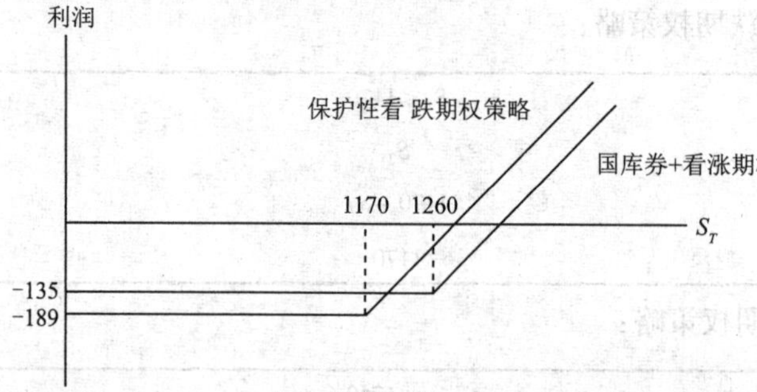

30. 联邦快递的股票价格为 100 美元/股。一只联邦快递的看涨期权还有 1 个月到期，行权价格为 105 美元，售价为 2 美元，一只行权价格和到期日均相同的看跌期权的售价为 6.94 美元。一只面值为 105 美元，尚有 1 个月到期的无息债券的市价是多少？什么样的无风险报酬率是有效的年回报率？

答：根据看跌－看涨期权平价公式（假定不支付股利），一只面值为 105 美元，尚有 1 个月到期的无息债券的市价可以表示为：$PV(X)=S_0+P-C$，即 $PV(105)=100+6.94-2=104.94$（美元）。

将数据代入公式：

$$C+\frac{X}{(1+r_f)^T}=S_0+P$$

解得：$r_f=0.06\%$。

31. 对于给定的一种股票，证明到期日相同的平值看涨期权的费用要高于平值看跌期权的费用。到期日前，股票不分红。（提示：利用看跌期权与看涨期权平价关系。）

答：根据看跌－看涨期权平价公式：$C-P=S_0-X/(1+r_f)^T$；

如果期权处于平值状态，则 $S_0=X$，$C-P=X-X/(1+r_f)^T$；

由于等式右边为正，因此可以得出结论 $C>P$。

二、CFA 考题

1. 特许金融分析师多尼的一位客户认为 TRT 原料公司（目前股价为 58 美元/股）的普通股股价将对涉及该公司的诉讼案的判决做出反应，股价大幅上涨或者大幅下跌。这个客户现在没有 TRT 原料公司的股票，他向多尼咨询，想通过宽跨式期权组合来利用股价大幅波动的机会。宽跨式期权组合就是具有不同行权价格但是到期日相同的一个看跌期权和一个看涨期权。多尼搜集的 TRT 期权价格如下：

项目	看涨期权	看跌期权
价格	5 美元	4 美元
行权价格	60 美元	55 美元
到期日	从现在起 90 天	从现在起 90 天

a. 多尼应向客户推荐一个多头宽跨式期权还是空头宽跨式期权来实现他的目标？

b. 计算 a 中选取的策略在到期时的：

i. 每股最大可能的损失。

ii. 每股最大可能的收益。

iii. 盈亏平衡点时的股票价格。

答： a. 多尼应该选择多头宽跨式期权策略。多头宽跨式期权策略是指买入具有相同到期日和相同标的资产但不同行权价格的看跌期权和看涨期权。在一个宽跨式期权策略中，看涨期权的行权价格高于股票价格，看跌期权的行权价格低于股票价格。买入(多头)宽跨式期权的投资者预期标的资产(在此处为 TRT 材料)的价格不是大幅低于看跌期权的行权价格就是高于看涨期权的行权价格。对于 TRT，持有宽跨式期权多头头寸的投资者购买了总成本为 9 美元的看跌期权和看涨期权，当股票价格高于看涨期权的行权价格超过 9 美元或股票价格低于看跌期权的行权价格超过 9 美元时，投资者将获得一定的利润。当普通股对涉及该公司的诉讼案的判决作出反应使得股价大幅上涨或者大幅下跌时，这项策略将使得多尼的客户获得利润。

b. ⅰ. 每股最大可能的损失是 9 美元，这是两个期权的总成本之和(5 + 4 = 9 美元)。

ⅱ. 如果股价移动到价格的盈亏平衡范围之外，最大可能的收益是无限的。

ⅲ. 如果股价在看跌期权的行权价格之下达到 9 美元(即 55 − 9 = 46 美元)，那么看跌期权刚好收回成本。如果股价在看涨期权的行权价格之上达到 9 美元(即 60 + 9 = 69 美元)，那么看涨期权将刚好收回成本。

2. 马丁·布朗正在准备一份区分传统债券与结构性票据的报告。讨论在息票和本金支付方面下面的结构性票据与传统债券有何区别。

a. 与股票指数挂钩的票据

b. 与商品挂钩的熊市债券

答： a. 与股票指数挂钩的票据：传统的债务证券定期支付固定比例的票面利息，到期支付票面金额。与此不同，股票指数挂钩的票据通常很少支付或根本不支付股息，然而，到期时持有人获得原始发行价加上补偿金额，其价值取决于相对于预定的初始水平股票指数定在哪个位置。

b. 与商品挂钩的熊市债券：传统的债务证券定期支付固定比例的票面利息，到期支付票面金额。与此不同，商品挂钩的熊市债券允许投资者参与商品价格的下降。如果在到期日之前商品价格下降，为补偿其低于市场息票率的利率，熊市债券的购买者会获得超过购买价格的补偿。

3. 特许金融分析师休尔斯·辛格正在对一可转换债券进行分析。这个债券及其标的普通股的特征如下：

可转换债券特征	
面值	1000 美元
年息票利率(每年支付)	6.5%
转换比率	22
市场价格	面值的 105%
纯粹价值	面值的 99%
标的股票的特征	
当前股价	每股 40 美元
每年现金股利	每股 1.20 美元

计算这个债券的：

a. 转换价值

b. 市场转换价格

答： a. 可转换债券的转换价值等于转换时刻所获得股票的价值。即：

转换价值 = 普通股的市场价格 × 转换比率 = 40 × 22 = 880（美元）。

b. 市场转换价格是在可转换债券被购买的情况下投资者为普通股支付的有效价格。即：

市场转换价格 = 可转换债券的市场价格/转换比率 = 1050/22 = 47.73（美元）。

4. 特许金融分析师里奇·麦克唐纳通过分析 Ytel 公司的可转换债券与公司的普通股来评估他的投资选择。这两种证券的特征如下。

项目	可转换债券	普通股
面值	1000 美元	—
息票（每年支付）	4%	—
当前股价	980 美元	35 美元/股
纯粹债券价值	925 美元	—
转换比率	25	—
转换期权	任何时间	—
股利	—	0 美元
1 年后预期的市场价格	1125 美元	45 美元/股

a. 基于上述条件计算：

ⅰ. Ytel 可转换债券的当前市场转换价格

ⅱ. Ytel 可转换债券的 1 年期期望收益率

ⅲ. Ytel 普通股的 1 年期期望收益率

一年后，Ytel 公司普通股股价上涨至每股 51 美元。同时，经过这一年，Ytel 公司同样期限不可转换债券的利率上升了，而信用利差保持不变。

b. 给可转换债券价值的两个组合部分命名。指出在下列情况下每部分的价值应该下降、保持不变还是增加：

ⅰ. Ytel 公司股票价格上升

ⅱ. 利率上升

答： a. ⅰ. 当前市场转换价格计算如下：

市场转换价格 = 可转换债券的市场价格/转换比率 = 980/25 = 39.20（美元）

ⅱ. Ytel 可转换债券的一年期期望收益率为：

期望收益 = [（年末价格 + 息票）/当前价格] − 1 = [（1125 + 40）/980] − 1 = 0.1888 = 18.88%

ⅲ. Ytel 普通股的一年期期望收益率为：

期望收益 = [（年末价格 + 股利）/当前价格] − 1 = （45/35） − 1 = 0.2857 = 28.57%

b. 可转换债券价值的两个组成部分为：(1)纯粹债券价值，这是可转换债券作为债券的价值；(2)期权价值，这是可转换债券能转换为股权的潜在价值。

ⅰ. 在 Ytel 普通股价格上升的情况下，纯粹债券价值应该不变，而期权价值应该增加。

股价的增加并不影响 Ytel 可转换债券价值的纯粹债券价值部分。但股价的上升显著地增加了期权价值部分，因为当每股股价 51 美元与可转换债券的转换价格每股 1000/25 = 40

(美元)相比时，看涨期权变为更有价值的实值期权。

ⅱ. 在利率上升的情况下，纯粹债券价值应该下降，期权价值应该上升。

利率的上升降低了可转换债券价值的纯粹债券价值部分(当利率上升时债券价值下降)，且增加了股票看涨期权部分的价值(当利率增加时看涨期权价值增加)。与股价上升导致的期权价值的变化相比，这种增加可能很小甚至不易察觉。

5. a. 考虑一种牛市期权价差套利策略，利用行权价格为 25 美元且价格为 4 美元的看涨期权，以及行权价格为 40 美元且价格为 2.5 美元的看涨期权。如果到期日股票价格上涨至 50 美元，到期日都被选择行权，那么到期日每股的净利润(不考虑交易成本)为：

i . 8.50 美元

ii . 13.50 美元

iii. 16.50 美元

iv. 23.50 美元

b. 标的股票为 XYZ 的看跌期权，行权价格为 40 美元，期权价格是每股 2.00 美元，而行权价格为 40 美元的看涨期权的价格为每股 3.50 美元。未抛补看跌期权卖方的每股最大损失和未抛补看涨期权卖方的每股最大收益分别是多少?

	看跌期权卖方的每股最大损失	看涨期权卖方的每股最大收益
ⅰ	38.00 美元	3.50 美元
ⅱ	38.00 美元	36.50 美元
ⅲ	40.00 美元	3.50 美元
ⅳ	40.00 美元	40.00 美元

答： a. ⅱ。利润 = 40 − 25 + 2.50 − 4.00 = 13.5(美元)。

b. ⅰ。未抛补看跌期权卖方的每股最大损失是 38(= 40 − 2)美元。未抛补看涨期权卖方的每股最大收益为期权费，即 3.5 美元。

第21章 期权定价

21.1 复习笔记

1. 期权定价的基本概念

(1)内在价值与时间价值

令S_0表示股票的价格，X表示看涨期权的行权价格，则称S_0-X为实值期权的内在价值。虚值期权与平价期权的内在价值等于零，期权的时间价值等于期权价格减去其内在价值。

期权越接近到期日，期权价格越接近内在价值，即股价与行权价格现值的差：$S_0-PV(X)$。

(2)期权价值的决定因素

决定期权价值的六个因素及其具体影响如表21-1所示。

表21-1 看涨期权价值的决定因素

如果该变量增加	看涨期权价值
股票价格S	增加
行权价格X	减少
波动性σ	增加
到期时间T	增加
利率r_f	增加
股利支付	减少

2. 期权价值的限制

(1)看涨期权价值的限制

看涨期权价值不可能小于零。此外，假设股票在时间T支付D元的股利，对于两个投资组合，一个含有一份股票看涨期权，另一个由股票与借款$(X+D)/(1+r_f)^T$构成的带有杠杆的股票头寸，在期权到期日，借款偿付额为$(X+D)$元。

表21-2 到期日杠杆化股权头寸的收益

	一般表达式
股票价值	S_T+D
减：贷款偿还额	$-(X+D)$
总计	S_T-X

S_T指股票在期权到期日的价格。带有杠杆股票头寸的净现金流出量为$S_0-(X+D)/(1+r_f)^T$，即当前股票价格S_0减去初始借款额。

如果期权为实值期权，看涨期权的价值为S_T-X，否则为零。由于期权收益一定会高于或等于带有杠杆头寸的收益，因此期权费理应高于该头寸的成本。

所以看涨期权的价值一定大于 $S_0-(X+D)/(1+r_f)^T$，更一般地表示为：

$$C \geqslant S_0-\mathrm{PV}(X)-\mathrm{PV}(D)$$

其中 PV(X)为行权价格的现值，$PV(D)$指到期日之前所有股利的累计现值。因为看涨期权价值总是大于等于零，所以：

$$C \geqslant \max[S_0-\mathrm{PV}(X)-\mathrm{PV}(D),\ 0]$$

看涨期权价值的上限应当是股票价值 S_0，即 $C \leqslant S_0$。

(2)提前执行期权与股息

假设持有者在时间 t 行权，收益为 S_t-X(假定为实值期权)。期权最低的出售价格为 $S_t-\mathrm{PV}(X)-\mathrm{PV}(D)$，所以对于没有股利的股票期权而言，$C \geqslant S_t-\mathrm{PV}(X)$。由于 X 的现值必定小于 X 自身，因此：

$$C \geqslant S_t-\mathrm{PV}(X)>S_t-X$$

这表明，按价格 C 卖出期权的收益高于执行期权的收益 S_t-X，所以卖出期权比行权更有吸引力。

3. 二项式期权定价

(1)二项分布期权定价

二项分布期权定价理论的推导过程及一般结论为：设一个无股利支付的股票，股票价格为 S_0，股票期权当前价格为 C。设当前时间为零时刻，期权给出了在 T 时刻的盈亏状况，并且在期权有效期内，股票价格或者从 S_0 向上运动到一个新的水平 S_0u，或者从 S_0 向下运动到新的水平 $S_0d(u>1,\ 0<d<1)$。当股票价格向上运动时，股票价格增长的比率为 $u-1$；当股票价格向下运动时，股票价格减少的比率为 $1-d$。如果股票价格运动到 S_0u，假设期权的价格为 C_u；如果股票价格运动到 S_0d，假设期权的价格为 C_d。如图 21－1 所示(又称为二叉树图)：

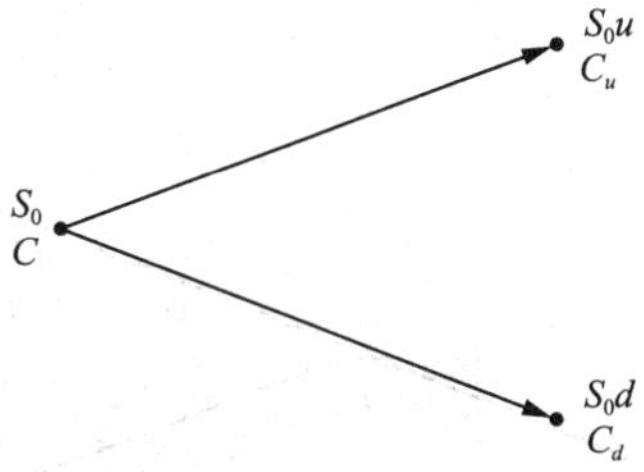

图 21－1　股票价格和期权价格

构造一个无风险证券组合，包括 H 股的股票多头和一个期权空头。如果股票价格上升，在期权有效期末尾该组合的价值为：

$$S_0uH-C_u$$

如果股票价格下降，组合的价值为：

$$S_0dH-C_d$$

该投资组合为无风险组合，投资组合必须获得无风险利率报酬，期末两种情形下的组合价值应当相等：

$$S_0uH-C_u=S_0dH-C_d$$

即

$$H=\frac{C_u-C_d}{S_0u-S_0d} \tag{21-1}$$

方程式(21-1)说明，当在T时刻的两个节点之间运动时，H是期权价格变化与股票价格变化之比。

用r来表示无风险利率，该组合的现值一定是：

$$(S_0uH-C_u)e^{-rT}$$

而构造该组合的成本是：

$$S_0H-C$$

因此：

$$S_0H-C=(S_0uH-C_u)e^{-rT}$$

将方程式(21-1)中的H代入上式并化简，得到：

$$C=e^{-rT}[pC_u+(1-p)C_d] \tag{21-2}$$

其中

$$p=\frac{e^{rT}-d}{u-d} \tag{21-3}$$

方程式(21-2)和(21-3)即二项分布期权定价理论的一般结论，可为期权估值。

(2)二项分布期权定价方法的推广

改变一年后股票价格只有两种情况这一假设，通过将一年的时间划分为更多的时期，设在每一期末股票的价格都只有两种可能的情况。然后，从最后一期的股价和期权的价格利用二项分布期权定价理论倒推计算每一期期初时期权的价格，最终得到第一期的期权价格。

下面通过两期的二项分布情况来说明多期情况下二项分布模型的应用。两期二项分布的情况如图21-2所示。初始股票价格为S_0，在每个单期二叉树中，股票价格或者上升到初始值的u倍，或下降到初始值的d倍。在二叉树图中，利用期权价值符号表示期权价格，期权一期期末的价格为：C_u、C_d，二期期末的价格为：C_{uu}、C_{ud}、C_{dd}。假设无风险利率是r，每期的时间长度是Δt。

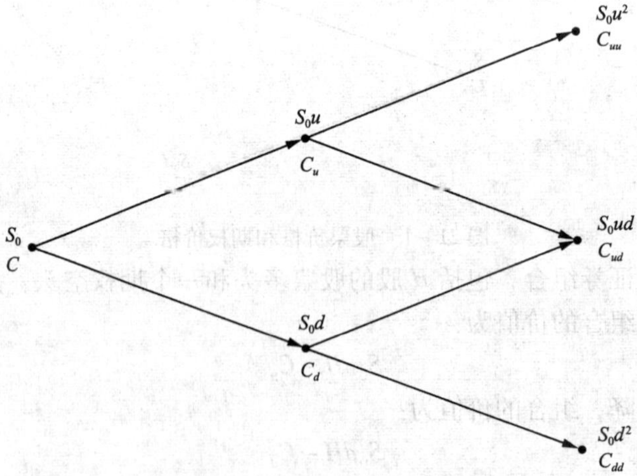

图21-2 股票价格和期权价格

重复方程式(21-2)的计算给出：

$$C_u=e^{-r\Delta t}[pC_{uu}+(1-p)C_{ud}] \tag{21-4}$$

$$C_d=e^{-r\Delta t}[pC_{ud}+(1-p)C_{dd}] \tag{21-5}$$

$$C = e^{-r\Delta t}[pC_u + (1-p)C_d] \quad (21-6)$$

将方程式(21-4)和(21-5)代入(21-6)式中，得到：

$$C = e^{-2r\Delta t}[p^2C_{uu} + 2p(1-p)C_{ud} + (1-p)^2C_{dd}] \quad (21-7)$$

方程式(21-7)是将二项分布应用于两期的情况下期权的定价。通过多次的倒推计算，便可以将二项分布模型应用于时间间隔划分更短的情况。

(3)使估值模型更为实用

为了使估值模型更为实用，可以将时间间隔进行细分。当时间间隔数量增加时，股票最终价格分布更接近于对数正态分布。那么两状态模型过于简单化的缺点就可以通过细分时间间隔来克服。由于在该方法下利用二项式分布可以表示每个结果，所以这种期权定价方法被称为二项式模型。

4. 布莱克-斯科尔斯期权定价模型

(1)Black-Scholes 公式

股票期权定价模型中 Black-Scholes 模型更具现实意义，它假设投资者可以在持有期间内连续地调整复制投资组合。

Black-Scholes 公式为：

$$C_0 = N(d_1)S_0 - N(d_2)Xe^{-rT}$$

$$d_1 = \frac{\ln(S_0/X) + (r + \sigma^2/2)T}{\sigma\sqrt{T}}$$

$$d_2 = d_1 - \sigma\sqrt{T}$$

其中，C 为看涨期权现在的价值；S_0为股票的现在价格；X 为行权价格；r 为无风险利率；T 为期权到期期限；σ 为股票连续复利年收益率的标准差；ln 为自然对数函数；e 为自然对数函数的基数；$N(d)$为标准正态分布中小于 d 的概率，可以视为看涨期权在到期时处于实值的概率。

公式存在以下前提假设：

①在期权到期前，股票不支付股利。

②利率 r 和股票的方差 σ^2 固定不变。

③股票价格是连续的，即股价不会在短时间内发生很大波动。

在 Black-Scholes 模型中，股价、行权价格以及到期时间是已知的。利率为同样期限的市场利率，股利支付在短期内也可以进行预测。所以最重要的就是股票波动率，它无法被观测到。

股票收益率的历史的方差可从 n 个观察值中计算得到，其公式如下：

$$\sigma^2 = \frac{n}{n-1}\sum_{t=1}^{n}\frac{(r_t - \bar{r})^2}{n}$$

式中，$\bar{r}$ 为样本期的平均收益率。$r_t = \ln(S_t/S_{t-1})$，表示第 t 天的收益率。

期权的隐含波动率是指期权价格中隐含的股票波动率。若实际波动率大于隐含波动率，则期权的理论价格可能高于市场价格，此时购买期权是不错的投资决策。

(2)股利与看涨期权定价

在推导公式时，Black 和 Scholes 假设在期权存续期内不支付股利。所以如果支付股利则需调整公式。调整后的公式包含一个稳定的连续股利率 δ。股利调整后的期权定价公式是：

$$C = N(d_1)S_0e^{-\delta T} - N(d_2)Xe^{-rT}$$

(3)看跌期权定价

用看涨－看跌平价关系 $P = C - S_0 + Xe^{-rT}$ 替换 C，可以推导出欧式看跌期权的价值为：

$$P = Xe^{-rT}[1 - N(d_2)] - S_0[1 - N(d_1)] \tag{21-8}$$

式(21－8)适用于没有股利的欧式看跌期权。存在股利时则将 S_0 替换为 $S_0 - PV(D)$。

由于美式期权可以提前执行，而提前执行的权利存在价值，所以美式期权的价值要高于相应的欧式期权。故式(21－8)可被看作美式看跌期权价值的下限。

5. 布莱克－斯科尔斯公式应用

(1)对冲比率和 Black-Scholes 公式

期权的对冲比率是股票价格增加 1 美元时该期权价格的改变量。所以，看涨期权的对冲比率大于零，看跌期权的对冲比率小于零。对冲比率又称为期权的德尔塔(Δ)。

Black-Scholes 模型下，看涨期权的对冲比率为 $N(d_1)$，看跌期权的对冲比率为 $[N(d_1) - 1]$。看涨期权的对冲比率大于零且小于 1，看跌期权的对冲比率小于零且大于 －1。

期权弹性是指期权和股票价格变化百分比之比。

(2)资产组合保险

保护性看跌期权实为一种资产保险。当资产价格下跌时，看跌期权持有者有权按行权价格出售资产，这可以将证券投资的价值锁定在某个价格下限。

在对股票资产组合设置保险时，存在部分困难：

①当资产组合和看跌期权交易的市场指数不同时，不存在组合的看跌期权。

②将指数的看跌期权用作非指数的资产组合保险会导致误差。

③交易期权到期的价格可能在投资者意料之外。

使用德尔塔(Δ)对冲的过程中，对冲比率是不断变动的，这一过程称为动态对冲(又称德尔塔对冲、动态套期保值)。

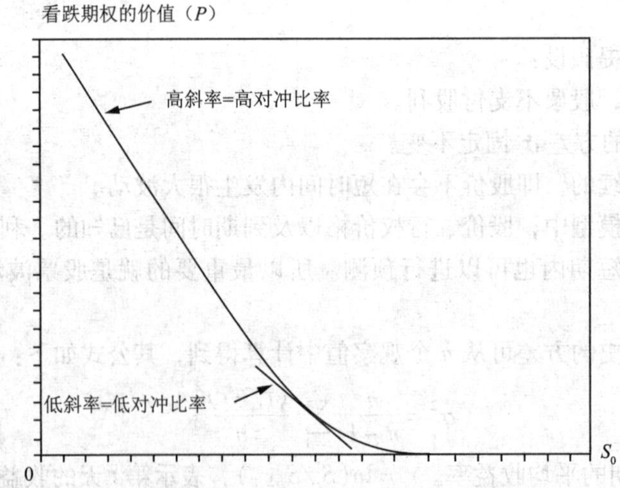

图 21－3 对冲比率随股票价格的变动情况

(3)对错误定价期权的对冲赌博

期权的错误定价可能由股票波动性估计的误差引发。投资者可以购买相应期权以投机该期权的错误定价部分，但是把剩下的由股票业绩决定的部分做对冲。定义该期权的德尔塔

(Δ)为：

$$德尔塔(\Delta)=期权价值的变化/股票价值的变化$$

所以德尔塔(Δ)为期权定价曲线的斜率。

其中，期权的伽玛是指其德尔塔(Δ)对股票价格的敏感性。期权伽玛与债券的凸性有相同之处。如果投资者以股票和期权构建一个投资组合进行对冲，当股票价格变化时，如果投资组合的价值没有任何的变化趋势，那么就称该投资组合为德尔塔中性。但是，由于波动性的估计不准确，而且波动率可能随时间变化，所以德尔塔中性策略并不能消除波动性风险。

21.2 课后习题详解

一、习题

1. 本章中，我们表明看涨期权价值随股票波动率增加而增加。这对看跌期权价值也正确吗？利用看跌－看涨期权平价定理和数字例子来证明你的答案。

答： 当标的股票的波动性增加时，看跌期权价值也增加。可从看跌－看涨期权平价关系式中看出：

$$P=C-S_0+\mathrm{PV}(X)+\mathrm{PV}(D)$$

给定 S_0 的值和无风险利率，如果 C 因为波动性增加而增加，则为保持平价等式的成立，P 也必须增加。

2. 你认为看涨期权行权价格增加 1 美元会导致看涨期权价值减少量大于还是小于 1 美元？

答： 看涨期权行权价格增加 1 美元会导致看涨期权价值减少量要小于 1 美元。只有在以下两种极端情况下，看涨期权价格的变化为 1 美元：(1)该看涨期权被执行的可能性是 100%；(2)利率为零。

3. 高贝塔股票看跌期权的价值是否高于低贝塔股票看跌期权的价值？股票具有相同的公司特定风险。

答： 假定企业特定风险保持不变，较高的 β 表明股票有较高的波动性。看跌期权的价值会随 β 的上升而上升。

4. 其他条件都相同，公司特定风险较大的股票看涨期权的价值是否高于公司特定风险较小的股票看涨期权的价值？两种股票的贝塔值相同。

答： 假定 β 不变，企业特定风险较大的股票，其整体波动性也较高。因此，特定风险较大的股票的期权会更有价值。

5. 其他条件都相同，较高行权价格的看涨期权与较低行权价格的看涨期权相比，对冲比率高还是低？

答： 行权价格较高的看涨期权对冲比率较低，实值较低。当行权价格较高时，d_1 和 $N(d_1)$ 都会降低。

6. 在下列各题中，你被要求比较给定参数的两种期权。假定无风险利率为 6%，期权标的股票不支付股利。

a.

看跌期权	T	X	σ	期权价格
A	0.5	50	0.20	10 美元
B	0.5	50	0.25	10 美元

股票价格较低时，卖出哪一种看跌期权？

i. A

ii. B

iii. 信息不足

b.

看跌期权	T	X	σ	期权价格
A	0.5	50	0.2	10 美元
B	0.5	50	0.2	12 美元

股票价格较低时，卖出哪一种看跌期权？

i. A

ii. B

iii. 信息不足

c.

看涨期权	S	X	σ	期权价格
A	50	50	0.2	12 美元
B	55	50	0.2	10 美元

哪一种看涨期权的期限较短？

i. A

ii. B

iii. 信息不足

d.

看涨期权	T	X	S	期权价格
A	0.5	50	55	10 美元
B	0.5	50	55	12 美元

股票波动率较高时，卖出哪一种看涨期权？

i. A

ii. B

iii. 信息不足

e.

看涨期权	T	X	S	期权价格
A	0.5	50	55	10 美元
B	0.5	50	55	7 美元

股票波动率较高时，卖出哪一种看涨期权？

i. A

ii. B

iii. 信息不足

答：a. i。看跌期权 A 的标的股票价格较低。否则，由于股票 A 的波动性较低，看跌期权 A 必须以低于看跌期权 B 的价格出售。

b. ii。看跌期权 B 的标的股票价格较低，这样才能解释它的较高的价格。

c. ii。看涨期权 B 一定有更短的期限。尽管股票 B 的价格较高，但看涨期权 B 比看涨期权 A 价格更低。这可以用较短的期限来解释。

d. ii。看涨期权 B 的标的股票一定有较高的波动性，这可以解释它的较高的价格。

e. i。看涨期权 A 的标的股票的波动性较高，这样才能解释它较高的期权费。

7. 重新考虑两状态模型中对冲比率的确定过程，我们证明了 1/3 股股票就能对冲 1 份期权。当行权价格分别为 120、110、100、90 时，对冲比率各是多少？随着期权实值程度的逐渐提高，对冲比率会如何变化？

答：

行权价格	对冲比率
120	0/30 = 0.000
110	10/30 = 0.333
100	20/30 = 0.667
90	30/30 = 1.000

随着期权实值程度的逐渐增高，对冲比率增加到最大值 1.0。

8. 证明布莱克 – 斯科尔斯看涨期权对冲比率随股票价格上升而上升。考虑行权价格为 50 美元的 1 年期期权，其标的股票的年标准差为 20%。短期国债收益率为每年 3%。股票价格分别为 45 美元、50 美元和 55 美元时，求 $N(d_1)$。

答：

S	d_1	$N(d_1)$
45	−0.2768	0.3910
50	0.2500	0.5987
55	0.7266	0.7662

9. 在本题中，我们将推导两状态看跌期权的价值。数据：$S_0 = 100$，$X = 110$，$1 + r = 1.10$。S_T 两种可能的价格为 130 和 80。

a. 证明两状态间 S 的变动范围是 50，而 P 的变动范围是 30。看跌期权的对冲比率是多少？

b. 构建一个资产组合，包括 3 股股票和 5 份看跌期权。该资产组合的收益（非随机）是多少？该资产组合的现值是多少？

c. 给定股票现在售价为 100，求解看跌期权的价值。

答：a. 由 $uS_0 = 130$，解得 $P_u = 0$；

由 $dS_0 = 80$，解得 $P_d = 30$；

对冲比率为：$H = \dfrac{P_u - P_d}{uS_0 - dS_0} = \dfrac{0 - 30}{130 - 80} = -\dfrac{3}{5}$

b.

无风险资产组合	$S_T=80$	$S_T=130$
买入3股股票	240	390
买入5份看跌期权	150	0
总和	390	390

现值＝390/1.10＝354.545（美元）。

c. 资产组合的成本为：$3S+5P=300+5P$；

资产组合的价值为：354.545美元；

因此，$300+5P=354.545$，解得 $P=10.91$（美元）。

10. 计算第9题中行权价格为110的股票看涨期权的价值。证明你对第9题和第10题的答案满足看跌－看涨期权平价定理。（在此例中不要使用连续复利计算 X 的现值，因为这里我们使用的是两状态模型，不是连续时间的布莱克－斯科尔斯模型。）

答：看涨期权的对冲比率为：$H=\frac{C_u-C_d}{uS_0-dS_0}=\frac{20-0}{130-80}=\frac{2}{5}$。

无风险资产组合	$S=80$	$S=130$
买入2股股票	160	260
卖出5份看涨期权	0	-100
总和	160	160

现值＝160/1.10＝145.455（美元）；

资产组合的成本＝$2S-5C=200-5C$；

资产组合价值为145.455美元；

因此，$C=54.545/5=10.91$（美元）。

现在验证 $P=C+\text{PV}(X)-S$：

$C+\text{PV}(X)-S=10.91+110/1.10-100=10.91=P$。

11. 根据以下信息，使用布莱克－斯科尔斯公式计算股票看涨期权的价值。

到期期限	6个月
标准差	每年50%
行权价格	50美元
股票价格	50美元
利率	3%

答：由 $d_1=0.2192$，解得 $N(d_1)=0.5868$。

由 $d_2=-0.1344$，解得 $N(d_2)=0.4465$。

$Xe^{-rT}=49.2556$。

$C=50\times0.5868-49.2556\times0.4465=7.34$。

12. 与第11题中看涨期权的行权价格和到期期限相同，使用布莱克－斯科尔斯公式计算股票看跌期权的价值。

答：通过布莱克－斯科尔斯数据表可以计算出 $P=6.60$ 美元。

还可以根据看跌－看涨期权平价公式推出此结果：

$P=C+PV(X)-S_0=7.34+49.26-50=6.60$（美元）。

13. 重新计算第11题中的看涨期权价值。保持其他变量不变，以下列条件逐一替代第11题中的原有条件：

a. 到期期限＝3个月

b. 标准差＝25%每年

c. 行权价格＝55美元

d. 股票价格＝55美元

e. 利率＝5%

独立考虑每一种情形。证明期权价值的变化与教材表21－1中的预测保持一致。

答：a. C下降到5.1443美元；

b. C下降到3.8801美元；

c. C下降到5.4043美元；

d. C上升至10.5356美元；

e. C上升至7.5636美元。

14. 看涨期权 $X=50$ 美元，标的股票价格 $S=55$ 美元，看涨期权售价为10美元。根据波动率估计值 $\sigma=0.30$，你会发现 $N(d_1)=0.6$，$N(d_2)=0.5$，无风险利率为0。期权价格的隐含波动率高于还是低于0.30？为什么？

答：根据布莱克－斯科尔斯模型，看涨期权的价格应为：

$55\times N(d_1)-50\times N(d_2)=55\times0.6-50\times0.5=8$（美元）。

由于期权实际上以高于8美元的价格出售，这意味着波动性大于0.30。

15. 在教材数据表21－3中，跨式期权头寸布莱克－斯科尔斯价值的Excel公式是什么？

答：一个跨式期权包含一份看涨期权和一份看跌期权。布莱克－斯科尔斯价值为：

$$C+P=S_0\times N(d_1)-Xe^{-rT}\times N(d_2)+Xe^{-rT}\times[1-N(d_2)]-S_0[1-N(d_1)]$$
$$=S_0\times[2N(d_1)-1]+Xe^{-rT}\times[1-2N(d_2)]$$

在Excel表格中（教材数据表21－3），估值公式为：

B5 * (2 * E4 - 1) + B6 * EXP(- B4 * B3) * (1 - 2 * E5)

阅读以下案例，回答第16～21题。特许金融分析师马克·华盛顿是BIC的分析师。一年前，BIC分析师预测美国股票市场将轻微下降并建议对BIC的资产组合进行德尔塔对冲。正如预测，美国股票市场在12个月确实下跌了近4%。但是，BIC资产组合的表现令人失望，低于同行表现近10%。华盛顿被指派去检查期权策略，以确定对冲资产组合的表现不如预期的原因。

16. 哪一个是德尔塔中性资产组合的最佳表述？德尔塔中性资产组合完全对冲了：

a. 标的资产价格的小幅变化

b. 标的资产价格的小幅下跌

c. 标的资产价格的任何变化

答：a。一个德尔塔中性的资产组合可以完全对冲标的资产的小幅价格变化。这对价格上涨或下跌都是适用的。也就是说，如果资产价格小幅变化，投资组合的价值不会发生显著改变。然而，标的资产价格较大幅度的变化将导致对冲不完全。这意味着如果标的资产价格的变化较大，整体投资组合的价值将发生显著变化。

17. 在讨论了德尔塔中性资产组合的概念之后，华盛顿决定有必要进一步解释德尔塔的概念。华盛顿画出了把期权价值当作标的股票价格的函数。该图形表明了德尔塔该如何解释。德尔塔是：

a. 期权价格图形中的斜率。

b. 期权价格图形中的曲率。

c. 期权价格图形中的水平线。

答：a。德尔塔是指一单位股价的变化所引起的期权价格的变化量。这种变化量等于期权图形中的斜率。

18. 华盛顿考虑了一个德尔塔为 −0.65 的看跌期权。如果标的资产价格下跌了 6 美元，那么期权价格的最佳估计是什么？

答：期权价格变化的最优估计为：资产价格变化 × 德尔塔 = −6 × (−0.65) =3.90(美元)。

19. BIC 拥有 51750 股史密斯公司股票。每股售价为 69 美元。行权价格为 70 美元的史密斯公司股票看涨期权售价为 3.50 美元，其德尔塔为 0.69。构建一个德尔塔中性对冲，需要多少份看涨期权？

答：构建德尔塔中性对冲需要的看涨期权的数目为：51750/0.69 = 75000 个期权，或 750 份期权合约，每份有 100 个期权。由于这些都是看涨期权，故应将它们卖空。

20. 回到第 19 题。如果股票价格下跌，德尔塔对冲需要卖出看涨期权的数量是增加还是减少？

答：构建一个德尔塔中性对冲需要的看涨期权的数量和德尔塔成反比。当股票价格下跌时，德尔塔减小。因此，如果股票价格下跌，需要卖出看涨期权的数量增加。

21. 对于德尔塔中性资产组合的目标，下列哪种陈述最精确？一个德尔塔中性资产组合是结合一个______。

a. 股票多头和看涨期权空头，这样股票价值变化时资产组合价值保持不变

b. 股票多头和看涨期权空头，这样股票价值变化时资产组合价值也发生变化

c. 股票多头和看涨期权多头，这样股票价值变化时资产组合价值保持不变

答：a. 一个德尔塔中性资产组合可以用下列任意组合构建：买入股票并卖空看涨期权；买入股票并买入看跌期权；卖空股票并买入看涨期权；卖空股票并卖空看跌期权。

22. 长期国债收益率对利率变动的敏感性是高于还是低于标的债券收益率对利率的敏感性？

答：长期国债的看涨期权的收益率比标的债券的收益率对利率变化更敏感。期权的弹性大于 1.0。也就是说，期权实际上是一种杠杆投资，它的收益率对利率的敏感性大于其标的债券对利率的敏感性。

23. 如果股票价格下跌，看涨期权价格上升，那么看涨期权的隐含波动率如何变化？

答：隐含波动率会增加。否则，看涨期权价格将会因为股价的下降而下降。

24. 如果到期期限缩短，看跌期权价格上升，那么看跌期权的隐含波动率如何变化？

答：隐含波动率会增加。否则，看跌期权的价格会随到期期限的缩短而下降。

25. 根据布莱克－斯科尔斯公式，当股票价格趋于无限大时看涨期权对冲比率的值为多少？

答：对冲比率接近 1.0。随着 S 增加，执行的可能性接近 1.0，$N(d_1)$ 接近 1.0。

26. 根据布莱克 - 斯科尔斯公式，当行权价格很小时看跌期权对冲比率的值为多少？

答：对冲比率接近零。随着 X 降低，执行的可能性为零。随着 $N(d_1)$接近1，$[N(d_1)-1]$接近零。

27. IBM 平值看涨期权的对冲比率为 0.4，平值看跌期权的对冲比率为 -0.6。IBM 平值跨式期权头寸的对冲比率为多少？

答：一个跨式期权包含一份看涨期权和一份看跌期权。其对冲比率为单个期权的对冲比率之和：0.4+(-0.6)=-0.2。

28. 考虑一个 6 个月期限的欧式看涨期权，行权价格为 105 美元。标的股票售价为每股 100 美元，不支付股利。无风险利率为 5%。如果期权现在售价为 8 美元，期权隐含波动率是多少？使用教材数据表 21-3(可从 www.mhhe.com/bkm 下载，链接至第 21 章材料)回答这一问题。

a. 进入电子数据中的工具菜单并选择"Goal Seek"。对话框要求你回答三条信息。在那个对话框中，你通过改变单元格 B2 来设定 E6 单元格的值为 8。换句话说，你让电子表格寻求标准差的值(出现在单元格 B2 中)，迫使期权的价值(单元格 E6)等于 8 美元。然后点击"OK"按钮，你会发现看涨期权现在价值 8 美元，输入的标准差随之改变以保持与期权价值一致。这是期权价值为 8 美元时看涨期权隐含的标准差。

b. 如果期权售价为 9 美元，隐含波动率如何变化？为什么隐含波动率会增加？

c. 如果期权价格保持在 8 美元，但是期权到期期限缩短(比如 4 个月)，隐含波动率如何变化？为什么？

d. 如果期权价格保持在 8 美元，但是行权价格降低(比如 100 美元)，隐含波动率如何变化？为什么？

e. 如果期权价格保持在 8 美元，但是股票价格下降(比如 98 美元)，隐含波动率如何变化？

答：a. 表格如下：

输入		输出	
标准差(每年)	0.3213	d_1	0.0089
到期期限(年)	0.5	d_2	-0.2183
无风险利率(每年)	0.05	$N(d_1)$	0.5036
股价	100	$N(d_2)$	0.4136
行权价格	105	B/S 看涨期权价格	8.0000
股利收益率(每年)	0	B/S 看跌期权价格	10.4076

标准差为 0.3213。

b. 下表显示了标准差增加至 0.3568：

输入		输出	
标准差(每年)	0.3568	d_1	0.0318
到期期限(年)	0.5	d_2	-0.2204
无风险利率(每年)	0.05	$N(d_1)$	0.5127
股价	100	$N(d_2)$	0.4128
行权价格	105	B/S 看涨期权价格	9.0000
股利收益率(每年)	0	B/S 看跌期权价格	11.4075

隐含波动率增加了，因为期权价值随着波动性的增加而增加。

c. 当到期期限缩短到 4 个月时，隐含波动率增加到 0.4087。期权的价值随着到期期限的缩短而减少，因此为了保持期权价值在 8 美元不变，隐含波动率必须增加。

输入		输出	
标准差(每年)	0.4087	d_1	−0.0182
到期期限(年)	0.33333	d_2	−0.2541
无风险利率(每年)	0.05	$N(d_1)$	0.4928
股价	100	$N(d_2)$	0.3997
行权价格	105	B/S 看涨期权价格	8.0001
股利收益率(每年)	0	B/S 看跌期权价格	11.2646

d. 当行权价格减少到 100 美元时，隐含波动率减少到 0.2406。看涨期权的价值随着行权价格的降低而增加，因此为了保持期权价值在 8 美元不变，波动率必须降低。

输入		输出	
标准差(每年)	0.2406	d_1	0.2320
到期期限(年)	0.5	d_2	0.0619
无风险利率(每年)	0.05	$N(d_1)$	0.5917
股价	100	$N(d_2)$	0.5247
行权价格	100	B/S 看涨期权价格	8.0010
股利收益率(每年)	0	B/S 看跌期权价格	5.5320

e. 看涨期权的价值随着股价的降低而减少。因此为了保持期权价值在 8 美元不变，隐含波动率必须增加。

输入		输出	
标准差(每年)	0.3566	d_1	−0.0484
到期期限(每年)	0.5	d_2	−0.3006
无风险利率(每年)	0.05	$N(d_1)$	0.4807
股价	98	$N(d_2)$	0.3819
行权价格	105	B/S 看涨期权价格	8.0000
股利收益率(每年)	0	B/S 看跌期权价格	12.4075

29. 构建一个双限期权：买入一股价格为 50 美元的股票，买入一份 6 个月期的行权价格为 45 美元看跌期权，并且卖出一份 6 个月期的行权价格为 55 美元的看涨期权。根据股票的波动率，你可以计算出 6 个月期、行权价格为 45 美元的期权，$N(d_1)=0.60$，而行权价格为 55 美元的期权，$N(d_1)=0.35$。

a. 如果股票价格上升 1 美元，双限期权盈利或损失是多少？

b. 如果股票价格变得非常大，资产组合的德尔塔如何变化？如果股票价格变得非常小呢？

答：a. 双限期权的德尔塔计算如下：

头寸	德尔塔
买入股票	1.0
买入看跌期权，$X=45$(美元)	$N(d_1)-1=-0.40$
卖出看涨期权，$X=55$(美元)	$-N(d_1)=-0.35$
总和	0.25

如果股价增加了1美元，那么双限期权的价值会增加0.25美元。股票的价值增加1美元，所购买的看跌期权遭受的损失为0.40美元，并且出售的看涨期权代表债务增加了0.35美元。

b. 如果S非常大，那么双限期权的德尔塔接近零。$N(d_1)$将会接近1。直观地来看，在股价很高时，资产组合的价值(现值)就是看涨期权的行权价格，并且不会受股价小幅变动的影响。

随着S接近零，德尔塔也接近零：$N(d_1)$将会接近零。对于股价很低时，资产组合的价值(现值)就是看跌期权的行权价格，并且不会受股价的小幅变动的影响。

30. 三份看跌期权的标的股票相同，德尔塔分别为-0.9、-0.5和-0.1。填表把德尔塔分配给相应的期权。

看跌期权	X	德尔塔
A	10	
B	20	
C	30	

答：

看跌期权	X	德尔塔
A	10	-0.1
B	20	-0.5
C	30	-0.9

31. 你非常强烈地看涨EFG股票，并认为其大大超过市场上其他股票。在下列每个问题中，如果你的看涨预测是正确的，选出给你带来最大利润的资产组合。说明你的理由。

a. 选择A：10000美元投资于看涨期权，$X=50$。

选择B：10000美元投资于EFG股票。

b. 选择A：10份看涨期权合约(每份100股)，$X=50$。

选择B：1000股EFG股票。

答：a. 选择A：看涨期权的弹性高于股票。对于相同金额的投资，一个看涨期权潜在的资本利得会比标的股票大。

b. 选择B：看涨期权的对冲比率小于1.0，所以股票有更高的潜在利润。对于相同数量的可支配股票，股票的敞口高于看涨期权的敞口，因此其潜在收益更大。

32. 你想持有XYZ公司股票的保护性看跌期权头寸，锁定年末最小价值为100美元。XYZ现在售价为100美元。下一年股票价格将上升10%或下降10%，短期国债利率为5%。不幸的是，没有XYZ股票的看跌期权交易。

a. 假定有所需要的看跌期权交易，购买它的成本是多少？

b. 这一保护性看跌期权资产组合的成本是多少？

c. 什么样的股票加国债头寸将确保你的收益等于 $X=100$ 的保护性看跌期权提供的收益？证明该资产组合的收益和成本与所需的保护性看跌期权相匹配。

答： a. 由 $uS_0=110$，解得 $P_u=0$；由 $dS_0=90$，解得 $P_d=10$。

对冲比率为：$H=\dfrac{P_u-P_d}{uS_0-dS_0}=\dfrac{0-10}{110-90}=-\dfrac{1}{2}$。

由一股股票和两份看跌期权构成的资产组合保证了 110 美元的收益，其现值为 110/1.05 = 104.76（美元）。

因此，$S+2P=104.76$，即 $100+2P=104.76$，解得 $P=2.38$（美元）。

b. 保证有 100 美元收益的保护性看跌期权资产组合的成本为：100 + 2.38 = 102.38（美元）。

c. 目标是要构建一个投资组合，使其对股票的风险敞口与假定的保护性看跌期权组合相同。看跌期权的对冲比率为 -0.5，组合包含了 0.5（= 1 - 0.5）股的股票，成本为 50 美元，余下的资金（52.38 美元）投资于收益率为 5% 的国债中。

资产组合	$S=90$	$S=110$
买入 0.5 股股票	45	55
投资于国债	55	55
总和	100	110

这个组合的收益与保护性看跌期权资产组合的收益相同。因此，股票加国债策略的成本和收益均与保护性看跌期权资产组合一样。

33. 回到教材例 21-1。运用二项式模型对行权价格为 110 美元的 1 年期欧式看跌期权估价，该期权标的股票与原例中相同。你对看跌期权价格的计算结果是否满足看跌-看涨期权平价？

答： 看跌期权在第二期的价值为：

$$P_{uu}=0$$

$$P_{ud}=P_{du}=110-104.50=5.50$$

$$P_{dd}=110-90.25=19.75$$

为了计算 P_u，先计算对冲比率：

$$H=\frac{P_{uu}-P_{ud}}{uuS_0-udS_0}=\frac{0-5.50}{121-104.50}=-\frac{1}{3}$$

通过购买一股股票和 3 份看跌期权，构造一个无风险组合。

组合的成本为：$S+3P_u=110+3P_u$。

无风险组合的收益为 121 美元：

无风险组合	$S=104.50$	$S=121$
买入 1 股股票	104.50	121.00
买入 3 份看跌期权	16.50	0.00
总和	121.00	121.00

因此，通过求解下式得到看跌期权的价值：

$110+3P_u=121/1.05$，解得 $P_u=1.746$（美元）

为了计算 P_d，先计算对冲比率：

$$H=\frac{P_{du}-P_{dd}}{duS_0-ddS_0}=\frac{5.50-19.75}{104.50-90.25}=-1.0$$

通过买入一股股票和一份看跌期权，构造一个无风险组合。

组合的成本为：$S+P_d=95+P_d$。

无风险组合的收益为 110 美元：

无风险组合	$S=90.25$	$S=104.50$
买入 1 股股票	90.25	104.50
买入 1 份看跌期权	19.75	5.50
总和	110.00	110.00

因此，通过求解下式得到看跌期权的价值：

$95+P_d=110/1.05$，解得 $P_d=9.762$（美元）

为了计算 P，先计算对冲比率：

$$H=\frac{P_u-P_d}{uS_0-dS_0}=\frac{1.746-9.762}{110-95}=-0.5344$$

通过买入 0.5344 股股票和一份看跌期权，构造一个无风险组合。

组合的成本为：$0.5344S+P=53.44+P$。

无风险组合的收益为 60.53 美元：

无风险组合	$S=95$	$S=110$
买入 0.5344 股股票	50.768	58.784
买入 1 份看跌期权	9.762	1.746
总和	60.530	60.530

因此，通过求解下式得到看跌期权的价值：

$53.44+P=60.53/1.05$，解得 $P=4.208$（美元）。

最后，用看跌 - 看涨期权平价公式来验证这个结果。由教材例 21.1 可得：$C=4.434$ 美元。

看跌 - 看涨期权平价公式要求：$P=C+\mathrm{PV}(X)-S$，即 $4.208=4.434+110/1.05^2-100$，忽略舍入误差，看跌 - 看涨期权平价公式成立。

34. 假设无风险利率为 0，美式看跌期权是否会被提前执行？解释之。

答：如果 $r=0$，那么持有者不应提前执行看跌期权。等待执行是没有“时间价值成本”的，但会带来“波动性利润”。为了更严谨地说明这点，考虑如下组合：贷出 X 美元并卖出一股股票。构建的这个组合的成本为 $(X-S_0)$。在 T 时的收益（贷款率为零）为 $(X-S_T)$。与之相对地，如果这个值为正，在 T 时看跌期权的收益为 $(X-S_T)$，否则为零。看跌期权的收益至少和组合的收益一样高，因此看跌期权的成本至少和购买组合的成本一样高。因此，$P\geqslant(X-S_0)$，看跌期权可以按高于立即执行的价格卖出。根据上述分析，可以得到结论：美式看跌期权不会被提前执行。

35. 用 $p(S,T,X)$ 表示价格为 S 美元的股票欧式看跌期权的价值，到期期限为 T，行

权价格为 X，并且用 $P(S, T, X)$ 表示美式看跌期权的价值。

a. 估算 $p(0, T, X)$

b. 估算 $P(0, T, X)$

c. 估算 $p(S, T, 0)$

d. 估算 $P(S, T, 0)$

e. 以 b 的答案说明美式看跌期权提前执行的可能性如何。

答：a. Xe^{-rT}。

b. X。

c. 0。

d. 0。

e. 立即行权价格已经降至 0 的股票的看跌期权是一个最优选择。美式看跌期权的价值等于行权价格，任何执行延迟都会因为货币的时间价值而降低期权的价值。

36. 你尝试对行权价格为 100 美元的 1 年期看涨期权进行估价。标的股票不支付股利，它现在售价为 100 美元，并且你认为有 50% 的机会上涨至 120 美元并有 50% 的机会下跌至 80 美元。无风险利率为 10%。利用两状态股票价格模型计算看涨期权的价值。

答：第一步：计算到期时的期权价值。股票价格的两个可能值和相应的看涨期权价值为：

由 $uS_0 = 120$，解得 $C_u = 20$；

由 $dS_0 = 80$，解得 $C_d = 0$。

第二步：套期保值比率为：

$$H = \frac{C_u - C_d}{uS_0 - dS_0} = \frac{20 - 0}{120 - 80} = \frac{1}{2}$$

因此，通过买入一股股票同时卖出两份看涨期权，构造一个无风险组合。组合的成本为 $S - 2C = 100 - 2C$。

第三步：说明无风险组合的收益等于 80 美元：

无风险组合	$S = 80$	$S = 120$
买入 1 股股票	80	120
卖出 2 份看涨期权	0	40
总和	80	80

因此，通过求解下式可得出看涨期权的价值：$100 - 2C = 80/1.10$，解得 $C = 13.636$（美元）。

注意：本题中未使用股票价格上升或下降的概率，因为它们对于评估看涨期权的价值并不是必要的。

37. 考虑第 36 题中股票波动率的增加。假定如果股票价格上升，就会增加至 130 美元；如果股票价格下跌，就会下跌至 70 美元。证明此时看涨期权价值大于第 36 题中计算的价值。

答：股票价格的两个可能值和相应的期权价值为：

由 $uS_0 = 130$，解得 $C_u = 30$；

由 $dS_0 = 70$，解得 $C_d = 0$。

对冲比率为：$H = \frac{C_u - C_d}{uS_0 - dS_0} = \frac{30 - 0}{130 - 70} = \frac{1}{2}$。

通过买入一股股票同时卖出两份看涨期权，构造一个无风险组合。组合的成本为 $S-2C=100-2C$。

无风险组合的收益等于 70 美元：

无风险组合	$S=70$	$S=130$
买入 1 股股票	70	130
卖出 2 份看涨期权	0	-60
总和	70	70

因此通过求解下式可得出看涨期权的价值：$100-2C=70/1.10$，解得 $C=18.182$（美元）。

这里，看涨期权的价值高于波动性低时的价格。

38. 利用第 36 题中的数据，计算行权价格为 100 美元的看跌期权的价值。证明你的答案满足看跌－看涨期权平价。

答：股票价格的两个可能值和相应的看跌期权价值为：

$uS_0=120$，解得 $P_u=0$；

$dS_0=80$，解得 $P_d=20$。

对冲比率为：$H=\dfrac{P_u-P_d}{uS_0-dS_0}=\dfrac{0-20}{120-80}=-\dfrac{1}{2}$。

通过买入一股股票同时买入两份看跌期权，构造一个无风险组合。组合的成本为：$S+2P=100+2P$。

无风险组合的收益等于 120 美元：

无风险组合	$S=80$	$S=120$
买一股股票	80	120
买入两份看跌期权	40	0
总和	120	120

因此通过求解下式可得出看跌期权的价值：$100+2P=120/1.10$，解得 $P=4.545$（美元）。

根据看跌－看涨期权平价公式：$P+S=C+\text{PV}(X)$

期权价值的估计值满足这一平价关系：

$4.545+100=13.636+100/1.10=104.545$（美元）。

39. ZYZ 公司将在 2 个月后支付每股 2 美元的股利。它的股票现在售价为每股 60 美元。XYZ 公司股票看涨期权的行权价格为 55 美元，到期期限为 3 个月。无风险利率为每月 0.5%，股票波动率（标准差）=7%每月。求伪美式期权的价值。（提示：试将一个月作为一"期"，而不是把一年作为一"期"。）

答：如果假定唯一可能的执行日是股利发放的前一天，那么布莱克－斯科尔斯公式的相关参数为：$S_0=60$；$r=0.5\%/$月；$X=55$；$\sigma=7\%$；$T=2$ 个月。

在这种情况下，$C=6.04$（美元）。

相反，如果放弃提前执行，那么必须从股票价格中扣除股利的现值。因此，使用如下参数：$S_0=60-2e^{-0.005\times 2}=58.02$；$r=0.5\%/$月；$X=55$；$\sigma=7\%$；$T=3$ 个月。

在这种情况下，$C=5.05$（美元）。

伪美式期权价值是两个结果中的较大值，即 6.04 美元。

40. "通用电气看涨期权的贝塔值高于通用电气股票的贝塔值。"这一说法正确还是错误？

答：正确。看涨期权的弹性大于1.0。因此，看涨期权的收益率比标的股票的要大。于是，当通用汽车的股票价格随着大盘趋势变动而变化时，它的看涨期权价格的变化比例会更大。因此，通用电气看涨期权的β大于其股票的β。

41. "行权价格为1330的标准普尔500指数看涨期权的贝塔值高于行权价格为1340的指数看涨期权的贝塔值。"这一说法正确还是错误？

答：错误。期权的虚值程度越大，看涨期权的弹性越高。（尽管看涨期权的德尔塔较低，期权价值也较低，看涨期权的价格相对于股价的变化比例会增加。）因此，有更高行权价格的看涨期权的收益率会对市场指数的变化更加敏感，并且具有更高的β。

42. 当股票价格变得非常大时，可转换债券的对冲比率如何变化？

答：随着股价上升，可转换债券变得更加安全。对冲比率接近于1.0。可转换债券的价格将和标的股票的价格同比例变化。

43. 高盛公司认为在今后的三年中市场波动率将为每年20%。市场指数的3年期平值看涨与看跌期权以隐含波动率为22%的价格出售。高盛公司应该建立什么样的资产组合对波动率进行投机，而不用建立市场牛市或熊市头寸？使用高盛对波动率的估计值，3年期平价期权$N(d_1)=0.6$。

答：高盛公司认为市场对波动性的估价过高。分析表明期权价格相对于真实波动性被高估了，因此高盛公司应该出售期权。看涨期权的德尔塔是0.6，而看跌期权的德尔塔是$0.6-1=-0.4$。因此，高盛公司应该按0.6∶0.4的比例分别卖出看跌期权与看涨期权。例如，如果高盛卖出2份看涨期权和3份看跌期权，该头寸将为德尔塔中性：德尔塔$=2\times 0.6+3\times(-0.4)=0$。

44. 你持有股票的看涨期权。股票的贝塔为0.75，并且你担心股票市场可能会下跌。股票现在售价为5美元，并且你持有100万份股票期权（你持有10000份合约，每份100股股票）。期权的德尔塔为0.8。为了对冲你的市场风险敞口，你需要买入或卖出多少市场指数资产组合？

答：如果市场指数上升了1%，出售的期权的标的资产（100万股股票）价值将会上升：

$$0.75\%\times 5\times 1000000=37500\text{（美元）}$$

期权价值会上升：

$$\text{德尔塔}\times 37500=0.8\times 37500=30000\text{（美元）}$$

为了对冲市场风险敞口，必须卖出300万美元的市场指数组合，使得指数每1%的变化会导致资产组合价值3万美元的变化。

45. 设想你是一位资产组合保险的提供商。你正在建立一个为期4年的项目。你管理的资产组合现在价值1亿美元，并且你希望最小收益为0。股票资产组合的标准差为每年25%，短期国债利率为每年5%。简单起见，假定资产组合不支付股利（或者所有股利可以再投资）。

a. 多少钱用来购买国债？多少钱用来购买股票？

b. 如果第一个交易日股票资产组合就下跌了3%，作为管理人你应该如何处置？

答：资产组合的当前价值$S=100$

承诺给客户的底价（收益率为0）$X=100$

波动性$\sigma=0.25$

无风险利率 $r=0.05$

项目期限 $T=4$ 年

a. 根据布莱克－斯科尔斯公式，$d_1=0.65$，$N(d_1)=0.7422$，$d_2=0.15$，$N(d_2)=0.5596$，看跌期权价值为 10.27 美元。

因此，所管理的全部基金为 11027 万美元：1 亿美元的资产组合价值加上 1027 万美元的保险项目费。

看跌期权的德尔塔为：$N(d_1)-1=0.7422-1=-0.2578$

因此，应买入 25.78% 的股票资产组合，将余下的资金投资于国债。投资于股票资产组合的资金为 7422 万美元，投资于国债的资金为：$11027-7422=3605$（万美元）。

b. 按价值为 97% 的股票资产组合，看跌期权的德尔塔为：$N(d_1)-1=0.7221-1=-0.2779$。这意味着必须降低组合的德尔塔：$0.2779-0.2578=0.0201$。

因此，应该卖出 2.01% 的股票资产组合，用所得资金购买国债。因为现在股价只是初始价格的 97%，所以需出售股票：$97\times0.0201=1.946$（百万美元）。

46. 假定行权价格为 90 美元的 3 个月埃克森美孚股票看涨期权正在以隐含波动率为 30% 的价格出售。埃克森美孚股票现在价格为每股 90 美元，并且无风险利率为 4%。如果你认为股票的真实波动率为 32%，在不承担埃克森美孚业绩风险的情况下，以你的观点，你该如何交易？对于卖出或买入的每一份期权合约，你需要持有多少股股票？

答： 用真实波动率（32%）和到期时间 $T=0.25$ 年计算，得到埃克森美孚的对冲比率为 $N(d_1)=0.5945$。因为看涨期权被低估了（以极低的隐含波动率出售），投资者将购买看涨期权，并且每买一份期权就出售 0.5945 股股票。

47. 使用第 46 题中的数据，假定行权价格为 90 美元的 3 个月看跌期权以隐含波动率为 34% 的价格出售。构建一个包含看涨期权与看跌期权头寸的德尔塔中性资产组合，当期权价格恢复到调整后的正确价格时该资产组合能获得利润。

答： 看涨期权较便宜（隐含 $\sigma=0.30$），看跌期权较贵（隐含 $\sigma=0.34$）。因此购买看涨期权并卖出看跌期权。用真实波动率 $\sigma=0.32$ 计算，得到看涨期权的德尔塔为 0.5945，看跌期权的德尔塔为 $0.5945-1.0=-0.4055$。因此，每买一份看涨期权，购买：$0.5945/0.4055=1.466$ 份看跌期权。

48. 假定摩根大通出售价值为 125 万美元、贝塔值为 1.5 的股票资产组合的看涨期权。期权德尔塔为 0.8。摩根大通想通过买入市场指数资产组合来对冲市场变化的风险。

a. 摩根大通需要购买价值多少美元的市场指数资产组合来对冲它的头寸？

b. 如果摩根大通使用市场指数看跌期权来对冲风险，该怎么办？买入还是卖出看跌期权？每份看跌期权对应 100 单位的指数，并且当前的指数价格代表了价值 1000 美元的股票。

答： a. 为了计算对冲比率，假设市场指数上升了 1%。那么股票资产组合预计上升：$1\%\times1.5=1.5\%$ 或者 $0.015\times1250000=18750$（美元）。

给定期权德尔塔值 0.8，期权资产组合将会上升：$18750\times0.8=15000$（美元）。

摩根大通卖出这些期权后其负债将会增加同样数量。市场指数组合的价值将会上升 1%。因此，摩根大通应该购买 150 万美元的市场指数组合来对冲它的头寸，使得 1% 的指数变化导致组合价值 15000 美元的变化。

b. 看跌期权的德尔塔为：$0.8-1=-0.2$

因此，市场价格每增加 1%，指数将会上升 10 点，看跌期权的价值将会变化：

德尔塔 ×10 × 合约乘数 = −0.2 ×10 ×100 = −200(美元)

因此，摩根大通应该出售：15000/200 = 75 份看跌期权合约。

49. 假如你正在计算一只尚有一年到期的股票期权的价值，隐含浮动利率(年标准差)为 $\sigma = 0.4$，如果你的二项式模型是用以下数据建立的，那么 u 和 d 的值是多少？

a. 一年的时间

b. 4 个时间段，每段时间为 3 个月

c. 12 个时间段，每段时间为 1 个月

答：

时间段	$\Delta t = T/n$	$u = e^{\sigma\sqrt{\Delta t}}$	$d = e^{-\sigma\sqrt{\Delta t}}$
1	1/1 = 1	1.4918	0.6703
4	1/4 = 0.25	1.2214	0.8187
12	1/12 = 0.0833	1.1224	0.8909

50. 你建立了一个二项式模型，为一个周期，并断言在一年的过程中，股票价格将上升 1.5 或下降 2/3，你对明年股票回报率波动性的隐含假设是什么？

答： 因为 u 和 d 之间的范围反映了回报率的波动性，且 u 和 d 依赖于波动性，所以明年的回报率会提高 $\sigma\sqrt{\Delta t}$。

51. 利用期权平价关系证明，一个无息股票的平价看涨期权的成本高于平价看跌期权。若 $1 = (1+r)^T$ 看跌与看涨期权的价格相当。

答： 根据看涨看跌平价公式，$P = C - S_0 + PV(X)$。期权处于平价时，$X = S_0$，由于折现缘故，$PV(X)$ 将总是小于 S_0，因此平价看涨期权的成本 C 将高于平价看跌期权的成本 P。若 $X = X(1+r)^T$，则平价状态下 $X = S_0$，此时 $P = C$，看涨期权与看跌期权的价格相当。

52. 返回到问题 36，使用华尔街实战 21−1 中所描述的"风险中性"，来评估看涨期权的价值。确认你的答案与你所使用的两种方法的值相匹配。

答： 风险中性概率为：$p = \dfrac{1 + r_f - d}{u - d} = \dfrac{1 + 0.1 - 0.8}{1.2 - 0.8} = 0.75$

所以，一年后股票价格有 75% 的机会上涨至 120 美元(期权价值为 20 美元)，有 25% 的机会下跌至 80 美元(期权价值为 0 美元)，则加权的看涨期权价值为：$\dfrac{0.75 \times 20 + 0.25 \times 0}{(1+0.1)^1} =$ 13.636(美元)，与两状态方法求解的值相等。

53. 返回到问题 38，如果股票涨了，你的收益是多少？如果股票价格下跌，会有什么回报呢？使用华尔街实战 21−1 中图表所描述的"风险中性"，来评估看跌期权的价值。确认你的答案与你所使用的两个方法的值相匹配。

答： 如果股票价格上涨，收益等于 0，因为看跌期权只有在股票价格低于行权价格时才能获得收益。如果股票价格下跌，当低于行权价格即低于 100 美元时，获得的收益等于二者之差。由风险中性得：$p = \dfrac{1 + r_f - d}{u - d} = \dfrac{1 + 0.1 - 0.8}{1.2 - 0.8} = 0.75$。所以，一年后股票价格有 75% 的机会上涨至 120 美元(期权价值为 0 美元)，有 25% 的机会下跌至 80 美元(期权价值为 20 美元)，则加权的看跌期权价值为：$\dfrac{0.75 \times 0 + 0.25 \times 20}{(1+0.1)^1} = 4.545$，等于两状态方法求解的值。

二、CFA 考题

1. Abco 公司董事会正在担心公司养老金计划中 1 亿美元股票资产组合的下跌风险。该董事会的顾问提议暂时(一个月)用期货或者期权对冲这个资产组合。该顾问引用了下表，并陈述道：

a.“通过卖出(做空)4000 个期货合约，这个 1 亿美元股票资产组合能够完全规避下跌风险”。

b.“这种保护方法的成本就是该资产组合的期望收益率为 0”。

市场、资产组合和合约数据

股票指数水平	99.00
股票期货价格	100.00
期货合约乘数	250 美元
资产组合的贝塔值	1.20
合约期限(月)	3

请评价该顾问的每一个陈述的精确性。

答： 陈述 a：通过股票资产组合的 β 来调整对冲比率(决定了出售的期货合约数量)，其中 β 为 1.20。正确的对冲比率应为：

$$\frac{100000000}{100\times500}\times\beta=4000\times1.2=4800$$

陈述 b：组合将被对冲，收益率为无风险利率，而不是顾问所说的零。给定期货价格 100 和股权价格 99，3 月期的资产组合收益率为：

$(100-99)/99=1.01\%$，近似每年 4.1%。

2. 特许金融分析师迈克尔·韦伯正在对期权定价的一些方面进行分析，包括期权价值的决定因素，不同期权定价模型的特性，以及计算所得的期权价值与期权市场价格可能存在的背离。

a. 如果标的股票波动率降低，对股票看涨期权价值的预期影响是什么？如果期权的到期期限增加呢？

b. 使用布莱克－斯科尔斯定价模型，韦伯计算了 3 个月看涨期权的价值并注意到该计算值与期权市场价格不同。关于韦伯对布莱克－斯科尔斯期权定价模型的应用：

i. 讨论为什么处于虚值的欧式期权的计算价值可能与它的市场价格不同。

ii. 讨论为什么美式期权的计算价值可能与它的市场价格不同。

答： a. 如果标的股票价格的波动性下降，看涨期权价值也会下降。标的股票价格的波动性越小，则股票价格的大幅度变化机会越少，期权执行套现的可能性也越小。这使得股票价格上涨预期的价值下降。

如果看涨期权到期期限延长，看涨期权价值会上升。因为离期权行权日越远，期权行权套现的机会也越大，这使得期权的时间价值溢价上升，从而期权价值上升。

b. i. 当欧式期权为虚值期权时，投资者实际上愿意为购买或出售标的资产的权利而非义务支付溢价。虚值期权没有内在价值，但是，由于可以用很少的资本(仅支付期权费)获得相对较大的潜在收益，即使期权到期时可能没有价值，投资者们还是愿意支付期权费。布莱克－斯科尔斯期权定价模型没有反应投资者对高于期权时间价值溢价的任何需求。所以，如果投资者愿意为高于其时间价值的虚值期权支付溢价，布莱克－斯科尔斯期权定价模型不能估计这部分超出的溢价。

ii. 通过持有美式期权，投资者拥有了在到期日之前执行期权的权利而不是义务，即使不是出于经济原因。美式期权的这种灵活性也有一定价值，但是布莱克－斯科尔斯期权定价模型没有考虑到这种价值，因为其公式只计算了基于固定的到期期限的期权价值(欧式期权)。

3. 富兰克林是一位负责衍生证券的资产组合管理人。富兰克林观察到具有同样行权价格、到期期限和标的股票的美式期权与欧式期权。富兰克林认为欧式期权比美式期权具有更高的权利金。

a. 试评论富兰克林认为该欧式期权会有较高权利金的观点。富兰克林被要求对 Abaco 有限公司股票的 1 年期欧式看涨期权定价，该股票最后交易价格为 43.00 美元。他已经搜集了如下信息：

股票收盘价	43.00 美元
看涨与看跌期权的行权价格	45.00
1 年期看跌期权的价格	4.00
1 年期国债利率	5.50%
到期期限	1 年

b. 使用看跌－看涨期权平价和以上信息计算欧式看涨期权的价值。

c. 试说明以下三个变量对看涨期权价值的影响(无需计算)。

i. 短期利率提高

ii. 股票价格波动率上升

iii. 期权到期期限缩短

答： a. 美式期权成本更高(有更高的权利金)。美式期权相对于欧式期权给予了投资者更大的灵活性，投资者可以选择是否提前执行。当股票支付股利时，提前执行看涨期权更有价值。但是忽略股利，欧式期权(看跌或看涨)的价格不会高于其他条件相同的美式期权。

b. $C = S_0 + P - \text{PV}(X) = 43 + 4 - 45/1.055 = 4.346$(美元)。注意：这里假定 Abaco 公司股票没有支付任何股利。

c. i. 短期利率上升会导致 PV(行权价格)变低，看涨期权的价值增加。

ii. 股价波动性的增加会导致看涨期权的价值增加。

iii. 到期时间的缩短会导致看涨期权的价值下降。

4. 现在某股票指数在 50 点水平交易。特许金融分析师保罗·瑞普想运用二项式模型对 2 年期的指数期权估价。股票指数可能上升 20%或者下降 20%，年无风险利率为 6%，指数中的任何成分股都不派发股利。

a. 构造一个用于股票指数定价的两期二叉树。

b. 计算行权价格为 60 点的该指数欧式看涨期权的价值。

c. 计算行权价格为 60 点的该指数欧式看跌期权的价值。

d. 证明你计算的看涨期权与看跌期权的价值满足看跌－看涨期权平价。

答： a. 在第一期，指数的两种可能值为：

$$uS_0 = 1.20 \times 50 = 60$$

$$dS_0 = 0.80 \times 50 = 40$$

在第二期，指数的可能值为：

$$uuS_0 = (1.20)^2 \times 50 = 72$$

$$udS_0 = 1.20 \times 0.80 \times 50 = 48$$

$$duS_0 = 0.80 \times 1.20 \times 50 = 48$$

$$ddS_0 = (0.80)^2 \times 50 = 32$$

b. 第二期，看涨期权的价值为：

$$C_{uu} = 72 - 60 = 12$$

$$C_{ud} = C_{du} = C_{dd} = 0$$

由于 $C_{ud} = C_{du} = 0$，$C_d = 0$。

为了计算 C_u，先计算对冲比率：

$$H = \frac{C_{uu} - C_{ud}}{uuS_0 - udS_0} = \frac{12 - 0}{72 - 48} = \frac{1}{2}$$

通过买入一股股票和出售 2 份看涨期权，构造一个无风险组合。

组合的成本是：$S - 2C_u = 60 - 2C_u$。

无风险组合的收益等于 48 美元：

无风险组合	$S = 48$	$S = 72$
买入 1 股股票	48	72
出售 2 份看涨期权	0	−24
总和	48	48

因此，通过求解下式可得出看涨期权的价值：$60 - 2C_u = 48/1.06$，解得 $C_u = 7.358$(美元)。

为了计算 C，先计算对冲比率：

$$H = \frac{C_u - C_d}{uS_0 - dS_0} = \frac{7.358 - 0}{60 - 40} = 0.3679$$

通过买入 0.3679 股股票和出售 1 份看涨期权，构造一个无风险组合。

组合的成本为：$0.3679 \times S - C = 18.395 - C$。

无风险组合的收益等于 14.716 美元：

无风险组合	$S = 40$	$S = 60$
买入 0.3679 股股票	14.716	22.074
出售 1 份看涨期权	0.000	−7.358
总和	14.716	14.716

因此，通过求解下式可得出看涨期权的价值：$18.395 - C = 14.716/1.06$，解得 $C = 4.512$(美元)。

c. 在第二期，看跌期权的价值为：

$$P_{uu} = 0$$

$$P_{ud} = P_{du} = 60 - 48 = 12$$

$$P_{dd} = 60 - 32 = 28$$

为了计算 P_u，先计算对冲比率：

$$H=\frac{P_{uu}-P_{ud}}{uuS_0-udS_0}=\frac{0-12}{72-48}=\frac{1}{2}$$

通过买入 1 股股票和 2 份看跌期权，构造一个无风险组合。

组合的成本为：$S+2P_u=60+2P_u$。

无风险组合的收益等于 72 美元：

无风险组合	$S=48$	$S=72$
买入 1 股股票	48	72
买入 2 份看跌期权	24	0
总和	72	72

因此，求解下式可得看跌期权的价值：

$$60+2P_u=72/1.06$$

解得 $P_u=3.962$（美元）。

为了计算 P_d，先计算对冲比率：

$$H=\frac{P_{du}-P_{dd}}{duS_0-ddS_0}=\frac{12-28}{48-32}=-1.0$$

通过买入 1 股股票和 1 份看跌期权，构造一个无风险组合。

组合的成本为：$S+P_d=40+P_d$。

无风险组合的收益等于 60 美元：

无风险组合	$S=32$	$S=48$
买入 1 股股票	32	48
买入 1 份看跌期权	28	12
总和	60	60

因此，求解下式可得看跌期权的价值：

$$40+P_d=60/1.06$$

解得 $P_d=16.604$（美元）。

为了计算 P，先计算对冲比率：

$$H=\frac{P_u-P_d}{uS_0-dS_0}=\frac{3.962-16.604}{60-40}=-0.6321$$

通过买入 0.6321 股股票和 1 份看跌期权来构建一个无风险组合。

组合的成本为：$0.6321\times S+P=31.605+P$。

无风险组合的收益等于 41.888 美元：

无风险组合	$S=40$	$S=60$
买入 0.6321 股股票	25.284	37.926
买入 1 份看跌期权	16.604	3.962
总和	41.888	41.888

因此，通过求解下式可得出看跌期权的价值：$31.605+P=41.888/1.06$，解得 $P=7.912$（美元）。

d. 根据看跌－看涨期权平价公式：

$$C = S_0 + P - \mathrm{PV}(X) = 50 + 7.912 - \frac{60}{1.06^2} = 4.512(\text{美元})$$

这和 b 中算出的看涨期权的价值一样。

5. 肯·韦伯斯特管理着以标准普尔 500 指数为基准的 2 亿美元的股票资产组合。韦伯斯特认为若用一些传统的基础经济指标来测量的话，市场被高估了。他担心潜在的损失，但是认识到标准普尔 500 指数仍可能超过目前 1136 的水平。韦伯斯特正在考虑以下的双限期权策略。

·购买一份行权价格为 1130(刚刚处于虚值状态)的标准普尔 500 指数看跌期权，使资产组合受到保护。

·卖掉两份行权价格为 1150(处于深度虚值状态)的看涨期权，来获取买入一份看跌期权所需的资金。

·因为两份看涨期权的综合德尔塔(见下表)小于 1(即 2×0.36＝0.72)，如果市场继续发展，这些期权的损失也不会超过标的资产组合的盈利。

下表就是用于构造双限期权的信息：

特征	1150 看涨期权	1130 看跌期权
期权价格	8.60 美元	16.10 美元
期权隐含波动率	22%	24%
期权的德尔塔	0.36	－0.44
双限期权要需要的合约数量	602	301

注：

·忽略交易成本。

·标准普尔 500 指数 30 天历史波动率＝23%。

·期权到期期限＝30 天。

a. 如果 30 天后标准普尔 500 指数发生了如下变化，请描述这些综合资产组合(标的资产组合加双限期权)的潜在收益：

i. 上升约 5%至 1193 点。

ii. 保持在 1136 点(无变化)。

iii. 下降约 5%至 1080 点。

(无须计算。)

b. 对于标准普尔 500 指数达到了 a 中所列的每一种情况，讨论这些情况对每个期权对冲比率(德尔塔)的影响。

c. 根据提供的波动率数据，评估以下每个期权的定价：

i. 看跌期权

ii. 看涨期权

答： a. i. 指数增加到 1193，综合资产组合将会遭受损失。看涨期权在实值状态下执行，购买的保护性看跌期权没有执行价值。下面以每股为基础来分析这一结果。

每份看涨期权的支出为 43 美元，总现金流出为 86 美元，股价为 1190 美元。组合的价值为：1190－86＝1104.00(美元)。

当建立期权头寸时，组合的净成本为：1136＋16.10(看跌)－(2×8.60)(出售看涨)＝

1134.90(美元)。

因此，资产组合遭受了30.90美元的小损失。

ii. 指数保持在1136，两种期权都在处于虚值状态。组合的价值为1136美元/股，与30天前的初始成本1134.90美元相比较，资产组合有一个很小的1.10美元的收益。

iii. 指数下降到1080，执行看涨期权没有价值。组合的价值为1130美元，是保护性看跌期权的行权价格。这意味着资产组合相对于30天前的初始成本1134.90美元有一个很小的4.90美元的损失。

b. i. 指数增加到1193，随着股票的实值程度越来越深，看涨期权的德尔塔接近1.0。当逐渐接近到期日时，期权会被执行。看跌期权的德尔塔接近零。

ii. 指数保持在1136，两种期权都处于虚值状态。越接近到期日，每种期权的德尔塔越接近零，期权不会被执行。

iii. 指数下降到1080，接近到期日时，看涨期权处于虚值状态，德尔塔接近零。相反地，随着期权执行成为必然，看跌期权的德尔塔接近 -1.0。

c. 看涨期权按隐含波动率(22.00%)出售，这个波动率比近期历史波动率(23.00%)小；看跌期权按隐含波动率(24.00%)出售，大于历史波动率。看涨期权相对较便宜，看跌期权相对较贵。

第 22 章　期货市场

22.1　复习笔记

1. 期货合约

远期合约是指交易双方约定在未来某一确定的时间按照确定的价格买卖一定数量的某种金融资产的合约，远期合约在场外进行交易。期货合约是指在约定的交割日以某一商定的价格(期货价格)对某项资产进行交割的合约。可以说期货合约就是远期合约的标准化，在交易所内进行交易。

期货合约和远期合约、期权关键的不同在于，期权的持有者只有权利而无义务，而期货或远期合约的持有者一定要履行其义务。

(1)期货合约基本知识

期货合约是期货交易所为期货交易而制定发行的标准化合同。期货合约对商品的等级、数量、交货期、交货地点都有规定，只有商品的价格是由买卖双方协定的。

期货在到期日的收益状况：

$$多头方的收益 = 到期日现货价格 - 当前期货价格$$

$$空头方的收益 = 当前期货价格 - 到期日现货价格$$

现货价格是指现实中商品交易时的市场价格。

期货合约是零和博弈，所有头寸的总损益为零。

(2)已有的合约类型

期货与远期合约品种可分为四种类型：农产品、金属与矿产(包括能源)、外汇、金融期货。除了股指期货，如今还有单一股票期货以及窄基指数期货合约。

2. 期货市场的交易机制

(1)清算所与未平仓合约

对于期货交易的双方而言，清算所起到了第三方的作用，它是每一份期货合约卖方的买方、买方的卖方，所以期货合约买卖双方无须向交易对方负责，而清算所对每一笔交易的买卖双方负责，交易者造成的违约损失由清算所承担。

持仓量指未平仓的合约数量(即全部多头的数量或全部空头的数量)。刚交易时，持仓量等于零，随后持仓量根据新开仓量而不断增大。

(2)逐日盯市与保证金账户

为了确保交易者可以履行合约，在刚开始开仓时，交易双方必须向其保证金账户中缴纳保证金，保证金可以是现金，也可以是短期国库券等流动性较强的资产。初始保证金通常为合约价值的5% ~15%，标的资产价格波动越剧烈，最低保证金就越高。

盯市是指清算所要求所有头寸每日都结算盈亏的制度。

随着期货合约临近到期日，期货价格会逐渐向基础资产的即期价格收敛，这就是期货价格的收敛性；但是由于存在交易费用，合约到期时，期货价格只会非常接近即期价格，很少出现两者价格完全相等的情况。

(3)现金交割与实物交割

若合约在到期日未平仓，许多期货合约会要求进行实物交割。对于农产品，商品的质量参差不齐，所以产品质量标准也会作为交易所制定的合约的一部分。对股指期货，需要进行现金交割。

(4)监管

商品期货交易委员会(CFTC)负责监管期货市场。CFTC 制定会员公司的资本金要求，会员公司只有经过 CFTC 的授权才能够交易新合约。CFTC 也会检查每天的交易记录。

3. 期货市场策略

(1)套期保值与投机

套期保值与投机是目的截然不同的两种策略。套期保值的目的是规避市场价格波动带来的风险，而投机则是为了从期货价格的波动中取得利润。

(2)基差风险与套期保值

基差是期货和现货的价格之差。合约到期时，现货价格等于期货价格，所以基差等于零。但到期前，期货和现货的价格之间可能存在较大的差距，且期货价格与现货价格的变动幅度可能不一致，使套期保值不能达到完全，这就称为基差风险。

投资者可以利用基差的变化获利。如利用日历价差这种投资策略，即购买一个期货合约的同时卖出标的资产相同但到期日不同的一个期货合约，只要买入合约的期货价格涨幅高于或跌幅小于卖出的期货合约，投资者就能获利。

4. 期货价格的决定

(1)现货－期货平价定理

当能够对标的资产价格的变动进行完全套期保值时，此时标的资产与期货合约形成的组合的回报等于无风险投资回报。

假设投资于股票，其现货价格为 S_0，期末时价格为 F_0+D，D 为股息，则收益率为：

$$\text{完全套期保值的股票组合的收益率}=[(F_0+D)-S_0]/S_0$$

由于短期内能够准确预测组合的股息，因此完全套期保值的股票组合应获得无风险收益率：

$$[(F_0+D)-S_0]/S_0=r_f$$

进而可得期货价格为：

$$F_0=S_0(1+r_f)-D=S_0(1+r_f-d)$$

其中，d 为股息率，即 D/S_0。上式就是现货－期货平价定理，它描述了理论上现货和期货价格之间的关系。

平价关系又称持有成本关系：

①由于立即购买股票并持有至到期是有成本的，主要是货币的时间价值，假设为 r_f。

②若股票支付股息，定义 d 为股息率，所以股票的持有成本率是 r_f-d。当 $F_0=S_0(1+r_f-d)$ 时，基差正好抵消了持有成本。

有效期为 T 时，可将平价关系推广为：

$$F_0=S_0(1+r_f-d)^T$$

(2)价差

为了表示到期日不同期货的价差，定义 $F(T_1)$ 和 $F(T_2)$ 分别为交割日为 T_1 和 T_2 的期货价格，d 为股息率，从平价关系式中得出：

$$F(T_1) = S_0(1 + r_f - d)^{T_1}$$
$$F(T_2) = S_0(1 + r_f - d)^{T_2}$$

有：

$$F(T_2)/F(T_1) = (1 + r_f - d)^{(T_2 - T_1)}$$

所以价差间基本的平价关系为：

$$F(T_2) = F(T_1)(1 + r_f - d)^{(T_2 - T_1)} \quad (22-1)$$

式(22－1)表明期货价格的变动应趋于一致，离交割日越远的期货价格越高。

5. 期货价格与预期将来的现货价格

关于期货价格和未来的期望现货价格的关系，存在三种传统理论：预期假设(expectation hypothesis)理论、现货溢价(normal backwardation)理论与期货溢价(contango)理论。图22－1表示这三种理论下期货价格的预测轨迹。

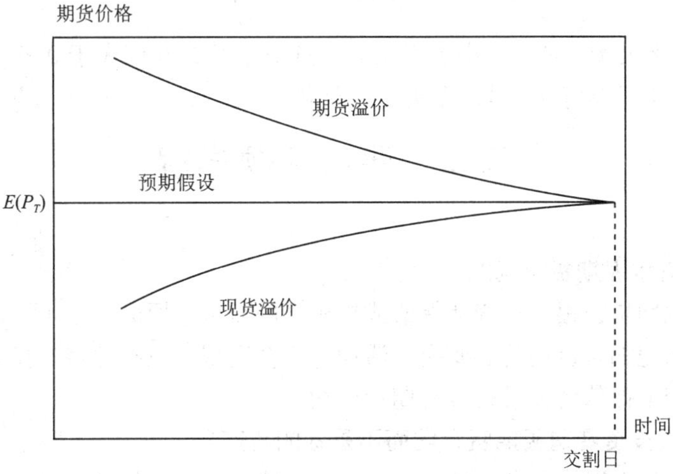

图22－1 预期现货价格不变的特殊情况下，期货价格随时间的变化

(1)预期假设

预期假设认为期货价格等于将来的现货期望价格：$F_0 = E(P_T)$。该理论认为，期货合约的卖方与买方的期望收益都为零。卖方的期望收益为 $F_0 - E(P_T)$，买方的期望收益为 $E(P_T) - F_0$，而 $F_0 = E(P_T)$，所以买方与卖方的期望收益都为零。预期假设以风险中性为前提，即投资者对于风险没有偏好，只关注预期价格。

很明显预期假设是有缺陷的，到期日的现货价格是不确定的，所以期货价格一定要考虑风险溢价的问题。

(2)现货溢价

现货溢价理论认为期货价格低于未来现货的期望价格，这一差额是套期保值者为规避整体风险而付出的成本，但随着合约有效期的临近，差额不断减小，直至最后 $F_T = P_T$。

现货溢价理论虽然注意了风险溢价的重要性，但其考虑的是全部的不确定性。

(3)期货溢价

期货溢价理论认为只有商品买方才需要进行套期保值。多头套期者愿意高价买入期货以规避风险，而投机者只有存在风险溢价时才肯做空。因此期货溢价理论认为 F_0 一定大于 $E(P_T)$。这刚好与现货溢价理论相反。

(4)现代资产组合理论

现代资产组合理论认为，若商品价格系统风险大于0，期货价格将低于未来现货价格的期望值。

假设股票不付息，定义$E(P_T)$为T时股票的期望价格，k为股票必要收益率，则股票的现价等于其未来期望收益的现值：

$$P_0=\frac{E(P_T)}{(1+k)^T} \tag{22-2}$$

从期货-现货平价关系也可推导出：

$$P_0=\frac{F_0}{(1+r_f)^T} \tag{22-3}$$

所以，式(22-2)和式(22-3)的右边等价，于是可得：

$$F_0=E(P_T)\left(\frac{1+r_f}{1+k}\right)^T$$

由上式可知，k大于r_f时，F_0小于$E(P_T)$，这对于所有β值大于0的资产都成立。即当商品系统风险大于0(k大于r_f)时，多头方会获利。

22.2 课后习题详解

一、习题

1. 为什么没有水泥期货市场？

答： 对于水泥期货，很少有套期保值或投机性的需求，原因在于水泥价格相当稳定并且可以预测。支持水泥期货市场的必要交易活动将不会实现。只有那些有显著波动性的大宗商品和金融证券对套期保值者和投机者有期货合约。

2. 为什么个人投资者购买期货合约而不是标的资产？

答： 允许用保证金购买是期货的优势之一。期货的另一个优势是可以改变投资者的资产持有结构。如果投资者在从事商品交易，这是十分重要的，因为期货市场比现货市场的流动性要大得多。

3. 卖空资产与卖空期货合约的现金流有何区别？

答： 卖空资产可以获得即时现金流，而卖空期货头寸却没有：

行为	初始现金流	最终现金流
卖空资产	$+P_0$	$-P_T$
卖空期货	0	F_0-P_T

4. 判断下述表述是正确的，还是错误的？为什么？

a. 其他条件相同，具有高股息率的股指期货价格应高于低股息率的股指期货价格。

b. 其他条件相同，高β股票的期货价格应高于低β股票的期货价格。

c. 标准普尔500指数期货合约的空头头寸的β值为负。

答： a. 错误。对于任意给定水平的股票指数，股息率越高，期货价格越低。这与即期-远期平价公式一致：

$$F_0=S_0(1+r_f-d)^T$$

b. 错误。由即期-远期平价公式可知，期货价格由股票价格、利率和股息率决定，它不是β的函数。

c. 正确。在市场下跌时卖空期货头寸将获得收益。这是一个 β 值为负的头寸。

5. 期货价格与期货合约的价值之间有何区别？

答：期货价格是经过市场协商达成一致的资产延期交割价格。如果价格是公平的，则合约的价值应等于零；也就是说，对每个交易者而言合约的净现值必须为零。但是随着时间推移，标的资产的价格将改变，影响到合约价值。

6. 如何评价期货市场从更有生产力的地方吸取了资金。

答：因为多头头寸等于空头头寸，所以期货交易必定产生了对资产赌注的相互抵消效果。此外，在期货交易开始时没有现金交换。因此，期货交易对现货市场上的资产的冲击是最小的——它不会减少用于其他用途的资本。

7. a. 根据教材图 22－1 所示的标准普尔 500 指数期货合约，如果保证金要求为期货价格的 10%乘以 250 美元，你要交易 3 月合约需经过经纪人存多少钱？

b. 如果 3 月合约期货价格上升至 1498 美元，如果你按图中所示的价格做多，则你的净投资收益率是多少？

c. 如果 3 月合约期货价格下跌 1%，你的收益百分比如何？

答：a. 三月合约的期货收盘价为 1491.80，美元价值为：$250 \times 1491.80 = 372950$（美元）。因此，要求保证金存款为 37295 美元。

b. 期货价格上涨：$1498.00 - 1491.80 = 6.20$（美元）；

保证金账户的存款为：$6.20 \times 250 = 1550$（美元）；

收益百分比为：$1550/37295 = 0.04 = 4\%$。

注意：期货价格本身只上升了 0.42%。

c. 根据 b 中的结果，F 的任何变化都会按（1/保证金要求）的比率扩大。这就是杠杆效应。收益率为 -10%。

8. a. 一个个股期货合约，其标的股票没有股息，有效期为 1 年，现在价格为 150 美元，如果短期国债收益率为 3%，期货价格应该是多少？

b. 如果合约有效期是 3 年，期货价格应该是多少？

c. 如果利率为 6%，合约有效期是 3 年，期货价格又应该是多少？

答：a. $F_0 = S_0(1 + r_f) = 150 \times 1.03 = 154.50$（美元）。

b. $F_0 = S_0(1 + r_f)^3 = 150 \times 1.03^3 = 163.91$（美元）。

c. $F_0 = 150 \times 1.06^3 = 178.65$（美元）。

9. 在下述情况下，资产组合管理人怎样使用金融期货来规避风险：

a. 你有一个流动性较差并准备出售的大的债券头寸。

b. 你从持有的国债中获得一大笔收益，并想出售该国债，但是想将这笔收益延迟到下个纳税年度。

c. 你将在下个月收到年终奖金，并想将它投资于长期公司债券。你认为公司债券的出售收益率是非常吸引人的，并相信在未来几周内债券价格将上升。

答：a. 通过卖空国库券期货来规避利率风险。如果利率上升，期货的收益可以在一定程度上补偿债券的损失。

b. 同样地，通过卖空国库券期货来规避利率风险。

c. 当购买债券时，需要保护现金支出。如果债券价格上升，将需要额外的现金来购买债券。因此，应该持有一个期货多头头寸，以便在债券价格上升时获得收益。

10. 假定标准普尔 500 指数的值是 1400 点，如果一年期国债收益率为 3%，标准普尔 500 股指的预期股息率为 2%，一年期的期货价格是多少？如果短期国债收益率低于股息率，比如 1%，股指期货价格是多少？

答：$F_0 = S_0 \times (1 + r_f - d) = 1400 \times (1 + 0.03 - 0.02) = 1414$。

如果国库券的收益率低于股息率，那么期货价格应低于现货价格。本题中如果短期国债收益率低于股息率 1%，则期货价格为：$1400 \times (1 + 0.01 - 0.02) = 1386$。

11. 考虑同一股票的期货合约、看涨期权和看跌期权交易，该股票无股利支付。3 种合约到期日均为 T，看涨期权和看跌期权的行权价格都为 X，期货价格为 F。证明如果 $X = F$，则看涨期权价格等于看跌期权的价格。利用平价条件来证明。

答：看跌－看涨期权平价关系表明：$P = C - S_0 + X/(1 + r_f)^T$，如果 $F = X$，则 $P = C - S_0 + F/(1 + r_f)^T$。但是即期－远期平价关系表明：$F = S_0(1 + r_f)^T$。

代入后，可得：

$$P = C - S_0 + [S_0 \times (1 + r_f)^T]/(1 + r_f)^T = C - S_0 + S_0 = C$$

因此，如果 $F = X$，看涨期权的价格等于看跌期权的价格。

12. 现在是 1 月，现行利率为 2%，6 月合约黄金期货价格是 1500 美元，而 12 月合约黄金期货价格为 1510 美元。是否存在套利机会？如果存在，你怎样操作？

答：根据平价关系，12 月期货的理论价格为：

$$F_{12} = F_6(1 + r_f)^{1/2} = 1500 \times 1.02^{1/2} = 1514.93\text{(美元)}$$

12 月期货实际价格比根据 6 月期货价格计算的理论价格低。因此应买进 12 月份的合约并卖空 6 月份的合约。

13. 期货交易所刚刚引入 Brandex 个股期货合约，这家公司不支付股利。每份合约要求 1 年后买入 1000 股股票，短期国债收益率为 6%。

a. 如果股票价格为 120 美元/股，则期货价格应该是多少？

b. 如果股票价格下跌 3%，则期货价格变化多少？投资者保证金变化是多少？

c. 如果合约的保证金为 12000 美元，投资者头寸的收益百分比是多少？

答：a. $120 \times 1.06 = 127.20$(美元)。

b. 股票价格下降至：$120 \times (1 - 0.03) = 116.40$(美元)；

期货价格下降至：$116.4 \times 1.06 = 123.384$(美元)；

投资者损失：$(127.20 - 123.384) \times 1000 = 3816$(美元)。

c. 损失百分比为：$3816/12000 = 0.318 = 31.8\%$。

14. 股指期货的乘数为 250 美元，到期日为 1 年，指数的即期水平为 1300 点，无风险利率为每月 0.5%，指数股利率为每月 0.2%。假定 1 个月后，股指为 1320 点。

a. 确定合约逐日盯市的收益现金流。假定平价条件始终成立。

b. 如果合约初始保证金为 13000 美元，求持有期的收益。

答：a. 初始期货价格为：$F_0 = 1300 \times (1 + 0.005 - 0.002)^{12} = 1347.58$(美元)

一个月后，期货价格将为：

$$F_0 = 1320 \times (1 + 0.005 - 0.002)^{11} = 1364.22\text{(美元)}$$

期货价格上升幅度为 16.64，因此现金流为：$16.64 \times 250 = 4160.00$(美元)。

b. 持有期收益率为：$4160.00/13000 = 0.3200 = 32.00\%$。

15. 作为公司财务主管，你将在 3 个月后为偿债基金购入 100 万美元的债券。你相信利率很快会下跌，因此想提前为公司购入偿债基金债券(现在正折价出售)。不幸的是，你必须征得董事会的同意，而审批过程至少要两个月。你会在期货市场采取什么措施，以规避实际买入前债券价格和收益出现的任何不利变动？你要成为多头还是空头？只需要给出定性的回答。

答：财务主管想在今天买入债券，但却不能实现。作为替代，他可以购买国库券期货合约。如果利率下降，财务主管就必须以高于当前买价的价格买回偿债基金债券。但是期货合约的收益将在一定程度上补偿这一增加的成本。

16. 标准普尔资产组合每年支付股息率为 1%，它现在价值 1500 点，短期国债收益率为 4%，假定 1 年期的标准普尔期货价格为 1550 点。构建 1 个套利策略来证明你 1 年中的利润等于期货价格的错误估价的值(实际期货价格与理论价格的差值)。

答：期货的理论价值为：$1500\times(1+0.04-0.01)=1545$(美元)。实际期货价格为：1550 美元，高了 5 美元。

套利资产组合	现在的现金流	一年后的现金流
借入	+1500	-1500×1.04
买进指数	−1500	$S_T+(0.01\times1500)$
卖出期货	0	$1550-S_T$
总计	0	5

17. 本章 Excel 应用专栏(www. mhhe. com/bkm 提供下载，详见第 22 章内容)显示了怎样利用现货－期货平价关系来找出“期货价格的期限结构”，即不同到期日的期货的价格。

a. 假定今天是 2013 年 1 月 1 日，年利率为 3%，股票指数为 1500 点，股息率为 1.5%。计算 2013 年 2 月 14 日、5 月 21 日和 11 月 18 日合约的期货价格。

b. 如果股息率高于无风险利率，期货价格期限结构会怎样变化？比如，股息率为 4%。

答：a. 期货价格的计算如下表所示：

现货期货平价和时间跨度			
现货价格	1500		
收益率(%)	1.5	期货价格与到期日	
利率(%)	3.0		
当前日期	2013. 1. 1	现货价格	1500. 00
到期日 1	2013. 2. 14	期货 1	1502. 67
到期日 2	2013. 5. 21	期货 2	1508. 71
到期日 3	2013. 11. 18	期货 3	1519. 79
距到期日 1 的时间	0. 12		
距到期日 2 的时间	0. 39		
距到期日 3 的时间	0. 88		

b. 下表表明期货价格随收益率的上升而下降：

现货期货平价和时间跨度			
现货价格	1500		
收益率(%)	4.0	期货价格与到期日	
利率(%)	3.0		
当前日期	2013.1.1	现货价格	1500.00
到期日 1	2013.2.14	期货 1	1498.20
到期日 2	2013.5.21	期货 2	1494.15
到期日 3	2013.11.18	期货 3	1486.78
距到期日 1 的时间	0.12		
距到期日 2 的时间	0.39		
距到期日 3 的时间	0.88		

18. a. 股票平价公式应怎样调整才能适用于国债期货合约？用什么来代替公式中的股息率？

b. 当收益率曲线向上倾斜时，国债期货合约的期限越长，价格是越高还是越低？

c. 用教材图 22－1 来验证你的观点。

答： a. 国债的当前收益率(息票除以价格)充当了股息率的角色。

b. 当收益率曲线向上倾斜时，当前收益率超过了短期利率。因此，国债期货合约的期限越长，价格越低。

c. 略。

19. 根据以下套利策略推导价差的平价关系：

①期限为 T_1 的期货多头，期货价格为 $F(T_1)$；

②期限为 T_2 的期货空头，期货价格为 $F(T_2)$；

③在 T_1 时，第一份合约到期，买入资产并按 r_f 利率借入 $F(T_1)$ 美元；

④在 T_2 时偿还贷款。

a. 按照这个策略，0、T_1 和 T_2 时的总现金流是多少？

b. 如果不存在套利机会，为什么 T_2 时的利润一定为零？

c. 要使 T_2 时的利润为零，$F(T_1)$ 与 $F(T_2)$ 之间需满足什么样的关系？这一关系就是价差的平价关系。

答： a.

行动	现金流		
	现在	T_1	T_2
T_1 到期的期货多头	0	$P_1-F(T_1)$	0
T_2 到期的期货空头	0	0	$F(T_2)-P_2$
在 T_1 时买入资产，在 T_2 时卖出	0	$-P_1$	P_2
在 T_1 时借入 $F(T_1)$	0	$F(T_1)$	$-F(T_1)\times(1+r_f)^{(T_2-T_1)}$
合计	0	0	$F(T_2)-F(T_1)\times(1+r_f)^{(T_2-T_1)}$

b. 因为 T_2 时的现金流是无风险的，且净投资为零，所以任何利润都表示存在套利机会。

c. 零利润无套利的限制表明：$F(T_2)=F(T_1)\times(1+r_f)^{(T_2-T_1)}$。

二、CFA 考题

1. 特许金融分析师琼·塔姆认为她发现了某一商品的套利机会，这个机会的信息提示如下：

商品的现货价格	120 美元
1 年期的商品期货价格	125 美元
年利率	8%

a. 利用这一特定套利机会需要怎样的交易过程？

b. 计算套利利润。

答：a. 充分利用套利机会的策略被称为“反向套利”。当以下关系式不成立时会产生反向套利机会：$F_0 \geqslant S_0(1+C)$。

如果期货价格小于现货价格加上持有货物至期货交割日的成本，就存在套利机会。交易者能够卖空资产，并将其收益按照目前的利率借贷出去，并买入未来交割的资产。在期货交割时，交易者获得借贷的本息收益，交割资产，并且对商品的空头进行平仓。

b.

行动	现金流	
	现在(美元)	一年后(美元)
卖空现货商品	+120.00	-125.00
买入一年后到期的商品期货	0.00	0.00
以 8% 的年利率借出 120 美元的合约	-120.00	+129.60
总现金流	0.00	+4.60

2. MI 公司发行 2 亿瑞士法郎的 5 年期贴现票据，这笔钱将兑换成美元去美国购买资本设备。MI 公司想规避现金头寸的风险，有以下 3 个方案：

- **瑞士法郎平值看涨期权。**
- **瑞士法郎远期。**
- **瑞士法郎期货。**

a. 比较 3 种衍生工具的本质特征。

b. 根据 MI 公司的套期保值目标，评价这 3 种方案的适用性，并指出各自的优势与不足。

答：a. 看涨期权以其非对称收益而著称。如果瑞士法郎升值，那么公司为了用给定数量的美元来支付债务，它可以买入瑞士法郎，并因此对其债务融资的成本加上了一个上限。如果瑞士法郎下跌，那么公司将从汇率的变化中获益。

期货和远期合约的收益(损失)是对称的，不管瑞士法郎是升值还是贬值，融资的美元成本被锁定。从公司角度出发，期货和远期合约之间的主要差别在于期货的逐日盯市特征，这一特征产生的结果是，当货币价值和期货价格波动时，公司必须准备好围绕现金流入或流出而进行现金管理。

b. 看涨期权使公司能够从瑞士法郎的贬值中获益，但是其成本等于期权费。除非公司在货币投机活动中具备一些特殊的专长，否则期货或者远期合约将是更好的策略，它能够锁定融资的美元成本而无须支付期权费。

3. 指出期货合约与期权合约的根本区别，简要说明两者在调整资产组合风险的方式上有何不同。

答：期货合约和期权合约之间的重要区别为期货合约是一种义务。当投资者买入或卖出期货合约时，他在到期日有义务接受或者交割标的商品。相反，期权合约的购买者没有义务接受或者交割标的商品——在合约有效期的任何时间里，他有权利（或者能够选择）接受交割（对于看涨期权持有者）或履行交割（对于看跌期权持有者）标的商品。

期货和期权以不同的方式改变了资产组合的风险，买入或者卖出一份期货合约会影响资产组合的上行风险和下行风险，其变化的幅度相同，这通常被称为对称性影响。另一方面，资产组合中看涨或看跌期权的增加，不会对上行风险和下行风险产生相同幅度的影响。与期货合约不同，在一个资产组合中的风险资产部分，期权的影响是非对称的。

4. 特许金融分析师玛丽亚·冯夫森认为固定收益证券远期合约可用来对 Star 医院退休金债券组合进行保值，以规避利率上升带来的风险。冯夫森准备了下面的例子来说明是如何操作的。

- **10 年期面值 1000 美元的债权，今天按面值发行，每年按票面利率支付利息。**
- **投资者计划今天买入该债券并在 6 个月后抛售。**
- **目前 6 个月无风险利率为 5%（年化）。**
- **6 个月此债券的远期合约可以利用，其价格是 1024.70 美元。**
- **6 个月后，因利率上升，债券加上已产生的利息的总价值预计减少为 978.40 美元。**

a. 投资者是否应该买入或卖出远期合约对债券进行保值，规避持有期利率上升的风险。

b. 如果冯夫森对债券的价格预测正确，计算这份远期合约在到期日的价值。

c. 计算合约签订 6 个月后这份组合投资（债券及相应的远期合约头寸）价值的变化。

答：a. 为应对持有期间利率上升的风险，投资者应出售远期合约对债券进行保值。由于投资者打算持有标的资产多头头寸，因此需要持有衍生工具空头头寸进行对冲。

b. 在到期日，远期合约的价值等于标的资产即期价格减去远期价格：

$$978.40-1024.70=-46.30\text{（美元）}$$

这份合约价值为负。这是远期合约多头持有人应该支付给投资者的价值。在这个例子中，投资者应该做空远期合约，这样他能收到 +46.30 美元的现金流，正如他期望的那样。

c. 在 6 个月持有期期末，资产组合的价值为：

$$978.40+46.30=1024.70\text{（美元）}$$

6 个月内资产组合的价值变化为 24.70 美元。

资产组合的价值是债券市场价值与远期合约空头价值的和。在 6 个月持有期期初，债券价值为 1000 美元，远期合约价值为 0（因为这不是一个场外远期合约，合约订立时没有发生资金转移）。6 个月后，债券价值为 978.40 美元，远期合约空头的价值为 46.30 美元。

实际上，在到期日，由债券多头和远期合约空头组成的投资组合的价值等于远期合约订立时约定的远期价格并不是巧合。通过持有标的资产的多头和远期合约的空头，投资者建立了一个完全对冲（无风险）头寸，从而能够获得无风险收益率。6 个月期的无风险收益率是 5.00%（年利率），其产生的 6 个月的收益是 24.70 美元。

$$1000\times1.05^{1/2}-1000=24.70\text{（美元）}$$

这个结果证明了冯夫森的观点，即在利率上升时，通过出售远期合约对标的债券进行保值。远期合约空头在到期日得到的现金支付补偿了标的债券在 6 个月内的价值损失。也就是说，空头远期合约对冲了标的资产多头的风险。

5. 桑德拉 · 卡佩尔向玛丽亚 · 冯夫森咨询有关采用期货合约的方式对 Star 医院退休金计划的债权组合进行保值，以防止利率上升带来的损失。冯夫森给出的表述如下：

a. 如果利率上升，卖出债券期货合约将在到期日前获得正的现金流。

b. 在到期日前，持有成本使得债券期货合约的价格高于标的债券的现货价格。

请分析冯夫森提供的两种表述是否正确。

答： a. 正确。期货市场每日对期货合约的行情信息进行实时发布。在利率上升期间持有债券期货合约的空头头寸会从逐日盯市中获得正的现金流。当标的资产价格增加时，如果期货合约的投资者有一个多头头寸，则会从逐日盯市中获得正的现金流，该现金流可用于再投资。远期合约只在到期日时结算，在到期日之前不产生任何现金流。

b. 不正确。根据持有成本模型，期货合约价格依据标的资产的持有成本进行了向上的调整。然而，债券(和其他金融工具)没有明显的储存成本。另外，在远期合约有效期内给债券持有人的息票支付会减少持有成本，任何持有标的债券的“便利收益”也会降低持有成本。因此，债券的持有成本很可能是负的。

第23章 期货、互换与风险管理

23.1 复习笔记

1. 外汇期货

(1)市场

外汇期货也被称为外币期货(foreign currency futures)或货币期货(currency futures)，用来回避汇率风险，是金融期货中最早出现的品种。不同的交易所推出的外汇期货合约内容大致相同。目前，交易量较大的外汇期货合约是由芝加哥商业期货交易所国际货币市场分部、新加坡国际金融交易所和伦敦国际金融期货交易所推出的。

(2)利率平价

如果外汇市场足够有效，那么即期汇率与期货汇率之间也会存在一种平价关系，当平价关系不成立时，投资者就可以利用价差进行套利，进而使得期货价格与即期汇率回归平价关系。

用美元与英镑来解释利率平价理论。定义 E_0 为两种货币的即期汇率，F_0 为远期价格，到期期限为 T。定义美、英两国的无风险利率分别为 r_{US} 和 r_{UK}。

根据利率平价理论，E_0 与 F_0 之间的合理关系应该为：

$$F_0 = E_0\left(\frac{1 + r_{US}}{1 + r_{UK}}\right)^T$$

如果美元升值，即购买1英镑所需要的美元数量越来越少，那么远期汇率 F_0(等于一年以后交割时购买1英镑所需要的美元数量)一定小于即期汇率 E_0。如果时间期限为1年，则：

$$F_0 = \frac{1 + r_{US}}{1 + r_{UK}}E_0 \qquad (23-1)$$

这就是1年期的利率平价关系(也称为抛补利率平价)。

(3)直接与间接报价

如果汇率是间接标价，即以每美元多少外币表示，则式(23-1)中的国内及国外的汇率必须交换一下，这种情况下，公式就成为：

$$F_0(\text{外国货币/美元}) = \frac{1 + r_{foreign}}{1 + r_{US}} \times E_0(\text{外国货币/美元})$$

(4)利用期货管理汇率风险

对冲比率是消除某一头寸的风险所需要的套保工具的数量。对冲比率 H 的公式可以表示为：

$$H = \frac{\text{汇率某一给定变化带来的未受保护头寸价值的变化}}{\text{对于相同的汇率变化产生的一个期货头寸的利润}}$$

未套期保值头寸对汇率的敏感性难以估计，通常采用历史关系推导敏感度。依据公式：

$$\text{利润} = a + b \times (\text{美元/英镑汇率})$$

用历史数据回归获得的斜率即为估计的季度利润对汇率的敏感性。

2. 股票指数期货

(1)合约

股票指数期货合约采取现金结算的方式，结算金额等于到期日时盈亏的股指点数乘以每点股指所代表的价值。期货多头的总收益是 $S_T - F_0$，S_T是到期日的股指大小。

(2)构造合成的股票头寸：一种资产配置工具

股指期货是以股票指数为标的资产，能够替代直接持有股票。而股票指数可以看作是市场中全部或具有代表性股票的集合，从而相较于购买大量现货股票，购买股指期货可以节省投资者买卖股票的交易费用。

3. 期货对冲利率风险

为对冲掉利率的不确定性风险，债券投资者运用相应的利率期货来防范利率变动带来的风险。

如果市场利率增加，债券的到期收益率也将增加，那么债券价格就将下跌。债券价值损失的百分比等于修正久期 D^* 乘以收益率的变动($D^* \times \Delta y$)。

基点价值(PVBP)是指预计收益率变化 1 个基点带来的投资组合价值的变化，PVBP 衡量了投资组合价值对利率变化的敏感程度。可表示为：

$$\text{PVBP} = \frac{\text{投资组合价值的变化}}{\text{预计收益率的变化}}$$

可以持有利率期货的相反头寸来对冲利率风险，对冲比率为：

$$H = \frac{\text{投资组合的 PVBP}}{\text{对冲工具的 PVBP}}$$

实际中，仅在固定收益债券市场上两种债券收益率的变化相同时，对冲策略才完全有效。而大部分对冲策略实际上属于交叉套期，需要套保的资产与进行对冲的资产并不相同，交叉对冲只能够抵消资产组合的部分风险，无法实现完全套保。

4. 互换

互换主要包括货币互换和利率互换。

货币互换是指将一种货币的本金和固定利息与另一种货币的等值本金和固定利息进行的交换。利率互换是指交易双方在约定的一段时间内，根据双方签订的合同，在一笔象征性本金的基础上互相交换具有不同利率性质的利率款项。在利率互换中，本金无须交收，仅互换利率，本金只用作计算利息的基础。

(1)互换和资产负债表调整

互换协议可以用于调整资产负债表。当资产管理人想规避利率风险时，就可以通过互换快速地将浮动汇率资产转换成固定汇率资产，也可以根据意愿进行方向相反的操作，将固定汇率资产转换成浮动汇率资产。

(2)互换交易商

互换交易商在互换过程中充当中介的作用，转移互换双方的现金流，通过互换的买卖价差赚取利润。

(3)互换定价

一年期的外汇互换实际上相当于一个外汇远期合约，所以可以利用平价关系确定互换比率，即 $F_1 = E_0(1 + r_{US})/(1 + r_{UK})$。多期的外汇互换协议相当于多份独立的远期合约的组合，那么一年以后汇率远期价格 $F_1=E_0[(1+r_{US})/(1+r_{UK})]$，而两年之后汇率远期价格 $F_2=E_0[(1+r_{US})/(1+r_{UK})]^2$。

(4)信用违约掉期

信用违约掉期(credit default swap，CDS)，即信用违约互换，又称信贷违约掉期，是进行场外交易的最主要的信用风险缓释工具之一。它可以被看作是一种金融资产的违约保险。不同于利率互换，CDS 不要求定期交换现金流。

5. 商品期货定价

商品期货的定价受到商品的持有成本和现货价格季节性变化的影响。

(1)有存储成本时的定价

假设资产可以被买进并储存，且全部持有成本在到期日一次偿还。令 C 代表除利息外的所有持有成本(或净持有成本)，如果把持有成本视为"负红利"，根据现货－期货平价定理，可以得到：

$$F_0=P_0(1+r_f)+C$$

令 $c=C/P_0$，即 c 为百分比形式的持有成本，则：

$$F_0=P_0(1+r_f+c)$$

由于收获期间商品存在存储成本，因此上式不适合横跨收获期的情形。

(2)商品期货的贴现现金流分析

如果已知某一时间商品的期望现货价格且该价格风险可以被衡量，那么就能够计算出持有该商品的权利的现值。因此，可以利用 CAPM 模型和 APT 模型计算合理的风险溢价，进而利用风险调整后的贴现利率计算期望现货价格的贴现值。

因此，在期货合理定价时，未来现金流出量 F_0 的现值应该等于商品的现值，于是可得：

$$F_0/(1+r_f)^T=E(P_T)/(1+k)^T$$

即

$$F_0=E(P_T)[(1+r_f)/(1+k)]^T$$

式中，k 为商品的必要收益率，可以通过 CAPM 模型或 APT 模型计算得出。

23.2 课后习题详解

一、习题

1. 股票的贝塔值是股票市场对冲操作的关键变量。债券的久期是固定收益对冲的关键变量。它们的使用方式有何类似之处？在计算对冲头寸上有何区别？

答：在制定对冲头寸时，对于一个给定的市场环境变化，股票的贝塔值和债券的久期用来确定标的资产价值的预期损益的百分比的方法类似。然后，在每个市场中用预期价值变动百分比来分别计算股票和债券组合的预期价值的美元变化。最后，用标的资产价值的美元变化和期货合约价值的美元变化，来确定对冲比率。

在制定每个市场的对冲头寸时，主要区别在于以何种方式计算第一步。对于股票市场的对冲，在给定的市场指数下股票组合的贝塔系数和期货合约指数的预期百分比变化的乘积等于组合价值的预期百分比变化。显然，如果投资组合有一个正的贝塔值并且投资者希望对冲指数的下降，这一计算的结果是投资组合价值将减少。对于固定收益市场上的对冲，债券的修正久期与债券收益率预期变化的乘积等于债券价值的预期百分比变化。这里，持有债券(或债券组合)多头头寸的投资者关心的是收益率增加的可能性，这会使债券价值下降。

在制定每个市场的对冲头寸时，第二个差异是对冲比率的计算。在股票市场中，对冲比率通常是一个期货合约(对于给定的指数变化)的利润(即美元价值变动)除以投资组合的总价值的预期美元变动(对于给定的指数变化)。在债券市场上，普遍认为应计算债券和期货合约的基点价格(PVBP)，而不是投资组合和单个期货合约的价值的总美元变化。

2. 一个美国的出口公司可以使用外汇期货对冲它的外汇敞口风险。它的期货头寸部分取决于客户的外币计价的销售账单。但是，一般来说，它的期货头寸是否应该高于或低于对冲这些账单所需的期货合约数。对冲策略中还需要有其他什么考虑?

答: 对于一家美国出口公司，其发行给客户的未到期票据以外币计值，它的对冲策略应考虑的因素之一是这家美国公司是否还有以相同外币计值的未偿还应付款项。由于公司在客户支付票据时收到外币，该公司应用外币的空头头寸进行对冲。美国公司应减少其期货的空头头寸，使得未偿还应付款项能抵销具有相同到期日的未偿还应收账款，因为未偿还应付款项有效地规避了未偿还应收账款的汇率风险。等价地，如果美国公司预计将产生以同一外币计价的用以满足向客户提供更多产品的开支需要的债务，那么该公司应减少其外汇期货的空头头寸。在一般情况下，如果美国公司以同一外币产生开支，则该公司将持有货币期货的空头，以对冲其以外币计量的利润。如果美国公司都是以美元产生的开支，但以外币给客户的票据计价，那么公司将持有一个头寸以对冲未偿还应收账款，而不仅仅是利润。

影响美国出口企业对冲汇率风险意愿的另一个考虑因素是外币的贬值对公司产品价格的影响。对于一家以外币计价的美国公司，当外币贬值时，该公司产品的美元等价价格会降低，所以该公司会认为增加其货币期货的空头头寸以对冲这种风险是可取的。如果这家美国公司由于竞争而不能提高其产品的价格(以外币计)，外币的贬值对其利润的影响将类似于外币贬值对这家美国公司应收账款的影响。

3. 黄金开采企业和原油生产企业可以利用期货对冲未来收入的不确定性，规避价格波动，但是交易常超过 1 年期。假设一家公司想利用短期限合约对冲更长期的(比如自今开始 4 年内)商品价格风险。对原油或黄金生产企业来说，你认为该对冲是否有效?

答: 对于黄金开采企业，对冲将更有效。远未到期的原油期货合约价格与当前的价格之间的相关性极低。因为随着时间的推移，石油的便利收益和存储成本会发生显著变化。当短期油价回落时，长期价格几乎没有变化的可能，因为远期交付的油价对当前短期原油市场的变化的反应很微弱。由于短期和长期的原油期货之间的相关性相当的低，用短期合约对冲长期价格风险几乎是没有作用的，也就是说，这样的对冲几乎没有消除不确定的未来石油价格的方差。

与此相反，黄金的便利收益和存储成本基本上更小并且更稳定，其结果是短期和更长期的黄金期货价格之间的相关性更高。换句话说，近期和远未到期的黄金期货价格之间的基点是几乎没有变动，因此用短期黄金合约对冲长期价格，可以有效地降低价格波动带来的风险。

4. 你认为在未来几个月市政债券与国债收益率的价差将不断缩小。你如何利用市政债券和国债期货合约从这种变化中获得利润?

答: 市政债券收益率低于国债收益率(免税)，且预计在未来几个月将接近国债收益率。由于收益率与价格负相关，市政债券的价格表现比国债差。所以应该建立一个价差头寸，购买国债期货并出售市政债券期货，这对整体市场利率水平的净赌注头寸近似于0。这一投资对两种债券的相对价格表现下了赌注。

5. 考虑标准普尔 500 指数期货合约，6 个月到期。6 个月利率为 3%，未来 6 个月预期支付股利的价值为 15 美元。指数现行水平为 1425。假定你能卖空标准普尔 500 指数。

a. 假定市场的期望收益率为每 6 个月 6%。6 个月后预期的指数水平是多少？

b. 理论上，标准普尔 500 指数 6 个月期货合约的无套利定价是多少？

c. 假定期货价格是 1422 点。是否存在套利机会？如果存在，怎样套利？

答： a. $S_0 \times (1 + r_M) - D = (1425 \times 1.06) - 15 = 1495.50$。

b. $S_0 \times (1 + r_f) - D = (1425 \times 1.03) - 15 = 1452.75$。

c. 期货价格低于理论价格。可以通过买入期货，卖空标准普尔 500 指数，并投资于国库券获得无风险套利：

	现在的现金流	6 月后的现金流
买入期货	0	$S_T - 1422$
卖空指数	1425	$-S_T - 15$
买入国库券	-1425	1467.75
总和	0	30.75

6. 假定标准普尔 500 指数为 1600 点。

a. 如果与低价经纪商交易每份期货合约的成本为 25 美元，期货合约控制的每 1 美元股票的交易成本是多少？

b. 如果纽约证券交易所的上市股票平均价为 40 美元，则期货合约控制的每一股“典型股票”的交易成本是多少？

c. 对于小投资者而言，每股直接交易成本为每股 10 美分，期货市场的交易成本是它的多少倍？

答： a. 标准普尔 500 指数的交易乘数为 250 美元，则标的股票的价值为：

$$250 \times 1600 = 400000(\text{美元})$$

则期货合约控制的每 1 美元股票的交易成本为：

$$25/400000 = 0.0000625 \approx 0.0063\%$$

b. 期货合约控制的每一股“典型股票”的交易成本为：

$$40 \times 0.0063\% \approx 0.0025(\text{美元})$$

c. 0.10/0.0025 = 40，即股票市场的交易成本是期货市场的交易成本的 40 倍。

7. 你管理资产组合的价值为 1650 万美元，现在全部投资于股票，并且认为市场正处于短期下跌趋势的边缘。你会将自己的资产组合暂时转换为国债，却不想承担交易成本并重新构建你的股票头寸。作为替代，你决定暂时用标准普尔 500 指数期货合约来对冲你的股票头寸。

a. 你是买入还是卖出合约？为什么？

b. 如果你的股权投资是投资于一个市场指数基金，你应该持有多少份合约？标准普尔 500 指数现在是 1650 点，合约乘数是 250 美元。

c. 如果你的资产组合的 β 值是 0.6，你对 b 的答案有何变化？

答： a. 应该卖出指数期货合约。如果股票价格下降，那么期货市场的获利可以弥补现货市场损失。

b. 每份合约的价值都是 250 美元乘以指数，标准普尔 500 指数现在是 1650 点。因此，每份合约中的股票价值为：$250\times1650=412500$（美元）。

为了对冲1650万美元的资产组合，需要合约：$16500000/412500=40$（份）。

c. 如果资产组合的贝塔值为0.6，那么股票投资组合价值对市场指数的变动的敏感度为0.6，因此，需要b中合约数的0.6倍来对冲风险，即$0.6\times40=24$（份）。

8. 管理人持有β为1.25的价值为100万美元的股票资产组合。她想用标准普尔500股票指数期货合约对冲资产组合的风险。为了使她持有头寸的波动性最小化，她应该在期货市场卖出多少美元价值的指数？

答：如果资产组合的β是1.0，她将出售100万美元的指数。因为β为1.25，她应该出售125万美元的指数。

9. 假定IBM股票的收益率、市场指数以及计算机行业指数之间的关系可以用回归方程表示：$r_{IBM}=0.5r_M+0.75r_{Industry}$。如果一个计算机行业期货合约已被交易，你将如何对冲系统性因素和行业因素对IBM股票表现造成的风险敞口？对所持有的每1美元的IBM股票，你该买进或者卖出价值多少美元的市场以及行业指数合约？

答：对所持有的每1美元的IBM股票，应该出售0.50美元的市场指数合约和0.75美元的计算机行业指数合约。

10. 假定欧元的现货价格为1.30美元。1年期期货价格为1.35美元。是美国利率高还是欧元区的利率高？

答：美元相对欧元在贬值。为了吸引投资者在美国投资，美国的利率应该更高。

11. a. 英镑的现货价格为2.00美元。如果1年期政府债券的无风险利率在美国为4%，在英国为6%，1年期英镑远期价格必定是多少？

b. 如果远期价格高于a中的答案，投资者应怎样进行无风险套利？给出数字实例。

答：a. 由平价公式：$F_0=E_0\times\frac{1+r_{US}}{1+r_{UK}}=2.00\times\frac{1.04}{1.06}=1.962$。

b. 令$F_0=2.03$美元/英镑。则在远期市场，美元相对便宜，而英镑相对较贵。因此，应该按照目前的市场价值借入1英镑，使用该资金在现货市场上买入英镑票据，并且卖出1英镑的远期：

现在的行为	现金流（美元）	期末的行为	现金流（美元）
以2.03美元出售1英镑的远期	0	收取2.03美元，交付1英镑	$2.03-E_1$
在即期市场买入1/1.06英镑，以英国无风险利率投资	$-2.00/1.06=-1.887$	将1英镑兑换成E_1美元	E_1
借入1.887美元	1.887	还贷，美国利率为4%	-1.962
总和	0	总和	0.068

12. 考虑以下信息：$r_{US}=4\%$；$r_{UK}=7\%$；$E_0=2.00$美元/英镑；$F_0=1.98$（1年期交割）。利率每年支付。给定这些信息：

a. 应向哪个国家贷款？

b. 应向哪个国家借款？

c. 怎样套利？

答：a. 向英国贷款。

b. 从美国借款。

c. 若向美国贷款，收益率为 4%。若向英国贷款，利用期货或远期合约来对冲利率风险，收益率为：

$$r_{US}=\left[(1+r_{UK})\times\frac{F_0}{E_0}\right]-1=\left[1.07\times\frac{1.98}{2.00}\right]-1=0.0593=5.93\%$$

套利策略为：在从美国借款的同时贷款给英国来对冲利率风险。

现在的行为	现金流(美元)	期末的行为	现金流(美元)
从美国借款 2 美元	2.00	偿还贷款	-2.00×1.04
将美元兑换成英镑，向英国贷款 1 英镑	-2.00	收取还款，并兑换成美元	$1.07\times E_1$
以 $F_0=1.98$ 美元的价格出售 1.07 英镑的远期	0	将远期平仓	$1.07\times(1.98-E_1)$
总和	0	总和	0.0386

13. 农场主布朗种植 1 号红玉米，并想对收获季节的价值进行套期保值。但是，市场中只有以 2 号黄玉米为标的物进行交易的期货合约。假定黄玉米都是以红玉米 90% 的价格出售。如果他的收成为 100000 蒲式耳，并且每份期货合约要求交割 5000 蒲式耳，为了给他的头寸套期保值，农场主布朗该买入还是卖出多少张期货合约？

答：农场主应卖出远期：$100000\times1/0.90=111111$ 蒲式耳的黄玉米。这需要卖出 $111111/5000\approx22$ 份期货合约。

14. 回到教材图 23－7。假定列在第一行的欧洲美元合约 1 月到期时 LIBOR 利率是 0.40%。持有欧洲美元合约双方的利润或者损失是多少？

答：期货收盘价格为：$100-0.40=99.60$。而初始期货价格为 99.7075，所以多头损失 10.75 个基点，或：$10.75\times25=268.75$(美元)。

损失也可以按下式计算：$0.001075\times1/4\times1000000=268.75$(美元)。

15. 短期债券收益率一般比长期债券收益率波动性更高。假定你已估计出 5 年期债券收益率每变动 15 个基点，20 年期债券收益率变动 10 个基点。你持有一个价值 100 万美元的 5 年期、修正久期为 4 年的资产组合，并且想用当前修正久期为 9 年、售价为 $F_0=95$ 美元的国债期货对冲你的利率风险敞口。你应该卖出多少张期货合约？

答：假设资产组合的收益率上升 1.5 个基点，则国债期货合约的收益率会上升 1 个基点。

资产组合的损失为：$1000000\times\Delta y\times D^*=1000000\times0.00015\times4=600$(美元)。

期货价格变化(每 100 美元的面值)将为：$95\times0.0001\times9=0.0855$(美元)。

这表明面值为 100000 美元的合约将有 85.5 美元的价格变化。因此，应该卖出：$600/85.50=7$ 张合约。

16. 某管理人持有价值 100 万美元的债券资产组合，修正久期为 8 年。她想通过做空国债期货对冲资产组合的风险。国债的修正久期为 10 年。为了最小化她的头寸的方差，她需要卖出价值多少美元的国债？

答：需要卖出的国债价值为：$100\times8/10=80$(万美元)。

17. 某公司计划在 3 个月内发行价值 1000 万美元的 10 年期债券。在当前的收益率水平下，该债券的修正久期为 8 年。中期国债期货合约的售价 $F_0=100$，修正久期为 6 年。该公司怎样使用这种期货合约来对冲围绕它出售债券收益率的风险？债券和合约都是平价。

答：如果债券和期货合约的收益的变化都是 1 个基点，那么债券价值将变化：

$$10000000 \times 0.0001 \times 8 = 8000(美元)$$

合约的现金流为：

$$100000 \times 0.0001 \times 6 = 60(美元)$$

因此，公司将卖出 8000/60 = 133 份期货合约。

公司应该卖出合约，原因在于其作为债券发行者，需要用期货合约的收益来补偿利率上升可能导致的损失。

18. 如果黄金现货价格是 1500 美元/盎司，无风险利率是 2%，存储和保险成本为 0，1 年期交割的黄金远期价格应该是多少？利用套利工具来证明你的结论。举出实例证明如果远期价格超过了其价值上限，你可以获得无风险利润。

答： $F_0 = S_0(1 + r_f)^T = 1500 \times 1.02 = 1530$。

如果 $F_0 = 1545$，可以获得的套利利润如下：

行动	现在的现金流	1 年后的现金流
买入黄金	-1500	S_T
卖出期货	0	$1545 - S_T$
借入 1500 美元	1500	-1530
总和	0	15

因此，为使该策略无利润，远期价格必须为 1530 美元。

19. 如果现在玉米收成很差，你认为这会对今天 2 年期交割的玉米期货价格产生什么影响？在什么情况下会没有影响？

答： 如果现在收成很差预示着未来的收成比平均水平更坏，那么，未来的玉米期货价格将上升，尽管两年期的价格变化可能低于一年期价格的变化。如果玉米的存储跨越整个收成期，则相同的推理也成立。下一年玉米的价格由收成期的实际供应量加上存储的玉米决定。现在收成少则意味着明年的存储量小，这将导致玉米的价格升高。

假设在收成期不存储玉米，且现在收成的质量与过去收成的质量无关。则目前的玉米价格与将来玉米的预期价格之间没有关联。在下一个收成之前，存储的玉米数量将降至 0，一年期的玉米数量和价格将仅仅取决于下一年的玉米收成量，它与今年的收成量无关。

20. 假定玉米价格是有风险的，其 β 值为 0.5。每月存储成本为 0.03 美元，现在的现货价格为 5.5 美元，3 个月后预期的现货价格为 5.88 美元。如果市场期望收益率为每月 0.9%，无风险利率为每月 0.5%，你会储存玉米 3 个月吗？

答： 与玉米风险相同的资产的必要收益率为：

$$0.5\% + 0.5 \times (0.9\% - 0.5\%) = 0.7\%/月$$

因此，如果不考虑存储成本，则 3 个月后，玉米的价格为：

$$5.5 \times 1.007^3 = 5.616(美元)$$

3 个月存储成本的未来价值为：

$$0.03 \times FA(0.5\%, 3) = 0.090(美元)$$

其中，FA 表示给定利率和支付次数的年金的未来价值。

因此，为了促使储存玉米，预期价格需为：5.616 + 0.090 = 5.707(美元)。

因为预期现货价格为 5.88 美元，所以应该选择储存玉米。

21. 假定美国的收益率曲线平坦在4%，欧元收益率曲线平坦在3%。现在汇率是1.50美元/欧元。3年期的外汇互换协议的互换比率是多少？该互换协议要求每年以100万欧元换取一定数量的美元。

答：如果把外汇互换协议看作由3个独立的远期合约所构成，那么远期合约价格由以下公式决定：

远期汇率 × 100 万欧元 = 交割的美元

第1年：1.50 ×(1.04/1.03) ×100 万欧元 = 151.46(万美元)；

第2年：$1.50 \times (1.04/1.03)^2 \times 100$ 万欧元 = 152.93(万美元)；

第3年：$1.50 \times (1.04/1.03)^3 \times 100$ 万欧元 = 154.41(万美元)。

互换协议要求每年交割相同数量的美元(F^*)。由下式可计算出 F^*：

$$\frac{F^*}{1.04^1}+\frac{F^*}{1.04^2}+\frac{F^*}{1.04^3}=\frac{1.5146}{1.04^1}+\frac{1.5293}{1.04^2}+\frac{1.5441}{1.04^3}=4.2430$$

解得 F^* = 152.90 万美元/年($PV=4.243$；$N=3$；$I=4$；$FV=0$；解得 $PMT=1.529$)。

22. 沙漠贸易公司已经发行了1亿美元价值的长期债券，固定利率为7%。公司实施了一个利率掉期，它支付LIBOR并且在1亿美元名义本金的基础上接收一个固定的6%利率。公司的资金总成本是多少？

答：公司的总成本等于LIBOR和债券的固定利率之间的利差乘以名义本金，因此，公司总成本为：(0.06 - 0.07) ×100000000 = -1000000(美元)。

23. ABC公司与XYZ公司签订了一个5年期互换协议，支付LIBOR而接收固定利率6%，名义本金为1000万美元。两年后，市场上3年期互换比率为以LIBOR换取5%；在此时，XYZ破产并对它的互换义务违约。

a. 为什么ABC公司会因这项违约受损？

b. 由于违约，ABC公司遭受的市场价值损失是多少？

c. 假定是ABC公司破产。你认为这项互换协议在公司重组中会如何处置？

答：a. 互换比率的变动有利于ABC公司。ABC的年收益率比在当前互换市场上高1%。基于1000万美元的名义本金，损失为：

0.01 ×10000000 = 100000(美元/年)

b. 固定年金损失的市场价值可以通过按3年期5%互换利率进行贴现获得，损失为：

100000 × 年金因子(5%，3) = 272325(美元)

c. 如果ABC公司破产了，XYZ公司将不会受影响。XYZ很乐意见到互换合约被取消。然而，当ABC公司被重组时，互换合约应该视为ABC公司的一项资产。

24. 现在，可以进行5年期互换，以LIBOR换取8%。场外互换定义为以LIBOR与除8%以外的固定利率进行互换。例如，某企业息票利率为10%的已发行债务可以转换为浮动利率债务，只要通过互换，它就支付LIBOR换取10%的固定利率。要是这种互换的交易双方都接受，要预先支付多少钱？假定名义本金为1000万美元。

答：公司获得一个比市场利率高2%的固定收益率，相当于期限内收到0.02 ×1000万美元的年金，其现值为：

200000 × 年金因子(8%，5) = 798542(美元)

25. 假定某股票指数资产组合的1年期期货价格为1624，股票指数现价为1600，1年期无风险利率为3%，在市场指数上1600美元的投资年底可以获得20美元的分红。

a. 这一合约错误定价程度如何?

b. 构造一个初始投资为零的套利资产组合，并证明你可以锁定无风险利润并等于期货价格的错估部分。

c. 现在假定(对散户而言是正确的)如果你按市场指数做空成分股股票，卖空的收益由经纪人代为保管，你不能从基金中获得任何利息收入。是否仍存在套利机会(假定你并未拥有指数的成分股)?解释之。

d. 根据做空规则，股票-期货价格关系的无套利边界是什么?即给定股指为**1600**点，要使套利机会不存在，期货价格最高和最低界限各是多少?

答：a. 根据期货-现货平价理论：$F_0 = 1600 \times (1 + 0.03) - 20 = 1628$。

而实际的 F_0 为1624，因此期货价格比理论水平低了4。

b. 买入价格相对较低的期货，卖出价格相对较高的股票，贷出卖空所得收入：

	现在的现金流	6月后的现金流
买入期货	0	$S_T - 1624$
卖出股票	1600	$-S_T - 20$
贷出1600	-1600	1648
总计	0	4

c. 如果无法从卖空收入中获得利息，那么获得的1600美元将不会用来投资。b中的策略所获得的收入现在是负的，即不再存在套利机会。

	现在的现金流	6月后的现金流
买入期货	0	$S_T - 1624$
卖出股票	1600	$-S_T - 20$
将1600美元放入保证金账户	-1600	1600
总计	0	-44

d. 如果假定初始期货价格为 F_0，那么买入期货、卖空股票策略的收入为：

	现在的现金流	6月后的现金流
买入期货	0	$S_T - F_0$
卖出股票	1600	$-S_T - 20$
将1600美元放入保证金账户	-1600	1600
总计	0	$1580 - F_0$

如果没有套利机会出现，F_0 可以低至1580。

另一方面，如果 F_0 比平价价格(1628)高，那么将存在套利机会(买入股票，卖出期货)。

	现在的现金流	6月后的现金流
卖出期货	0	$F_0 - S_T$
买入股票	-1600	$S_T + 20$
借入1600美元	1600	-1648
总计	0	$F_0 - 1628$

因此，无套利的价格范围是：$1580 \leqslant F_0 \leqslant 1628$。

26. 考虑标准普尔 500 指数 6 月交割的期货市场数据，距现在正好 6 个月。标准普尔 500 指数为 1350 点，6 月份到期的合约价格 $F_0 = 1351$。

a. 如果现在利率为每半年 2.2%，指数中股票平均股息率为每半年 1.2%，你需要获得股票卖空的收入中的多大部分才能挣得套利利润?

b. 假定你实际上可以获得卖空收入的 90%。要使套利机会不存在，期货合约价格下限是多少？实际期货价格可下降多少就达到无套利边界？构建合理的套利策略，并计算相应的利润。

答：a. 用 p 来表示所获得的卖空收入中可用来投资的比例。不考虑交易成本，无套利的期货价格的下限就是通常的平价（因子 p 除外）：

$$S_0(1 + r_f p) - D$$

股利（D）为：$0.012 \times 1350 = 16.20$（美元）。

因子 p 的产生是因为只有这部分卖空收入可投资于无风险资产。通过下式可解得 p：

$$1350 \times (1 + 0.022p) - 16.20 = 1351$$

解得 $p = 0.579$。

b. 当 $p = 0.9$ 时，不存在套利机会的期货价格的下限为：

$$1350 \times (1 + 0.022 \times 0.9) - 16.20 = 1360.53$$

实际的期货价格为 1351，与期货下限值偏离了 9.53，该偏离值也等于套利策略中存在的潜在利润。该策略是卖空股票，该股票的当前价格为 1350。投资者获得收入中的 90%（1215），余下的（135）保留在保证金账户，直到空头头寸在 6 个月后被平仓。投资者买入期货并且贷出 1215：

	现在的现金流	6 月后的现金流
买入期货	0	$S_T - 1351$
卖出股票	1350 - 135	$135 - S_T - 16.20$
贷出	-1215	$1215 \times 1.022 = 1241.73$
总计	0	9.53

每份期货合约利润为：$9.53 \times 250 = 2382.50$（美元）。

二、CFA 考题

1. 特许金融分析师唐纳·多尼想探究期货市场潜在的非有效性。TOBEC 指数现货价值 185 点。TOBEC 期货合约用现金结算，并且标的合约价值等于指数价值乘以 100。目前，年无风险利率为 6.0%。

a. 计算 6 个月到期期货合约的理论价格，使用持有成本模型。指数不支付股利。交易一个期货合约总（双边）交易成本是 15 美元。

b. 计算 6 个月到期的期货合约价格下限。

答：a. 根据现货 - 期货平价关系：

$$F_0 = S_0 \times (1 + r_f) = 185 \times [1 + (0.06/2)] = 190.55$$

b. 基于反向套利策略，下限为：

当前的行为	现金流(美元)	期末的行为	现金流(美元)
买入一份 TOBEC 指数期货合约	0	卖出一份 TOBEC 指数期货合约	$100\times(F_1-F_0)$
卖出现货 TOBEC 指数	18500	买入现货 TOBEC 指数	$-100\times S_1$
贷出 18500 美元	-18500	收回贷款	$18500\times1.03=19055$
		支付交易成本	-15.00
总计	0	总计	$-100F_0+19040$

(注意到期时 $F_1=S_1$)

由 $-100F_0+19040=0$，解得 F_0 的下限为：19040/100 = 190.40。

2. 假定你的客户说："我投资于日本股市，但是想消除某个时期在这个市场上的风险敞口。我能否完成这个目标，而不用承担卖出股票并在预期改变后再买回股票的成本和不便?"

a. 简要描述一个策略，对冲投资于日本股市的市场风险和外汇风险。

b. 简要说明为什么 a 中你描述的对冲策略可能不是完全有效的。

答： a. 策略为卖出日本股票指数期货以对冲日本股票的市场风险，并出售日元期货来对冲货币风险敞口。

b. 采取这一策略可能产生一些实际的困难，使得套期保值不能完全有效。具体包括：

①合约大小可能与资产组合大小不相匹配。

②股票资产组合可能不会紧紧追随期货交易的指数组合。

③逐日盯市带来的现金流管理问题。

④期货合约中潜在的错误定价(违反平价理论)。

3. 特许金融分析师瑞娜·迈克尔斯计划未来 90 天内在美国政府现金等价物上投资 100 万美元。迈克尔斯的客户授权她使用非美国政府现金等价物，但要利用外汇远期合约对冲兑换美元的外汇风险。

a. 计算下表中 90 天末对冲投资的两种现金等价物的美元价值。写出计算过程。

b. 简要描述能够说明你结果的理论。

c. 根据这一理论，估计 90 天期美国政府现金等价物的隐含利率。

90 天期现金等价物的利率(%)

日本政府	7.6
瑞士政府	8.6

汇率(每美元兑换的外汇数额)

	即期	90 天远期
日元	133.05	133.47
瑞士法郎	1.5260	1.5348

答： a. 对冲投资策略为：将 100 万美元兑换为外币，并在该国投资，同时为了锁定投资的美元价值而卖出远期外汇。由于利率周期为 90 天，故假设它们相当于债券的等值收益率，采用单利进行年化计算。为了以季度为单位来表示利率，将这些利率除以 4：

	日本政府	瑞士政府
将100万美元兑换成当地货币	1000000 × 133.05 = 133050000(日元)	1000000 × 1.5260 = 1526000(法郎)
投资90天期的当地货币	133050000 × [1 + (0.076/4)] = 135577950(日元)	1526000 × [1 + (0.086/4)] = 1558809(法郎)
按90天远期利率兑换成美元	135577950/133.47 = 1015793(美元)	1558809/1.5348 = 1015643(美元)

b. 两种货币的结果相当接近，这种近似相等关系反映了利率平价定理。该定理认为，利率与即期和远期汇率之间的价格关系，应该使以任何货币形式进行的对冲投资(即完全对冲，无风险)都具有相等的吸引力。

c. 日本90天期收益率为1.5793%，这代表债券等值收益率为1.5793% ×365/90 = 6.405%。瑞士90天期收益率为1.5643%，这代表债券等值收益率为1.5643% ×365/90 = 6.344%。90天期无风险美国政府货币市场收益率的估计值在这个范围内。

4. 在研究了艾瑞斯·汉姆森的信用分析后，乔治·戴维斯正在考虑是否将尤卡丹雪场的剩余现金(以墨西哥比索持有)投资于墨西哥的债券市场以增加持有期回报。虽然戴维斯投资墨西哥计价的债券，但是投资目标是获得以美元计价的持有期收益的最大化。

戴维斯发现墨西哥1年期债券收益率较高，并且被认为是无信用风险的，该债券很有吸引力。但是他担心墨西哥比索的贬值会减少按美元计价的持有期回报。汉姆森搜集了下面的金融数据以帮助戴维斯进行决策：

搜集的经济与金融数据 (%)

美国1年期国债收益率	2.5
墨西哥1年期债券收益率	6.5

名义汇率

即期	9.5000 比索 = 1.00 美元
1年期远期	9.8707 比索 = 1.00 美元

汉姆森建议购买墨西哥1年期债券并使用1年期外汇远期对冲外汇风险敞口。计算汉姆森建议的投资策略所带来的美元持有期回报。该策略所带来的美元持有期回报比直接投资美国国债的回报多还是少？

答：投资者按即期汇率(间接报价)买入 X 比索，并投资于墨西哥债券市场。1年后，投资者将拥有：

$$X \times (1 + r_{MEX})\text{比索}$$

这些比索可以按远期汇率(间接报价)兑换为美元。利率平价理论认为，这两种货币的持有期收益必须相等，可以用下式表示：

$$(1 + r_{US}) = E_0 \times (1 + r_{MEX}) \times (1/F_0)$$

等式左边表示以美元计价的债券的持有期回报率。如果利率平价关系成立，那么等式左边表示的就是货币对冲后的一年期墨西哥国债持有期回报率。等式右边表示货币对冲后的以比索墨西哥计价的债券的美元持有期回报率。通过下式求解美元收益率 r_{US}：

$$(1 + r_{US}) = 9.5000 \times (1 + 0.065) \times (1/9.8707) = 1.0250$$

解得 $r_{US} = 2.50\%$。

因此 $r_{US}=2.50\%$，与一年期美国债券的收益率相等。

5. a. 巴梅拉·伊舒克是一个日本银行的外汇交易员，正在计算 6 个月期日元/美元外汇期货合约的价格。她搜集到以下外汇与利率数据：

日元/美元即期汇率	124.30 日元/1.00 美元
6 个月的日本利率	0.10%
6 个月的美国利率	3.80%

利用以上数据，计算 6 个月期日元/美元外汇期货合约的理论价格。

b. 伊舒克还利用以下的外汇与利率数据重新计算了 3 个月期日元/美元外汇期货合约的价格。因为 3 个月日本利率刚刚上升至 0.5%，伊舒克认识到存在套利机会，并决定借入 100 万美元购买日元。用以下数据计算伊舒克投资策略的日元套利利润：

日元/美元即期汇率	124.30 日元/1.00 美元
新 3 个月日本利率	0.50%
3 个月美国利率	3.50%
3 个月外汇期货合约的价值	123.2605 日元/1.00 美元

答：a. 由平价公式：$F_0=E_0\times\left(\frac{1+r_{日本}}{1+r_{美国}}\right)^{0.5}=124.30\times\left(\frac{1.0010}{1.0380}\right)^{0.5}=122.06453$。

b.

当前行为	现金流(美元)	期末行为	现金流(日元)
在美国借入 1000000 美元	1000000	偿还贷款	$-(1000000\times1.035^{0.25})=-1008637.446$(美元)
以 $F_0=123.2605$ 日元出售远期 1008637.446 美元	0	远期平仓	$-(1008637.446\times123.2605)=-124325155.9127$(日元)
将借入的美元兑换成日元，在日本贷出 124300000 日元	-1000000	收回贷款(日元)	$124300000\times1.005^{0.25}=124455084.5187$(日元)
总计	0	总计	129928.61(日元)

套利利润为 129928.61 日元。

6. 詹妮丝·戴尔斯是一个美国资产组合管理人，管理着 8 亿美元的资产组合(6 亿美元股票和 2 亿美元债券)。作为对短期市场事件预期的反应，戴尔斯想通过期货将资产组合调整为 50%的股票和 50%的债券，并将头寸持有至“直到恢复初始资产组合的最佳时机”。戴尔斯利用金融期货调整资产组合配置的策略是正确的。股票指数期货的乘数是 250 美元，债券期货名义面值是 100000 美元。与期货策略相关的其他信息如下：

债券资产组合的修正久期	5 年
债券资产组合的到期收益率	7%
债券期货的基点价格值	97.85 美元
股票指数期货的价格	1378
股票资产组合的 β 值	1.0

a. 论述以期货调整资产配置的策略的必要性并解释该策略如何能使戴尔斯实施资产配置调整。不要求计算分析。

b. 计算实施戴尔斯的资产配置策略所需要的每种合约的数量：

i. 债券期货合约；

ii. 股票指数期货合约。

答：a. 戴尔斯应该卖出股指期货合约并买入债券期货合约。这一策略是有效的，因为买入债券期货和卖出股票指数期货与购买债券和出售股票提供了相同的风险敞口。该策略假设，在债券期货和债券资产组合之间，以及在股票指数期货和股票资产组合之间，存在高相关性。

b. 在每种情况下，所需要的合约的数量为：

i. 5 ×200000000 ×0. 0001 =100000(美元)；

100000/97. 85 =1022(份)。

ii. 200000000/(1378 ×250) =581(份)。

7. 根据以下信息求解本题。

发行	价格(美元)	到期收益率(%)	修正久期(年)①
美国国债 11.75%，到期日 2029 年 11 月 15 日	100	11.75	7.6
美国国债期货合约多头(合约 6 个月到期)	63.33	11.85	8.0
XYZ 公司债券 12.50%，到期日 2020 年 6 月 1 日(AAA 级，偿债基金信用债券)	93	13.50	7.2
AAA 级公司债券对美国国债收益率的波动率 =1.25: 1.0(1.25 倍)			
假定美国国债期货合约多头无佣金与保证金要求，无税收			
一份美国国债期货合约是一份面值 100000 美元美国长期国债的要求权			

注：①修正久期 = 久期/(1 + y)

情景 A：一个固定收益管理人持有价值 2000 万美元的美国国债头寸，票面利率为 11.75%，到期日为 2029 年 11 月 15 日。他预计在不远的将来，经济增长率和通货膨胀率都会高于市场预期。机构限制规定不允许资产组合中任何已有债券在货币市场上出售。

情景 B：XYZ 公司的财务主管最近确信在不远的将来利率会下降。他认为这是提前购买公司的偿债基金债券的大好时机，因为这些债券正在折价销售。他准备在公开市场上购买面值 2000 万美元的 XYZ 公司债券，票面利率为 12.5%，到期日为 2020 年 6 月 1 日。面值 2000 万美元的债券头寸现在公开市场的售价为每 100 美元售 93 美元。不幸的是，财务主管的决策必须获得董事会的批准，而审批过程需要 2 个月。此例中董事会的批准只不过是形式而已。

对以上两种情况，证明怎样利用国债期货来对冲利率风险。列出计算过程，包括所用期货合约的数量。

答：情景 A：对冲投资组合的市场价值为 2000 万美元。一份期货合约控制的债券的市场价值是 63330 美元。如果使投资组合及期货合约的市场价值相等，将出售：20000000/63330 =315. 806 份合约。

但是，必须调整债券组合相对于期货合约的价格波动性的"天真"对冲。债券价格的波动性会根据久期和债券收益率的波动性而变化。在这种情况下，可以假设收益率的波动性相同，因为国库券资产组合和国债期货合约之间的收益差很可能是稳定的。但是，国库券资产组合的久期比期货合约的久期短。调整对相对久期和相对收益率波动性的“天真”对冲，可以得到调整后的对冲头寸：

$$315.806 \times \frac{7.6}{8.0} \times 1.0 = 300(\text{份})$$

情景B：财务主管试图对冲债券的购买价格，这需要一个多头对冲。要购买的债券的市场价值为：$2000 \times 0.93 = 1860$（万美元）

久期比率为7.2/8.0，相对收益率的波动率是1.25。因此，对冲要求财务主管的多头头寸为：

$$\frac{18600000}{63330} \times \frac{7.2}{8.0} \times 1.25 = 330(\text{份})$$

8. 你利用过去一年的月末数据，以10年期KC公司债券收益率对10年期美国国债收益率做回归。你得到以下的结果：

$$\textbf{收益率}_{KC} = 0.54 + 1.22\ \textbf{收益率}_{\text{美国国债}}$$

其中收益率$_{KC}$是KC债券的收益率，收益率$_{\text{美国国债}}$是美国国债的收益率。10年期美国国债的修正久期是7.0年，KC债券的修正久期是6.93年。

a. 假定10年期美国国债收益率变化了50个基点，计算10年美国国债价格变化的百分比。

b. 假定10年期美国国债收益率变化了50个基点，利用上面的回归公式计算KC债券价格变动的百分比。

答：a. 国债价格变化的百分比 = 修正久期 × 到期收益率的变化 = $7.0 \times 0.50\% = 3.5\%$。

b. 当国债的到期收益率变化了50个基点时，KC债券收益率的预期变化为 $1.22 \times 50 = 61$ 个基点。

因此，KC价格变化的百分比 = 修正久期 × 到期收益率的变化 = $6.93 \times 0.61\% = 4.23\%$。

第24章　投资组合业绩评价

24.1　复习笔记

1. 测算投资收益

(1)时间加权收益率与货币加权收益率

①时间加权收益率

时间加权收益率只考虑每一期的收益，而忽略了每一期股票投资额之间的不同。

一般来说，货币加权和时间加权的收益率是不同的，大小取决于收益的时间结构和资产组合的成分。对于单个投资者来说，货币加权收益率更准确些；但对于资金管理行业来说，由于投资额度存在不确定性，通常采用时间加权收益率来评估其业绩。

②货币加权收益率

在使用现金流贴现法时，使得项目的初始投资额等于项目未来现金流现值时的收益率被称作内部收益率或货币加权收益率。

(2)几何平均收益率与算术平均收益率

①几何平均收益率

一般情况下，对于一个 n 期投资来说，其几何平均收益率如下：

$$1+r_G=[(1+r_1)(1+r_2)\cdots(1+r_n)]^{1/n}$$

其中，$r_t(t=1,2,\cdots,n)$ 为 t 期的收益率。几何平均中每期收益率的权重是一样的，所以几何平均收益率又称时间加权收益率。

②算术平均收益率

算术平均收益率可以用于对将来收益率的估计。同时，几何平均收益率绝不会超过算术平均收益率，而且较低的收益率在几何平均收益率的算法中的计算结果比算术平均收益率更低一些。

(3)风险调整收益

经风险调整的业绩评价指标主要包括：

①夏普比率：$(\bar{r}_P-\bar{r}_f)/\sigma_P$

夏普比率等于资产组合的平均超额收益与收益标准差的比值，衡量了承担单位风险所获得的超额收益。

②特雷纳测度：$(\bar{r}_P-\bar{r}_f)/\beta_P$

和夏普比率指标相近，特雷纳测度也衡量了单位风险的超额收益，但夏普比率测度的是全部风险，而特雷纳测度仅衡量了系统风险。特雷纳测度适用于该资产组合只是众多子资产组合中某个资产组合的情况。

③詹森 α(投资组合 α)：$\alpha_P=\bar{r}_P-[\bar{r}_f+\beta_P(\bar{r}_M-\bar{r}_f)]$

詹森 α 是建立在 CAPM 测算基础上的资产组合的平均收益，测度的是投资组合以 CAPM 模型进行风险调整后的超额收益，即詹森 α 是资产组合的 α 值。其适用范围同特雷纳测度一致。

④信息比率（也称循迹误差）：$\alpha_P/\sigma(e_P)$

信息比率等于资产组合的 α 值与其非系统风险的比值，它衡量了单位非系统风险的超额收益。如果该资产组合由积极的资产组合和消极的资产组合组成，那么该比率能够帮助投资者寻找最佳混合点。

⑤晨星风险调整收益：$MRAR(\gamma)=\left[\frac{1}{T}\sum_{t=1}^{T}\left(\frac{1+r_t}{1+r_{ft}}\right)^{-\gamma}\right]^{\frac{12}{\gamma}}-1$

晨星比率公式中，收益率为 $t=1$，…，T 的月度观测值，γ 测度风险偏好。γ 越高，投资者越厌恶风险。$MRAR$ 代表以 γ 为风险厌恶系数的无风险等价组合的超额收益。

（4）业绩的 M^2 测度

M^2 测度指标实质是经改进的夏普比率，目的是让投资者在考虑基金原始业绩倾向的同时注意基金业绩中的风险因素，从而帮助投资者选取真正业绩最佳的基金。

假设存在基金 P，我们可以通过调整基金组合中国库券的比例使得基金风险等于市场风险，此时 P 和市场组合的标准差相等，因此可以比较二者的收益率以评估基金的业绩。组合 P 的 M^2 测度指标如下：

$$M_P^2=r_{P^*}-r_M$$

（5）作为投资组合整体评价标准的夏普比率

假设投资者的偏好能够通过均值－方差效用函数表示，那么效用函数为：

$$U=E(r_P)-(1/2)A\sigma_P^2$$

其中，A 为投资者风险厌恶的系数。根据均值－方差进行偏好选择，投资者就能使夏普比率最大化，即使每一单位风险获得最高的超额收益。此时投资者的选择只会是有效边界上的切点组合，而与投资者的无差异曲线无关，这也被称为分离定理。

（6）两种情景下合适的业绩测度方法

投资组合评价标准是否准确关键看如下两种情形：

①投资组合是否为投资者全部的风险投资

当投资组合是投资者唯一的投资时，投资组合评价标准为市场指数或者另一标杆投资组合。

②投资组合是否为投资者的部分投资工具

当投资组合是投资者的部分投资时，特雷纳测度是最合适的标准：

$$T_P=(\bar{r}_P-\bar{r}_f)/\beta_P$$

（7）各种不同业绩评估指标的相互联系

表 24－1　不同业绩评估指标关系

业绩测量	特雷纳测度（T_P）	夏普比率（S_P）
与 α 的关系	$\frac{E(r_P)-r_f}{\beta_P}=\frac{\alpha_P}{\beta_P}+T_M$	$\frac{E(r_P)-r_f}{\sigma_P}=\frac{\alpha_P}{\sigma_P}+\rho S_M$
与市场业绩的偏差	$T_P^2=T_P-T_M=\frac{\alpha_P}{\beta_P}$	$S_P-S_M=\frac{\alpha_P}{\sigma_P}+(\rho-1)S_M$

注：ρ 代表 P 组合与市场组合的相关系数，它小于 1。

(8)已实现收益与期望收益之间的比较

在业绩评估过程中，为了消除运气成分，应当计算业绩评估指标的“显著性水平”，以判断该指标是否可靠。

证券特征线回归得到的估计的 α 的标准差近似为：

$$\hat{\sigma}(\alpha) = \frac{\hat{\sigma}(e)}{\sqrt{N}}$$

其中，N 为样本数；$\hat{\sigma}(e)$ 为估计的样本非系统风险。所以 α 估计值 t 统计量为：

$$t(\hat{\alpha}) = \frac{\hat{\alpha}}{\hat{\sigma}(\alpha)} = \frac{\hat{\alpha}\sqrt{N}}{\hat{\sigma}(e)}$$

2. 对冲基金的业绩评估

H 为对冲基金的积极投资组合，M 为投资者的基准消极投资组合，则总组合 P^* 中 H 的最优投资比重为：

$$w_H = \frac{w_H^0}{1 + (1 - \beta_H) w_H^0} \quad w_H^0 = \frac{\dfrac{\alpha_H}{\sigma^2(e_H)}}{\dfrac{E(R_M)}{\sigma_M^2}} \tag{24-1}$$

由式(24 - 1)可知，总投资组合夏普比率的改进关键在于其信息比率 $\alpha_H/\sigma(e_H)$，根据：

$$S_{P^*}^2 = S_M^2 + \left[\frac{\alpha_H}{\sigma(e_H)}\right]^2 \tag{24-2}$$

式(24 - 2)说明，对冲基金的适当的业绩评估指标是其信息比率(IR)。

3. 市场择时

市场择时是指何时将资金在市场指数基金与无风险资产之间转移的决定。特雷纳和 Mazuy 提出了如下方程用以估计证券特征线：

$$r_P - r_f = a + b(r_M - r_f) + c(r_M - r_f)^2 + e_P$$

式中，r_P为资产组合收益；a、b、c 为回归得到的系数。若 c 大于 0，则存在市场择时。

(1)市场择时的潜在价值

当投资者完全准确地完成市场择时，每年的利润为股票回报与国库券回报的最大值。

(2)把市场择时作为看涨期权进行估价

市场择时可以看作是一份市场指数的看涨期权。完美的市场择时会将全部资金转移到市场指数基金与无风险资产中的收益较高者，回报率至少为无风险利率。

将市场择时看作期权，定义市场指数当期为 S_0，以其为标的的看涨期权的行权价格是：

$$X = S_0(1 + r_f)。$$

由该期权与价值为 S_0的国库券构成的组合的收益为：

表 24 - 2　期权与价值为 S_0 的国库券构成的组合收益

	$S_T < X$	$S_T \geqslant X$
国库券	$S_0(1 + r_f)$	$S_0(1 + r_f)$
期权	0	$S_T - X$
总计	$S_0(1 + r_f)$	S_T

由上图可知，组合收益总是无风险收益与市场指数基金收益中的较高者。

所以市场择时能力可以被看作看涨期权，可以通过期权定价模型对其进行定价。以 1 美元股权为标的的该看涨期权的行权价格为 1 美元 $\times e^{rT}$。代入该行权价格到布莱克 - 斯科尔斯看涨期权定价公式中，公式可简化为：

$$\text{市场价值(完美时机把握者每 1 美元资产)} MV = C = 2N(1/2\sigma_M \sqrt{T}) - 1$$

4. 业绩贡献分析程序

贡献分析法主要描述组合 P 和市场基准组合 B 之间的收益区别，又称基准收益（bogey）。假设两个组合均包含多种资产，则组合 P 和组合 B 收益率的差距为：

$$r_P - r_B = \sum_{i=1}^{n} w_{Pi} r_{Pi} - \sum_{i=1}^{n} w_{Bi} r_{Bi} = \sum_{i=1}^{n} (w_{Pi} r_{Pi} - w_{Bi} r_{Bi})$$

上式每项均可以分为资产配置的贡献与证券选择的贡献，从而能够明确各自对组合整体表现的贡献：

资产配置的贡献	$(w_{Pi} - w_{Bi}) r_{Bi}$
+ 证券选择的贡献	$w_{Pi}(r_{Pi} - r_{Bi})$
= 第 i 类资产总的贡献	$w_{Pi} r_{Pi} - w_{Bi} r_{Pi}$

图 24 - 1 展示了整体业绩中资产配置和证券选择的贡献比例。

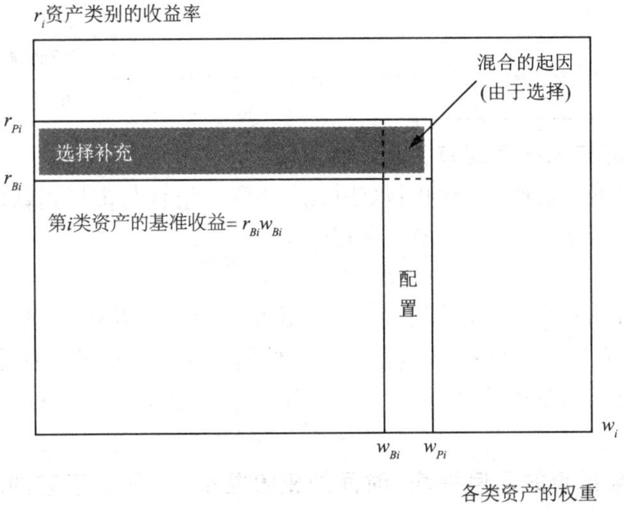

图 24 - 1　第 i 类资产对业绩的总贡献

24.2　课后习题详解

一、习题

1. 一个家庭的储蓄账户电子表显示如下：

日期	增加资产	提取资产	资产价值
1/1/10			148000
1/3/10	2500		
3/20/10	4000		
7/5/10	1500		
12/2/10	13460		

续表

日期	增加资产	提取资产	资产价值
3/10/11		23000	
4/7/11	3000		
5/3/11			198000

计算开始和结束日期间家庭储蓄账户的美元加权平均收益。

答：运用 Excel 的 XIRR 函数，得出开始和结束日期间家庭储蓄账户的美元加权平均收益。

日期	账户
1/1/10	-148000
1/3/10	2500
3/20/10	4000
7/5/10	1500
12/2/10	13460
3/10/11	-23000
4/7/11	3000
5/3/11	198000
	26.99%

2. 正的 α 值可能与内在表现有关么？请解释。

答：夏普比率取决于资产组合的阿尔法(α_P)和资产组合与市场指数的相关系数(ρ)：

$$\frac{E(r_P - r_f)}{\sigma_P} = \frac{\alpha_P}{\sigma_P} + \rho S_M$$

特别地，这一结果表明与市场指数较低的相关性会降低夏普比率。因此，如果 α 不是足够大，资产组合的业绩要差于指数组合。另一种理解这一结论的方法是，即使一个资产组合有正的 α 值，如果它的分散化风险太大从而降低了与市场指数的相关性，这也将导致一个较低的夏普比率。

3. 我们知道风险投资的几何平均(时间加权收益率)总是小于它的算术平均。IRR(美元加权收益率)可以与这两个平均值相比较吗?

答：IRR(美元加权收益率)不能与几何平均收益率(时间加权收益率)和算术平均收益率进行比较。IRR 可能会比这两个平均值都大或都小。一些情形可以说明这一结论。例如，考虑在几个时期内每期收益率一致增长的情形。如果各时期投资金额也增加，并在几个时期结束时取出全部所得款项，此时 IRR 要大于几何或算术平均，因为投资在较高的利率上的资金比投资在较低利率上的资金要多。另一方面，如果随着收益率增加，取款量逐渐降低了投资金额，则 IRR 要小于这两个平均值的任一个。

4. 我们已经看到了把握市场择时的威力，因此把用于选股的资源和精力投放到关注市场择时上是明智的吗?

答：把用于选股的资源和精力投放到关注市场择时上不一定是明智的，证券分析也有巨大的潜在价值。与基于微观环境分析相比，基于宏观环境做出的是否转移资源的决策预测了资产组合管理团队的能力。

5. 考虑股票 ABC 和 XYZ 的回报率，如下表：

年份	r_{ABC}(%)	r_{XYZ}(%)
1	20	30
2	12	12
3	14	18
4	3	0
5	1	-10

a. 计算在样本期内这些股票的算术平均收益率。

b. 哪只股票对均值有较大的分散性？

c. 计算每只股票的几何平均收益率，你得出什么结论？

d. 如果在 ABC 股票的 5 年收益当中，你可以均等地得到 20%、12%、14%、3%或 1%的回报，你所期望的收益率是多少？如果这些可能的结果是属于 XYZ 股票的呢？

答：a. 算术平均收益率：$\bar{r}_{ABC}=10\%$；$\bar{r}_{XYZ}=10\%$。

b. 分散性：$\sigma_{ABC}=7.07\%$；$\sigma_{XYZ}=13.91\%$。

因此，股票 XYZ 有较高的分散性。

（注：在计算标准差时，采用的自由度为 5。）

c. 几何平均收益率：

$$r_{ABC}=(1.20\times1.12\times1.14\times1.03\times1.01)^{1/5}-1=0.0977=9.77\%$$

$$r_{XYZ}=(1.30\times1.12\times1.18\times1.00\times0.90)^{1/5}-1=0.0911=9.11\%$$

尽管两只股票有相同的算术平均收益率，但 XYZ 的几何平均收益率要低于 ABC 的几何平均收益率。产生这一结果的原因是：XYZ 较高的方差使得它的几何平均值比算术平均值小很多。

d. 长远看来，算术平均收益率是一个更好的期望收益率估计值，因此，如果数据反映的是未来收益的概率，那么两只股票的期望收益率都是 10%。

6. XYZ 股票的价格与分红情况如下表：

（单位：美元）

年份	年初价格	年末股利
2013	100	4
2014	120	4
2015	90	4
2016	100	4

一位投资者在 2013 年年初买了 3 股 XYZ 股票，在 2014 年年初又买了另外 2 股，在 2015 年年初卖出 1 股，在 2016 年年初卖出剩下的 4 股。

a. 这位投资者的算术与几何平均的时间加权的收益率分别是多少？

b. 美元加权的回报率是多少（提示：仔细做出一张与 4 个期间相联系的从 2013 年 1 月～2016 年 1 月收益的现金流量表。如果你的计算器不能计算内部收益率，就使用试错法）？

答：a. 时间加权收益率以各年的收益率为基础：

年份	收益率 =（资本利得 + 股利）/价格（%）
2013 ~ 2014	[（120 − 100）+4]/100 = 24.00%
2014 ~ 2015	[（90 − 120）+4]/120 = −21.67%
2015 ~ 2016	[（100 − 90）+4]/90 = 15.56%

算术平均收益率为：$(24\% - 21.67\% + 15.56\%)/3 = 5.96\%$；

几何平均收益率为：$(1.24 \times 0.7833 \times 1.1556)^{1/3} - 1 = 0.0392 = 3.92\%$。

b.

日期	现金流（美元）	解释
2013.1.1	−300	以 100 美元/股的价格购买 3 股股票
2014.1.1	−228	以 120 美元/股的价格购买 2 股股票，减去原持有的 3 股的股利收入
2015.1.1	110	5 股股票的股利加上以 90 美元/股的价格卖出 1 股股票
2016.1.1	416	4 股股票的股利加上以 100 美元/股的价格卖出 4 股股票

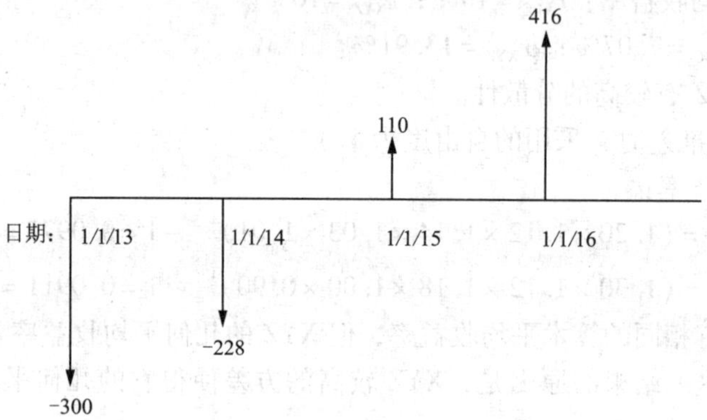

美元加权收益率 = 内部收益率 = −0.1607%。

7. 一位管理者今天购买了 3 股股票，并在此后的 3 年中每年卖出其中的 1 股，他的行为与股票的价格历史信息总结如下。假定该股票不付股利。

时间	价格（美元）	行为
0	90	买入 3 股
1	100	卖出 1 股
2	100	卖出 1 股
3	100	卖出 1 股

a. 计算这一股票的时间加权几何平均回报率。

b. 计算这一股票的时间加权算术平均回报率。

c. 计算这一股票的美元加权的平均回报率。

答：

时间	现金流（美元）	持有期收益率
0	3 ×（−90）= −270	
1	100	（100 − 90）/90 = 11.11%
2	100	0%
3	100	0%

a. 时间加权几何平均回报率 = $(1.1111\times1.0\times1.0)^{1/3}-1=0.0357=3.57\%$。

b. 时间加权算术平均回报率 = $(11.11\%+0+0)/3=3.70\%$。

算术平均值总是大于或等于几何平均值，离差(分散性)越大，差异越大。

c. 美元加权的平均回报率 = $IRR=5.46\%$[使用财务计算器，输入：$n=3$，$PV=-270$，$FV=0$，$PMT=100$，然后计算利率。或者，使用 $CF_0=-300$，$CF_1=100$，$F_1=3$，然后计算内部收益率]。IRR 要大于其他的平均值，因为当收益率达到最高时，投资基金最大。

8. 在目前的股利收益及预期的资本利得基础上，资产组合 A 与资产组合 B 的期望收益率分别为 12%与 16%。A 的 β 值为 0.7，而 B 的 β 值为 1.4，现行国库券利率为 5%，而标准普尔 500 指数的期望收益率为 13%。A 的标准差每年为 12%，B 的标准差每年为 31%，而标准普尔 500 指数的标准差为 18%。

a. 如果你现在拥有市场指数组合，你愿意在你所持有的资产组合中加入哪一个组合？说明理由。

b. 如果你只能投资于国库券和这些资产组合中的一种，你会做何选择？

答：a. 两种资产组合的 α 为：

$$\alpha_A=12\%-[5\%+0.7\times(13\%-5\%)]=1.4\%$$

$$\alpha_B=16\%-[5\%+1.4\times(13\%-5\%)]=-0.2\%$$

故在所持有的资产组合中，应持有资产组合 A 的多头和资产组合 B 的空头。

b. 如果只持有两种资产组合中的一种，夏普比率是比较适合的测量标准：

$$S_A=\frac{0.12-0.05}{0.12}=0.583$$

$$S_B=\frac{0.16-0.05}{0.31}=0.355$$

以夏普比率为标准来衡量，资产组合 A 更好。

9. 考虑对股票 A 与 B 的两个(超额收益)指数模型回归结果，在这段时间内无风险利率为 6%，市场平均回报率为 14%，对项目的超额收益以指数回归模型来测度。

	股票 A	股票 B
指数回归模型估计	$1\%+1.2(r_M-r_f)$	$2\%+0.8(r_M-r_f)$
R^2	0.576	0.436
残差的标准差 $\sigma(e)$	10.3%	19.1%
超额收益标准差	21.6%	24.9%

a. 计算每只股票的下列指数：

i. α。

ii. 信息比率。

iii. 夏普比率。

iv. 特雷纳测度。

b. 在下列情况下，哪只股票是最佳选择？

i. 这是投资者唯一持有的风险资产。

ii. 这只股票将与投资者的其他债券资产组合混合，是目前市场指数基金的一个独立组成部分。

iii. 这是投资者目前正在分析以便构建一积极的管理型股票资产组合的众多股票中的一种。

答： a.

		股票 A	股票 B
i.	α = 回归截距	1.0%	2.0%
ii.	信息比率 $=\dfrac{\alpha_P}{\sigma(e_P)}$	0.0971	0.1047
iii.	* 夏普比率 $=\dfrac{r_P-r_f}{\sigma_P}$	0.4907	0.3373
iv.	** 特雷纳测度 $=\dfrac{r_P-r_f}{\beta_P}$	8.833	10.500

* 在计算夏普比率时，注意对于每只股票，(r_P-r_f) 可以根据假设参数 $r_M=14\%$ 和 $r_f=6\%$，通过回归方程求出。每种股票的收益率的标准差已在题中给出。

** 特雷纳测度所用的 β 值是题中回归方程的斜率系数。

b. i. 如果这是投资者所持有的唯一的风险资产，则夏普比率是合适的测度。因为股票 A 的夏普比率较高，所以它是最优选择。

ii. 如果股票与市场指数基金混合，则对整体的夏普比率的贡献由估价比率决定，因此股票 B 更好。

iii. 如果股票是众多股票中的一种，则特雷纳测度是合适的测度，因此股票 B 更好。

10. 评价 4 个经理的市场择时预测与债券选择能力，他们的业绩分散在各图上黑点所示的地方。

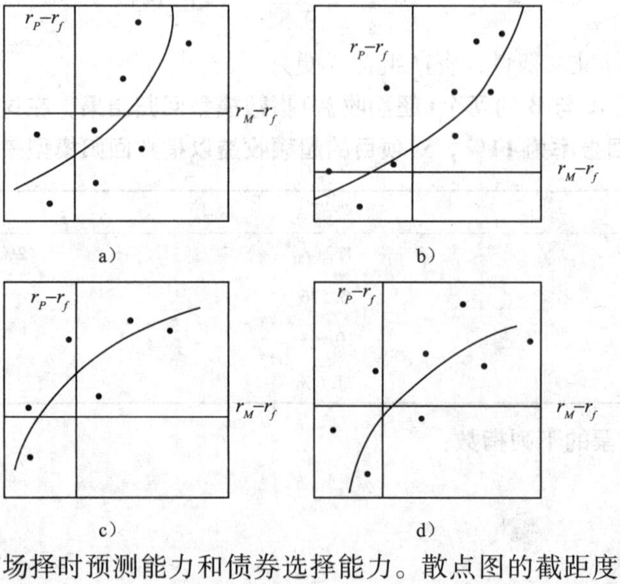

a)　b)　c)　d)

答： 需要区分市场择时预测能力和债券选择能力。散点图的截距度量的是债券选择能力。如果即便是在市场表现只是中性（即零超额收益）的情况下，经理仍有正的超额收益，那么可以得出结论，平均来说经理做出了较好的债券选择。债券选择一定是正的超额收益的来源。

择时预测能力是通过所画曲线的曲率来表示的。当沿水平线向右移动时，曲线越陡峭表明有越好的择时预测能力。较陡峭的斜率表明在市场表现良好时，经理保持着较高的资产组合对市场变动的敏感性(即β值较高)。这种在预测到市场的上行趋势时选择对市场更敏感的证券的行为充分体现了良好的择时预测能力。相反，当沿水平线向左移动时，向下倾斜的曲线表明资产组合在市场表现较差时很敏感，而在市场表现很好时不敏感，这意味着较差的择时预测能力。

因此可以将四个经理的业绩表现分类如下：

	债券选择能力	择时预测能力
A	差	好
B	好	好
C	好	差
D	差	差

11. 考虑以下有关一货币基金经理最近一个月来的业绩资料。表上第1列标出了该经理资产组合中各个部分的实际收益。资产组合的各部分的比重、基准的或中性的以及各部分指数收益情况如第2、3、4列所示：

	真实收益(%)	实际权重	基准权重	指数回报(%)
股票	2	0.70	0.60	2.5(标准普尔500指数)
债券	1	0.20	0.30	1.2(所罗门兄弟指数)
现金	0.5	0.10	0.10	0.5

a. 该经理本月的收益率是多少？他的超额业绩或不良表现为多少？

b. 债券选择在相对业绩表现中所起的作用有多大？

c. 资产配置在相对业绩表现中所起的作用有多大？试证明选股与配置各自的贡献的总和等于她的相对于基准的超额收益。

答： a. 基准收益率：0.60×2.5%+0.30×1.2%+0.10×0.5%=1.91%；

实际收益率：0.70×2.0%+0.20×1.0%+0.10×0.5%=1.65%；

不良表现为：1.91%-1.65%=0.26%。

b. 债券选择：

市场	(1) 与市场收益的差(经理业绩-指数业绩)	(2) 经理的资产组合权重	(3)=(1)×(2) 对业绩贡献
股票	-0.5%	0.70	-0.35%
债券	-0.2%	0.20	-0.04%
现金	0.0%	0.10	0.00%
		债券选择的贡献：	-0.39%

c. 资产配置：

市场	(1) 超额权重(经理-基准)	(2) 指数收益	(3)=(1)×(2) 对业绩贡献
股票	0.10	2.5%	0.25%
债券	-0.10	1.2%	-0.12%
现金	0.00	0.5%	0.00%
		资产配置的贡献：	0.13%

总结：债券选择：－0.39%

资产配置：0.13%

超额业绩：－0.26%

12. 一个全球股权经理负责从一个全球性的股票市场中选择股票，其业绩将通过将他的收益率与MSCI国际债券市场的收益率做比较来做出评估，而他可以自由地按他认为合适的比例持有来自世界各国的股票。在某一月内其投资结果如下：

国家	MSCI指数中的权重	经理的权数	经理在某一国的收益(%)	股指对某国的收益(%)
英国	0.15	0.30	20	12
日本	0.30	0.10	15	15
美国	0.45	0.40	10	14
德国	0.10	0.20	5	12

a. 计算此期间内该经理所有决策的总价值。

b. 计算他的国家配置决策增加或减少的价值。

c. 计算他在国家内的股票选择方面增加的价值。证明他的国家配置与债券选择决策的价值总和等于总的超额(或不足)收益的值。

答：a. 经理收益率：$0.30\times20\%+0.10\times15\%+0.40\times10\%+0.20\times5\%=12.50\%$；

基准收益率：$0.15\times12\%+0.30\times15\%+0.45\times14\%+0.10\times12\%=13.80\%$；

增加的价值为：$12.5\%-13.80\%=-1.30\%$。

b. 来自国家配置的增加值：

	(1)	(2)	(3)=(1)×(2)
国家	超额权重(经理－基准)	指数收益率－基准	对业绩的贡献
英国	0.15	－1.8%	－0.27%
日本	－0.20	1.2%	－0.24%
美国	－0.05	0.2%	－0.01%
德国	0.10	－1.8%	－0.18%
	国家配置的贡献		－0.70%

c. 来自股票选择的增加值：

	(1)	(2)	(3)=(1)×(2)
国家	各国的收益差(经理－指数)	经理的国家权重	对业绩的贡献
英国	8%	0.30	2.4%
日本	0%	0.10	0.0%
美国	－4%	0.40	－1.6%
德国	－7%	0.20	－1.4%
	股票选择的贡献		－0.6%

总结：国家配置：－0.70%

股票选择：－0.60%

超额业绩：－1.30%

13. 以前有智者曾说一个人应该在一个完全的市场周期中测度投资者的业绩。怎样评价这一观点？什么样的论述是与之相矛盾的？

答：支持理由：一个经理在某一类情形下可以取得较好的业绩。例如，一个不做择时预测的经理只是保持较高的β值，在市场良好时会表现较好，但在市场下跌时会表现较差。因此，应该观察一个周期内的业绩情况。此外，在一个完整的市场周期中观察一个经理的表现可以增加观测值的数量，这将提高测度的可靠性。

反对理由：如果适当地控制了对市场风险的暴露(即调整β)，则市场表现就不会影响单个经理的相对业绩表现因此没有必要等整个经济周期结束后才对一个经理进行评估。

14. 通过由大量有相似投资风格的基金经理来评价其各自的相对投资业绩，是否可以克服与β值不稳定性或者总体波动性有关的统计方面的问题？

答：在某种程度上，大量基金经理评价各自的相对投资业绩可以克服与β值不稳定性或者总体波动性有关的统计上的问题，前提是这些经理群体在投资风格上大体上相似。

15. 在某年当中，国库券利率为6%，市场回报率为14%，一位资产组合经理，其β值为0.5，实现的回报率为10%。

a. 以资产组合的α为基础评价这一经理。

b. 根据布莱克－詹森－斯科尔斯发现的证券市场线过于平缓的事实，重新考虑对a的回答。

答：a. 经理的α为：$10\% - [6\% + 0.5\times(14\% - 6\%)] = 0$。

b. 根据布莱克－詹森－斯科尔斯和其他发现可知，一般而言，具有较低β的资产组合有正的α。(实际的证券市场线比CAPM预计的要平缓。)因此，如果基金经理的β较低，尽管估计的α为零，业绩仍然可能为平均水平以下。

16. 比尔·史密斯正在评估四支大盘股本组合：基金A、B、C和D。在他的评估中，计算了四只基金的夏普比率和特雷纳测度，排序如下：

基金	特雷纳度排名	夏普比率排名
A	1	4
B	2	3
C	3	2
D	4	1

基金A和基金D排名的差异最有可能来自：

a. 基金A没有基金D分散化；

b. 评估每只基金的业绩时使用了不同的基准；

c. 风险溢价不同。

答：a。产生排名差异的最可能的原因是基金A的分散化不足。夏普比率衡量了每单位总风险的超额收益，而特雷纳测度衡量了每单位系统风险的超额收益。因为基金A在特雷纳测度上表现较好，在夏普比率上表现较差，它似乎承担了较多的非系统性风险，这意味着它没有得到充分分散化，系统性风险不是相关的风险度量。

利用以下信息完成17～20题：普莱默管理公司正在研究如何最好地评估经理的业绩。普莱默越来越关注到基准组合的做法并且准备尝试这种方法。为此，公司聘请了一位CFA萨利·琼斯来指导经理构建基准组合的最佳方法，如何最佳地选择基准，所管理的基金风格

是否对此有影响，以及在使用基准组合方法时如何处理他们的国际基金。

为了便于讨论，琼斯列出了两年期普莱默管理的国内基金和潜在的基准的一些业绩数字。

风格	权重		收益	
	普莱默	基准	普莱默	基准
大盘增长型	0.60	0.50	17%	16%
中盘增长型	0.15	0.40	24%	26%
小盘增长型	0.25	0.10	20%	18%

作为研究的一部分，琼斯也研究了普莱默的国际基金。在这个组合中，普莱默投资了75%在荷兰股票，25%在英国股票。而基准组合则是各自投资了50%。平均而言，英国股票业绩比荷兰股票好。持有期内欧元对于美元升值6%，而英镑对美元贬值了2%。从局部收益上看，普莱默的荷兰投资比基准业绩要好，但是考虑上英国股票，总体业绩就不如基准组合了。

17. 每个部门的部门内选择效应是什么？

答：部门内部选择效应计算的是基于证券选择的收益。其计算方法为：用资产组合中证券的权重乘以资产组合中证券收益率与基准组合中证券收益率之差，然后再加总。即：

大盘增长型部门：0.6×(0.17－0.16)＝0.6%；

中盘增长型部门：0.15×(0.24－0.26)＝－0.3%；

小盘增长型部门：0.25×(0.20－0.18)＝0.5%；

总的部门内选择效应为：0.6%－0.3%＋0.5%＝0.8%。

18. 计算该时期内普莱默组合对于基准组合业绩超出(低于)了多少？计算部门选择和证券选择对业绩的贡献。

答：普莱默收益率＝0.6×17%＋0.15×24%＋0.25×20%＝18.8%；

基准收益率＝0.5×16%＋0.4×26%＋0.1×18%＝20.2%；

普莱默收益率－基准收益率＝18.8%－20.2%＝－1.4%(普莱默组合比基准组合表现的要差)。

为了分离普莱默相对于基准的纯部门配置决策的影响，用基准部门收益率乘以普莱默与基准组合在每个部门投资的权重之差：

(0.6－0.5)×16%＋(0.15－0.4)×26%＋(0.25－0.1)×18%＝－2.2%

为了分离普莱默相对于基准的纯证券选择决策的影响，用普莱默权重乘以普莱默与每个基准部门的收益之差：

(17%－16%)×0.6＋(24%－26%)×0.15＋(20%－18%)×0.25＝0.8%

19. 如果普莱默决定使用基于收益的风格分析，消极管理基金回归方程的 R^2 会比积极管理基金的高还是低？

答：因为消极管理基金模仿基准组合，所以回归方程的 R^2 应该很高(有可能比积极管理基金的还要高)。

20. 下面对于普莱默国际基金的哪项叙述最正确？普莱默有正的货币配置效应以及

a. 负的市场配置效应和正的证券配置效应；

b. 负的市场配置效应和负的证券配置效应；

c. 正的市场配置效应和正的证券配置效应。

答： a。当英镑贬值时，欧元升值。相比基准组合，普莱默组合拥有更多的以欧元计价的资产，这将导致正的货币配置效应。对普莱默组合来说，英国股票比荷兰股票表现得更好将导致负的市场配置效应。最后，在同时投资于荷兰股票和英国股票的情形下，普莱默在荷兰投资下将表现较好，而在英国投资下将表现较差。由于相对于基准来说普莱默组合投资于荷兰股票的比例较高，可以假设它们在整体上有正的证券配置效应。然而，这是不确定的。a 是最好的选择。

21. 凯莉·布莱克利是米兰达基金的经理，米兰达基金是一只大盘股本基金。以标准普尔 500 指数作为业绩评估的基准。尽管总体上米兰达基金追踪了标准普尔的资产风格以及部门权重，布莱克利在管理基金方面却有较大的余地。她的组合只包括标准普尔 500 指数和现金。

通过对市场择时的把握以及证券选择，布莱克利去年的收益很不错(如下表所示)。年初时，在疲软经济和动荡的地缘政治的双重影响下，她尤为谨慎。她大胆地更换了她的市场配置。整年中她的资产中有 50%是股票，50%是现金。而同期的标准普尔 500 指数有 97%的股票和 3%的现金。无风险利率是 2%。

一年追踪收益 (%)

	米兰达基金	标准普尔 500 指数
收益	10.2	−22.5
标准差	37	44
β	1.10	1.00

a. 米兰达基金和标准普尔 500 指数的夏普比率分别是多少？

b. 米兰达基金和标准普尔 500 指数的 M^2 测度分别是多少？

c. 米兰达基金和标准普尔 500 指数的特雷纳测度分别是多少？

d. 米兰达基金的詹森测度是多少？

答： a. $\frac{r_P - r_f}{\sigma_P} \rightarrow S_{米兰达} = \frac{0.102 - 0.02}{0.37} = 0.2216$；$S_{标准普尔} = \frac{-0.225 - 0.02}{0.44} = -0.5568$。

b. 为计算 M^2 测度，将米兰达基金和使得调整资产组合与市场指数有相同的波动性的国库券头寸相混合。米兰达基金的头寸应为 0.44/0.37 = 1.1892，国库券头寸应为 1 − 1.1892 = −0.1892。(假设借款时的利率为无风险利率)

调整收益率为：$r_{P*} = 1.1892 \times 10.2\% - 0.1892 \times 2\% = 0.1175 = 11.75\%$；

计算调整米兰达基金收益率与基准的差：

$$M^2 = r_{P*} - r_M = 11.75\% - (-22.50\%) = 34.25\%。$$

[注：调整的米兰达基金现在由 59.46% 的股票和 40.54% 的现金组成。]

c. $\frac{r_P - r_f}{\beta_P} \rightarrow T_{米兰达} = \frac{0.102 - 0.02}{1.10} = 0.0745$；$T_{标准普尔} = \frac{-0.225 - 0.02}{1.00} = -0.245$。

d. $\alpha_P = r_P - [r_f + \beta_P(r_M - r_f)] = 0.102 - [0.02 + 1.10 \times (-0.225 - 0.02)] = 0.3515 = 35.15\%$。

22. 登录

http://mba.tuck.dartmouth.edu/pages/faculty/ken.french/data_library.html

选择两个产业组合并下载其 36 个月的数据。为完成以下任务，也可从该站点下载其他

所需的数据。

a. 基于本章讨论的各种业绩评估标准，将组合业绩同市场指数做比较。画出月度 α 价值加上残差收益。

b. 将法玛－弗伦奇的三指数模型作为收益的基准。利用这一模型画出 α 价值加上残差收益。在这种基准下，业绩改变了吗？

答：答案不唯一。

二、CFA 考题

1. 你与一位潜在的客户正在考虑投资业绩的评价标准，尤其是考虑到过去 5 年当中的国际性资产组合的评价。所讨论的数据如下表所示：

(%)

国际性基金经理或指数	总收益	国家与证券收益	货币收益率
经理 A	−6.0	2.0	−8.0
经理 B	−2.0	−1.0	−1.0
国际指数	−5.0	0.2	−5.2

a. 假设有关经理 A 与经理 B 的数据精确地反映了他们的投资能力，且两个经理都积极地管理其货币头寸。简述每个项目的优缺点。

b. 推荐一项策略使得你的基金能充分利用每个经理的长处并回避其缺点，并说明理由。

答：a. 经理 A

优点：尽管经理 A 的年度收益率略微低于国际指数的收益率（分别为 −6.0% 与 −5.0%），但是该经理明显地具有一定的国家/证券收益方面的专业知识。2% 的本地市场收益优势超过了国际指数 0.2% 的收益率。

缺点：经理 A 在货币管理领域有明显的劣势。与国际指数 −5.2% 的收益率相比，该经理的 −8.0% 的货币收益率明显不足。

经理 B

优点：经理 B 的总体收益率超过了指数的收益率，在货币收益率方面有明显的正的增量。经理 B 的货币收益率为 −1.0%，而国际指数只有 −5.2%。根据这一结果，经理 B 的优势是在货币选择领域有一定的专业知识。

缺点：经理 B 在当地市场收益方面有明显的不足。因此，经理 B 在证券/市场选择能力方面有欠缺。

b. 下列策略将使得基金能够在利用两个基金经理的强项的同时尽可能最小化弱项。

①建议：不要让经理 A 做相对于国际指数的货币选择决策，并让经理 B 只做货币选择决策，而在国家或证券选择方面不做任何积极的投资活动。

理由：该策略将会通过按类似指数的权重对冲货币风险来避免经理 A 的劣势。这样可以充分发挥经理 A 的国家和证券选择能力，同时避免由其货币管理能力不足带来的损失。该策略也能够避免经理 B 的劣势，仅让他对类似指数的资产组合进行管理，充分利用其货币管理方面的显著才能。

②建议：将经理 A 的资产组合与经理 B 的组合起来，由经理 A 做国家和证券选择决策，而由经理 B 来管理由经理 A 的决策形成的货币暴露。（给定货币的分布情况。）

理由：充分利用经理 A 和 B 的长处，同时弥补他们各自的不足。

2. 卡尔是 Alpine 信托投资公司的投资经理，从 2015 年开始负责一市政养老基金——Alpine 员工退休计划。Alpine 信托投资公司所在地 Alpine 镇是一个成长中的社区，并且在过去的 10 年当中城市服务与雇用支付每年都有所增长。2020 年，养老金计划的资金流入将超过其福利支出，其比率达 3:1。

委托人的计划委员会 5 年前指导卡尔去做长期的以总收益最大为目的的投资项目。但是，他们提醒他不要从事过于不稳定或错误的投资。他们也指出根据州政府的命令，养老金计划投资于普通股的资金不允许超过养老金资产的 25%。

在 2020 年 11 月委托人的年度大会上，卡尔向董事会汇报了以下资产组合的业绩情况：

Alpine 员工退休计划

2020 年 9 月 30 日的资产构成	费用(百万美元)		市场(百万美元)	
固定收益型资产	4.5	11.0%	4.5	11.4%
短期证券	26.5	64.7%	23.5	59.5%
长期债券与抵押贷款	10.0	24.3%	11.5	29.1%
普通股	41.0	100.0%	39.5	100.0%

投资业绩

	截至 2020 年 9 月 30 日的年收益率	
	5 年	1 年
整个 Alpine 基金		
时间加权	8.2%	5.2%
美元加权(内部)	7.7%	4.8%
假定的摊销收益	6.0%	6.0%
美国国库券	7.5%	11.3%
大样本养老基金(平均 60% 股票、40% 固定收益)	10.1%	14.3%
普通股 - Alpine 基金	13.3%	14.3%
平均资产组合 β 系数	0.90	0.89
标准普尔 500 股票指数	13.8%	21.1%
固定收益型证券 - Alpine 基金	6.7%	1.0%
所罗门兄弟债券指数	-4.0%	-11.4%

卡尔很为自己的表现而自豪，但当委托人提出以下批评时，他又很沮丧。

a.“我们的年度业绩很不好，而你最近的所作所为正是主要的原因。”

b.“在过去的 5 年当中，我们的总的基金表现与大样本养老基金相比显然很差，这除了说明管理的落后之外又能说明什么呢?”

c.“在过去的 5 年当中，我们普通股的表现尤其差。”

d.“为什么要将你的收益率与国库券和精算假定收益率相比? 你通过竞争可以给我们带来什么利益? 或者说，如果唯一相关业绩衡量标准是投资一个消极指数（这种指数不花钱），那么我们会面对什么情形?”

e.“谁关心时间加权收益呢? 如果它不能为养老金带来收益，它就毫无益处。”

评论一下上述观点的可取之处，并给出卡尔先生可能的反驳。

答：a. 虽然年度业绩的确很差，但是仅从一年的数据就得出结论在统计上是不可靠的。而且，该基金的投资期限很长，董事会特地指示投资经理优先考虑长期的结果。

b. 养老基金的样本持有股票的比重比 Alpine 基金要大得多。股票比债券的表现要好得多。但是委托人告诉 Alpine 要控制下行风险，养老金计划投资于普通股票的资金的比例不能超过 25%。（Alpine 的 β 值在某种程度上是防御性的。）Alpine 不应该为客户指定的资产分配策略负责。

c. Alpine 基金的 α 度量了相对于市场的风险调整后业绩：

$\alpha = 13.3\% - [7.5\% + 0.90 \times (13.8\% - 7.5\%)] = 0.13\%$（确实高于零）。

d. 在最近 5 年中，尤其是在最近一年，债券的表现很差，而债券正是 Alpine 被鼓励持有的资产类别。但在该资产类别中，Alpine 做得比指数基金要好。此外，尽管债券指数的表现不如精算收益和国库券，但 Alpine 的表现比这两者都好。在风险调整的基础上，Alpine 在每个资产类别上的表现都很出色。它的令人失望的整体收益率是由在债券方面投资比重过大造成的，这是董事会的选择而不是 Alpine 的选择。

e. 委托人可能并不在意时间加权收益率，但是该收益率对经理业绩有较好的指示作用。毕竟，经理是无法控制基金的现金流入和流出的。

3. “退休基金”（Retired Fund）是一只开放式基金，拥有 5 亿美元美国债券与国库券。该基金的资产组合的久期（包括国库券）在 3～9 年。根据一独立的固定收益测度服务指标的评价，该基金在过去的 5 年里业绩不俗。但是基金的领导想测度基金唯一的一个债券投资管理人的市场择时预测能力。一个外部咨询机构提供了以下三种方案建议：

a. 方法Ⅰ：在每年年初考察债券资产组合的价值，并计算同样的资产组合持有 1 年可以获得的收益，将这一收益与基金的实际所得收益相比。

b. 方法Ⅱ：计算每一年债券与国库券的加权平均资产组合，使用长期债券市场指数和国库券指数来代替实际债券资产组合计算收益。例如，如果该资产组合平均而言 65% 为债券，35% 为国库券，就计算将资产组合按 65% 长期债券指数和 35% 国库券比例投资的年收益率。将这一收益与每季度根据指数与经理的实际债券/国库券权重计算的年收益率相比。

c. 方法Ⅲ：考察每个季度的净债券购买行为（买入的市场价值减去售出的市场价值）。如果每个季度买入额为正，则在净买入值变成负数时要评价债券业绩。正（负）的净购入额被经理视为看涨（跌）的标志。这种观点的正确性还有待考察。

请从市场择时测度的角度对以上三种方案进行评价。

答：a. 方法Ⅰ无法区分市场择时和证券选择决策的影响，它还采用了一种有问题的“中性头寸”，即在年初时该资产组合的组成。

b. 方法Ⅱ虽不完美，但它是三种方法中最好的，至少它试图通过使用不同指数的实际权重而不是年平均权重来考虑由债券市场指数构成的投资组合的收益，以集中衡量市场择时能力。这种方法的问题在于年平均权重与客户的“中性”权重并不相符。例如，如果经理对全年债券市场持乐观态度，她的权重能反映出她的乐观态度，并且不是一个中性头寸。

c. 方法Ⅲ将债券净购买行为看作是债券经理持乐观态度的标志，但是这种净购买行为可能是由基金赎回或者基金申购导致的，而不是经理的决策。（注意这是一个开放式的共同基金。）因此，通过判断净购买行为是否为可信赖的牛市或熊市指标来评估经理业绩是不合适的。

下列数据用于第 4 ~ 5 题。

一大型养老基金的行政官员想评价四个投资经理的业绩。每个经理都是只投资于美国的普通股市场。假定最近 5 年来，标准普尔 500 指数包括股利的平均年度收益率为 14%，而政府国库券的平均名义收益率为 8%。下表显示了对每种资产组合的风险与收益进行测度的情况：

资产组合	年平均收益率(%)	标准差(%)	β
P	17	20	1.1
Q	24	18	2.1
R	11	10	0.5
S	16	14	1.5
标准普尔 500 指数	14	12	1.0

4. 对于资产组合 P 的特雷纳业绩测度为多少？

答：特雷纳测度 $=\dfrac{0.17-0.08}{1.1}=0.082$。

5. 对于资产组合 Q 的夏普业绩测度为多少？

答：夏普比率 $=\dfrac{0.24-0.08}{0.18}=0.889$。

6. 一分析师要用特雷纳与夏普比率评估完全由美国普通股股票构成的资产组合 X，过去 8 年间该资产组合、由标准普尔 500 指数测度的市场资产组合和美国国库券的平均年收益率情况见下表：

	平均年收益率(%)	收益的标准差(%)	β 值
资产组合 X	10	18	0.60
标准普尔 500 指数	12	13	1.00
国库券	6	N/A	N/A

a. 计算资产组合 X 与标准普尔 500 指数的特雷纳测度和夏普比率。简述根据这两个指标，资产组合 X 是超过、等于还是低于风险调整基础上的标准普尔 500 指数。

b. 根据 a 中计算所得的相对于标准普尔 500 指数的资产组合 X 的业绩，简要说明使用特雷纳测度所得结果与夏普比率所得结果不符的原因。

答：a. 特雷纳测度：

资产组合 X：$\dfrac{0.1-0.06}{0.6}=0.067$；标准普尔 500 指数：$\dfrac{0.12-0.06}{1.0}=0.06$。

夏普比率：

资产组合 X：$\dfrac{0.1-0.06}{0.18}=0.222$；标准普尔 500 指数：$\dfrac{0.12-0.06}{0.13}=0.462$。

资产组合 X 在特雷纳测度上表现要好于市场，但在夏普比率上要差。

b. 这两种业绩测度方法相互冲突，原因在于它们采用了不同的风险测度：当用较低的贝塔值测量时，资产组合 X 的系统风险低于市场；当用较高的标准差测量时，资产组合 X 有更高的总风险(波动性)。因此，若基于特雷纳比率，则资产组合的业绩超过市场。但是当基于夏普比率时，其业绩低于市场。

7. 假定你在两年内投资于一种资产。第一年收益率为 15%，第二年为 -10%。你的年几何平均收益率是多少？

答：几何平均收益率 $=(1.15\times0.90)^{1/2}-1=0.0173=1.73\%$。

8. 一股票资产组合 2013 年收益为 -9%，2014 年为 23%，2015 年为 17%，整个期间的年收益率(几何平均)是多少？

答：几何平均收益率 $=(0.91\times1.23\times1.17)^{1/3}-1=0.0941=9.41\%$。

9. 用 2000 美元投资两年，第一年年末的收益为 150 美元，第二年年末收回原投资，另外还收益 150 美元，这项投资的内部收益率是多少？

答：内部收益率 $=7.5\%$。

10. 要测度一资产组合的业绩，时间加权收益率要优于美元加权收益率，因为：

a. 当收益率不同时，时间加权收益率较高。

b. 美元加权收益率假定所有投资都在第一天投入。

c. 美元加权收益率只能够估计。

d. 时间加权收益率不受资金投入和撤出的时机的影响。

答：d。

11. 养老基金资产组合的初值为 500000 美元，第一年的收益率为 15%，第二年的收益率为 10%，第二年年初，发起人又投入 500000 美元。时间加权与美元加权收益率是多少？

答：时间加权平均收益 $=(1.15\times1.1)^{1/2}-1=12.47\%$。

算术平均值为：$\frac{15\%+10\%}{2}=12.5\%$。

为计算美元加权收益率，现金流为：

$CF_0=-500000$(美元)；

$CF_1=-500000$(美元)；

$CF_2=(500000\times1.15\times1.10)+(500000\times1.10)=1182500$(美元)。

故美元加权收益率 $=11.71\%$。

12. 在 Acme 公司的养老金计划审查期间，几个受托人就几个测度和风险评价等问题询问了他们的投资顾问。

a. 就下列内容作为业绩评价标准的恰当性进行评论：市场指数、基准组合、管理者收益的中位数。

b. 下列业绩测度的区别：夏普比率、特雷纳测度、詹森测度。

i. 描述三个业绩测度是如何计算的。

ii. 说明与每一个测度相关的风险是系统风险、非系统风险还是全部风险，解释每一个测度中的额外收益与相关风险之间的关系。

答：a. 每一种标准都存在不足。

市场指数的缺点如下：

①市场指数可能存在生存偏差。破产的公司从市场指数中移去，这使得在业绩测度中夸大了应该将破产公司包括在内的实际业绩。

②市场指数可能引起双重计算，因为某些公司可能拥有其他公司，它们都会在市场指数中出现。

③很难在不造成实质交易成本的情况下准确和持续地复制市场指数。

④所选择的指数可能并不适合代表经理的管理风格。

⑤所选择的指数可能并不代表整个证券领域，例如，标准普尔500指数代表美国股票市场资本额的65%~70%。

⑥所选择的指数(例如标准普尔500指数)可能有较大的资本化偏差。

⑦所选择的指数也许是不可被投资的，在市场指数中可能存在一些资产组合所不能持有的证券。

基准组合的缺点如下：

①这是最难设计和计算的业绩测度方法。

②标准的资产组合应当是无限期的，需要大量的资源保证。

③顾问和客户担心的是，那些负责开发和计算基准组合的经理可能设计出一个很容易被超过的基准组合，使得他们的业绩看上去比实际表现得要好。

管理者收益的中位数的缺点如下：

①很难识别出与计划管理者的风格相适合的管理者总体。

②选择进行比较的管理者总体涉及某些(也许很多)的主观判断。

③管理者总体的比较没有考虑资产组合中的风险因素。

④管理者总体的中位数不代表一个能够投资的资产组合，也就是说，一个资产组合经理或许不能在经理资产组合的中位数上进行投资。

⑤该标准或许并不明确，不能清晰地描绘出构成此标准的证券的名称和权数。

⑥该标准并不是在先于评估周期开始的时候建立的，它不能够被预先指定。

⑦管理者总体可能表现出生存偏差，破产的管理者从总体中移去，这使得在业绩测度中夸大了应该将这些管理者包括在内的实际业绩。

b. ⅰ. 夏普比率是由资产组合风险溢价(即实际资产组合收益率减去无风险收益率)除以资产组合标准差得到的：

$$\text{夏普比率} = \frac{r_P - r_f}{\sigma_P}$$

特雷纳测度是通过资产组合风险溢价(即实际资产组合收益率减去无风险收益率)除以资产组合的β得到的：

$$\text{特雷纳测度} = \frac{r_P - r_f}{\beta_P}$$

詹森α计算方法是从实际的投资组合超额回报(风险溢价)中减去用资产组合β调整的市场风险溢价。它可以被描述为所赚取的收益与由资本市场线或证券市场线所暗含的收益的差异：

$$\alpha_P = r_P - [r_f + \beta_P(r_M - r_f)]$$

ⅱ. 夏普比率假定相关风险是总风险，它测度的是每单位总风险的超额收益。特雷纳测度假定相关风险是系统性风险，它测度的是每单位系统风险的超额收益。詹森α假定相关风险是系统性风险，它测度的是给定系统风险水平下的超额收益。

13. Pallor公司养老金计划的受托人就下列声明询问了投资顾问唐纳德·米利普，他的回答应该是什么？

a. 在统计上，经理收益的中位数标准是长期业绩表现的无偏测度。

b. 经理收益的中位数标准是明确的，因而容易被经理重复使用，以至于他们采用消极/

指数管理策略。

c. 经理收益的中位数标准在所有环境下都是不恰当的，因为它包含了很多投资风格。

答：a. 不正确。准确的基准是无偏的。然而，经理收益的中位数标准有显著的生存偏差，这将导致如下几个缺陷：

①经理收益的中位数标准向上偏。

②向上的偏差随时间增加。

③生存偏差将会给经理排名带来不确定性。

④生存偏差扭曲了分布曲线的形状。

b. 不正确。准确的基准是确定的且可以被复制的。经理收益的中位数标准是不确定的，因为该基准中的单个证券的权重是未知的。在一个测度周期结束前资产组合的构成是未知的，因为只有在业绩度量后才能确定经理收益的中位数。

准确的基准同时也是可投资的。经理收益的中位数标准是不可投资的，使用经理收益中位数标准的管理者不能放弃积极管理只简单维持基准。这是由于基准中单个证券的权重是未知的。

c. 正确。经理收益的中位数标准可能是不恰当的，因为经理收益的中位数包含了许多的投资风格，因此，可能与给定的经理风格不一致。

14. 詹姆斯·钱正在审查 Jarvis 大学捐赠基金的全球股权管理者的业绩。目前，Williamson 资本公司是捐赠基金唯一资本化的全球股权管理者，Williamson 资本公司的业绩数据如表 24－2a 所示。

钱也向捐赠基金投资委员会提交了 Joyner 资产管理公司的业绩信息。Joyner 资产管理公司是另一个资本化的全球股权管理者，该公司的业绩数据如表 24－2b 所示。相关的无风险资产和市场指数的业绩数据如表 24－2c 所示。

a. 计算 Williamson 资本公司和 Joyner 资产管理公司的夏普比率和特雷纳测度。

b. 投资委员会注意到，用夏普比率和特雷纳测度产生了对 Williamson 资本公司和 Joyner 资产管理公司不同的业绩排名，解释为什么这些标准可以导致不同的业绩排名？

表 24－2

a. Williamson capital 公司的业绩数据（1990 年～2010 年）	
平均收益率	22.1%
β	1.2
收益的标准差	16.8%
b. Joyner 资产管理公司的业绩数据（1990～2010 年）	
平均收益率	24.2%
β	0.8
收益的标准差	20.2%
c. 相关无风险资产和市场指数的业绩数据（1990～2010 年）	
无风险资产	
平均年收益率	5.0%
市场指数	
平均年收益率	18.9%
收益的标准差	13.8%

答： a. 夏普比率 $=\dfrac{r_P - r_f}{\sigma_P}$：

$$S_{Williamson}=\frac{22.1\%-5.0\%}{16.8\%}=1.02$$

$$S_{Joyner}=\frac{24.2\%-5.0\%}{20.2\%}=0.95$$

特雷纳测度 $=\dfrac{r_P - r_f}{\beta_P}$：

$$T_{Williamson}=\frac{22.1\%-5.0\%}{1.2}=14.25\%$$

$$T_{Joyner}=\frac{24.2\%-5.0\%}{0.8}=24.00\%$$

b. Williamson 和 Joyner 排名的差异直接来自资产组合分散化的差异。Joyner 有较高的特雷纳测度(24.00)和较低的夏普比率(0.95)，而 Williamson 的分别为 14.25 和 1.202。因此，Joyner 比 Williamson 的分散化程度低。特雷纳测度表明 Joyner 的单位系统风险的收益比 Williamson 高，而夏普比率表明 Joyner 的单位总风险的收益比 Williamson 低。

第 25 章　投资的国际分散化

25.1　复习笔记

1. 全球股票市场

(1)发达国家/地区

一般来说，发达国家或地区市场指数的风险要低于新兴市场指数，但两者都提供了分散化的机会。

(2)新兴市场

新兴市场指数高风险的同时伴随着高收益。对于对冲基金等积极投资组合来说，只投资发达国家的股票、股指是不够的，还应投资于新兴市场的股票和股指。

(3)股票市值与 GDP

当代经济发展的观点认为经济发展的必备条件是有助于公民合法拥有、投资、交易资本资产的完善的商业法律法规和制度。因此，股权市场的发展能推动人民财富的增长，股票市值规模较大的国家相对更加富有。

(4)母国偏见

母国偏见是指投资者在进行投资风险资产时更偏向于投资本国的风险资产。

2. 国际化投资的风险因素

(1)汇率风险

纯汇率风险是指当投资于外国安全资产时，由于汇率波动导致投资者产生损失的可能性。可以通过研究历史信息对各国的汇率风险进行评估。

一些汇率风险是能够被分散的。投资者可以通过外汇远期或期货转移汇率风险，将汇率锁定在约定水平。

(2)政治风险

政治风险是指东道国政治环境与其他国家之间政治关系发生改变而给外国投资企业的经济利益带来的不确定性。

3. 国际投资：风险、回报和分散化的收益

(1)投资新兴市场的风险

如果以收益的波动性来测度风险，新兴市场的风险明显高于发达市场，但也存在部分新兴市场风险小于发达市场的情况。

(2)新兴市场的平均收益率

根据 2002 ~2011 年的数据，发现在市场的平均超额收益率上，新兴市场比发达市场表现出更大的优势。新兴市场的 β 不是很高，但是平均收益率显著高于发达市场，我们可以以此推测，新兴市场比发达市场更能够实现投资组合的有效分散。

(3)汇率风险在国际资产组合中的角色

因为汇率的变动在各国间并不是非常相关的，所以当国际资产组合充分分散化时，在总风险中的汇率风险成分将被有效降低。另外，汇率风险可被分散化是因为汇率变动与以当地

货币计价的股票收益率之间呈低相关性。一般来说，当国际资产组合充分分散化时，对冲汇率风险并不是至关重要的。

(4)国际分散化的好处

分散化投资不仅可以降低投资组合的风险，还可以提高投资组合的夏普比率。夏普比率的增加主要来自新兴市场和其他市场较低的相关性。

(5)国际分散化投资带来的实际收益

已实现收益会极大地误导对投资者期望收益的估计，但是它们对预期风险的度量是非常有用的。原因有两点：

①市场有效则表明对未来股价的准确预测十分困难，但仍可以对风险进行准确度量。

②通过已实现收益数据计算的标准差和相关系数的误差要比通过期望收益估算的数值更低。

4. 国际化投资及业绩归因

(1)构建一个国外资产的基准组合

积极的国际化投资与消极的投资管理一样，设立一个基准组合是必要的。

(2)业绩归因

①货币选择

货币选择衡量了基准货币的汇率变化对资产组合的影响。

②国家选择

国家选择衡量选择不同国家股票市场对资产组合的影响。

③股票选择

可以根据不同国家股指的超额收益的加权平均值来衡量，权重是各国货币收益率。

④现金/债券选择

可以根据债券的加权平均超额收益来衡量，权重可为基准权重。

25.2 课后习题详解

一、习题

1. 回到“国际化投资所引起的问题”栏目，这篇文章写得很好，只是有些过时了。你同意文中关于“投资从事全球业务的美国跨国公司可以使你获得跨国的分散化组合?”的回答吗?

答：“国际化投资所引起的问题”由华尔街日报于1997年出版。文章中提出的一些论点可能经过十年已不再引人注目了。例如，摘自该文章中的下列语句对许多美国跨国公司来说不再正确：“当你考察这些跨国公司，驱动他们的表现的因素是其国内市场。”“……他们的大部分成本——特别是劳动成本——将发生在美国。”然而，摘自该文章中的下列论点仍然是正确的：“美国跨国公司往往被美国投资者所拥有，他们会因美国市场的动荡受到很大影响。”文章中没有提到的一个论点是，当投资于美国跨国公司时，本质上是不可能确定国际风险敞口程度的。一个外国股票的投资组合给投资者提供了更好地对这种敞口的理解。外国股票投资组合和美国股市之间的相关性很可能小于美国跨国公司的投资组合与美国市场的相关性。

2. 在教材图25-2中，我们同时提供了当地货币和美元计值的收益率。哪一个更重要?它又与投资是否对汇率风险套期保值有什么关系?

答：哪一种投资的收益与投资者更相关取决于投资者是否对冲当地货币。如果外汇风险已被对冲，那么相关股票收益是以当地货币计算的。如果没有对冲外汇风险，那么相关股票收益是以美元计价的。

3. 假设一个美国投资者最近打算以每股 40 英镑的价格投资于一家英国企业，他有 10000 美元的现金，而当期汇率为 2 美元/英镑。

a. 此投资者可以购买多少股？

b. 填写完成下表中 1 年后 9 种情况的收益率(3 种可能的每股英镑价格乘以 3 种可能的汇率)：

每股价格	以英镑计价的收益率(%)	以美元计价的 1 年后的汇率		
		1.80 美元/英镑	2 美元/英镑	2.20 美元/英镑
35 英镑				
40 英镑				
45 英镑				

c. 什么时候，美元计值的回报率等于英镑计值的回报率？

答：a. 10000 美元/2 = 5000 英镑；5000 英镑/40 英镑 = 125 股。

b. 用如下关系式完成表格：

$$1 + r(US) = [1 + r(UK)]\frac{E_1}{E_0}$$

每股价格(英镑)	以英镑计价的收益率(%)	以年末汇率为基准的、以美元计价的收益率(%)		
		1.80 美元/英镑	2.00 美元/英镑	2.20 美元/英镑
35	-12.5%	-21.25%	-12.5%	-3.75%
40	0.0%	-10.00%	0.0%	10.00%
45	12.5%	1.25%	12.5%	23.75%

c. 当汇率不随时间变化时，以美元计的收益率等于以英镑计的收益率。

4. 如果第 3 题中 9 种情况的可能性都相同，请分别求出以英镑计值和以美元计值的收益率的标准差。

答：以英镑计价的收益率(使用 3 个自由度)的标准差为 10.21%。以美元计价的收益率的标准差为 13.10%(使用 9 个自由度)，高于以英镑计价的标准差。这是由于额外的汇率风险导致的。

5. 现在假设第 3 题的投资者在远期市场上售出 5000 英镑，远期汇率是 2.10 美元/英镑。

a. 重新计算每种情况下的美元计值收益率。

b. 在这种情况下，美元计值收益率的标准差将如何变化？将之与原值以及英镑计值的标准差进行比较。

答：a. 首先，计算出每种情况下 125 股股票的美元价值。然后在每种情况中加上远期合约的收益。

每股价格(英镑)	汇率	给定汇率下股票的美元价值		
		1.80 美元/英镑	2.00 美元/英镑	2.20 美元/英镑
35		7875	8750	9625
40		9000	10000	11000
45		10125	11250	12375
远期汇率的收益：[$=5000\times(2.10-E_1)$]		1500	500	-500

每股价格(英镑)	汇率	给定汇率下的总美元收益		
		1.80 美元/英镑	2.00 美元/英镑	2.20 美元/英镑
35		9375	9250	9125
40		10500	10500	10500
45		11625	11750	11875

最后，计算以美元计算的收益率，注意初始投资额为 10000 美元：

每股价格(英镑)	汇率	给定汇率下的收益率		
		1.80 美元/英镑	2.00 美元/英镑	2.20 美元/英镑
35		-6.25%	-7.50%	-8.75%
40		5.00%	5.00%	5.00%
45		16.25%	17.50%	18.75%

b. 现在的标准差是 10.24%。这低于未对冲的以美元计价的标准差，仅略高于以英镑计价的收益率标准差。

6. 计算下例中货币、国家和股票选择对总体业绩的贡献，所有汇率都表示为 1 美元所能购买的外币单位数。

	EAFE 权重	股权指数收益(%)	E_1/E_0	管理人的权重	管理人的收益率(%)
欧洲	0.30	20	0.9	0.35	18
澳大利亚	0.10	15	1.0	0.15	20
远东	0.60	25	1.1	0.50	20

答：货币选择：

EAFE：0.30×(-10%)+0.10×0%+0.60×10%=3.0%；

管理人：0.35×(-10%)+0.15×0%+0.50×10%=1.5%，相对于 EAFE 损失了 1.5%。

国家选择：

EAFE：0.30×20%+0.10×15%+0.60×25%=22.50%；

管理人：0.35×20%+0.15×15%+0.50×25%=21.75%，相对于 EAFE 损失了 0.75%。

股票选择：

$(18\% - 20\%) \times 0.35 + (20\% - 15\%) \times 0.15 + (20\% - 25\%) \times 0.50 = -2.45\%$，相对于 EAFE 损失了 2.45%。

7. 如果即期汇率是 1.75 美元/英镑，1 年期远期汇率为 1.85 美元/英镑，同时英国国库券的利率是每年 8%，则用美元计算的由于投资英国国库券而锁定的无风险收益率是多少？

答：$1 + r(US) = [1 + r_f(UK)] \times (F_0/E_0) = 1.08 \times (1.85/1.75) = 1.1417$，解得：$r(US) = 14.17\%$。

8. 如果你打算投资于第 7 题中的英国国库券 10000 美元，你怎样锁定你的美元计值的收益率？

答：可以现在购买：10000/1.75 = 5714.29(英镑)。这将以 8% 的利率增至 6171.43 英镑。因此，为锁定收益率，需按远期汇率卖出远期 6171.43 英镑。

9. 这一章是从美国投资者的角度写的。假设你在给一个小国家投资者提供建议。本章内容要做哪些修改？

答：居住在 A 国的投资者所做的“天真的投资”中，其中只有一小部分投资于本国的投资组合，相对较大的权重投资于美国证券。这对于那些可能像美国投资者一样有母国偏好的外国投资者来说，可能不是一个恰当的方法。减少在国外投资比例(例如，A 国投资者的投资组合中美国证券中的权重)的一个合理的方式是专注于投资者的整个消费篮子(包括耐用品)中美国进口品的权重，而不是强调市场资本化。由于这种消费篮子中包括例如医疗保健及大量其他没有进口成分的项目，由此产生的美国证券的理想权重将小于市场资本化的权重。

二、CFA 考题

1. 假设你是一名美国投资者，1 年前购买了 2000 英镑的英国证券，当时每英镑 1.5 美元。如果证券价值现在是 2400 英镑而且每磅价值升为 1.75 美元，你的总收益率是多少(美元计值)？假设该时期内没有股利和利息。

答：初始投资 = 2000 × 1.50 = 3000(美元)；

最终价值 = 2400 × 1.75 = 4200(美元)；

收益率 = 4200/3000 − 1 = 40%。

2. 美国股票大盘指数和其他工业化国家的股票指数收益率的相关系数最可能______，美国股票各种分散化资产组合收益率之间的相关系数最可能______。

a. 小于 0.8；大于 0.8

b. 大于 0.8；小于 0.8

c. 小于 0；大于 0

d. 大于 0；小于 0

答：a。

3. 一个投资者投资于外国的普通股，希望规避投资者本币的______风险，可以通过______远期市场的外币来规避。

a. 贬值；出售

b. 升值；购入

c. 升值；出售

d. 贬值；购入

答：c。

4. 约翰·艾里什是特许金融分析师，也是一位独立投资咨询人，他帮助通用技术公司(General Technology Corporation)的投资委员会主席达尔文建立起一只养老基金。达尔文咨询艾里什关于投资委员会是否应该考虑国际股权投资。

a. 请解释将国际股权纳入通用的股权资产组合的合理性。确认并描述三个相关的因素，写出计算过程。

b. 请列出反对国际股权投资的三个可能的意见，并简单分析其重要性。

c. 为了说明国际证券的长期业绩的几个方面，艾里什向达尔文出示了近几年美国养老基金的投资结果。比较美国股权、非美股权与固定收益资产的业绩表现，并解释为什么会计收益指数与四种独立的资产类别指数明显不同，会计业绩指数的结果有何意义？

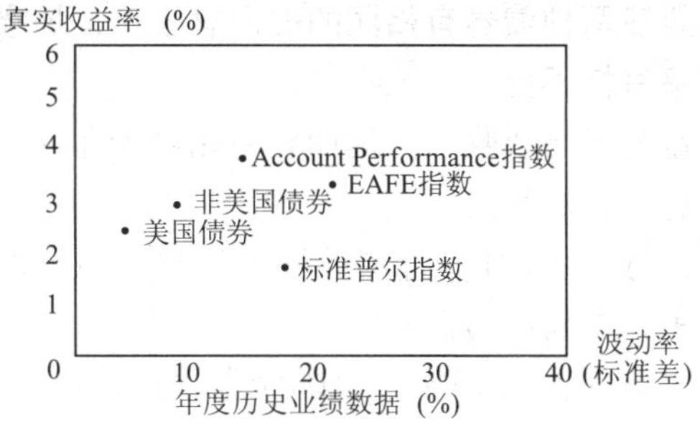

答：a. 基本的原理是分散化机会。造成国际间股票收益率相关性低的因素如下：

①经济周期的不完全相关性；

②利率的不完全相关性；

③通胀率的不完全相关性；

④汇率的波动性。

b. 国际投资的障碍有：

①信息的可得性，包括据以做出投资决策的不充足的数据。解释和评估在形式和内容上有差异的数据比解释和评估那些常规可得的和通俗易懂的美国数据更困难。同时，许多国外数据的公布存在相当长的时滞。

②流动性，即在不影响市场价格的情况下，在规模和及时性方面买卖的能力。大多数的外国交易所都提供限制性的交易，从而会经受更大的价格波动。此外，只有少量国外的个股具有与美国市场相当的流动性，虽然这种状况正在稳步改进。

③交易成本，尤其是把佣金、买卖价差和市场影响成本一起考虑时，大多数国外市场的交易成本都要高于美国市场的水平，这将会降低收益的实现。

④政治风险。

⑤外汇风险，在很大程度上可以用来进行套期保值。

c. 这一特定时期的资产类别业绩数据显示，非美元债券相比美元债券有一个小幅的收益增量优势，但是它的风险水平更高。就风险和收益而言，每一种固定收益型资产的业绩都比衡量美国股市的标准普尔500指数的业绩要好，这无疑是一个意想不到的结果。在股票方面，对于非美股票(用EAFE指数来代表)来说，额外增加很小的风险就可以带来很大的收益，其表现大大优于美国股票。与美国股权相比，该类资产相对固定收益资产则表现得如它应表现的那样，承担的风险越大，所获得的收益越高。

关于会计业绩指数，它在图上的位置反映了总体结果要优于其各组成部分的结果之和。从某种程度上说，这是由于多市场分散化和不同的协方差给业绩带来了有利影响。在这种情况下，投资组合经理(显然)实现了正 α，通过他们的行为增加了投资组合的总收益率。在证券组合中加入国际(非美国)证券而不是仅持有国内(美国)证券能使基金在这一时期内产生一些优势。

5. 作为一个美国投资者，决定购买以下证券中的一种。假设加拿大政府债券的货币风险是可避免的，6 个月的加元远期合约的贴现率为每美元 -0.75%。

债券	到期日	息票利率(%)	价格(美元)
美国政府	6 个月	6.50	100.00
加拿大政府	6 个月	7.50	100.00

请计算 6 个月范围内要使两种债券有相同的美元总收益，加拿大国债必需的期望价格变动。假设美国债券的收益率保持不变。

答：加拿大债券的收益等于息票收入、远期利率相对于即期利率的溢价或折价带来的损益与债券资本利得或损失这三者之和。

在 6 个月内，收益为：息票 + 远期溢价/折价 + 资本利得 = 7.5%/2 + (-0.75%) + 价格的百分比变化 = 3.00% + 资本利得的百分比变化。

美国债券的预期半年收益率为 3.25%，美国债券预期没有资本所得或损失，因为它以面值出售，它的收益率预期保持不变。因此，为了提供同样的收益，加拿大政府债券必须提供一个在任何美元债券期望资本利得之上的 0.25% 的资本利得(即，相当于 100 票面价值的 1/4 点)。

6. 一位全球经理计划在今后 90 天内投资 100 万美元于美国政府的现金等价物。但是，他也被授权可以使用非美国政府现金等价物，使用远期货币合约来规避货币风险。

a. 如果他投资于加拿大或日本的货币市场工具，并对其投资的美元价值进行套期保值，他的收益率是多少？使用下表数据。

b. 美国政府证券 90 天的利息率大约是多少？

90 天现金等价物的利率(APR) (%)

日本政府债券	2.52
加拿大政府债券	6.74

每单元美元兑换的外币的汇率

	即期	**90 天远期**
日元	0.0119	0.0120
加元	0.7284	0.7269

答：a. 按目前的汇率将 100 万美元兑换为外汇，同时卖出距今 90 天的相同数量外汇的远期合约。对于日元投资来说，初始可获得：

$$1000000/0.0119 = 8403.4(\text{万日元})$$

将其投资 90 天后，累积得到：

8403.4 × (1 + 0.0252/4) = 8456.3(万日元)(注意：将 90 天期的利率除以 4，这是因为货币市场利率是按单利年利率报价的，假设一年有 360 天)。

如果将这笔日元远期按远期汇率 0.0120 日元/美元卖出，最终将获得：

84563000 × 0.0120 = 101.48(万美元)，90 天美元利率为 1.48%。

同样，90 天加拿大元投资的美元收益为：

100/0.7284×(1+0.0674/4)×0.7269=101.48(万美元)。

得出 90 天美元利率为 1.48%，与日元投资算出的结果相同。

b. 无违约风险的日本和加拿大政府证券收益的美元对冲收益率都为 1.48%。因此，90 天美国政府证券的收益率也一定是 1.48%。这与 5.92% 的 APR 一致，这一 APR 比日本的 APR 要高，但比加拿大的 APR 要低。这一结果是合理的，远期汇率和即期汇率之间的关系表明预期美元会相对日元贬值而相对加拿大元升值。

7. 温莎基金会是一个立足美国的非营利慈善组织。旗下拥有 1 亿美元的分散化投资组合。温莎的董事会考虑进军新兴市场。基金会的财务总管罗伯特·休斯顿做出了如下四条评论：

a."对于只持有发达市场股权的投资者，新兴市场货币的稳定性是实现良好收益的先决条件。"

b."当地货币相对于美元贬值经常发生于新兴市场。美国投资者的收益的很大部分都被货币贬值抵消掉，甚至长期投资者也不能幸免。"

c."就以往经验而言，在美国股权组合比如标准普尔 500 指数中加入新兴市场股票会降低波动性，而将新兴市场股票与国际组合比如 MSCI EAFE 指数相结合也会降低波动性。"

d."尽管新兴市场之间的相关性在短期内会有变动，有证据显示长期内其相关性是稳定的。因此，某一时刻在有效边界上的新兴市场组合倾向于在接下来时期内留在有效边界附近。"

请讨论休斯顿的四条评论分别是正确的，还是错误的。

答：a. 错误。尽管货币不够坚挺，但投资组合表现却很强势的情况是有可能存在的。因此，货币的升值也有可能增强新兴市场投资组合的表现。

b. 正确。

c. 正确。

d. 错误。相关关系并不稳定。同时，资产组合从一个时期到下一个时期可以显著地偏离有效边界。

8. 在对 Otunia(这是一个虚构的国家)的经济与资本市场做出研究后，你的公司 GAC 决定在新兴市场投资中加入 Otunia 的股票。但是，GAC 还未决定实行积极的投资策略还是指数策略。现在请你对于积极投资还是指数投资做出评价。以下是研究结果。Otunia 的经济均匀地分散于农业、自然资源、制造业(消费品与日用品)和增长的金融业。由于高佣金和政府印花税，证券市场的交易费用较高。该国信息公开机制健全，公司财务业绩的公众信息完整且可靠。资金出入该国、外国资金持有该国证券被政府部门严格监管。非本国居民在办理各类手续时多有搁置，往往延误时机。该国政府财政部门高层致力于削弱监管开放外国资金流入，但是 GAC 政策顾问认为该国保守主义势力强大，短期内不会有实质性进展。

a. 简述 Otunia 投资环境利于积极投资的方面，以及利于指数策略的方面。

b. 推荐 GAC 应该采用哪个策略，并用(a)中的因素说明你的理由。

答：a. 以下观点支持积极型管理：

经济多样性：Otunia 各个部门的经济多样性给积极型投资者提供了机会，即采用"自上而下"的部门择时策略的机会。

高交易成本：交易成本非常高，可能会阻碍国际投资者的交易活动，并导致积极的投资者可成功地利用这种低效率。

良好的财务披露和详尽的会计准则：良好的财务披露和详尽的会计准则可能为训练有素的分析师提供通过进行基本面分析来找出错误定价的证券的机会。

资本限制：对资本流动的限制可能会阻碍外国投资者参与 Otunia 市场，积极型投资者可以利用市场低效率的机会。

发展中的经济和证券市场：发展中的经济体和市场的特点是无效定价的证券及经济的快速变化和增长。积极的投资者可以利用这些特性。

清算问题：非居民在结算交易时的长期时滞可能使国际投资者望而却步，导致证券的无效定价，从而为积极型管理者提供机会。

以下观点支持指数策略：

经济多样性：各个行业的经济多样性意味着指数策略可能会提供一个分散化的代表组合，它可以不受集中于某些部门的风险因素的影响。

高交易成本：指数策略意味着较低水平的交易活动和低成本。

结算问题：指数策略意味着低水平的交易活动和较少的结算要求。

财务披露和会计标准：大量公开可得的可靠的财务信息很可能导致市场更有效率，减少基本面分析和积极管理的价值，更有利于采用指数策略。

对资本流动的限制：指数策略意味着较少的交易活动，因而受到监管干扰的可能性较小。

b. 对于积极管理的一项建议是将投资集中于 Otunia 市场和经济中那些短期的效率低下但长期有发展前景的行业。在发达国家的市场中，一般不容易发现短期无效但长期有发展前景的行业。

对于指数策略的建议是集中于经济多样性、高交易成本、结算延迟、资本流动限制，和低管理费等因素。

第 26 章　对冲基金

26.1　复习笔记

1. 对冲基金与共同基金

(1)共同点

与共同基金相似，对冲基金(hedge fund)的基本思想也是汇集投资。投资者以购买股份的方式将资金汇聚成集合资产，基金利用集合资产进行投资。基金每股净资产代表了投资人在资产组合中的价值。

(2)不同点

①透明度

共同基金受 1933 年《证券法》和 1940 年《投资公司法》的约束(用于保护新进入投资者)，上述法案对透明度以及投资策略的可预测性做出了规定。共同基金必须向公众定期披露投资组合的具体构成信息。相比之下，对冲基金的组织形式一般为有限责任合伙制，只需要向投资者提供少量有关组合构成和投资策略的信息。

②投资人

一般情况下，对冲基金的投资者人数少于 100 人，且对于投资者的最低净资产和收入有门槛限制，最低投资限额区间一般在 25 万 ~ 100 万美元。

③投资策略

共同基金将基本投资策略披露于发行计划书中，由于基金对可预测性的限制，共同基金很难转变投资策略。而且，大多数共同基金会限制使用卖空及杠杆，甚至限制应用衍生品。然而，对冲基金对于投资策略则没有明确取向，投资广泛。同时对卖空、杠杆以及衍生品应用等限制也较少。

④流动性

对冲基金通常有数年的禁售期，在此期间内投资者不允许卖出基金。禁售期过后，投资者如要撤资，一般需要提前数周或数月告知。这样虽然减少了投资者资产的流动性，同时也减少了基金的撤资风险，使得基金可以投资于一些具有更高收益率的长期资产。

⑤报酬结构

对冲基金的费用结构有别于共同基金。共同基金只收取一个固定比率的管理费用，例如每年收取股本基金的 0.5% ~ 1.5%。而对冲基金费用结构更有弹性，除收取管理费用外还要收取激励费。一般而言，管理费用通常为资产的 1% ~ 2%，激励费是收益率超过某个指定基准利润水平的固定比例，一般为 20%。基准收益率通常是货币市场的收益率，如 LIBOR。

2. 对冲基金策略

对冲基金策略分为两大类：方向性和非方向性。

(1)方向性策略与非方向性策略

采取方向性策略的对冲基金很像共同基金，它们的收益依赖于市场的收益。但是，对冲基金可以卖空证券，或者持有大量衍生品，从而可以控制风险敞口。非方向性策略致力于发现投资标的的暂时定价偏差，将资金投入定价存在偏差的资产。非方向性策略可进一步分为趋同策略和相对价值策略。

多头－空头头寸作为对冲基金的典型策略，将所有资金投入存在定价偏差的资产，而不必担心市场敞口。当资产价格再次收敛时即可获利。因此，卖空和衍生品对于对冲基金来说是非常重要的工具。

(2)统计套利

统计套利是一种市场中性策略的形式。它是基于两个或多个相关性较高的资产形成的投资策略。如果在未来这些资产继续保持较高的相关性，那么一旦资产之间出现了背离的走势，则这种背离将在未来得到纠正，从而产生套利的机会。

其原理背后的基本概念是均值回归(即资产价格将会回归到它的均值)。若价差序列是平稳的，那么可以构造统计套利的交易策略，即判断价值是否偏离了长期均值。

3. 可携阿尔法

可携阿尔法是市场中性纯赌局的重要推论。如果投资者认为股票被低估，即认为该股票具有一个正的 α，但同时买入该股票交易存在市场风险。为了抵消市场风险敞口，投资者可以在买进该股票的同时出售一定的指数期货来消除市场敞口，从而构造出一个贝塔值为0的组合。这个过程称为 α 转移。

4. 对冲基金的风格分析

在给对冲基金做简单的风格分析时，我们简要的考虑四类系统因素：

(1)利率：长期美国国债的收益率。

(2)股票市场：标准普尔500指数的收益率。

(3)信用状况：Baa级债券和国债的收益率差。

(4)外汇：美元相对于一系列外币的价值变动百分比。

对冲基金指数 i 在月份 t 的收益率在统计上表述为：

$$R_{it} = \alpha_i + \beta_{i1}\text{因素 }1_t + \cdots + \beta_{i4}\text{因素 }4_t + e_{it}$$

式中，β 测度了每一因素的敏感度。通常情况下，用残差项 e_{it} 测度与解释变量无关的非系统性风险，用截距 α_i 测度基金 i 在剔除系统因素影响后的平均业绩。

实证结果证实多数基金实际上是对于四个因素中一个或多个具有显著敞口的方向性策略基金。而且，估计的 β 值与基金所宣称的类型也是相符合的。因此，多数对冲基金都在一系列经济因素上进行着明显的方向性赌注。

5. 对冲基金的业绩评估

(1)流动性与对冲基金业绩

由于对冲基金存在禁售条款，所以跟其他机构投资者(如共同基金)相比，对冲基金更偏向投资于非流动性资产。因此，在评估业绩时必须考虑流动性溢价，否则对冲基金投资非流动性资产所得的流动性溢价将会成为正 α 的一部分，即这部分“应得”的收益被视为非期望收益，从而高估了对冲基金的业绩。

(2)对冲基金业绩与生存偏差

生存偏差是指只有表现优秀的共同基金才会被纳入数据库，因此生存偏差会影响共同基金的业绩评估。这种偏差也存在于对冲基金中。回填偏差是指只有对冲基金主动选择公开基金报告时，对冲基金才会被纳入数据库，而只有成功的基金才会选择公开报告。众多研究表明，生存偏差可以高达2% ~4%。

(3)对冲基金业绩与因素负荷变化

业绩评估的重要假设为基金经理的风险属性较为稳定，但是由于对冲基金的投机性很强，对冲基金经理的风险属性也很容易改变。因此，对冲基金的业绩评估变得更加困难。

(4)尾部事件与对冲基金业绩

尾部事件是指发生概率很小的极端事件，一般处于概率分布的尾端。一个对冲基金如果在大部分正常情况下都具有持续性的盈利，会给人以表现优秀的印象，但一旦遇上极端尾部事件如股市大崩盘就可能损失过去多年的收益。但是在大部分情况下，这种策略都是非常优秀的。

6. 对冲基金的费用结构

一般对冲基金的费用结构由资产1% ~2%的管理费加激励费构成，激励费是指每年投资超过某一基准后利润的20%。激励费可以看作是一个看涨期权，此期权的行权价格是现有组合价值乘以(1+基准收益率)。

因此，类似于期权，对冲基金也存在一个水位线。如果基金亏损，对冲基金公司就无法收取激励费。因此，水位线使得很多经理关闭了表现糟糕的基金。

26.2 课后习题详解

1. 市场中性对冲基金适合作为投资者的全部退休投资组合吗？如果不适合，对冲基金在该投资者的总组合中可以占有一席之地吗？

答：不适合，市场中性对冲基金作为投资者的全部退休投资组合不是一个好的候选方案，因为它不是一个分散化的投资组合。“市场中性”指的是相对于一个特定的市场无效率的投资组合头寸。但是，市场中性对冲基金可以在投资者的整体投资组合中占有一席之地。市场中性对冲基金可以被看作是投资者将α加入到较为消极的投资头寸中(如指数共同基金)的一种方法。

2. 对冲基金的激励费将对管理人在组合中加入高风险资产产生怎样的影响？

答：对冲基金的激励费是对冲基金费用结构的一部分。激励费通常是高于某特定基准收益率的对冲基金收益的20%。因此，激励费与看涨期权的收益相似，波动性越高越有价值。因此，对冲基金投资组合管理者将采取在组合中加入高风险资产的方法以增加波动性，从而增加激励费的价值。

3. 为什么说评估对冲基金的业绩比共同基金要难？

答：有很多种因素使得评估对冲基金的业绩比共同基金要难。这些因素包括：

(1)对冲基金往往更多地投资于非流动性资产，使得显著的α值可能只是对流动性不足的补偿。

(2)对于流动性较差的资产，对冲基金的价值是值得商榷的。

(3)生存偏差和回填偏差将导致对冲基金数据库只报告了成功的对冲基金的业绩。

(4)对冲基金通常有不稳定的风险特征，而在进行业绩评估时需要依赖组合风险不变的假设。

(5)尾部事件扭曲了对冲基金结果的分布，使其在相对较短的时间内难以获得代表性样本。

4. 对于对冲基金业绩评估中生存偏差和回填偏差的叙述，哪一项最准确?

a. 生存偏差和回填偏差都使得对冲基金指数收益率被高估。

b. 生存偏差和回填偏差都使得对冲基金指数收益率被低估。

c. 生存偏差使得对冲基金指数收益率被高估，而回填偏差使得对冲基金指数收益率被低估。

答：a。生存偏差是指只有幸存的基金的收益被报告出来，这将使得指数收益将向上偏。当一个新的对冲基金被添加到一个指数中，且该基金的历史表现被添加到指数的历史表现中时，会产生回填偏差。问题是只有幸存的基金的表现会被添加到指数中去，这会导致指数收益产生向上的偏差。

5. 下面哪一个最适合作为对冲基金业绩评估的基准?

a. 多因素模型。

b. 标准普尔 500 指数。

c. 无风险利率。

答：a。对固定收入对冲基金来说，Merrill Lynch 高收益指数可能是最好的单个市场指数；对股票对冲基金来说，Russell 3000 可能是最好的单个市场指数。然而，指数的组合可能是最好的市场指数，正如多因素模型最好地解释了对冲基金收益那样。在股票对冲基金中，市场中性策略的收益最接近于无风险利率，但是它们并不是无风险的。

6. 考虑对冲基金投资，联接基金的投资人净收益要小于单个基金投资人是因为：

a. 多层费用和更高的流动性。

b. 无理由，两种基金应当收益相等。

c. 仅由于多层费用。

答：a。对个人投资者来说，联接基金通常被认为是较好的选择，因为它们提供了分散化和更高的流动性。联接基金的一个问题是其收益通常较低，这是由多层费用和现金滞后(由追求流动性而产生)导致的。

7. 下面哪个基金的收益率最有可能接近无风险利率?

a. 市场中性对冲基金。

b. 事件驱动对冲基金。

c. 多头－空头对冲基金。

答：a。在股票对冲基金中，市场中性策略的回报最接近于无风险利率，但是，它们不是完全无风险的，通常暴露在系统风险和非系统风险中。

8. 统计套利真的是套利吗? 请解释。

答：不是，统计套利不是真的套利，因为它并不建立基于证券错误定价的无风险头寸。统计套利实质上是风险赌注的组合。对冲基金基于小的、暂时的市场无效率，持有大量的小头寸，依靠这些赌注的总体预期收益为正的可能性获利。

9. 一家 10 亿美元的对冲基金收取 2% 的管理费和 20% 的激励费，基准收益率是 5%。计算在下列组合收益下所需支付的总费用，分别用美元和占管理资产的百分比表示：

a. -5%　　b. 0　　c. 5%　　d. 10%

答：管理费 $=0.02\times1000000000=2000$(万美元)。

	组合收益率(%)	激励费(%)	激励费(百万美元)	总费用(百万美元)	总费用(%)
a.	-5	0	0	20	2
b.	0	0	0	20	2
c.	5	0	0	20	2
d.	10	20	10	30	3

10. 一家资产净值为 62 美元/股的对冲基金水位线为 66 美元。它的激励费比水位线为 67 美元时要高还是低?

答: 激励费通常是指超过某一基准收益率后对冲基金的收益的 20%。然而,如果一只基金在过去经历了亏损,那么该基金可能不能收取激励费,除非该基金超过其先前的高水位。如果高水位线为 67 美元,而不是 66 美元,激励费是无价值的。当高水位线为 67 美元时,该基金的资产净值必须在对冲基金可以评估激励费之前达到 67 美元。对冲基金的高水位线相当于当前市场价值等于基金的净资产价值时的看涨期权的行权价格。

11. 重新考虑第 10 题中的对冲基金。假设在 1 月 1 日,基金年收益率的标准差为 50%,无风险利率为 4%。基金的激励费为 20%,现有水位线为 66 美元,而净值为 62 美元。

a. 根据布莱克 - 斯科尔斯公式所得的激励费为多少。

b. 如果基金没有水位线而且激励费根据总收益率计算,它每年可以获得多少激励费?

c. 如果基金没有水位线而且激励费根据超出无风险利率的部分计算,它每年可以获得多少激励费?(视无风险利率为连续复利)

d. 假设由于杠杆的提升,波动率升至 60%,重新计算 b 中的激励费。

答: a. 首先用下列参数计算一个看涨期权的布莱克 - 斯科尔斯价值:$S_0=62$;$X=66$;$R=0.04$;$\sigma=0.50$;$T=1$ 年。可得:$C=11.685$(美元)。

年激励费为:$0.20\times C=0.20\times 11.685=2.337$(美元)。

b. 仍然用 a 中布莱克 - 斯科尔斯公式的参数,但此时 $X=62$,则 $C=13.253$(美元)。

年激励费为:$0.20\times C=0.20\times 13.253=2.651$(美元)。

c. 仍然用 a 中布莱克 - 斯科尔斯公式的参数,但此时 $X=S_0\times e^{0.04}=62\times e^{0.04}=64.5303$,则 $C=12.240$(美元)。

年激励费为:$0.20\times C=0.20\times 12.240=2.448$(美元)。

d. 仍然用 a 中布莱克 - 斯科尔斯公式的参数,但此时 $X=62$ 且 $\sigma=0.60$,则 $C=15.581$(美元)。

年激励费 $=0.20\times C=0.20\times 15.581=3.116$(美元)。

12. 登录网络学习中心 www. mhhe. com/bkm,进入第 26 章,找到标准普尔 500 指数月度值的表格。假设每月你售出一个单位的看涨期权,行权价格比当时指数低 5%。

a. 1977 年 10 月到 1987 年 9 月间,你每月在看涨期权上的平均收入为多少?标准差是多少?

b. 将你的样本期延伸至 1987 年 10 月,重新计算上述策略的平均收入和标准差。对于尾部风险,你学到了什么?

答: a. 从数据表可知,标准普尔 500 指数在 1977 年 9 月末的值为 96.53,因此,在 1977 年 10 月初卖出的看跌期权的行权价格为:$0.95\times 96.53=91.7035$。

在 10 月末,指数价值为 92.34,因此看跌期权到期时是虚值状态,看跌期权的卖方的支出为 0。由于标准普尔 500 指数在一个月内下降超过了 5 个百分点是不正常的，故在 1977 年 10 月到 1987 年 9 月之间的 120 个月里除了 10 个月之外其他月份的支出都为零。第一个有正的支出的月份是 1978 年 1 月。在 1978 年 1 月初卖出的看跌期权的行权价格为：$0.95 \times 95.10 = 90.3450$。

在 1 月末，指数价值为 89.25（下降超过 6%），因此期权卖方的支出为：$90.3450 - 89.25 = 1.0950$。

在这一段时期内，平均每月总支出为 0.2437，标准差为 1.0951。

b. 在 1987 年 10 月，标准普尔 500 指数从 321.83 下降到 251.79，下降超过了 21%。在 1987 年 10 月初卖出的看跌期权的行权价格为：$0.95 \times 321.83 = 305.7385$。

在 10 月末，期权卖方的支出为：$305.7385 - 251.79 = 53.9485$。

在 1977 年 10 月至 1987 年 10 月这一期间内，平均每月总支出为 0.6875，标准差为 5.0026。显然，卖出裸露看跌期权的尾部风险是巨大的。

13. 设想一个执行下述策略的对冲基金。每个月持有 1 亿美元标准普尔 500 指数基金，出售价值为 1 亿美元的指数看涨期权，行权价格比当时指数低 5%。假设出售每单看涨期权的溢价为 25 万美元，基本与看涨期权的实际价值相当。

a. 计算 1982 年 10 月至 1987 年 9 月间该对冲基金的夏普比率。将其与标准普尔 500 指数比较。利用第 12 题的数据，月度无风险利率设为 0.7%。

b. 将 1987 年 10 月计入后，现在计算该对冲基金的夏普比率。对于业绩评估和基金的尾部风险，你又能学到什么呢？

答： a. 为计算夏普比率，先计算在 1982 年 10 月至 1987 年 9 月之间的每月收益率。在 1982 年 9 月末，标准普尔 500 指数的值为 120.42，因此 10 月份看跌期权的行权价格为：$0.95 \times 120.42 = 114.3990$。

由于指数 10 月末的值为 133.72，看跌期权到期时为虚值状态，因此期权卖方没有支出。因此，对冲基金在指数上的收益率等于：$(133.72/120.42) - 1 = 0.11045 = 11.045\%$。

假设对冲基金在月初价值 1 亿美元的基础上又投资了 25 万美元，则月末基金价值为：$100.25 \times 1.11045 = 111.322$（百万美元）。

月收益率为：$(111.322/100.00) - 1 = 0.11322 = 11.322\%$。

看跌期权到期时为实值状态的第一个月是 1984 年的 5 月。标准普尔 500 指数在 1984 年 4 月末的值为 160.05，因此，5 月看跌期权的行权价格为：$0.95 \times 160.05 = 152.0475$。

指数在 5 月末的值为 150.55，因此看跌期权的卖方在一单位指数上的支出为：$152.0475 - 150.55 = 1.4975$。

对冲基金在指数上的收益率为：$(150.55/160.05) - 1 = -0.05936 = -5.936\%$。

指数每单位 1.4975 的支出降低了对冲基金的收益率，幅度为：$1.4975/160.05 = 0.00936 = 0.936\%$。

因此对冲基金的收益率为：$-5.936\% - 0.936\% = -6.872\%$。

基金的月末值为：$100.25 \times 0.93128 = 93.361$（百万美元）。

月收益率为：$(93.361/100.00) - 1 = -0.06639 = -6.639\%$。

在 1982 年 10 月至 1987 年 9 月期间：月收益率均值 $= 1.898\%$，标准差 $= 4.353\%$，夏普比率 $= (1.898\% - 0.7\%)/4.353\% = 0.275$。

b. 在 1982 年 10 月至 1987 年 10 月期间：月收益率均值 $= 1.238\%$，标准差 $= 6.724\%$，

夏普比率 = (1.238% − 0.7%)/6.724% = 0.080。

14. 下表是将 Waterwork 股票的月收益率对标准普尔 500 指数回归的结果。一位对冲基金经理认为 Waterwork 被低估了，下月应有 2% 的 α。

β	R^2	残差标准差
0.75	0.65	0.06(i, e, 6%/月)

a. 如果只有 200 万美元的 Waterwork 股票，而且希望通过标准普尔 500 指数期货合约对冲下月的市场敞口，需要多少份合约？购入还是售出？标准普尔 500 指数现为 1000 而且乘数为 250 美元。

b. 对冲基金月收益率的标准差是多少？

c. 假设月收益率大致符合正态分布，下月市场中性策略亏损的概率为多少？设无风险利率为每月 0.5%。

答：a. 由于对冲基金经理持有 Waterwork 股票的多头头寸，他应卖掉的合约数为：$\frac{2000000 \times 0.75}{250 \times 1000} = 6$(份)。

b. 对冲组合的月收益率的标准差等于残差标准差，即 6%。股票的残差标准差是指不能够被对冲掉的波动性。对一个市场中性(零 β)头寸来说，这也是总的标准差。

c. 市场中性头寸的预期收益率等于无风险利率加上 α：0.5% + 2.0% = 2.5%。

假定月收益率接近正态分布，零收益率的 z 值为：−2.5%/6.0% = −0.4167。

因此，收益为负的概率为：$N(-0.4167) = 0.3385$。

15. 接第 14 题。

a. 假设你有 100 只股票，它们都与 Waterwork 有相同的 α、β 和残差标准差。现将其等权重构建组合。设每只股票的残差(教材式(26−1)和教材式(26−2)中的 e)相互独立。组合的残差标准差是多少？

b. 考虑市场中性的该投资组合，重新计算下月亏损的概率。

答：a. 组合的残差标准差以因子 10 低于每只股票的标准差，或等价地，组合的残差方差以因子 100 低于 100 只股票的标准差。因此，现在残差标准差是 0.6% 而不是 6%。

b. 市场中性头寸的预期收益率等于无风险利率加上 α：0.5% + 2.0% = 2.5%。

现在收益率为零的 z 值为：−2.5%/0.6% = −4.1667。

因此，收益为负的概率为：$N(-4.1667) = 0.0000155$。

由此可见，收益不太可能为负。

16. 回到第 14 题。假设经理误估了 Waterwork 的 β，应当为 0.5 而不是 0.75，市场月收益率的标准差为 5%。

a. 对冲组合(现在对冲不完全)的标准差为多少？

b. 市场月度收益为 1%，标准差为 5% 时，下月亏损的概率是多少？与第 14 题比较。

c. 利用第 15 题的数据，亏损的概率为多少？与第 14 题比较。

d. 为什么 β 的误估对 100 只股票组合的影响远大于对一只股票的影响？

答：a. 对于(现在对冲不完全的)对冲组合：方差 = $(0.25^2 \times 5\%^2) + 6\%^2 = 0.00375625$，标准差 = 6.129%。

b. 由于经理误估了 Waterworks 的β，经理将卖出 4 份标准普尔 500 指数合约（而不是第 14 题中的 6 份合约）：$\dfrac{2000000 \times 0.50}{250 \times 1000}=4$（份）。

组合没有完全对冲，因此期望收益不再是 2.5%。可以通过先计算股票加上期货头寸的总美元价值来决定期望收益率。股票组合的美元价值为：

$2000000 \times (1 + r_{组合}) = 2000000 \times [1 + 0.005 + 0.75 \times (r_M - 0.005) + 0.02 + e] = 2042500 + 1500000 \times r_M + 2000000 \times e$

从期货头寸中获得的美元收益为：

$4 \times 250 \times (F_0 - F_1) = 1000 \times [(S_0 \times 1.005) - S_1] = 1000 \times S_0 \times [1.005 - (1 + r_M)] = 1000 \times 1000 \times (0.005 - r_M) = 5000 - 1000000 \times r_M$

股票加上期货头寸在月末的总价值为：

$2047500 + (1500000 - 1000000) \times r_M + 2000000 \times e = 2047500 + 500000 \times 0.01 + 2000000 \times e = 2052500 + 2000000 \times e$

（不完全）对冲组合的期望收益率为：$(2052500/2000000) - 1 = 0.02625 = 2.625\%$。

现在收益为零的 z 值为：$-2.625\%/6.129\% = -0.4283$。

收益为负的概率为：$N(-0.4283) = 0.3342$。

在这里，收益为负的概率近似于第 14 题所计算的概率。

c. 分散（但没有完全对冲）的投资组合的方差为：$(0.25^2 \times 5\%^2) + 0.6\%^2 = 0.00019225$。标准差 $= 1.3865\%$。收益为零的 z 值为：$-2.625\%/1.3865\% = -1.8933$。收益为负的概率为：$N(-1.8933) = 0.0292$。

现在收益为负的概率远大于第 15 题中的完全对冲情况下的结果。

d. 在 100 只股票组合的情况下，来自不完全对冲的市场风险在很大程度上导致了总的波动性（和损失的风险），因为分散化组合的非系统性风险很小。

17. 这里有 3 只对冲基金的数据。每只都收取总收益率的 20%作为激励费。假设最初联接基金（FF）的经理等权重购买了 3 只基金，而且收取其投资人 20%的激励费。简化起见，假设管理费为零。

	对冲基金 1	对冲基金 2	对冲基金 3
年初价值（百万美元）	100	100	100
总收益率（%）	20	10	30

a. 计算缴纳激励费后联接基金投资人的收益率。

b. 假设不用购买 3 家对冲基金的股份，一家独立对冲基金（SA）购买了与 3 只基金相同的组合。因此 SA 基金的价值将与持有三家基金的联接基金相等。考虑一个持有 SA 基金的投资人。其支付 20%的激励费后，年底他的组合价值为多少？

c. 确认 SA 投资人收益率超出 FF 的部分证实了联接基金收取的那一层激励费。

d. 假设对冲基金 3 的收益率为 −30%。重新计算 a 和 b。FF 和 SA 还会收取激励费吗？为什么 FF 的投资人比 SA 的投资人境况更糟？

答：a、b、c.

	对冲基金 1	对冲基金 2	对冲基金 3	联接基金	独立对冲基金
年初价值(百万美元)	100.0	100.0	100.0	300.0	300.0
总的投资组合收益率	20%	10%	30%		
年末价值(缴纳费用前)(美元)	120.0	110.0	130.0		360.0
激励费(个人基金)(美元)	4.0	2.0	6.0		12.0
年末价值(缴纳费用后)(美元)	116.0	108.0	124.0	348.0	348.0
激励费(联接基金)(美元)				9.6	
年末价值(联接基金)(美元)				338.4	
收益率(缴纳费用后)	16.0%	8.0%	24.0%	12.8%	16.0%

注意到 SA 基金的年末价值(缴纳费用后)和 FF 基金收取其额外的多层激励费之前的年末价值是一样的。因此，投资者在 SA 的收益率(16.0%)高于在 FF 的收益率(12.8%)，高出的部分正是 FF 基金收取的额外多层费用(960 万美元或 3.2%)。

d.

	对冲基金 1	对冲基金 2	对冲基金 3	联接基金	独立对冲基金
年初价值(百万美元)	100.0	100.0	100.0	300.0	300.0
总的投资组合收益率	20%	10%	-30%		
年末价值(缴纳费用前)(美元)	120.0	110.0	70.0		300.0
激励费(个人基金)(美元)	4.0	2.0	0.0		0.0
年末价值(缴纳费用后)(美元)	116.0	108.0	70.0	294.0	300.0
激励费(联接基金)(美元)				0.0	
年末价值(联接基金)(美元)				294.0	
收益率(缴纳费用后)	16.0%	8.0%	-30.0%	-2.0%	0.0%

现在，尽管 SA 和 FF 都不收取激励费，但 SA 的年末价值(费后)为 300 美元，FF 的年末价值只有 294 美元。产生这一差异的原因在于 FF 给每个组成组合支付激励费。即使这些组合中只有一个做得好，也将会收取一笔激励费。相反，SA 只有在整体组合做得好的时候(至少比 0% 的收益要好)才会收取激励费。因此，FF 基金结构的总费用至少和 SA 的一样高(通常要更高)。

第 27 章　积极型投资组合管理理论

27.1　复习笔记

1. 最优投资组合与 α 值

表 27－1 概述了构建最优投资组合所采用的步骤。该模型是特雷纳－布莱克模型，也被称为对角模型，它假设残差的协方差矩阵中除了对角线上的元素其余全部为 0。

表 27－1　最优风险投资组合的构建和特性

1. 在积极型投资组合中证券 i 的初始头寸	$w_i^0 = \dfrac{\alpha_i}{\sigma^2(e_i)}$
2. 规模化初始头寸	$w_i = \dfrac{w_i^0}{\sum_{i=1}^{n} \dfrac{\alpha_i}{\sigma^2(e_i)}}$
3. 积极型投资组合的 α 值	$\alpha_A = \sum_{i=1}^{n} w_i \alpha_i$
4. 积极型投资组合的剩余方差	$\sigma^2(e_A) = \sum_{i=1}^{n} w_i^2 \sigma^2(e_i)$
5. 积极型组合的初始头寸	$W_A^0 = \dfrac{\dfrac{\alpha_A}{\sigma^2(e_A)}}{\dfrac{E(R_M)}{\sigma_M^2}}$
6. 积极型投资组合的 β 值	$\beta_A = \sum_{i=1}^{n} w_i \beta_i$
7. 积极型投资组合调整后（对 β）的头寸	$W_A^* = \dfrac{W_A^0}{1 + (1-\beta_A) W_A^0}$
8. 在消极型投资组合和在证券 i 中的最终权重	$W_M^* = 1 - W_A^*$；$W_i^* = W_A^* W_i$
9. 最优风险投资组合的 β 值及其风险溢价	$\beta_P = W_M^* + W_A^* \beta_A = 1 - W_A^*(1-\beta_A)$ $E(R_P) = \beta_P E(R_M) + W_A^* \alpha_A$
10. 最优风险投资组合的方差	$\sigma_P^2 = \beta_P^2 \sigma_M^2 + [W_A^* \sigma(e_A)]^2$
11. 风险投资组合的夏普比率	$S_P^2 = S_M^2 + \sum_{i=1}^{n} \left(\dfrac{\alpha_i}{\sigma(e_i)}\right)^2$

现实中，投资基金经理业绩的评估标准是基准业绩。如消极型投资基金一般以市场指数作为基准，在这种情况下就会产生追踪误差。追踪误差是指积极投资组合收益率与基准收益率时间序列之间的差值。最优风险投资组合的追踪误差一般用投资组合的 β 系数来表示，所以追踪误差表示为：

$$追踪误差 = T_E = R_P - R_M$$

$$R_P = w_A^* \alpha_A + [1 - w_A^*(1-\beta_A)] R_M + w_A^* e_A$$

$$T_E = w_A^* \alpha_A - w_A^*(1-\beta_A) R_M + w_A^* e_A$$

$$\mathrm{Var}(T_E) = [w_A^*(1-\beta_A)]^2 \mathrm{Var}(R_M) + \mathrm{Var}(w_A^* e_A) = [w_A^*(1-\beta_A)]^2 \sigma_M^2 + [w_A^* \sigma(e_A)]^2$$

$$基准风险 = \sigma(T_E) = w_A^* \sqrt{(1-\beta_A)^2 \sigma_M^2 + [\sigma(e_A)]^2} \qquad (27-1)$$

式(27－1)说明了追踪误差的计算过程，以及设定积极型投资组合头寸的方法 w_A^*。1 单位积极型投资组合的基准风险为：

$$\sigma(T_E;\ w_A^*=1)=\sqrt{(1-\beta_A)^2\sigma_M^2+[\sigma(e_A)]^2}$$

对于恰当的基准风险 $\sigma_0(T_E)$，可以把积极型投资组合的权重限制为：

$$w_A(T_E)=\frac{\sigma_0(T_E)}{\sigma(T_E;\ w_A^*=1)}$$

控制追踪风险需要付出成本，为了减少该成本，应减少积极型投资组合头寸，增加消极型投资组合头寸。

2. 特雷纳－布莱克模型与预测精度

(1)对于 α 精度的调整预测

假设投资基金经理根据分析师定期提供的 α 重新构建投资组合，在每期末时，塔吉特股票得到的异常收益等于 α 和残差之和：

$$u(T)=R_{塔吉特}(T)-\beta_{塔吉特}R_M(T)=\alpha(T)+e(T) \tag{27－2}$$

此处的 β 值根据 T 时刻之前该股票的证券特征线(SCL)求得：

$$\text{SCL：}R_{塔吉特}(t)=\alpha+\beta_{塔吉特}R_M(t)+e(t),\ t<T$$

为了验证该预测是否精准，即预测的 α 和已实现的 α 之间的关系，投资基金经理可以建立回归模型进行估计：

$$u(t)=a_0+a_1\alpha^f(t)+\varepsilon(t) \tag{27－3}$$

利用回归式(27－3)的估计值和上一期末预测的 $\alpha^f(T)$ 可以形成下一期的调整的 α 预测值 $\alpha(T)$：

$$\alpha(T)=a_0+a_1\alpha^f(T) \tag{27－4}$$

回归估计可以得出未来一期异常收益的“最优线性无偏估计”，即该结果在所有无偏估计中方差最小。式(27－4)中 a_1 的值是回归式(27－3)中的 R^2。R^2 越低，预测的精准度越低，调整后的 α 越趋向于0。

(2)α 值的分布

式(27－4)说明，分析师预测的精准度对最优投资组合的构建和投资组合业绩具有重大影响。我们假设分析师预测的误差是独立的，但实际上，这一假设很可能不成立。在这种情况下，预测之间具有相关性。如果预测本身不精准，那么这将会导致接下来的预测更加不精准，即 α 趋向于0。

(3)组织结构与业绩

最优风险投资组合显示了投资公司依靠规模经济的特点：

①证券分析师数量的增加将会改善业绩；

②投资范围的扩大会提高投资组合的分散化程度，有助于减少投资组合的风险；

③证券种类的增多使得基金可以通过购买不同证券增加基金规模；

④增加证券种类能够取得分散化效应，也就是分析师预测误差的分散化效应。

3. 布莱克－利特曼模型

布莱克－利特曼(BL)模型能够帮助投资经理构建投资组合，同时对预测值进行量化。模型中的数据来自过去的历史数据和对未来的预测数据。

该模型的构建主要有以下五个步骤：

(1)第一步：利用历史数据计算协方差矩阵

通过短期历史超额收益率求得协方差矩阵。

(2)第二步：导出基线预测

假设市场均衡且证券价格包含所有公开信息，则以市值为权重的市场组合有效，从而可以推导出基线预测，并在此基础上计算基线预测的协方差矩阵。

(3)第三步：融合投资经理的个人观点

BL 模型允许融合投资经理的个人观点。超额收益率经过不同线性模型得出的值用以表示这些观点，同时用值的协方差矩阵表示观点的置信度。

(4)第四步：修正(后验)期望

将融合投资经理个人观点后的证券收益率分布结合附加信息就可以得到修正后的期望收益。

(5)第五步：投资组合优化

采用马科维茨过程，将基线期望替换为修正后的期望。

4. 特雷纳－布莱克模型与布莱克－利特曼模型：互补而非替代

特雷纳－布莱克(TB)模型和布莱克－利特曼(BL)模型各有优点，它们是互补的而非替代的，最好一起使用：TB 模型面向资产分析，可用于对预测值进行适度调整的证券分析的管理；而 BL 模型更适合资产配置问题，可用于对相对业绩点评有用的资产配置。

5. 积极型管理的价值

(1)潜在费用估计模型

假设投资者愿意为管理支付的费用为 f，则 f 与积极投资组合和消极投资组合夏普比率的关系为：

$$f=(S_P^2-S_M^2)/(2A)$$

其中，A 为投资者的风险厌恶系数。

积极型投资组合的价值来源于分析师的精确度和信息比率的平方的附加值。最优风险投资组合夏普比率平方的表达式为：

$$S_P^2 = S_M^2 + \sum_{i=1}^{n}\left[\frac{\alpha_i}{\sigma(e_i)}\right]^2$$

因此：

$$f = \frac{1}{2A}\sum_{i=1}^{n}\left[\frac{\alpha_i}{\sigma(e_i)}\right]^2$$

故，费用 f 取决于三个因素：

①风险厌恶系数；

②在可选择证券中信息比率平方的分布；

③证券分析人员的精确度。

注意，此费用是积极型投资经理所收取的高于指数基金经理收取的额外费用。

(2)合理预测记录的结果

投资组合经理必须了解实际的业绩情况，所以投资经理只能使用历史数据来进行前瞻预测，包括：

①基准的风险溢价及其标准差；

②积极型投资组合中各只股票的 β 值系数；

③分析师的预测质量。

至此，投资组合经理利用分析师对 α 的预测来构建最优投资组合。投资组合通过对宏观情况进行预测来优化组合，α 值则是根据历史业绩来进行调整。最后，利用调整后的 α 得出下一期的期望收益，并记录结果。

结果显示：当证券分析师估计的模型中 $R^2=0.001$（即投资组合经理不知道预测的质量），随着业绩记录时间越长，M^2 显著增加；随着投资组合规模越大，业绩越好。

上述研究都表明，无论分析师预测能力多低都可以改善投资业绩，且预测能力越强，投资业绩改善越多。

27.2 课后习题详解

1. 在实施证券分析后如何应用 BL 模型于股票和债券组合（如同前述）？这说明 BL 和 TB 的使用顺序有什么要求？

答：债券相对于股票的表现会对证券分析的实施产生显著的影响。例如，当预期到利率下降时，现在债券的表现将比先前预期的要好。这一预期表现可能也反映了对债券质量（信用）利差的预测。除了对宏观经济预测的影响，该收益的变动对有高杠杆且处于财务危机的公司有重大的意义。从 BL 模型的输入量开始，该模型的使用顺序是自上而下的分析。这并不排除在相反方向的反馈，例如，如果多数证券分析暗示了一个出乎意料的好（或坏）的经济（或经济部门）状况。

2. 教材图 27－4 有一个计量经济学框。第 3 条为“协助其他单元”，这具体可能指什么任务？

答：计量经济部门的特定任务可能包含以下几种：

(1)帮助宏观预测者对他们的资本配置进行预测和建立 BL 模型的“观点”。

(2)帮助质量控制部门估计预测记录。

(3)向其他部门提供解决可能遇见的统计问题的资源。

3. 做出新的 α 预测，用以替换教材第 27.1 节中的表 27－2。找出最优组合与期望业绩。

答：答案不唯一。

4. 提出一个自己的观点替换教材第 27.3 节中的表 27－7。找出最优组合与期望业绩。

答：答案不唯一。

5. 如果给分析师进行培训，可以把他的预测精度 R^2 提高 0.01，这个培训的价值是多少？举例说明之。

答：要给业绩的提高赋值，应先从 M^2 的预期值开始。这是来自积极管理的增量收益（风险调整后）。将此增量 M^2 应用到未来资产组合的美元价值中，并计算这些美元增量的现值以决定管理的美元价值。继续用自上而下的方法获得增量 M^2，估计由管理组合的信息比率（IR）的增加所带来的夏普比率的提高。

这个问题中设想的行为相当于提高了监测着一系列证券的分析师的预测精度。这限制了那些证券整体 IR 的提高。（回想一下，整体 IR 的平方是单个证券的 IR 的平方之和。）精确度的提高意味着将更大的权重分配给分析师的预测，这使得分析师预期的 IR 有一个增量。分析师所涵盖的（可能从正或负的阿尔法值中预测到）证券 IR 预期可能由以下两种方式获得：(1)直接来自分析师过去的预测；(2)来自对问题中股票过去的异常收益的分布估计。

第 28 章　投资政策与特许金融分析师协会结构

28.1　复习笔记

1. 投资决策过程

特许金融分析师协会投资管理应先计划再执行最后进行反馈，以此构成一个完整的反馈回路。

(1)目标

投资组合的目标在于平衡投资者自身的风险偏好及期望收益，表 28 - 1 所列因素制约着以下几类投资者的风险与期望收益。

表 28 - 1　目标矩阵

投资者类型	要求收益率	风险承受力
个人信托	生命周期(教育、子女、退休)	生命周期(年轻人风险承受能力较强)
共同基金	可变的	可变的
养老基金	假定的精算收益率	取决于代表性支出
捐赠基金	取决于当前收入要求以及为维持真实价值的资产增长需要	通常是保守的
人寿保险公司	应该超过新货币利率以满足费用和利润目标；精算收益率也很重要	保守的
非人寿保险公司	没有最小值	保守的
银行	利息差额	可变的

(2)个人投资者

个人投资者的收益率和风险承受能力受生命周期和个人偏好的影响。

(3)个人信托

个人信托相比于个人投资者风险承受能力更低，更偏好于规避风险。

(4)共同基金

由于投资市场的不同，共同基金的风险承受能力以及必要回报率会有很大不同，积极型共同基金风险及收益水平更高，保守型则更低。

(5)养老基金

养老基金的目标根据养老金计划类型不同而有所差异。

(6)捐赠基金

捐赠基金是指特许机构投向于某些特定非营利性目的的资金。捐赠基金的投资目标是在承担合理风险的情况下得到稳定的收入。

(7)人寿保险公司

人寿保险公司的投资目标是覆盖保单中所蕴含的负债，因此根据保单类型的不同，投资目标也会不同。

(8)非人寿保险公司

非人寿保险公司，如财产保险、意外损失保险等，由于其现金流主要用于支付客户的索赔额，所以非人寿保险的投资偏向保守。

(9)银行

银行的主要资产为贷款，主要负债为存款，所以银行的利润主要来源于存贷利差，以及一些表外业务所带来的收入。所以，银行的投资目标是在保证安全性以及流动性基础上追求盈利性。

2. 限制

(1)流动性

流动性是指资产快速变现而不遭受损失的能力。不管是个人投资者还是机构投资者都应考虑资产的流动性，并以此作为参考建立投资组合。

(2)投资期限

投资期限是从开始投资到预先确定的投资回收日为止的期限。投资者应根据自己的现金流入流出需求确定投资期限。

(3)监管

专业投资者以及机构投资者处于信息优势地位，因此会受到监管。

(4)税收考虑

税收因素是一个关乎投资者成本的重要因素，税后收益才是投资者实际得到的收益，因此，对于高税率投资者来说，税收政策影响很大。

(5)独特需求

个人投资者的独特需求根据生命周期以及个人情况的不同会有差异。投资策略一定程度上受这些需求的影响。

3. 资产分配

资产分配过程包含以下几步：

(1)明确资产组合中包括哪几类资产。通常考虑的主要资产类型为：货币市场工具；固定收益证券；股票；固定资产；贵金属；其他。

(2)明确资本市场的预期。通过历史数据等资料确定资产的期望收益率。

(3)确定有效投资组合的边界。即找出同一风险水平下的最高收益或者同一收益水平下最低风险的组合。

(4)构建最优投资组合。即找出投资者在满足限制因素后所能得到的最优风险-收益的投资组合。

4. 个人投资者的投资组合管理

(1)人力资本与保险

大多数人在刚步入社会时所拥有的资产只有人力资本，即赚钱能力。投资者可以通过购买保险来对冲人力资本风险。

(2)住房投资

选择购房或是租房需要考虑两种情况下的风险：

①租金率升高；

②租赁住房中止租赁。

(3)为退休储蓄和风险假设

(4)避税

以下3种重要的避税选择权对于个人投资者的资产分配具有重大影响：

①延税选择权。只有在资产出售时，才需要支付资本利得税。价值增值占总收益比例越大，延税选择权就具有越高的价值。

②递延纳税退休金计划。

③税收递延年金。

5. 养老基金

养老金计划有固定缴纳计划和固定给付计划两种。

(1)固定缴纳计划

固定缴款计划是员工养老计划类型之一。养老金计划发起人只负责为有资格的参与者支付一定的资金，而不是在退休后进行支付。雇主按雇员薪水或雇主收益的一定比例支付的金额。雇员退休时，收到的金额由所投资基金的投资业绩决定，与雇主无关。固定缴款计划的发起人让养老金计划的参与者自己选择投资工具，员工获得该账户的全部收益也承担该账户的风险。

(2)固定给付计划

在固定给付计划中，雇主向雇员按期支付退休金，这将作为雇主的义务。当退休基金账户余额不足时，雇主应补足，账户的风险由雇主承担。

(3)养老金的投资策略

养老金特殊的税收状况使其更偏向于投资受税收因素影响较大的资产。

通常，养老基金的股权投资比例为40%~60%，理由是：

①养老金计划可以看成是公司为雇员设立的信托资产，如果进行成功的股权投资就会为雇员带来丰厚的收益，所以大多愿意为此承担一定的风险。

②管理层认为可以通过市场择时获得超额收益。

6. 长期投资

(1)目标投资和债券的期限结构

利率受到到期时间的影响，对于不同的到期时间，无风险利率也是不同的。因此要将目标投资与债券的期限结构相匹配。

(2)通货膨胀风险和长期投资者

通货膨胀风险在短期中不明显，但是在长期中会对养老金造成很大的风险。可以通过投资TIPS等债券规避通货膨胀风险，但不能完全将风险抵消。因为TIPS并不是无风险的，它的价值会随着实际利率的变化而变化，从而影响到资产价值。

28.2 课后习题详解

一、习题

1. 邻居听说你成功学完了投资学课程，于是向你寻求建议。她和丈夫都是50岁。他们刚完成房贷和子女大学教育并计划退休。你会提出怎样的退休储蓄建议？如果他们是风险厌恶型的，你会提出什么建议？

答：他们应该充分利用所有可用的退休金避税政策。例如403b，401k、Keogh计划和I-RAs。由于这些账户的收入在他们提取基金之前不必纳税，他们应该避免投资于有税收优惠的证券，例如市政债券。如果他们非常厌恶风险，他们应该考虑将大量资金投资于通胀保值CDs上，它提供了一个无风险的实际收益率。

2. 下列投资者的最低风险资产选择各是什么？

a. 为三岁孩子的大学费用投资。

b. 固定给付养老基金，平均持续时间为 10 年，收益不受通货膨胀保护。

c. 固定给付基金，平均持续时间为 10 年，收益受通货膨胀保护。

答： a. 一个人为孩子的大学学费投资，风险最低的资产是以大学学费为单位计价的账户。这个账户是由普林斯顿大学储蓄银行提供的大学保障 CD。在到期时，一单位 CD 确保支付相当于或者超过大学生一年平均学费的金额，学费将由大学董事会提供衡量指数。

b. 对于给定的有着 10 年平均期限的收益支付义务的固定支付养老基金来说，其风险最低的资产是现值等于养老金支付义务现值的、期限为 10 年的债券组合。这是一个不论利率如何变化，未来值都等于(甚至大于)养老金义务的免疫策略。注意，免疫策略需要对债券资产组合进行定期的再平衡。

c. 收益受通胀保护的固定给付养老基金的最小风险资产是免疫通胀指数债券，其期限等于养老金义务的期限(即在这种情况下，期限为 10 年)。(注：这些证券也被称为通胀保值债券，或 TIPS。)

3. 乔治·莫尔是固定缴纳退休计划的参与者，该计划提供固定收入基金和普通股票基金作为投资选择。他现在 40 岁，每只基金累计投资 10 万美元。目前，他每年向每只基金投资 1500 美元，预计 65 岁退休，寿命为 80 岁。

a. 假设固定给付基金的年实际收益率为 3%，普通股票的年收益率为 6%，到 65 岁时，乔治每个账户的预期累积收益为多少？

b. 假设有相同的实际收益率，每个账户的预期实际退休年金是多少？

c. 如果乔治希望每年从固定收入基金中获得 30000 美元的退休年金，那么还需要增加多少年金的投入？

答： a. 乔治·莫尔到 65 岁时的预期累积收益为：

	n	i	PV(美元)	PMT(美元)		FV(美元)
固定收入	25	3%	100000	1500	⇒	$FV=264067$
普通股	25	6%	100000	1500	⇒	$FV=511484$

b. 预期退休年金为：

	n	i	PV(美元)	FV		PMT(美元)
固定收入	15	3%	264067	0	⇒	$PMT=22120$
普通股	15	6%	511484	0	⇒	$PMT=52664$

c. 为了得到每年 3 万美元的固定收入年金，他在 65 岁的累积收益应为：

	n	i	PMT(美元)	FV		PV(美元)
固定收入	15	3%	30000	0	⇒	$PV=358138$

他每年的投入应为：

	n	i	PV(美元)	FV(美元)		PMT(美元)
固定收入	25	3%	100000	-358138	⇒	$PMT=4080$

这比现在每年1500美元的投入高出2580美元。

4. Roth IRA和传统IRA的区别是在Roth IRA中，要对投资收益征税，但是退休时，不对所提金额征税。但是，在传统IRA中，投资减少了应税收入，而退休时，要对所提金额征税。尽量使用附录中介绍的Excel电子数据表回答这些问题。

a. 哪种投资方式的税后收益较高？

b. 哪种投资方式对未知税率免税效果较好？

答： a. 这个问题的答案取决于投资者在积累阶段和支付阶段对实际所得税率所做的假设。首先假设：(i)整个投资期限内税率保持不变；(ii)整个投资期限内，投资者的应税收入保持相对稳定。结果是，如果投资者的实际税率保持不变，则会发现Roth个人退休金账户和传统个人退休金账户提供了相同的税后收益。

或者，可以设想这样一种情形，一个家庭在积累阶段早期收入较低，在积累阶段后期和支付阶段收入较高。如果税率在整个投资期限是保持不变的，那么投资者在积累阶段的实际税率将低于支出阶段的实际税率，因此，Roth个人退休金账户提供了一个更高的税后收益。这是投资者的Roth个人退休金账户在积累阶段被课以较低的税率，而传统个人退休金账户在支付阶段被课以较高税率的结果。类似地，如果在积累阶段实际税率高于支付阶段，传统个人退休金账户税后收益更高。

显然，上面的每一种情形都是对实际情况的极端简化。如果考虑到税法的变化和那些能够影响实际税率的投资者个人情况的差异，这个问题会变得更加复杂。

b. 对Roth个人退休金账户来说，投资来自税后收入，所以积累阶段的税率是已知的，而支出阶段的税率为0，即税率是确定的。另一方面，对传统个人退休金账户来说，投资在积累阶段是免税的，而在支付阶段，直到做出支付之前税率都是未知的。传统个人退休金账户支付阶段税率不能确定是由两个方面的原因造成的。首先，投资者不能预测未来法定税率的变化；其次，即使法定税率保持不变，投资者也不能确定未来纳税的档次，因为他不能准确预测他退休时的应税收入。因此，Roth个人退休金账户使投资者免于遭受税率不确定的风险，而传统个人退休金账户则将投资者置于非常大的税率不确定环境下。

二、CFA考题

1. 安格斯·沃克是一名特许金融分析师，正在为Acme Industries的固定收益退休计划(见表28-2~表28-4)写评论。Acme，总部位于伦敦，业务遍及北美、日本和几个欧洲国家。下个月，该计划所有受益人的退休年龄会从60岁降到55岁。

表28-2 Acme退休计划 (%)

国际股权(摩根士丹利世界指数，不包括英国)	10
英国债券	42
英国小资本化股权	13
英国大资本股权	30
现金	5

表 28－3　Acme Industries 选择的金融信息　　（单位：百万美元）

Acme Industries 总资产	16000
退休计划数据	
计划资产	6040
计划负债	9850

表 28－4　投资策略说明书

	投资策略说明书（IPS）X	投资策略说明书（IPS）Y
必要收益率	计划的目标是大幅超出相关基准收益	计划的目标是与相关基准回报相匹配
风险承受力	因为计划与负债的长期性，计划有高风险承受力	因为承担大量风险的能力有限，计划有低风险承受力
时间范围	因为计划是无限持续的，所以有很长的时间范围	因为计划人口统计，计划的时间范围比以前的短
流动性	计划需要中等流动性为每月的收益支付提供资金	计划有最小流动需求

Acme 工人年龄的中位数是 49 岁。沃克负责退休计划和战略性资产分配决议。该计划的目的包括获得 8.4％的最小期望收益，期望标准差不高于 16.0％。沃克正在评估当前资产分配（见表 28－2），并且为公司选择了金融信息（见表 28－3）。Acme Industries 内部对退休计划的投资策略说明书存在持续性争议。正在考虑中的两个投资策略说明书如表 28－4 所示。

a. 对下列各部分来说，是 IPS X 还是 IPS Y（见表 28－4）适合 Acme Industries 的退休计划？请说明一个理由。

i．必要收益率

ii．风险承受力

iii．时间范围

iv．流动性

注意：IPS X 的某些组成部分可能合适，同时 IPS Y 的另一些组成部分可能合适。

b. 为协助沃克，Acme 雇用了两个养老基金顾问——卢西・格雷厄姆和罗伯特・迈克尔。格雷厄姆认为养老基金的投资应该反映出低风险承受能力，但是迈克尔认为养老基金的投资必须获得最高可能收益。基金当前的资产分配以及格雷厄姆和迈克尔推荐的资产分配如表 28－5 所示。从表 28－5 三种资产组合中选择最适合 Acme 的退休计划。解释你的决定如何满足该计划的下列目标和限制。

表 28－5　资产分配　　（％）

	现在	格雷厄姆	迈克尔
英国大资本化股权	30	20	40
英国小资本化股权	13	8	20
国际股权（除英国外的摩根士丹利世界指数）	10	10	18
英国债券	42	52	17

续表

	现在	格雷厄姆	迈克尔
现金	5	10	5
总共	100	100	100
期望投资组合收益率	9.1	8.2	10.6
期望投资组合变动程度(标准差以百分率计量)	16.1	12.8	21.1

i. 必要回报率

ii. 风险承受能力

iii. 流动性

答：a. i. 必要收益率：IPS Y 更适合。因为该计划当前已经资金不足，首要应该做的就是强化养老基金的融资能力。企图获取最大化总收益的固有风险是不适当的。

ii. 风险承受力：IPS Y 更适合。由于基金处于资金不足的状况，计划的风险容忍度较低。若基金蒙受重大损失，给受益人的支付可能会受到影响。

iii. 时间范围：IPS Y 更适合。虽然持续经营的退休金计划通常有很长的时间跨度，但是 Acme 计划的时间跨度较短，这是由于退休年龄的降低和劳动力年龄的中值相对较高。

iv. 流动性：IPS X 更适合。因为根据从下个月开始的提早退休特点和工人的年龄特点(这表明在不久将来会增加很多的退休工人)，计划需要适度的流动性，以获得每月有足够的资金进行收益支付。

b. 当前的资产组合对于养老金计划的资产配置来说是最优的选择。当前的资产组合提供了：

i. 高于计划必要收益率的期望收益率；

ii. 仅比计划目标略高的预期标准差；

iii. 能够满足将来需要的流动性水平。

较高的期望收益率能够从某种程度上缓解计划的资金不足，基金的风险也将降低到最小。除了现金(5%)之外，资产主要配置到英国债券(42%)、大盘股(30%)之中。当早期的退休特征在下个月生效时，这些高流动性的资产应该足以应付每月的收益支付，尤其是考虑到这些投资具有稳定的收入流。

格雷厄姆的投资组合提供了：

i. 稍低于计划要求的预期收益；

ii. 远低于计划目标的预期标准差；

iii. 能充分满足未来需求的流动性水平。

鉴于该计划资金不足的状态，投资组合的预期收益率是不可接受的。

迈克尔组合提供了：

i. 显著高于计划要求的预期收益；

ii. 远远超过计划目标的预期标准差；

iii. 足以应付未来需求的流动性水平。

鉴于该计划资金不足的状态，投资组合的风险水平是不可接受的。

2. 你的客户说："加上投资组合中未实现的资本利得，我几乎已经为女儿凑足了 8 年后的大学学费，但是教育成本不断上升。"仅凭这个说明书，下列哪项对你客户来说是最不重

要的投资决策。

a. 时间范围

b. 购买力风险

c. 流动性

d. 税收

答：c。储蓄的足够多的钱已经具备了很强的流动性，所以这一项对于这位客户来说是最不重要的。这笔钱要供其女儿八年后的大学教育，因此时间期限是重要的。另外，教育成本的上升，意味着购买力风险的存在。对于个人投资者来说，税赋也是必须考虑的重要因素。

3. 下列最不可能包括在投资组合管理过程的是：

a. 识别投资者的目标、限制和偏好。

b. 组织管理过程本身。

c. 根据将要使用的资产，实施投资策略。

d. 监控市场情形、相关价值和投资者情形。

答：b。因为资产组合管理的主要目的是使拥有不同期望与环境的投资者都能拥有满意的投资决策，所以资产组合管理必须明确投资者的目标、制约因素及偏好，必须根据所选择的资产实施投资策略，必须监视市场条件、相对价值及投资环境以使资产组合管理有效，而组织管理过程本身并不是考虑的重点。

4. 萨姆·肖特是一名特许金融分析师，最近加入了 Green、Spence 和 Smith（GSS）投资管理公司。几年来，GSS 的顾客范围广泛，包括雇员收益计划、富人和慈善机构。此外，公司专门投资股票、债券、现金余额、不动产、风险资本和国际证券。迄今，公司没有正式的资产分配过程而是依赖于顾客的个人愿望或投资组合管理人的特定偏好。简单来说，GSS 管理是指：正式的资产分配过程是有益的，并强调投资组合的最终收益的大部分取决于资产分配。公司要求他通过为行政管理提供建议将工作更推进一步。

a. 推荐一种 GSS 可以使用的资产分配方法。

b. 此方法要应用到中年、富裕人群等非常保守的投资者（有时候指的是"监护人投资者"）。

答：a. GSS 公司可以用来进行资产配置的一种方法可以分为如下几步：

i. 明确资产组合包括哪几类资产。通常考虑的几种资产类型如下：货币市场工具（通常称为现金）；固定收益证券（通常称为债券）；股票；固定资产；贵金属；其他。机构投资者大多数投资于前四种资产，而私人投资者还常把贵金属与其他投资工具也包含在自己的投资组合当中。

ii. 明确资本市场的期望值。这一步骤包括利用历史数据和经济分析来决定投资者对资产组合中所考虑的资产在相关持有期内的期望收益率。

iii. 确定有效资产组合边界。这一步骤指找出在既定的风险水平下可获得最大期望收益的资产组合。

iv. 寻找最佳的资产组合。这一步骤指投资者在满足面对的限制因素的条件下，选择最能满足其风险收益目标的资产组合。

b. 一个典型的保守型的投资者总是希望保持他的资产的购买能力。极端的保守者可能只会选择 AAA 短期债券。GSS 公司将首先决定时间期限为多长、期望收益率为多高。假定投资期限较长，预期收益率（税前）为 8～10%，资产组合将分配 30%～40% 的资金于债券，30%～40% 的资金于股票，以及适当的比例给其他资产组合。

5. Jarvis University（JU）是一所私有化、多程序的美国大学。截至 2019 年 5 月 31 日第一个财政年度获得 20 亿美元捐赠基金。由于政府捐赠较少，JU 很大程度上依赖捐赠基金来支持源源不断的支出，尤其是因为近几年来学校的入学增长率和学费没有达到预期。对 JU 的一半收入预算而言，捐赠基金必须每年投入 1.26 亿美元，与通货膨胀挂钩。每年美国的消费者价格指数预期增长 2.5%，美国高等教育成本指数预期增长 3%。2020 年 1 月 31 日到期的捐赠预计为 2 亿美元，代表建设新图书馆主楼的一期支付数额。

在近来的资本竞争中，JU 在一位成功的女校友——Valerie Bremner 的帮助下达到了募集基金的目标，Valerie Bremner 于 2019 年 5 月 31 日捐赠了 4 亿美元的 Bertocchi Oil and Gas 普通股票。Bertocchi Oil and Gas 是一家大资本化、公开发行股票的美国公司。Bremner 捐赠股票的条件是在第一财政年度内不得销售大于 25% 的股票。未来预期再没有大量捐赠。

考虑到对捐赠基金的大量投入和分配，该捐赠基金的投资委员会决定修改该基金的投资策略说明书。它也意识到修改资产分配可能需要授权。JU 捐赠基金的资产分配从 2019 年 5 月 31 日开始（见表 28－6）。

表 28－6　JU 自 2019 年 5 月 31 日起捐赠基金资产分配情况

资产	当前分配（百万美元）	当前分配比率（%）	当前收益（%）	预期年收益（%）	收益的标准差（%）
美国货币市场债券基金	40	2	4.0	4.0	2.0
中间全球债券基金	60	3	5.0	5.0	9.0
全球股权基金	300	15	1.0	10.0	15.0
Bertocchi 油气普通股票	400	20	0.1	15.0	25.0
直接房地产	700	35	3.0	11.5	16.5
风险资产	500	25	0.0	20.0	35.0
总计	2000	100			

a. 根据已知信息，为 JU 捐赠基金准备自 2019 年 6 月 1 日起实施的适当的投资策略说明书构成要素。

注意：你回答中的每个构成要素必须特别强调 JU 捐赠基金的情形。

b. 决定自 2019 年 6 月 1 日起，表 28－6 中每项资产的最佳修改分配比例。调整每个修改过的分配比例。

答：a. <u>目标</u>

i. 收益

JU 捐赠基金的要求总收益率是开支比率和预期教育成本的长期增加之和：

开支比率＝1.26 亿（当前的开支需求）/［20 亿（当前的基金余额）－2 亿（图书馆支付）］＝1.26 亿/18 亿＝7%

预期教育成本增加 3%，两项之和为 10%。这一较高的收益率确保了捐赠基金的实际价值得以维持。

ii. 风险

风险承受力的估计要求评估捐赠基金承受风险的能力及意愿。

能力：平均风险

捐赠基金从本质上说是长期的，具有无限生命。这个长的时间期限本身将容忍高于平均水平的风险。

然而，JU 捐赠基金有来自两方面的需求，并且存在冲突：其一是为了满足即将到来的支出需要要求基金具有较高的当前收益；另一方面则需要长期增长以满足将来要求。由于支出比率（超出 5%）的需要，且大学严重依赖这些基金，所以只能允许平均的风险水平。

意愿：高于平均风险

大学的领导和捐赠董事们制定了一个超出 5% 的支出比率。为了达到 7% 的实际收益率，基金必须投入到高于平均风险的证券。因此，7% 的支出比率表明愿意承受高于平均水平的风险。

另外，当前的资产组合大量配置到房地产和风险投资，也表明基金愿意承受高于平均水平的风险。

考虑到承受风险的能力和意愿两方面，捐赠基金的风险容忍度是高于平均水平的。

约束

i. 时间范围

需要两阶段的时间范围。第一阶段识别短期流动性约束（在 8 个月内需支付 2 亿美元的图书馆费用）。第二阶段是一个无限的时间范围（建立捐赠基金，提供永久支付）。

ii. 流动资金

一般来说，捐赠基金具有较长的时间期限和超出年度支付要求的较低的流动性要求。然而，JU 捐赠基金要求一定的流动性，因为除了当年的运营预算外，还有即将支付的图书馆费用。下一年的流动性需求为：

图书馆支出：+2 亿美元

经营预算：+1.26 亿美元

年度组合收益：−0.29 亿元美元

总计：2.97 亿美元

年度投资组合收益 $=(0.04\times0.40)+(0.05\times0.60)+(0.01\times3.00)+(0.001\times4.00)+(0.03\times7.00)=0.29$（亿美元）。

iii. 税收

美国捐赠基金是免税的。

iv. 法律法规

美国捐赠基金要受到州（有些是联邦）的管制和立法限制，以及普遍适用的审慎化原则制约。布雷姆纳的限制，可能会对基金造成法律约束（在任何一年的时间内不可出售超过 25% 的初始 Bertocchi 的石油和天然气股份）。

v. 特殊的情况

在任意一年内出售捐赠获得的 Bertocchi 石油和天然气股票不能超出 25%（由捐赠者施加的条件），这个条件增强了投资组合分散化投资的必要性。另外一个需要考虑的就是之后 8 个月内需要一次支付的 2 亿美元的图书馆费用。

b.（答案不唯一）

美国货币市场债券基金：15%（范围：14% ~17%）

下一年的流动性需求为：

图书馆支出：+2 亿美元

经营预算：+1.26 亿美元

年度投资组合收益：-0.29 亿美元

总计：2.97 亿美元

总流动性至少需要 2.97 亿美元（目前捐赠资产的 14.85%）。额外的配置（比建议的 15% 多 2%）过于保守。这个缓冲应该足以满足任何交易需求（即不匹配的现金流入/流出）。

中间全球债券基金：10%（范围：10% ~20%）

为了达到 10% 的资产组合收益，基金需要承受高于平均水平的风险（例如 10% 的全球债券基金和 20% 的风险资产）。低于 10% 的分配比率将使捐赠基金承受不必要的风险，使其安全性和持有收益受到影响。11% ~20% 的分配比率范围还是可以接受的，因为资产组合的风险降低可以用来弥补资产组合收益的稍微减少。高于 20% 的分配比率将不能满足捐赠基金的收益要求。

全球股权基金：15%（范围：15% ~25%）

Bertocchi 油气普通股：15%

当前分配存在单一发行人的集中风险。要求减少 25%（1 亿美元），这是捐赠者允许的最大限度，剩余 4 -1 =3（亿美元）。

直接房地产：25%（20% ~30%）

减少房地产风险敞口有利于基金短期的现金流出。在给定直接房地产市场的低流动性下，从分配到直接房地产的 7 亿美元中剥夺 2/5（35%→25%）以上将很困难，所以这一下降是适当的。

风险资产：20%（15% ~25%）

减少风险资产风险敞口有利于基金短期的现金流出。这一下降是适当的，因为在给定禁售期、合约及一般低流动性下，从风险资产的 5 亿美元中剥夺 1/5（25%→20%）以上将很困难。25% 以上的配置将引起不必要的风险，使捐赠基金的安全和持有收益处于较高风险之中。低于 25% 的分配并不能满足捐赠基金的收益率的要求。

建议的配置（点估计）允许 JU 捐赠基金满足 10% 的必要收益率，计算如下：

资产	建议的配置	预期收益率	收益率的权重
美国货币市场基金	0.15	4.0%	0.600%
中间全球债券基金	0.10	5.0%	0.500%
全球股权基金	0.15	10.0%	1.500%
Bertocchi 油气普通股	0.15	15.0%	2.250%
直接房地产	0.25	11.5%	2.875%
风险投资	0.20	20.0%	4.000%
总计	1.00		11.725%

在允许配置范围内，选择适当的组合，将超过 10% 的必要收益率，从长期来看，其投资组合会保持一个高于平均水平的风险。

6. 苏珊·费尔法克斯是一家以美国为基础的公司——Reston Industries 的主席。它的产品完全内销，股票在纽约股票交易所上市交易。下列是关于它目前情形的其他事实：

·费尔法克斯是单身，年龄为 **58** 岁，没有直系亲属，无债务，没有住房。她身体状况良好，在 **Reston** 支付的健康保险的保护之下，这项保险在她预期 **65** 岁退休时仍然会继续。

·她的基本工资是 **50** 万美元/年，足够支付她当前的生活，但是永远不会有剩余基金储蓄。

·早年她有 **200** 万美元的储蓄，是以短期投资工具的形式持有的。

·**Reston** 通过大量的股票股利刺激计划回报主要雇员，但是不提供退休计划，不发放股息。

·费尔法克斯参与的刺激计划使其拥有的 **Reston** 股票价值 **1000** 万美元(目前的市场价)。该股票买入时无须缴税，卖出时缴纳全部收入的 **35%**，预期将至少持有至退休。

·她当前的支出水平和当前的年通货膨胀率为 **4%**，预期退休后仍然会持续下去。

·费尔法克斯需要就所有工资、投资收入和已实现资本利得纳税。假设她的符合税率会在该水平无限持续下去。

费尔法克斯的定位是对所有事情都耐心、细致、保守。她说，如果她的累计储蓄创造的投资组合在任何 **12** 个月的周期中下降不超过 **10%**，那么税后年真实回报率为 **3%** 是完全可以接受的。为寻求专业帮助，她找到两家投资咨询公司——**HH Counselors**(“**HH**”)和 **Coastal Advisors**(“**Coastal**”)，寻求对现存储蓄资产创建投资组合的资产分配建议，以及有关投资总的建议。

a. 基于上述费尔法克斯的特定信息，为其创建投资策略说明书，列示目标和限制。(如果只有一项资产分配，则不需要回答这个问题。)

b. Coastal 对费尔法克斯的 **200** 万美元的储蓄资产的资产分配如表 **28 -7** 所示。假设只对费尔法克斯计划总收益的当前部分(由投资收益和已实现资本利得组成)征税，并且市政债券完全免税。

表 28 -7　Coastal Advisors 给苏珊·费尔法克斯建议的资产分配情况　(%)

资产类别	建议分配	当前收益	计划总收益
现金等价物	15.0	4.5	4.5
公司债券	10.0	7.5	7.5
市政债券	10.0	5.5	5.5
大资本化美国股票	0.0	3.5	11.0
小资本化美国股票	0.0	2.5	13.0
国际股票(EAFE)	35.0	2.0	13.5
房地产投资信托(REIT)	25.0	9.0	12.0
风险资本	5.0	0.0	20.0
总计	100.0	4.9	10.7
预计通货膨胀(CPI)			4.0

评价 **Coastal** 的建议。根据你创建的投资策略说明书的观点，在回答对 **Coastal** 的建议时，说出它的 **3** 个缺点。

c. HH Counselors 为客户的投资组合建立了另外 **5** 种资产分配(见表 **28 -8**)。基于表 **28 -8** 和你为费尔法克斯创建的投资策略说明书回答下列问题：

i. 决定表 28-8 中的哪种资产分配符合或超出费尔法克斯所述的收益目标。

ii. 决定表 28-8 中的哪 3 种资产分配满足费尔法克斯的风险承受力标准。假设需要 95%的置信区间、两个标准差。

d. 假设无风险利率为 4.5%。

i. 计算资产分配 D 的夏普比率。

ii. 基于夏普比率法，决定表 28-8 有最佳风险调整收益的两种资产分配。

表 28-8 HH Counselors 准备的另一种资产分配方法 (%)

资产类别	计划总收益	希望标准差	资产分配 A	资产分配 B	资产分配 C	资产分配 D	资产分配 E
现金等价物	4.5	2.5	10	20	25	5	10
公司债券	6.0	11.0	0	25	0	0	0
市政债券	7.2	10.8	40	0	30	0	30
大资本美国股票	13.0	17.0	20	15	35	25	5
小资本美国股票	15.0	21.0	10	10	0	15	5
国际股票(EAFE)	15.0	21.0	10	10	0	15	10
房地产投资信托(REIT)	10.0	15.0	10	10	10	25	35
风险资本	26.0	64.0	0	10	0	15	5
总计			100	100	100	100	100

数据汇总

	资产分配 A	资产分配 B	资产分配 C	资产分配 D	资产分配 E
预期总收益	9.9	11.0	8.8	14.4	10.3
预期税后总收益	7.4	7.2	6.5	9.4	7.4
预期标准差	9.4	12.4	8.5	18.1	10.1
夏普比率	0.574	0.524	0.506	—	0.574

答： a. 概述

费尔法克斯现在 58 岁，按计划离退休还有 7 年。她的生活相当富裕但也有一些金钱方面的担忧：她的大笔薪水都用于支付当前的支出，她在早年的储蓄总共已累积了 200 万美元的现金等价物。她的健康状况良好，其健康保险期限将持续到退休后并由雇主支付。费尔法克斯对于投资并不是很擅长，她习惯于与专业顾问联系来安排她的投资计划，该计划由在纽约证券交易所上市的价值 1000 万美元的公司股票组合而成，这些股票不支付红利，无须纳税。所有的薪水、投资收入(除了市政债券的利息)，以及实现的资本利得都按她所适用的 35% 的税率征收所得税；预计在将来这一税率和 4% 的通胀率会保持不变。如果实际收益率能在温和的资产组合波动率(即每年贬值率低于 10%)下得到，费尔法克斯愿意接受由其 200 万美元的储蓄构建而成("储蓄资产组合")的投资组合的 3% 的实际税后收益率。她在各方面都被认为是保守的。

目标

①要求收益率。费尔法克斯要求的资产组合的收益从 7 年后(退休之时)开始。她的储蓄资产组合的投资要点是在过渡期增加资产价值，以便为购买力丧失提供保护。假设她的投

资收入都是应税的(正如现在)，并且假定4%的通货膨胀率和35%的税率，则她的实际税后3%的收益率暗示了她总的要求收益率不低于10.8%。费尔法克斯为了维持她现在的生活方式，在退休后，每年必须拥有通货膨胀调整后的收入为：$500000 \times 1.04^7 = 657966$(美元)。

如果Reston公司的股票市场价值不变，并且她能够从储蓄资产中获得10.8%的收益(或7%的名义税后收益率)，则到了退休年龄，她将积累：$10000000 + (2000000 \times 1.07^7) = 13211563$(美元)。要每年产生657966美元，在13211563美元的基础上需要产生5%的收益。

②风险承受力。所给信息表明费尔法克斯相当厌恶风险；在任何年份她都不想她的储蓄资产组合有超过10%的损失。这说明该资产组合的风险敞口低于平均水平，以最小化它的向下的波动性。从总财富的角度看，她可以承受超过平均水平的风险，但是由于她的偏好和总资产组合非分散化的实质，储蓄资产组合采取低于平均的风险目标是比较合适的。但是，应该注意的是，费尔法克斯的总资产组合风险的真正有意义的报告书是与Reston公司股票的波动性假设(如果持有它)以及什么时候以什么价格卖出股票的假设紧密相连的。因为对Reston公司股票的持有量占她总资产组合的83%，只要它的持有量保持不变，它将在很大程度上决定费尔法克斯会实际面临的风险。

限制条件

①时间范围。费尔法克斯的生命可以分为两段时期。第一段时期是她设置其财务状况，从而为第二段时期即她退休后维持收支平衡做准备的时期。在两段时期内，直至她生命结束的后一段较长的时期是主要的时期，因为在此期间资产必须能够支付在其退休后的年度开支，如同年金一样。

②流动性。流动性既可以定义为收入要求，也可定义为满足紧急需求的现金准备，不管采用哪一个定义，费尔法克斯的流动性要求都很小。她每年都有500000美元的工资，且无须担忧健康方面的支出，且在资产组合中没有计划的现金需求。

③税收。费尔法克斯的应税收入(工资、应税投资收入、实现的证券资本利得)按35%的税率纳税。需要进行谨慎的税收筹划并将其与投资计划保持协调一致。投资策略应该包括寻求获得能够避税的收益，以及持有长期债券以便产生更高的税后收益。出售Reston股票将导致巨大的税收义务的产生，因为她的成本基点是零，对此应采取特殊的计划安排。费尔法克斯可能在其生前或死后考虑慈善捐赠。她没有直系亲属，也没有其他可能的赠予或遗赠对象。

④法律法规。费尔法克斯应该明了并遵守一切与她在Reston公司的“内幕人员”地位以及她所持有的Reston公司股票有关的证券(或其他)方面的法律法规。尽管没有可供替代的信托工具，如果费尔法克斯未来的投资由投资顾问来处理，则与谨慎投资人法则相关的责任将起作用，包括投资于分散化资产组合的责任。而且，即使没有明显的赠予或遗赠对象，她也需要不动产计划方面的法律援助。

⑤特殊情况和(或)偏好。Reston公司股票在费尔法克斯的资产组合中占了绝大部分。一个定义良好的退出策略只要是可行的和适合的，就应该被制定出来。如果股票在被出售之前价值上涨，或者至少不减少，则费尔法克斯在退休之后的生活方式就可以通过资产组合而得以维持。然而，Reston公司显著或延长的衰退会导致灾难性的后果。这种情况将要求费尔法克斯大幅度缩减生活开销，或者产生其他的收入来源以保持当前的生活方式。最糟糕的情况可能就是Reston股票的市场价值损失50%，同时不得不卖出这些股票以分散风险，出售

收入将要缴纳 35% 的税。在这种情形下，资产组合中 Reston 股票部分的净收益为：10000000×0.5×(1-0.35)=3250000(美元)。当加入储蓄资产组合时，总资产组合价值将为 5250000 美元。对此资产组合来说要得到 657966 美元的收入，就要求有每年 12.5% 的收益率。

概要

管理费尔法克斯的储蓄资产组合的投资策略，重点在于从高质量的资产组合中实现 3% 的实际税后收益率，同时使风险低于平均水平。必须一直关注她的税收计划和法律方面的要求，要考虑她逐渐接近退休年龄，以及她的 Reston 股票的价值。在下列情况下持有 Reston 的股票具有决定性的意义：任何进展都应受到密切监控，对于最坏情形下的保护必须尽可能地实行。

b. 批评。Coastal 公司的建议可以产生大约 5.18% 的实际税后预期收益率，这高于费尔法克斯要求的 3%。该建议的预期收益率可以通过从当前总收益率中减去免税收益率计算得出：4.9% -0.55% =4.35%。接下来，将结果转化成税后收益率：4.35% ×(1-0.35) = 2.83%。再将免税收入加进去：2.83% +0.55% =3.38%。再将收益率的增值部分(5.8%)加进税后收益率从而得到名义资产组合收益率：3.38% +5.80% =9.18%。最后，再从中减去 4% 的通货膨胀率就得出预期的实际税后收益率：9.18% -4.0% =5.18%。

这个结果也可以通过计算所持各个部分的资产，再按资产组合中所占比例给各结果加权求和得出。

根据已知数据，不可能专门确定资产组合波动性的固有程度。尽管满足了收益率标准，资产配置没有可实现性，具体地说，也不适于费尔法克斯的情况，因为她需要的是实际有用的投资策略。基本的缺点如下：

①股权资产的配置。要达到费尔法克斯制定的收益率要求，对股权资产的风险敞口是必要的；但是，又要求这些资产在其他股权资产类别中有更大程度的分散化，以构建一个更有效的、潜在的波动性更小的资产组合，才能满足她的风险承受能力的同时又能满足收益率要求。对于一个资产配置，如果集中持有美国的大盘和(或)小盘股票，并包括更小的国际化的和房地产投资信托基金头寸，可能更容易实现收益率和风险承受能力目标。如果有更多关于收益率和 Reston 股票收益率和波动性方面的信息，可以认为持有该股权只是她的资产组合中美国股权的 部分。但是由于信息的缺乏，就没有办法考虑储蓄资产组合的配置，从而要求更广泛的股权分散化。

②现金配置。在建议的固定收益成分中，当给定有限的流动性和这类资产很低的收益时，15% 的现金配置是多余的。

③公司/市政债券配置。当给定费尔法克斯的税收状况和市政债券与公司债券相比的税后收益的优越性(5.5% 对 4.9%)时，公司债券方面的配置(10%)是不合适的。

④风险资本配置。根据费尔法克斯的策略报告书，她相当厌恶风险和波动性，因此在风险资本方面的配置比例是存在问题的。尽管风险资本可以带来分散化的好处，但从历史来看风险资本收益率的波动比其他风险性资产如美国大盘股和小盘股都要大。因此，即使比例很小的风险资本投资也可能是不合适的。

⑤缺少风险/波动性信息。该建议集中于收益率预期而忽略了风险/波动性方面。尤其是，建议书应提及整个资产组合的预期波动率，以确定它的下跌幅度是否在费尔法克斯规定的风险承受力范围之内。

c. i. 费尔法克斯已经提到她要求得到3%的实际税后收益率。表28－8给出了名义的税前收益数据，其必须对税金和通货膨胀进行调整，以判断哪种资产组合能满足费尔法克斯的收益率标准。简单的方法是从给出的收益率中减去市政债券收益率，再将结果减去35%的税率，再将市政债券收益加回。这将得到名义的税后收益。最后，减去4%的通胀率就可得到实际的税后收益率。例如，配置A的实际税后收益率为3.4%，计算如下：

$$[0.099-(0.072\times0.4)]\times(1-0.35)+(0.072\times0.4)-0.04=3.44\%$$

另一种计算方法为：将应税收益乘以它们的配置比例，求和，按税率调整，再加入非应税(市政债券)的收益与其配置比例的乘积，再从总和中减去通货膨胀率。对于配置A：

$$[(0.045\times0.10)+(0.13\times0.20)+(0.15\times0.10)+(0.15\times0.10)+(0.10\times0.10)]\times(1-0.35)+(0.072\times0.4)-0.04=3.46\%$$

	配置				
收益率指标	A	B	C	D	E
名义收益率	9.9%	11.0%	8.8%	14.4%	10.3%
实际税后收益率	3.5%	3.1%	2.5%	5.3%	3.5%

表28－8也给出了税后收益率，可以对通货膨胀进行调整然后再来判断哪些资产组合满足费尔法克斯的收益率要求。配置A、B、D和E满足费尔法克斯的实际的税后收益率目标。

ii. 费尔法克斯曾提到，在12月期间的任何时间内，如果最差的收益率为－10%，仍然可以接受。预期收益率减去资产组合风险的两倍(预期标准差)就是相应的风险承受能力测度指标。在此例中，有三种资产配置方式满足要求：A、C和E。

	配置				
参数	A	B	C	D	E
预期收益率	9.9%	11.0%	8.8%	14.4%	10.3%
预期标准差	9.4%	12.4%	8.5%	18.1%	10.1%
最差收益率情形	－8.9%	－13.8%	－8.2%	－21.8%	－9.9%

d. i. 用现金等价物的4.5%作为无风险利率，则配置D的夏普比率为：$(0.144-0.045)/0.181=0.547$。

ii. 具有最佳夏普比率的两种配置为A和E，配置的比率为0.574。

7. 最近，约翰·富兰克林的妻子去世了，他在账户投资上小有经验。在他妻子的丧事和财产处置完之后，富兰克林先生获得了一家业绩相当不错的私营制造公司的控制权，以前富兰克林夫人在这家公司工作很积极。他还拥有一处刚刚竣工的仓库、一处住宅以及股票和债券。他决定将仓库作为分散化投资的一部分，并且出售私营公司的股权。收入的一半捐赠给一个医学研究基金，以纪念他去世的妻子。赠予将于3个月之后进行。现在要求你帮他评估、计划并构建一个合适的资产组合。

富兰克林先生向3个月后接受捐赠(4500万美元，最后能够获得房产)的医学研究基金的财政委员会推荐了你。这项捐赠将大大增加基金的数额(从1000万美元到5500万美元)并能给研究人员带来好处。基金的经费捐助政策(支出)一直是花费掉几乎所有的年投资净收益。因为富兰克林一直比较保守，现在捐赠的资产组合几乎全是由固定收益资产组成的。公司财政委员会已经意识到因为通货膨胀的影响，这些行动会使基金所拥有的资产的实际价值

和将来资助的实际价值减少。直到现在，财政委员会相信这一点，但是没有更好的办法，因为计划研究需要大量的即期经费，而基金的规模太小。基金每年资助的资金至少要等于资产市值的5%时才能免税，预计这一要求会一直持续下去，而且未来可能不会有额外的捐赠或基金筹措活动。

因为要获得富兰克林先生的捐赠，财政委员会想制定新的经费捐助和投资策略。年支出必须达到市值的5%以上才能免税，但是委员会不确定是否能达到5%，也不确定是否应该达到5%。因为研究很重要，委员会会保证支出的数额，但是它也意识到为了保留未来经费捐助的能力，维持基金资产的实际价值同样重要。现要求你帮助委员会制定合适的策略。

a. 识别并简单介绍确定基金经费捐助策略中的3个关键要素。

b. 为基金制定一项投资策略报告，并对富兰克林先生捐赠之后引起资产规模增加的这个因素考虑进去。投资策略报告必须包括所有相关目标、限制因素以及a中的关键因素。

c. 推荐一个与b中投资策略一致的长期资产配置方案，并解释该资产配置方案的期望收益如何满足基金的可行性经费捐助政策的要求。（资产配置比例之和必须为100%，并运用表28－9所列示的经济/市场数据和资产分类知识。）

表28－9　资本市场年收益率数据　（%）

	历史平均水平	中期共同预期
美国国库券	3.7	4.2
美国中期债券	5.2	5.8
美国长期债券	4.8	7.7
美国公司债券（AAA）	5.5	8.8
非美国债券（AAA）	N/A	8.4
美国普通股（全部）	10.3	9.0
美国普通股（小盘）	12.2	12.0
非美国普通股（全部）	N/A	10.1
美国通货膨胀	3.1	3.5

答： a. 确定基金的捐赠（支出）政策的关键要素有：

①长期的平均预期通货膨胀率；

②同一期限内捐赠资产组合的平均预期名义收益率；

③为了继续免税，税务当局所要求的资助5%的资产市值的政策会无限期执行下去。

为了保持基金的真实价值和真实的支出额，由于没有计划募集基金活动，基金委员会不能长期支付平均高于它投资所得的实际收益。事实上，如果基金的本金也随着通货膨胀增长的话，总收益中扣除通货膨胀率的那部分应该保留并用于再投资，从而保持它的实际价值和将来捐赠的实际价值。

b. 目标

①收益率要求。在接受富兰克林先生的捐赠之前，委员会所关注的核心——产生现金收入，不再是主要的目标。考虑到资产增加，委员会认为投资政策必须满足长期和短期的目标。必须考虑到年最小支出额等于资产的5%，同时要保持这些资产的真实价值。总收益目标（大体上等于捐赠比率加上通货膨胀率，但不低于5%的要求以保持基金的免税优势）是合适的。

②风险承受能力。富兰克林的捐赠和委员会支出政策的调整，增加了基金的财务灵活性，从而增加了基金承受风险的能力。组织的生命周期近似是无限期的，考虑到其期限的长期性，它具有承受资产价值短期波动的能力。另外，采用明确的费用削减规则，可以使现金流计划更精确，增加了年度预算的稳定性，减少了预防性的流动性需求。总之，考虑到长期因素，基金具有高于平均水平的风险承受能力。

限制条件

①流动性要求。流动性要求很低，因无法预期的需求而不得不出售资产或者需要大量现金的情况不太可能存在。但流动性要求是存在的，主要是每年的资助，但这是预先知道的，相对比较容易进行系统性地计划。

②时间期限。基金几乎具有无限生命，为将来和现在的财务需要而做计划可以在相对长的时间段内进行，比如每5年进行规划和回顾。

③税收。根据美国的法律，如果能够满足每年的最低支付(当前资产价值的5%)要求，则可以免税。

④法律和条款。受地方法律和谨慎投资人法则的管制，必须持续关注由IRS和任何相关的联邦监管机构所施加的严格规定以保持免税地位。

⑤特殊环境。保持资助后的真实价值是需要考虑的核心因素，因为免税要求资助资产的5%，实际得到的收益必须等于甚至超出5%的最低要求。

⑥叙述。投资活动必须是长期的、免税的，反映高于平均水平的风险容忍度，着重实际总收益的产生，获得至少5%的名义收益率。

c. 为了满足这一情景的要求，首先确定一个支出比率，既要充足(名义利率高于或等于5%)，又要是可行的(在给出表28－9中的数据和大量资产的历史风险和收益的实证证据的情况下，是审慎的、可达到的)，推荐的配置方案的实际收益应该等于或超过最小的支付要求(名义收益要等于或大于5%)。

配置应该反映基金实际收益等于或高于资助比率的要求、总收益目标、高于平均水平的风险容忍度、较低的流动性要求及其免税地位。尽管表28－9中的数据和历史表现提供了这个过程中所必需的输入量，如下几种一般化方法也是合适的：

①配置到固定收益证券的比率将低于50%，因为债券在过去提供的实际收益率较低，尽管从1993到2000年预期实际收益率比较高，但还是比股票低。实际收益要求很高，流动性要求很低。债券被主要用于分散化和降低风险。这种规模的债券提供的持续现金流，应该能很容易地提供所有正常的运营资本需求。

②股权配置比率应高于50%，并且这类资产将成为资产组合的“动力资产”。预期的和历史的实际收益都很高，期限很长，风险容忍度高于平均水平，并且不需要考虑税收。

③在权益中可以有小盘股和大盘股，也可以有国际和国内股权，也许还有风险资本投资。分散化将有助于风险的降低和总收益的提高。所有这些权益都可以被纳入投资组合。

④由于房地产的价值可以作为股票和债券的替代，并保持资产的实际收益和提供分散化好处，房地产业会包含在这个资产组合内。从长期来看，房地产提供了一个很好的屏蔽掉通货膨胀影响的手段，并增加了实际收益能力。

一个适当的略微激进的配置如下所示。表28－9包括了一系列的历史和预期收益率数据，用来计算预期实际收益率。在这种情况下，目标是使实际支出水平尽可能接近6%以满足委员会双重目标，而且这个水平也是可以达到的。资产组合的预期实际收益率为5.8%。

资产类别	中期实际收益率预期(%)	建议配比(%)	实际收益率(%)
现金:			
美国国库券	0.7	*0	
债券:			
中期	2.3	5	0.115
长期国债	4.2	10	0.420
公司	5.3	10	0.530
国际	4.9	10	0.490
股票:			
大盘股	5.5	30	1.650
小盘股	8.5	10	0.850
国际	6.6	10	0.660
风险资本	12.0	5	0.600
房地产	5.0	10	0.500
总预期收益率		100	5.815

* 没有包含现金，因为来自资产组合的持续现金流应该足以满足一切正常营运资金需求。

8. Christopher Maclin，今年 40 岁，是 Barnett 公司的管理层，每年税前收入 80000 英镑。Louise Maclin，今年 38 岁，在家中照顾刚刚出生的双胞胎。最近，她从父亲的遗产中继承了 900000 英镑(税后)。此外，夫妇二人还有以下资产(当前市值)：

· 5000 英镑现金。

· 160000 英镑股票和债券。

· 价值 220000 英镑的 Barnett 公司的普通股。

Barnett 公司股票市值增值幅度很大，因为过去 10 年公司的销售额和利润不断增长。Christopher Maclin 相信 Barnett 公司和其他公司股票的良好业绩会一直持续下去。

Maclin 夫妇的房屋首付需要 30000 英镑，并且为了纪念 Louise Maclin 的父亲，两人打算向当地的慈善机构捐赠 20000 英镑，不可抵税。Maclin 夫妇每年的生活费用为 74000 英镑。工资的税后增加额可以抵消未来所有的生活费用的增加额。

在与格兰特 · 韦布讨论期间，Maclin 夫妇表示他们希望能实现其子女的教育目标和他们的退休目标。他们告诉韦布：

· 他们希望在 18 年后退休时有足够的资金，养老并支持子女读 4 年大学。

· 近年来，他们不希望遭受资产组合波动的影响，并且不希望任何一年的损失超过 12%。

· 他们不想投资酒和烟草的股票。

· 他们以后不会再有别的小孩。

讨论之后，韦布计算出 18 年后 Maclin 夫妇共需要 200 万英镑以满足他们的教育和退休目标。韦布建议，他们资产组合年收益率下降的幅度控制在 12%以内。Maclin 的工资、资本利得和投资收益将按 40%纳税，而且没有避税策略。下一步，韦布将为 Maclin 夫妇制定一份投资策略报告。

a. 制定投资策略报告的风险目标。

b. 制定投资策略报告的收益目标。计算相应的税前收益率。写出计算过程。

c. 制定投资策略报告的限制因素，从以下几个方面进行阐述：

i．时间期限

ii．流动性要求

iii．税收

iv．特殊环境

答： a. 为 Maclin 夫妇制定总体风险目标时，必须将他们对承受风险的意愿和能力都考虑进去。

i. 承受风险意愿：Maclin 夫妇不喜欢近年来资产组合的波动，他们渴望将资产组合价值的年损失率控制在 12% 以下，由此可以认为 Maclin 夫妇对风险承受意愿是低于平均水平的。

ii. 承受风险能力：Maclin 夫妇风险承受能力同平均水平相当。尽管他们拥有较大的一笔资产而且从长期来看他们应该拥有高于平均水平的风险承受能力，但他们每年 74000 英镑的生活费远大于 Christopher 的税后工资(48000 英镑)，这使得他们非常依赖于投资收益来弥补这个差额，因此他们的风险承受能力相应降低了。

总体来看，Maclin 夫妇的风险容忍度低于平均水平，这是由于在决定他们的风险容忍度时，其承受风险意愿低于平均水平且承受风险能力与平均水平行相当，相比之下，前者处于主导地位。

b. Maclin 夫妇要求的投资组合回报率目标是，要满足他们子女的教育支出和自己退休后的支出而且能够应付未来净支出。这样，他们需要一个每年 26000 英镑的税后现金流入(计算如下)来弥补未来的净支出，他们还需要一个 18 年内总计 200 万英镑的现金流入以支持他们的子女完成学业和他们退休后的支出。为了达成这一目标，Maclin 夫妇的税前必要收益率是 7.38%，计算如下：

要在 18 年内使总的税后收入达到 200 万英镑，而可用于投资的初始资产是 1235000 英镑，每年的现金流出为 26000 英镑，于是税后必要收益率为 4.427%。而税率为 40%，所以税前必要收益率为 4.427%/(1－0.40)＝7.38%。

年现金流＝－£ 26000	
Christopher 每年工资	80000
减去：税收(40%)	－32000
生活支出	－74000
年净现金流	－£ 26000
可用于投资资产＝£ 1235000	
继承的遗产	900000
Barnett 公司普通股	220000
股票和债券	160000
现金	5000
小计	£ 1285000
减去一次性支出：	
房屋首付	－30000
慈善捐赠	－20000
总资产	£ 1235000

注意：在计算收益率时无需进行通货膨胀的调整，因为生活支出的增加会由 Christopher 工资的增加得到弥补。

c. Maclin 夫妇的投资政策声明应该考虑如下限制因素：

i. 时间期限：由于现金流的变化和不同时期对收益的不同要求，Maclin 夫妇有一个两期的投资期限：第一个阶段是接下来的 18 年，第二个阶段从他们退休和他们的子女进入大学开始。

ii. 流动性要求：Maclin 夫妇需要立即支付的一次性支出（50000 英镑），包括购买房产的首付以及为纪念 Louise 的父亲而进行的慈善捐款。

iii. 税收考虑：英国对一般收入和资本利得征收的边际税率都是 40%。因此，投资者对应税股息和利息之间没有特别偏好。由于支出是由税后收益承担的，所以税收对投资组合业绩有很大影响。

iv. 特殊情况：对 Barnett 公司普通股股票的大量持有（占 Maclin 夫妇整个投资组合的 18%）以及由此导致的缺乏分散化是评估 Maclin 夫妇投资组合风险以及未来对其资产进行管理时需要考虑的重要因素。Maclin 夫妇不愿投资于酒和烟草类股票是另一个限制因素，尤其是在未来确定投资风格（选择投资经理）时。

9. Louise 和 Christopher Maclin 已经买了房子并且完成对慈善机构的捐赠。现有一份为 Maclin 夫妇制定的投资策略，格兰特·韦布建议他们考虑一下表 28－10 列出的战略性资产配置方案。

表 28－10　Louise 和 Christopher Maclin 建议的战略性资产配置方案　（%）

资产类别	建议的资产配置比	当期收益率	预计每年税前总收益率	期望标准差
现金	15.0	1.0	1.0	2.5
英国公司债券	55.0	4.0	5.0	11.0
英国小盘股	0.0	0.0	11.0	25.0
英国大盘股	10.0	2.0	9.0	21.0
美国股票①	5.0	1.5	10.0	20.0
Barnett 公司普通股	15.0	1.0	16.0	48.0
资产组合总计	100.0	–	6.7	12.4

注：①美国股票数据均以英镑为单位计算。

a. 找出表 28－10 的资产配置方案中与 Maclin 夫妇投资目标和限制因素相矛盾的方面，并证明你的回答。

b. 进行深入讨论之后，韦布和 Maclin 夫妇一致认为合适的战略性资产配置方案应该包含 5%～10% 的英国小盘股和 10%～15% 的英国大盘股。对于组合中的其他部分，韦布列出了表 28－11 所示的资产类别范围。表 28－11 列出了每种资产类别的建议配置范围。基于 Maclin 夫妇的投资目标和限制因素，用一种理由来证明每种合适的配置范围。

注意：不需要计算。

表 28 – 11　Louise 和 Christopher Maclin 的资产类别范围　（%）

资产类别	配置范围		
现金	0 ~ 3	5 ~ 10	15 ~ 20
英国公司债券	10 ~ 20	30 ~ 40	50 ~ 60
美国股票	0 ~ 5	10 ~ 15	20 ~ 25
Barnett 公司普通股	0 ~ 5	10 ~ 15	20 ~ 25

答： a. i. 保留的现金比例太高。

将 15%（即 185250 英镑）的资产配置到现金上不符合流动性限制要求，大量配置于低收益率资产将使投资组合收益率达不到必要收益率。

ii. 将 15% 的资产配置于 Barnett 公司普通股，比例太高。

Barnett 公司股票收益率标准差高达 48%，在这样的风险水平下，考虑到 Maclin 夫妇低于平均水平的风险容忍度和 12% 的最大亏损限制，将 15% 的资产配置于 Barnett 公司股票是不适宜的，大比率持有 Barnett 公司股票头寸不符合投资组合风险充分分散化原则。

iii. 每一年的亏损风险都超过了 12% 的最大限制。

Maclin 夫妇已经声明他们不能接受超过 12% 的亏损幅度。从投资组合期望收益率中减去 2 倍的标准差，有：

$$6.70\% - (2 \times 12.40\%) = -18.10\%$$

这超过了 Maclin 夫妇的亏损限制。

iv. 期望收益率太低（股票和债券的资产配置比率和他们的目标收益率不一致）。

投资组合的期望收益率为 6.7%，低于目标收益率 7.38%。

b. Maclin 夫妇已经购买了房屋，完成了慈善捐款。

现金：0% ~3%

Maclin 夫妇没有进一步现金储备需求。流动性需求是很低的，仅仅需要少量现金以备不时之需。而投资组合的收益将会弥补每年生活费用超出工资收入的部分。所以，将配置于现金的比例保持在最低水平是非常合适的。

英国公司债券：50% ~60%

由于 Maclin 夫妇的风险容忍度低于平均水平，他们应将投资组合资产大量配置于这种波动性低的资产。当前债券利息产生的稳定现金流能够弥补每年生活费用不足的部分。因此，将英国公司债券作为投资组合中比例最高的资产是非常合适的。

美国股票：20% ~25%

在强调他们较低的风险容忍度的同时，投资组合必须能够达到 Maclin 夫妇的目标收益率。美国公司股票提供了比债券更高的期望收益率，同时还带来了国际分散化的好处。美国公司股票的风险收益状况相对于英国公司债券和 Barnett 公司股票来说要好一些。因此给美国股票配置一个最高的比例是很合适的。

Barnett 公司普通股股票：0% ~5%

Maclin 夫妇风险容忍度低于平均水平的一个重要原因就是他们不能接受任何一年的亏损大于 12%，而 Barnet 公司股票收益率波动性很大。对 Malin 夫妇这样的投资者来说，Barnet 公司股票的特有风险（非系统风险）太大了。而且作为 Barnett 公司员工，他们还有失业风险。所以将 Barnett 公司股票作为投资组合中比例最低的资产是非常合适的。

现提供以下满足目标收益率要求的资产配置示例：

示例配置 1：

资产类别	权重(%)	收益率(%)	加权收益率(%)
现金	1	1.0	0.01
英国公司债券	55	5.0	2.75
英国小盘股	10	11.0	1.10
英国大盘股	10	9.0	0.90
美国股票	20	10.0	2.00
Barnett 公司普通股	4	16.0	0.64
		资产组合预期收益：	7.40

示例配置 2：

资产类别	权重(%)	收益率(%)	加权收益率(%)
现金	1	1.0	0.01
英国公司债券	50	5.0	2.50
英国小盘股	10	11.0	1.10
英国大盘股	10	9.0	0.90
美国股票	24	10.0	2.40
Barnett 公司普通股	5	16.0	0.80
		资产组合预期收益：	7.71